GW00580027

## ★ MARCO POLO Highlights

# ★ MARCO POLO Highlights

##  1 SŁOWIŃSKI PARK NARODOWY

(PL) Plaże, wędrujące wydmy, brzeg morza i krajobraz nadbrzeżny – ten Park Narodowy oferuje duże urozmaicenie scenerii.

(D) Strände, Wanderdünen, ein Küstensee und Uferlandschaften – der Park bietet eine große Vielfalt.

(GB) Beaches, dunes, a lagoon and beautiful waterside landscapes – this park has them all.

(F) Ce parc offre une immense variété de paysages: des plages, des dunes, un lac intérieur et de beaux paysages en bord de mer.

##  2 GDAŃSK

(PL) Przy Długim Targu znajdą Państwo najsłynniejsze budynki Gdańska. Niemniej wart zwiedzenia jest również Port Morski.

(D) Die berühmtesten Gebäude finden sich am Langen Markt – und auch der Seehafen ist sehenswert.

(GB) The most famous buildings line the "Długi Targ" or long market, and the seaport is worth a visit.

(F) Les bâtiments les plus célèbres bordent le «Długi Targ» (le marché long) et le port maritime mérite également une visite.

##  3 KANAŁ ELBLĄSKI

(PL) Kanał ten poprzez liczne tzw. pochylnie łączy Bałtyk z jeziorami mazurskimi.

(D) Der Kanal verbindet die Ostsee über mehrere sogenannte Rollberge mit einigen masurischen Seen.

(GB) The Elbląg Canal joins the Baltic Sea using inclined planes passing through the Masurian lakes.

(F) Le Canal d'Elbląg relie la Mer Baltique à plusieurs lacs de Mazurie par cinq plans inclinés.

##  4 PUSZCZA ROMINCKA

(PL) Wędrując w samym środku Puszczy Rominckiej i podziwiając naturę, można dotrzeć aż do granicy Federacji Rosyjskiej.

(D) Wandern und die Natur erleben können Sie in der Rominter Heide an der Grenze zu Russland.

(GB) You can hike and experience nature in the Romincka forest on the Russian border.

(F) A la frontière avec la Russie, vous pouvez randonner et vivre la nature dans la forêt Romincka.

##  5 WOLIŃSKI PARK NARODOWY

(PL) Nadmorski rezerwat przyrody, rozciągający się na terenie największej polskiej wyspy, chroni niezwykle urozmaicony krajobraz.

(D) Der Meeresnaturpark um die größte polnische Insel schützt eine sehr vielfältige Landschaft.

(GB) The maritime national park which surrounds the largest of Poland's islands, protects a very varied landscape.

(F) Le parc national marin autour de la plus grande île polonaise protège une nature très variée.

##  6 ZAMEK W MALBORKU

(PL) Zapraszamy do zwiedzania największej ceglanej budowli Europy, zamku krzyżackiego położonego nad odnogą Wisły – Nogatem.

(D) Besichtigen Sie den größten Backsteinbau Europas, einst eine Ordensburg, an einem Weichselarm.

(GB) Visit the largest brick-built building in Europe situated on the Nogat river and which was once the home of the Teutonic Order.

1

Ⓕ Visitez le plus grand bâtiment en briques d'Europe, sur un bras de la Vistule, qui fut le palais de l'Ordre des chevaliers teutoniques.

## ⭐ 7 MAZURY

Ⓟ W północno-wschodniej części Polski rozciąga się fascynujący krajobraz jeziorny z rozległymi terenami leśnymi.

Ⓓ Die faszinierende Seenlandschaft mit den ausgedehnten Waldgebieten liegt im Nordosten Polens.

Ⓖ Numerous fascinating Masurian lakes and forests are located in the North East of Poland.

Ⓕ Les lacs et les immenses forêts de Mazurie composent un paysage fascinant au nord-est de la Pologne.

## ⭐ 8 ZAMEK KSIĄŻĄT POMORSKICH W SZCZECINIE

Ⓟ Dawna rezydencja książąt pomorskich należy do największych centrów kulturalnych regionu.

Ⓓ Die einstige Residenz der pommerschen Herzöge gehört zu den größten Kulturzentren der Region.

Ⓖ The former residence of the Dukes of Pomerania is one of the region's biggest cultural centres.

Ⓕ L'ancienne résidence des ducs de Poméranie est un des plus grands centres culturels de la région.

## ⭐ 9 SZCZECINEK

Ⓟ Do odkrywania tego miasta kusi zwiedzających jego położenie pośród jezior oraz cudowne historyczne budowle.

Ⓓ Ihre Lage am See und einige hübsche historische Gebäude locken Besucher in die Stadt.

Ⓖ Visitors are drawn to this town because of its location on the banks of the lake and several historical monuments.

Ⓕ Les visiteurs sont attirés dans cette ville par sa situation géographique au bord du lac et plusieurs beaux monuments historiques.

## ⭐ 10 KRUTYNIA

Ⓟ Wsiądźcie Państwo do kajaka i podziwiajcie Państwo okolice rzeki Krutyni w czasie emocjonującego spływu!

Ⓓ Steigen Sie ins Kanu und genießen Sie die Gegend um den Fluss Krutynia beim Wasserwandern!

Ⓖ Climb aboard a canoe to enjoy the region around the Krutynia river during your watery wanderings!

Ⓕ Montez dans un canoë et profitez de la région autour de la rivière Krutynia lors de randonnées sur l'eau!

## ⭐ 11 TORUŃ

Ⓟ Zapraszamy do poruszania się śladami najwybitniejszego syna tego miasta: Mikołaja Kopernika.

Ⓓ Wandeln Sie auf den Spuren des berühmtesten Sohnes der Stadt: Nikolaus Kopernikus.

Ⓖ Walk in the steps of the town's most famous son: Nicolaus Copernicus.

Ⓕ A Thorn, promenez-vous sur les traces du plus célèbre des enfants du pays : Nicolas Copernic.

## ⭐ 12 BIAŁYSTOK

Ⓟ Tygiel kulturalny: Historyczne znaczenie tego miasta jest jeszcze do dziś odczuwalne.

Ⓓ Kultureller Schmelztiegel: Die geschichtliche Bedeutung der Stadt ist noch heute spürbar.

Ⓖ A cultural melting pot: the town has kept the atmosphere of its former historical importance.

Ⓕ Véritable creuset culturel: l'importance historique de la ville reste aujourd'hui encore perceptible.

## ⭐ 13 PUSZCZA BIAŁOWIESKA

Ⓟ Uznana jako część światowego dziedzictwa ludzkości, ta pierwotna puszcza daje schronienie różnym endemicznym gatunkom roślin i zwierząt.

Ⓓ Das als Weltnaturerbe anerkannte Urwaldgebiet beherbergt diverse endemische Arten.

Ⓖ The primeval forest recognized as a world heritage site is home to several endemic species.

Ⓕ La forêt primaire reconnue comme héritage naturel mondial héberge plusieurs espèces endémiques.

## ⭐ 14 POZNAŃ

Ⓟ Pośród przepięknych kamieniczek mieszczańskich ukrywa się prawdziwa perła Renesansu: poznański Ratusz.

Ⓓ Zwischen schönen Bürgerhäusern verbirgt sich eine Renaissance-Perle: das Posener Rathaus.

Ⓖ Hidden amongst attractive townhouses is a real Renaissance pearl: Poznan town hall.

Ⓕ La mairie de Posen est une perle de la Renaissance qui se cache parmi les belles maisons bourgeoises.

15

## WARSZAWA

PL Rynek Starego Miasta, Pałac Kultury i Nauki oraz Zamek Królewski, to jedne z wielu atrakcji tej leżącej nad Wisłą metropolii.

D Alter Markt, Kulturpalast und Königsschloss sind die Highlights der Weichselmetropole.

GB The city on the banks of the Vistula river awaits your visit to see such highlights as its old market, palace of science and culture and royal castle.

F La métropole au bord du fleuve Vistule vous attend avec son vieux marché, son «Palais de la culture et de la science» et son château royal.

## PARK MUŻAKOWSKI

PL Jedno z nielicznych transgranicznych miejsc stanowiących Światowe Dziedzictwo na liście UNESCO: Park wabi zwiedzających zachwycającymi kompozycjami sztuki ogrodniczej.

D Eine der wenigen grenzübergreifenden Welterbestätten:

Der Park lockt mit herrlichen Anlagen.

GB This rare cross-border park shared between Germany and Poland is a world heritage site and attracts visitors to its delightful English gardens.

F Un des rares parcs inscrits au patrimoine mondial, partagé entre l'Allemagne et la Pologne: il attire les visiteurs avec ses magnifiques jardins anglais.

## KALISZ

PL Żadne polskie miasto nie może poszczycić się dłuższą, historycznie udokumentowaną historią, niż przepiękny Kalisz.

D Keine Stadt Polens besitzt eine längere schriftlich fixierte Geschichte als das hübsche Kalisz.

GB The pretty town of Kalisz has the longest written history of the whole of Poland.

F La jolie ville de Kalisz a la plus longue histoire documentée par des écrits de toute la Pologne.

## ŁÓDŹ

PL Zanurzcie się Państwo w atmosferę tej na nowo ożywionej metropolii, w której można spacerować wzdłuż najdłuższego bulwaru Europy!

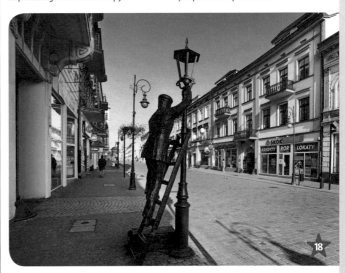
18

D Tauchen Sie ein ins Flair der neu belebten Großstadt mit dem längsten Boulevard Europas!

GB Lose yourself in the atmosphere of the newly-revitalised city which boasts Europe's longest boulevard.

F Perdez-vous dans l'ambiance de la métropole qui a récemment su développer ses infrastructures et qui possède le boulevard le plus long d'Europe.

## OPACTWO CYSTERSÓW W KRZESZOWIE

PL Dumnie strzelają w niebo wieże bazyliki opactwa. Zachwyca także wspaniały wystrój wnętrza.

D Prachtvoll ragen die Türme der Abteikirche auf, und auch deren Innenraum ist herrlich gestaltet.

GB The magnificent belltowers of the abbey church dwarf the cloister and the interior is beautifully designed.

F Les clochers de l'église abbatiale dépassent superbement le cloître; l'aménagement intérieur est également magnifique.

## KOŚCIÓŁ POKOJU W ŚWIDNICY

PL Ta potężna świątynia, a zarazem największy kościół Europy, zbudowany w technice muru pruskiego, zapewnia miejsce dla 7500 osób.

D Gewaltiges Gotteshaus: Die größte Fachwerkkirche Europas bietet bis zu 7500 Menschen Platz.

GB The gigantic Church of Peace is the largest timber-framed church in Europe and can hold up to 7500 worshippers.

F L'église de la Paix, gigantesque, est la plus grande église d'Europe construite en bois et peut accueillir jusqu'à 7500 personnes.

## WROCŁAW

PL Gotycki ratusz oraz barokowa Aula Leopoldina są świadkami wspaniałej historii Wrocławia.

D Das gotische Rathaus und die barocke Aula Leopoldina zeugen von Breslaus großer Geschichte.

GB The Gothic town hall and the Baroque "Aula Leopoldina" testify to the splendid history of Wroclaw.

F La mairie gothique et «l'Aula Leopoldina» baroque sont les témoins de la grande histoire de Wrocław.

## OBRAZ MATKI BOSKIEJ CZĘSTOCHOWSKIEJ

PL Słynący z wielu łask, obraz Najświętszej Marii Panny jest

19

najświętszą relikwią Polski i służy za cel licznych pielgrzymek.

Ⓓ Das Gnadenbild der Jungfrau Maria gilt als heiligste Reliquie Polens und ist Ziel vieler Pilger.

ⒼⒷ The Black Madonna of Częstochowa is the most significant catholic symbol in Poland and attracts numerous pilgrims.

Ⓕ L'icône de la Madone noire de Częstochowa est le symbole catholique le plus important en Pologne et attire beaucoup de pèlerins.

 **KAZIMIERZ DOLNY**

Ⓟ︎Ⓛ To średniowieczne miasto, założone przez króla Kazimierza-

bâtiments magnifiques de style Renaissance et ses maisons à arcades.

 **OŚWIĘCIM**

Ⓟ︎Ⓛ Państwowe Muzeum Auschwitz-Birkenau to głęboko poruszające miejsce pamięci.

Ⓓ Das Staatliche Museum Auschwitz-Birkenau ist eine tief bewegende Gedenkstätte.

ⒼⒷ The state museum at Auschwitz-Birkenau is a very moving memorial.

Ⓕ Le musée d'état d'Auschwitz-Birkenau est un mémorial très émouvant.

Wielkiego, jest dzisiaj uznanym pomnikiem historii.

Ⓓ Die mittelalterliche Stadt Kasimierz des Großen ist heute ein anerkanntes Geschichtsdenkmal.

ⒼⒷ The medieval town built by Casimir the Great is today a recognized historical monument.

Ⓕ La ville moyenâgeuse de Casimir le Grand est aujourd'hui un ensemble architectural historique reconnu.

 **ZAMOŚĆ**

Ⓟ︎Ⓛ Ta „Padwa Północy" wywiera niesamowite wrażenie swoimi znakomitymi budowlami renesansowymi i arkadowymi krużgankami.

Ⓓ Das „Padua des Nordens" beeindruckt mit seinen tollen Renaissance-Gebäuden und Laubengängen.

ⒼⒷ The "Padua of the North" impresses with its awesome Renaissance-style buildings and arcaded houses.

Ⓕ «La Padoue du Nord» est impressionnante avec ses

mines receive nonetheless many visitors.

Ⓕ Les mines, qui figurent parmi les plus anciennes du monde, sont désaffectées mais beaucoup visitées.

 **ŁAŃCUT**

Ⓟ︎Ⓛ Zapraszamy do zwiedzania Muzeum Zamkowego, do którego należy także zabytkowa synagoga oraz oranżeria!

Ⓓ Besichtigen Sie das Schloss der Stadt, zu dem auch eine Synagoge und eine Orangerie gehören!

ⒼⒷ A synagogue and an orangery make up part of the castle in this town – a must see!

Ⓕ Visitez le château de la ville, avec sa synagogue et son orangerie.

 **TATRY**

Ⓟ︎Ⓛ Zapraszamy do wędrowania pasmem najwyższych gór w Polsce i podziwiania surowej przyrody.

Ⓓ Wandern Sie im Gebirgssystem mit dem höchsten Berg Polens und genießen Sie die raue Natur.

ⒼⒷ Go hiking on Poland's highest mountain and enjoy the wildness of nature.

Ⓕ Faites des randonnées dans ce massif montagneux qui renferme le point culminant de la Pologne, et appréciez la nature sauvage.

 **BIESZCZADZKI PARK NARODOWY**

Ⓟ︎Ⓛ Niektóre partie tego Parku Narodowego są nietknięte ręką człowieka, co umożliwia powrót rzadkich gatunków zwierząt i roślin.

Ⓓ Teile des Parks sind völlig unberührt, sodass sich seltene Arten hierher zurückgezogen haben.

ⒼⒷ Some parts of this park are completely untouched and rare species of fauna have withdrawn here.

Ⓕ Certaines parties de ce parc sont totalement vierges et des espèces rares de la faune se sont réfugiées ici.

 **KRAKÓW**

Ⓟ︎Ⓛ Ta „nieoficjalna stolica" oczekuje na Państwa z budowlami z różnych epok oraz licznymi zabytkami kultury.

Ⓓ Die „heimliche Hauptstadt" wartet mit Bauwerken verschiedener Epochen und viel Kultur auf.

ⒼⒷ The "secret capital" awaits you and a visit with buildings from various areas and a wide cultural offering.

Ⓕ La «capitale secrète» du pays vous attend avec des bâtiments de plusieurs époques et avec une grande offre culturelle.

 **KOPALNIA SOLI WIELICZKA**

Ⓟ︎Ⓛ Jedna z najstarszych kopalń soli na świecie, nie jest już eksploatowana, choć jest licznie odwiedzana.

Ⓓ Das Bergwerk, eines der ältesten der Welt, wird nicht mehr betrieben, aber noch viel besucht.

ⒼⒷ Amongst the oldest in the world and despite being abandoned, these

# 1 : 4 500 000

SKOROWIDZ ARKUSZY     BLATTÜBERSICHT     KEY MAP     CARTE D'ASSEMBLAGE
QUADRO D'UNIONE     ÍNDICE DE MAPA     MAPA ÍNDICE     OVERZICHTSKAART
KLAD MAPOVÝCH LISTŮ     KLAD MAPOVÝCH LISTOV     ÁTTEKINTŐTÉRKÉP     OVERSIGTSKORT

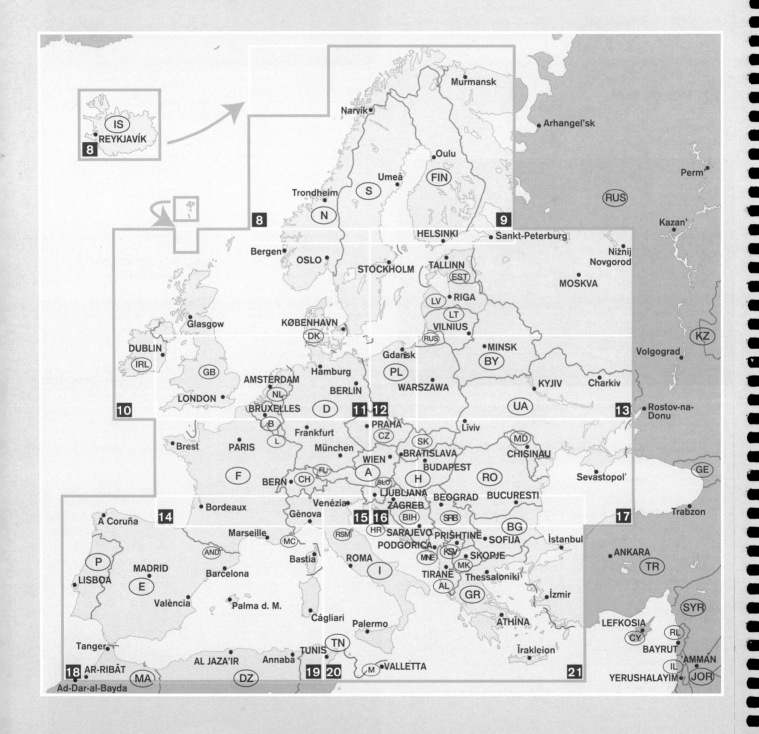

## 1 : 4 500 000

| Objaśnienia znaków | Zeichenerklärung | Legend | Légende | Segni convenzionali | Sinais convencionais |
|---|---|---|---|---|---|
| Signos convencionales | Legenda | Vysvětlivky | Legenda | Jelmagyarázat | Tegnforklaring |

| (PL) | (D) | (GB) | | (F) | (I) | (P) |
|---|---|---|---|---|---|---|
| Autostrada i autostradopodobna droga szybkiego ruchu z rozjazdami | Autobahn und autobahnähnliche Schnellstraße mit Anschlussstelle | Motorway and dual carriageway with motorway characteristics | | Autoroute et chaussée double de typeautoroutier avec point de jonction | Autostrada e doppio carreggiata di tipo autostradale con stazione | Auto-estrada e vía rápida de faixas separadas com ramal de acesso |
| Droga dalekobieżna | Fernverkehrsstraße | Trunk road | | Route à grande circulation | Strada di grande comunicazione | Estrada nacional principal |
| Droga przelotowa | Durchgangsstraße | Thoroughfare | | Route de transit | Strada di attraversamento | Estrada de trânsito |
| Droga główna | Hauptstraße | Main road | | Route principale | Strada principale | Estrada principal |
| Droga łącząca | Verbindungsstraße | Connecting road | | Route de communication | Strada di collegamento | Estrada de ligação |
| Numer drogi europejskiej | Europastraßennummer | European road number | E20 | Numéro de route européenne | Numero di strada europea | Número de estrada europeia |
| Prom samochodowy | Autofähre | Car ferry | ———• | Bac pour automobiles | Traghetto per automobili | Balsa para viaturas |
| Linia żeglugowa | Schifffahrtslinie | Shipping route | – – – – – – – | Ligne de navigation | Linea maríttima | Linha de navegação |
| Port lotniczy | Verkehrsflughafen | Airport | ✈ | Aéroport | Aeroporto | Aeroporto |
| Stolica | Hauptstadt | Capital | **WARSZAWA** | Capitale | Capitale di Stato | Capital |
| Granica państwa, Placówka celna | Staatsgrenze, Grenzkontrollstelle | National boundary, Check-point | –⊖– | Frontière d'État, Point de contrôle | Confine di Stato, Punto di controllo | Fronteira nacional, Posto de controlo |

| (E) | (NL) | (CZ) | | (SK) | (H) | (DK) |
|---|---|---|---|---|---|---|
| Autopista y autovía con enlace | Autosnelweg en autoweg met gescheiden rijbanen met aansluiting | Dálnice a dvouproudá silnice dálnicového typu se čtyřmi jízdními pruhy s najezdem | | Dial'nica a čtvorprúdová cesta pre motorové vozidlá s prípojkou | Autópálya és autópálya jellegű gyorsforgalmi út bekötőútval | Motorvej og motortrafikvej med to vejbaner med tilkørsel |
| Ruta de larga distancia | Weg voor interlokaal verkeer | Dálková komunikace | | Hlavná dial'ková cesta | Távforgalmi út | Fjerntrafikvej |
| Carretera de tránsito | Weg voor doorgaand verkeer | Průjezdní silnice | | Priechodná cesta | Átmenő út | Gennemfartsvej |
| Carretera principal | Hoofdweg | Hlavní silnice | | Hlavná cesta | Főút | Hovedvej |
| Carretera de enlace | Verbindingsweg | Spojovací silnice | | Spájacia cesta | Összekötő út | Forbindelsesvej |
| Número de carretera europea | Europees wegnummer | Číslo evropské silnice | E20 | Číslo európskej cesty | Európaiút-szám | Europavejnummer |
| Ferry | Autoveer | Trajekt pro auta | ———• | Trajekt pre automobily | Autókomp | Bilfærge |
| Ruta maritima | Scheepvaartroute | Lodní linka | – – – – – – – | Lodná linka | Hajóútvonal | Skibsrute |
| Aeroporto | Luchthaven | Dopravní letiště | ✈ | Dopravné letisko | Légi kikötő | Lufthavn |
| Capital | Hoofdstad | Hlavní město | **WARSZAWA** | Hlavné mesto | Főváros | Hovedstad |
| Frontera de Estado, Control | Rijksgrens, Grenspost | Státní hranice, Celnice | –⊖– | Štátna hranica Hraničný priechod | Országhatár, Határellenőhely | Statsgrænse, Grænsekontrol |

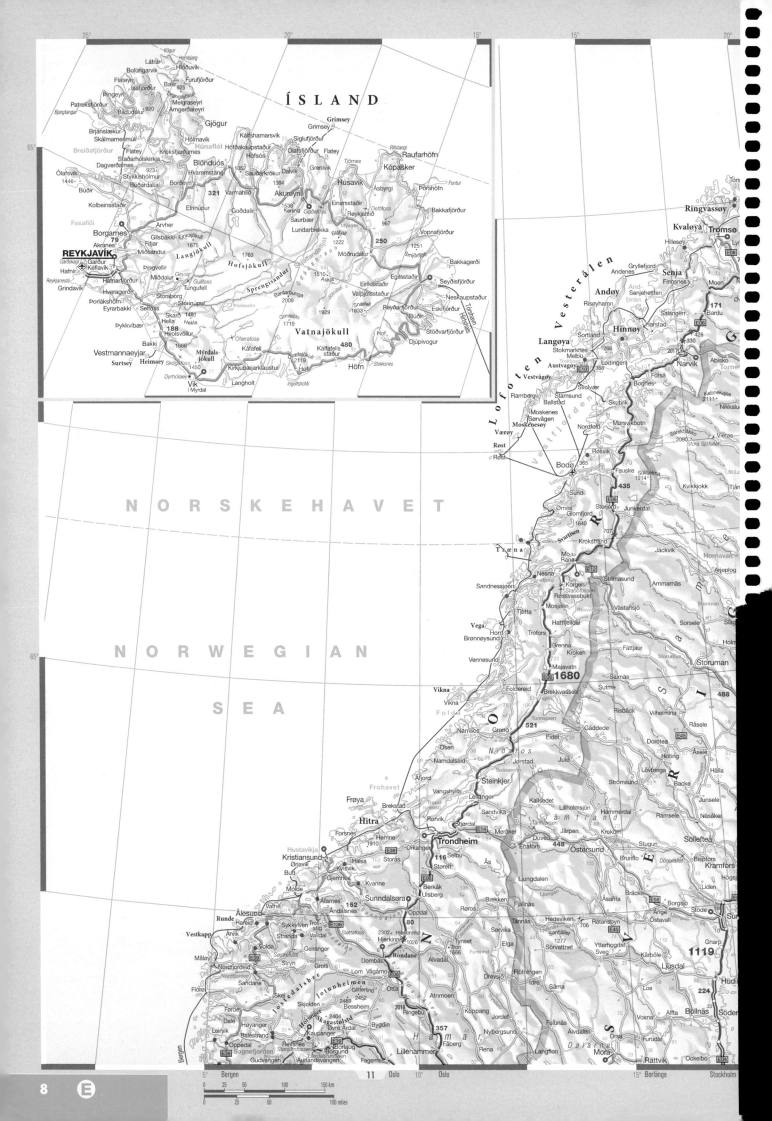

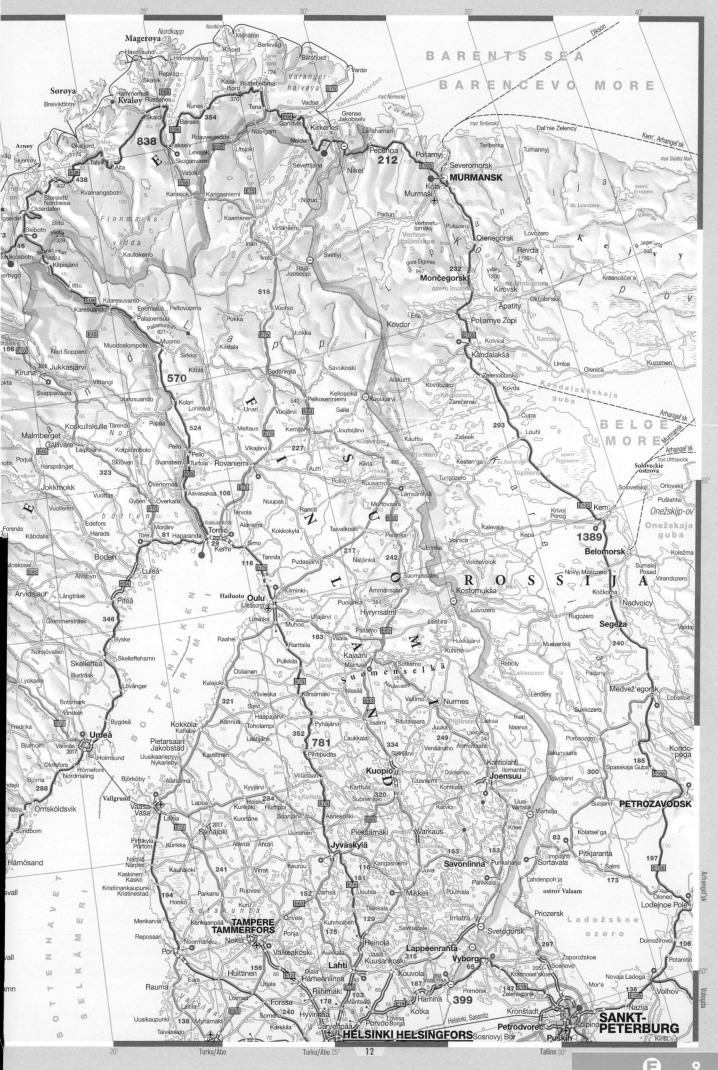

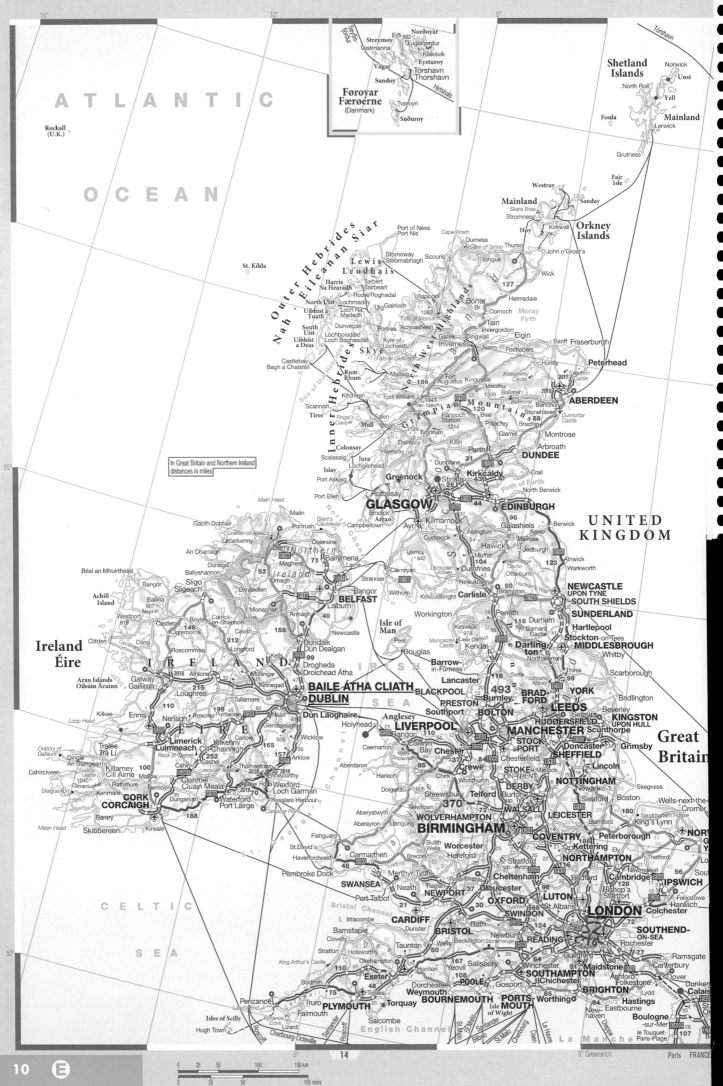

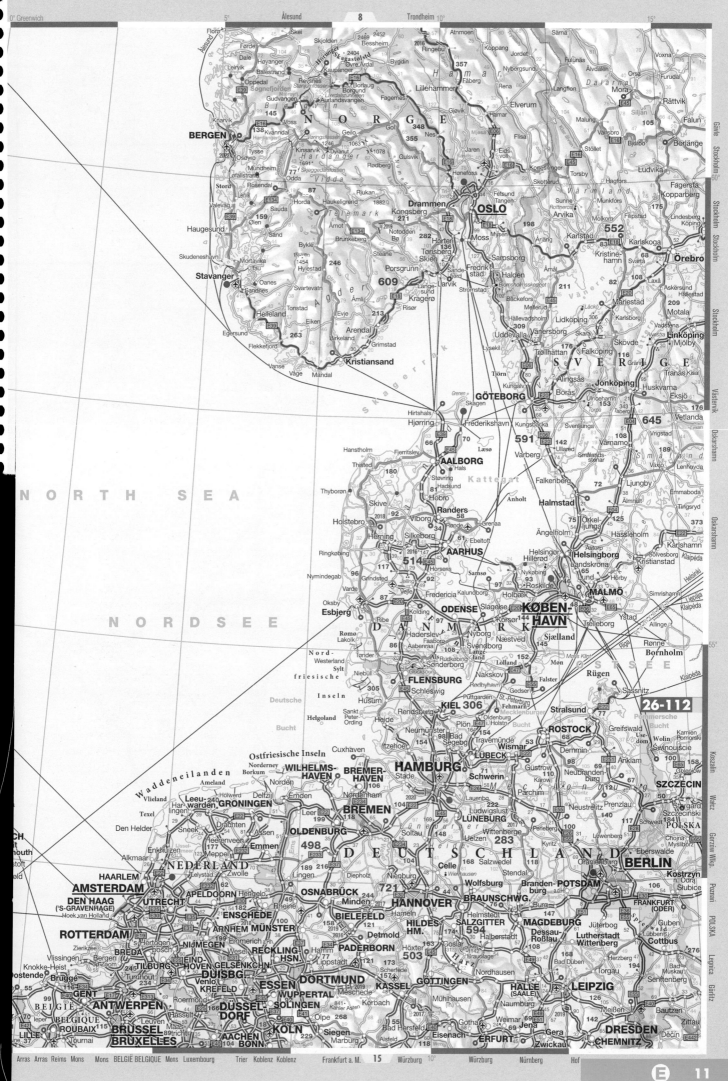

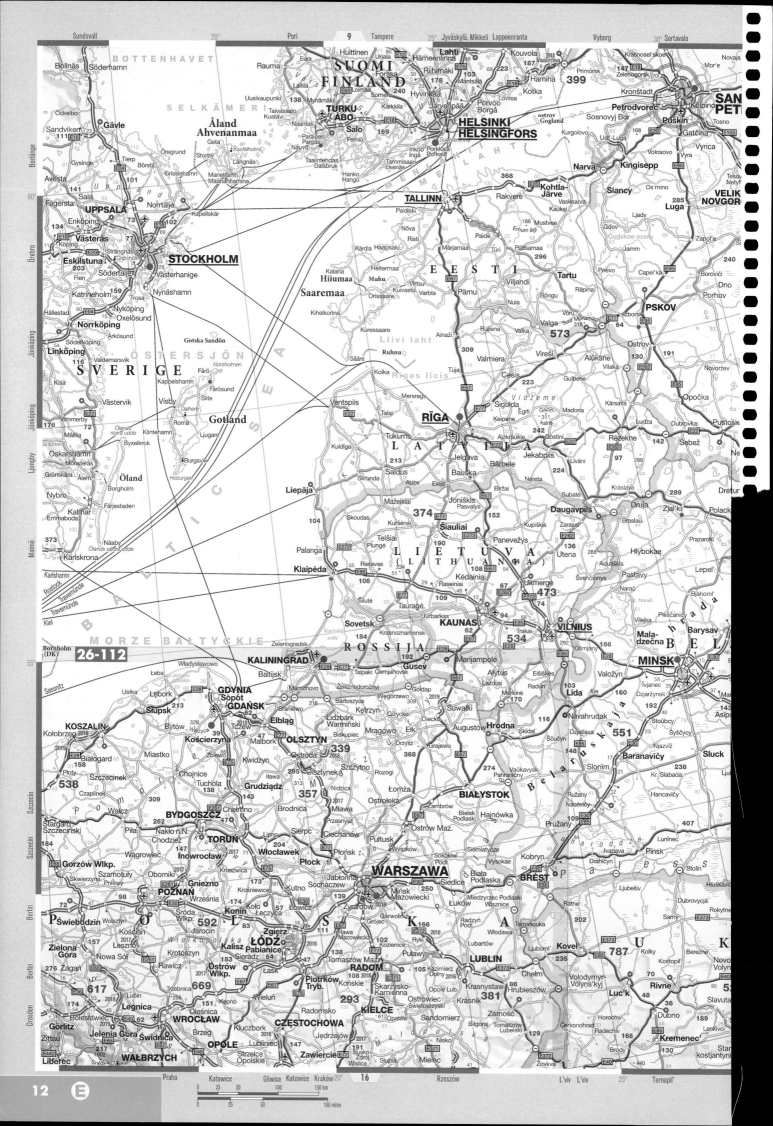

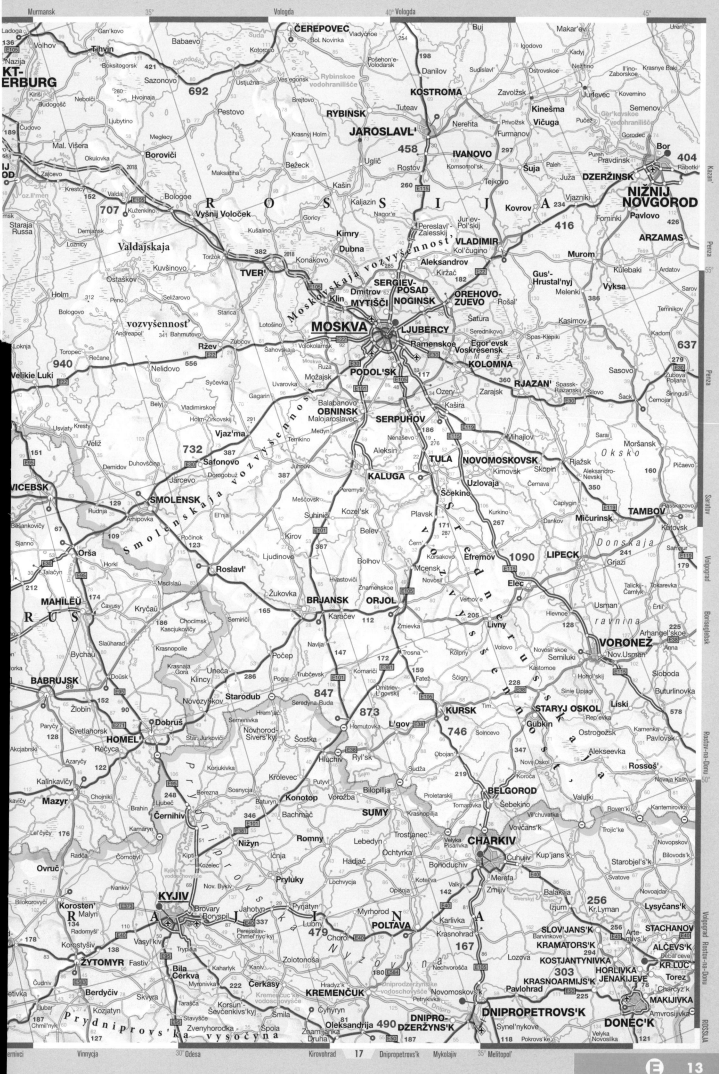

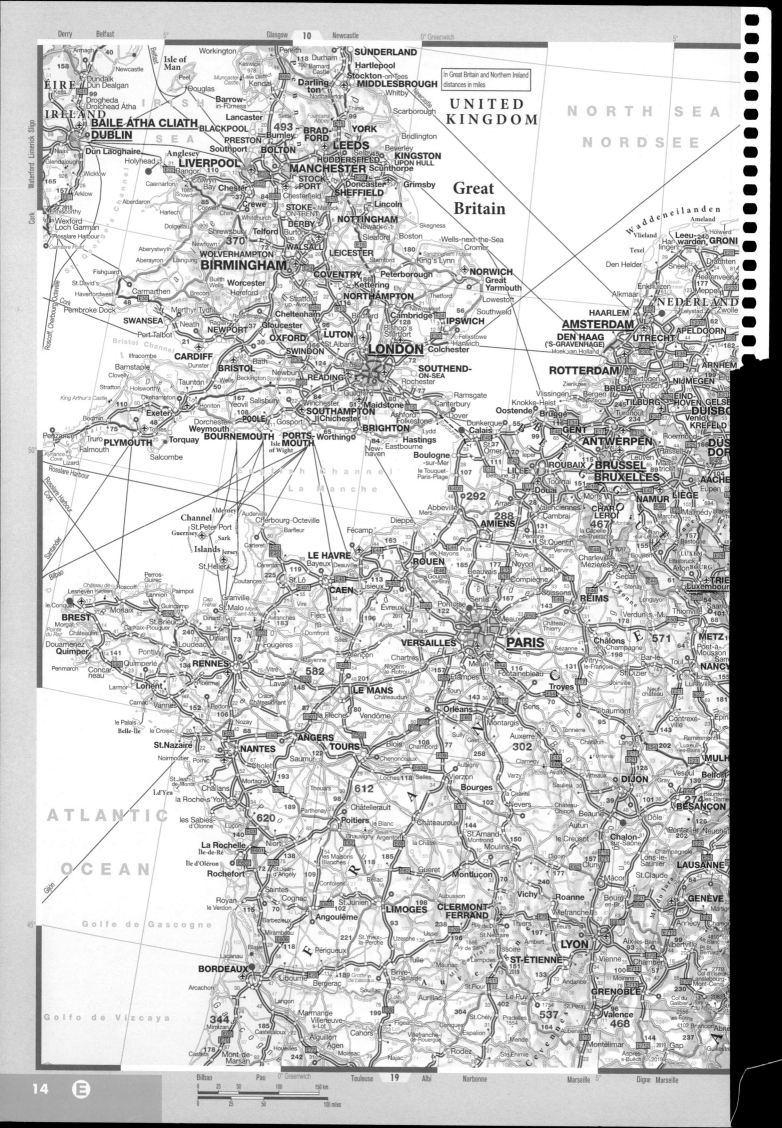

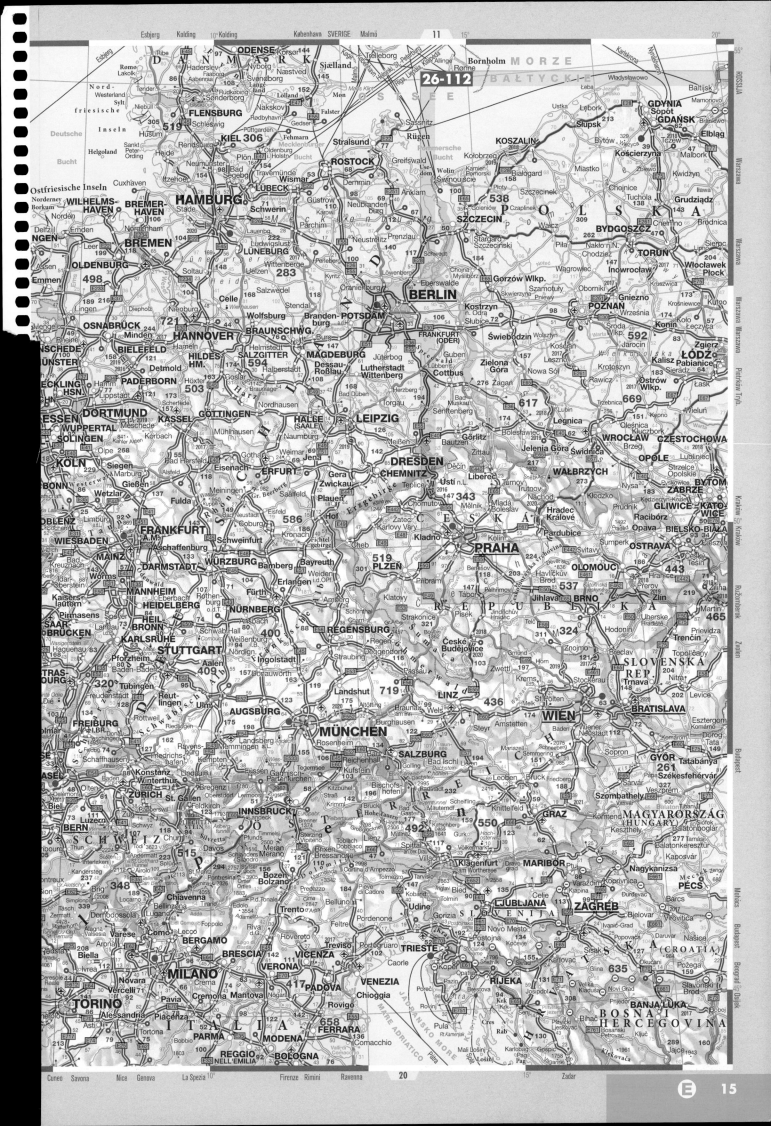

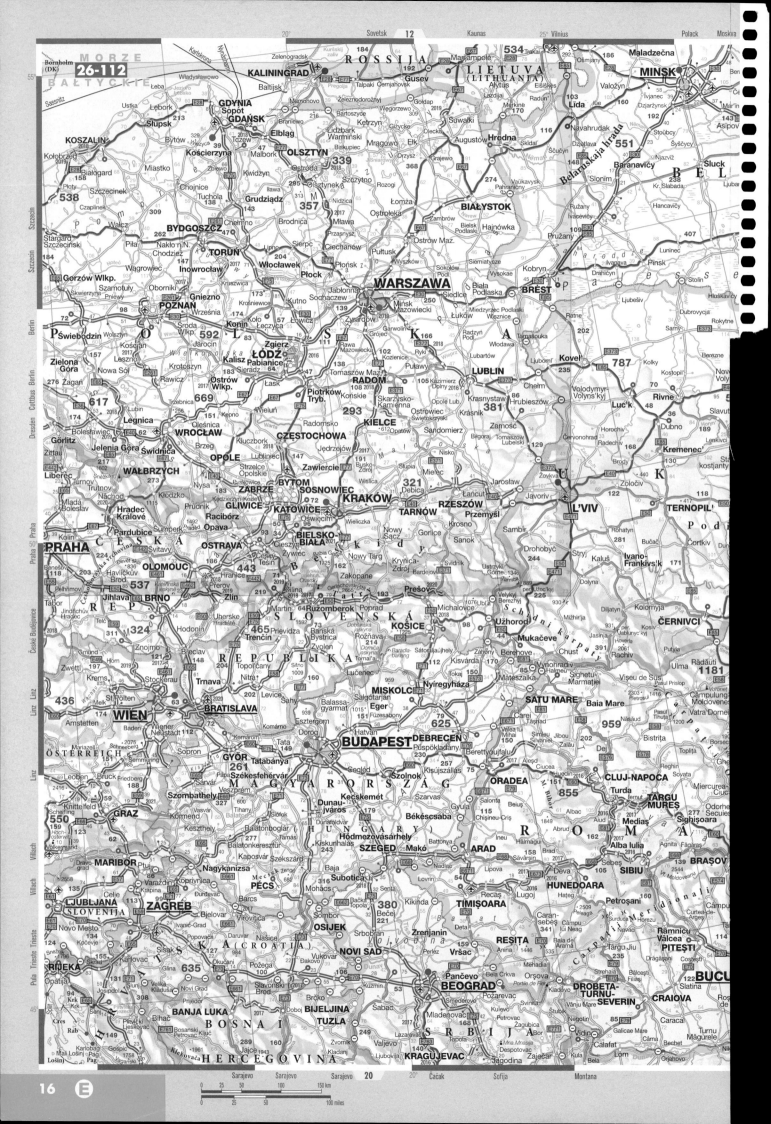

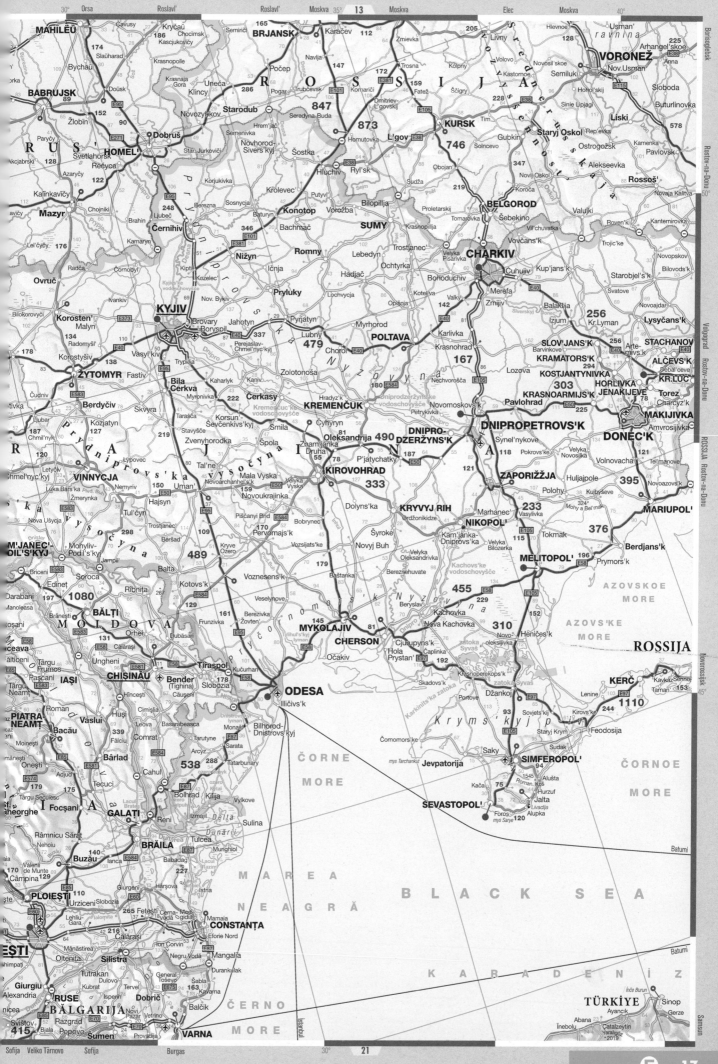

# 1 : 300 000

SKOROWIDZ ARKUSZY    BLATTÜBERSICHT    KEY MAP    CARTE D'ASSEMBLAGE
QUADRO D'UNIONE    ÍNDICE DE MAPA    MAPA ÍNDICE    OVERZICHTSKAART
KLAD MAPOVÝCH LISTŮ    KLAD MAPOVÝCH LISTOV    ÁTTEKINTŐTÉRKÉP    OVERSIGTSKORT

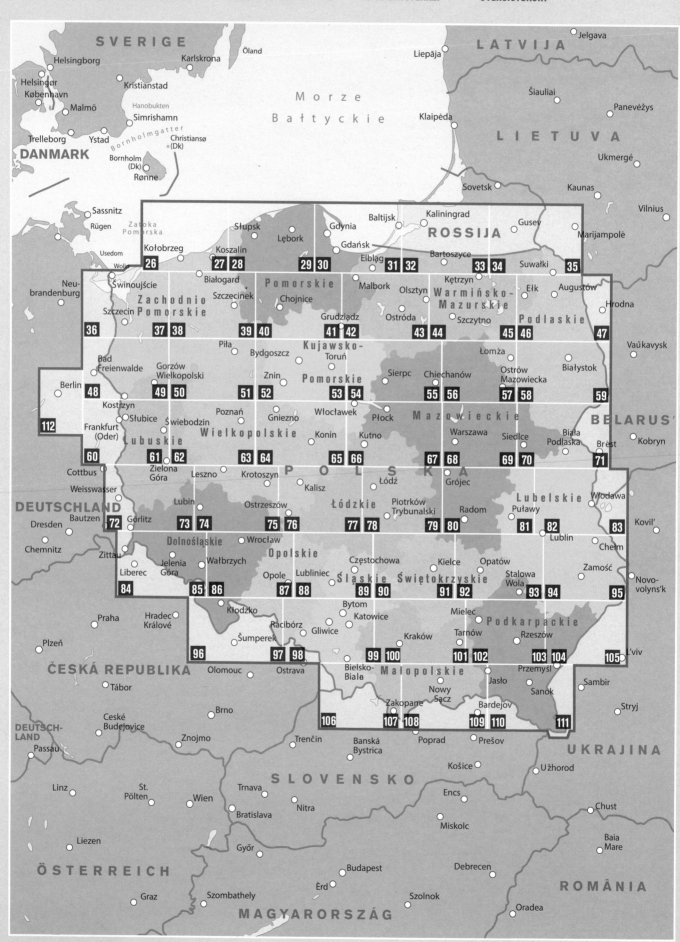

22

# 1 : 300 000

## Objaśnienia znaków
## Zeichenerklärung

## Legend
## Légende

| KOMUNIKACJA **PL** | | **GB** TRAFFIC |
|---|---|---|
| VERKEHR **D** | | **F** CIRCULATION |

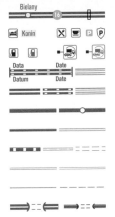

Autostrada z węzłem · Węzeł z numerem · Płatna rogatka
Autobahn mit Anschlussstelle · Anschlussnummer · Gebührenstelle
**Motorway with junction · Junction number · Toll station**
Autoroute avec point de jonction · Numéro de point de jonction · Gare de péage

Motel · Restauracja · Bufet · Parking i WC · Bezpieczeństwo parkowanie ciężarówka
Rasthaus mit Übernachtung · Raststätte · Kleinraststätte · Parkplatz mit WC · LKW-Sicherheitsparkplatz
**Hotel, motel · Restaurant · Snackbar · Parking area with WC · Truck secure parking**
Hôtel, motel · Restaurant · Snack-bar · Parc avec WC · Parking sécurisé poids lourds

Stacja benzynowa · CNG · Postój ciężarówek i noclegi dla kierowców · CNG
Tankstelle · mit Erdgas CNG · Autohof · mit Erdgas CNG
**Filling-station · CNG · Truckstop · CNG**
Poste d'essence · GNC · Relais routier · GNC

Autostrada w budowie z datą oddania do użytku · Autostrada projektowana
Autobahn in Bau mit voraussichtlichem Fertigstellungsdatum · Autobahn in Planung
**Motorway under construction with expected date of opening · Motorway projected**
Autoroute en construction avec date prévue de mise en service · Autoroute en projet

Droga szybkiego ruchu · w budowie · projektowana
Autobahnähnliche Schnellstraße · in Bau · in Planung
**Dual carriageway with motorway characteristics · under construction · projected**
Double chaussée de type autoroutier · en construction · en projet

Droga przelotowa · z węzłem
Fernverkehrsstraße · mit Anschlussstelle
**Trunk road · with junction**
Route de grand trafic · avec point de jonction

Ważna droga główna · Droga główna
Wichtige Hauptstraße · Hauptstraße
**Important main road · Main road**
Route principale importante · Route principale

Drogi w budowie · Drogi projektowane
Straßen in Bau · geplant
**Roads under construction · projected**
Routes en construction · en projet

Droga drugorzędna · Droga bita
Nebenstraße · Fahrweg
**Secondary road · Carriageway**
Route secondaire · Chemin carrossable

Droga bita (o ograniczonej przejezdności) · Drogi dla pieszych
Fahrweg, nur bedingt befahrbar · Fußwege
**Carriageway, use restricted · Footpaths**
Chemin carrossable, praticabilité non assurée · Sentiers

Tunele drogowe
Straßentunnel
**Road tunnels**
Tunnels routiers

Numer drogi europejskiej · Numer autostrady · Numer drogi
Europastraßennummer · Autobahnnummer · Straßennummer
**European road number · Motorway number · Road number**
Numéro de route européenne · Numéro d'autoroute · Numéro de route

Stromy podjazd · Przełęcz · Zamknięte zimą
Steigung · Pass · Wintersperre
**Gradient · Pass · Closure in winter**
Montée · Col · Fermeture en hiver

Wjazd z przyczepą kempingową niezalecany · zakazany
Straße für Wohnanhänger nicht empfehlenswert · gesperrt
**Road not recommended · closed for caravans**
Route non recommandée · interdite aux caravanes

Droga płatna · Droga zamknięta dla ruchu samochodowego
Gebührenpflichtige Straße · Straße für Kfz gesperrt
**Toll road · Road closed for motor vehicles**
Route à péage · Route interdite aux véhicules à moteur

Piękna droga widokowa · Droga turystyczna
Landschaftlich schöne Strecke · Touristenstraße
**Route with beautiful scenery · Tourist route**
Parcours pittoresque · Route touristique

Prom samochodowy · Prom rzeczny samochodowy · Linia okrętowa
Autofähre · Autofähre an Flüssen · Schifffahrtslinie
**Car ferry · Car ferry on river · Shipping route**
Bac pour automobiles · Bac fluvial pour automobiles · Ligne de navigation

Kolej główna z dworcem · Kolej drugorzędna z przystankiem
Hauptbahn mit Bahnhof · Nebenbahn mit Haltepunkt
**Main line railway with station · Secondary line railway with stop**
Chemin de fer principal avec gare · Chemin de fer secondaire avec halte

Stacja przeładunkowa dla samochodu · Kolej zabytkowa
AutoZug-Terminal · Museumseisenbahn
**Car-loading terminal · Tourist train**
Gare auto-train · Chemin de fer touristique

Kolej zębata, kolej linowa szynowa · Kolej linowa napowietrzna · Wyciąg krzesełkowy
Zahnradbahn, Standseilbahn · Kabinenseilbahn · Sessellift
**Rack-railway, funicular · Aerial cableway · Chair-lift**
Chemin de fer à crémaillère, funiculaire · Téléférique · Télésiège

Port lotniczy · Lotnisko regionalne · Lotnisko · Teren do szybowców
Verkehrsflughafen · Regionalflughafen · Flugplatz · Segelflugplatz
**Airport · Regional airport · Airfield · Gliding site**
Aéroport · Aéroport régional · Aérodrome · Terrain de vol à voile

Odległości w kilometrach na autostradach
Entfernungen in km an Autobahnen
**Distances in km along the motorway**
Distances en km sur autoroutes

Odległości w kilometrach na innych drogach
Entfernungen in km an Straßen
**Distances in km along the other roads**
Distances en km sur routes

---

## INTERESUJĄCE OBIEKTY
## SEHENSWÜRDIGKEITEN

## PLACES OF INTEREST
## CURIOSITÉS

Szczególnie interesująca miejscowość
Besonders sehenswerter Ort
**Place of particular interest**
Localité particulièrement intéressante

Bardzo interesująca miejscowość
Sehr sehenswerter Ort
**Very interesting city**
Ville très recommandée

Szczególnie Interesujący zabytek · Bardzo interesujący zabytek
Besonders sehenswertes kulturelles Objekt · Sehr sehenswertes kulturelles Objekt
**Cultural monument of particular interest · Very interesting cultural monument**
Monument culturel particulièrement intéressant · Monument culturel très recommandé

Szczególnie interesujący pomnik przyrody · Bardzo interesujący pomnik przyrody
Besondere Natursehenswürdigkeit · Natursehenswürdigkeit
**Natural object of particular interest · Very interesting natural monument**
Monument naturel particulièrement intéressant · Monument naturel très recommandé

Inne interesujące obiekty: kulturny - przyrodniczy
Sonstige Sehenswürdigkeiten: Kultur - Natur
**Other objects of interest: culture - nature**
Autres curiosités: culture - nature

Ogród botaniczny, interesujący park · Ogród zoologiczny
Botanischer Garten, sehenswerter Park · Zoologischer Garten
**Botanical gardens, interesting park · Zoological gardens**
Jardin botanique, parc intéressant · Jardin zoologique

MARCO POLO Highlight
MARCO POLO Highlight
**MARCO POLO Highlight**
MARCO POLO Highlight

Park narodowy, park krajobrazowy · Punkt widokowy
Nationalpark, Naturpark · Aussichtspunkt
**National park, nature park · Scenic view**
Parc national, parc naturel · Point de vue

Kościół · Kaplica · Ruiny kościoła · Klasztor · Ruiny klasztoru
Kirche · Kapelle · Kirchenruine · Kloster · Klosterruine
**Church · Chapel · Church ruin · Monastery · Monastery ruin**
Église · Chapelle · Église en ruines · Monastère · Monastère en ruines

Pałac, zamek · Ruiny zamku · Pomnik · Wiatrak · Jaskinia
Schloss, Burg · Burgruine · Denkmal · Windmühle · Höhle
**Palace, castle · Castle ruin · Monument · Windmill · Cave**
Château, château fort · Château fort en ruines · Monument · Moulin à vent · Grotte

---

## INNE INFORMACJE
## SONSTIGES

## OTHER INFORMATION
## AUTRES INDICATIONS

Kemping przez cały rok · sezonowy · Schronisko młodzieżowe · Hotel, motel, restauracja, schronisko górskie, wieś letniskowa
Campingplatz ganzjährig · saisonal · Jugendherberge · Hotel, Motel, Gasthaus, Berghütte, Feriendorf
**Camping site permanent · seasonal · Youth hostel · Hotel, motel, inn, refuge, tourist colony**
Terrain de camping permanent · saisonniers · Auberge de jeunesse · Hôtel, motel, auberge, refuge, village touristique

Pole golfowe · Port jachtowy · Wodospad
Golfplatz · Jachthafen · Wasserfall
**Golf-course · Marina · Waterfall**
Terrain de golf · Marina · Cascade

Pływalnia · Uzdrowisko · Plaża rekomendowana
Schwimmbad · Heilbad · Empfehlenswerter Badestrand
**Swimming pool · Spa · Recommended beach**
Piscine · Station balnéaire · Plage recommandée

Wieża · Wieża stacji radiowej, telewizyjnej · Latarnia morska · Budynek odosobniony
Turm · Funk-, Fernsehturm · Leuchtturm · Einzelgebäude
**Tower · Radio or TV tower · Lighthouse · Isolated building**
Tour · Tour radio, tour de télévision · Phare · Bâtiment isolé

Meczet · Dawny meczet · Cerkiew prawosławna · Cmentarz wojskowy
Moschee · Ehemalige Moschee · Russisch-orthodoxe Kirche · Soldatenfriedhof
**Mosque · Former mosque · Russian orthodox church · Military cemetery**
Mosquée · Ancienne mosquée · Église russe orthodoxe · Cimetière militaire

Granica państwa · Międzynarodowe przejście graniczne · z ograniczeniami
Staatsgrenze · Internationale Grenzkontrollstelle · Grenzkontrollstelle mit Beschränkung
**National boundary · International check-point · Check-point with restrictions**
Frontière d'État · Point de contrôle international · Point de contrôle avec restrictions

Granica administracyjna · Obszar zamknięty
Verwaltungsgrenze · Sperrgebiet
**Administrative boundary · Prohibited area**
Limite administrative · Zone interdite

Las · Wrzosowisko
Wald · Heide
**Forest · Heath**
Forêt · Lande

Piasek i wydmy · Watty
Sand und Dünen · Wattenmeer
**Sand and dunes · Tidal flat**
Sable et dunes · Mer recouvrant les hauts-fonds

# 1 : 300 000

## Segni convenzionali
## Sinais convencionais

## Signos convencionales
## Legenda

---

### COMUNICAZIONI Ⓘ
### TRÂNSITO Ⓟ

### Ⓔ TRÁFICO
### Ⓝⓛ VERKEER

| Italiano / Português | | Español / Nederlands |
|---|---|---|
| Autostrada con svincolo · Svincolo numerato · Barriera<br>Auto-estrada com ramal de acesso · Número de acesso · Portagem |   | Autopista con acceso · Número de acceso · Peaje<br>Autosnelweg met aansluiting · Aansluiting met nummer · Tolkantoor |
| Hotel, motel · Ristorante · Bar · Parcheggio con WC · Truck parcheggio di sicurezza<br>Hotel, motel · Restaurante · Snack-bar · Parque de estacionamento com retrete · Truck Parqueamento Segurança | | Hotel, motel · Restaurante · Bar · Aparcamiento con retrete · Truck seguridad parking<br>Motel · Restaurant · Snackbar · Parkeerplaats met WC · Beveiligde parkeerplaats voor vrachtwagens |
| Area di servizio · GNC · Parco automobilistico · GNC<br>Posto de abastecimento · GNC · Área de serviço para camiões · GNC | | Estación de servicio · GNC · Área de servicio y descanso · GNC<br>Tankstation · CNG · Truckstop · CNG |
| Autostrada in costruzione con data d'apertura prevista · Autostrada in progetto<br>Auto-estrada em construção com data de conclusão · Auto-estrada projectada | | Autopista en construcción con fecha de apertura al tráfico · Autopista en proyecto<br>Autosnelweg in aanleg met geplande openingsdatum · Autosnelweg in ontwerp |
| Doppia carreggiata di tipo autostradale · in costruzione · in progetto<br>Via rápida de faixas separadas · em construção · projectada | | Autovía · en construcción · en proyecto<br>Autoweg met gescheiden rijbanen · in aanleg · in ontwerp |
| Strada di grande comunicazione · con svincolo<br>Itinerário principal · com ramal de acesso | | Carretera de tránsito · con acceso<br>Weg voor doorgaand verkeer · met aansluiting |
| Strada principale importante · Strada principale<br>Estrada de ligação principal · Estrada regional | | Carretera principal importante · Carretera principal<br>Belangrijke hoofdweg · Hoofdweg |
| Strade in costruzione · in progetto<br>Estradas em construção · projectadas | | Carreteras en construcción · en proyecto<br>Wegen in aanleg · in ontwerp |
| Strada secondaria · Sentiero carrabile<br>Estrada secundária · Caminho | | Carretera secundaria · Camino<br>Secundaire weg · Rijweg |
| Sentiero carrabile, traffico ristretto · Sentieri<br>Caminho a trânsito limitado · Trilho | | Camino, tránsito restringido · Sendas<br>Rijweg, beperkt berijdbaar · Voetpaden |
| Gallerie stradali<br>Túnels de estrada | | Túneles de carreteras<br>Wegtunnels |
| Numero di strada europea · Numero di autostrada · Numero di strada<br>Número de estrada europeia · Número de auto-estrada · Número de estrada | E45  A18  209 | Número de carretera europea · Número de autopista · Número de carretera<br>Europees wegnummer · Nummer van autosnelweg · Wegnummer |
| Pendenza · Passo · Chiusura invernale<br>Subida · Passagem · Estrada fechada ao trânsito no inverno | 10-15%  >15%  (1328)  IX-II | Pendiente · Puerto · Cerrado en invierno<br>Stijging · Bergpas · Winterafsluiting |
| Strada non consigliata · vietata al transito di caravan<br>Estrada não aconselhável · interdita a autocaravanas | | Carretera no recomendada · Cerrada para caravanas<br>Voor caravans niet aan te bevelen · verboden |
| Strada a pedaggio · Strada vietata ai veicoli a motore<br>Estrada com portagem · Estrada fechada ao trânsito | | Carretera de peaje · Carretera cerrada para automóviles<br>Tolweg · Gesloten voor motorvoertuigen |
| Percorso pittoresco · Strada turistica<br>Itinerário pitoresco · Rota turística | Dr. Nadmorska | Ruta pintoresca · Ruta turística<br>Landschappelijk mooie route · Toeristische route |
| Traghetto auto · Trasporto auto fluviale · Linea di navigazione<br>Barca para viaturas · Bateláos para viaturas nos rios · Linha de navegação | | Transbordador para automóviles · Paso de automóviles en barca · Línea marítima<br>Autoveer · Autoveer over rivieren · Scheepvaartroute |
| Ferrovia principale con stazione · Ferrovia secondaria con fermata<br>Linha ferroviária principal com estação · Linha secundária com apeadeiro | | Línea principal de ferrocarril con estación · Línea secundaria con apeadero<br>Hoofdspoorlijn met station · Spoorlijn met halte |
| Terminal auto al seguito · Treno turistico<br>Estação com carregação de viaturas · Comboio turístico | | Terminal autoexpreso · Tren turístico<br>Autotrein-terminal · Toeristische stoomtrein |
| Ferrovia a cremagliera, funicolare · Funivia · Seggiovia<br>Via férrea de cremalheira, funicular · Teleférico · Telecadeira | | Ferrocarril de cremallera, funicular · Teleférico · Telesilla<br>Tandradbaan, kabelspoorweg · Kabelbaan · Stoeltjeslift |
| Aeroporto · Aeroporto regionale · Aerodromo · Campo per alianti<br>Aeroporto · Aeroporto regional · Aeródromo · Aeródromo para planadores | WAW | Aeropuerto · Aeropuerto regional · Aeródromo · Campo de aviación sin motor<br>Luchthaven · Regionaal vliegveld · Vliegveld · Zweefvliegveld |
| Distanze autostradali in km<br>Distâncias em quilómetros na auto-estrada | 75  30  35  45  25  10 | Distancias en km en la autopista<br>Afstanden in km aan autosnelwegen |
| Distanze stradali in km<br>Distâncias em quilómetros na estrada | | Distancias en km en carreteras<br>Afstanden in km aan wegen |

---

### INTERESSE TURISTICO
### PONTOS DE INTERESSE

### PUNTOS DE INTERÉS
### BEZIENSWAARDIGHEDEN

| Italiano / Português | | Español / Nederlands |
|---|---|---|
| Località di particolare interesse<br>Povoação de interesse especial | POZNAŃ | Población de interés especial<br>Bijzonder bezienswaardige plaats |
| Località molto interessante<br>Povoação muito interessante | BRZEG | Localidad de mucho interés<br>Zeer bezienswaardige plaats |
| Monumento di particolare interesse · Monumento molto interessante<br>Monumento cultural de interesse especial · Monumento cultural de muito interesse | Wawel  Katedra | Monumento cultural de interés especial · Monumento cultural de mucho interés<br>Bijzonder bezienswaardig cultuurmonument · Zeer bezienswaardig cultuurmonument |
| Monumento naturale di particolare interesse · Monumento naturale molto interessante<br>Monumento natural de interesse especial · Monumento natural de muito interesse | Jaskinia  Dolina | Curiosidad natural de interés · Curiosidad natural<br>Bijzonder bezienswaardig natuurmonument · Zeer bezienswaardig natuurmonument |
| Altre curiosità: cultura - natura<br>Outros pontos de interesse: cultura - natureza | Stadion  Rezerwat | Otras curiosidades: cultura - naturaleza<br>Overige bezienswaardigheden: cultuur - natuur |
| Giardino botanico, parco interessante · Giardino zoologico<br>Jardim botânico, parque interessante · Jardim zoológico | | Jardín botánico, parque de interés · Jardín zoológico<br>Botanische tuin, bezienswaardig park · Dierentuin |
| MARCO POLO Highlight<br>MARCO POLO Highlight | ★1 | MARCO POLO Highlight<br>MARCO POLO Highlight |
| Parco nazionale, parco naturale · Punto panoramico<br>Parque nacional, parque natural · Vista panorâmica | | Parque nacional, parque natural · Vista pintoresca<br>Nationaal park, natuurpark · Mooi uitzicht |
| Chiesa · Cappella · Rovine di chiesa · Monastero · Rovine di monastero<br>Igreja · Capela · Ruína de igreja · Mosteiro · Ruína de mosteiro | | Iglesia · Ermita · Iglesia en ruínas · Monasterio · Ruina de monasterio<br>Kerk · Kapel · Kerkruïne · Klooster · Kloosterruïne |
| Castello, fortezza · Rovine di fortezza · Monumento · Mulino a vento · Grotta<br>Palácio, castelo · Ruínas castelo · Monumento · Moinho de vento · Gruta | | Palacio, castillo · Ruina de castillo · Monumento · Molino de viento · Cueva<br>Kasteel, burcht · Burchtruïne · Monument · Windmolen · Grot |

---

### ALTRI SEGNI
### DIVERSOS

### OTROS DATOS
### OVERIGE INFORMATIE

| Italiano / Português | | Español / Nederlands |
|---|---|---|
| Campeggio tutto l'anno · stagionale · Ostello della gioventù · Hotel, motel, albergo, rifugio, villaggio turistico<br>Parque de campismo durante todo o ano · sazonal · Pousada da juventude · Hotel, motel, restaurante, abrigo de montanha, aldeia turística | ▲ △ △ ⌂ | Camping todo el año · estacionales · Albergue juvenil · Hotel, motel, restaurante, refugio, aldea de vacaciones<br>Kampeerterrein het gehele jaar · seizoengebonden · Jeugdherberg · Hotel, motel, restaurant, berghut, vakantiekolonie |
| Campo da golf · Porto turistico · Cascata<br>Área de golfe · Porto de abrigo · Cascata | ⚓ | Campo de golf · Puerto deportivo · Cascada<br>Golfterrein · Jachthaven · Waterval |
| Piscina · Terme · Spiaggia raccomandabile<br>Piscina · Termas · Praia recomendável | | Piscina · Baño medicinal · Playa recomendable<br>Zwembad · Badplaats · Mooi badstrand |
| Torre · Torre radio o televisiva · Faro · Edificio isolato<br>Torre · Torre de telecomunicação · Farol · Edifício isolado | | Torre · Torre de radio o televisión · Faro · Edificio aislado<br>Toren · Radio of T.V. mast · Vuurtoren · Geïsoleerd gebouw |
| Moschea · Antica moschea · Chiesa ortodossa russa · Cimitero militare<br>Mesquita · Mesquita antiga · Igreja russa ortodoxa · Cemitério militar | | Mezquita · Antigua mezquita · Iglesia rusa-ortodoxa · Cementerio militar<br>Moskee · Voormalig moskee · Russisch orthodox kerk · Militaire begraafplaats |
| Confine di Stato · Punto di controllo internazionale · Punto di controllo con restrizioni<br>Fronteira nacional · Posto de controlo internacional · Posto de controlo com restrição | | Frontera nacional · Control internacional · Control con restricciones<br>Rijksgrens · Internationaal grenspost · Grenspost met restrictie |
| Confine amministrativo · Zona vietata<br>Limite administrativo · Área proibida | | Frontera administrativa · Zona prohibida<br>Administratieve grens · Afgesloten gebied |
| Foresta · Landa<br>Floresta · Charneca | | Bosque · Landa<br>Bos · Heide |
| Sabbia e dune · Barena<br>Areia e dunas · Baixio | | Arena y dunas · Aguas bajas<br>Zand en duinen · Bij eb droogvallende gronden |

## Vysvětlivky
## Vysvetlivky

## Jelmagyarázat
## Tegnforklaring

---

| **DOPRAVA** CZ | | **H** KÖZLEKEDÉS |
| **DOPRAVA** SK | | **DK** TRAFIK |

Dálnice s připojkou · Přípojka s číslem · Místo výběru poplatků
Diaľnica s pripojkami · Pripojkami · Miesto výberu poplatkov
Autópálya csomóponttal · Autópálya-csomópont száma · Fizetési állás
Motorvej med tilslutning · Tilslutning med nummer · Afgift

Motel · Motorest · Občerstvení · Parkoviště s WC · Truck parkování bezpečnosti
Motel · Raststätte · Občerstvenie · Parkovisko s WC · Truck Parkovisko zabezpečenia
Motel · Autós csárda · Büfé · Parkolóhely vécével · Kamionparkoló biztonság
Rasteplads med overnatning · Rasteplads · Cafeteria · Parkeringsplads med WC · Lastbilparkering sikkerhed

Čerpací stanice · CNG · Parkoviště pro TIR · CNG
Čerpacia stanica · CNG · Parkovisko pre nákladné autá · CNG
Benzinkút · CNG · Autópihenő · CNG
Tankanlæg · CNG · Motorvejsstation · CNG

Dálnice ve stavbě s termínem uvedení do provozu · Dálnice plánovaná
Diaľnica vo výstavbe s termínom uvedenia do prevádzky · Diaľnica plánovaná
Autópálya épités alatt a megnyitás időpontjával · Autópálya tervezés alatt
Motorvej under opførelse med dato for indvielse · Motorvej under planlægning

Dvouproudá silnice dálnicového typu ve čtyřmi jízdními pruhy · ve stavbě · plánovaná
Čtvorprúdová cesta pre motorové vozidlá · vo výstavbe · plánovaná
Gyorsforgalmi út autópálya jelleggel · épités alatt · tervezés alatt
Motortrafikvej med to vejbaner · under opførelse · under planlægning

Dálková silnice · s připojkou
Hlavná diaľková cesta · s připojkou
Távolsági út · csomóponttal
Fjerntrafikvej

Důležitá hlavní silnice · Hlavní silnice
Dôležité hlavné cesty · Hlavné cesty
Fontos főút · Főút
Vigtig hovedvej · Hovedvej

Silnice ve stavbě · plánované
Cesty vo výstavbe · plánovaná
Utak épités alatt · tervezés alatt
Veje under opførelse · under planlægning

Vedlejší silnice · Zpevněná cesta
Vedľajšia cesta · Spevnená cesta
Mellékút · Földút
Biveje

Zpevněná cesta, sjízdná podmíněně · Stezky
Spevnená cesta, zjazdné podmienene · Chodníky
Földút, nem járháto állandóan · Gyalogutak
Mindre vej · Gangsti

Silniční tunely
Cestný tunel
Alagutak
Vejtunneler

Číslo evropské silnice · Číslo dálnice · Číslo silnice
Číslo európskej cesty · Číslom dia nica · Číslo cesty
Európa-útszám · Autópálya-szám · Útszám
Europavejnummer · Motorvejnummer · Vejnummer

| E45 | A18 | 209 |

Stoupání · Průsmyk · Silnice uzavřená v zimě
Stúpanie · Pries · Terén pre vetrone
Emelkedő · Hágó · Télen elzárt útszakasz
Stigninger · Pas · Vinterlukning

10-15%   > 15%   (1328)   IX-II

Silnice nedoporučena · uzavřená pro přívěsy
Cesta uzavretá pre karavany · neodporúčana
Lakókocsival nem ajánlott · tiltott
Vej ikke anbefalet · forbudt for campingvogne

Silnice s placením mýtného · Silnice uzavřená pro motorová vozidla
Cesta s povinným poplatkom · Cesta uzavretá pre motorové vozidlá
Díj ellenében használható út · Gépjárműforgalom elől elzárt út
Afgiftsrute · Vej spærret for motortrafik

Úsek silnice s pěknou scenérií · Turistická silnice
Cesta s malebnou krajinou · Turistická cesta
Dr. Nadmorska
Természetileg szép szakasz · Turistaút
Landskabelig smuk vejstrækning · Turistrute

Prám pro auta · Říční přívoz pro auta · Trasa lodní dopravy
Trajekt pre automobily · Riečny prievoz pre automobily · Lodná linka
Autókomp · Autókomp folyókon · Hajóútvonal
Bilfærge · Bilfærge på flod · Skibsrute

Hlavní železniční trať se stanicí · Místní železniční trať se zastávkou
Hlavná železnica so stanicou · Vedľajšia železnica so zastávkou
Fővasútvonal állomással · Mellékvasútvonal megállóval
Hovedbane med station · Sidebane med trinbræt

Terminál autovlaků · Historická železnice
Železničný terminál · Historická železnica
Autórakodás · Történeti vasútvonal
Autotog-terminal · Veteranjernbane

Ozubnicová lanovka, kabinová lanovka · Kabinová visutá lanovka · Sedačková lanovka
Ozubincová dráha, Prozemni lanovka · Kabinková visutá lanovka · Sedačková lanovka
Fogaskerekű vasút, drótkötélpálya · Kabinos felvonó · Ülőlift
Tandhjulsbane, tovbane · Svævebane med kabine · Stolelift

Dopravní letiště · Regionální letiště · Přistávací plocha · Terén pro větroně
Dopravné letisko · Regionálne letisko · Pristávacia plocha · Terén pre vetrone
Közlekedési repülőtér · Országos repülőtér · Egyéb repülőtér · Vitorlázórepülő-ter
Lufthavn · Regional lufthavn · Flyveplads · Svæveflyveplads

WAW

Vzdálenosti v kilometrech na dálnici
Vzdialenosti na diaľniciach v kilometroch
Kilométertávolság az autópályán
Afstænder i km på motorvej

75

Vzdálenosti v kilometrech na silnici
Vzdialenosti na cestách v kilometroch
Kilométertávolság egyéb utakon
Afstænder i km på andre vejen

30   35   45
25   10

---

| **ZAJÍMAVOSTI** | | **LÁTVÁNYOSSÁGOK** |
| **ZAUJÍMAVOST** | | **SEVÆRDIGHEDER** |

Turisticky pozoruhodná lokalita
Mimoriadne pozoruhodné miesto
**POZNAŇ**
Különösen látványos település
Særlig seværdig by

Velmi zajímave místo
Veľmi pozoruhodnév miesto
BRZEG
Nagyon látványos hely
Meget seværdig by

Turistická pozoruhodná kulturní památka · Velmi zajímavý kulturní památka
Mimoriadne pozoruhodné kultúra objekt · Veľmi pozoruhodnév kultúra objekt
*Wawel*   *Katedra*
Különösen nevezetes műemlék · Nagyon látványos műemlék
Særlig seværdig kulturmindesmærke · Meget Seværdig kulturmindesmærke

Turistická pozoruhodná přírodní památka · Velmi zajímavý přírodní památka
Mimoriadna prírodná zaujímavosť · Zaujímavosť
*Jaskinia*   *Dolina*
Különösen nevezetes természeti érték · Nagyon látványos természeti érték
Særlig seværdig naturmindesmærke · Meyet seværdig naturmindesmærke

Jiné zajímavosti: kultura – příroda
Iná pozoruhodnosťí: kultúra - príroda
*Stadion*   *Rezerwat*
Egyéb látnivaló: kultúra – természet
Andre seværdigheder: kultur - natur

Botanická zahrada, pozoruhodný park · Zoologická zahrada
Botanická záhrada, Pozoruhodný park · Zoologická záhrada
Botanikus kert, látványos park · Állatkert
Botanisk have, seværdig park · Zoologisk have

MARCO POLO Highlight
MARCO POLO Highlight
MARCO POLO Highlight
MARCO POLO Highlight

Národní park, přírodní park · Krásný výhled
Národný park, Prírodný park · Vyhliadka
Nemzeti park, természeti park · Kilátópont
Nationalpark, naturpark · Udsigtspunkt

Kostel · Kaple · Zřícenina kostela · Klášter · Zřícenina kláštera
Kostol · Kaplnka ·Zrúcenina kostola · Kláštor · Zrúcanina kláštora
Templom · Kápolna · Templomrom · Kolostor · Kolostorrom
Kirke · Kapel · Kirkeruin · Kloster · Klosterruin

Zámek, hrad · Zřícenina hradu · Pomník · Větrný mlýn · Jeskyně
Zámok, Hrad · Zrúcanina hradu · Pomník · Veterný mlyn · Jaskyňa
Kastély, vár · Várrom · Emlékmű · Szélmalom · Barlang
Slot, borg · Borgruin · Mindesmærke · Vejrmølle · Hule

---

| **JINÉ ZNAČKY** | | **EGYÉB** |
| **INÉ ZNAČKY** | | **ANDET** |

Kempink s celoročním provozem · sezónní · Ubytovna mládeže · Hotel, motel, hostinec, horská bouda, rekreační středisko
Kemping celoročný · sezónne · Mládežnícka ubytovňa · Hotel, motel, hostinec, horská chata, rekreačné stredisko
Kemping hely egész évben nyitva · szezonális · Ifjúsági szállás · Szálloda, motel, vendéglő, menedékház, nyaralótelep
Campingplads hele året · sæsonbestemte · Vandrerhjem · Hotel, motel, restaurant, bjerghytte, ferieby

Golfové hřiště · Jachtařský přístav · Vodopád
Golfové ihrisko · Prístav pre plachetnice · Vodopád
Golfpálya · Jachtkikötő · Vízesés
Golfbane · Lystbådehavn · Vandfald

Plovárna · Lázně · Doporučená pláž
Kúpalisko · Kúpele · Pláž vhodná na kúpanie
Uszoda · Gyógyfürdő · Ajánlatos strand
Svømmebad · Kurbad · God badestrand

Věž · Rozhlasová, televizní věž · Maják · Jednotlivá budova
Veža · Rozhlasový, televízny stožiar · Maják · Osamote stojacia budova
Torony · Rádió- vagy tévétorony · Világítótorony · Magában álló épület
Tårn · Telemast · Fyrtårn · Isoleret bygning

Mešita · Dřívější mešita · Ruský ortodoxní kostel · Vojenský hřbitov
Mešita · Ehemalige Moschee · Ruský ortodoxný kostol · Vojenský cintorín
Mecset · Egykori mecset · Oroszkeleti templom · Katonatemető
Moské · Fordums moské · Russisk ortodoks kirke · Militærisk kirkegård

Státní hranice · Hraniční přechod · Hraniční přechod se zvláštními předpisy
Štátna hranica · Medzinárodný hraničný priechod · Hraničný priechod s obmedzením
Államhatár · Nemzetközi határátlépő · Korlátozott átjárhatóságú határátkelőhely
Rigsgrænse · International grænsekontrol · Grænsekontrol med indskrænkning

Správní hranice · Zakázaný prostor
Administratívna hranica · Zakázaná oblasť
Közigazgatási határ · Zárt terület
Regionsgrænse · Spærret område

Les · Vřesoviště
Les · Pustatina
Erdő · Puszta
Skov · Hede

Písek a duny · Mělké moře
Piesok a duny · Plytčina
Homok, föveny · Watt-tenger
Sand og klitter · Vadehav

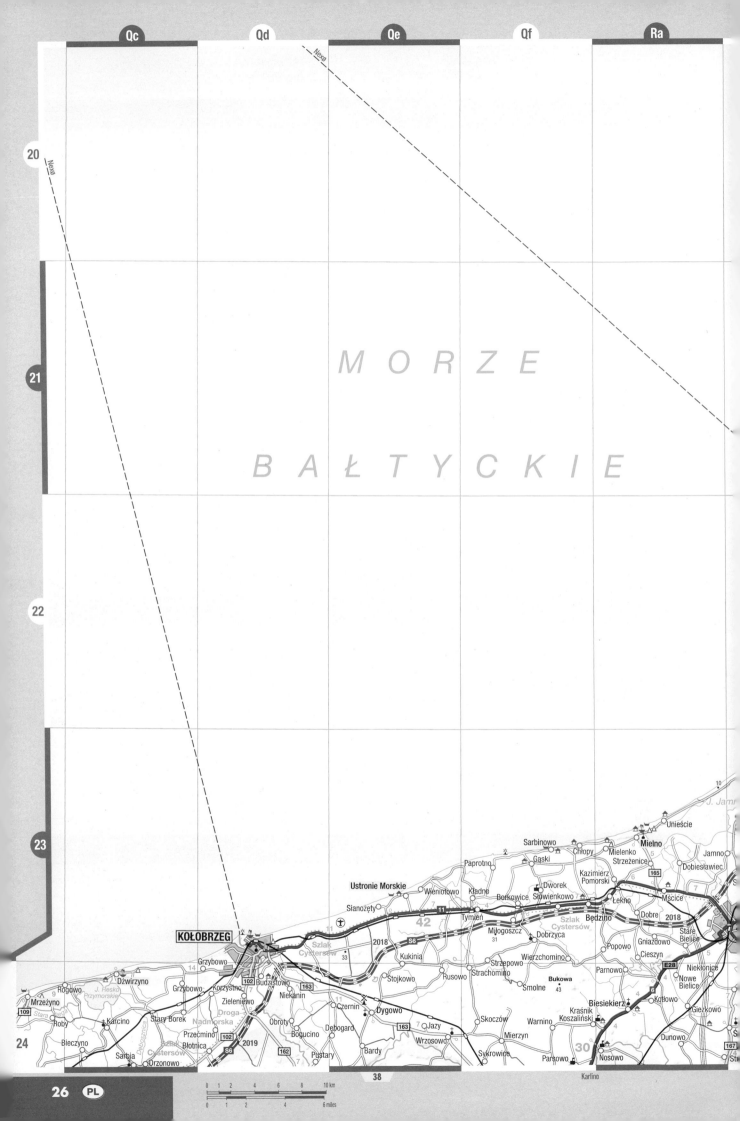

20

21

22

23

24

M O R Z E

B A Ł T Y C K I E

Nexø

J. Jamr

Unieście

Sarbinowo                    Mielno
           Chłopy  Mielenko
           Gąski  Strzeżenice         Jamno
Paprotno                              Dobiesławiec
                    Kazimierz
                    Pomorski          165
Ustronie Morskie  Wieniotowo  Kładno  Dworek          Łekno  Mścice
                              Borkowice  Słowienkowo
Sianożęty                        11  4    Będzino    Dobre  2018
      11  7  42  Tymień          Szlak
Stojkowo  2018  S6  Miłogoszcz   Cystersów
KOŁOBRZEG      Kukinia  31  Dobrzyca        Popowo  Stare
      Szlak                Wierzchomino              Bielice
Grzybowo  Cystersów  33         Strzepowo         Parnowo  Cieszyn
      14              Rusowo  Strachomino                E28
Dźwirzyno  Grzybowo  102  Budzistowo  163  Strachomino  Bukowa  Biesiekierz  Niekłonice
Rogowo  Korzystno  Zieleniewo  Niekanin       Smolne  43        Nowe
Mrzeżyno  J. Resko        Droga        11  Czernin  Dygowo    Kraśnik  Kotłowo  Bielice
109  Stara Rega  Przymorskie  Nadmorska    163  Jazy  Koszaliński  Giezkowo
Roby  Karcino  Stary Borek        Obroty  Bogucino  Debogard  Skoczów  Warnino
Bieczyno        Przećmino  102        Wrzosowo  Mierzyn      Dunowo  167
Sarbia  Szlak  Błotnica  S6  2019        Bardy  Sykrowice        Nosowo  St
Orzonowo  Cystersów        162  Pustary        Parsowo
                                                        Karlino

0  1  2    4    6    8    10 km
0  1  2    4            6 miles

38

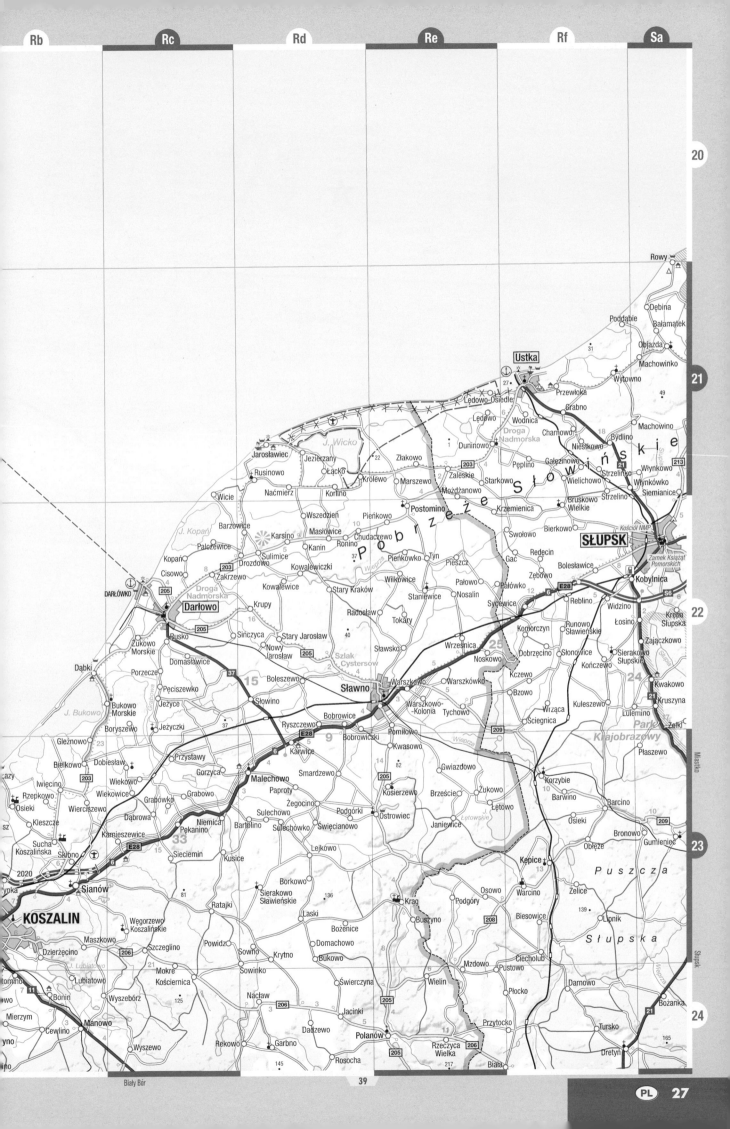

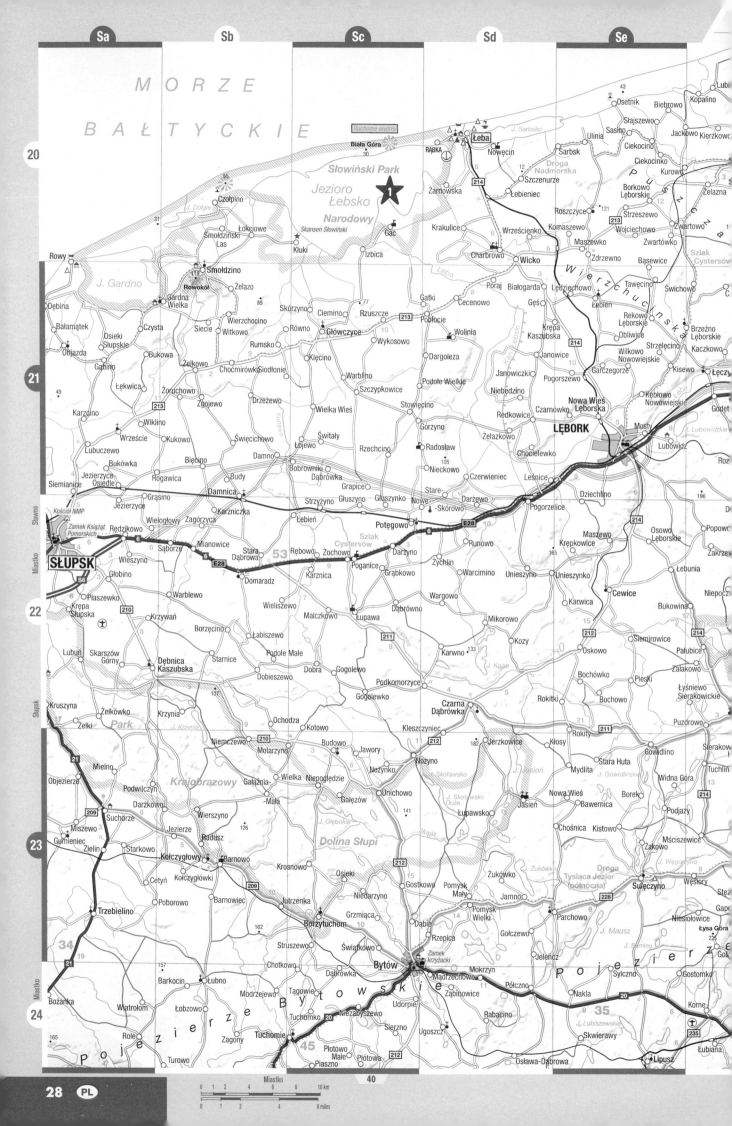

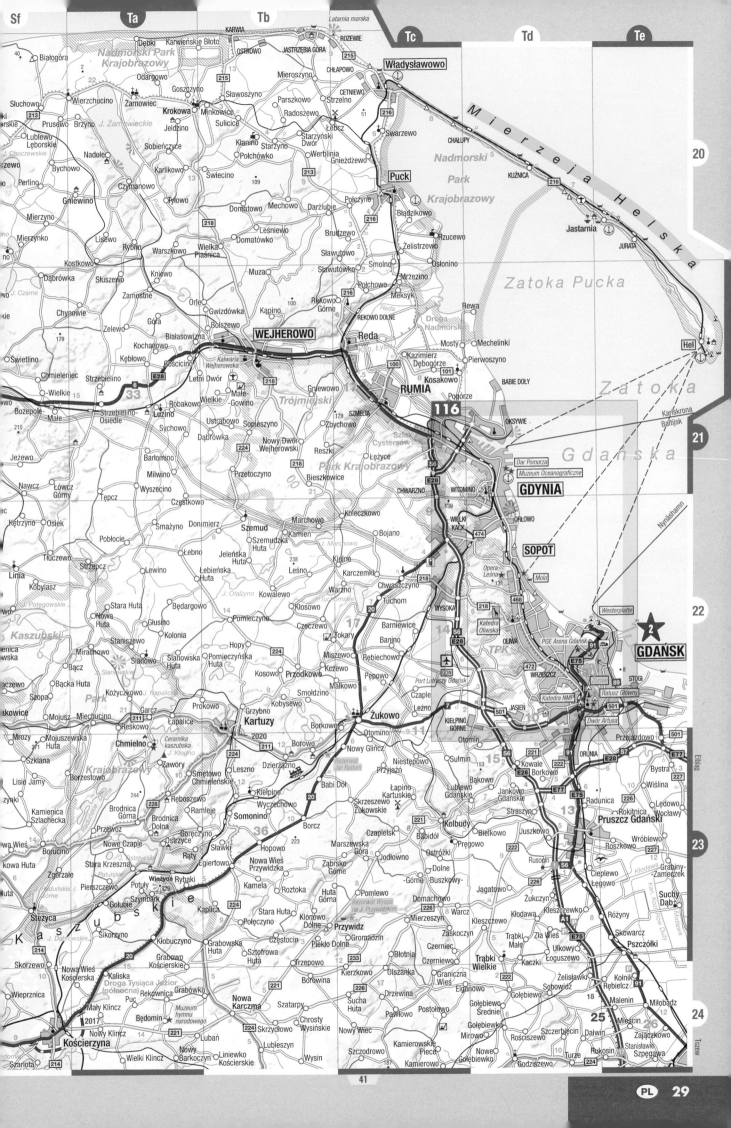

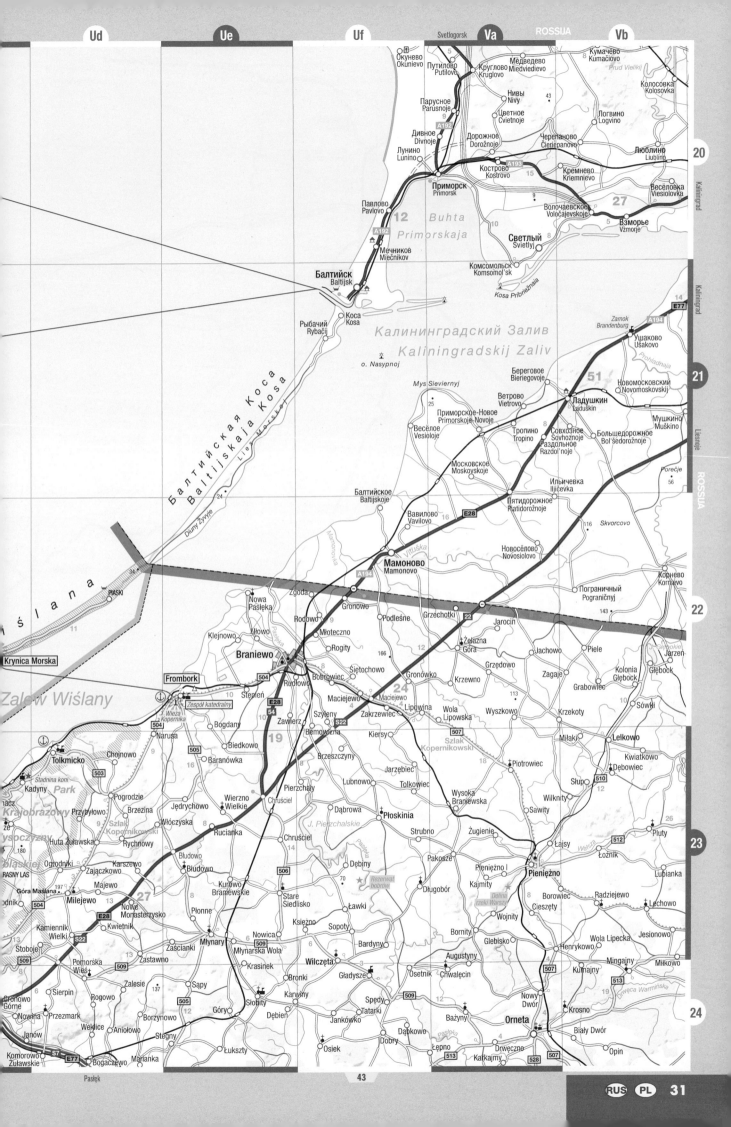

Svetlogorsk

Окунево
Okunievo

Путилово
Putilovo

Круглово
Kruglovo

Медведево
Miedviedievo

Кумачёво
Kumačiovo

Prud Vielikij

Колосовка
Kolosovka

Парусное
Parusnoje

Нивы
Nivy

43

Логвино
Logvino

**20**

Дивное
Divnoje

Цветное
Cvietnoje

Дорожное
Dorožnoje

Черепаново
Čieriepanovo

Люблино
Liublino

Kaliningrad

A192

Лунино
Lunino

A193

Кострово
Kostrovo

15

Кремнево
Kriemnievo

Веселовка
Viesiolovka

**27**

Приморск
Primorsk

9

Волочаевское
Voločajevskoje

5

Взморье
Vzmorje

Павлово
Pavlovo

**12**

Buhta
Primorskaja

10

Светлый
Svietlyj

8

A192

Мечников
Miečnikov

Комсомольск
Komsomol'sk

**Балтийск**
Baltijsk

Kosa Pribriežnaja

14

Kaliningrad

Коса
Koca
Kosa

E77

Рыбачий
Rybačij

Замок
Brandenburg

A194

Ушаково
Ušakovo

**Калининградский Залив**
**Kaliningradskij Zaliv**

Prohladnaja

o. Nasypnoj

**21**

Mys Sieviernyj

Береговое
Bieriegovoje

**51**

Новомосковский
Novomoskovskij

25

Ветрово
Vietrovo

Приморское-Новое
Primorskoje-Novoje

**Ладушкин**
Laduškin

Liesnoje

Весёлое
Vesioloje

Тропино
Tropino

Совхозное
Sovhoznoje

Мушкино
Muškino

Московское
Moskovskoje

Раздольное
Razdol'noje

Большедорожное
Bol'šedorožnoje

ROSSIJA

Porečje

56

Балтийское
Baltijskoje

Ильичевка
Iljičevka

Вавилово
Vavilovo

16

E28

Пятидорожное
Piatidorožnoje

116

Skvorcovo

Mamonovka

Vituška

Новосёлово
Novosiolovo

Корнево
Kornievo

**Мамоново**
Mamonovo

A194

Пограничный
Pograničnyj

143

**22**

Zgoda

Gronowo

Grzechotki

**22**

Nowa
Pasłęka

Podleśne

Jarocin

J. Głębokie

Rodowo

Młoteczno

12

Żelazna
Góra

Jachowo

Piele

Jarzeń

Klejnowo

Ułowo

Rogity

166

Grzędowo

Zagaje

Kolonia
Głębock

Głębock

**Braniewo**

504

Bobrowiec

Siętochowo

Gronówko

Krzewno

Grabowiec

Sówki

Frombork

Rudłowo

Maciejewo

Maciejewo

**24**

Lipowina

Wola
Lipowska

Wyszkowo

113

Krzekoty

10

Stępień

E28

Zespół katedralny

54

Szyleny

Zakrzewiec

507

Miłaki

Lelkowo

J. Wieża
Kopernika

Bogdany

Zawierz

S22

Bemowizna

Kiersy

Szlak
Kopernikowski

Kwiatkowo

Narusa

**19**

Brzeszczyny

18

Piotrowiec

Dębowiec

505

Biedkowo

Baranówka

Jarzębiec

Lubnowo

Tolkowiec

Wysoka
Braniewska

Słupo

510

12

Tolkmicko

Chojnowo

9

16

8

Pierzchały

Wilknity

Stadnina koni

Wierzno
Wielkie

Chruściel

Sawity

26

Kadyny
Park

Pogrodzie

Brzezina

Jędrychowo

Płoskinia

Strubno

Żugienie

Pluty

Krajobrazowy

Szlak
Kopernikowski

Włóczyska

8

Rucianka

J. Pienzchalskie

Pakosze

Pieniężno I

Łajsy

512

ysoczyzny

Huta Żuławska

Rychnowy

Błudowo

14

Chruściel

Pasłęka

Lubianka

180

Ogrodniki

Karszewo

Błudowo

Dębiny

70

Rezerwat
bobrów

Długobór

Pieniężno

**23**

Błaskie

Zajączkowo

506

Stare
Siedlisko

Borowiec

Radziejewo

RASNY LAS

Góra Maślana

197

Majewo

Kurowo
Braniewskie

Ławki

Kajmity

Dolina
rzeki Warsz

Cieszęty

Lechowo

**Milejewo**

13

**27**

Nowe
Monasterzysko

Płonne

Nowica

Księżno

Sopoty

Wojnity

Bornity

Glebisko

Wola Lipecka

Jesionowo

504

E28

Kwietnik

Młynary

Nowy
Dwór

13

Kamiennik
Wielki

S22

Zaścianki

Krasinek

Młynarska Wola

6

Bardyny

Augustyny

Henrykowo

Mingajny

Miłkowo

Stobojno

509

Zastawno

Bronki

Wilczęta

Osetnik

Chwalęcin

509

Kumajny

Gronowo
Górne

Sierpin

Zalesie

137

Sąpy

Gładysze

Spędy

Nowy
Dwór

513

Nowina

Przezmark

Rogowo

Borzynowo

Słobity

Karwiny

Tatarki

Bażyny

19

Łęwa Warmińska

Janów

505

Góry

Dębień

Jankówko

Dąbkowo

**Orneta**

Krosno

Opin

Komorowo
Żuławskie

S7

Węklice

Aniołowo

Stegny

Dobry

Łępno

Kałkajmy

Biały Dwór

E77

Bogaczewo

Marianka

Osiek

513

528

507

Drwęczno

**24**

Krynica Morska

Zalew Wiślany

PIASKI

Diuny Żywije

Lie Morskoi

Балтийская Коса
Baltijskaja Kosa

WIŚLANA

11

24

34

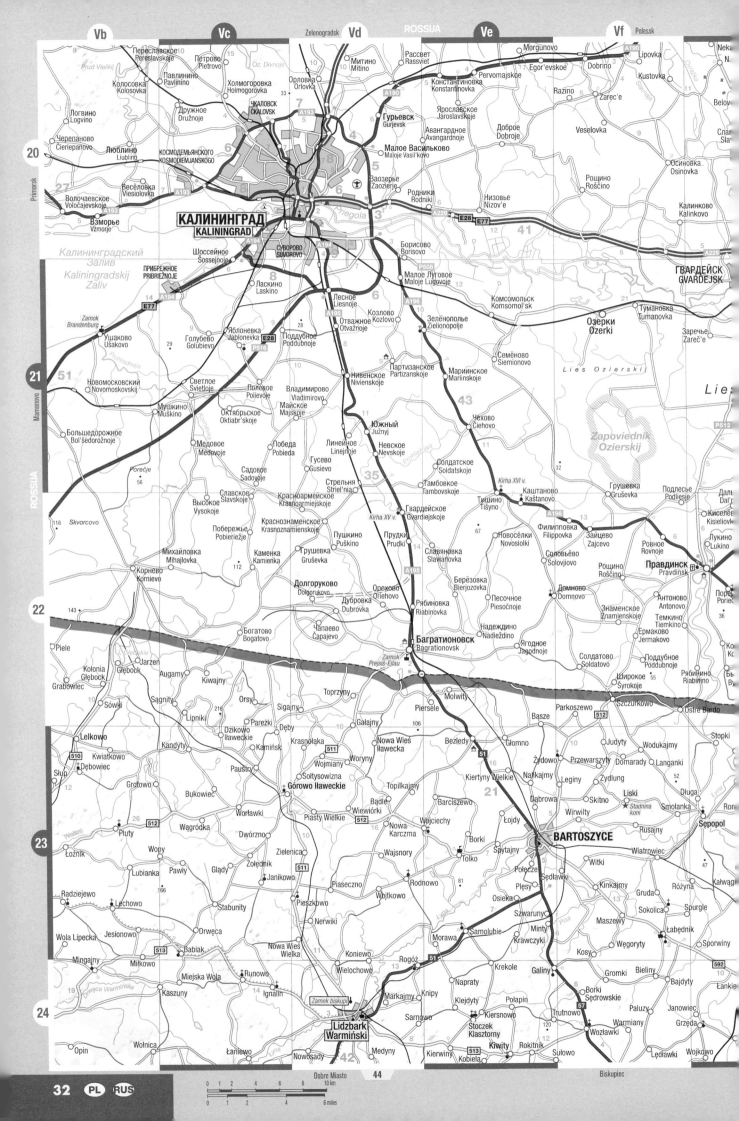

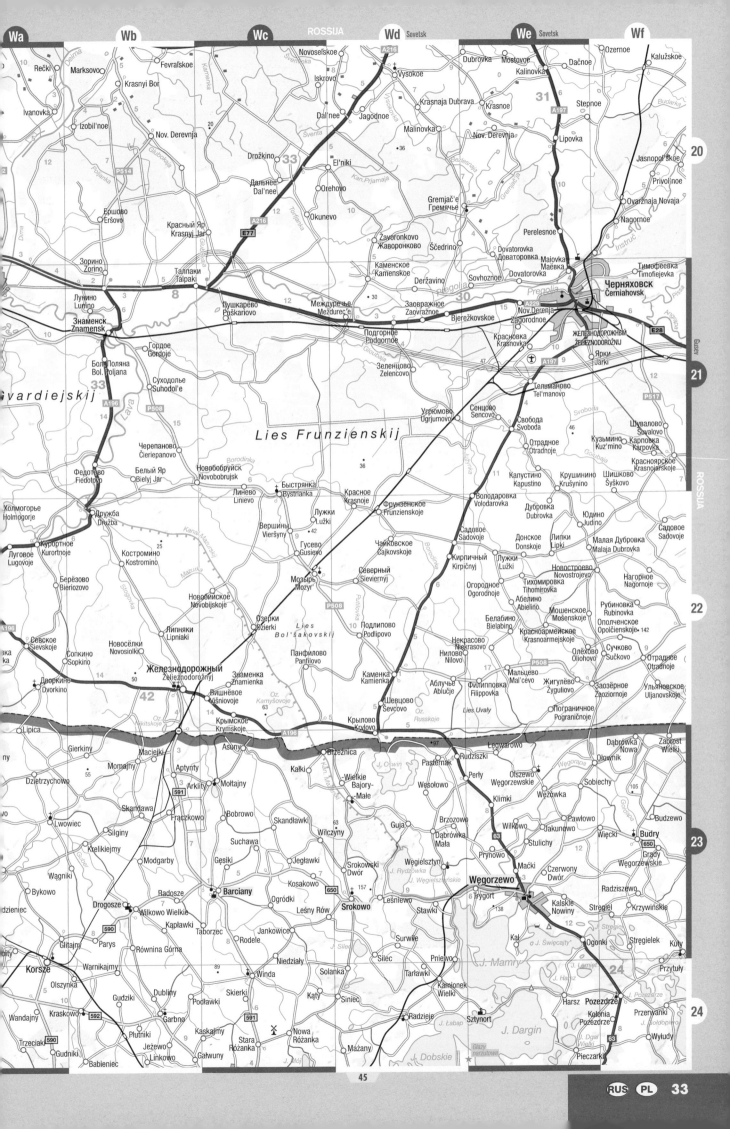

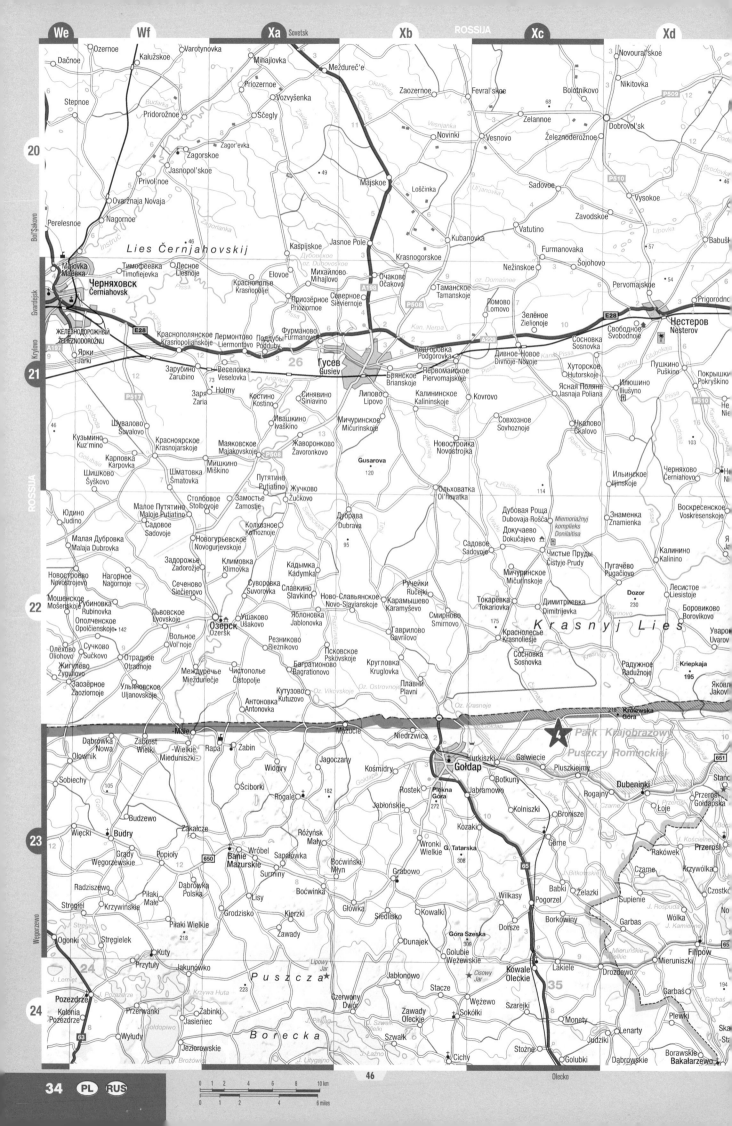

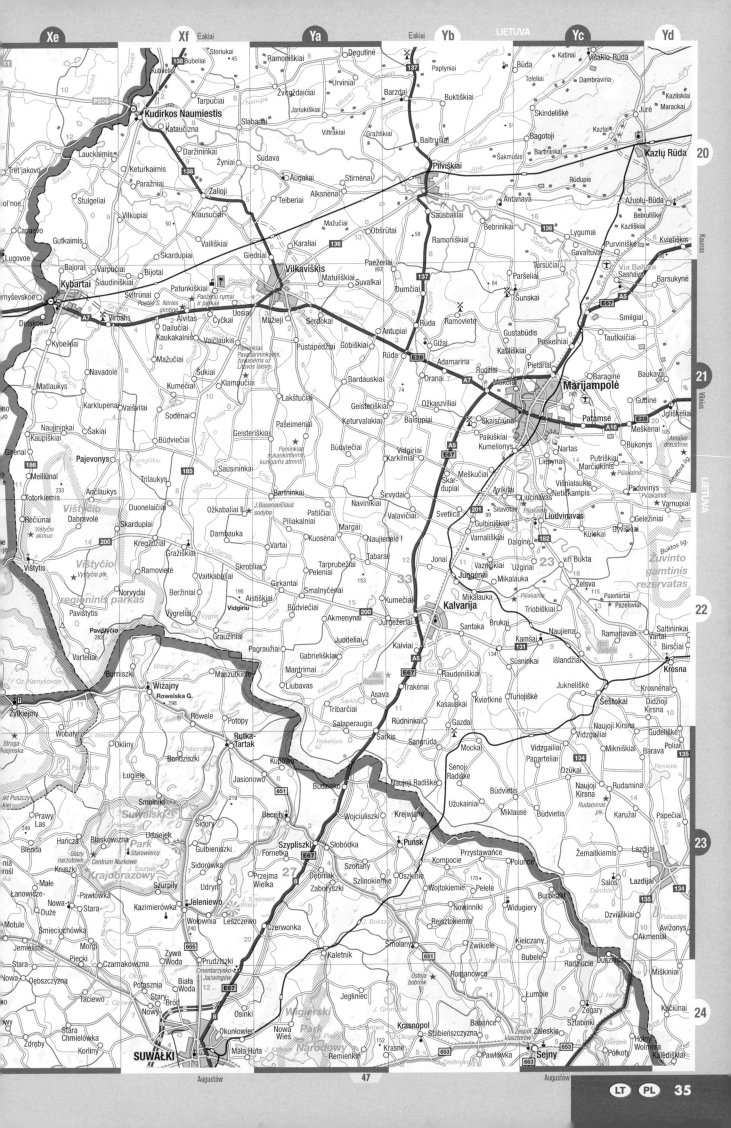

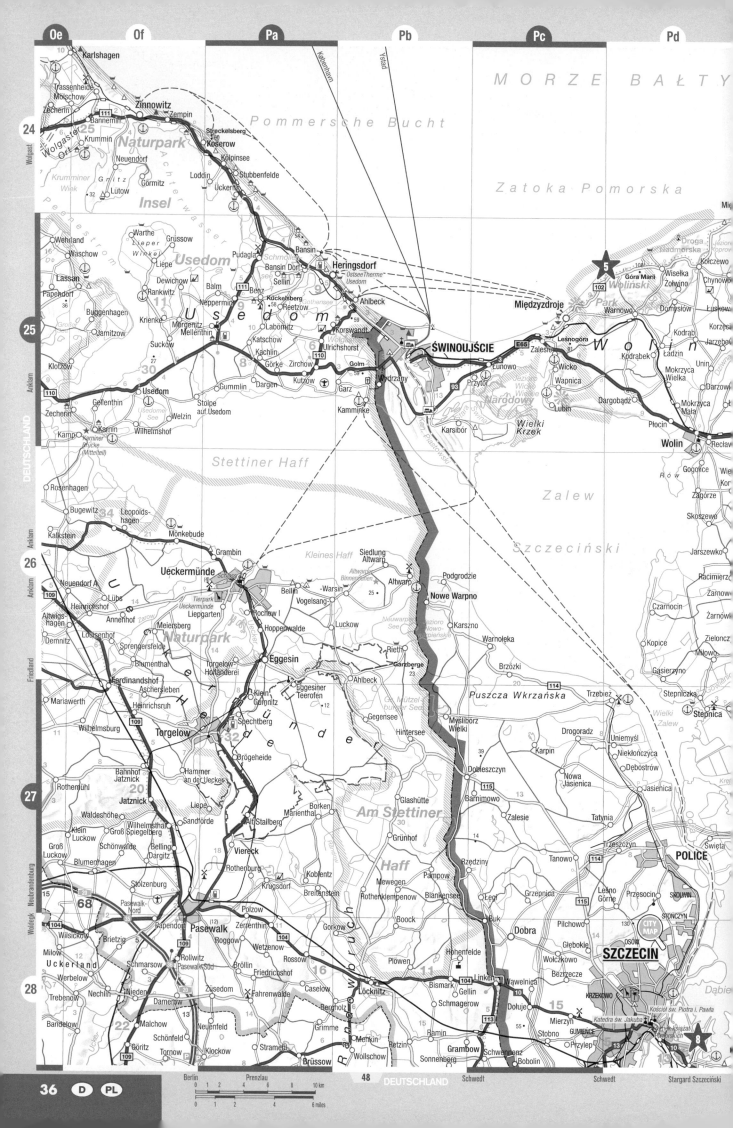

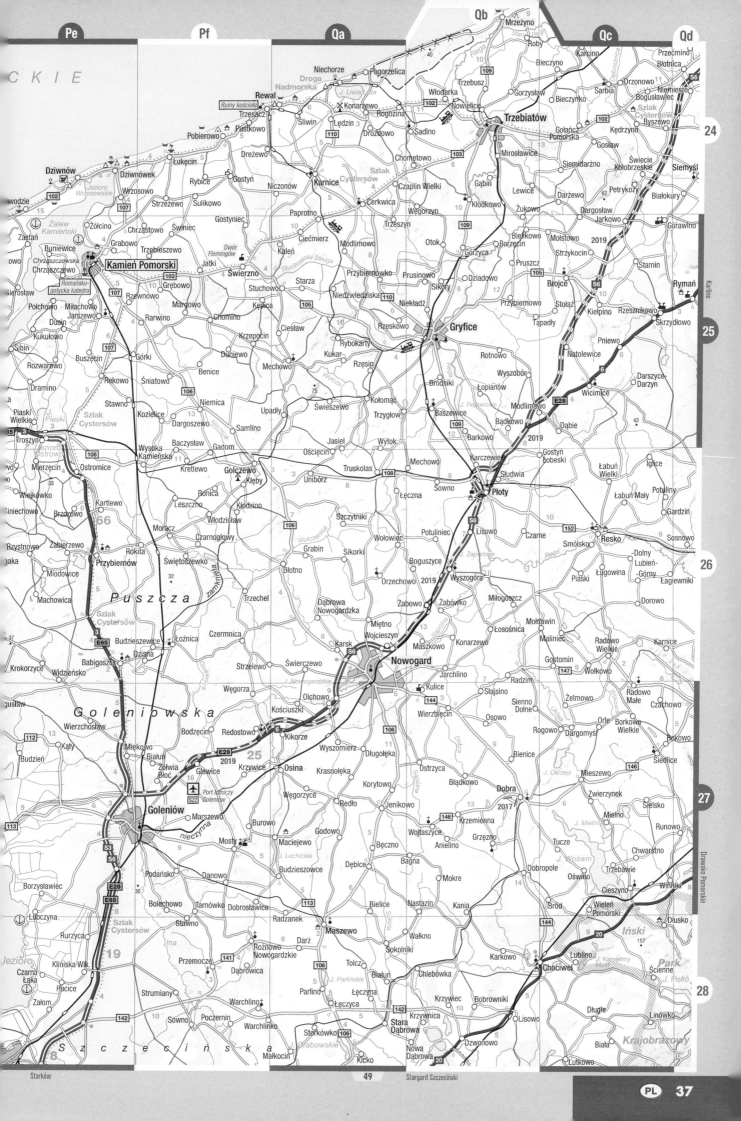

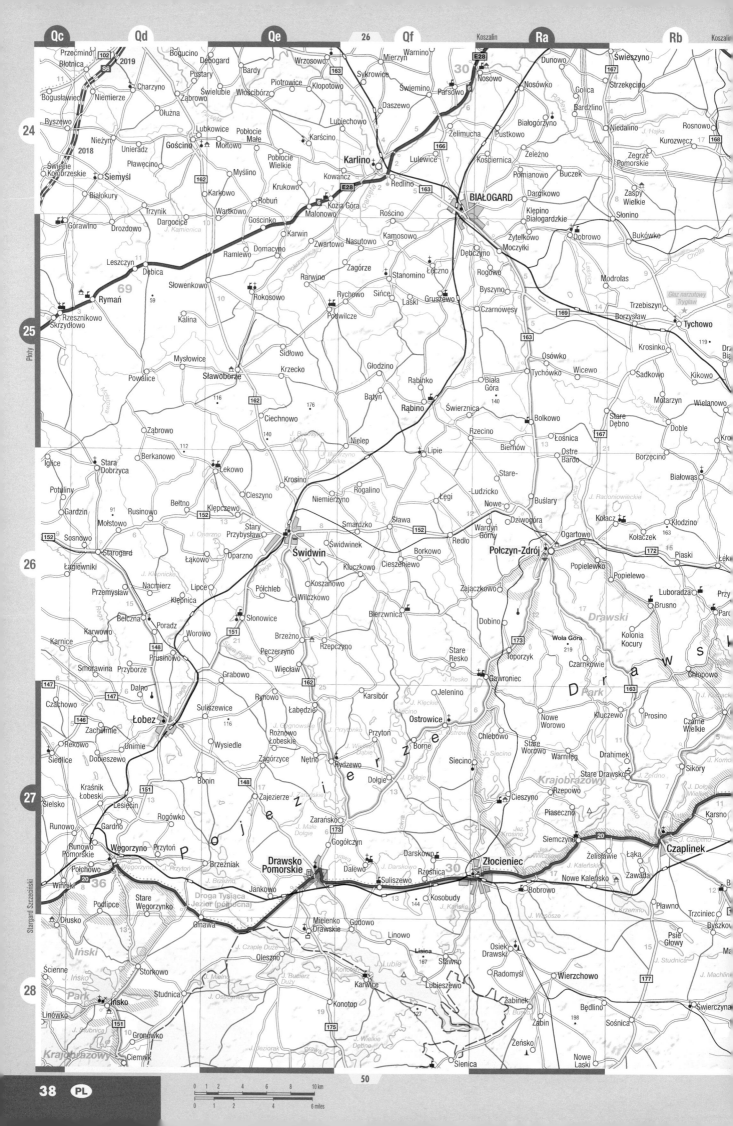

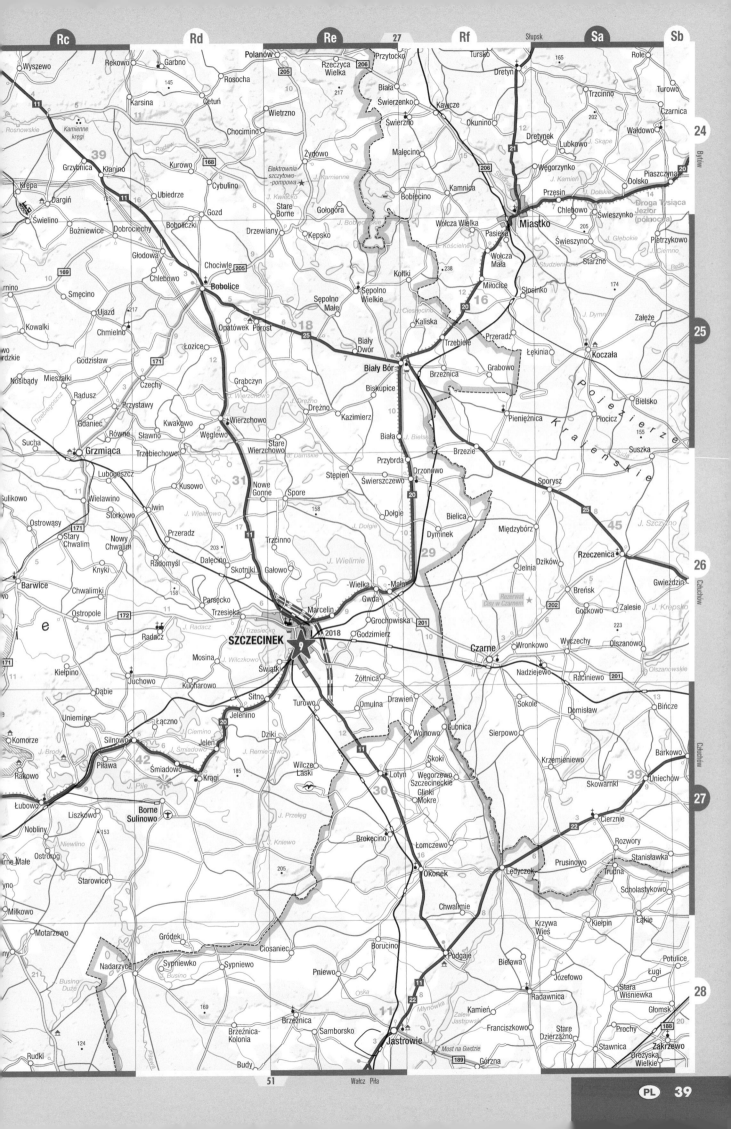

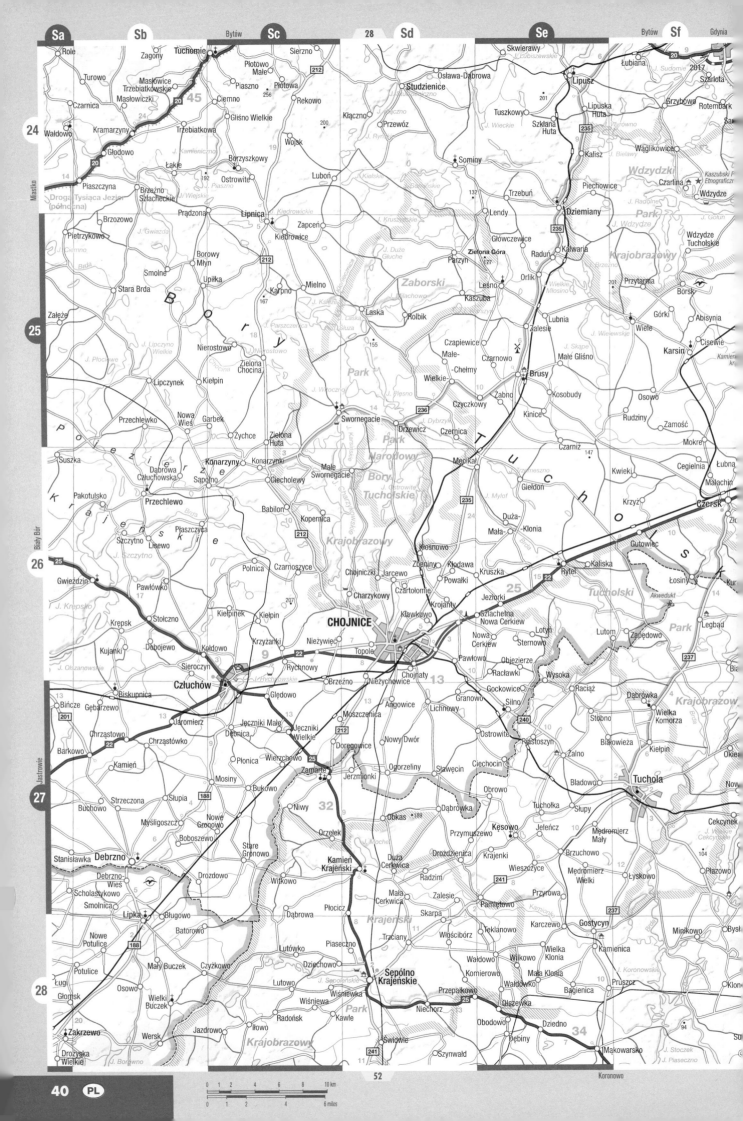

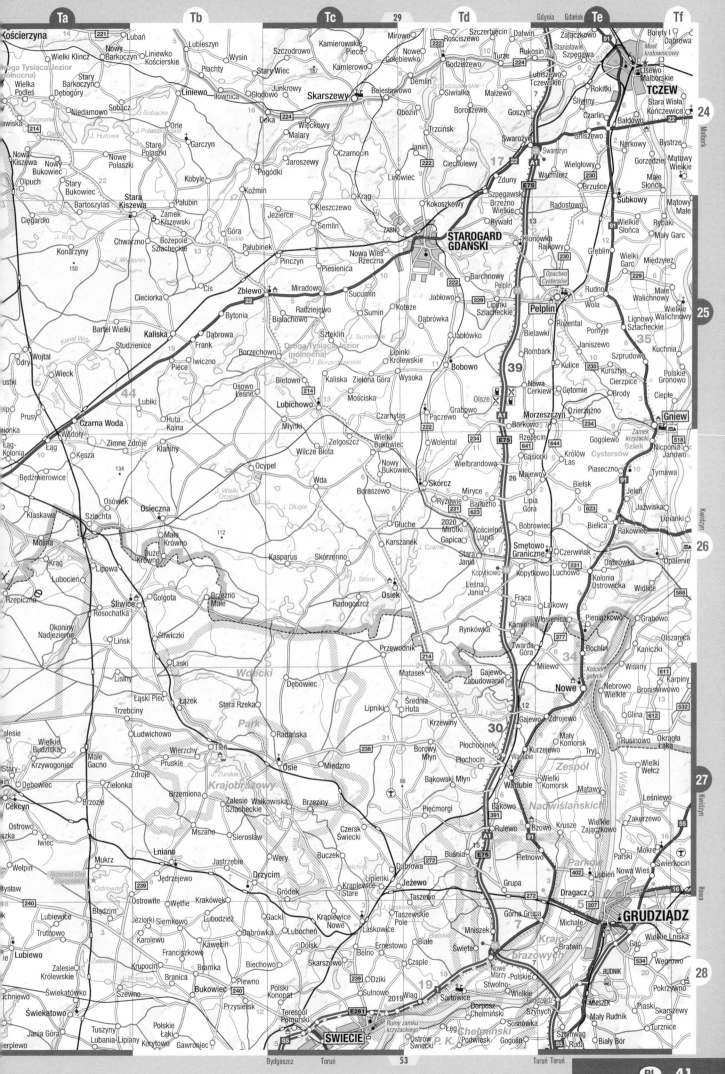

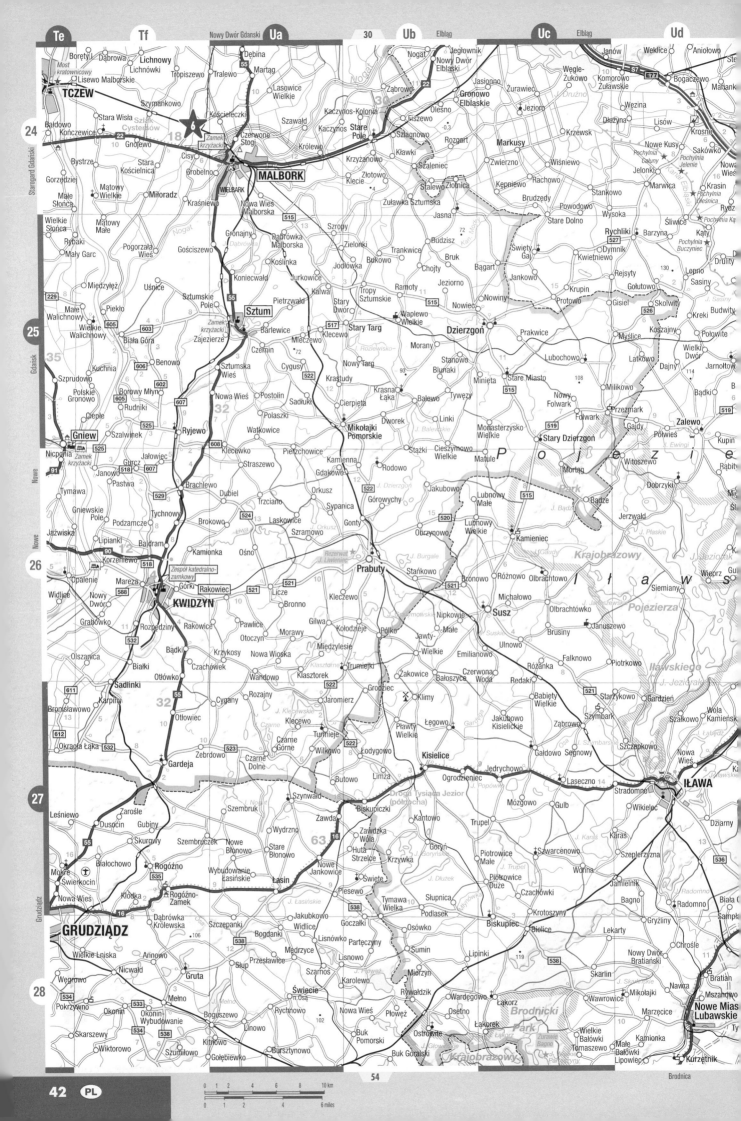

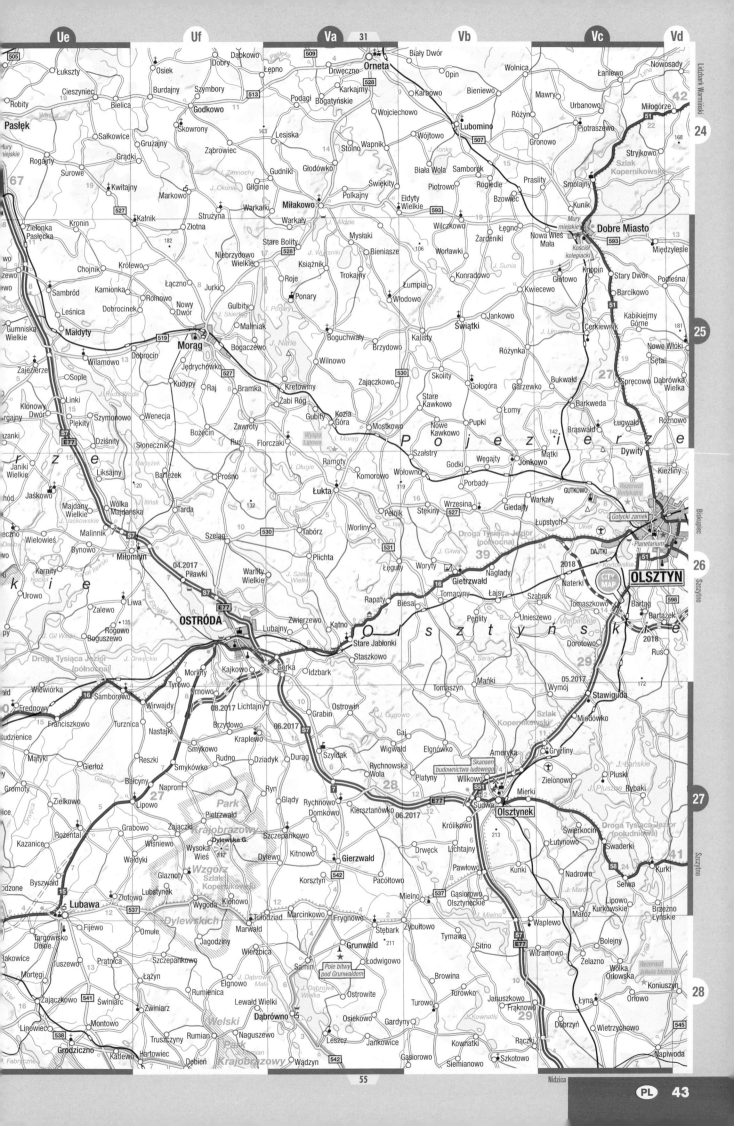

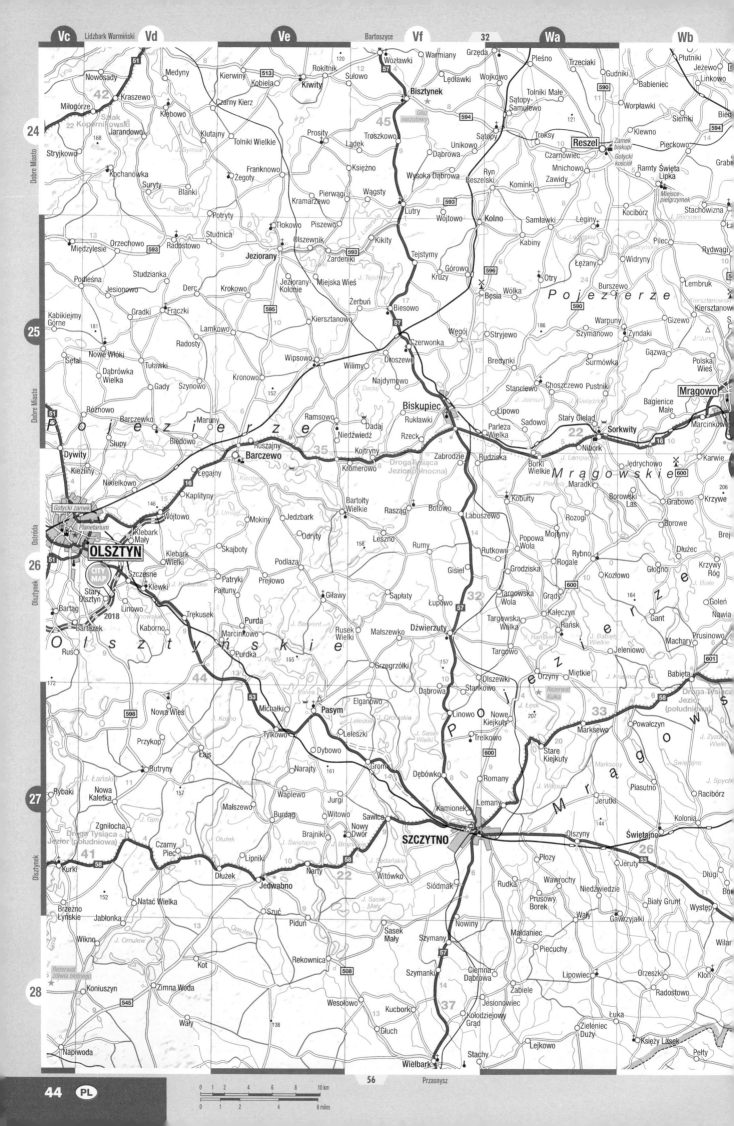

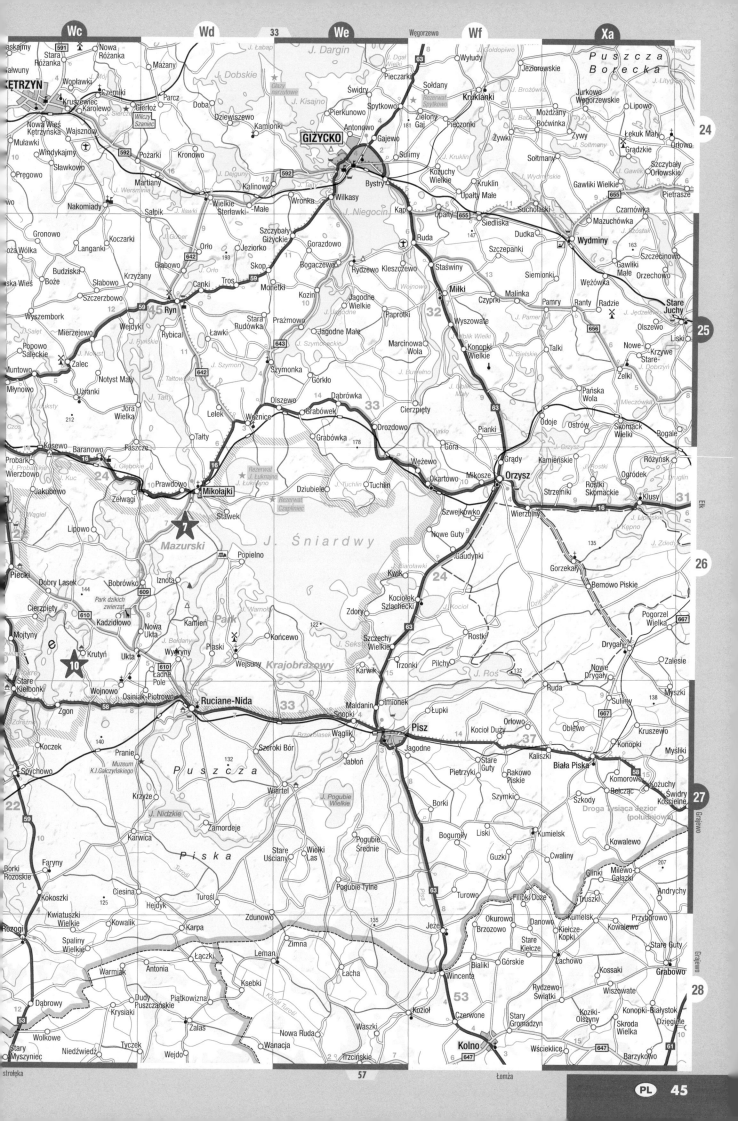

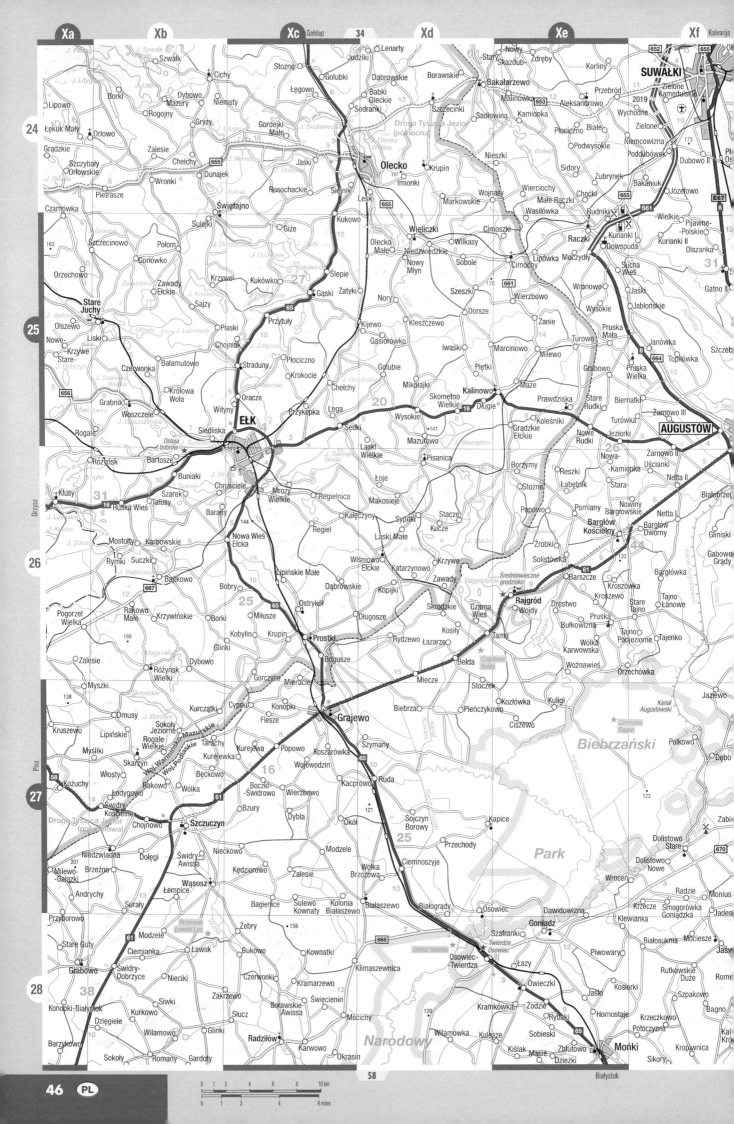

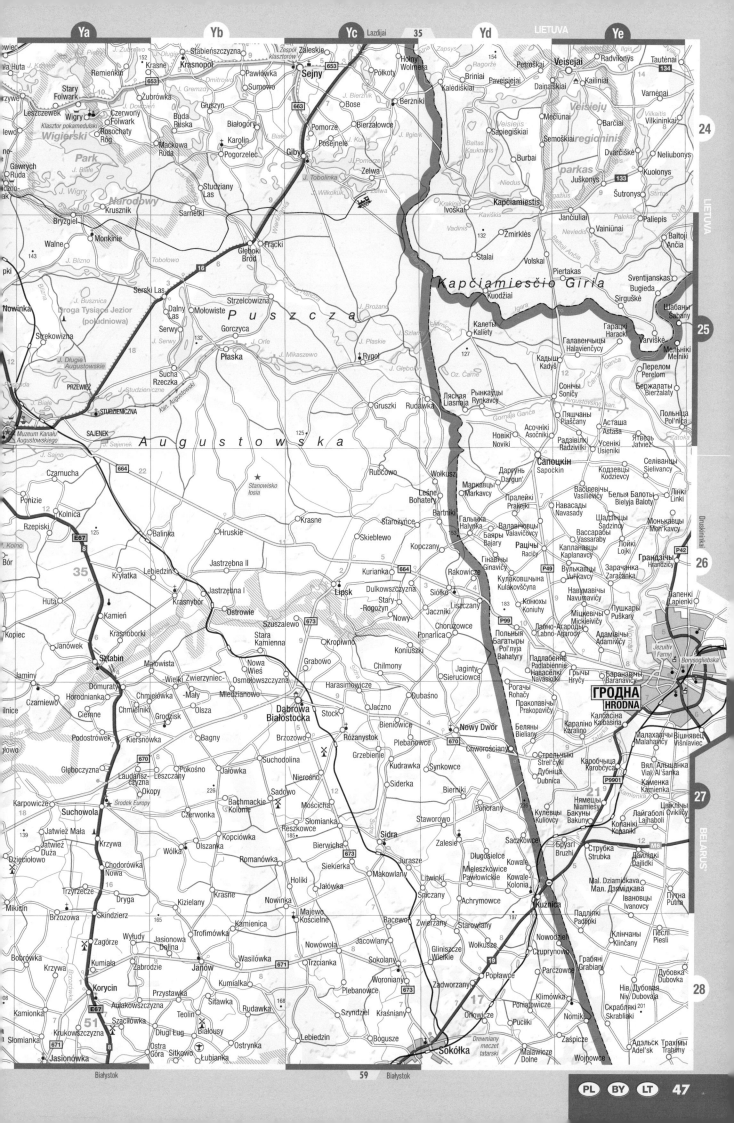

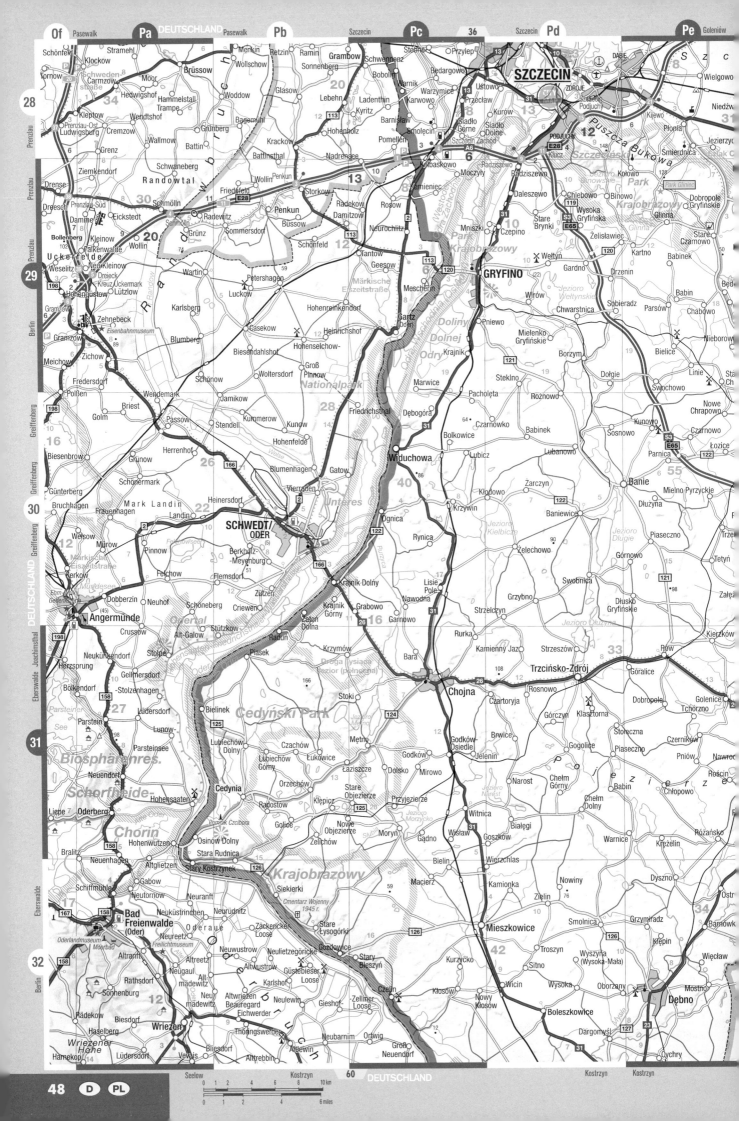

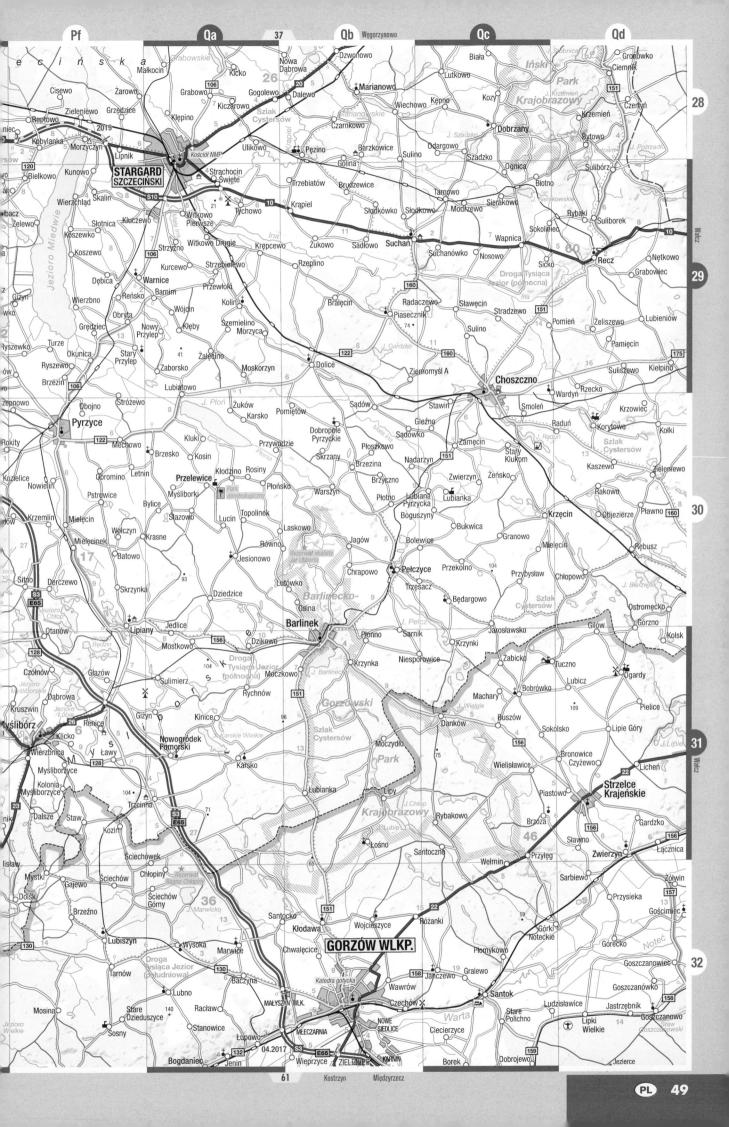

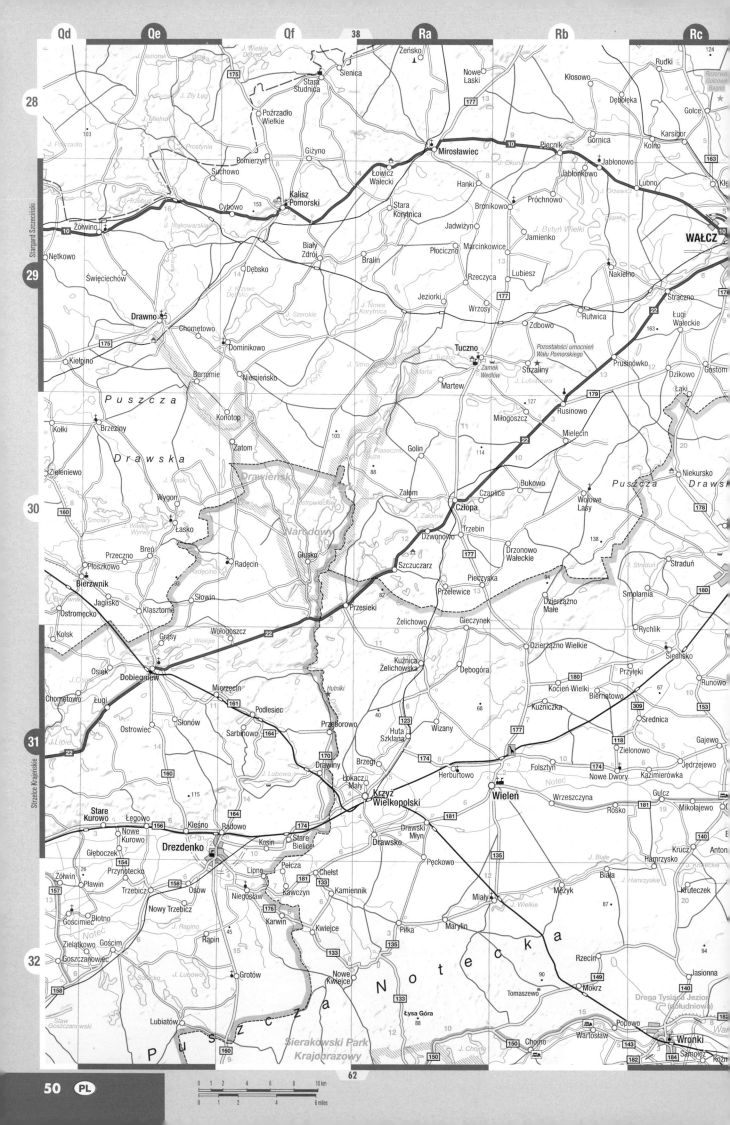

28

29

30

31

32

Stargard Szczeciński

Strzelce Krajeńskie

**WAŁCZ**

J. Jeziorak
J. Wielkie Debno
J. Zły Łęg
J. Mielno
Prostynia
J. Pórzadło
103
J. Trzebuń
J. Mąkowarskie
J. Krzywe Dębsko
Drawa
J. Szerokie
Korytnica

**Puszcza**

**Drawska**

J. Piaski
Drawieński
J. Ostrowieckie
**Narodowy**
J. Wielkie Wyrwy
Smolary
J. Bierzwnik
Radęcino
J. Osiek
J. Lipie
J. Wielgie
Drawa
J. Lubowo

Żeńsko
Nowe Laski
Kłosowo
Rudki
124
Rezerwa.
Golcowe
Bagno
Sienica
177
13
Dębołęka
Golce
Stara
Studnica
175
Kolno
Karsibór
163
10
Piecznik
Górnica
Pomierzyn
Giżyno
Mirosławiec
J. Okunie
Jabłonowo
Lubno
9
Suchowo
Łowicz
Wałecki
14
Jabłonkowo
7
Hanki
8
Kalisz
Pomorski
153
Cybowo
Żółwino
10
16
2
Stara
Korytnica
Bronikowo
Próchnowo
Drzewicz
Nętkowo
Biały
Zdrój
Dębsko
14
Jadwiżyn
Marcinkowice
Jamienko
J. Bytyń Wielki
Bławka
Nakielno
Świeciechów
Bralin
Płociczno
13
Drawno
5
Chomętowo
Jeziorki
Rzeczyca
Lubiesz
177
Strączno
22
Dominikowo
J. Nowa
Korytnica
Wrzosy
Rutwica
163
Łagi
Wałeckie
Kiełpino
175
Barnimie
Niemieńsko
Zdbowo
Prusinówko
12
Dzikowo
Gostom
Kołki
Brzeziny
Zatom
Tuczno
Pozostałości umocnień
Wału Pomorskiego
179
Łąki
Zieleniewo
J. Sitno
Zamek
Wedlów
Strzaliny
J. Lubiatowo
13
Konotop
103
Martew
20
Wygon
J. Marta
127
Rusinowo
160
Łasko
Miłogoszcz
Mielęcin
**Puszcza**
**Drawsk**
Niekursko
Przeczno
Breń
Golin
114
Bukowo
Radęcin
Słowin
Głusko
Załom
Czaplice
Wołowe
Lasy
178
Płoszkowo
93
J. Załomie
Człopa
138
Bierzwnik
Jaglisko
Klasztorne
Przesieki
82
Dzwonowo
Trzebin
Drzonowo
Wałeckie
94
Dzierżązno
Małe
Smolarnia
180
Ostromęcko
Szczuczarz
177
J. Straduń
Straduń
Kolsk
Grąsy
Wołogoszcz
22
3
Żelichowo
Pieczyska
Przelewice
13
Rychlik
Osiek
Dobiegniew
Kuźnica
Żelichowska
Gieczynek
Dzierżązno Wielkie
Siedlisko
4
Chomętowo
Ługi
Mierzęcin
161
11
Podlesiec
Hutniki
40
Dębogóra
68
Kocień Wielki
Biernatowo
Przyłęki
67
Runowo
10
Ostrowiec
Słonów
Sarbinowo
164
Kuźniczka
309
Średnica
J. Lipie
22
160
170
Przeborowo
123
Wizany
177
118
Zielonowo
Gajewo
Stare
Kurowo
Łęgowo
156
Kleśno
Radowo
174
Drawiny
Brzegi
174
Herburtowo
Folsztyn
10
174
Nowe Dwory
Kazimierówka
Jędrzejewo
Głeboczek
Nowe
Kurowo
Łokacz
Mały
Krzyż
Wielkopolski
Wieleń
Wrzeszczyna
Gulcz
181
19
Mikołajewo
154
Przynotecko
Drezdenko
Kosin
Stare
Bielice
Drawski
Młyn
Drawsko
181
Rosko
Noteć
140
Żółwin
Pławin
158
Osów
Lipno
181
133
Pęckowo
135
Biała
Krucz
Anton
157
Trzebicz
Niegosław
Kamiennik
Miały
J. Białe
Mężyk
J. Hamrzyskie
Kruteczek
13
Nowy Trzebicz
176
Karwin
Kwiejce
J. Wielkie
87
20
Gościniec
Błotno
J. Rapino
Piłka
Marylin
94
Zielątkowo
Gościm
45
Rąpin
3
135
Jasionna
Goszczanowiec
158
Grotów
133
Nowe
Kwiejce
133
Łysa Góra
88
149
Mokrz
140
Staw
Goszczanowski
Lubiatów
Sieraków Park
Krajobrazowy
90
Tomaszewo
Droga Tysiąca Jezior
(południowa)
182
J. Lubowo
**Puszcza**　**N o t e c k a**
150
Chojno
150
143
Wartosław
Popowo
Wronki
184
182

160
9
62

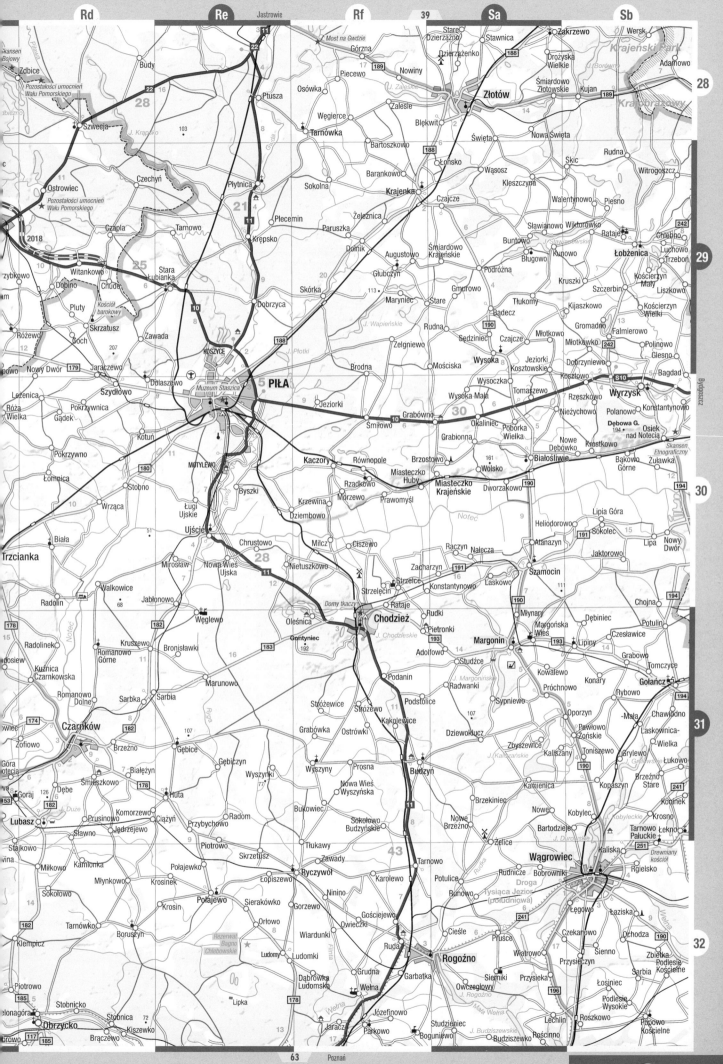

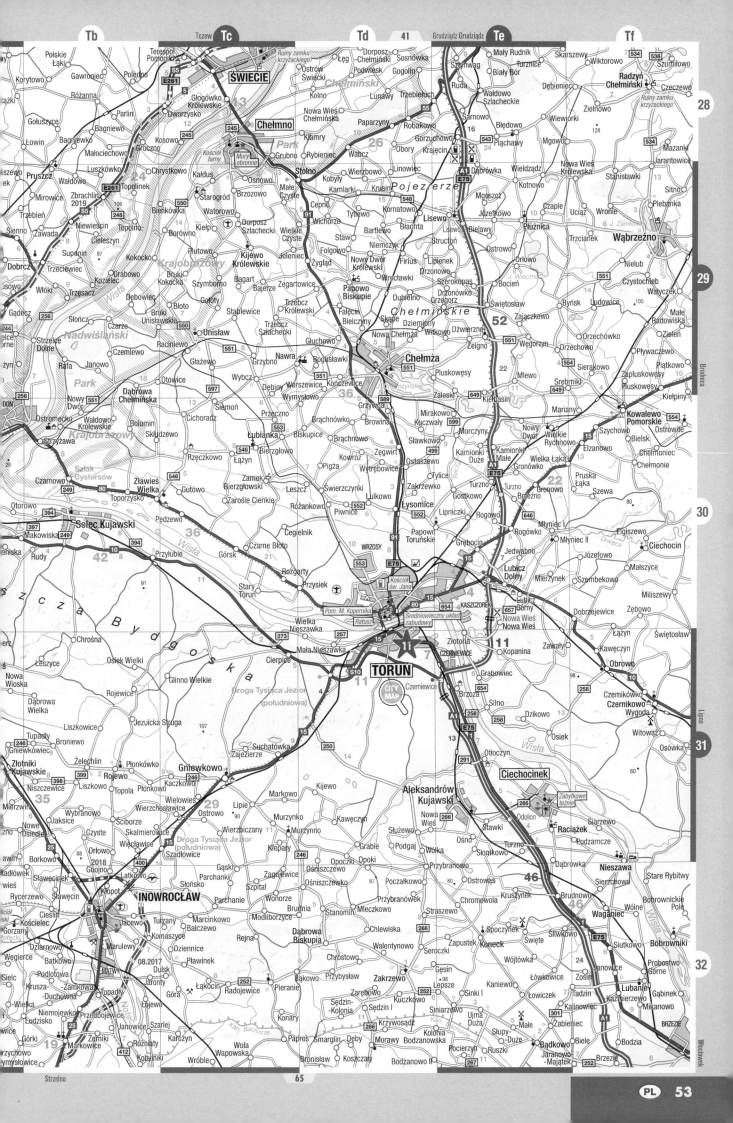

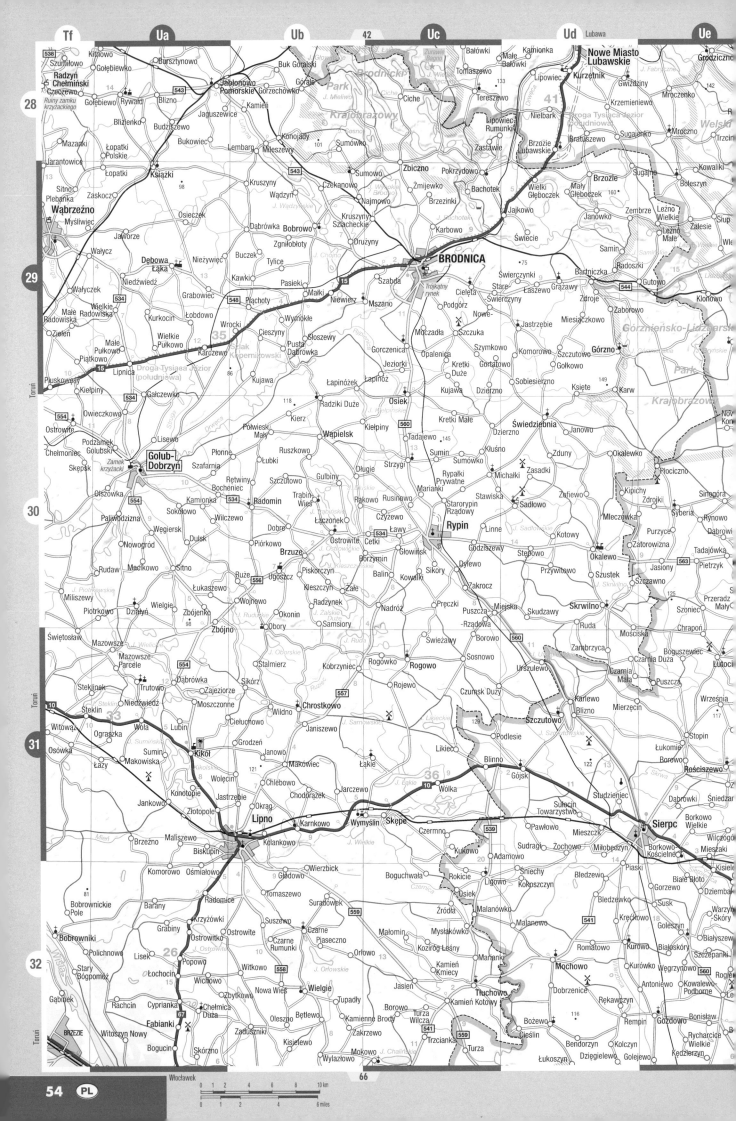

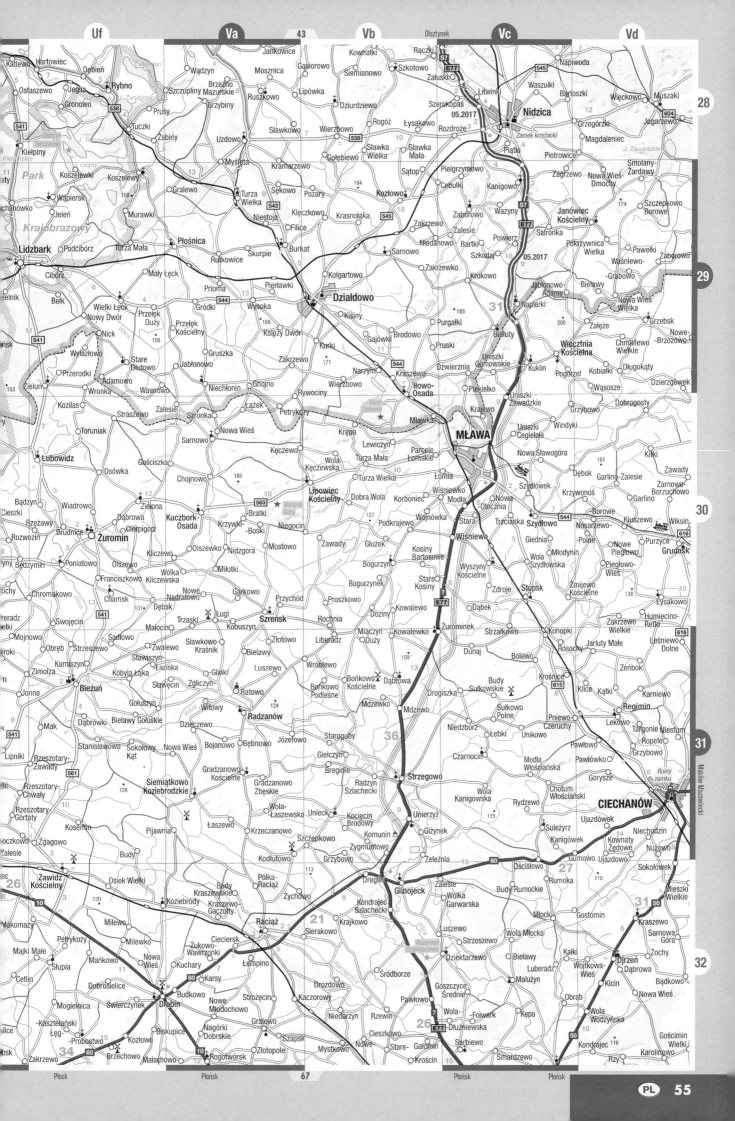

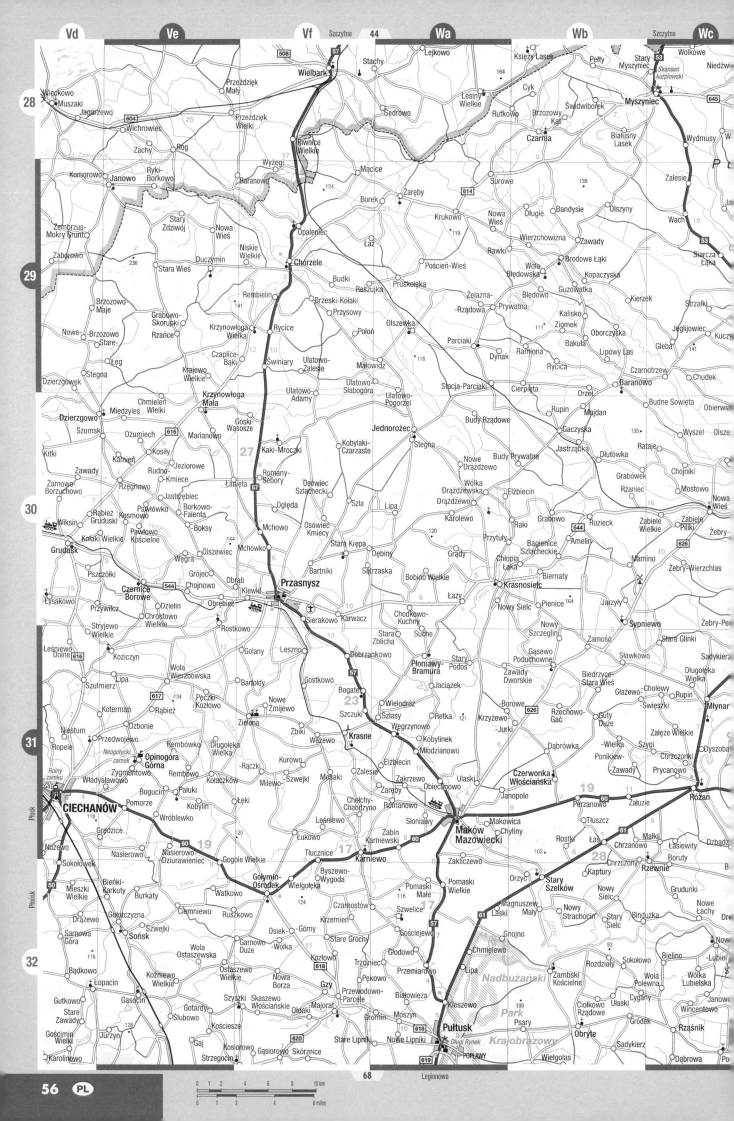

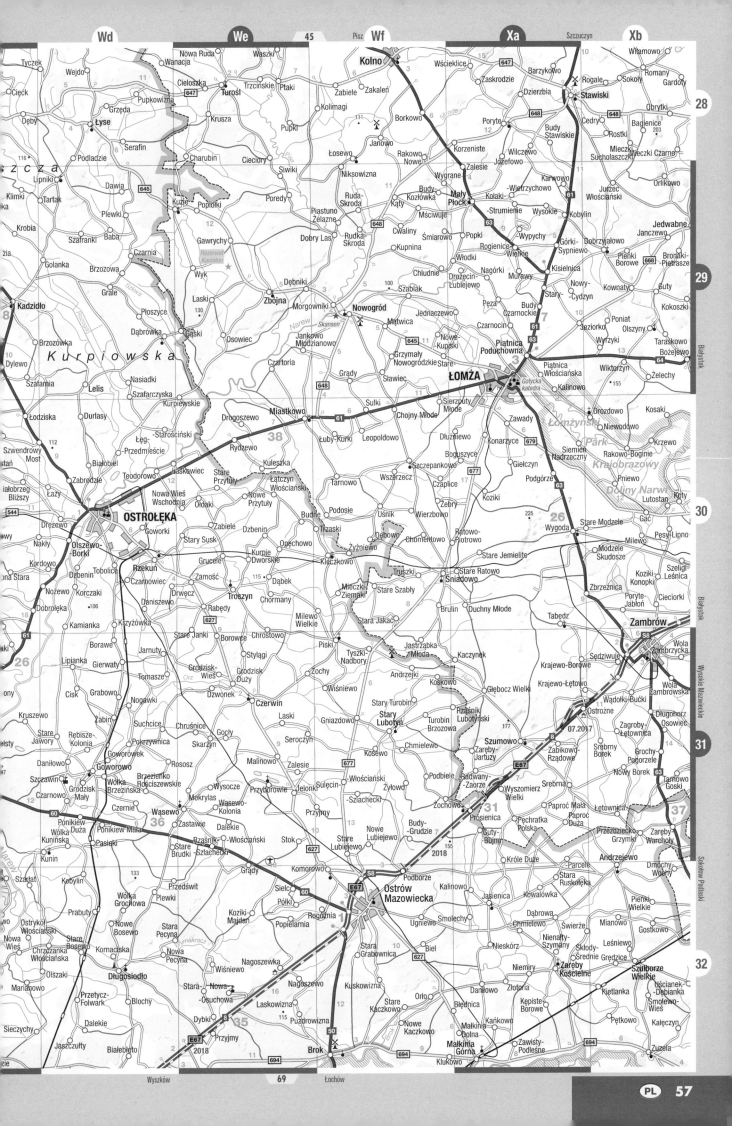

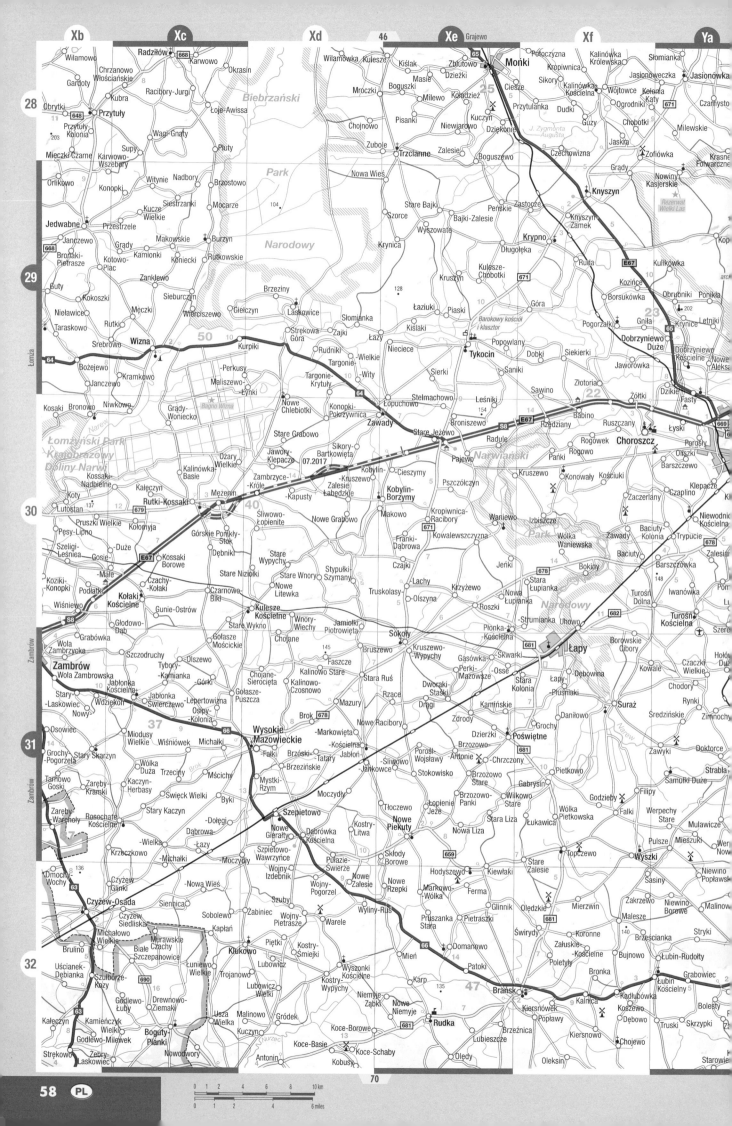

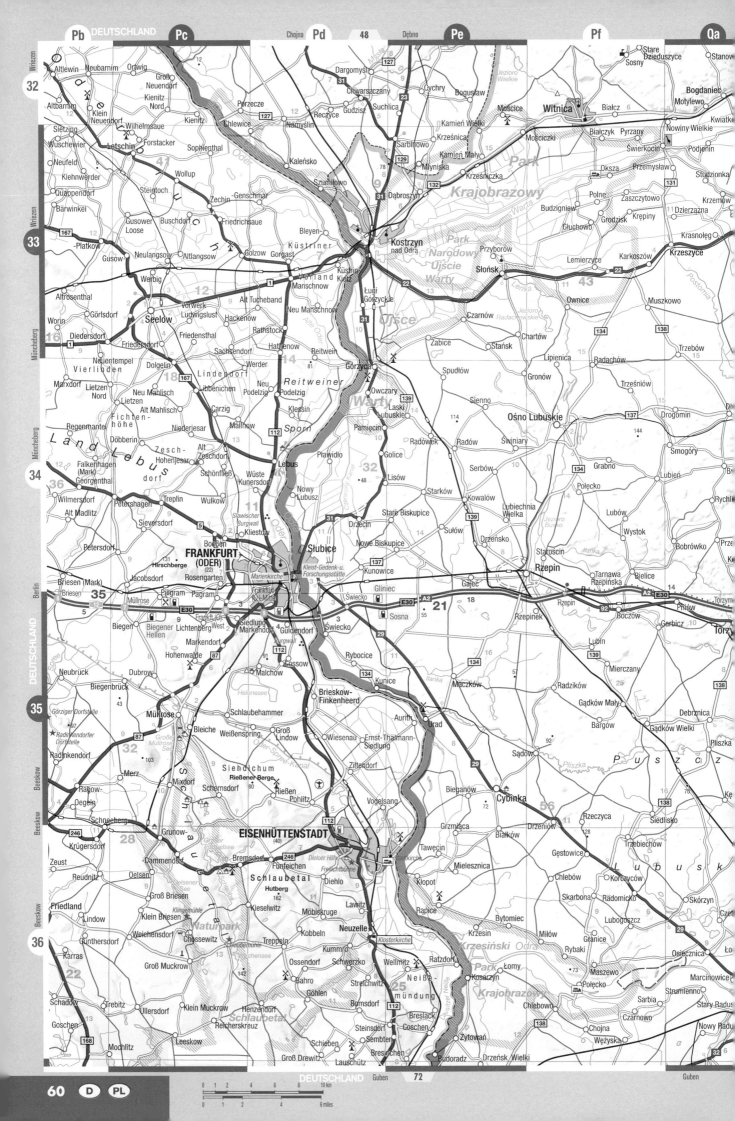

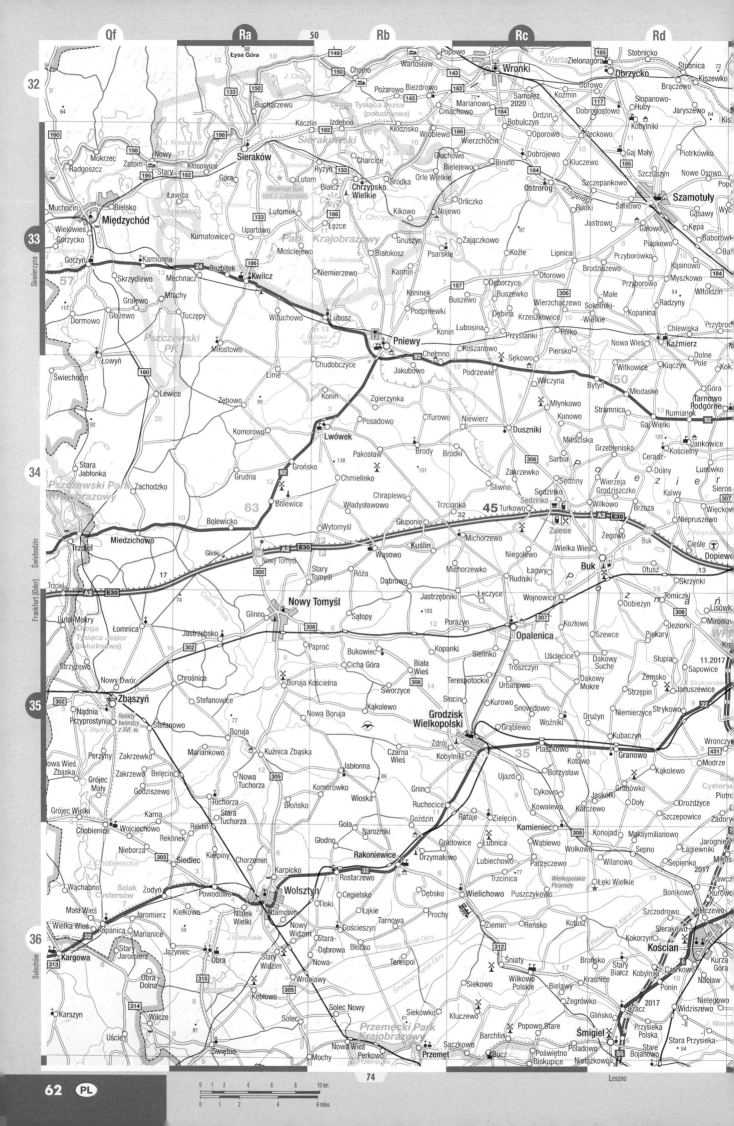

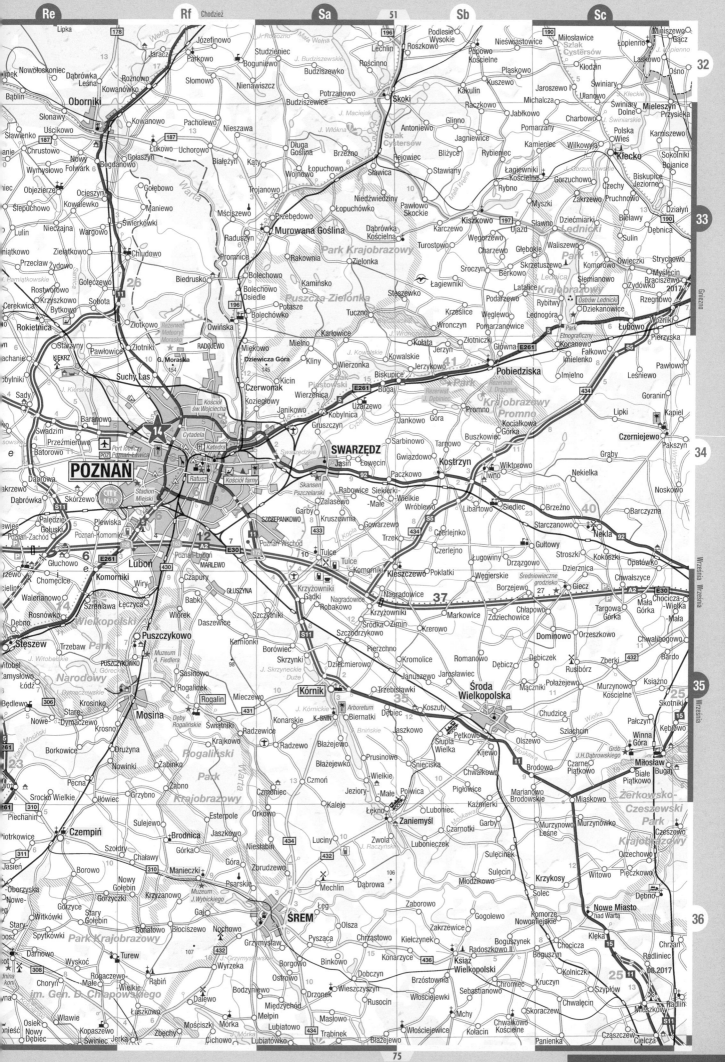

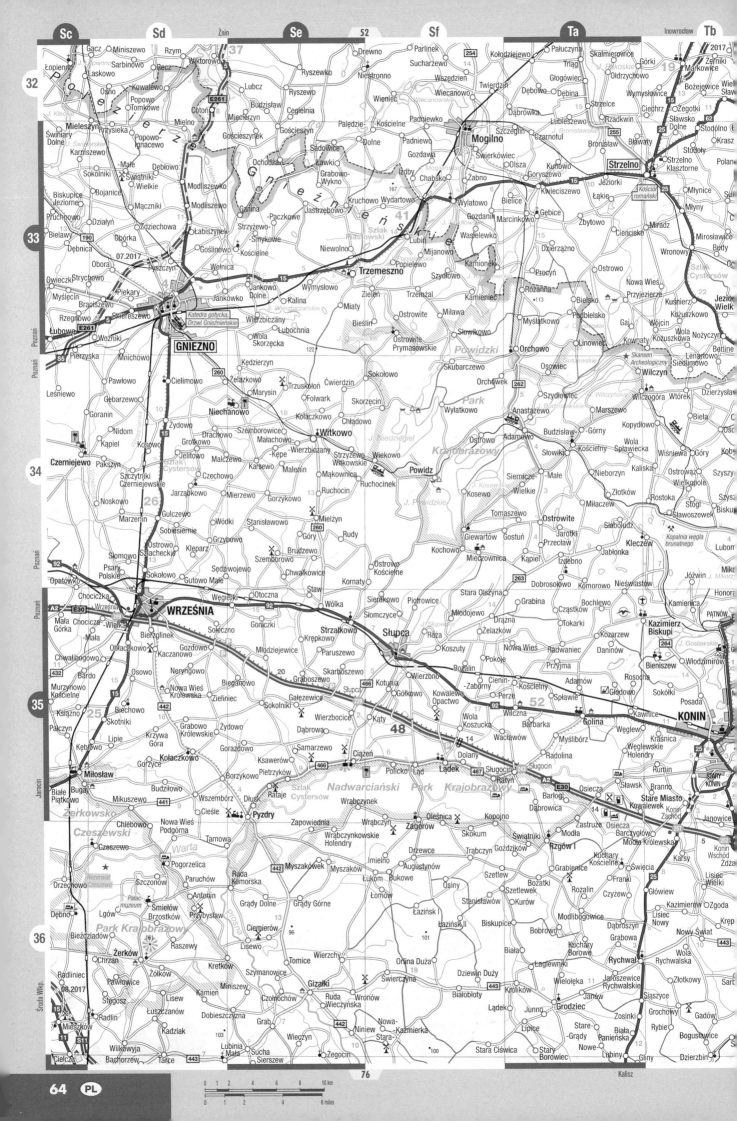

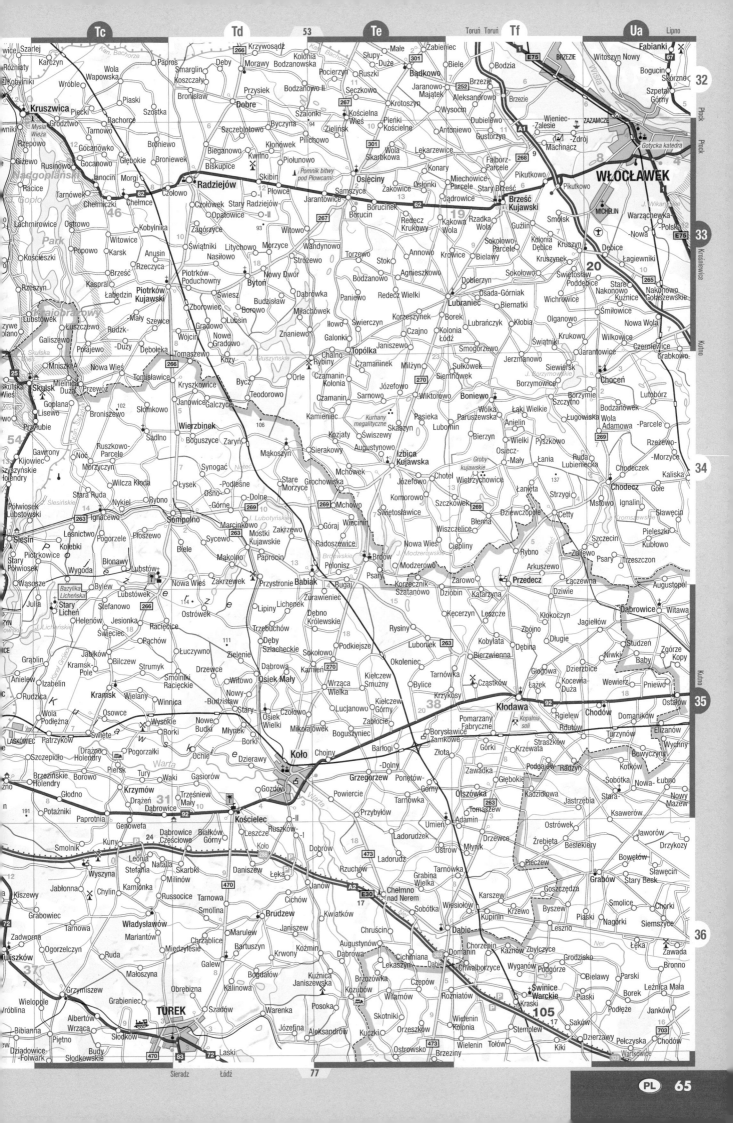

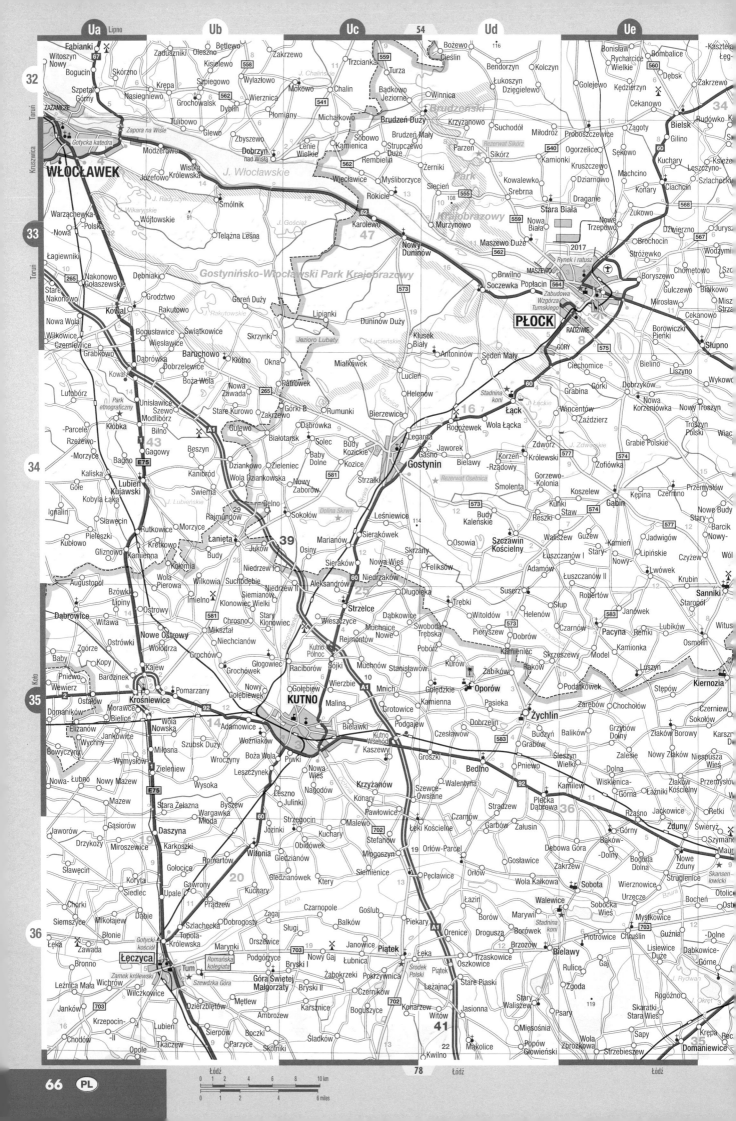

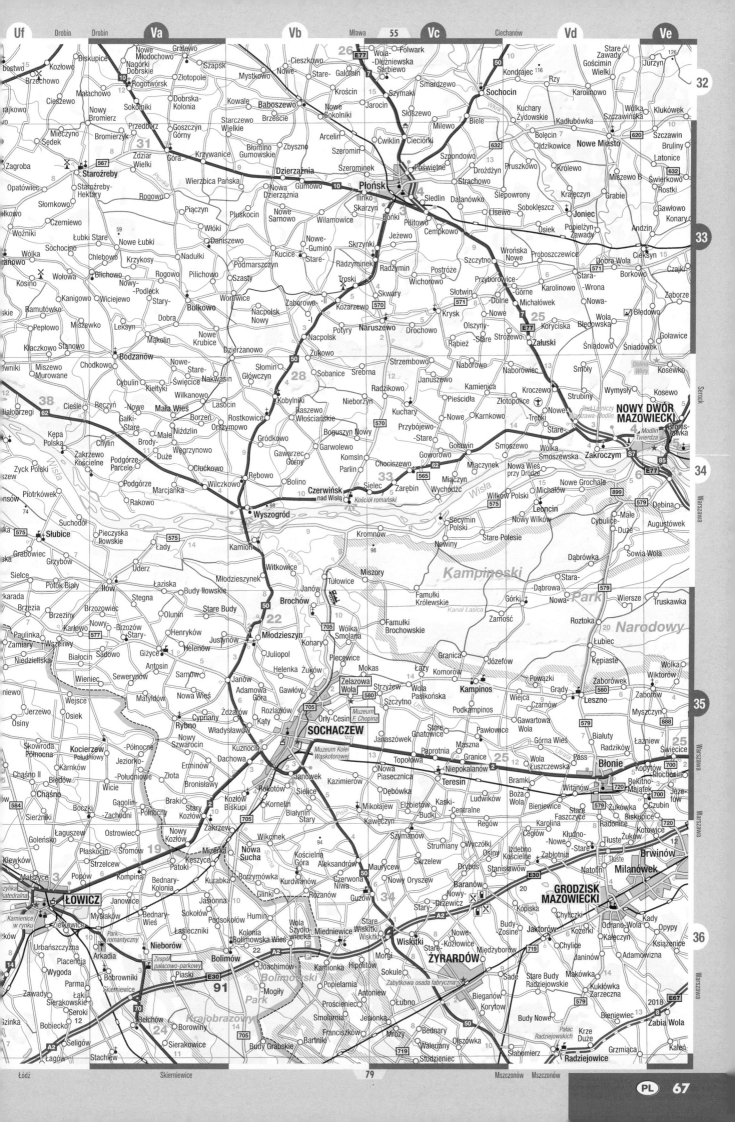

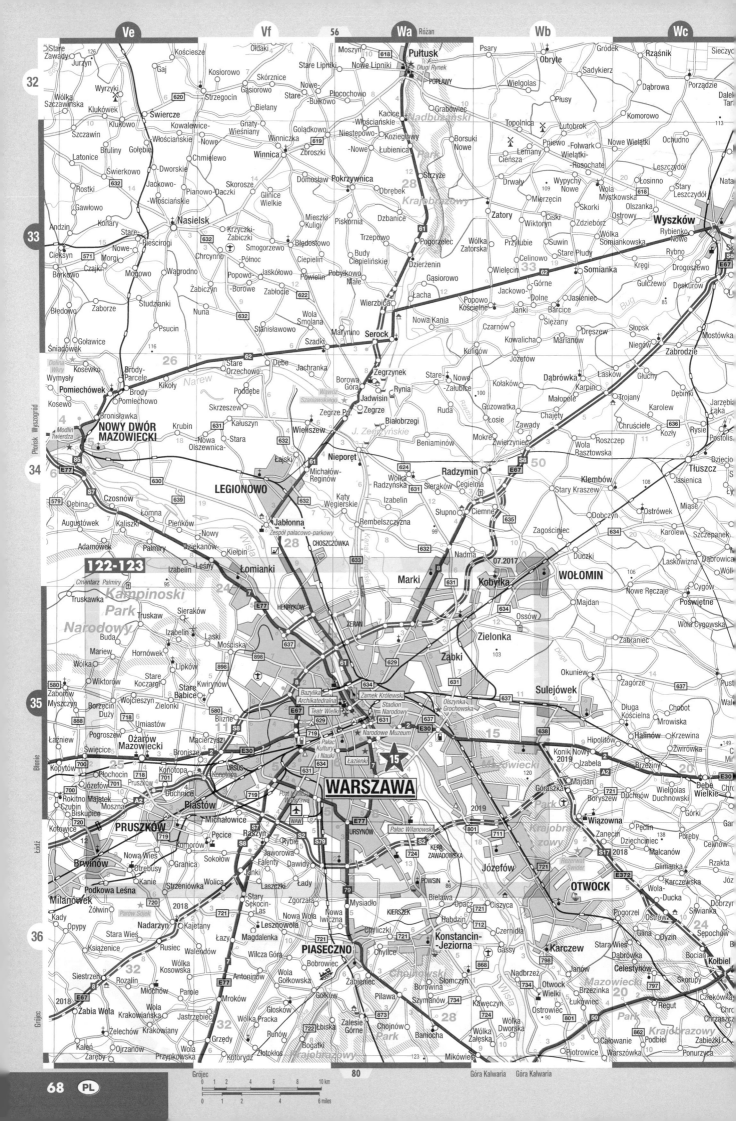

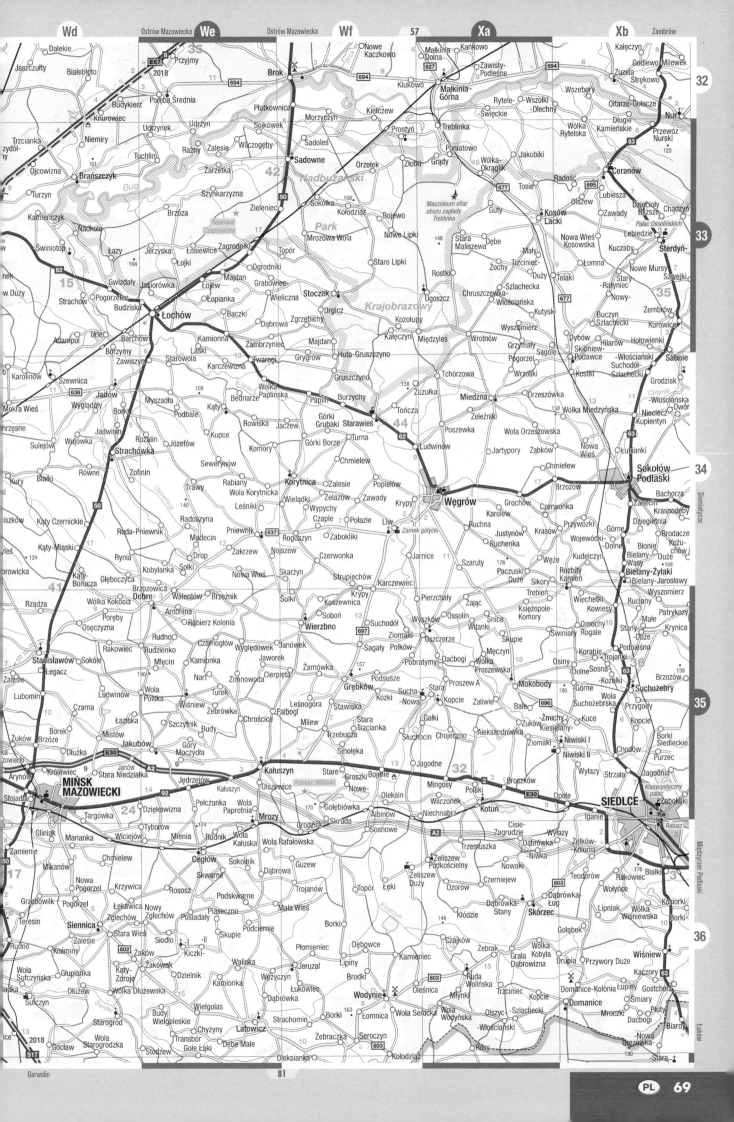

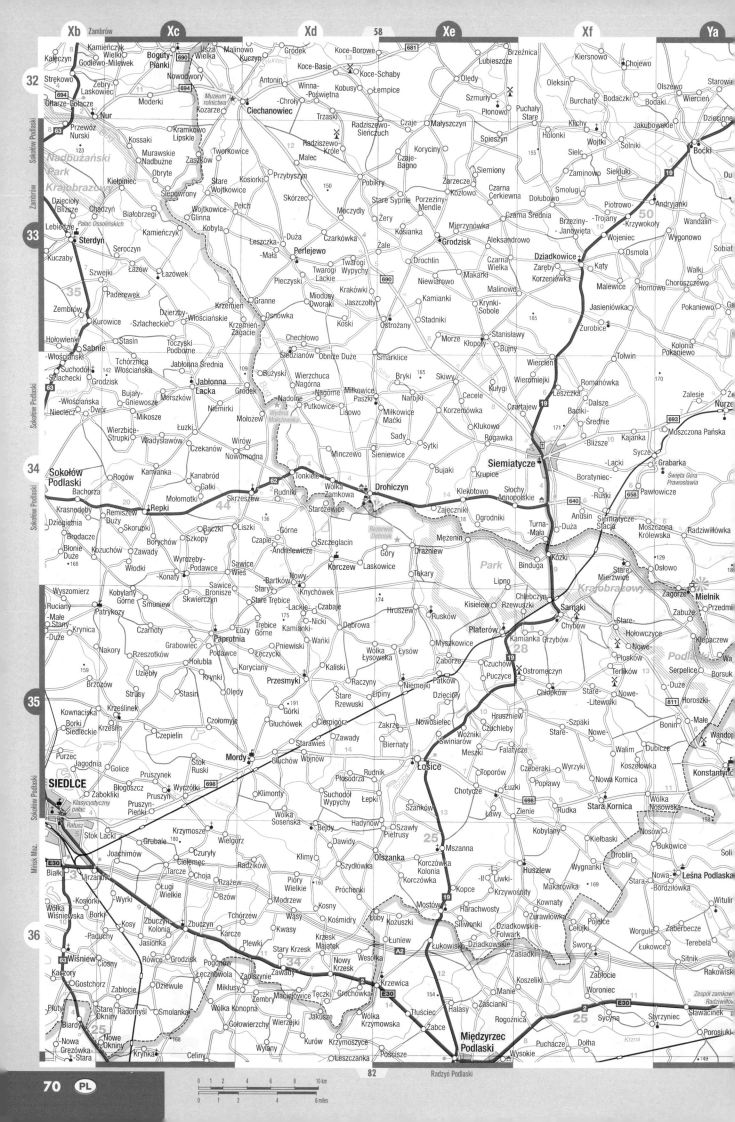

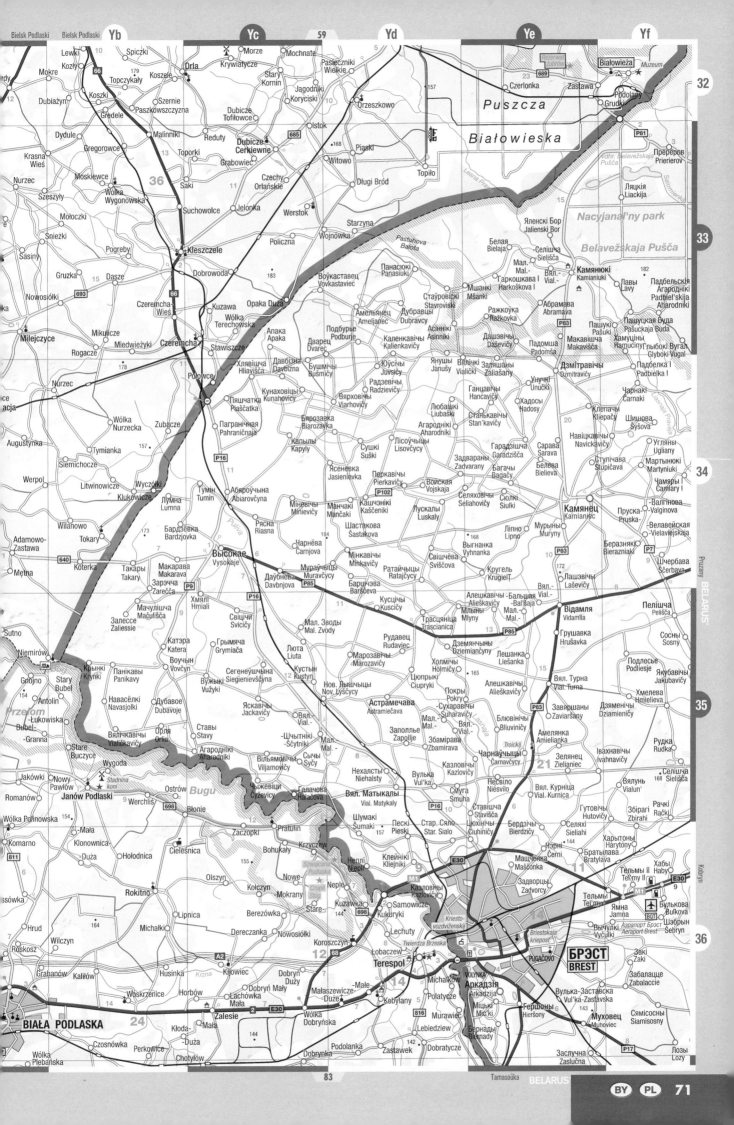

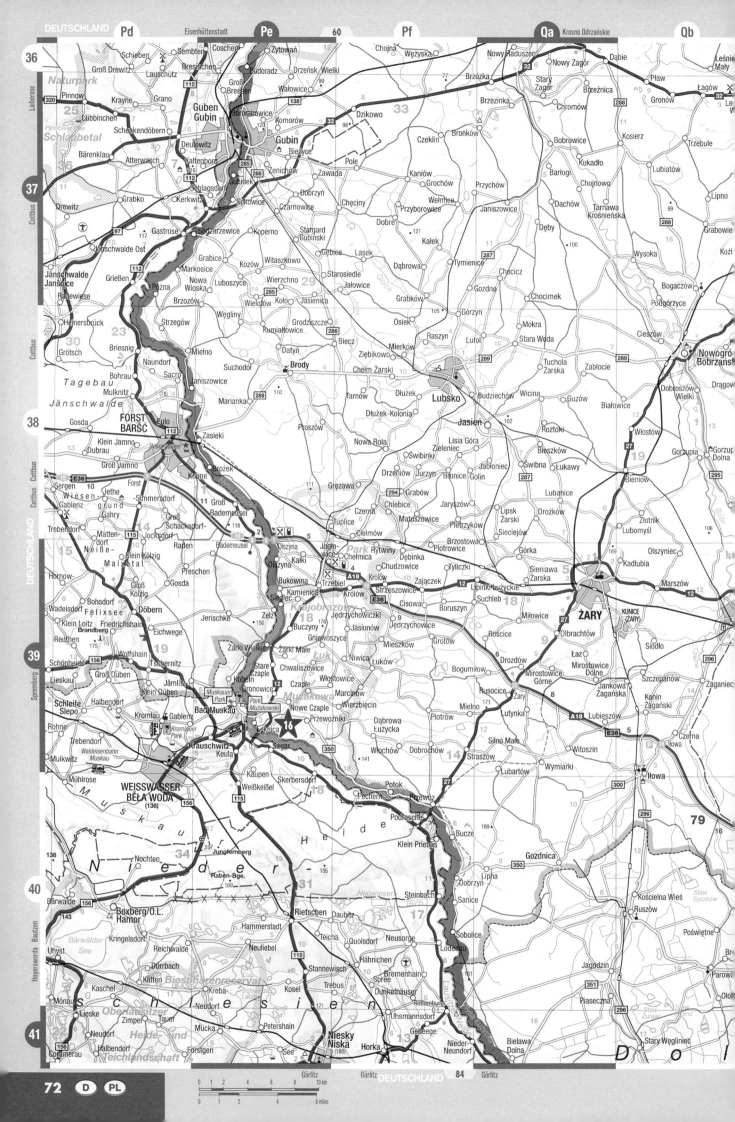

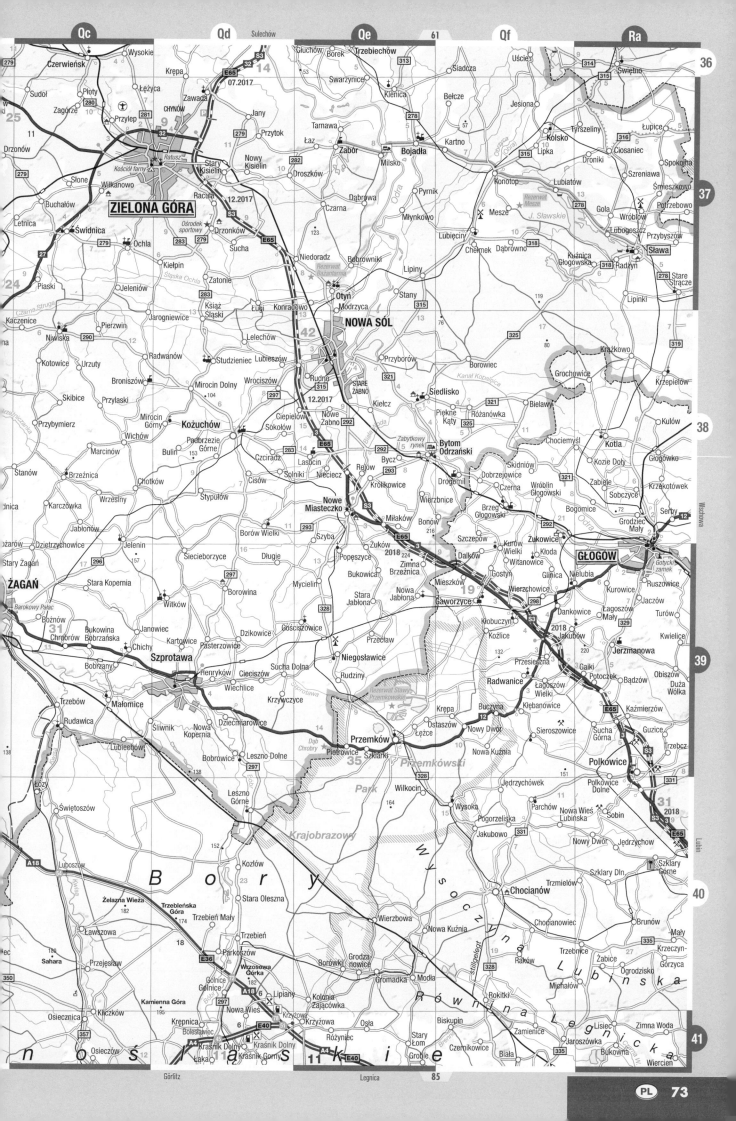

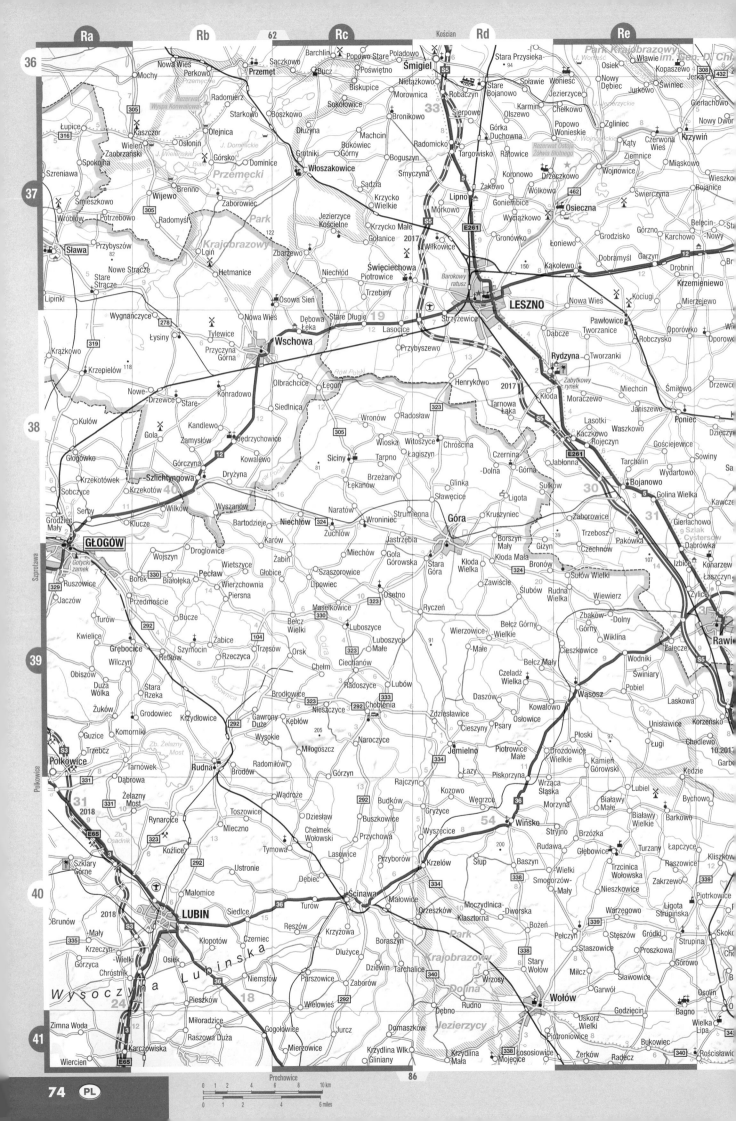

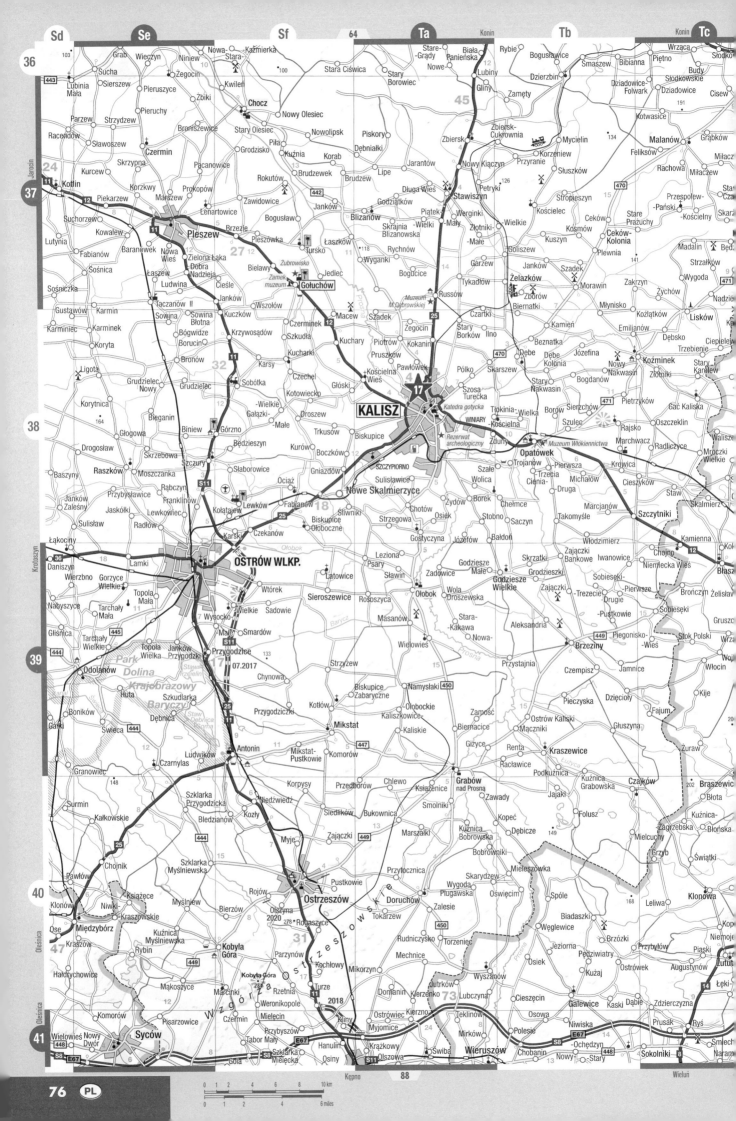

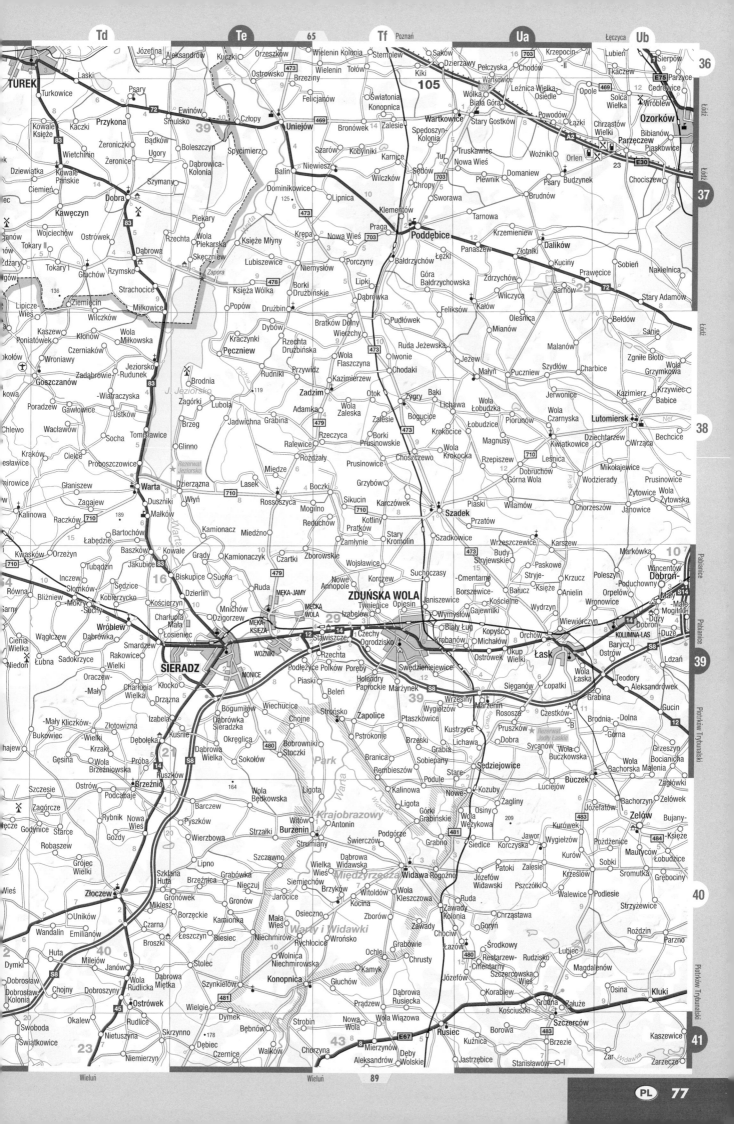

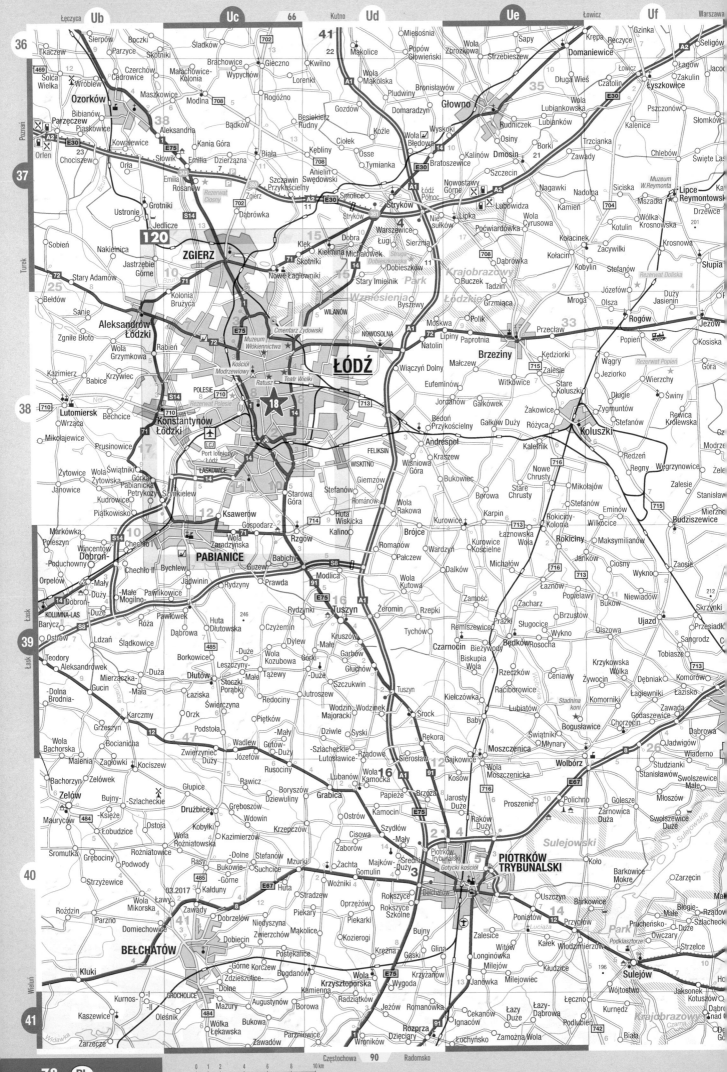

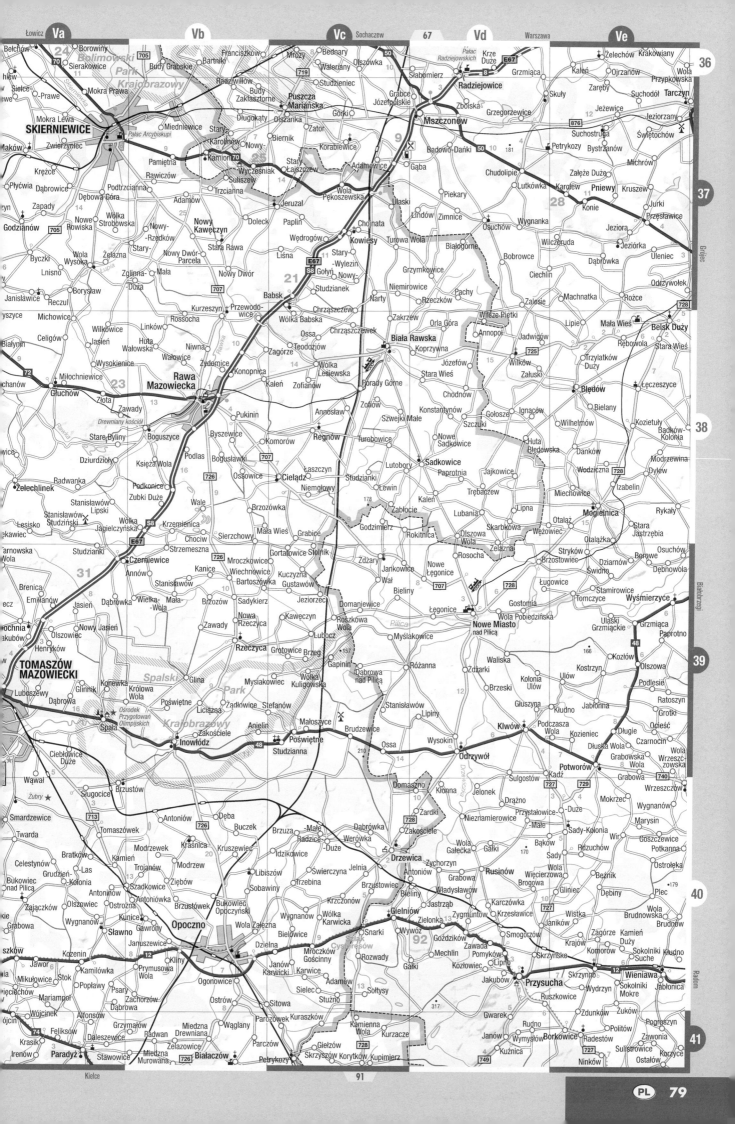

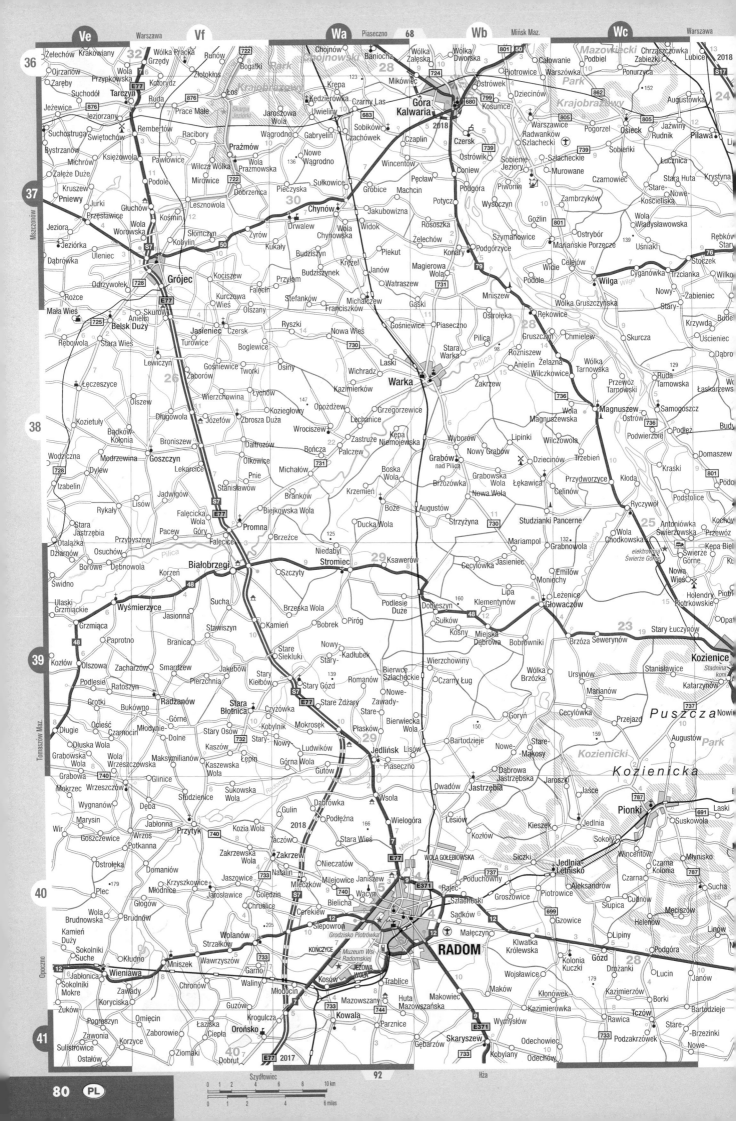

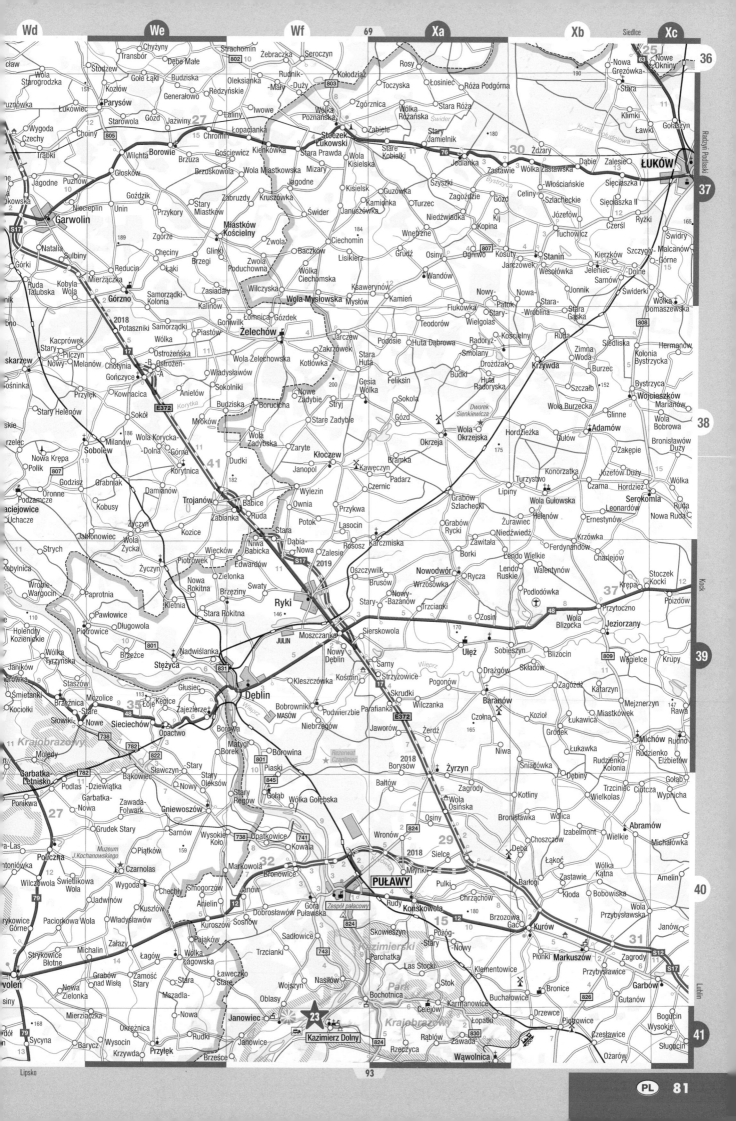

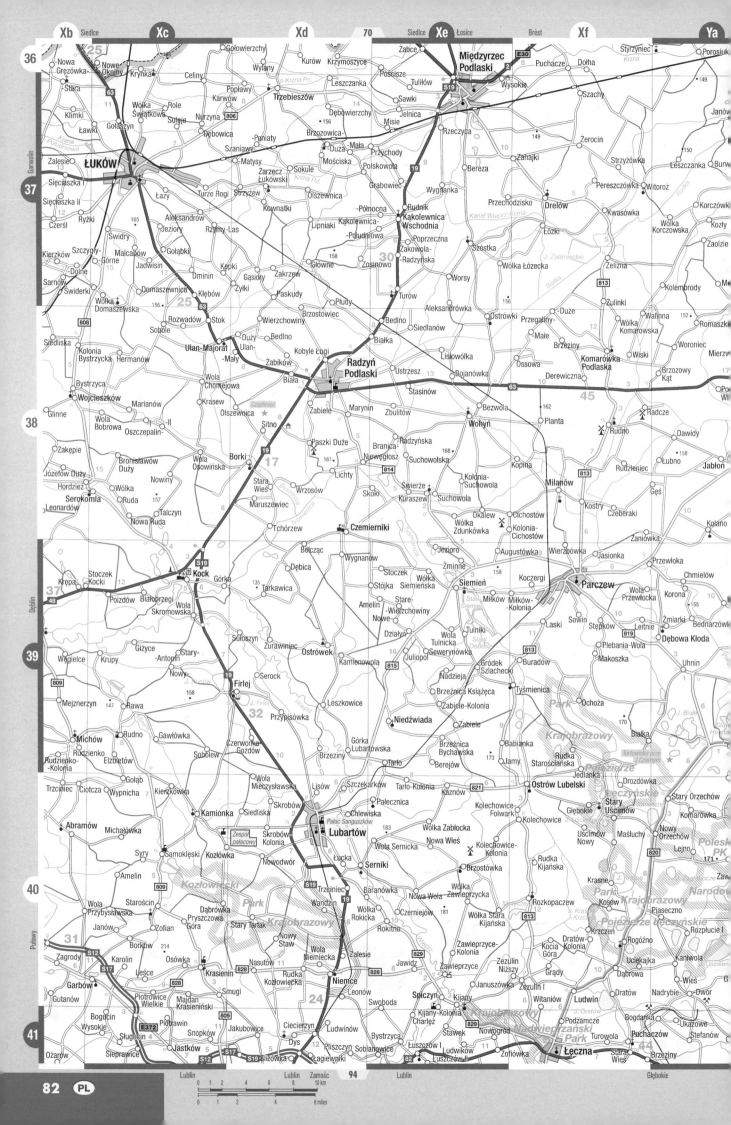

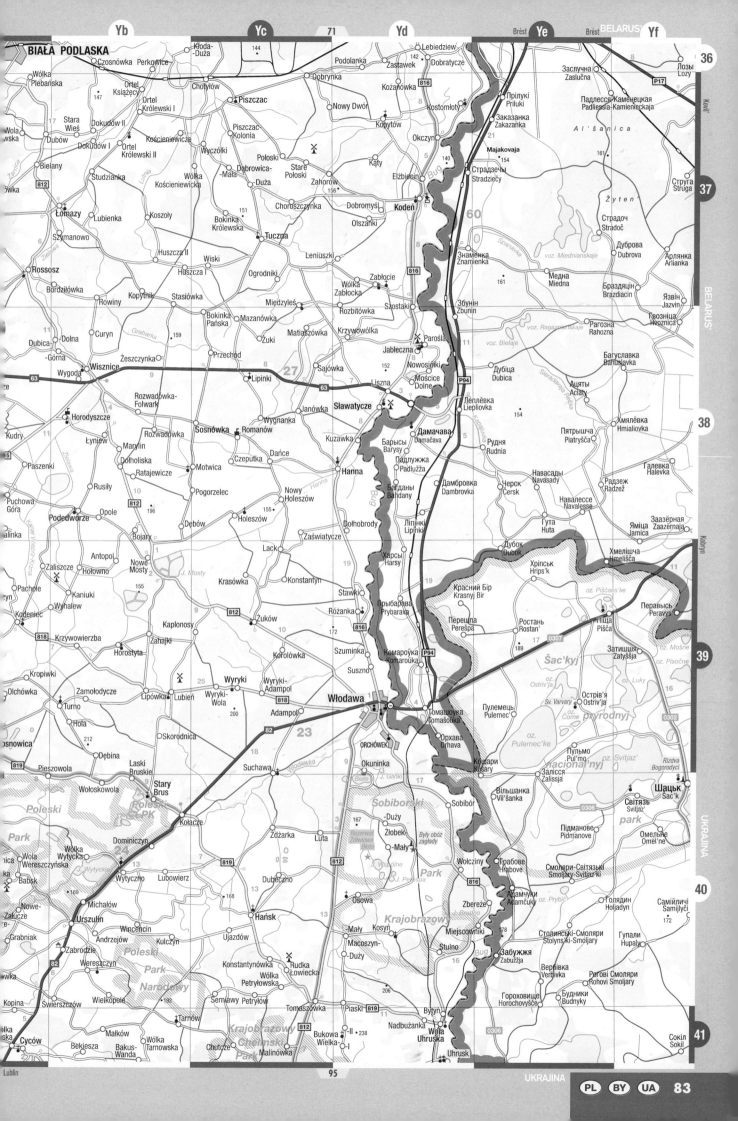

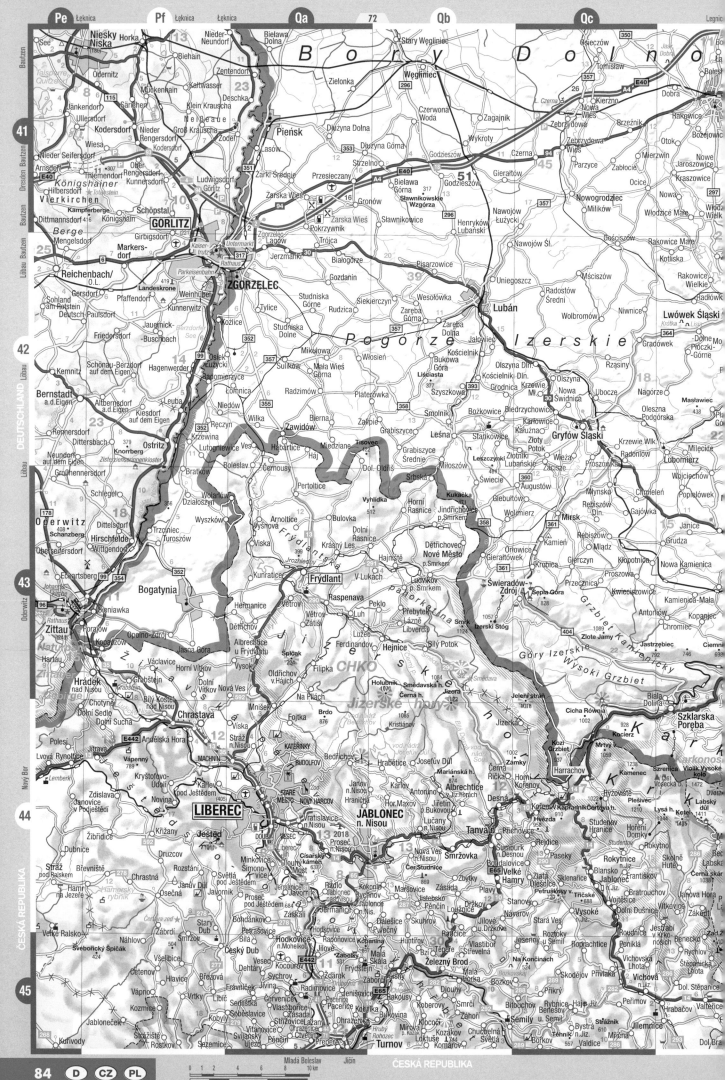

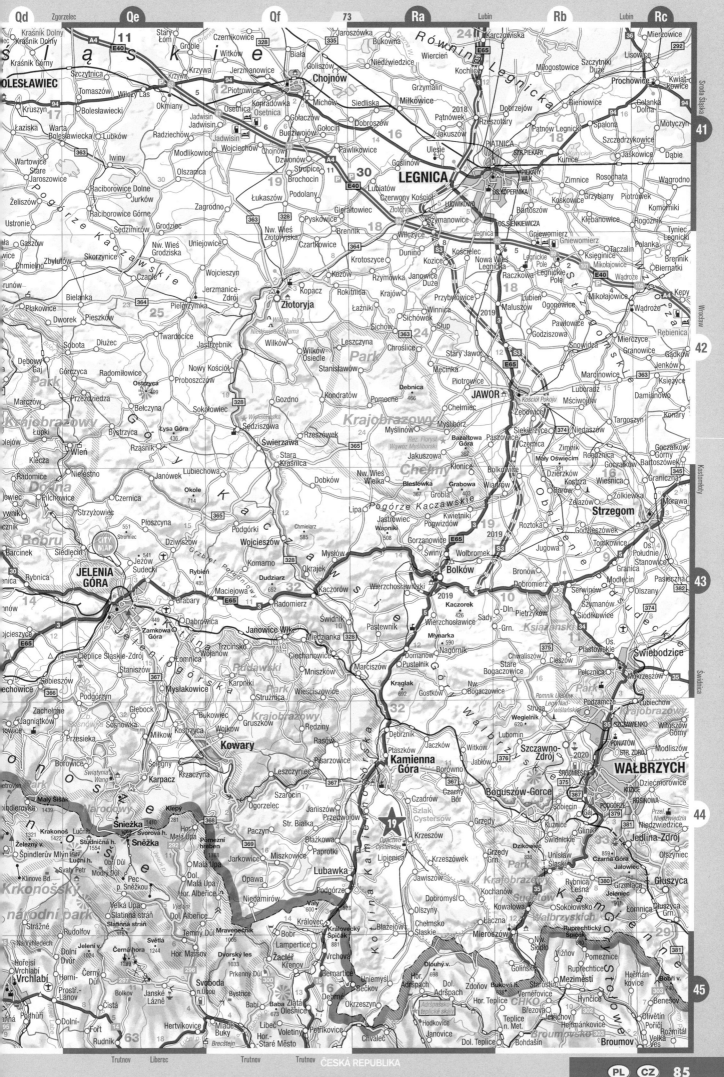

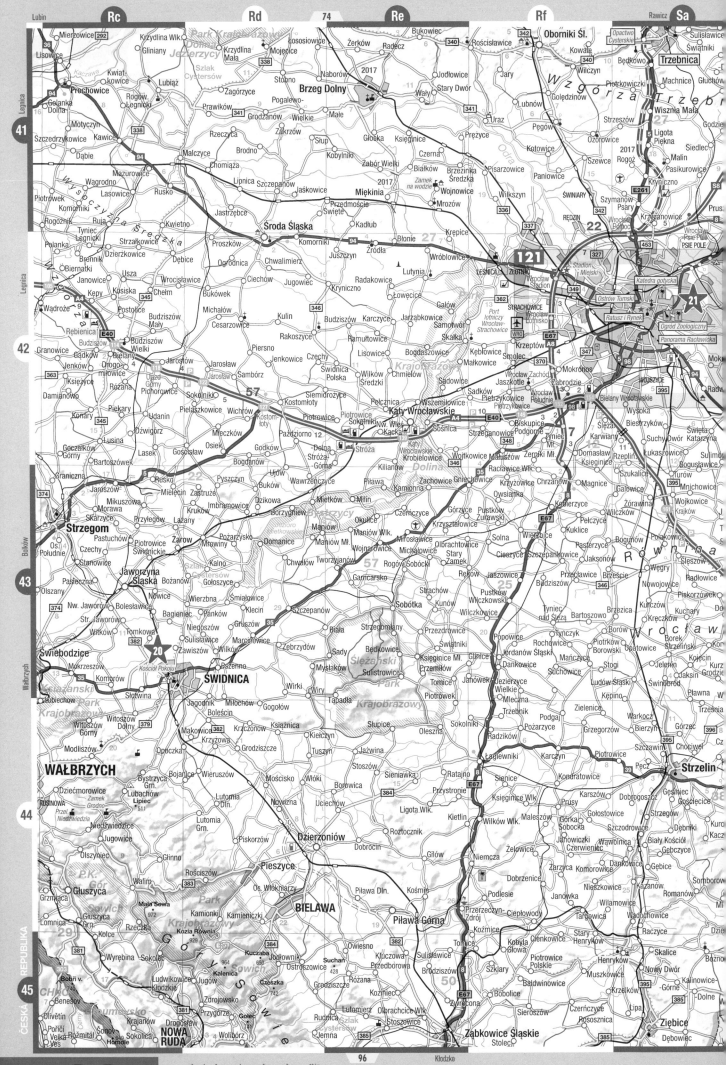

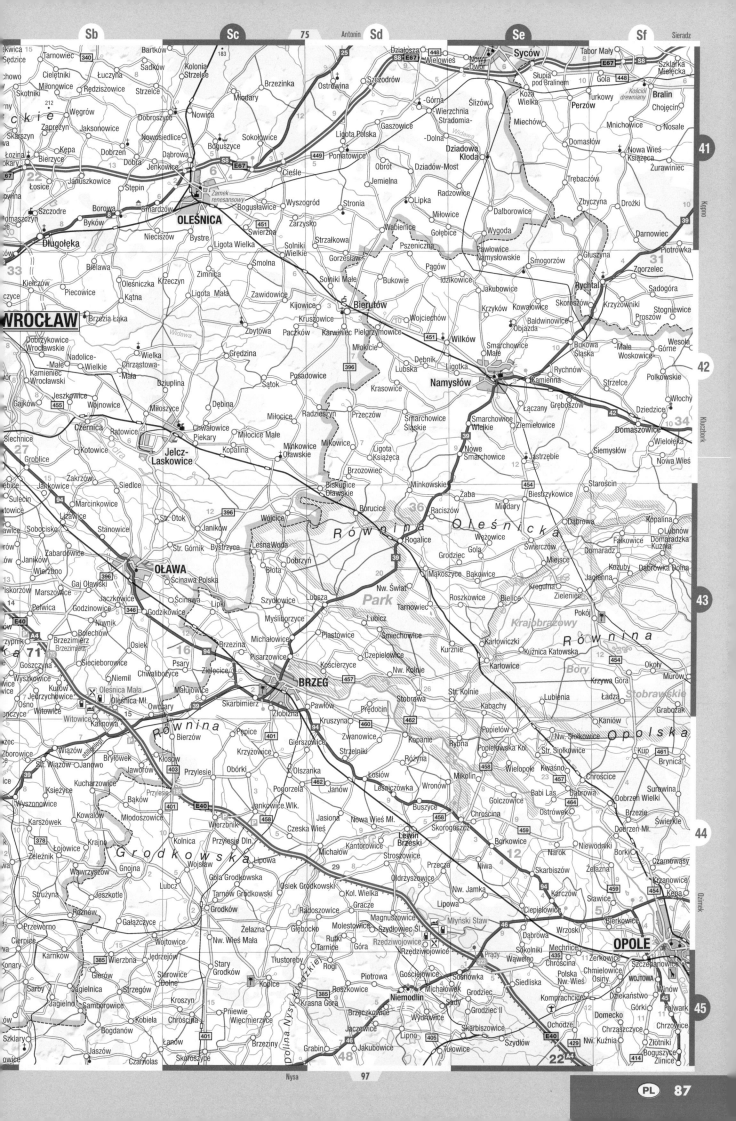

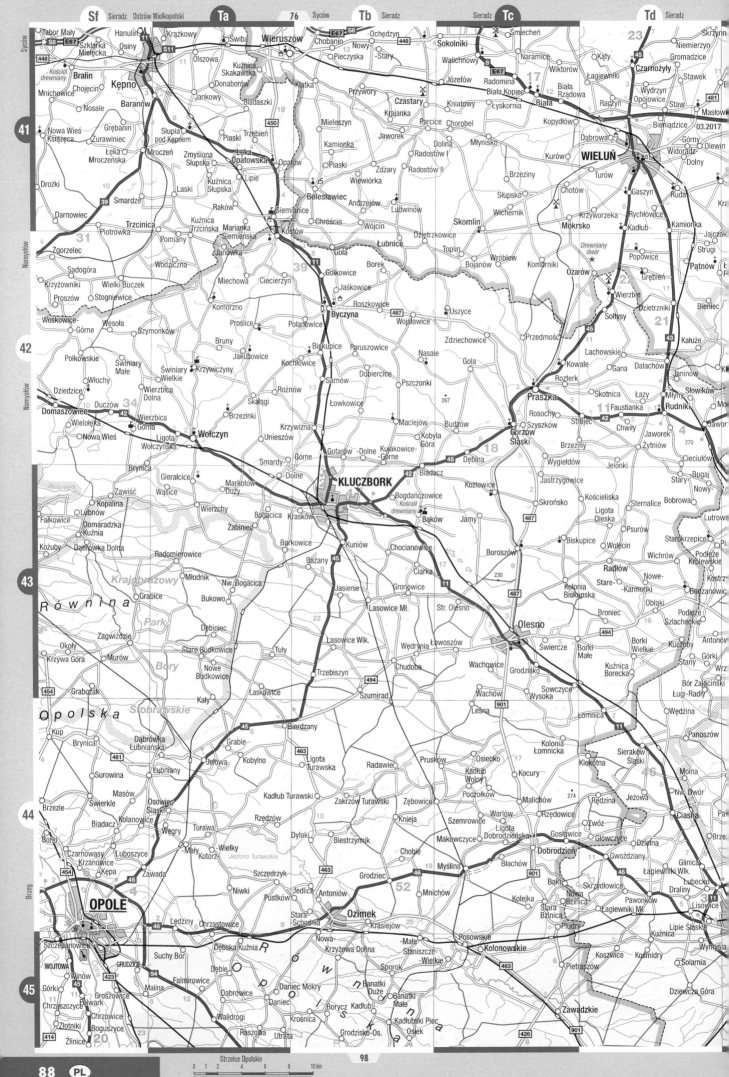

Strzelce Opolskie

98

0 1 2 4 6 8 10 km

0 1 2 4 6 miles

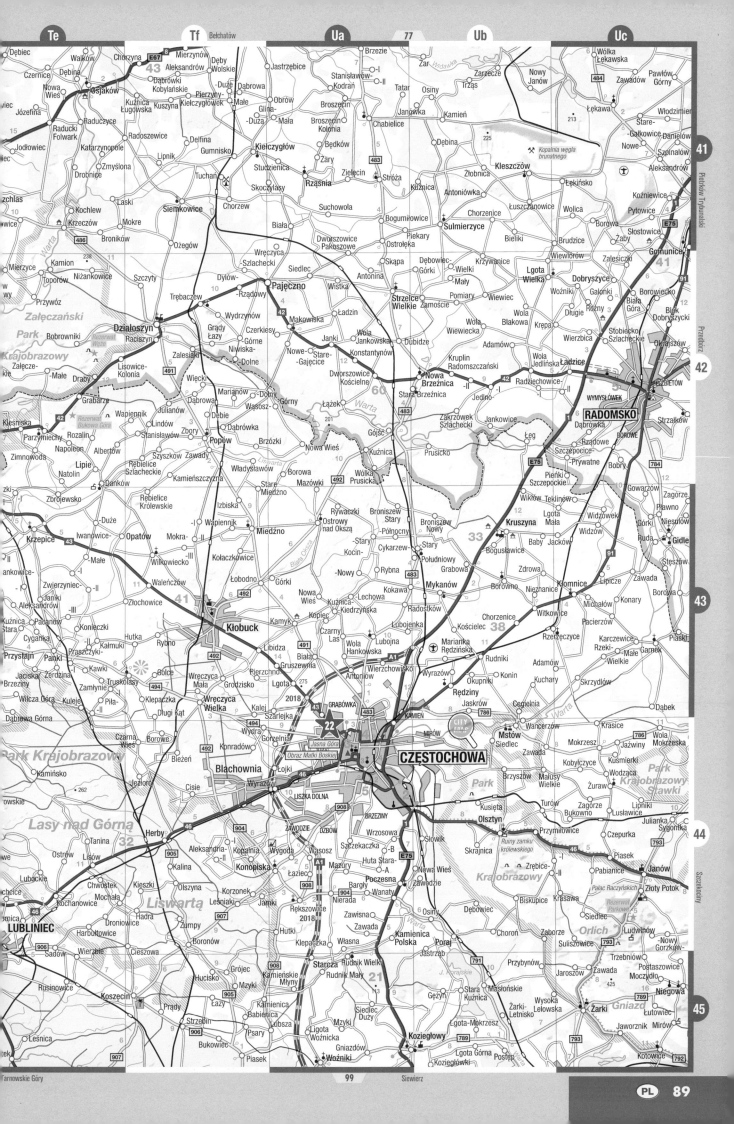

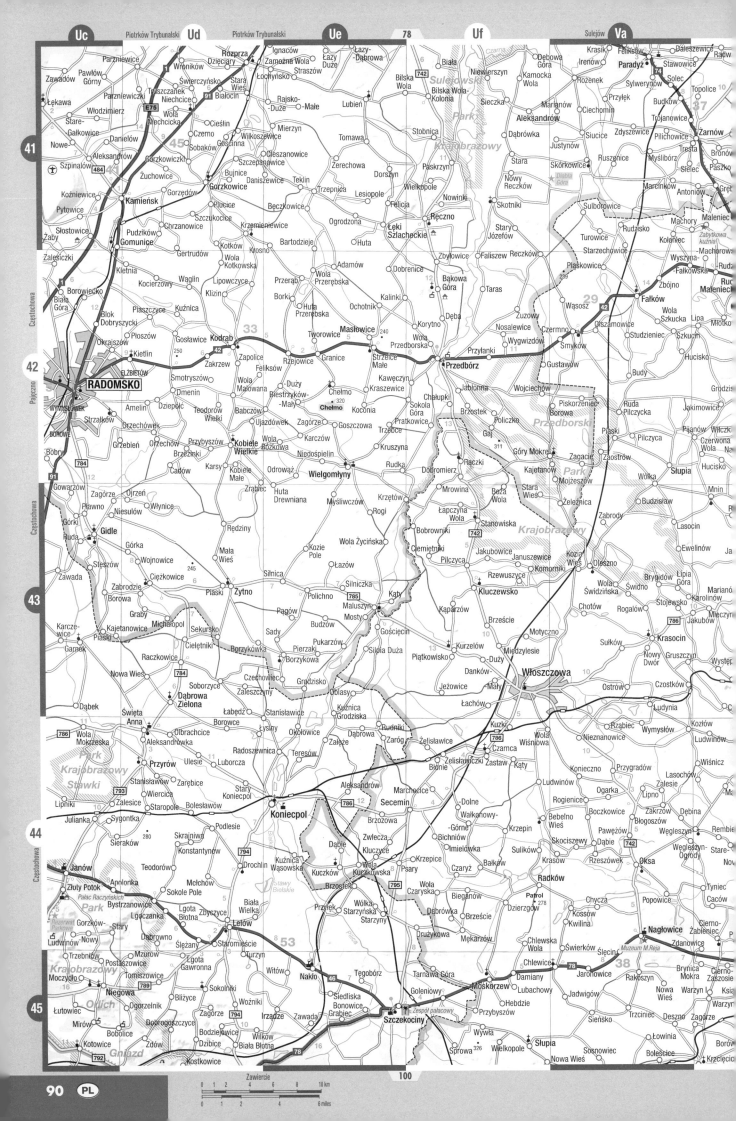

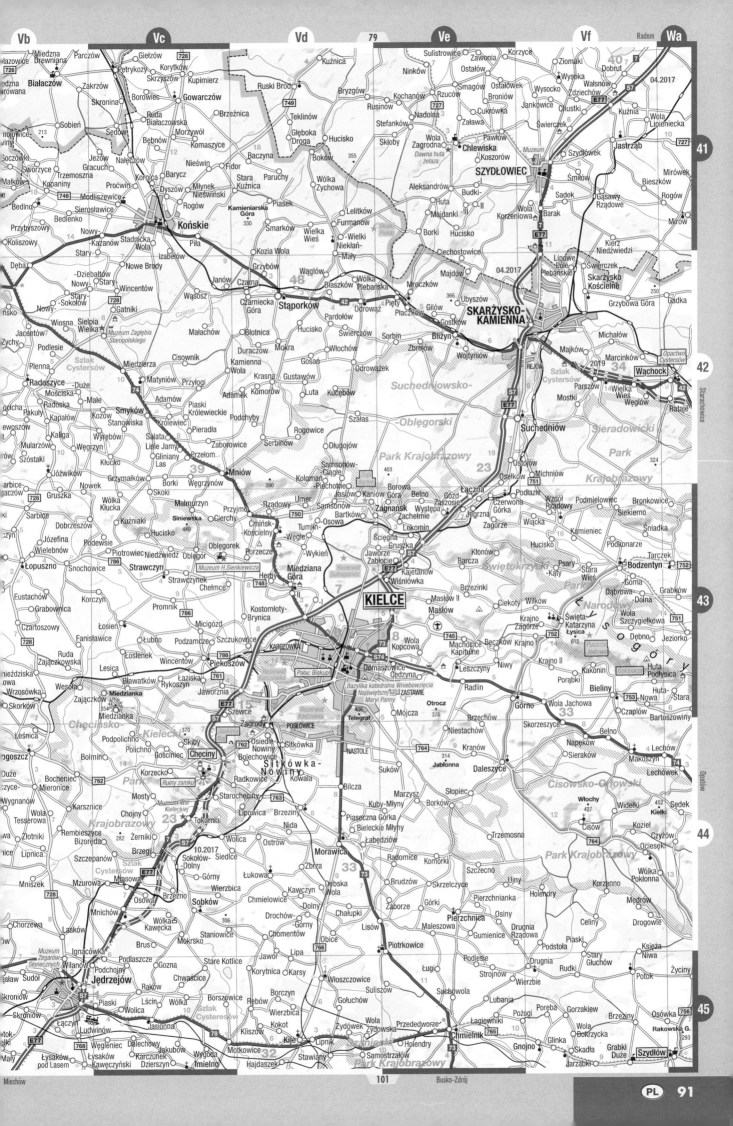

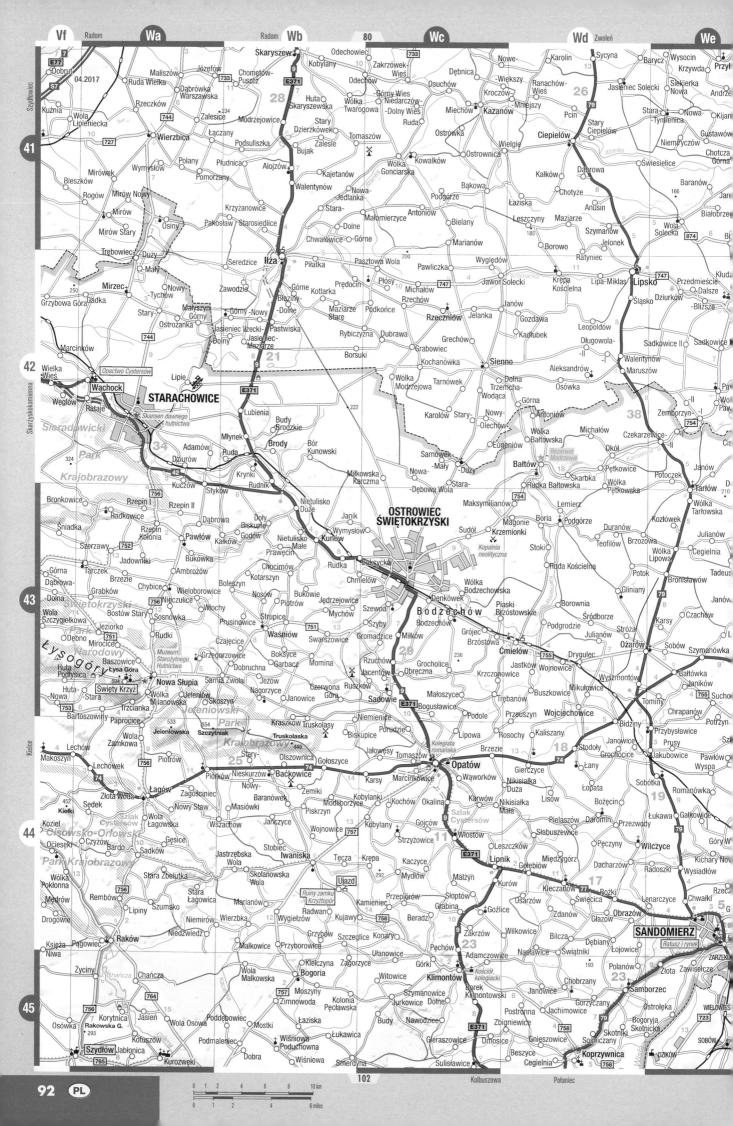

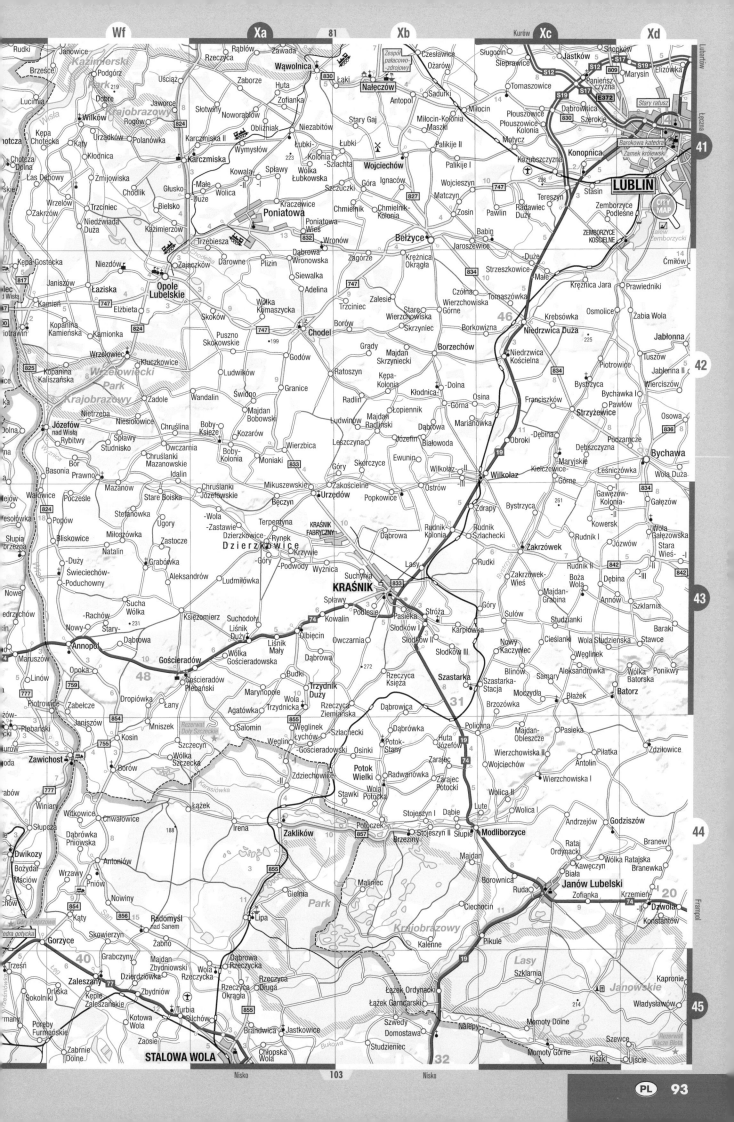

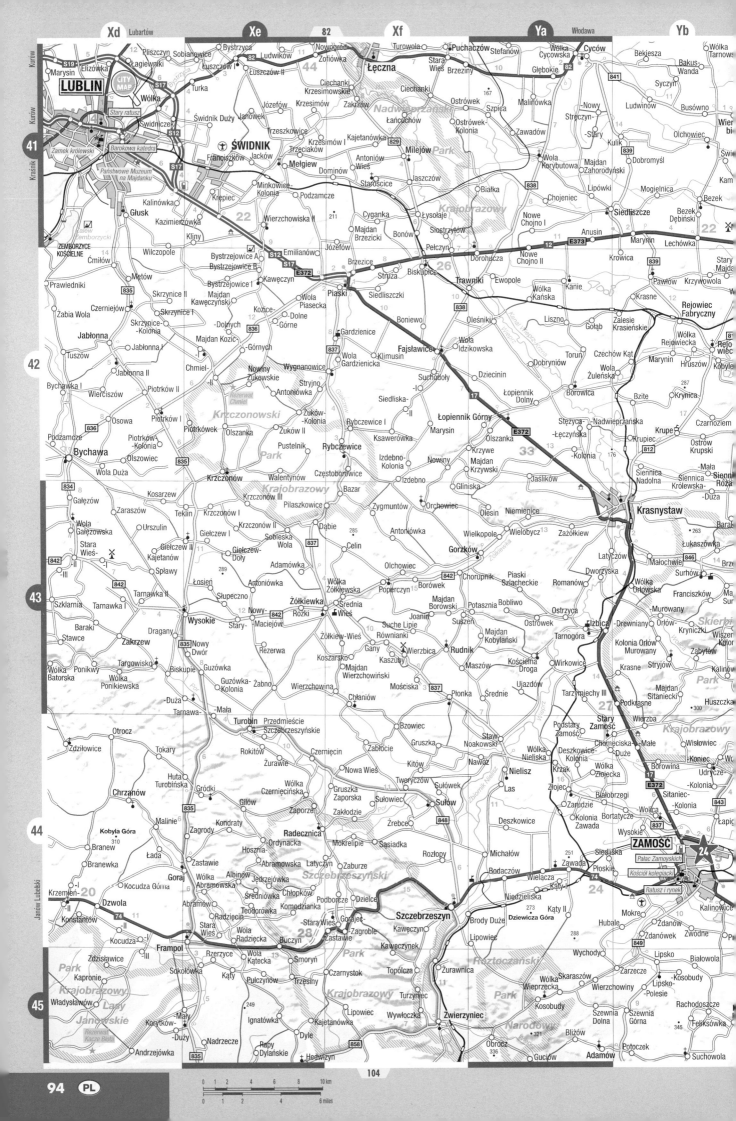

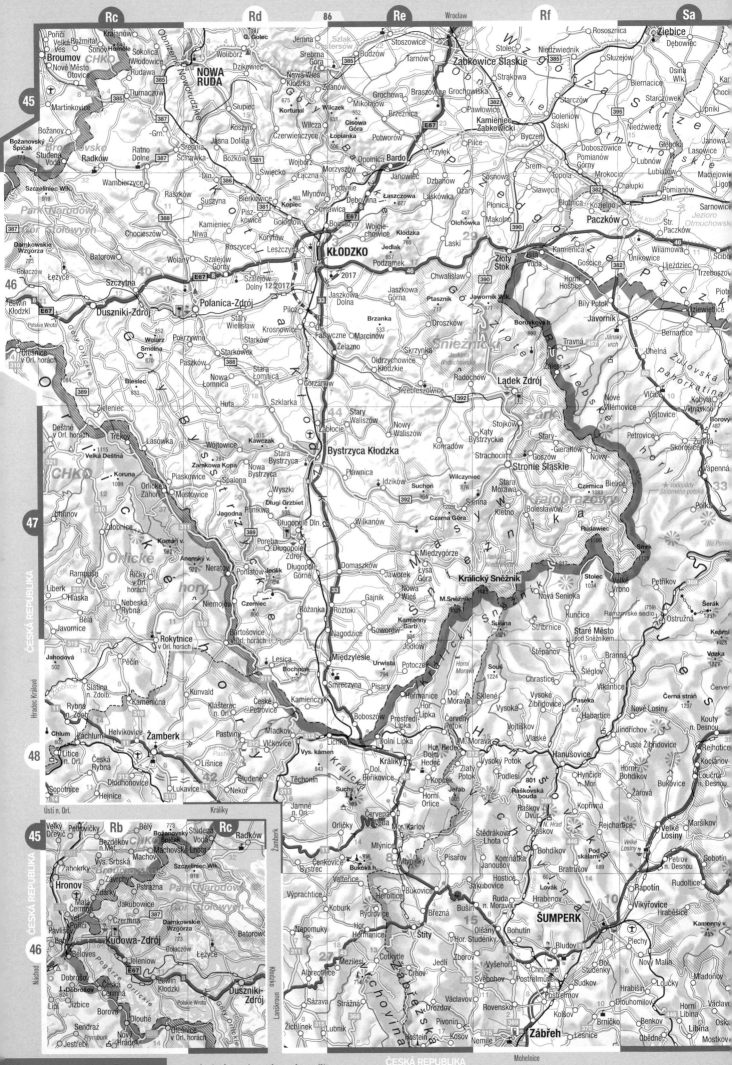

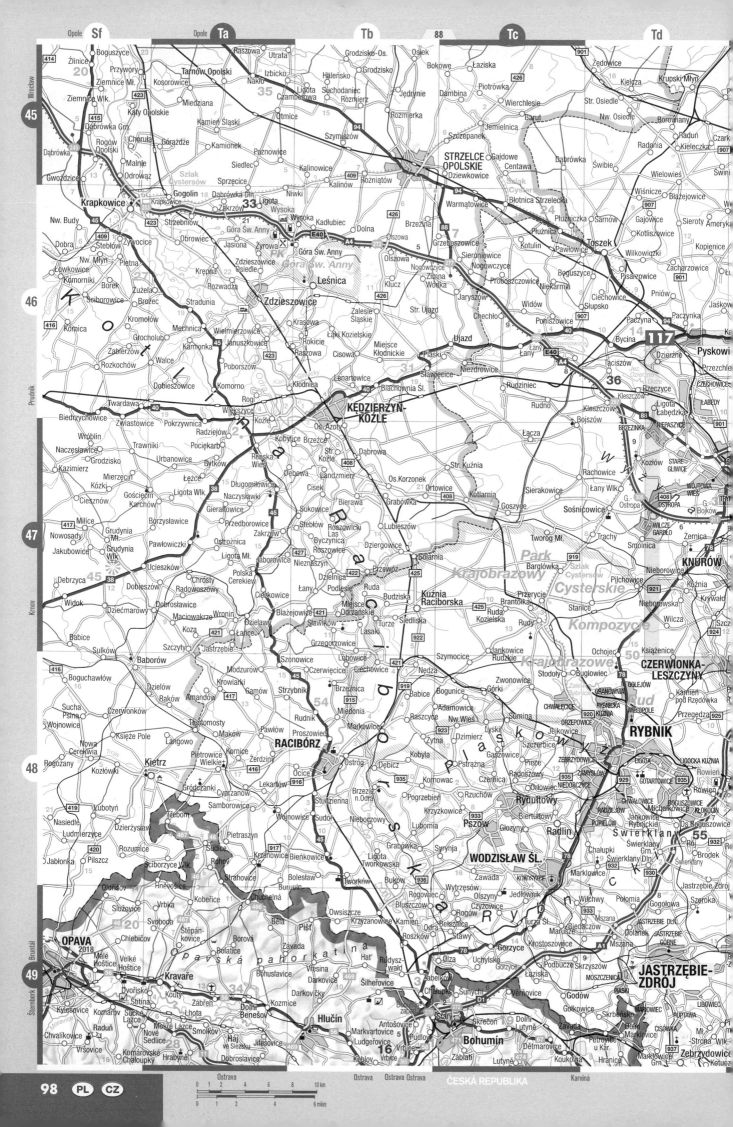

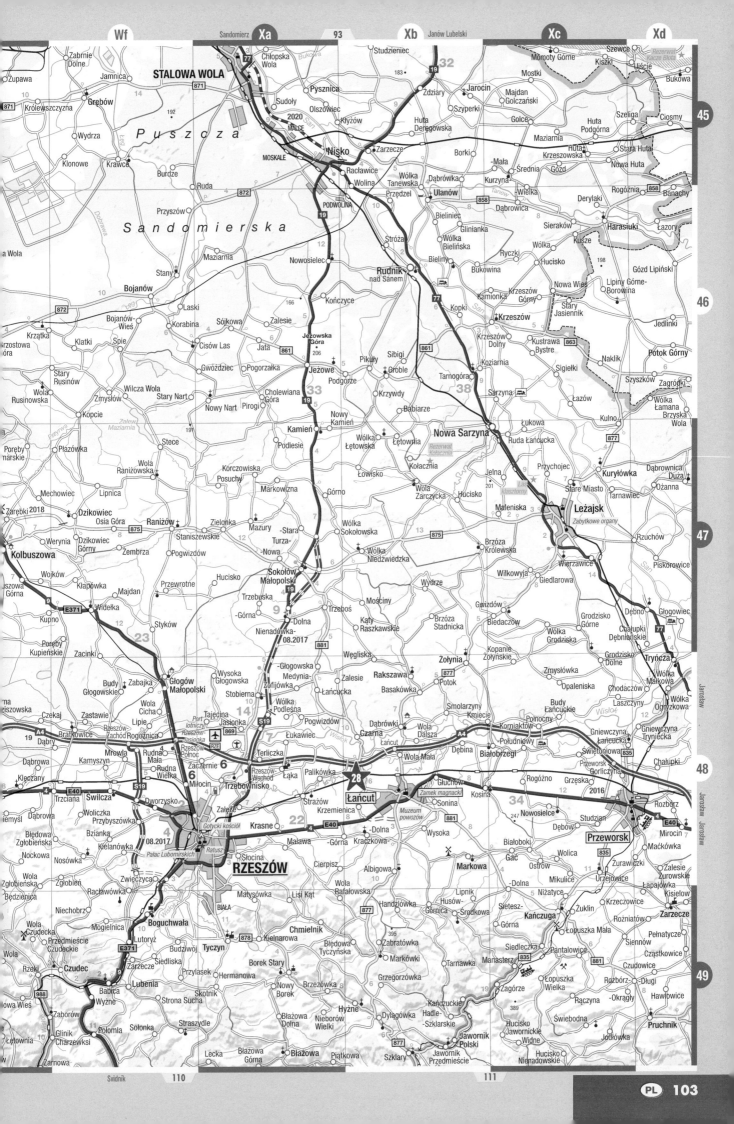

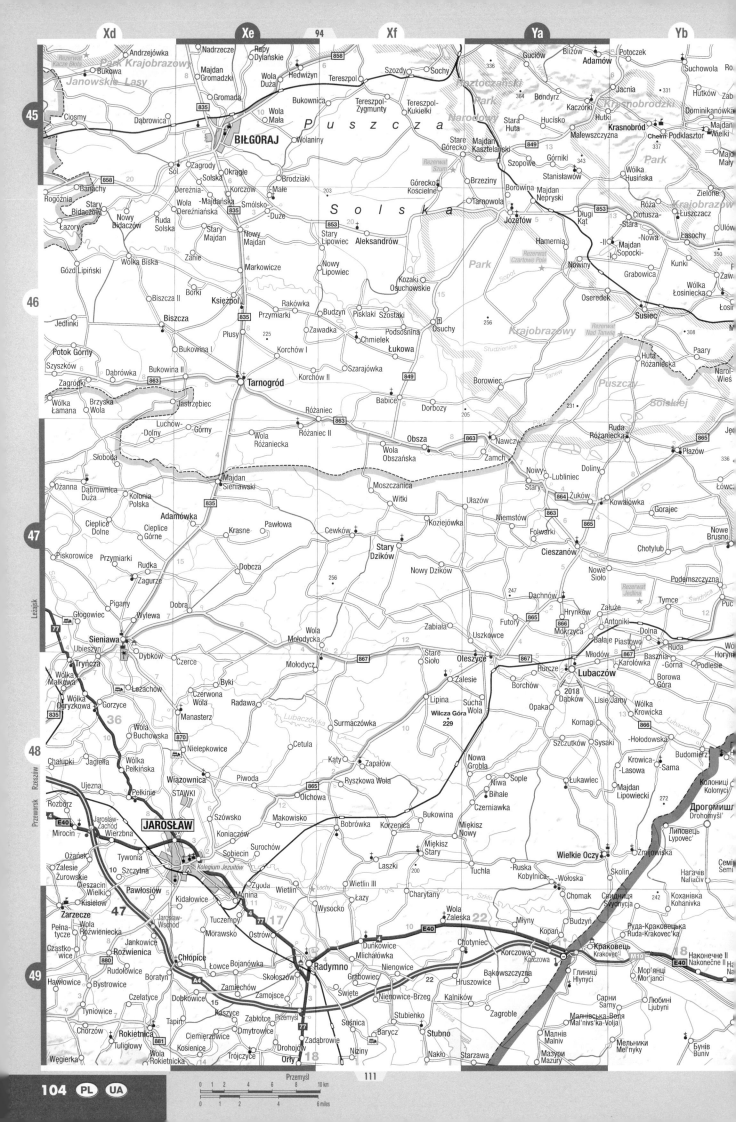

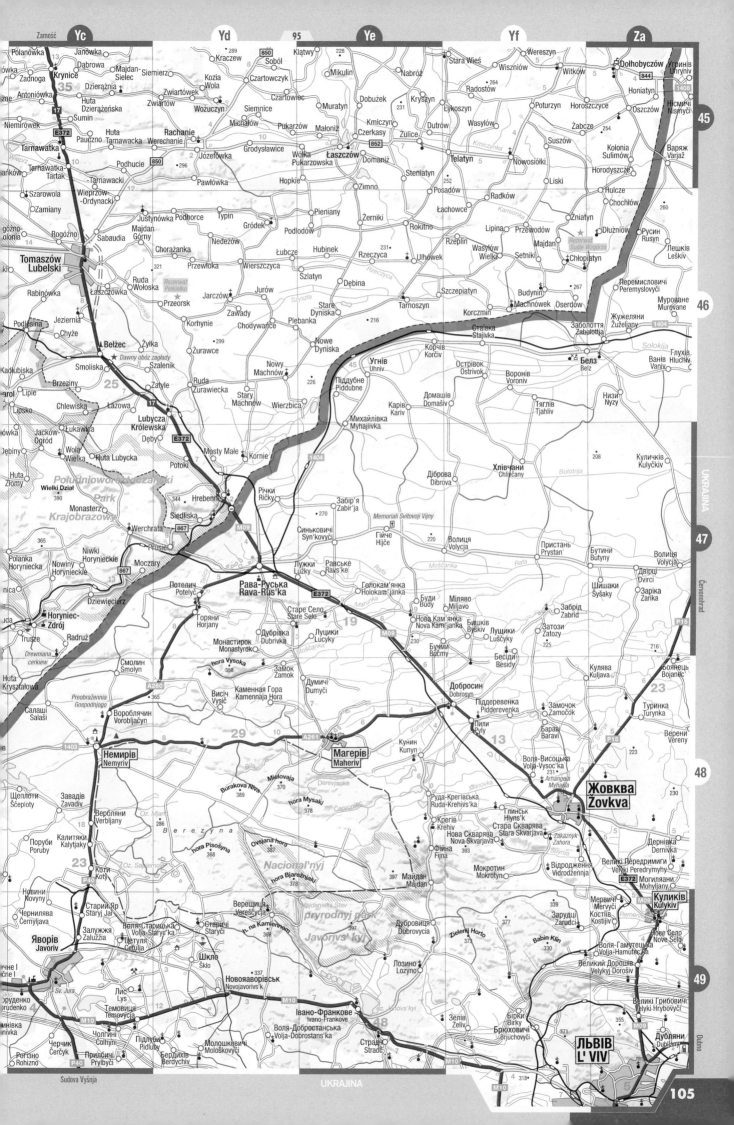

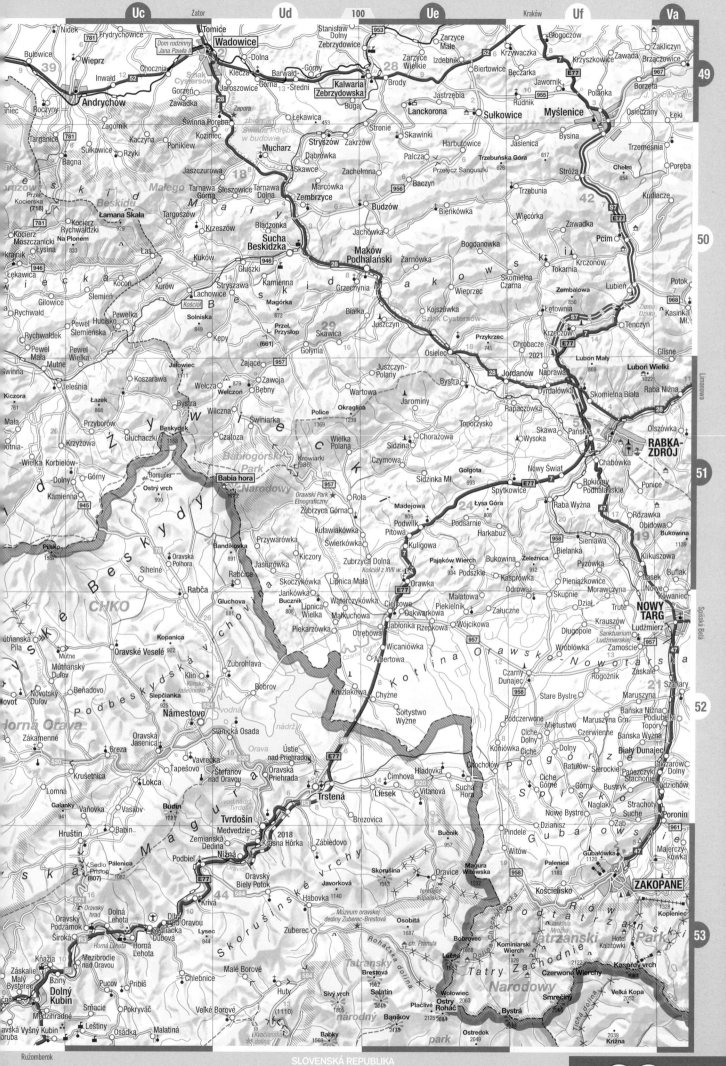

SLOVENSKÁ REPUBLIKA

0  1  2    4    6    8    10 km
0    2    4    6 miles

Kežmarok

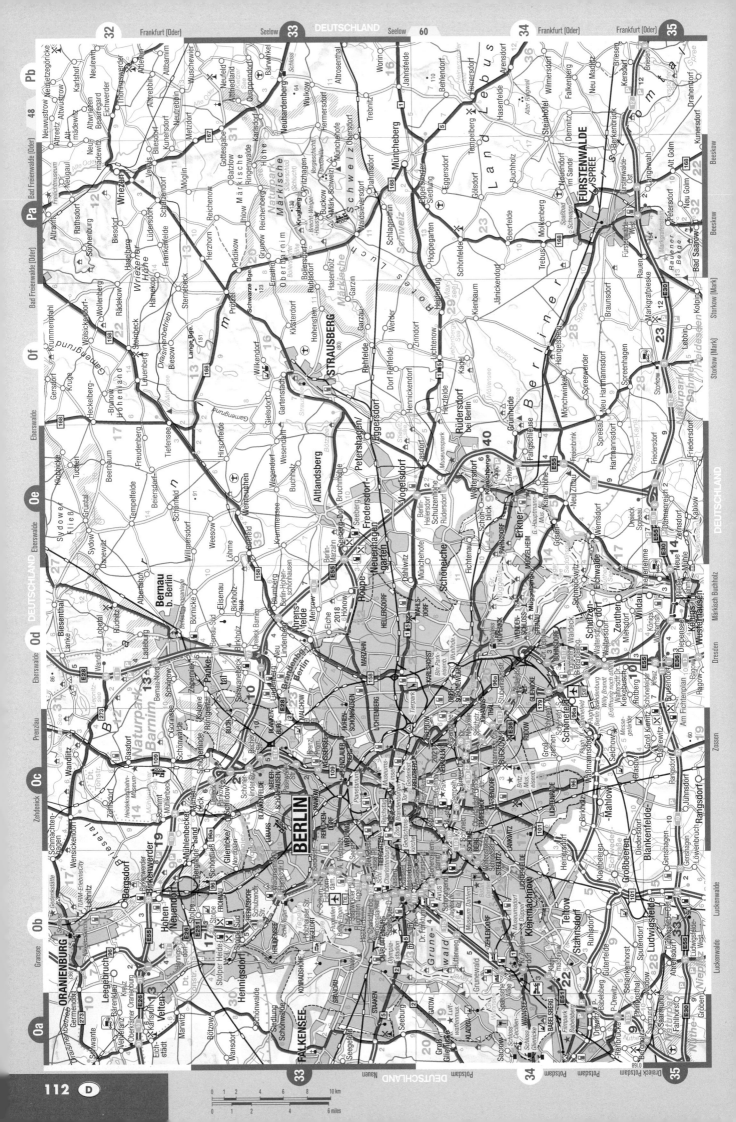

# Tabela odległości

## Table of distances · Entfernungstabelle · Table des distances
## Tabella delle distanze · Tabla de distancias · Afstandstabel
## Tabela de distâncias · Tabulka vzdáleností · Távolságmutató
## Afstandstabel · Avståndstabell

km  10 km = 6.2 miles

# 1 : 100 000

# 1 : 100 000

| Objaśnienia znaków / Signos convencionales (PL) | Zeichenerklärung / Legenda (D) | Legend / Vysvětlivky (GB) | Légende / Vysvetlivky (F) | Segni convenzionali / Jelmagyarázat (I) | Sinais convencionais / Tegnforklaring (P) |
|---|---|---|---|---|---|
| Autostrada z węzłem | Autobahn mit Anschlussstelle | Motorway with junction | Autoroute avec point de jonction | Autostrada con svincolo | Auto-estrada com ramal |
| Autostrada w budowie | Autobahn in Bau | Motorway under construction | Autoroute en construction | Autostrada in costruzione | Auto-estrada em construção |
| Droga, Droga ekspresowa w budowie | Schnellstraße, Schnellstraße in Bau | Dual carriageway, Dual carriageway under construction | Chaussée double, Chaussée double en construction | Superstrada, Superstrada in costruzione | Vía rápida de faixas separadas, Vía rápida em construção |
| Droga państwowa | Bundesstraße | Federal road | Route nationale | Strada statale | Estrada federal |
| Droga główna, Droga przelotowa | Hauptverbindungsstraße, Durchgangsstraße | Main road, Thoroughfare | Route principale, Route de transit | Strada principale, Strada di attraversamento | Estrada principal, Estrada de trânsito |
| Numer autostrady, Numer drogi europejskiejs | Autobahn Nummern, Europastraßen Nummern | Motorway numbers, European road numbers | Numéro d'autoroute, Organismes européens | Numero di autostrada, Numero di strada europea | Número de auto-estrada, Número de estrada europeia |
| Prom samochodowy, Prom pasażerski | Autofähre, Personenfähre | Car ferry, Passenger ferry | Bac pour automobiles, Bac pour piétons | Traghetto per auto, Traghetto passeggeri | Balsa para viaturas, Barca de passageiros |
| Ruchu dalekobieżnego z stacją | Eisenbahn mit Bahnhof | Railway with station | Chemin de fer avec gare ferroviaire | Ferrovia con stazione | Linha ferroviária com estação |
| Port lotniczy | Verkehrsflughafen | Airport | Aéroport | Aeroporto | Aeroporto |
| Miejsce obsługi podróżnych | Autobahntankstelle, Autobahnraststätte | Service station | Station d'essence d'autoroute | Stazione di servizio | Estação de serviço da estrada |
| Interesujące obiekty | Sehenswürdigkeiten | Tourist Attractions | Curiosités | Interesse turistico | Locais de interesse |
| Obszar zabudowany, Obszar komercyjna | Bebauung, Gewerbegebiet | Built-up area, Commercial area | Zone bâtie, Zone commerciale | Caseggiato, Zona commerciale | Área urbana, Área comercial |
| Wody | Gewässer | Waters | Eaux | Acque | Águas |
| Granica państwa | Staatsgrenze | National boundary | Frontière d'État | Confine di Stato | Fronteira nacional |
| MARCO POLO Highlight | MARCO POLO Highlight | MARCO POLO Highlight | MARCO POLO Highlight | MARCO POLO Highlight | MARCO POLO Highlight |

| (E) | (NL) | (CZ) | (SK) | (H) | (DK) |
|---|---|---|---|---|---|
| Autopista con acceso | Autosnelweg met aansluiting | Dálnice přípojkou | Dial'nica s prípojka | Autópálya a csomópont | Motorvej med tilkørsel |
| Autopista en construcción | Autosnelweg in aanleg | Dálnice ve stavbě | Dial'nica vo výstavbe | Autópálya épités alatt | Motorvej under opførelse |
| Autovía, Autovía en construcción | Autoweg met gescheiden rijbanen, Autoweg in anleeg | Rychlostní komunikace, Rychlostní komunikace ve stavbě | Dial'nice, Dial'nice vo výstavbe | Épülő, Épülő gyorsfgalmi | Motortrafikvej, Motortrafikvej under opførelse |
| Carretera federal | Rijksweg | Strada statale | Hlavná diaľková cesta | Elsőrendű főútvonal | Primærvej |
| Carretera principal, Carretera de tránsito | Hoofdweg, Weg voor doorgaand verkeer | Hlavní silnice, Průjezdní silnice | Hlavná cesta, Priechodná cesta | Főútvonal utcanevekkel, Átmenő út utcanevekkel | Hovedvej, Gennemfartsvej |
| Número de autopista, Número de carretera europea | Motorvejnummer, Europees wegnummer | Číslo dálnice, Číslo evropské silnice | Číslo diaľnice, Číslo európskej cesty | Autópálya-szám, Európa-útszám | Motorvejnummer, Europavejnummer |
| Transbordador para automóviles, Transbordador para pasajeros | Autoveer, Personenveer | Trajekt pro auta, Osobní přívoz | Trajekt pre automobily, Prievoz | Autószállító komp, Személyszállító komp | Bilfærge, Passagerfærge |
| Ferrocarril con estación | Langeafstandsverkeer met station | Dálková dopravní se stanici | Draha pre diaľkovú dopravu so stanicou | Távolsági forgalom a pályaudvar | Fjerntrafik med banegård |
| Aeropuerto | Luchthaven | Dopravní letiště | Dobravné letisko | Nemzetközi repülőtér | Lufthavn |
| Estación de servicio | Verzorgingsplaats | Odpočívka | Motorest | Autópálaya pihenőhely | Motorvejsrasteplads |
| Puntos de interés | Bezienswaardigheden | Významné zajímavosti | Zaujimavosti | Látványosságok | Seværdigheder |
| Zona edificada, Zona comercial | Bebouwing, Commicceel gebied | Zastavěna plochna, Komerční prostory | Zastavená plocha, Nebytové priestory | Beépités, Erdő | Bebyggelse, Kommerciel område |
| Aguas | Wateren | Vodstvo | Vodstvo | Vizek | Vande |
| Frontera nacional | Rijksgrens | Státní hranice | Štátna hranica | Államhatár | Statsgrænse |
| MARCO POLO Highlight | MARCO POLO Highlight | MARCO POLO Highlight | MARCO POLO Highlight | MARCO POLO Highlight | MARCO POLO Highlight |

POGÓRZE

Dąbka

CISOWA

Pucka

CHYLONIA

Dąbka

OBŁUZE

OKSYWIE

Słupsk

Unrupa

inż. Śmidowicza

Dworzec
Żeglugi
Promowei

E28

Morska

6

Janka Wiśniewskiego

Kan.-Portowy

Zielona

Karlskrona

468

Morska

Polska

Dworzec Morski

DEMPTOWO

GRABÓWEK

Muz. Oceanograficzne

E28

S6

Śląska

Świętojańska

al. Marsz.
Piłsud-
skiego

GDYNIA

ŚRÓDMIEŚCIE

Trójmiejski

Kielecka

WZGÓRZE
ŚW. MAKSYMILIANA

CHWARZNO

Rol-
nicza

Chwarznieńska

Małokacka

REDŁOW O

WITOMINO

al. Zwycięstwa

MAŁY
KACK

474

Wielkopolska

ORŁOWO

468

Obwodnica Trójmiasta

Chwaszczyńska

20

Lipowa

Źródło
Marii

WIELKI KACK

Chwaszczyńska

KACZE BUKI

Sopocka

Park

Malczewskiego

KAMIENNY POTOK

Powst. Warszawy

SOPOT

J. Osowskie

23 Marca

Opera Leśna

Armii Krajowej

3 Maja

KARLIKOWO

Bitwy
pod
Płowcami

Grun-
waldzka

Kielnieńska

M. Reja

Konnych
Wyścigów

al. Niepodległości

al. Jana
Łokietka

Haffnera

Pomorska

OSOWA

Spacerowa

PRZYMORZE

J. Wysockie

Jagiel-
lońska

Plastowska

Obwodnica Trójmiasta

218

Jagiel-
lońska
Obrońców
Wybrzeża

Czarny Dwór

Przystań
Promowa

WESTERPLATTE

Opactwo Cystersów

Kołobrzeska

Pomnik Obrońców
Wybrzeża

Pilana

al. Rzeczypospolitej

al. Jana Pawła II

Gdańska

NOWY
PORT

Martwa Wisła

PORT PÓŁNOCNY

OLIWA

Wita Stwosza

al. Grunwaldzka

Bol. Chrobrego

al. gen. J. Hallera

Uczniowska

Marynarki Polskiej

91

Kan.Kaszubski

Krajobrazowy

Słowackiego

Kościuszki

E75

GDAŃSK

Port Lotniczy Gdańsk
im. Lecha Wałęsy

GDN

472

Słowackiego

ZŁOTA
KARCZMA

BRĘTOWO

Jaśkowa Dolina

al. gen. Józefa
Hallera

129

Jana z Kolna

al. Zwycięstwa

89

STOGI

MATARNIA

Potokowa

WRZESZCZ

Jana Sobie-
skiego

Powst. Warszaw.

Pomnik Poległych Stoczniowców

BYSEWO

S6

E28

PIECKI

Schuberta

ŚRÓDMIEŚCIE

2

Elbląska

KOKOSZKI

Kartuska

7

MIGOWO

Rakoczego

Beethovena

Kartuska

Żuraw-Muzeum
Morskie

Nowolipie

501

KIEŁPINO
GÓRNE

Kartuska

JASIEŃ

ZABORNIA

al. Armii Krajowej

CHEŁM

91

J. Jasień

501

al. W. Witosa

Trakt św. Wojciecha

Warszawska

Pod-
miejska

ORUNIA

Małomiejska

ZATOKA

GDAŃSKA

Nynäshamn

Toruń

0   0,5        1         2         3 km

0        0,5      1      1,5 miles

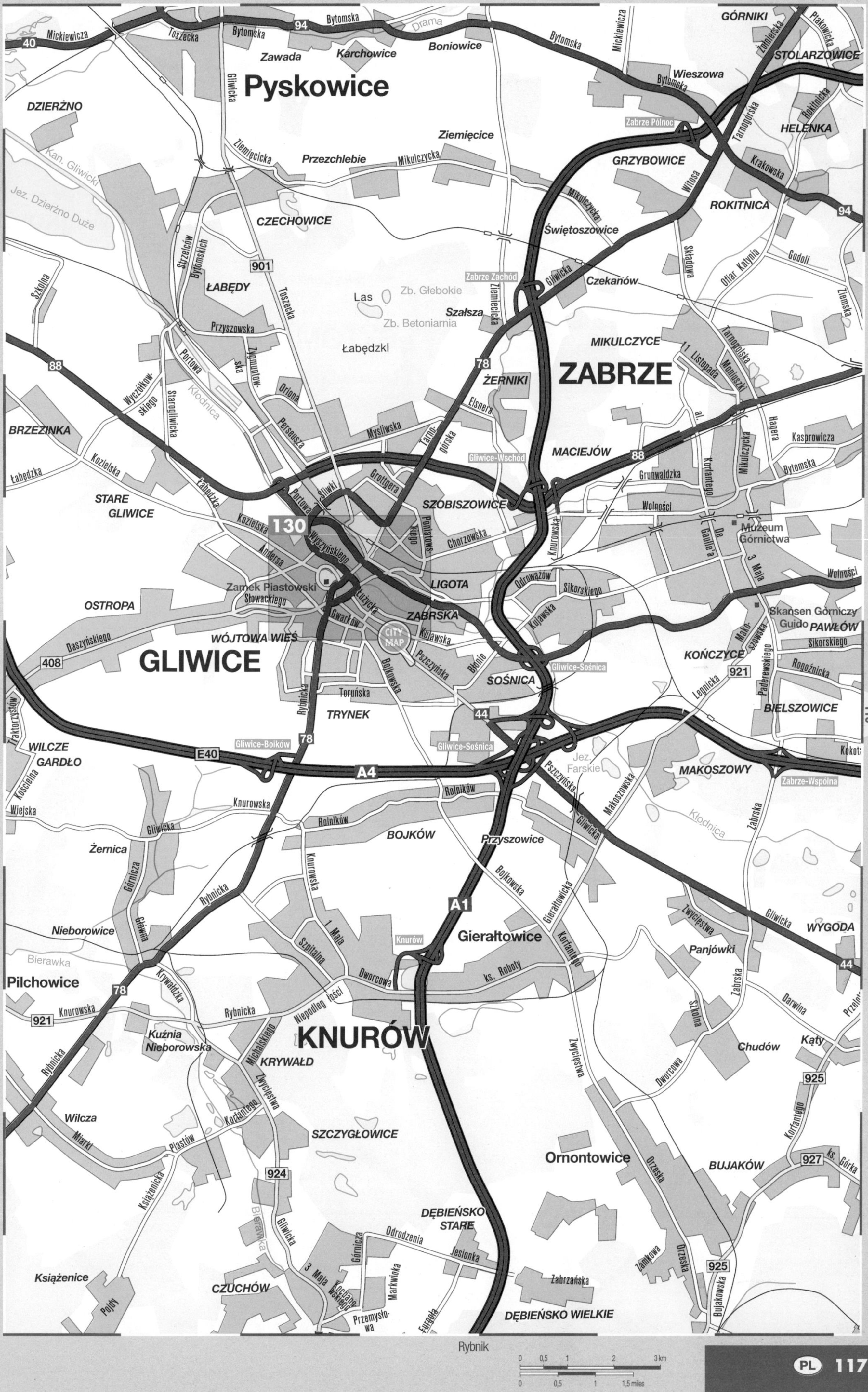

GÓRNIKI
STOLARZOWICE
Częstochowa
HELENKA
Bytomska
94
Drama
Boniowice
Bytomska
Mickiewicza
40
Toszecka
Bytomska
Karchowice
Wieszowa
Żołnierska
Prakowicka
Rokitnicka
Zawada
Gliwicka
**Pyskowice**
Bytomska
Mickiewicza
Zabrze Północ
Krakowska

DZIERŻNO
Ziemięcice
GRZYBOWICE
Witosa
Ziemięcicka
Przezchlebie
Mikulczycka
ROKITNICA
Kan. Gliwicki
Świętoszowice
94
CZECHOWICE
901
Gliwicka
Czekanów
Składowa
Godoli
Ofiar Katynia
Ziemska
Jez. Dzierżno Duże
**ŁABĘDY**
Zb. Głębokie
Las
Zabrze Zachód
Ziemięcicka
Szkolna
Toszecka
Przyszowska
Zb. Betoniarnia
Szałsza
MIKULCZYCE
11 Listopada
Tarnogórska
Zygmunta
Łabędzki
78
Portowa
Kłodnica
Orlona
**ŻERNIKI**
**ZABRZE**
Moniuszki
al.
88
Perseusza
Elsnera
Mikulczycka
Hagera
Kasprowicza
BRZEZINKA
Wyciążków-
skiego
Staropolska
Myśliwska
Tarnogórska
gorska
Grunwaldzka
Korfantego
Bytomska
Łabędzka
Kozielska
Łabędzka
Grottgera
Gliwice-Wschód
MACIEJÓW
88
Wolności
3 Maja
STARE
GLIWICE
Kozielska
Śliwki
Poniatow-
skiego
Chorzowska
SZOBISZOWICE
Wolności
130
Wyszyńskiego
Portowa
Knurowska
Muzeum
Górnictwa
Andersa
Zamek Piastowski
LIGOTA
Odrowążów
Da Gaulle'a
Skansen Górniczy
Guido
PAWŁÓW
OSTROPA
Słowackiego
Łużycka
Sikorskiego
Sikorskiego
Daszyńskiego
**GLIWICE**
Gwarków
ZABRSKA
Kujawska
KOŃCZYCE
921
Rogoźnicka
408
WÓJTOWA WIEŚ
CITY MAP
Kujawska
Paderewskiego
Mało-
szawska
Wrocław
Bolkowska
Pszczyńska
Błonie
SOŚNICA
Legnicka
BIELSZOWICE
Prakturzystów
Rybnicka
Toruńska
Gliwice-Sośnica
118
Kokot
44
Katowice
WILCZE
GARDŁO
TRYNEK
Jez.
Farskie
MAKOSZOWY
Koszolina
Gliwice-Bojków
78
E40
A4
Gliwice-Sośnica
Pszczyńska
Makoszowska
Zabrska
Zabrze-Wspólna
Kłodnica
Wiejska
Rolników
Gliwicka
Knurowska
Rolników
Gliwicka
Górnicza
Gliwicka
Żernica
BOJKÓW
Przyszowice
Zwycięstwa
WYGODA
Rybnicka
Knurowska
Bolkowska
Nieborowice
A1
Gierałtowicka
Panjówki
44
Bierawka
Główna
1 Maja
Knurów
Gierałtowice
Korfantego
Zabrska
Pilchowice
78
Szpitalna
Dworcowa
ks. Roboty
Chudów
Szkolna
Darwina
Kąty
921
Knurowska
Krywałdzka
Niepodleg łości
**KNURÓW**
Dworcowa
925
Kuźnia
Nieborowska
Michałskiego
KRYWAŁD
Zwycięstwa
Przełajka
Rybnicka
Rybnicka
Kędzierzyna
Zwycięstwa
Orzeska
Wilcza
Miarki
Kochanego
Piastów
BUJAKÓW
ks. Górka
927
Książenicka
SZCZYGŁOWICE
Ornontowice
Orzeska
Zamkowa
924
Bujakowska
925
Książenice
Pojdy
CZUCHÓW
Górnicza
3 Maja
Gliwicka
Bierawka
Odrodzenia
Jesionka
DĘBIEŃSKO
STARE
Markwicka
Przemysło-
wa
Fucika
Zabrzańska
DĘBIEŃSKO WIELKIE
Rybnik

0  0,5  1  2  3 km
0  0,5  1  1,5 miles

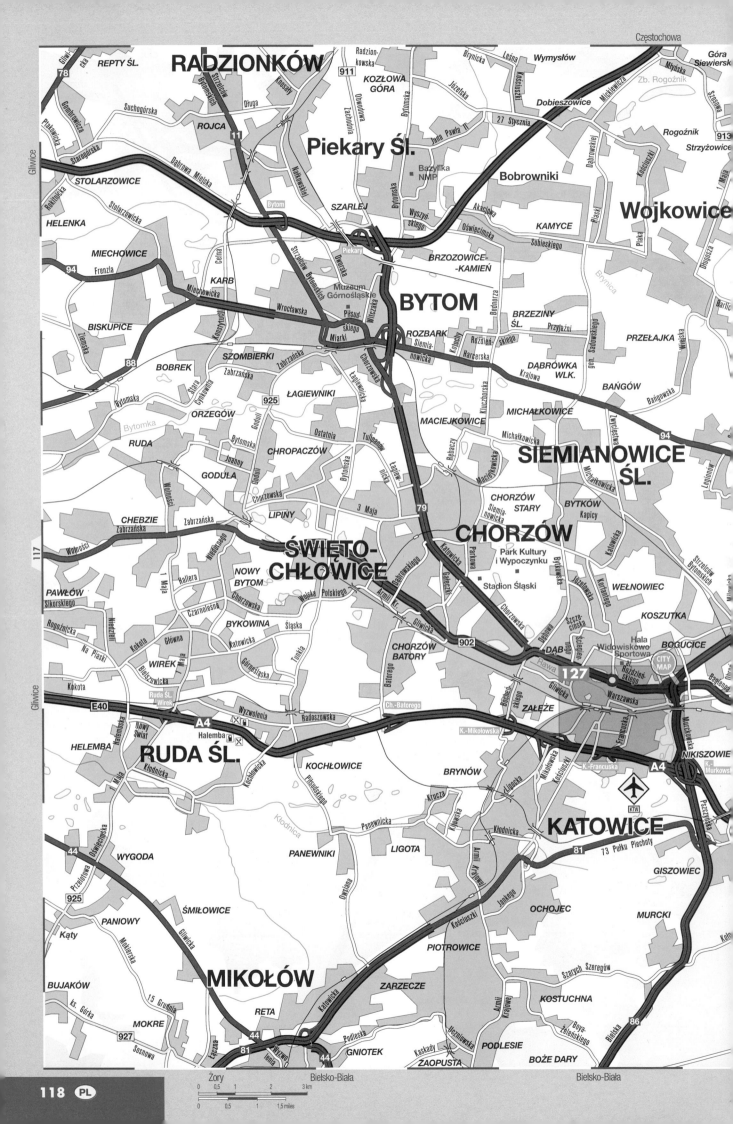

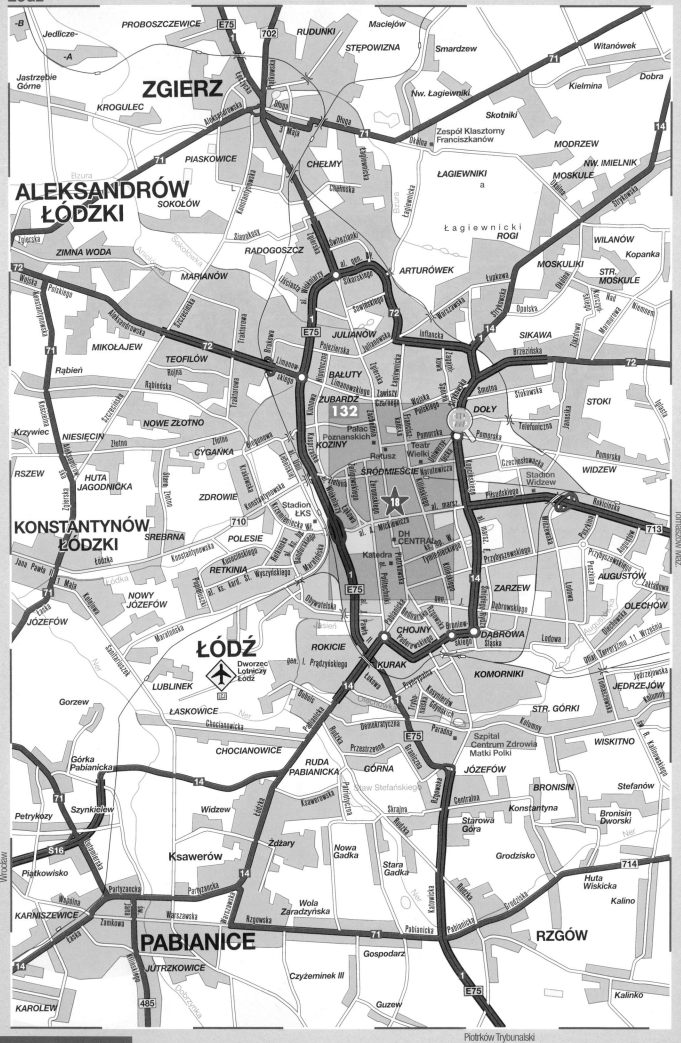

Piotrków Trybunalski

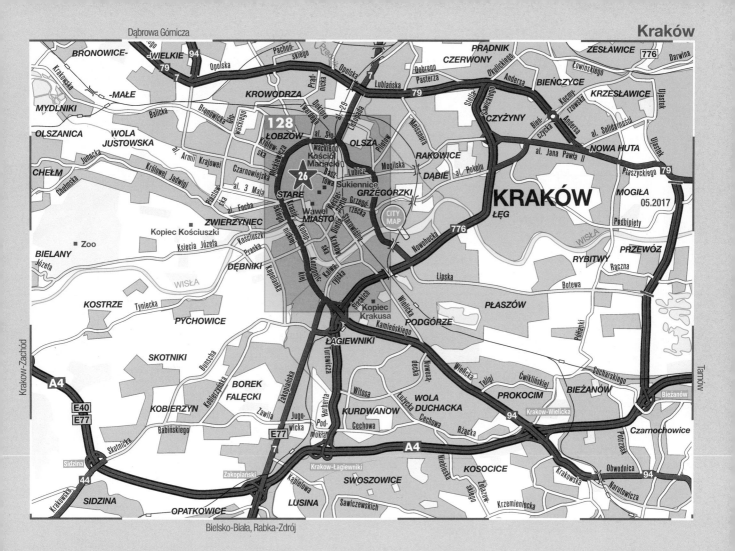

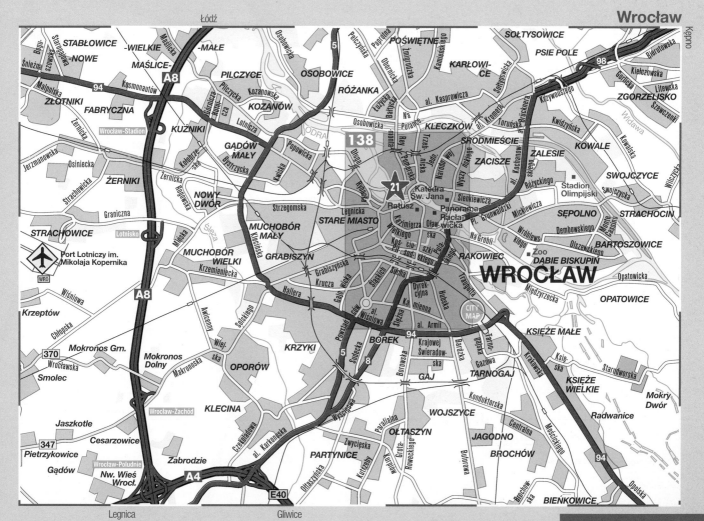

# 1 : 20 000

SKOROWIDZ ARKUSZY     BLATTÜBERSICHT     KEY MAP     CARTE D'ASSEMBLAGE
QUADRO D'UNIONE     ÍNDICE DE MAPA     MAPA ÍNDICE     OVERZICHTSKAART
KLAD MAPOVÝCH LISTŮ     KLAD MAPOVÝCH LISTOV     ÁTTEKINTŐTÉRKÉP     OVERSIGTSKORT

124

# 1 : 20 000

Objaśnienia znaków — Signos convencionales (PL)
Zeichenerklärung — Legenda (D)
Legend — Vysvětlivky (GB)
Légende — Legenda (F)
Segni convenzionali — Jelmagyarázat (I)
Sinais convencionais — Tegnforklaring (P)

| PL | D | GB | F | I | P |
|---|---|---|---|---|---|
| Autostrada | Autobahn | Motorway | Autoroute | Autostrada | Auto-estrada |
| Droga o czterech pasach ruchu | Vierspurige Straße | Road with four lanes | Route à quatre voies | Strada a quattro corsie | Estrada com quatro faixas |
| Droga przelotowa | Durchgangsstraße | Thoroughfare | Route de transit | Strada di attraversamento | Estrada de trânsito |
| Droga główna | Hauptstraße | Main road | Route principale | Strada principale | Estrada principal |
| Drogi inne | Sonstige Straßen | Other roads | Autres routes | Altre strade | Outras estradas |
| Ulica jednokierunkowa - Strefa ruchu pieszego | Einbahnstraße - Fußgängerzone | One-way street - Pedestrian zone | Rue à sens unique - Zone piétonne | Via a senso unico - Zona pedonale | Rua de sentido único - Zona de peões |
| Informacja - Parking | Information - Parkplatz | Information - Parking place | Information - Parking | Informazioni - Parcheggio | Informação - Parque de estacionamento |
| Kolej główna z dworcami | Hauptbahn mit Bahnhof | Main railway with station | Chemin de fer principal avec gare | Ferrovia principale con stazione | Linha principal ferroviária com estação |
| Kolej drugorzędna | Sonstige Bahn | Other railway | Autre ligne | Altra ferrovia | Linha ramal feroviária |
| Metro | U-Bahn | Underground | Métro | Metropolitana | Metro |
| Linia tramwajowa | Straßenbahn | Tramway | Tramway | Tram | Eléctrico |
| Autobus dojazdowy na lotnisko | Flughafenbus | Airport bus | Bus d'aéroport | Autobus per l'aeroporto | Autocarro c. serviço aeroporto |
| Komisariat - Poczta | Polizeistation - Postamt | Police station - Post office | Poste de police - Bureau de poste | Posto di polizia - Ufficio postale | Esquadra da polícia - Correios |
| Szpital - Schronisko młodzieżowe | Krankenhaus - Jugendherberge | Hospital - Youth hostel | Hôpital - Auberge de jeunesse | Ospedale - Ostello della gioventù | Hospital - Pousada da juventude |
| Kościół - Kościół zabytkowy | Kirche - Sehenswerte Kirche | Church - Church of interest | Église - Église remarquable | Chiesa - Chiesa interessante | Igreja - Igreja interessante |
| Synagoga - Meczet | Synagoge - Moschee | Synagogue - Mosque | Synagogue - Mosquée | Sinagoga - Moschea | Sinagoga - Mesquita |
| Pomnik - Wieża | Denkmal - Turm | Monument - Tower | Monument - Tour | Monumento - Torre | Monumento - Torre |
| Obszar zabudowany, budynek użyteczności publicznej | Bebaute Fläche, öffentliches Gebäude | Built-up area, public building | Zone bâtie, bâtiment public | Caseggiato, edificio pubblico | Área urbana, edifício público |
| Obszar przemysłowy | Industriegelände | Industrial area | Zone industrielle | Zona industriale | Zona industrial |
| | Park, Wald | Park, forest | Parc, bois | Parco, bosco | Parque, floresta |

| E | NL | CZ | SK | H | DK |
|---|---|---|---|---|---|
| Autopista | Autosnelweg | Dálnice | Diaľnica | Autópálya | Motorvej |
| Carretera de cuatro carriles | Weg met vier rijstroken | Čtyřstopá silnice | Stvorprúdová cesta | Négysávos út | Firesporot vej |
| Carretera de tránsito | Weg voor doorgaand verkeer | Průjezdní silnice | Prejazdná cesta | Átmenő út | Genemmfartsvej |
| Carretera principal | Hoofdweg | Hlavní silnice | Hlavná cesta | Főút | Hovedvej |
| Otras carreteras | Overige wegen | Ostatní silnice | Ostatné cesty | Egyéb utak | Andre mindre vejen |
| Calle de dirección única -Zona peatonal | Straat met eenrichtingsverkeer - Voetgangerszone | Jednosměrná ulice - Pěší zóna | Jednosmerná cesta - Pešia zóna | Egyirányú utca - Sétáló utca | Gade med ensrettet kørsel - Gågade |
| Información - Aparcamiento | Informatie - Parkeerplaats | Informace - Parkoviště | Informácie - Parkovisko | Információ - Parkolóhely | Information - Parkeringplads |
| Ferrocarril principal con estación | Belangrijke spoorweg met station | Hlavní železnice s stanice | Hlavná železnica so stanicou | Fővasútvonal állomással | Hovedjernbanelinie med station |
| Otro ferrocarril | Overige spoorweg | Ostatní železnice | Ostatné železnice | Egyéb vasútvonal | Anden jernbanelinie |
| Metro | Ondergrondse spoorweg | Metro | Podzemná dráha | Földalatti vasút | Underjordisk bane |
| Tranvía | Tram | Tramvaj | Električka | Villamos | Sporvej |
| Autobús al aeropuerto | Vliegveldbus | Letištní autobus | Letiskový autobus | Park+Ride | Park+Ride |
| Comisaria de policia - Correos | Politiebureau - Postkantoor | Policie - Poštovní úřad | Polícia Poštový úrad | Rendőrség - Postahivatal | Politistation - Posthus |
| Hospital - Albergue juvenil | Ziekenhuis - Jeugdherberg | Nemocnice - Ubytovna mládeže | Nemocnica - Mládežnícka ubytovna | Kórház - Ifjúsági szálló | Sygehus - Vandrerhjem |
| Iglesia - Iglesia de interés | Kerk - Bezienswaardige kerk | Kostel - Zajímavý kostel | Kostol - Pozoruhodný kostol | Templom | Kirke |
| Sinagoga - Mezquita | Synagoge - Moskee | Synagoga - Mešita | Synagóga - Mešita | Vagy tévétorony - Világítótorony | Telemast - Fyrtårn |
| Monumento - Torre | Monument - Toren | Pomník - Věž | Pomník - Veža | Emlékmű - Torony | Mindesmærke - Tårn |
| Zona edificada, edificio público | Bebouwing, openbaar gebouw | Zastavěná plocha, veřejná budova | Zastavaná plocha, verejná budova | Beépítés, középület | Bebyggelse, offentlig bygning |
| Zona industrial | Industrieterrein | Průmyslová plocha | Priemyselná plocha | Iparvidék | Industriområde |
| Parque, bosque | Park, bos | Park, les | Park, les | Park, erdő | Park, skov |

# Białystok

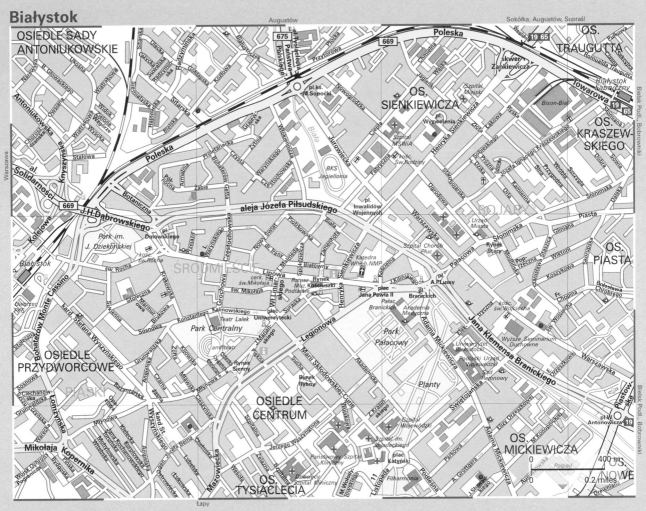

# Bielsko-Biała

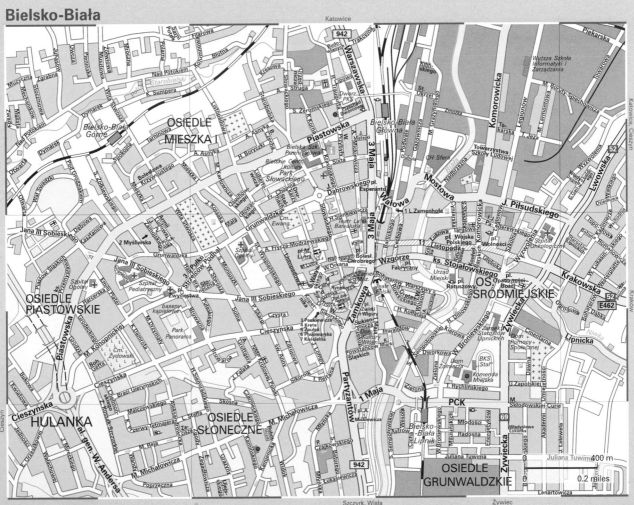

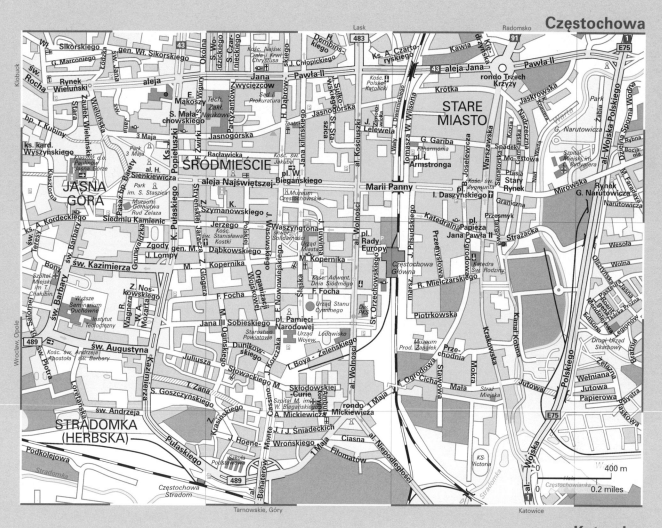

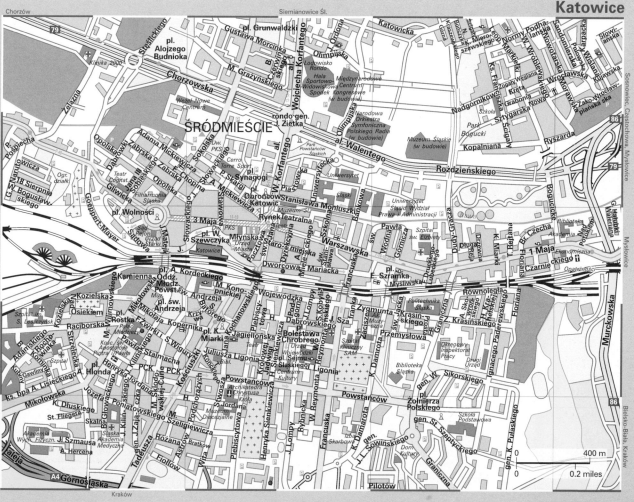

# Gliwice

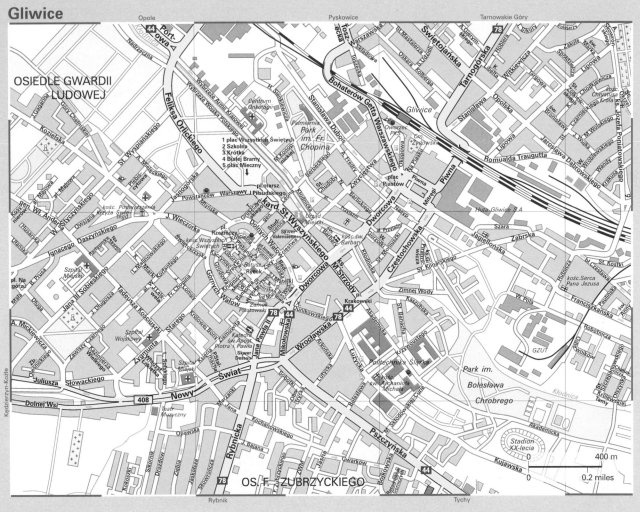

# Jelenia Góra

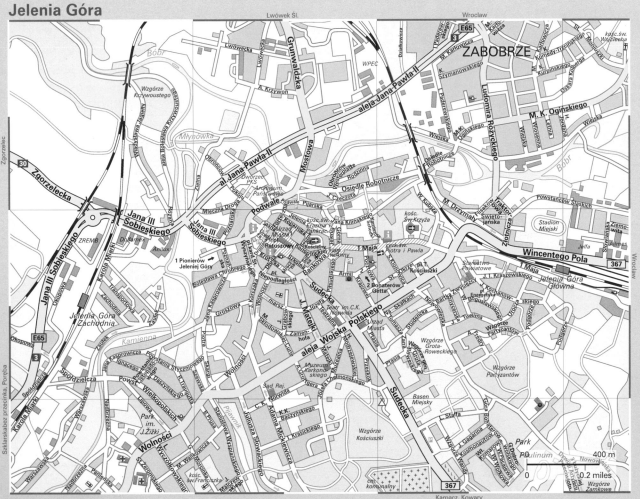

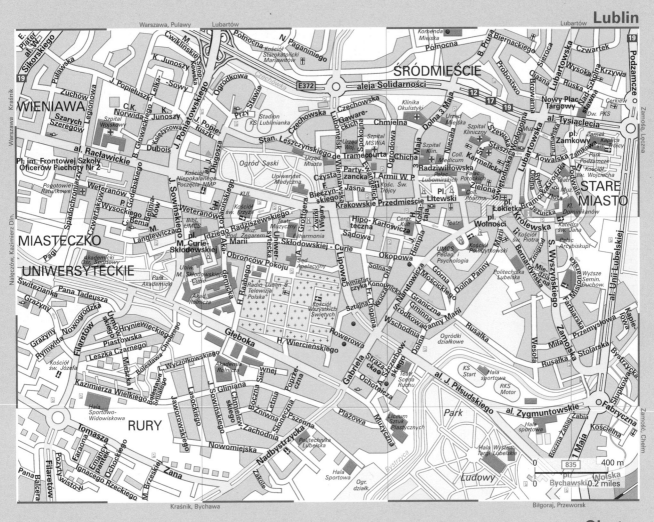

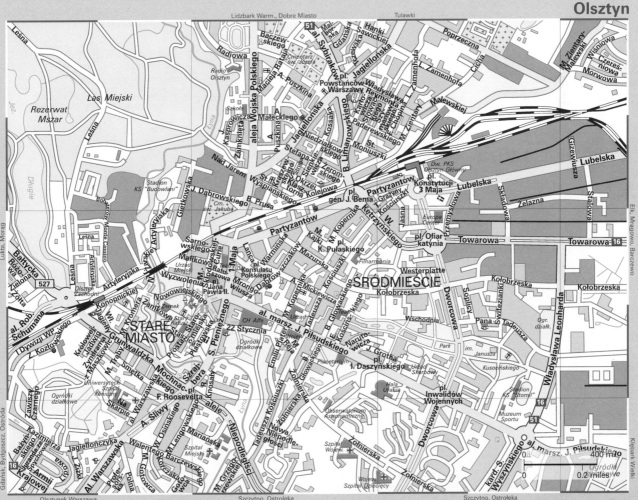

Toruń, Kutno

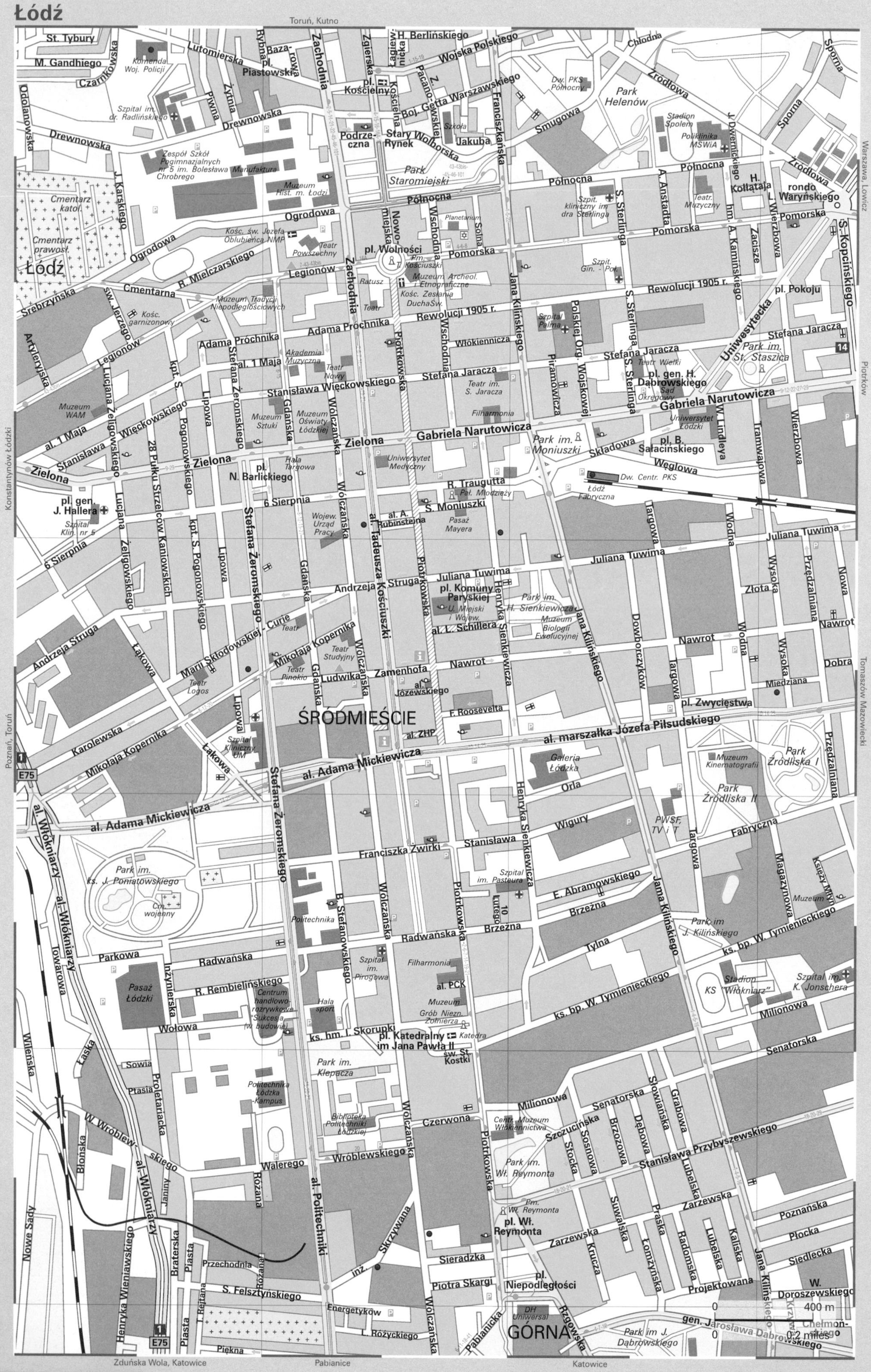

St. Tybury
M. Gandhiego
Piastowska
Lutomierska
Rybna
Baza-Rowa
Zachodnia
Zgierska
Łagiew-nicka
H. Berlińskiego
Wojska Polskiego
Chłodna
Sporna
Komenda Woj. Policji
Czarnkowska
Żytnia
Pilna
Podrze-czna
Kościelny
Bój. Gęta Warszawskiego
Pacano-Wa
Dw. PKS Północny
Park Helenów
Źródłowa
Szpital im. dr. Radlińskiego
Drewnowska
Szkoła
Stary Wolborska
Franciszkańska
Jakuba
Smugowa
Stadion Społem
J. Dwernickiego
Poliklinika MSWiA
Zespół Szkół Ponimnazjalnych nr 5 im. Bolesława Chrobrego
Manufaktura
Muzeum Hist. m. Łodzi
Park Staromiejski
Północna
Północna
A. Ansaada
A. Kamińska
H. Kołłątaja
rondo L. Waryńskiego
Warszawa, Łowicz
Cmentarz katol.
J. Karskiego
Ogrodowa
Ogrodowa
Północna
Wschodnia
Planetarium
Szpit. kliniczny im dra Sterlinga
S. Sterlinga
Teatr. Muzyczny
Zacisze
Pomorska
Źródłowa
S. Kopcińskiego
Łódź
Cmentarz prawosł.
Srebrzyńska
Cmentarna
Kośc. św. Józefa Oblubieńca NMP
Teatr Powszechny
pl. Wolności
Pm. Kościuszki
Pomorska
Soha
Pomorska
Rewolucji 1905 r.
pl. Pokoju
Muzeum Tradycji Niepodległościowych
Kośc. garnizonowy
Zachodnia
Legionów
Ratusz
Teatr
Muzeum Archeol. i Etnograficzne
Kośc. Zesłania DuchaŚw.
Szpital Palma
S. Sterlinga
S. Sterlinga
Park im. St. Staszica
Stefana Jaracza
pl. gen. H. Dąbrowskiego
Uniwersytecka
Piotrków
Artyleryjska
Legionów
kpt. S.
Stanisława Żeromskiego
Adama Próchnika
Rewolucji 1905 r.
Włókiennicza
Jana Kilińskiego
Piramowicza
Wojskowej
Stefana Jaracza
Teatr Wielki
Stefana Jaracza
Gabriela Narutowicza
Muzeum WAM
al. 1 Maja
Luciana Żeligowskiego
Akademia Muzyczna
Teatr Nowy
Stefana Jaracza
Teatr im. S. Jaracza
Sąd Okręgowy
Uniwersytet Łódzki
W. Lindleya
Tramwajowa
Wierzbowa
al. 1 Maja
Stanisława Wieckowskiego
Lipowa
Gdańska
Wólczańska
Filharmonia
Polskiej Org. Wojskowej
Gabriela Narutowicza
pl. B.
Stanisława
Wieckowskiego
28 Pułku Strzelców Kaniowskich
Muzeum Sztuki
Muzeum Oświaty Ziemi Łódzkiej
Zielona
Gabriela Narutowicza
Uniwersytet Medyczny
Park im. Moniuszki
Składowa
Sałacińskiego
Węglowa
Zielona
Zielona
pl. N. Barlickiego
Hala Targowa
Dw. Centr. PKS
Konstantynów Łódzki
6 Sierpnia
Wojew. Urząd Pracy
R. Traugutta
Pał. Młodzieży
Łódź Fabryczna
pl. gen. J. Hallera
al. A. Rubinsteina
S. Moniuszki
Targowa
Juliana Tuwima
Szpital Klin. nr 5
Stefana Żeromskiego
Pasaż Mayera
Juliana Tuwima
Wodna
6 Sierpnia
Wysoka
Przędzalniana
Nowa
Lipowa
Juliana Tuwima
Złota
Nawrot
Andrzeja Struga
Mikołaja Kopernika
pl. Komuny Paryskiej
Park im. H. Sienkiewicza
Muzeum Biologii Ewolucyjnej
Nawrot
Wodna
Dobra
Andrzeja Struga
Teatr
Teatr Studyjny
U. Miejski i Wojew.
Henryka Sienkiewicza
Dowborczyków
Miedziana
Łąkowa
Mikołaja Kopernika
Ludwika
Zamenhofa
Nawrot
Targowa
Teatr Pinokio
al. Józewskiego
ŚRÓDMIEŚCIE
F. Roosevelta
pl. Zwycięstwa
Teatr Logos
Lipowa
al. ZHP
Galeria Łódzka
al. marszałka Józefa Piłsudskiego
Muzeum Kinematografii
Park Źródliska I
Szpital Kliniczny UM
Łąkowa
al. Adama Mickiewicza
Orla
Park Źródliska II
Poznań, Toruń
E75
Karolewska
Mikołaja Kopernika
Stefana Żeromskiego
al. Adama Mickiewicza
Wigury
PWSF TV i T
Fabryczna
Magazynowa
Park im. ks. J. Poniatowskiego
Franciszka Żwirki
Stanisława
Jana Kilińskiego
Muzeum
al. Włókniarzy
Cm. wojenny
Politechnika
Szpital im. Pasteura
E. Abramowskiego
Brzeźna
Park im J. Kilińskiego
Księży Młyn
Towarowa
Parkowa
Radwańska
B. Stefanowskiego
Radwańska
10 Lutego
Brzeźna
Tylna
ks. bp. W. Tymienieckiego
Szpital im. K. Jonschera
Inżynierska
R. Rembielińskiego
Szpital im. Pirogowa
Filharmonia
al. PCK
KS Włókniarz
Pasaż Łódzki
Centrum handlowo-rozrywkowe "Sukces" (w budowie)
Hala sport.
Muzeum Grób Niezn. Żołnierza
Stadion Włókniarz
Wołowa
ks. hm. J. Skorupki
pl. Katedralny im Jana Pawła II
Katedra
św. St. Kostki
Milionowa
Wileńska
Sowia
Park im. Klepacza
Politechnika Łódzka Kampus
Czerwona
Centr. Muzeum Włókiennictwa
Senatorska
Słowiańska
Grabowa
Łaska
Ptasia
Proletariacka
W. Wróblew-skiego
Szczucińska
Stocka
Brzozowa
Dębowa
Stanisława Przybyszewskiego
Nowe Sady
Bratterska
Piasta
Biblioteka Politechniki Łódzkiej
al. Włókniarzy
Wałerego
Wróblewskiego
Park im. Wł. Reymonta
Praska
Lubelska
Zarzewska
Poznańska
Henryka Wieniawskiego
Stefana
Przechodnia
Różana
al. Politechniki
Skrzywana
Pm. Wł. Reymonta
pl. Wł. Reymonta
Zarzewska
Kucza
Suwalska
Łomżyńska
Radomska
Jana Kilińskiego
Płocka
Siedlecka
S. Felsztyńskiego
Sieradzka
Projektowana
W. Doroszewskiego
E75
Piasta
Energetyków
Piotra Skargi
pl. Niepodległości
DH Universal
GÓRNA
gen. Jarosława Dąbrowskiego
Chełmon-
Piękna
Pabianicka
Wólczańska
Rzgowska
Park im J. Dąbrowskiego
Tomaszów Mazowiecki
Zduńska Wola, Katowice
Pabianice
Katowice

0 400 m
0.2 miles

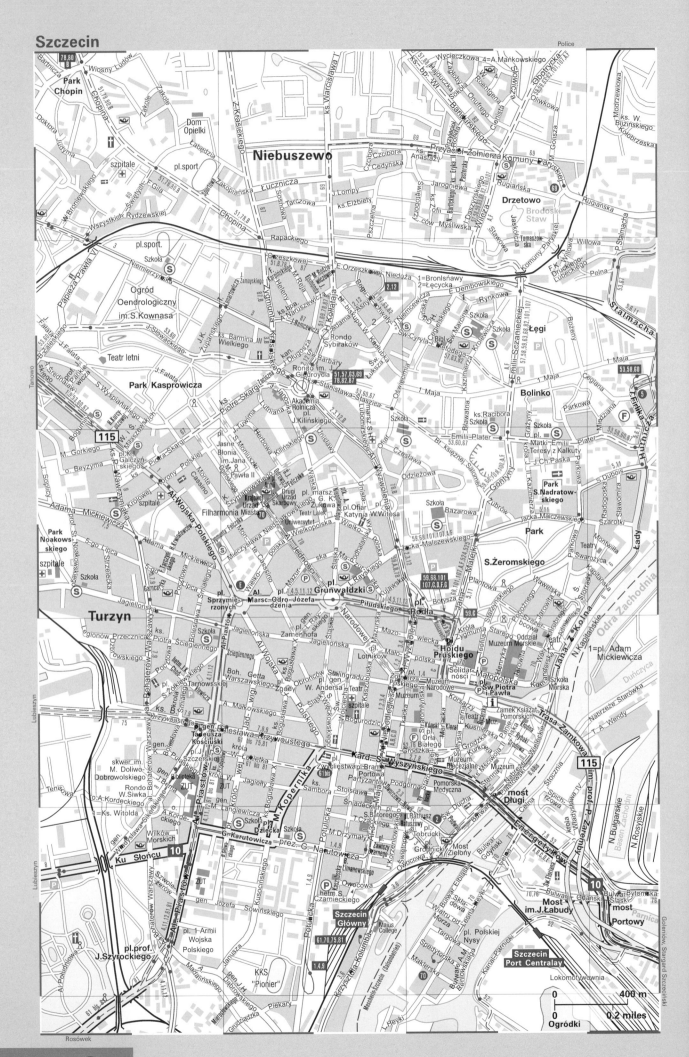

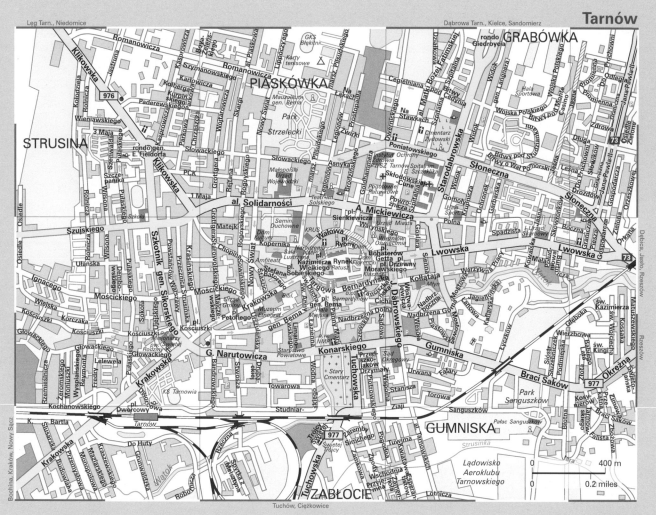

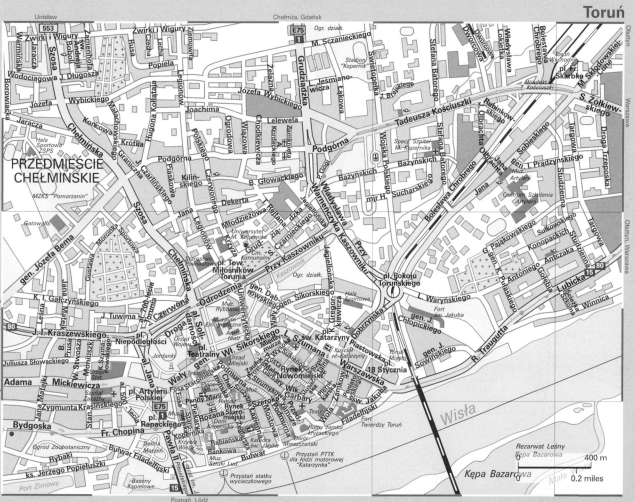

# Wrocław

|  km/h |  |  |  |  |
|---|---|---|---|---|
|  | 50 60 | 90 | 100 120 | 140 |
|  | 50 60 | 90 | 100 120 | 140 |
|  | 50 60 | 70 | 80 | 80 |
| | 50 60 | 70 | 80 | 80 |
| | 50 60 | 70 | 80 | 80 |
| | 50 60 | 70 | 80 | 80 |

312 685 km²

38 500 000

Warszawa 1 700 000

112

112

SOS 112

POL

0048

+1h Greenwich Time

✓

✗

✓

‰ 0,2‰

1 Złoty (Zł) = 100 Groszy

Polska Organizacja Turystyczna
+48 22 5 36 70 70
www.pot.gov.pl

✓

24h 19637 PZM

## ✈ Code

| | | | |
|---|---|---|---|
| Międzynarodowy Port Lotniczy im. Jana Pawła II Kraków-Balice | **KRK** | www.krakowairport.pl | 100 Ue 48 |
| Port Lotniczy im. Lecha Wałęsy | **GDN** | www.airport.gdansk.pl | 29 Tc 22 |
| Port lotniczy Poznań-Ławica | **POZ** | www.airport-poznan.com.pl | 63 Re 34 |
| Lotnisko Chopina w Warszawie | **WAW** | www.lotnisko-chopina.pl | 68 Vf 36 |
| Port lotniczy Katowice – Pyrzowice | **KTW** | www.lotnisko.katowice.pl | 99 Ca 46 |
| Port Lotniczy Wrocław im. Mikołaja Kopernika | **WRO** | www.airport.wroclaw.pl | 86 Rf 42 |

## ✈ Code

| | | | |
|---|---|---|---|
| Lotnisko Warszawa – Babice/Bemowo | | www.lotnisko-babice.pl | 68 Vf 35 |
| Port lotniczy Zielona Góra – Babimost | **IEG** | www.lotnisko.lubuskie.pl | 61 Qe 36 |
| Port lotniczy Kielce – Masłów | **QKI** | www.lotniskokielce.pl | 91 Ve 43 |
| Lotnisko Lubin | | www.portlotniczy.lublin.pl | 74 Rb 40 |
| Port lotniczy Tarnów-Tarnobrzeg w Mielcu | | www.mieleclotnisko.eu | 102 Wc 47 |
| Lotnisko Piotrków Trybunalski – Bujny | | www.azp.com.pl | 78 Ue 40 |
| Lotnisko Częstochowa – Rudniki | **CZW** | www.aeroklub-czestochowa.org.pl | 89 Ub 43 |
| Lotnisko Toruń – Bielany/Port lotniczy Toruń | | www.aeroklub.torun.pl | 53 Td 30 |
| Port lotniczy Radom – Sadków | **QXR** | www.lotnisko-radom.eu/pl | 80 Wb 40 |

## ⊙ UNESCO World Heritage

| | | |
|---|---|---|
| Auschwitz-Birkenau (Oświęcim) | 1979 | 99 Ub 48 |
| Białowieża Forest = Białowieski Park Narodowy | 1979 | 59 Yf 32 |
| Jawor, Świdnica (Churches of Peace) | 2001 | 86 Rc 43 |
| Kalwaria Zebrzydowska: the Mannerist Architectural and Park Landscape Complex and Pilgrimage Park | 1999 | 107 Ue 49 |
| Kraków | 1978 | 100 Uf 48 |
| Malbork | 1997 | 42 Ua 24 |
| Park Mużakowski (PL)/Muskauer Park (D) | 2004 | 72 Pe 39 |
| Toruń | 1997 | 53 Td 30 |
| Warszawa | 1980 | 68 Vf/Wa 35 |
| Wieliczka / Bochnia Salt Mine | 1978 | 100 Va 49 |
| Wooden Churches of Southern Little Poland | 2003 | 109 Wb 51 |
| Wrocław (Centennial Hall) | 2006 | 86 Sa 42 |
| Zamość | 1992 | 94 Yb 44 |

| | km² | | | |
|---|---|---|---|---|
| Babiogórski Park Narodowy | 33,92 | www.bgpn.pl | 107 | Ud 51 |
| Białowieski Park Narodowy | 105,02 | www.bpn.com.pl | 59 | Yf 32 |
| Biebrzański Park Narodowy | 592,23 | www.biebrza.org.pl | 107 | Ud 51 |
| Bieszczadzki Park Narodowy | 292,02 | www.bdpn.pl | 46 | Xe 27 |
| Drawieński Park Narodowy | 113,42 | www.dpn.pl | 50 | Qf 30 |
| Gorczański Park Narodowy | 70,3 | www.gorczanskipark.pl | 108 | Ya 51 |
| Kampinoski Park Narodowy | 385,44 | www.kampinoski-pn.gov.pl | 67 | Vc 34 |
| Karkonoski Park Narodowy | 55,75 | www.kpnmab.pl | 84 | Qd 44 |
| Magurski Park Narodowy | 199,62 | www.magurskipn.pl | 109 | Wc 51 |
| Narwiański Park Narodowy | 73,5 | www.npn.pl | 58 | Xe 30 |
| Ojcowski Park Narodowy | 21,46 | www.ojcowskiparknarodowy.pl | 100 | Ue 47 |
| Park Narodowy Bory Tucholskie | 47,98 | www.pnbt.com.pl | 40 | Sd 25 |
| Park Narodowy Gór Stołowych | 63,4 | www.pngs.com.pl | 96 | Rc 46 |
| Park Narodowy Ujście Warty | 79,56 | www.pnujsciewarty.gov.pl | 60 | Pe 33 |
| Pieniński Park Narodowy | 23,46 | www.pieninypn.pl | 108 | Vc 52 |
| Poleski Park Narodowy | 97,62 | www2.poleskipn.pl | 83 | Ya 40 |
| Roztoczański Park Narodowy | 84,82 | www.roztoczanskipn.pl | 94 | Ya 45 |
| Słowiński Park Narodowy | 186,19 | www.slowinskipn.pl | 28 | Sc 20 |
| Świętokrzyski Park Narodowy | 76,32 | www.swietokrzyskipn.org.pl | 91 | Ve 43 |
| Tatrzański Park Narodowy | 211,64 | www.tpn.pl | 107 | Uf 53 |
| Wielkopolski Park Narodowy | 75,84 | www.wielkopolskipn.pl | 63 | Re 35 |
| Wigierski Park Narodowy | 150,85 | www.wigry.win.pl | 35 | Ya 24 |
| Woliński Park Narodowy | 109,37 | www.wolinpn.pl | 36 | Pd 25 |

| | | | | | |
|---|---|---|---|---|---|
| Aqua Park Nemo | 41-300 | Dąbrowa Górnicza | www.nemo-wodnyswiat.pl | 99 | Ub 47 |
| Aquapark Panorama Morska | 76-107 | Jarosławiec | www.panorama-morska.pl | 27 | Rd 21 |
| Centrum Rekreacji i Sportu Kolorowa | 58-540 | Karpacz | www.kolorowa.pl | 85 | Qe 44 |
| JuraPark Bałtów | 27-423 | Bałtów | www.jurapark.pl | 92 | Wd 42 |
| JuraPark Krasiejów | 46-040 | Krasiejów | www.jurapark.pl | 88 | Tb 44 |
| JuraPark Solec | 86-050 | Solec Kujawski | www.jurapark.pl | 53 | Tb 30 |
| Lunapark Łódź | 93-303 | Łódź | www.lunapark.naszemiasto.pl | 78 | Uc 38 |
| Park Extreme Ustroń – Równica | 43-450 | Ustroń | www.rownica.pl | 106 | Tf 50 |
| Park Miniatur Świat Marzeń | 34-120 | Inwałd | www.inwaldpark.pl | 107 | Uc 49 |
| Park Wodny w Hajnówce | 17-201 | Hajnówka | www.parkwodny.hajnowka.pl | 59 | Yd 32 |
| RABKOLAND Rodzinny Park Rozrywki | 34-700 | Rabka-Zdrój | www.rabkoland.pl | 108 | Uf 51 |
| Śląskie Wesołe Miasteczko | 41-500 | Chorzów | www.wesole-miasteczko.pl | 99 | Tf 47 |
| Zjeżdżalnia Grawitacyjna Palenica | 34-460 | Szczawnica | www.pkl.pl | 108 | Vc 52 |
| Zjeżdżalnia pontonowa Gubałówka | 34-500 | Zakopane | www.pkl.pl | 108 | Uf 53 |

Skorowidz miejscowości · Ortsnamenverzeichnis · Index of place names · Index des localités
Elenco dei nomi di località · Índice dos toponímicos · Índice dos topónimos · Register van plaatsnamen
Rejstřík sídel · Register sídiel · Helységnévmutató · Navnefortegnelse

| ① | ② | ③ | ④ | ⑤ |
|---|---|---|---|---|
| 62-430 | Anastazewo | WP | 64 | Ta 34 |
| 00-001* | Warszawa | MZ | 68 | Wa 35 |

**①**    *****

| | ① | * |
|---|---|---|
| PL | Kod pocztowy | Najniższy kod pocztowy w przypadku miejscowości z wieloma kodami pocztowymi |
| D | Postleitzahl | Niedrigste Postleitzahl bei Orten mit mehreren Postleitzahlen |
| GB | Postal code | Lowest postcode number for places having several postcodes |
| F | Code postal | Code postal le plus bas pour les localités à plusieurs codes posteaux |
| I | Codice postale | Codice di avviamento postale riferito a città comprendenti più codici di avviamento postale |
| P | Código postal | Código postal menor em caso de cidades com vários códigos postais |
| E | Código postal | Código postal más bajo en lugares con varios códigos postales |
| NL | Postcode | Laagste postcode bij gemeenten met meerdere postcodes |
| CZ | Poštovní směrovací číslo | Nejnižší poštovní směrovací číslo v městech s vicenásobnými poštovními směrovacími čísly |
| SK | Poštovné smerovacie číslo | Najmenšie poštové smerovacie číslo v miestach s viacerými poštovými smerovacími čislami |
| H | Irányítószám | Több irányítószámmal rendelkező helységeknél a legalacsonyabb irányítószám |
| DK | Postnummer | Laveste postnummer ved byer med flere postnumre |

| | ② | ③ | ④ | ⑤ |
|---|---|---|---|---|
| PL | Nazwa miejscowości | Województwo | Numer strony | Współrzędne skorowidzowe |
| D | Ortsname | Woiwodschaft | Seitenzahl | Suchfeldangabe |
| GB | Place name | Voivodship | Page number | Grid reference |
| F | Localité | Voïvodie | Numéro de page | Coordonnées |
| I | Località | Voivodato | Numero di pagina | Riquadro nel quale si trova il nome |
| P | Topónimo | Voivodia | Número da página | Coordenadas de localização |
| E | Topónimo | Voivodato | Número de página | Coordenadas de localización |
| NL | Plaatsnaam | Wojwodschap | Paginanummer | Zoekveld-gegevens |
| CZ | Jméno obcí | Vojvodství | Číslo strany | Údaje hledacího čtverce |
| SK | Názov sídla | Vojvodstvo | Številka strani | Udanie hľadacieho štvorca |
| H | Helységnév | Vajdaság | Oldalszám | Keresőadat |
| DK | Stednavn | Voivodskab | Sidetal | Kvadratangivelse |

A – B – C ...

A – Ą – B – C – Ć – D – E – Ę – F – G – H – I – J – K – L – Ł – M – N – Ń – O – Ó – P – Q – R – S – Ś – T – U – V – W – X – Y – Z – Ź – Ż

| | | |
|---|---|---|
| DS | Dolnośląskie | |
| KP | Kujawsko-pomorskie | |
| LB | Lubuskie | |
| LD | Łódzkie | |
| LU | Lubelskie | |
| MA | Małopolskie | |
| MZ | Mazowieckie | |
| OP | Opolskie | |
| PD | Podlaskie | |
| PK | Podkarpackie | |
| PM | Pomorskie | |
| SK | Świętokrzyskie | |
| SL | Śląskie | |
| WM | Warmińsko-mazurskie | |
| WP | Wielkopolskie | |
| ZP | Zachodniopomorskie | |

## A

83-441 Abisynia PM 40 Sf 25
21-143 Abramów LU 82 Xb 40
23-450 Abramów LU 94 Xe 44
16-123 Achrymowce PD 47 Yd 27
27-640 Adamczowice SK 92 Wc 45
26-220 Adamek SK 91 Vd 42
33-210 Adamierz MA 101 Vf 47
62-641 Adamin WP 65 Tf 36
99-232 Adamka LD 77 Tf 38
96-512 Adamowa Góra MZ 67 Vb 35
47-435 Adamowice SL 98 Tc 48
96-320 Adamowice MZ 79 Vc 37
99-300 Adamowice LD 66 Ub 35
05-825 Adamowizna MZ 67 Vd 36
09-228 Adamowo MZ 54 Uc 31
13-230 Adamowo WM 55 Uf 29
62-402 Adamowo WP 64 Ta 34
64-200 Adamowo WP 62 Ra 36
89-422 Adamowo KP 52 Sb 28
17-307 Adamowo-Zastawa PD 71 Ya 34
09-550 Adamów MZ 66 Ud 34
21-412 Adamów LU 81 Xb 38
22-442 Adamów LU 94 Ya 45
26-212 Adamów LD 91 Vc 42
26-300 Adamów LD 79 Vc 40
27-230 Adamów SK 92 Wa 42
42-270 Adamów SL 89 Uc 43
62-590 Adamów WP 64 Ta 35
96-115 Adamów LD 79 Vb 37
97-352 Adamów LD 90 Ue 42
97-561 Adamów LD 89 Ub 42
05-152 Adamówek MZ 68 Ve 34
22-335 Adamówka LU 94 Xe 43
37-534 Adamówka PK 104 Xe 47
05-281 Adampol MZ 69 Wd 33
22-205 Adampol LU 83 Yc 39
22-546 Adelina LU 95 Ye 45
24-350 Adelina LU 93 Xa 42
64-830 Adolfowo WP 51 Sa 31
23-230 Agatówka LU 93 Xa 43
87-890 Agnieszkowo KP 65 Te 33
37-734 Aksmanice PK 111 Xe 50
34-480 Albertowa MA 107 Ue 52
42-165 Albertów SL 89 Te 42
62-700 Albertów WP 65 Tc 36
37-122 Albigowa PK 103 Xb 48
08-122 Albinów MZ 69 Wf 35
23-450 Albinów LU 94 Xe 44
62-874 Aleksandria WP 76 Tb 39
95-035 Aleksandria LD 78 Ub 37
42-274 Aleksandria I SL 89 Tf 44
42-274 Aleksandria II SL 89 Tf 44
43-316 Aleksandrowice SL 106 Ua 50
16-423 Aleksandrowo PD 46 Xe 24
17-315 Aleksandrowo PD 70 Xe 33
62-120 Aleksandrowo WP 52 Sc 31
87-880 Aleksandrowo KP 65 Tf 32
21-400 Aleksandrów LU 82 Xc 37
23-275 Aleksandrów LU 93 Wf 43
23-408 Aleksandrów LU 104 Xf 46
26-337 Aleksandrów LD 90 Uf 41
26-510 Aleksandrów MZ 91 Ve 41
26-630 Aleksandrów MZ 80 Wc 40
28-400 Aleksandrów SK 101 Vd 46
42-140 Aleksandrów SL 89 Te 43
42-230 Aleksandrów SL 90 Ue 44
62-731 Aleksandrów WP 77 Td 36

96-317 Aleksandrów MZ 67 Vb 36
97-360 Aleksandrów LD 90 Uc 41
97-438 Aleksandrów LD 77 Tf 41
99-307 Aleksandrów LD 66 Uc 35
27-350 Aleksandrów Duży MZ 92 Wd 42
98-100 Aleksandrówek LD 77 Ub 39
07-110 Aleksandrówka MZ 69 Xa 35
21-570 Aleksandrówka LU 82 Xe 37
23-320 Aleksandrówka LU 93 Xc 43
26-900 Aleksandrówka MZ 80 Wd 39
42-248 Aleksandrówka SL 90 Ud 44
87-700 Aleksandrów Kujawski KP 53 Te 31
95-070 Aleksandrów Łódzki LD 78 Ub 38
09-533 Alfonsów MZ 66 Uf 34
26-333 Alfonsów LD 79 Va 41
39-460 Alfredówka PK 102 We 46
22-122 Alojzów LU 95 Yd 43
27-100 Alojzów MZ 92 Wb 41
32-566 Alwernia MA 100 Ud 48
47-480 Amandów SL 98 Ta 48
99-122 Ambrożew LD 66 Ub 36
27-225 Ambrożów SK 92 Wa 43
06-212 Amelin MZ 56 Wb 30
21-132 Amelin LU 81 Xc 40
21-220 Amelin LU 82 Xe 39
97-500 Amelin SL 90 Ud 42
89-200 Ameryczka KP 52 Sd 31
11-015 Ameryka WM 43 Vb 27
42-690 Ameryka SL 98 Td 46
62-430 Anastazewo WP 64 Ta 34
95-020 Andrespol LD 78 Ud 38
34-120 Andrychów MA 107 Uc 49
18-507 Andrychy PD 46 Xa 27
17-111 Andryjanki PD 70 Xf 33
07-305 Andrzejewo MZ 57 Xb 32
07-303 Andrzejki MZ 57 Wf 31
22-113 Andrzejów LU 95 Ye 42
22-234 Andrzejów LU 83 Yb 40
23-302 Andrzejów LU 93 Xc 44
26-704 Andrzejów MZ 92 We 41
98-432 Andrzejów LD 88 Tb 41
23-400 Andrzejówka LU 94 Xd 45
33-360 Andrzejówka MA 109 Ve 52
05-192 Andzin MZ 67 Ve 33
89-620 Angowice PM 40 Sd 27
62-510 Anielew WP 65 Tb 35
05-622 Anielin MZ 80 Vf 38
24-100 Anielin LU 81 We 40
26-315 Anielin LD 79 Va 39
26-910 Anielin MZ 80 Wb 38
87-851 Anielin KP 65 Tf 34
98-100 Anielin SL 77 Ua 39
72-210 Anielino ZP 37 Qb 27
95-010 Anielin Swędowski LD 78 Ud 37
89-110 Anieliny KP 52 Sc 30
08-460 Anielów MZ 81 We 38
22-376 Anielpol LU 95 Yb 43
14-400 Aniołowo WM 31 Ud 24
63-200 Annapol WP 75 Sd 37
05-620 Annopol MZ 79 Vd 38
22-500 Annopol LU 95 Yf 43
23-235 Annopol LU 93 Wf 43
96-232 Annosław LD 79 Vc 38
86-327 Annowo KP 42 Tf 28
87-890 Annowo KP 65 Te 33
88-410 Annowo KP 52 Sf 32
89-203 Annowo KP 52 Sf 30

23-155 Annów LU 93 Xc 43
97-216 Annów LD 79 Vb 39
21-543 Antolin LU 71 Ya 35
23-310 Antolin LU 93 Xc 44
32-210 Antolka MA 100 Va 46
07-438 Antonia MZ 45 Wd 28
96-315 Antoniew MZ 67 Vb 36
09-213 Antoniewo MZ 54 Ue 32
62-085 Antoniewo WP 63 Sb 33
64-720 Antoniewo WP 50 Rc 31
87-704 Antoniewo KP 65 Te 33
37-600 Antoniki PK 104 Ya 47
13-230 Antonin PD 70 Xd 32
63-210 Antonin WP 64 Sd 36
63-421 Antonin WP 76 Sf 39
98-260 Antonin LD 77 Tf 40
05-307 Antonina MZ 69 We 35
98-337 Antonina LD 89 Ua 42
05-503 Antoninów MZ 68 Vf 36
09-504 Antoninów MZ 66 Ud 34
26-332 Antoninów LD 79 Va 40
26-300 Antoninów LD 79 Wb 40
26-330 Antoniów SL 90 Vb 41
26-434 Antoniów MZ 79 Vd 40
27-100 Antoniów MZ 92 Wc 41
27-423 Antoniów SK 92 Wa 43
37-455 Antoniów PK 93 Wf 44
42-233 Antoniów SL 89 Ua 43
46-040 Antoniów OP 88 Tb 44
58-512 Antoniów DS 84 Qd 43
22-315 Antoniówka LU 94 Xf 43
22-610 Antoniówka LU 105 Yc 45
23-110 Antoniówka LU 94 Xe 42
23-145 Antoniówka LU 94 Xe 43
26-332 Antoniówka LD 79 Vb 40
26-720 Antoniówka MZ 81 Wd 40
97-410 Antoniówka LD 89 Ub 41
08-480 Antoniówka Świerżowska MZ 80 Wc 38
21-020 Antoniów Wieś LU 94 Xf 41
11-500 Antonowo WM 45 We 24
42-141 Antonów SL 88 Td 43
21-222 Antopol LU 83 Yb 39
24-150 Antopol LU 93 Xb 41
96-514 Antosin MZ 67 Va 35
17-300 Anusin PD 70 Xf 34
22-130 Anusin LU 94 Ya 41
27-310 Anusin MZ 92 Wd 41
88-230 Anusin KP 65 Tc 33
42-253 Apolonka SL 90 Uc 44
11-410 Aptynty WM 33 Wb 23
09-100 Arcelin MZ 67 Vb 33
99-416 Arkadia LD 67 Va 36
11-410 Arklity WM 33 Wc 23
62-635 Arkuszewo WP 65 Tf 34
38-712 Arłamów PK 111 Xd 51
05-300 Arynów MZ 69 Wd 35
11-410 Asuny WM 33 Wc 23
64-820 Atanazyn WP 51 Sa 30
11-220 Augamy WM 32 Vc 22
99-352 Augustopol LD 66 Ua 34
17-100 Augustowo PD 59 Ya 31
77-430 Augustowo WP 51 Rf 29
88-190 Augustowo KP 52 Sf 31
16-300 Augustów PD 47 Xf 25
26-670 Augustów MZ 80 Wc 39
26-902 Augustów MZ 80 Wb 38
59-630 Augustów DS 84 Qc 43
05-152 Augustówek MZ 67 Ve 34
08-445 Augustówka MZ 80 Wc 37
21-220 Augustówka LU 82 Xe 39

17-330 Augustynka PD 71 Ya 34
87-865 Augustynowo KP 65 Te 34
62-410 Augustynów WP 64 Sf 36
62-660 Augustynów WP 65 Te 36
97-400 Augustynów LD 78 Uc 41
98-360 Augustynów LD 76 Tc 40
11-130 Augustyny WM 31 Va 24
89-300 Auguścin WP 52 Sb 29
16-140 Aulakowszczyzna PD 47 Ya 28

## Ą

–

## B

07-436 Baba MZ 57 Wd 29
16-500 Babańce PD 35 Yb 24
97-524 Babcz ów SL 90 Ue 42
17-220 Babia Góra PD 59 Yf 31
11-100 Babiak WM 32 Vc 23
62-620 Babiak WP 65 Te 34
21-200 Babianka LU 82 Xe 39
37-312 Babiarze PK 103 Xb 46
34-103 Babica MA 100 Ud 49
38-120 Babica PK 103 Wf 49
08-455 Babice MZ 81 Wf 38
23-413 Babice LU 104 Xf 46
32-551 Babice MA 100 Uc 48
32-600 Babice MA 99 Ub 48
37-754 Babice PK 111 Xc 50
47-440 Babice SL 98 Tb 48
48-120 Babice OP 98 Sf 47
95-083 Babice LD 77 Ub 38
95-030 Babichy LD 78 Uc 39
83-050 Babidół PM 29 Tc 23
83-330 Babi Dół PM 29 Tb 23
81-197 Babie Doły PM 29 Td 21
42-287 Babienica SL 89 Tf 45
11-430 Babieniec WM 33 Wb 23
11-710 Babięta WM 44 Wb 26
14-240 Babięty Wielkie WM 42 Uc 27
72-122 Babigoszcz ZP 37 Pe 26
16-113 Babiki PD 59 Ye 28
46-080 Babi Las OP 87 Se 44
89-607 Babilon PM 40 Sc 26
66-110 Babimost LB 61 Qe 36
24-200 Babin LU 93 Xc 41
74-202 Babin ZP 48 Pe 29
74-510 Babin ZP 48 Pd 29
74-111 Babinek ZP 48 Pd 30
74-202 Babinek ZP 48 Pe 29
16-070 Babino PD 58 Xf 30
19-500 Babki WM 34 Xc 23
26-930 Babki MZ 81 Wd 40
61-160 Babki WP 63 Rf 35
19-400 Babki Oleckie WM 46 Xd 24
63-830 Babkowice WP 75 Sa 38
64-500 Baborowo WP 62 Rd 33
48-120 Baborów OP 98 Sf 48
64-500 Baborówko WP 62 Rd 33
09-130 Baboszewo MZ 67 Vb 32
22-234 Babsk LU 83 Ya 40
96-200 Babsk LD 79 Vc 37
39-340 Babule PK 102 Wd 46
42-282 Baby SL 89 Ub 43
97-310 Baby LD 78 Ue 39
99-352 Baby LD 65 Ua 35

09-500 Baby Dolne MZ 66 Uc 34
38-604 Bachlawa PK 111 Xb 52
16-150 Bachmackie Kolonie PD 47 Yb 27
88-153 Bachorce KP 65 Tc 33
08-300 Bachorza MZ 70 Xb 34
63-200 Bachorzew WP 64 Sd 37
98-113 Bachorzyn LD 77 Ub 40
87-312 Bachotek KP 54 Uc 29
34-116 Bachowice MA 100 Uc 49
36-068 Bachórz PK 111 Xb 49
37-752 Bachórzec PK 111 Xb 50
37-754 Bachów PK 111 Xc 50
16-050 Bachury PD 59 Ye 31
17-300 Baciki-Bliższe PD 70 Xf 34
17-300 Baciki-Dalsze PD 70 Xf 34
17-300 Baciki-Średnie PD 70 Xf 34
18-106 Baciuty PD 58 Xf 30
18-106 Baciuty-Kolonia PD 58 Ya 30
07-130 Baczki MZ 69 We 33
08-307 Baczki MZ 70 Xc 34
21-426 Baczków LU 81 Wf 37
32-708 Baczków MA 101 Vc 48
32-084 Baczyn MA 100 Ue 48
34-211 Baczyn MA 107 Ue 50
26-200 Baczyna SK 91 Vd 41
66-432 Baczyna LB 49 Qa 32
72-410 Baczysław ZP 37 Pf 26
27-552 Baćkowice SK 92 Wb 44
96-320 Badowo-Dańki MZ 79 Vd 37
28-136 Badrzychowice SK 101 Ve 46
89-300 Bagdad WP 52 Sb 30
89-520 Bagienica KP 40 Se 28
18-423 Bagienice PD 57 Xb 28
19-222 Bagienice PD 46 Xc 27
11-700 Bagienice Małe WM 44 Wb 25
06-212 Bagienice Szlacheckie MZ 56 Wb 30
58-140 Bagieniec DS 86 Rc 43
34-120 Bagna MA 107 Ub 50
72-130 Bagna ZP 37 Qb 27
86-120 Bagniewko KP 53 Tb 28
86-120 Bagniewo KP 53 Tb 28
13-332 Bagno WM 42 Ud 27
19-124 Bagno PD 46 Xf 27
32-800 Bagno MA 101 Vd 48
55-120 Bagno DS 74 Re 40
87-840 Bagno KP 66 Ua 34
16-200 Bagny PD 47 Yb 27
38-200 Bajdy PK 110 Wc 50
38-471 Bajdy PK 110 We 50
11-200 Bajdyty WM 32 Vf 24
86-253 Bajerze KP 53 Te 28
19-104 Bajki-Zalesie PD 58 Xe 29
11-420 Bajory-Małe WM 33 Wd 23
11-420 Bajory-Wielkie WM 33 Wd 23
19-300 Bajtkowo WM 46 Xb 26
16-423 Bakałarzewo PD 46 Xd 24
06-320 Bakuła MZ 56 Wb 29
22-150 Bakus-Wanda LU 83 Yb 41
88-100 Balczewo KP 53 Tc 32
82-500 Baldram PM 42 Tf 26
46-142 Baldwinowice OP 87 Se 42
57-211 Baldwinowice DS 86 Rf 41
08-124 Bale MZ 69 Xa 35
82-433 Balewo PM 42 Ub 25
28-114 Balice SK 101 Vf 45
32-083 Balice MA 100 Ue 48
38-606 Baligród PK 111 Xb 52
99-320 Balików LD 66 Uc 35

32-500 Balin MA 99 Uc 47
87-500 Balin KP 54 Uc 30
99-207 Balin LD 77 Te 37
16-310 Balinka PD 47 Ya 26
99-120 Balków LD 66 Uc 36
37-600 Bałaje PK 104 Ya 47
76-211 Bałamątek PM 27 Sa 21
19-330 Bałamutowo WM 46 Xb 25
14-100 Bałcyny WM 43 Uf 27
62-872 Bałdoń WP 76 Ta 38
83-110 Bałdowo PM 42 Te 24
99-200 Bałdrzychów LD 77 Tf 37
29-135 Bałków SK 90 Uf 44
14-240 Bałoszyce WM 42 Ub 26
24-103 Bałtów LU 81 Xa 40
27-423 Bałtów SK 92 Wd 42
27-530 Bałtówka SK 92 We 43
38-480 Bałucianka PK 110 We 51
98-100 Bałucz SL 77 Ua 39
37-413 Banachy PK 103 Xd 46
47-175 Banatki Duże OP 88 Tb 45
47-175 Banatki Małe OP 88 Tb 45
38-700 Bandrów Narodowy PK 111 Xe 52
07-431 Bandysie MZ 56 Wb 29
38-313 Banica MA 109 Wa 52
74-110 Banie ZP 48 Pe 30
19-520 Banie Mazurskie WM 34 Xa 23
74-110 Baniewice ZP 48 Pd 30
80-297 Banino PM 29 Tc 22
05-532 Baniocha MZ 80 Wa 36
34-424 Bańska MA 108 Uf 52
34-424 Bańska Niżna MA 107 Va 52
74-500 Bara ZP 48 Pc 31
26-500 Barak MZ 91 Vf 41
22-304 Baraki LU 94 Yb 43
23-155 Baraki LU 94 Xd 43
77-430 Barankowo WP 51 Rf 29
44-240 Baranowice SL 99 Te 48
06-320 Baranowo MZ 56 Wb 29
11-730 Baranowo WM 45 Wc 26
12-160 Baranowo WM 56 Ve 29
62-081 Baranowo WP 63 Re 34
24-105 Baranów LU 81 Xa 39
27-312 Baranów MZ 92 We 41
28-100 Baranów SK 101 Ve 46
28-530 Baranów SK 101 Vc 47
63-604 Baranów WP 88 Ta 41
96-314 Baranów MZ 67 Vc 36
27-552 Baranówek SK 92 Wb 44
63-300 Baranówek WP 76 Se 37
14-530 Baranówka WM 31 Ue 23
21-100 Baranówka LU 82 Xd 40
32-010 Baranówka MA 100 Va 48
39-450 Baranów Sandomierski PK 102 Wd 46
19-300 Barany WM 46 Xb 26
37-600 Barany KP 54 Ua 32
32-046 Barbarka MA 100 Uf 47
62-590 Barbarka WP 64 Ta 35
22-175 Barbarówka LU 95 Ye 42
22-437 Barchaczów LU 95 Yc 44
64-234 Barchlin WP 74 Rc 36
83-211 Barchnowy PM 41 Td 25
07-130 Barchów MZ 69 Wd 33
11-410 Barciany WM 33 Wc 23
07-203 Barcice MZ 68 Wb 33
33-342 Barcice Dolne MA 108 Vd 51
11-040 Barcikowo WM 43 Vc 25
88-190 Barcin KP 52 Sf 31
58-512 Barcinek DS 85 Qd 43
77-232 Barcino PM 27 Rf 23
88-190 Barcin-Wieś KP 52 Sf 31
11-200 Barciszewo WM 32 Ve 23
26-001 Barcza SK 91 Ve 43
98-275 Barczew LD 77 Te 40
11-010 Barczewko WM 44 Vd 25
11-010 Barczewo WM 44 Ve 26
32-813 Barczków MA 101 Vd 48
62-571 Barczygłów WP 64 Tb 36
62-330 Barczyzna WP 63 Sc 34
26-035 Bardo SK 92 Wa 44
57-256 Bardo DS 96 Re 45
62-300 Bardo WP 64 Sc 35
78-113 Bardy ZP 26 Qe 24
14-405 Bardyny WM 31 Uf 23
99-340 Bardzinek LD 66 Ua 35
76-024 Bardzlino ZP 38 Ra 24
44-153 Barglówka SL 98 Tc 47
16-320 Bargłów Dworny PD 46 Xf 26
16-320 Bargłówka PD 46 Xf 26
16-320 Bargłów Kościelny PD 46 Xe 26
42-262 Bargły SL 89 Ua 44
66-235 Bargów LB 60 Pf 35
77-140 Barkocin PM 28 Sb 24
97-330 Barkowice LD 78 Uf 40
97-330 Barkowice Mokre LD 78 Uf 40
55-140 Barkowo DS 74 Re 40
72-300 Barkowo ZP 37 Qb 25
77-314 Barkowo PM 39 Sb 27
11-001 Barkweda WM 43 Vc 25
82-400 Barlewice PM 42 Ua 25
74-320 Barlinek ZP 49 Qb 31
24-170 Barłogi LU 81 Xb 40
62-586 Barłogi WP 64 Ta 35
62-640 Barłogi WP 65 Te 35
66-627 Barłogi LB 72 Qa 37
84-242 Barłomino PM 29 Ta 21
83-225 Barłożno PM 41 Td 26
80-297 Barniewice PM 29 Tc 22
74-201 Barnim ZP 49 Qa 29
73-220 Barnimie ZP 50 Qe 29
72-004 Barnimowo ZP 36 Pc 27
72-001 Barnisław ZP 48 Pc 28
33-336 Barnowiec MA 109 Ve 51
77-140 Barnowiec PM 28 Sb 23
77-140 Barnowo PM 28 Sb 23
74-400 Barnówko ZP 48 Pe 32
16-320 Barszcze PD 46 Xe 26
16-070 Barszczewo PD 58 Ya 30
18-106 Barszczówka PD 58 Ya 30
10-687 Bartąg WM 44 Vc 26
10-687 Bartążek WM 44 Vc 26
83-260 Bartel Wielki PM 41 Ta 25
14-300 Bartężek WM 43 Uf 26
13-124 Bartki WM 55 Vc 29
33-318 Bartkowa-Posadowa MA 109 Ve 50
26-050 Bartków SK 91 Vd 43
56-416 Bartków DS 75 Sc 41
36-065 Bartkówka PK 111 Xb 50
86-230 Bartlewo KP 53 Td 29
38-307 Bartne MA 109 Wc 51
38-473 Bartne PK 110 Wd 50
87-321 Bartniczka KP 54 Ud 29
06-300 Bartniki MZ 56 Vf 30
16-315 Bartniki PD 47 Yd 26
56-300 Bartniki DS 75 Sd 39
96-332 Bartniki MZ 79 Vb 36
98-290 Bartochów LD 77 Td 38
26-631 Bartodzieje MZ 80 Wb 39
26-706 Bartodzieje MZ 80 Wc 40
56-215 Bartodzieje DS 74 Rb 38
62-100 Bartodzieje WP 51 Sb 31
97-515 Bartodzieje LD 90 Ue 41
76-142 Bartolino ZP 27 Rd 23
06-408 Bartołdy MZ 56 Vf 31
11-010 Bartołty Wielkie WM 44 Ve 26
19-300 Bartosze WM 46 Xb 26
13-100 Bartoszki WM 55 Vc 28
77-416 Bartoszkowo WP 51 Rf 28
26-006 Bartoszowiny SK 92 Wa 43
57-160 Bartoszowo DS 86 Rf 43
59-241 Bartoszów DS 85 Rb 41
58-120 Bartoszówek DS 86 Rc 42
97-220 Bartoszówka LD 79 Vb 39
11-200 Bartoszyce WM 32 Ve 23
83-430 Bartoszylas PM 41 Ta 25
62-720 Bartoszyn WP 65 Td 36
14-230 Barty WM 43 Ue 25
87-821 Baruchowo KP 66 Ub 34
47-133 Barut OP 98 Tc 45
34-130 Barwałd-Górny MA 107 Ud 49
34-130 Barwałd-Średni MA 107 Ud 49
78-460 Barwice ZP 39 Rc 26
38-454 Barwinek PK 110 We 52
77-231 Barwino PM 27 Rf 23
26-225 Barycz SK 91 Vc 41
26-700 Barycz MZ 81 Wd 41
36-233 Barycz PK 110 Xa 50
37-723 Barycz PK 104 Xf 49
95-082 Barycz LD 77 Ub 39
73-131 Barzkowice ZP 49 Qb 28
76-150 Barzowice ZP 27 Rd 22
18-520 Barzykowo PD 57 Xa 28
14-411 Barzyna WM 42 Ud 25
37-111 Basakówka PK 103 Xb 48
24-340 Basonia LU 93 We 42
72-300 Baszewice ZP 37 Qb 25
63-760 Baszków WP 75 Sb 38
98-290 Baszków LD 77 Td 39
37-621 Basznia-Dolna PK 104 Yb 47
37-621 Basznia-Górna PK 104 Yb 48
26-006 Baszowice SK 92 Wa 43
56-160 Baszyn DS 74 Rd 40
63-714 Baszyny WP 76 Sd 38
88-100 Batkowo KP 53 Tb 32
57-330 Batorow DS 96 Rc 46
62-080 Batorowo WP 63 Re 34
77-420 Batorowo WP 40 Sb 28
23-320 Batorz LU 93 Xc 43
74-230 Batowo ZP 49 Pf 30
37-713 Batycze PK 111 Xe 49
78-331 Batyń ZP 38 Qf 25
77-122 Bawernica PM 28 Se 23
21-065 Bazar LU 94 Xf 43
64-607 Bąblin WP 63 Re 32
64-607 Bąblinek WP 63 Re 32
83-334 Bącka Huta PM 29 Sf 22
83-328 Bącz PM 29 Sf 22
33-335 Bącza-Kunina MA 109 Ve 51
38-200 Bączal-Dolny PK 109 Wc 50
38-242 Bączal-Górny PK 109 Wc 50
89-320 Bądecz WP 51 Sa 29
14-230 Bądki WM 42 Ud 25
82-520 Bądki PM 42 Tf 26
06-440 Bądkowo MZ 56 Vd 32
72-310 Bądkowo ZP 37 Qb 25
87-704 Bądkowo KP 65 Te 32
09-414 Bądkowo Jeziorne MZ 66 Uc 32
62-731 Bądków WP 77 Td 37
95-001 Bądków LD 78 Uc 37
05-610 Bądków-Kolonia MZ 80 Ve 38
11-220 Bądle WM 32 Vd 23
82-450 Bądze PM 42 Uc 26
67-222 Bądzów DS 73 Ra 39
09-304 Bądzyn MZ 55 Uf 30
82-440 Bągart PM 42 Uc 25
86-253 Bągart KP 53 Tc 29
42-772 Bąki OP 88 Tc 44
99-232 Bąki LD 77 Tf 38
27-310 Bąkowa MZ 92 Wc 41
97-510 Bąkowa Góra LD 90 Uf 42
46-112 Bąkowice OP 87 Se 43
26-930 Bąkowiec MZ 81 We 39
83-050 Bąkowo PM 29 Td 23
86-160 Bąkowo KP 41 Td 27
88-133 Bąkowo KP 53 Tc 32
89-333 Bąkowo Górne WP 51 Sb 30
86-160 Bąkowski Młyn KP 41 Td 27
37-552 Bąkowszczyzna PK 104 Ya 49
26-411 Bąków MZ 79 Ve 40
43-246 Bąków SL 106 Te 49
46-233 Bąków OP 88 Tb 43
49-200 Bąków OP 87 Sb 44
99-440 Bąków-Dolny LD 66 Ue 36
99-440 Bąków-Górny LD 66 Ue 36
84-351 Bąsewice PM 28 Se 21
11-200 Bąsze WM 32 Ve 22
46-243 Bażany OP 88 Tb 43
43-440 Bażanowice SL 106 Te 50
38-530 Bażanówka PK 110 Xa 51
11-130 Bażyny WM 31 Va 24
29-100 Bebelno Wieś SK 90 Uf 44
16-411 Becejły PD 35 Ya 23
95-083 Bechcice LD 78 Ub 38
26-200 Bedlenko SK 91 Vb 41
21-300 Bedlno LU 82 Xd 38
21-300 Bedlno LU 82 Xe 38
26-200 Bedlno SK 91 Vb 41
99-311 Bedlno LD 66 Ud 35
38-305 Bednarka MA 109 Wc 51
38-305 Bednarskie MA 109 Wc 50
96-330 Bednary MZ 79 Vc 36
99-416 Bednary-Kolonia LD 67 Va 36
99-416 Bednary-Wieś LD 67 Va 36
07-120 Bednarze MZ 69 We 34
21-211 Bednarzówka LU 82 Ya 39
95-020 Bedoń Przykościelny LD 78 Ud 38
08-207 Bejdy MZ 70 Xd 36
28-512 Bejsce SK 101 Vd 47
21-070 Bekiesza LU 83 Yb 41
98-161 Beleń SL 77 Tf 39
64-212 Belęcin WP 62 Ra 35
64-120 Belęcin-Nowy WP 74 Rf 37
64-120 Belęcin-Stary WP 74 Rf 37
09-500 Belno LD 66 Ub 34
26-004 Belno SK 91 Vf 44
26-050 Belno SK 91 Ve 43
86-131 Belno KP 41 Tc 28
05-622 Belsk Duży MZ 80 Ve 38
97-400 Bełchatów LD 78 Uc 40
99-418 Bełchów LD 79 Va 36
12-230 Bełcząc WM 45 Xa 27
21-306 Bełcząc LU 82 Xd 39
66-130 Bełcze LB 73 Qf 37
56-210 Bełcz Górny DS 74 Rd 39
56-210 Bełcz Mały DS 74 Rd 39
73-150 Bełczna ZP 38 Qd 26
56-215 Bełcz Wielki DS 74 Rc 39
59-610 Bełczyna DS 85 Qe 42
19-206 Bełda PD 46 Xd 26
95-070 Bełdów LD 77 Ub 38
13-230 Bełk WM 55 Uf 29
28-313 Bełk SK 101 Vc 45
44-230 Bełk SL 99 Te 48
44-362 Bełsznica SL 98 Tc 49
78-300 Bełtno ZP 38 Qd 26
37-700 Bełwin PK 111 Xe 50
28-530 Bełzów SK 101 Vc 47
22-670 Bełżec LU 105 Yc 46
24-200 Bełżyce LU 93 Xb 41
14-500 Bemowizna WM 31 Uf 22
12-230 Bemowo Piskie WM 45 Xa 26
09-215 Bendorzyn MZ 66 Ud 32
05-127 Beniaminów MZ 68 Wa 34
63-700 Benice WP 75 Sc 38
72-400 Benice ZP 37 Pf 25
38-315 Beniówka MA 109 Wb 51
82-420 Benowo PM 42 Tf 25
27-640 Beradz SK 92 Wc 44
33-180 Berdechów MA 109 Vf 50
39-111 Berdechów PK 102 Wd 49
32-700 Berdychów MA 101 Vc 49
34-606 Berdychów MA 108 Vc 51
21-104 Berejów LU 82 Xe 39
33-380 Berest MA 109 Vf 51
22-425 Bereść LU 95 Yd 44
21-560 Bereza LU 82 Xe 37
38-535 Berezka PK 111 Xc 51
38-612 Berezka PK 111 Xc 52
21-512 Berezówka LU 71 Yc 36
22-523 Bereźnica LU 95 Yf 43
38-713 Bereżki PK 111 Xe 54
38-613 Bereżnica Wyżna PK 111 Xc 52
78-300 Berkanowo ZP 38 Qd 26
62-270 Berkowo WP 63 Sb 33
88-324 Berlinek KP 64 Tb 33
48-100 Bernacice OP 97 Sf 47
16-505 Berżniki PD 47 Yc 24
99-150 Besiekiery LD 65 Tf 36
95-001 Besiekierz Rudny LD 78 Uc 37
38-524 Besko PK 110 Wf 51
32-711 Bessów MA 101 Vd 48
63-760 Bestwin WP 75 Sb 38
43-512 Bestwina SL 106 Ua 49
43-512 Bestwinka SL 99 Ua 49
43-476 Bestwiny SL 106 Tf 51
28-232 Beszowa SK 102 Wa 46
27-660 Beszyce SK 92 Wd 45
87-840 Beszyn KP 66 Ub 34
22-130 Bezek LU 94 Yb 41
22-130 Bezek Dębiński LU 94 Yb 41
11-200 Bezledy WM 32 Ve 23
38-600 Bezmiechowa Dolna PK 111 Xc 51
62-834 Beznatka WP 76 Tb 38
71-220 Bezrzecze ZP 36 Pc 28
21-310 Bezwola LU 82 Xe 38
32-089 Bębło MA 100 Ue 47
06-540 Bębnowo MZ 55 Va 31
26-225 Bębnów SK 91 Vc 41
98-313 Bębnów LD 77 Te 41
34-222 Bębny MA 107 Ud 51
32-444 Bęczarka MA 107 Uf 49
97-352 Bęczkowice LD 90 Ue 41
26-008 Bęczków SK 91 Ve 43
72-130 Bęczno ZP 37 Qa 27
23-250 Bęczyn LU 93 Xa 43
34-114 Bęczyn MA 100 Ud 49
19-230 Bęćkowo PD 46 Xb 27
72-005 Będargowo ZP 48 Pc 28
73-260 Będargowo ZP 49 Qc 30
84-217 Będargowo PM 29 Ta 22
74-202 Będgoszcz ZP 48 Pe 29
32-089 Będkowice MA 100 Ue 47
55-050 Będkowice DS 86 Re 43
55-100 Będkowo DS 86 Sa 41
97-319 Będków LD 78 Ue 39
98-332 Będków LD 89 Ua 41
62-060 Będlewo WP 63 Re 35
78-530 Będlino ZP 38 Ra 28
83-422 Będomin PM 29 Ta 24
66-100 Będów LB 61 Qb 36
42-300 Będusz SL 99 Ub 45
28-425 Będziaki SK 101 Vd 47
62-704 Będziechów WP 76 Tc 37
39-127 Będziemyśl PK 103 We 48
39-124 Będzienica PK 103 We 49
63-400 Będzieszyn WP 76 Sf 38
32-860 Będzieszyna MA 108 Vd 50
41-300 Będzin SL 99 Ub 47
76-037 Będzino ZP 26 Qf 23
88-190 Będzitowo KP 52 Ta 31
88-190 Będzitówek KP 52 Ta 31
09-300 Będzymin MZ 55 Ue 30
89-652 Będźmierowice PM 41 Ta 26
11-311 Bęsia WM 44 Vf 25
87-603 Bętlewo KP 66 Ub 32
26-400 Beźnik MZ 79 Ve 40
46-022 Biadacz OP 88 Sf 44
46-233 Biadacz OP 88 Tb 42
63-645 Biadaszki WP 88 Ta 41
98-405 Biadaszki LD 76 Tb 40
63-714 Biadki WP 75 Sd 38
32-828 Biadoliny Radłowskie MA 101 Ve 49
32-828 Biadoliny Szlacheckie MA 101 Ve 48
58-580 Biała Dolina DS 84 Qd 43
16-500 Bialiki PD 45 Wf 28
21-300 Biała LU 82 Xd 38
23-300 Biała LU 93 Xc 44
33-131 Biała MA 101 Vf 48
36-020 Biała PK 103 Xa 49
42-125 Biała SL 89 Ua 43
48-210 Biała OP 97 Sd 46
58-124 Biała DS 86 Re 43
59-225 Biała DS 73 Qf 41
62-580 Biała WP 64 Ta 36
64-730 Biała WP 50 Rb 32
64-980 Biała WP 51 Rd 30
73-130 Biała ZP 49 Qc 28
77-200 Biała PM 39 Re 24
78-421 Biała ZP 39 Re 25
89-504 Biała KP 40 Sf 26
95-001 Biała LD 78 Uc 37
97-330 Biała LD 78 Uf 41
98-332 Biała LD 89 Ua 41
98-350 Biała LD 88 Tc 41
42-427 Biała Błotna SL 90 Ud 45
83-210 Białachowo PM 41 Tc 25
26-307 Białaczów SL 79 Vb 41
14-260 Biała Góra WM 42 Ud 27
78-331 Biała Góra ZP 38 Ra 25
82-440 Biała Góra PM 42 Tf 25
97-505 Biała Góra SL 89 Uc 42
99-220 Biała Góra LD 77 Ua 37
98-350 Biała Kopiec LD 88 Tc 41
33-330 Biała Niżna MA 109 Vf 51
48-303 Biała Nyska OP 97 Sb 46
62-570 Biała Panieńska WP 76 Ta 36
12-230 Biała Piska WM 45 Xa 27
21-500 Biała Podlaska LU 71 Ya 36
96-230 Biała Rawska LD 79 Vc 38
98-350 Biała Rządowa LD 88 Tc 41
84-239 Białasowizna PM 29 Ta 21
19-200 Białaszewo PD 46 Xd 27
42-235 Biała Wielka SL 90 Ud 44
62-065 Biała Wieś WP 62 Rb 35
16-400 Biała Woda PD 35 Xf 24
11-135 Biała Wola WM 43 Vb 24
56-160 Białawy Małe DS 74 Re 40
56-160 Białawy Wielkie DS 74 Re 40
64-412 Białcz WP 62 Rb 33
66-460 Białcz LB 60 Pf 32
66-460 Białczyk LB 60 Pf 33
16-400 Białe PD 46 Xe 24
86-131 Białe KP 41 Td 28
86-005 Białe Błota KP 52 Sf 30
88-306 Białe Błota KP 52 Sf 32
07-210 Białebłoto MZ 69 Wd 32
09-200 Białe Błoto MZ 54 Ue 32
56-416 Białe Błoto DS 75 Sc 41



Białe Błoto | 143

36-071 Błędowa Zgłobieńska PK 103 Wf 48
05-180 Błędowo MZ 67 Ve 33
06-320 Błędowo MZ 56 Wb 29
37-214 Błędowo KP 53 Te 28
05-620 Błędów MZ 79 Ve 38
41-300 Błędów SL 99 Uc 46
99-413 Błędów LD 67 Uf 35
63-100 Błociszewo WP 63 Rf 36
64-200 Błocko WP 62 Rb 36
26-341 Błogie-Rządowe SL 78 Uf 40
26-341 Błogie-Szlacheckie SL 78 Uf 40
32-107 Błogocice MA 101 Vb 47
08-100 Błogoszcz MZ 70 Xc 35
28-363 Błogoszów SK 90 Va 44
09-164 Błomino Gumowskie MZ 67 Vb 33
62-610 Błonawy WP 65 Tc 34
05-870 Błonie MZ 67 Vd 35
21-505 Błonie LU 71 Yb 35
29-145 Błonie SK 90 Uf 44
33-113 Błonie MA 101 Vf 49
39-320 Błonie PK 102 Wc 47
55-330 Błonie DS 86 Re 42
99-100 Błonie LD 66 Ua 36
08-311 Błonie Duże MZ 70 Xb 34
64-308 Błońsko WP 62 Ra 35
49-312 Błota OP 87 Sc 43
98-277 Błota LD 76 Tc 40
83-041 Błotnia PM 29 Tc 23
26-220 Błotnica SK 91 Vd 42
57-250 Błotnica DS 96 Rf 46
78-100 Błotnica ZP 37 Qd 24
47-134 Błotnica Strzelecka OP 98 Tc 46
83-020 Błotnik PM 30 Tf 23
66-542 Błotno LB 50 Qe 32
72-200 Błotno ZP 37 Qa 26
73-130 Błotno ZP 49 Qc 29
28-136 Błotnowola SK 101 Vf 47
86-260 Błoto KP 53 Tc 29
14-420 Błudowo WM 31 Ue 23
77-400 Bługowo WP 51 Sa 29
77-420 Bługowo WP 40 Sb 28
89-110 Bnin KP 52 Sc 30
99-420 Bobiecko LD 67 Uf 36
77-200 Bobięcino PM 39 Rf 24
32-100 Bobin MA 101 Vc 47
06-210 Bobino Wielkie MZ 56 Wa 30
22-375 Bobliwo LU 94 Ya 43
42-320 Bobolice SL 90 Uc 45
57-200 Bobolice DS 86 Rf 45
76-020 Bobolice ZP 39 Rd 25
76-020 Boboliczki ZP 39 Rd 24
72-001 Bobolin ZP 48 Pc 28
48-140 Boboluszki OP 97 Se 48
77-310 Boboszewo PM 40 Sb 27
57-530 Boboszów DS 96 Re 48
38-350 Bobowa MA 109 Vf 50
66-300 Bobowicko LB 61 Qd 34
24-170 Bobowiska LU 81 Xb 40
83-212 Bobowo PM 41 Td 25
26-804 Bobrek MZ 80 Wa 39
32-660 Bobrek MA 99 Ub 48
41-907 Bobrek SL 99 Tf 46
39-203 Bobrowa PK 102 Wc 48
46-325 Bobrowa OP 88 Td 43
39-204 Bobrowa Wola PK 102 Wc 48
06-323 Bobrowce MZ 79 Vd 37
66-627 Bobrowice LB 72 Qa 37
67-300 Bobrowice LB 73 Qd 39
76-100 Bobrowice ZP 27 Rd 22
76-100 Bobrowiczki ZP 27 Rd 22
05-502 Bobrowiec MZ 68 Vf 36
4-500 Bobrowiec WM 31 Uf 22
83-230 Bobrowiec PM 41 Td 26
37-617 Bobrownickie Pole KP 54 Tf 32
8-500 Bobrowniki LU 81 Wf 39
6-040 Bobrowniki PD 59 Yf 30
16-100 Bobrowniki PD 59 Yd 28
26-903 Bobrowniki MZ 80 Wb 39
29-120 Bobrowniki SK 90 Uf 43
42-583 Bobrowniki SL 99 Tf 46
42-605 Bobrowniki SL 99 Tf 46
62-100 Bobrowniki WP 51 Sa 32
63-520 Bobrowniki WP 76 Ta 40
67-106 Bobrowniki LB 73 Qe 37
73-120 Bobrowniki ZP 37 Qb 28
76-231 Bobrowniki PM 28 Sc 21
87-617 Bobrowniki KP 54 Tf 32
98-355 Bobrowniki LD 89 Te 42
99-416 Bobrowniki LD 67 Va 36
33-122 Bobrowniki Małe MA 101 Vf 48
98-200 Bobrowniki Stoczki LD 77 Te 39
33-131 Bobrowniki Wielkie MA 101 Vf 48
11-410 Bobrowo WM 33 Wc 23
62-586 Bobrowo WP 64 Ta 36
78-520 Bobrowo ZP 38 Ra 27
87-327 Bobrowo KP 54 Ub 29
19-124 Bobrówka PD 47 Ya 28
37-543 Bobrówka PK 104 Xf 48
11-710 Bobrówko WM 45 Wd 26
66-235 Bobrówko LB 60 Qa 34
66-500 Bobrówko LB 49 Qc 31
19-300 Bobry WM 46 Xc 26
97-500 Bobry LD 89 Uc 42
67-320 Bobrzany LB 73 Qc 39
64-560 Bobulczyn WP 62 Rc 33
23-250 Boby-Kolonia LU 93 Xa 42
23-250 Boby-Księże LU 93 Xa 42
28-366 Bocheniec SK 91 Vb 44
87-404 Bocheniec KP 54 Ua 30
99-400 Bocheń LD 66 Ue 36
62-530 Bochlewo WP 64 Ta 35
86-170 Bochlin KP 41 Te 26
32-700 Bochnia MA 101 Vc 49
24-120 Bochotnica LU 81 Wf 40
77-123 Bochowo PM 28 Se 22
77-123 Bochówko PM 28 Se 22
05-340 Bocian MZ 68 Wc 36
97-425 Bocianicha LD 78 Ub 39
87-140 Bocień KP 53 Te 29
95-035 Boczki LD 78 Ub 36
98-240 Boczki SL 77 Tf 38
99-414 Boczki LD 67 Va 35
19-200 Boczki-Świdrowo PD 46 Xc 27
29-100 Boczkowice SK 90 Va 44
32-210 Boczkowice MA 100 Vb 46
63-460 Boczków WP 76 Sf 38
32-740 Boczów MA 108 Vb 49
33-390 Boczów MA 108 Vc 51
66-235 Boczów LB 60 Pf 35
17-111 Boćki PD 70 Ya 33
11-612 Boćwinka WM 45 Wf 24
19-500 Boćwinka WM 34 Xa 23
19-500 Boćwiński Młyn WM 34 Xb 23
17-111 Bodaczki PD 70 Xf 32
22-460 Bodaczów LU 94 Ya 44
17-111 Bodaki PD 70 Xf 32
38-307 Bodaki MA 109 Wb 51
46-312 Bodzanowice OP 88 Td 43
87-890 Bodzanowo KP 65 Te 33
88-210 Bodzanowo II KP 65 Td 32
09-470 Bodzanów MZ 67 Va 33
32-014 Bodzanów MA 100 Va 49
48-340 Bodzanów OP 97 Sc 47
87-850 Bodzanówek KP 65 Ua 34
27-420 Bodzechów SK 92 Wc 43
26-010 Bodzentyn SK 91 Vf 43
63-820 Bodzewo WP 75 Sa 37
72-221 Bodzęcin ZP 37 Pf 27
87-732 Bodzia KP 65 Tf 32
42-446 Bodziejowice SL 90 Ud 45
63-140 Bodzyniewo WP 62 Sa 36
46-243 Bogacica OP 88 Ta 43
11-500 Bogaczewo WM 45 We 25
14-300 Bogaczewo WM 43 Uf 25
82-310 Bogaczewo WM 31 Ud 24
66-010 Bogaczów LB 72 Qb 37
06-300 Bogate MZ 56 Vf 31
05-502 Bogatki MZ 80 Vf 36
59-916 Bogatynia DS 84 Pf 43
11-130 Bogatyńskie WM 43 Va 24
63-435 Bogdaj WP 75 Sd 39
62-720 Bogdałów WP 65 Td 36
66-450 Bogdaniec LB 60 Qa 32
21-013 Bogdanka LU 82 Ya 41
16-061 Bogdanki PD 59 Ya 31
63-800 Bogdanki WP 74 Rf 37
86-320 Bogdanki KP 42 Ua 28
48-100 Bogdanowice OP 97 Sf 48
32-437 Bogdanowka MA 107 Ue 50
64-600 Bogdanowo WP 63 Re 33
32-241 Bogdanów MA 100 Va 46
49-200 Bogdanów OP 87 Sb 45
55-311 Bogdanów DS 86 Rd 42
62-840 Bogdanów WP 76 Tb 38
97-371 Bogdanów SL 78 Ud 40
14-530 Bogdany WM 31 Ue 22
46-233 Bogdańczowice OP 88 Tb 43
55-311 Bogdaszowice DS 86 Re 42
05-604 Boglewice MZ 80 Vf 38
67-240 Bogomice DS 73 Ra 38
33-190 Bogoniowice MA 109 Vf 50
28-210 Bogoria SK 92 Wb 45
99-440 Bogoria Dolna LD 66 Ue 36
27-650 Bogoryja Skotnicka SK 92 We 45
36-040 Boguchwała PK 103 Wf 49
87-630 Boguchwała KP 54 Uc 32
42-460 Boguchwałowice SL 99 Ub 46
48-100 Boguchwałów OP 97 Sf 48
14-310 Boguchwały WM 43 Va 25
22-554 Bogucice LU 95 Ye 44
32-711 Bogucice MA 101 Vc 48
62-814 Bogucice WP 76 Ta 37
99-232 Bogucice LD 77 Tf 38
28-400 Bogucice I SK 101 Vd 46
28-400 Bogucice II SK 101 Vd 46
06-406 Bogucin MZ 56 Ve 31
21-080 Bogucin LU 81 Xc 41
26-930 Bogucin MZ 81 Wd 39
87-811 Bogucin KP 66 Ua 32
78-100 Bogucino ZP 26 Qd 24
68-200 Bogumiłów LB 72 Qa 39
33-122 Bogumiłowice MA 101 Vf 48
98-338 Bogumiłowice LD 89 Ua 41
98-200 Bogumiłów LD 77 Te 39
12-201 Bogumiły WM 45 Wf 27
44-295 Bogunice SL 98 Tc 48
64-610 Boguniewo WP 63 Rf 32
55-020 Bogunów DS 86 Sa 43
06-521 Bogurzyn MZ 55 Vb 30
06-521 Bogurzynek MZ 55 Vb 30
63-322 Bogusław WP 76 Sf 37
72-112 Bogusław ZP 36 Pd 27
74-404 Bogusław ZP 60 Pe 32
27-580 Bogusławice SK 92 Wc 43
42-282 Bogusławice SL 89 Ub 43
55-010 Bogusławice DS 86 Sa 43
56-400 Bogusławice DS 87 Sc 41
62-831 Bogusławice WP 76 Tb 36
87-820 Bogusławice KP 66 Ua 33
97-320 Bogusławice LD 78 Ue 39
78-100 Bogusławiec ZP 38 Qc 24
87-140 Bogusławki KP 53 Td 29
96-200 Bogusławki LD 79 Vb 38
33-334 Bogusza MA 109 Vf 51
16-100 Bogusze PD 47 Yc 28
19-335 Bogusze WM 46 Xc 26
09-317 Boguszewiec MZ 54 Ue 31
14-140 Boguszewo WM 43 Ue 26
19-100 Boguszewo PD 58 Xe 28
86-330 Boguszewo KP 42 Ua 28
19-104 Boguszki PD 58 Xe 28
33-300 Boguszowa MA 109 Ve 51
58-370 Boguszów-Gorce DS 85 Rb 44
37-740 Boguszówka PK 111 Xd 50
18-400 Boguszyce PD 57 Xa 30
44-180 Boguszyce SL 98 Td 46
46-061 Boguszyce OP 88 Sf 45
56-400 Boguszyce DS 87 Sc 41
62-619 Boguszyce WP 65 Td 34
72-200 Boguszyce ZP 37 Qb 26
96-200 Boguszyce LD 79 Vb 38
99-120 Boguszyce LD 66 Uc 36
57-300 Boguszyn DS 96 Rd 46
63-040 Boguszyn WP 63 Sc 36
64-140 Boguszyn WP 74 Rc 37
63-040 Boguszynek WP 63 Sb 36
62-640 Boguszyniec WP 65 Te 35
09-150 Boguszyn Nowy MZ 67 Vb 34
73-260 Boguszyny ZP 49 Qc 30
07-325 Boguty-Pianki MZ 70 Xc 32
16-100 Bohoniki PD 59 Yd 28
21-550 Bohukały LU 71 Yc 36
27-320 Boiska MZ 92 We 41
66-130 Bojadła LB 73 Qe 37
58-100 Bojanice DS 86 Rd 44
62-270 Bojanice WP 63 Sd 33
64-120 Bojanice WP 74 Re 37
84-207 Bojano PM 29 Tc 22
06-540 Bojanowo MZ 55 Va 31
63-940 Bojanowo WP 74 Re 38
37-433 Bojanów PK 103 Wf 46
98-346 Bojanów LD 88 Tc 42
21-310 Bojanówka LU 82 Xe 38
37-554 Bojanówka PK 104 Xe 49
37-433 Bojanów-Wieś PK 103 Wf 46
21-222 Bojary LU 83 Yb 38
07-140 Bojewo MZ 69 Wf 33
44-141 Bojków SL 98 Td 47
08-122 Bojmie MZ 69 Wf 35
43-220 Bojszowy SL 99 Ua 48
44-160 Bojszów SL 98 Tc 47
22-510 Bokinia LU 95 Yd 43
21-523 Bokinka Królewska LU 83 Yc 37
21-523 Bokinka Pańska LU 83 Yc 38
18-100 Bokiny PD 58 Xf 30
47-133 Bokowe OP 98 Tc 45
26-220 Boków SK 91 Vd 41
27-425 Boksyce SK 92 Wb 43
27-415 Boksycka SK 92 Wb 43
26-052 Bolechowice SK 91 Vd 44
32-082 Bolechowice MA 100 Ue 48
62-005 Bolechowo WP 63 Rf 33
72-100 Bolechowo ZP 37 Pf 27
62-005 Bolechowo Osiedle WP 63 Rf 33
55-200 Bolechów DS 87 Sb 43
62-005 Bolechówko WP 63 Rf 33
13-100 Bolejny WM 43 Vc 28
66-446 Bolemin LB 61 Qb 33
32-329 Bolesław MA 100 Uc 47
33-220 Bolesław MA 101 Vf 47
47-450 Bolesław SL 98 Tb 48
58-140 Bolesławice DS 86 Rc 43
59-700 Bolesławice DS 84 Qd 41
76-251 Bolesławice PM 27 Rf 22
59-700 Bolesławiec DS 84 Qd 41
98-430 Bolesławiec LD 88 Tb 41
59-708 Bolesławiecki DS 85 Qe 41
83-250 Bolesławowo PM 41 Tc 24
42-248 Bolesławów SL 90 Ud 44
57-550 Bolesławów DS 96 Rf 47
63-810 Bolesławów WP 75 Sb 37
37-722 Bolestraszyce PK 111 Xf 50
17-100 Bolesty PD 58 Ya 32
62-731 Boleszczyn WP 77 Te 37
76-100 Boleszewo ZP 27 Rd 22
74-407 Boleszkowice ZP 48 Pd 32
13-308 Boleszyn WM 54 Ue 29
27-425 Boleszyn SK 92 Wb 43
28-330 Boleścice SK 90 Va 45
58-100 Boleścin DS 86 Rd 44
64-305 Bolewice WP 62 Ra 34
73-260 Bolewice ZP 49 Qc 30
64-305 Bolewicko WP 62 Ra 34
06-560 Bolewo MZ 55 Vc 31
09-110 Bolęcin MZ 67 Vd 33
32-540 Bolęcin MA 100 Uc 48
99-417 Bolimów LD 67 Va 36
09-450 Bolino MZ 67 Vb 34
59-411 Bolkowice DS 85 Rb 43
74-120 Bolkowice ZP 48 Pc 30
78-320 Bolkowo ZP 38 Ra 25
59-420 Bolków DS 85 Ra 43
26-060 Bolmin SK 91 Vc 44
84-239 Bolszewo PM 29 Tb 21
86-070 Bolumin KP 53 Tb 30
09-213 Bombalice MZ 66 Ue 32
16-140 Bombla PD 59 Ya 28
38-111 Bonarówka PK 110 We 50
22-442 Bondyrz LU 104 Ya 45
16-406 Bondziszki PD 35 Xf 23
21-060 Boniewo LU 94 Xf 42
87-851 Boniewo KP 65 Tf 34
64-000 Bonikowo WP 62 Rd 36
63-430 Boników WP 76 Sd 39
08-221 Bonin MZ 70 Ya 35
73-150 Bonin ZP 38 Qd 27
76-009 Bonin ZP 27 Rb 24
42-674 Boniowice SL 99 Te 46
09-212 Bonisław MZ 66 Ue 32
42-445 Bonowice SL 90 Ue 45
21-020 Bonów LU 94 Xf 41
67-115 Bonów LB 73 Qf 38
05-660 Bończa MZ 80 Wa 38
22-310 Bończa LU 95 Yc 43
09-100 Bońki MZ 67 Vc 33
06-540 Bońkowo Kościelne MZ 55 Vb 31
06-540 Bońkowo Podleśne MZ 55 Vb 31
83-220 Boraszewo PM 41 Tc 26
56-100 Boraszyn DS 74 Rc 40
37-561 Boratyn PK 104 Xd 49
17-300 Boratyniec-Lacki PD 70 Xf 34
17-300 Boratyniec-Ruski PD 70 Xf 34
07-411 Borawe MZ 57 Wd 31
19-400 Borawskie WM 34 Xd 24
19-213 Borawskie-Awissa PD 46 Xc 28
37-630 Borchów PK 104 Ya 48
83-312 Borcz PM 29 Tb 23
28-404 Borczyn SK 91 Vd 45
21-533 Bordziłówka LU 83 Yb 37
39-120 Boreczek PK 102 We 48
14-230 Boreczno WM 43 Ue 26
05-304 Borek MZ 69 Wd 35
06-333 Borek MZ 56 Wa 29
12-140 Borek WM 44 Wb 27
26-920 Borek MZ 81 We 39
32-090 Borek MA 100 Va 47
32-765 Borek MA 101 Vd 48
33-210 Borek MA 101 Vf 47
46-220 Borek OP 88 Tb 42
47-300 Borek OP 98 Sf 46
48-317 Borek OP 97 Se 45
55-140 Borek DS 75 Rf 39
62-872 Borek WP 76 Ta 38
66-132 Borek LB 73 Qe 36
66-446 Borek LB 61 Qc 32
67-200 Borek DS 74 Rb 39
83-320 Borek PM 28 Se 23
87-890 Borek KP 65 Te 33
99-140 Borek LD 65 Ua 36
27-640 Borek Klimontowski SK 92 Wc 45
36-020 Borek Stary PK 103 Xa 49
57-160 Borek Strzeliński DS 86 Sa 43
39-120 Borek Wielki PK 102 Wd 48
63-810 Borek Wielkopolski WP 75 Sb 37
82-224 Boręty PM 30 Tf 24
82-224 Boręty I PM 30 Tf 24
82-224 Boręty II PM 30 Tf 24
63-100 Borgowo WP 62 Sa 36
27-440 Boria SK 92 Wb 43
05-280 Borki MZ 69 Wd 34
05-317 Borki MZ 69 Wf 36
08-117 Borki MZ 69 Wf 36
08-503 Borki LU 81 Xa 39
11-200 Borki WM 32 Ve 23
12-200 Borki WM 45 Wf 27
16-040 Borki PD 59 Yd 29
19-300 Borki WM 46 Xb 26
19-411 Borki WM 46 Xb 24
21-345 Borki LU 82 Xd 38
23-415 Borki LU 104 Xe 46
26-080 Borki SK 91 Vc 42
26-510 Borki MZ 91 Ve 41
26-706 Borki MZ 80 Wc 40
33-230 Borki MA 102 Wa 47
37-410 Borki PK 103 Xb 45
43-265 Borki SL 99 Te 49
46-020 Borki OP 87 Sf 44
62-511 Borki WP 65 Tc 35
62-613 Borki WP 65 Td 35
95-061 Borki LD 78 Ue 37
97-515 Borki LD 90 Ue 42
99-235 Borki Drużbińskie LD 77 Te 37
08-112 Borki-Kosiorki MZ 70 Xb 36
08-106 Borki-Kosy MZ 70 Xc 36
46-300 Borki Małe OP 88 Tc 43
39-307 Borki Nizińskie PK 102 Wc 46
08-112 Borki-Paduchy MZ 70 Xc 36
98-240 Borki Prusinowskie LD 77 Tf 38
12-114 Borki Rozowskie WM 45 Wb 27
11-214 Borki Sędrowskie WM 32 Vf 24
08-125 Borki Siedleckie MZ 70 Xb 35
11-300 Borki Wielkie WM 44 Wa 25
46-300 Borki Wielkie OP 88 Td 43
08-106 Borki-Wyrki MZ 70 Xc 36
26-422 Borkowice MZ 79 Ve 41
46-243 Borkowice OP 88 Ta 43
49-345 Borkowice OP 87 Se 44
62-053 Borkowice WP 63 Re 35
76-035 Borkowice ZP 26 Qf 23
95-081 Borkowice LD 78 Uc 39




Borkowice I 145

19-420 Borkowiny **WM** 34 Xc 23
24-220 Borkowizna **LU** 93 Xc 42
05-192 Borkowo **MZ** 68 Vd 33
16-500 Borkowo **PD** 57 Wf 28
76-142 Borkowo **ZP** 27 Rd 23
78-320 Borkowo **ZP** 38 Qf 26
83-010 Borkowo **PM** 29 Td 23
83-132 Borkowo **PM** 41 Td 25
83-330 Borkowo **PM** 29 Tc 22
88-181 Borkowo **KP** 53 Tb 31
06-415 Borkowo-Boksy **MZ** 56 Ve 30
06-415 Borkowo-Falenta **MZ** 56 Ve 30
09-200 Borkowo-Kościelne **MZ** 54 Ue 31
84-210 Borkowo Lęborskie **PM** 28 Se 20
09-200 Borkowo Wielkie **MZ** 54 Ue 31
72-314 Borkowo Wielkie **ZP** 37 Qc 27
05-340 Borków **MZ** 68 Wc 36
21-080 Borków **LU** 82 Xc 40
26-021 Borków **SK** 91 Ve 44
78-506 Borne **ZP** 38 Qf 27
78-449 Borne Sulinowo **ZP** 39 Rd 27
14-520 Bornity **WM** 31 Va 23
42-283 Boronów **SL** 89 Tf 44
83-115 Boroszewo **PM** 41 Td 24
46-300 Boroszów **OP** 88 Tc 43
24-101 Borowa **LU** 81 Wf 39
32-842 Borowa **MA** 109 Ve 50
39-215 Borowa **PK** 102 Wb 48
39-305 Borowa **PK** 102 Wc 46
42-120 Borowa **SL** 89 Ua 42
55-093 Borowa **DS** 87 Sb 41
95-041 Borowa **LD** 78 Ue 38
97-371 Borowa **LD** 78 Uc 41
97-420 Borowa **LD** 77 Ua 41
97-505 Borowa **LD** 89 Uc 41
97-540 Borowa **LD** 90 Uc 43
97-570 Borowa **LD** 90 Va 42
05-140 Borowa Góra **MZ** 68 Wa 34
26-050 Borowa Góra **SK** 91 Ve 43
37-625 Borowa Góra **PK** 104 Yb 48
43-190 Borowa Wieś **SL** 99 Te 47
07-405 Borowce **MZ** 57 We 31
42-230 Borowce **SL** 90 Ud 44
05-640 Borowe **MZ** 80 Ve 39
11-731 Borowe **WM** 44 Wb 26
42-133 Borowe **SL** 89 Tf 44
97-500 Borowe **LD** 89 Uc 42
44-187 Borowiany **SL** 98 Td 45
22-351 Borowica **LU** 94 Ya 42
58-200 Borowica **DS** 86 Re 44
58-564 Borowice **DS** 85 Qe 44
09-410 Borowiczki Pieńki **MZ** 66 Ue 33
08-412 Borowie **MZ** 81 We 37
14-520 Borowiec **WM** 31 Va 23
23-412 Borowiec **LU** 104 Ya 46
26-225 Borowiec **SK** 91 Vc 41
67-100 Borowiec **LB** 73 Qf 38
98-300 Borowiec **LD** 88 Td 41
97-505 Borowiecko **LD** 90 Uc 42
05-507 Borowina **MZ** 68 Wa 36
22-417 Borowina **LU** 94 Yb 44
23-460 Borowina **LU** 104 Ya 46
24-101 Borowina **LU** 81 Wf 39
56-300 Borowina **DS** 75 Sb 40
67-300 Borowina **LB** 73 Qd 39
83-047 Borowina **PM** 29 Tb 24
96-100 Borowiny **LD** 79 Va 36
27-440 Borownia **SK** 92 Wd 43
23-300 Borownica **LU** 93 Xc 44
42-233 Borowno **SL** 89 Ub 43
09-204 Borowo **MZ** 54 Ue 31
27-300 Borowo **MZ** 92 Wd 41
62-513 Borowo **WP** 65 Tc 35
64-020 Borowo **WP** 63 Re 36
83-332 Borowo **PM** 29 Tb 23
87-515 Borowo **KP** 54 Uc 31
87-605 Borowo **KP** 54 Uc 32
88-231 Borowo **KP** 65 Td 33
18-106 Borowskie Cibory **PD** 58 Xf 30
11-731 Borowski Las **WM** 44 Wb 26
77-138 Borowy Młyn **PM** 40 Sb 25
82-420 Borowy Młyn **PM** 42 Tf 25
86-160 Borowy Młyn **KP** 41 Td 27
23-235 Borów **LU** 93 Wf 44
24-350 Borów **LU** 93 Xb 42
28-300 Borów **SK** 90 Vb 45
57-160 Borów **DS** 86 Rf 43
58-173 Borów **DS** 85 Rb 43
62-860 Borów **WP** 76 Tb 38
66-200 Borów **LB** 61 Qc 35
99-423 Borów **LD** 66 Ud 36
22-315 Borówek **LU** 94 Xf 43
99-423 Borówek **LD** 66 Ud 36
62-023 Borówiec **WP** 62 Sa 35
59-706 Borówki **DS** 73 Qe 40
58-379 Borówno **DS** 85 Ra 44
86-022 Borówno **KP** 53 Ta 29
86-200 Borówno **KP** 53 Tc 29
67-124 Borów Wielki **LB** 73 Qd 38
83-441 Borsk **PM** 40 Sf 25
22-530 Borsuk **LU** 95 Yf 45
08-221 Borsuki **MZ** 70 Ya 35
27-353 Borsuki **MZ** 92 Wb 42
07-217 Borsuki Nowe **MZ** 68 Wa 33
16-002 Borsukówka **PD** 58 Xf 29
98-100 Borszewice-Cmentarne **LD** 77 Ua 39
98-100 Borszewice-Kościelne **LD** 77 Ua 39
28-313 Borszowice **SK** 91 Vc 45
28-330 Borszowice **SK** 100 Va 45
56-200 Borszyn Mały **DS** 74 Rd 38
22-400 Bortatycze **LU** 94 Yb 44
49-315 Borucice **OP** 87 Sd 43
08-550 Borucicha **LU** 81 Wf 38
47-470 Borucin **SL** 98 Ta 48
63-300 Borucin **WP** 76 Se 38
88-220 Borucin **KP** 65 Te 33
88-220 Borucinek **KP** 65 Te 33
64-965 Borucino **WP** 39 Re 28
83-323 Borucino **PM** 29 Sf 23
64-212 Boruja **WP** 62 Ra 35
64-300 Boruja Kościelna **WP** 62 Ra 35
33-260 Borusowa **MA** 101 Ve 47
42-690 Boruszowice **SL** 99 Te 45
64-710 Boruszyn **WP** 51 Rd 32
68-213 Boruszyn **LB** 72 Pf 39
06-225 Boruty **MZ** 56 Wc 32
08-307 Borychów **MZ** 70 Xc 34
47-180 Borycz **OP** 88 Tb 45
96-130 Borysław **LD** 79 Va 37
62-640 Borysławice Zamkowe **WP** 65 Te 35
24-103 Borysów **LU** 81 Xa 39
17-200 Borysówka **PD** 59 Yd 31
05-462 Boryszew **MZ** 68 Wb 35
09-400 Boryszewo **MZ** 66 Ue 33
76-150 Boryszewo **ZP** 27 Rc 22
97-306 Boryszów **SL** 78 Ud 40
66-218 Boryszyn **LB** 61 Qc 34
83-224 Borzechowo **PM** 41 Tc 25
24-224 Borzechów **LU** 93 Xb 42
63-014 Borzejewo **WP** 63 Sb 35
09-460 Borzeń **MZ** 67 Va 34
83-334 Borzestowo **PM** 29 Sf 23
63-720 Borzęcice **WP** 75 Sd 37
63-720 Borzęciczki **WP** 75 Sc 37
55-140 Borzęcin **DS** 75 Rf 40
72-300 Borzęcin **ZP** 37 Qb 25
32-825 Borzęcin Dolny **MA** 101 Ve 48
05-082 Borzęcin Duży **MZ** 68 Ve 35
32-825 Borzęcin Górny **MA** 101 Ve 48
76-246 Borzęcino **PM** 28 Sb 22
78-460 Borzęcino **ZP** 38 Rb 25
98-270 Borzęckie **LD** 77 Te 40
32-400 Borzęta **MA** 108 Uf 49
07-100 Borzychy **MZ** 69 Wf 34
55-081 Borzygniew **DS** 86 Rd 43
26-026 Borzykowa **SK** 101 Ve 45
97-532 Borzykowa **LD** 90 Ue 43
62-306 Borzykowo **WP** 64 Sd 35
97-532 Borzykówka **LD** 90 Ud 43
74-100 Borzym **ZP** 48 Pd 29
87-850 Borzymie **KP** 65 Ua 34
87-500 Borzymin **KP** 54 Uc 30
87-850 Borzymowice **KP** 65 Tf 34
28-220 Borzymów **SK** 102 Wa 46
96-513 Borzymówka **MZ** 67 Vb 36
05-281 Borzymy **MZ** 69 Wd 33
19-314 Borzymy **WM** 46 Xe 26
14-400 Borzynowo **WM** 31 Ud 24
64-061 Borzysław **WP** 62 Rc 35
78-220 Borzysław **ZP** 38 Rb 25
47-270 Borzysławice **OP** 98 Ta 47
72-105 Borzysławiec **ZP** 37 Pe 27
89-410 Borzyszkowo **KP** 52 Sc 29
77-130 Borzyszkowy **PM** 40 Sc 24
77-141 Borzytuchom **PM** 28 Sc 23
16-505 Bose **PD** 47 Yc 24
26-804 Boska Wola **MZ** 80 Wa 38
28-130 Bosowice **SK** 101 Vf 45
27-225 Bostów Stary **SK** 92 Wa 43
32-086 Bosutów **MA** 100 Uf 48
28-530 Boszczynek **SK** 101 Vc 47
64-140 Boszkowo **WP** 74 Rb 37
19-500 Botkuny **WM** 34 Xc 23
11-300 Botowo **WM** 44 Vf 26
99-150 Bowętów **LD** 65 Ua 36
62-652 Bowyczyny **WP** 65 Ua 35
63-700 Bożacin **WP** 75 Sc 38
77-203 Bożanka **PM** 27 Sa 24
58-130 Bożanów **DS** 86 Rd 43
62-586 Bożatki **WP** 64 Ta 36
23-155 Boża Wola **LU** 93 Xc 43
29-120 Boża Wola **SK** 90 Uf 43
39-300 Boża Wola **PK** 102 Wc 47
39-331 Boża Wola **PK** 102 Wc 46
87-821 Boża Wola **KP** 66 Ub 34
96-314 Boża Wola **MZ** 67 Vd 35
99-300 Boża Wola **LD** 66 Ub 35
11-700 Boża Wólka **WM** 45 Wc 25
11-700 Boże **WM** 45 Wc 25
26-804 Boże **MZ** 80 Wa 38
88-320 Bożejewice **KP** 64 Tb 32
88-400 Bożejewice **KP** 52 Se 32
88-400 Bożejewiczki **KP** 52 Se 32
18-430 Bożejewo **PD** 58 Xb 29
59-700 Bożejowice **DS** 84 Qd 41
76-010 Bożenice **ZP** 27 Rd 23
86-031 Bożenkowo **KP** 52 Sf 29
56-100 Bożeń **DS** 74 Rd 40
84-218 Bożepole-Małe **PM** 29 Sf 21
83-430 Bożepole Szlacheckie **PM** 41 Tb 25
84-218 Bożepole-Wielkie **PM** 29 Sf 21
09-215 Bożewo **MZ** 66 Ud 32
14-300 Bożęcin **WM** 43 Uf 25
27-612 Bożęcin **SK** 92 Wd 44
59-830 Bożkowice **DS** 84 Qb 42
57-441 Bożków **DS** 96 Rd 45
76-020 Bożniewice **ZP** 39 Rc 25
57-210 Bożnowice **DS** 86 Sa 45
68-100 Bożnów **LB** 73 Qc 39
22-424 Bożydar **LU** 95 Yc 44
27-620 Bożydar **SK** 93 We 44
38-458 Bóbrka **PK** 110 We 51
38-623 Bóbrka **PK** 111 Xc 52
63-300 Bógwidze **WP** 76 Se 38
16-300 Bór **PD** 47 Xf 26
24-340 Bór **LU** 93 Wf 42
34-424 Bór **MA** 108 Va 52
27-230 Bór Kunowski **SK** 92 Wb 42
42-142 Bór Zajaciński **SL** 88 Td 43
82-500 Brachlewo **PM** 42 Tf 26
95-001 Brachowice **LD** 78 Uc 37
39-210 Braciejowa **PK** 102 Wc 49
32-300 Braciejówka **MA** 100 Ud 47
62-200 Braciszewo **WP** 63 Sd 33
48-100 Braciszów **OP** 97 Se 48
12-122 Brajniki **WM** 44 Ve 27
96-513 Braki **MZ** 67 Va 35
73-115 Bralęcin **ZP** 49 Qb 29
63-640 Bralin **WP** 87 Sf 41
78-540 Bralin **ZP** 50 Ra 29
08-550 Bramka **LU** 81 Xa 38
14-300 Bramka **WM** 43 Uf 25
86-122 Bramka **KP** 41 Tb 28
05-870 Bramki **MZ** 67 Vd 35
37-403 Brandwica **PK** 93 Xa 45
23-304 Branew **LU** 93 Xd 44
23-304 Branewka **LU** 93 Xd 44
26-800 Branica **MZ** 80 Vf 39
86-122 Branica **KP** 41 Tb 28
98-161 Branica **LD** 77 Tf 39
21-300 Branica-Radzyńska **LU** 82 Xe 38
21-310 Branica-Suchowolska **LU** 82 Xe 38
48-140 Branice **OP** 97 Se 48
14-500 Braniewo **WM** 31 Ue 22
05-660 Branków **MZ** 80 Wa 38
62-586 Branno **WP** 64 Tb 35
47-430 Brantołka **SL** 98 Tc 47
17-120 Brańsk **PD** 58 Xf 32
07-221 Brańszczyk **MZ** 69 Wd 33
57-200 Braszowice **DS** 96 Re 45
13-300 Bratian **WM** 42 Ud 28
36-055 Bratkowice **PK** 103 Wf 48
26-332 Bratków **LD** 79 Va 40
59-916 Bratków **DS** 84 Pf 43
99-232 Bratków Dolny **LD** 77 Tf 38
38-407 Bratkówka **PK** 110 We 50
95-011 Bratoszewice **LD** 78 Ud 37
55-020 Bratowice **DS** 86 Sa 43
32-712 Bratucice **MA** 101 Vd 48
13-306 Bratuszewo **WM** 54 Ud 28
86-134 Bratwin **KP** 41 Te 28
87-152 Brąchnowo **KP** 53 Td 30
87-140 Brąchnówko **KP** 53 Td 30
64-520 Brączewo **WP** 62 Rd 32
11-001 Brąswałd **WM** 43 Vc 25
98-277 Brąszewice **LD** 76 Tc 40
62-130 Brdowo **WP** 52 Sc 31
62-620 Brdów **WP** 65 Te 34
11-300 Bredynki **WM** 44 Wa 25
06-445 Breginie **MZ** 55 Vb 31
11-710 Brejdyny **WM** 44 Wb 26
38-711 Brelików **PK** 111 Xd 51
97-217 Brenica **LD** 79 Va 39
43-438 Brenna **SL** 106 Tf 50
59-243 Brennik **DS** 85 Rc 42
59-500 Brennik **DS** 85 Qf 41
64-150 Brenno **WP** 74 Rb 37
33-140 Breń **MA** 101 Wa 48
73-240 Breń **ZP** 50 Qe 30
39-304 Breń Osuchowski **PK** 102 Wb 47
77-304 Breńsk **PM** 39 Sa 26
33-200 Brnik **MA** 101 Wa 48
09-442 Brochocin **MZ** 66 Ue 33
59-516 Brochocin **DS** 85 Qf 41
05-088 Brochów **MZ** 67 Vb 35
78-553 Broczyno **ZP** 38 Rb 27
08-311 Brodacze **MZ** 70 Xb 34
44-241 Brodek **SL** 98 Td 48
08-117 Brodki **MZ** 69 Wf 36
32-566 Brodła **MA** 100 Ud 48
59-305 Brodłowice **DS** 74 Rc 39
64-810 Brodna **WP** 51 Rf 29
99-235 Brodnia **SL** 77 Te 38
98-113 Brodnia Dolna **LD** 77 Ub 39
98-113 Brodnia Górna **LD** 77 Ub 39
63-112 Brodnica **WP** 63 Rf 36
87-300 Brodnica **KP** 54 Uc 29
83-324 Brodnica Dolna **PM** 29 Ta 23
83-324 Brodnica Górna **PM** 29 Ta 23
72-300 Brodniki **ZP** 37 Qb 25
55-300 Brodno **DS** 86 Rd 41
06-320 Brodowe Łąki **MZ** 56 Wb 29
13-240 Brodowo **WM** 55 Vb 29
63-000 Brodowo **WP** 63 Sb 35
59-305 Brodów **DS** 74 Rb 39
05-180 Brody **MZ** 68 Ve 34
19-122 Brody **PD** 59 Ya 28
27-230 Brody **SK** 92 Wb 42
34-130 Brody **MA** 107 Ue 49
64-310 Brody **WP** 62 Rb 34
66-100 Brody **LB** 61 Qc 36
68-343 Brody **LB** 72 Pe 38
83-140 Brody **PM** 41 Te 25
09-460 Brody-Duże **MZ** 67 Va 34
22-460 Brody Duże **LU** 94 Ya 44
09-460 Brody-Małe **MZ** 67 Va 34
05-180 Brody-Parcele **MZ** 68 Ve 34
23-400 Brodziaki **LU** 104 Xe 45
22-500 Brodzica **LU** 95 Yf 44
64-500 Brodziszewo **WP** 62 Rd 33
57-200 Brodziszów **DS** 86 Re 45
26-411 Brogowa **MZ** 79 Vd 40
72-304 Brojce **ZP** 37 Qc 25
07-306 Brok **MZ** 69 Wf 32
18-200 Brok **PD** 58 Xd 31
64-965 Brokęcino **WP** 39 Re 27
82-500 Brokowo **PM** 42 Ua 26
09-440 Bromierzyk **MZ** 67 Va 33
18-420 Bronaki-Pietrasze **PD** 58 Xb 29
16-061 Bronczary **PD** 59 Ya 30
24-140 Bronice **LU** 81 Xb 40
68-320 Bronice **LB** 72 Pf 38
46-300 Broniec **OP** 88 Td 43
88-200 Broniewek **KP** 65 Tc 33
88-160 Broniewice **KP** 52 Ta 32
88-180 Broniewo **KP** 53 Tb 31
88-200 Broniewo **KP** 65 Tc 33
89-110 Broniewo **KP** 52 Sc 29
64-030 Bronikowo **WP** 74 Rc 37
78-650 Bronikowo **ZP** 50 Rb 29
98-324 Broników **LD** 89 Te 41
28-100 Bronina **SK** 101 Ve 46
26-510 Broniów **MZ** 91 Ve 41
88-210 Bronisław **KP** 65 Td 32
88-320 Bronisław **KP** 64 Ta 33
05-180 Bronisławka **MZ** 67 Ve 34
24-170 Bronisławka **LU** 81 Xb 40
64-850 Bronisławki **WP** 51 Re 31
82-522 Bronisławowo **PM** 42 Te 27
27-515 Bronisławów **SK** 92 We 43
95-015 Bronisławów **LD** 78 Ud 37
21-413 Bronisławów Duży **LU** 81 Xc 38
96-514 Bronisławy **MZ** 67 Va 35
05-850 Bronisze **MZ** 68 Vf 35
19-500 Bronisze **WM** 34 Xc 23
05-610 Broniszew **MZ** 80 Vf 38
63-304 Broniszewice **WP** 76 Se 37
42-231 Broniszew Nowy **SL** 89 Ub 43
16-080 Broniszewo **PD** 58 Xe 30
62-619 Broniszewo **WP** 65 Tc 34
42-231 Broniszew Stary **SL** 89 Ua 43
48-364 Broniszowice **OP** 97 Sb 46
28-500 Broniszów **SK** 101 Vd 47
39-106 Broniszów **PK** 102 Wd 49
67-120 Broniszów **LB** 73 Qc 38
17-120 Bronka **PD** 58 Xf 32
14-405 Bronki **WM** 31 Ue 24
27-225 Bronkowice **SK** 91 Wa 43
66-600 Bronków **LB** 72 Qa 37
82-500 Bronno **PM** 42 Ua 26
99-100 Bronno **LD** 65 Ua 36
24-100 Bronowice **LU** 81 Wf 40
66-500 Bronowice **LB** 49 Qd 31
68-200 Bronowice **LB** 72 Pe 39
59-724 Bronowiec **DS** 72 Qb 40
14-240 Bronowo **WM** 42 Ub 26
18-430 Bronowo **PD** 58 Xb 30
77-232 Bronowo **PM** 27 Sa 23
82-103 Bronowo **PM** 30 Ua 23
26-330 Bronów **SL** 90 Vb 41
43-518 Bronów **SL** 106 Tf 49
56-200 Bronów **DS** 74 Rd 39
58-170 Bronów **DS** 85 Rb 43
63-300 Bronów **WP** 76 Se 38
99-220 Bronówek **LD** 77 Tf 37
98-235 Brończyn **LD** 76 Tc 39
64-030 Brońsko **WP** 62 Rd 36
98-332 Broszęcin **LD** 89 Ua 41
98-332 Broszęcin Kolonia **LD** 89 Ua 41
98-270 Broszki **LD** 77 Td 40
08-130 Broszków **MZ** 69 Xa 35
13-124 Browina **WM** 43 Vb 28
87-140 Browina **KP** 53 Td 30
48-217 Browiniec Polski **OP** 97 Se 46
47-344 Brożec **OP** 98 Sf 46
57-100 Brożec **DS** 86 Sa 44
68-343 Brożek **LB** 72 Pe 38
73-120 Bród **ZP** 37 Qc 27
22-437 Bródek **LU** 95 Yc 44
64-310 Bródki **WP** 62 Rc 34
66-100 Bródki **LB** 61 Qc 36
66-304 Brójce **LB** 61 Qe 35
95-006 Brójce **LD** 78 Ud 39
89-526 Bruchniewo **KP** 41 Ta 28
63-810 Bruczków **WP** 75 Sb 37
88-133 Brudnia **KP** 53 Td 32
09-300 Brudnice **MZ** 55 Uf 30
87-731 Brudnowo **KP** 53 Te 32
26-432 Brudnowska **MZ** 79 Ve 40
26-432 Brudnów **MZ** 80 Ve 40
99-205 Brudnów **LD** 77 Ua 37
09-414 Brudzeń Duży **MZ** 66 Ud 32
09-414 Brudzeń Mały **MZ** 66 Uc 33
62-720 Brudzew **WP** 65 Td 36
62-814 Brudzew **WP** 76 Sf 37
63-313 Brudzewek **WP** 76 Sf 37
26-315 Brudzewice **LD** 79 Vc 39
73-132 Brudzewice **ZP** 49 Qb 29
62-420 Brudzewo **WP** 64 Se 34
84-100 Brudzewo **PM** 29 Tc 20
82-325 Brudzędy **WM** 42 Uc 24
97-565 Brudzice **LD** 89 Uc 41
42-470 Brudzowice **SL** 99 Ub 45
26-026 Brudzów **SK** 91 Ve 44
88-430 Brudzyń **KP** 52 Sc 32
82-440 Bruk **PM** 42 Ub 25


**146** | Borkowiny

64-610 Budziszewko WP 63 Sa 32
87-330 Budziszewo KP 54 Ua 28
48-316 Budziszowice OP 97 Sd 45
55-040 Budziszów DS 86 Rf 43
55-311 Budziszów DS 86 Re 42
59-430 Budziszów Mały DS 86 Rc 42
59-430 Budziszów Wielki DS 86 Rc 42
05-650 Budziszyn MZ 80 Wa 37
05-650 Budziszynek MZ 80 Wa 37
59-225 Budziwojów DS 85 Qf 41
36-021 Budziwój PK 103 Wf 49
34-211 Budzów MA 107 Ue 50
46-300 Budzów OP 88 Tc 42
57-200 Budzów DS 96 Re 45
97-532 Budzów LD 90 Ue 43
99-205 Budzynek LD 77 Ua 37
23-415 Budzyń LU 104 Xf 46
28-100 Budzyń SK 101 Ve 46
32-340 Budzyń MA 100 Ue 46
37-552 Budzyń PK 104 Ya 49
64-840 Budzyń WP 51 Rf 31
99-320 Budzyń LD 66 Ud 35
34-400 Buflak MA 107 Va 51
33-264 Bugaj MA 101 Vf 47
34-145 Bugaj MA 107 Ud 49
38-242 Bugaj PK 109 Wb 50
38-323 Bugaj MA 109 Wa 50
62-007 Bugaj WP 62 Sa 34
62-320 Bugaj WP 64 Sc 35
62-620 Bugaj WP 65 Te 34
44-200 Buglowiec SL 98 Tc 48
44-251 Bugoszowice SL 98 Td 48
27-100 Bujak MZ 92 Wb 41
17-312 Bujaki PD 70 Xe 34
43-196 Bujaków SL 99 Te 47
43-356 Bujaków SL 106 Ub 49
08-304 Bujały-Gniewosze MZ 70 Xc 34
08-304 Bujały-Mikosze MZ 70 Xc 34
97-425 Bujany-Szlacheckie LD 78 Ub 40
97-350 Bujnice LD 90 Ud 41
17-132 Bujnowo PD 58 Xf 32
97-371 Bujny LD 78 Ud 40
97-425 Bujny-Księże LD 78 Ub 40
32-075 Buk MA 100 Uf 46
38-607 Buk PK 111 Xc 53
64-320 Buk WP 62 Rd 34
72-003 Buk ZP 36 Pc 28
87-330 Buk Góralski KP 54 Ub 28
23-400 Bukowa LU 104 Xd 45
28-221 Bukowa SK 102 Wc 45
29-105 Bukowa SK 90 Vb 43
39-230 Bukowa PK 109 Wc 49
43-438 Bukowa SL 106 Tf 50
76-213 Bukowa PM 28 Sa 21
97-400 Bukowa LD 78 Uc 41
59-820 Bukowa Góra DS 84 Qb 42
46-142 Bukowa Śląska OP 87 Se 42
22-107 Bukowa Wielka-I LU 83 Yd 41
22-107 Bukowa Wielka-II LU 83 Yd 41
62-410 Bukowe WP 64 Sf 36
67-312 Bukowica LB 73 Qe 39
21-542 Bukowice LU 70 Ya 36
56-321 Bukowice DS 75 Sc 40
27-415 Bukowie SK 92 Wb 43
46-115 Bukowie OP 87 Sd 42
11-220 Bukowiec WM 32 Vc 23
33-322 Bukowiec MA 109 Vf 50
38-613 Bukowiec PK 111 Xc 53
38-713 Bukowiec PK 110 Xf 54
42-288 Bukowiec SL 89 Tf 45
56-120 Bukowiec DS 74 Re 41
58-533 Bukowiec DS 85 Qe 44
64-300 Bukowiec WP 62 Rb 35
64-700 Bukowiec WP 50 Rc 31
64-840 Bukowiec WP 51 Rf 31
66-300 Bukowiec LB 61 Qe 34
83-431 Bukowiec PM 41 Ta 24
86-141 Bukowiec KP 41 Tb 28
87-330 Bukowiec KP 54 Ua 28
95-006 Bukowiec LD 78 Ud 38
98-277 Bukowiec LD 77 Td 39
26-341 Bukowiec nad Pilicą LD 79 Va 40
26-300 Bukowiec Opoczyński LD 79 Vb 40
97-403 Bukowie-Dolne LD 78 Uc 40
97-403 Bukowie-Górne LD 78 Uc 40
34-721 Bukowina MA 107 Uf 51
37-410 Bukowina PK 103 Xb 46
37-543 Bukowina PK 104 Xf 48
43-474 Bukowina SL 106 Tf 51
55-095 Bukowina DS 87 Sa 41
68-212 Bukowina LB 72 Pe 39
84-312 Bukowina PM 28 Sf 22
68-100 Bukowina Bobrzańska LB 73 Qc 39
23-425 Bukowina I LU 104 Xe 46
23-425 Bukowina II LU 104 Xe 46
56-513 Bukowina Sycowska DS 75 Sd 40
34-530 Bukowina Tatrzańska MA 108 Va 52
56-416 Bukowinka DS 75 Sc 40
59-323 Bukowna DS 73 Ra 41
23-407 Bukownica LU 104 Xf 45
63-520 Bukownica WP 76 Ta 40
63-840 Bukownica WP 75 Rf 38
32-332 Bukowno MA 100 Uc 47
42-256 Bukowno SL 89 Uc 44
19-222 Bukowo PD 46 Xc 28
46-030 Bukowo OP 88 Ta 43
76-010 Bukowo ZP 27 Rd 23
77-300 Bukowo PM 40 Sc 27
78-630 Bukowo ZP 50 Rb 30
82-410 Bukowo PM 42 Ub 25
76-156 Bukowo Morskie ZP 27 Rc 22
32-200 Bukowska Wola MA 100 Va 46
38-505 Bukowsko PK 110 Xa 52
32-031 Buków MA 100 Uf 49
36-213 Buków PK 110 Wf 51
44-360 Buków SL 98 Tb 48
48-385 Buków OP 97 Sb 46
58-130 Buków DS 86 Rd 43
66-100 Buków LB 61 Qd 36
97-225 Buków LD 78 Uf 39
55-300 Bukówek DS 86 Rd 42
64-140 Bukówiec Górny WP 74 Rc 37
27-225 Bukówka SK 92 Wa 43
34-608 Bukówka MA 108 Vb 51
76-200 Bukówka PM 28 Sa 21
78-220 Bukówko ZP 38 Rb 25
26-807 Bukówno MZ 80 Vf 39
87-330 Buk Pomorski KP 42 Ub 28
11-001 Bukwałd WM 43 Vc 25
73-260 Bukwica ZP 49 Qc 30
34-735 Bulasy MA 108 Va 51
67-120 Bulin LB 73 Qd 38
09-454 Bulkowo MZ 67 Va 33
32-651 Bulowice MA 107 Ub 49
63-860 Bułaków WP 75 Sb 38
16-320 Bułkowizna PD 46 Xe 26
19-300 Buniaki WM 46 Xb 26
72-400 Buniewice ZP 37 Pe 25
77-400 Buntowo WP 51 Sa 29
21-200 Buradów LU 82 Xf 39
16-500 Burbiszki PD 35 Yc 23
17-120 Burchaty PD 70 Xf 32
14-407 Burdajny WM 43 Uf 24
12-122 Burdąg WM 44 Ve 27
37-433 Burdze PK 103 Wf 45
48-355 Burgrabice OP 97 Sb 46
13-200 Burkat WM 55 Va 29
06-430 Burkaty MZ 56 Ve 32
16-407 Burniszki PD 35 Xf 22
72-100 Burowo ZP 37 Pf 27
32-083 Burów MA 100 Ue 48
11-707 Burszewo WM 44 Wa 25
86-341 Burszynowo KP 54 Ua 28
21-532 Burwin LU 82 Ya 37
21-411 Burzec LU 81 Xb 38
98-260 Burzenin LD 77 Tf 40
18-423 Burzyn PD 58 Xc 29
33-172 Burzyn MA 109 Wa 49
28-100 Busko-Zdrój SK 101 Ve 46
22-150 Busówno LU 94 Yb 41
34-520 Bustryk MA 108 Uf 52
62-045 Buszewko WP 62 Rc 33
62-045 Buszewo WP 62 Rc 33
72-400 Buszęcin ZP 37 Pe 25
27-440 Buszkowice SK 92 Wd 43
59-330 Buszkowice DS 74 Rc 40
62-025 Buszkowiec WP 63 Sb 34
86-010 Buszkowo KP 52 Sf 28
83-050 Buszkowy-Dolne PM 29 Tc 23
83-050 Buszkowy-Górne PM 29 Tc 23
32-218 Buszków MA 101 Vb 46
66-500 Buszów LB 49 Qc 31
49-330 Buszyce OP 87 Sd 44
76-010 Buszyno ZP 27 Re 23
78-320 Buślary ZP 38 Ra 26
86-160 Buśnia KP 41 Td 27
22-135 Buśno LU 95 Ye 43
14-220 Butowo WM 42 Ua 27
10-687 Butryny WM 44 Vd 27
17-312 Bużyski PD 70 Xd 34
23-100 Bychawa LU 93 Xd 42
23-107 Bychawka I LU 93 Xd 42
95-200 Bychlew LD 78 Uc 39
55-140 Bychowo DS 74 Rf 40
84-250 Bychowo PM 29 Sf 20
44-120 Bycina SL 98 Td 46
67-115 Bycz LB 73 Qe 38
88-237 Bycz KP 65 Td 34
57-230 Byczeń DS 96 Rf 45
96-126 Byczki LD 79 Va 37
43-607 Byczyna SL 99 Ub 48
46-220 Byczyna OP 88 Tb 42
88-210 Byczyna KP 65 Td 33
47-253 Byczynica OP 98 Tb 47
85-029 Bydgoszcz KP 52 Ta 30
32-310 Bydlin MA 100 Ud 46
76-200 Bydlino PM 27 Rf 21
18-200 Byki PD 58 Xc 31
37-530 Byki PK 104 Xe 48
38-500 Bykowce PK 111 Xb 51
47-208 Bykowice OP 97 Sb 45
11-430 Bykowo WM 33 Wa 23
55-095 Byków DS 87 Sb 41
62-563 Bylew WP 65 Tc 34
62-640 Bylice WP 65 Te 35
74-211 Bylice ZP 49 Qa 30
14-140 Bynowo WM 43 Ue 26
32-400 Bysina MA 107 Uf 50
89-510 Bysław KP 40 Sf 27
89-510 Bysławek KP 40 Sf 28
34-235 Bystra MA 107 Ue 51
34-340 Bystra SL 107 Uc 51
34-382 Bystra SL 106 Ub 51
38-320 Bystra MA 109 Wa 51
83-021 Bystra PM 30 Te 23
43-360 Bystra Śląska SL 106 Ua 50
17-111 Bystre PD 71 Ya 33
37-418 Bystre PK 103 Xc 46
38-710 Bystre PK 111 Xe 53
56-400 Bystre DS 87 Sc 41
37-565 Bystrowice PK 104 Xd 49
11-500 Bystry WM 45 We 24
42-253 Bystrzanowice SL 90 Ud 44
05-555 Bystrzanów MZ 79 Ve 37
82-213 Bystrze PM 41 Tf 24
21-050 Bystrzejowice A LU 94 Xe 42
21-050 Bystrzejowice B LU 94 Xe 42
21-050 Bystrzejowice I LU 94 Xe 42
20-258 Bystrzyca LU 82 Xe 41
21-411 Bystrzyca LU 82 Xb 38
23-107 Bystrzyca LU 93 Xc 42
23-213 Bystrzyca LU 93 Xc 43
39-124 Bystrzyca PK 102 We 49
55-200 Bystrzyca DS 87 Sc 43
59-610 Bystrzyca DS 85 Qe 42
58-100 Bystrzyca Górna DS 86 Rc 44
57-500 Bystrzyca Kłodzka DS 96 Rd 47
99-150 Byszew LD 65 Tf 36
99-300 Byszew LD 66 Ub 35
96-200 Byszewice LD 79 Vb 38
78-123 Byszewo ZP 38 Qc 24
86-017 Byszewo KP 52 Se 29
06-425 Byszewo-Wygoda MZ 56 Vf 32
92-701 Byszewy LD 78 Ud 38
64-850 Byszki WP 51 Re 30
78-553 Byszkowo ZP 38 Rb 28
14-260 Byszwałd WM 43 Ue 27
32-020 Byszyce MA 100 Va 49
78-200 Byszyno ZP 38 Ra 25
86-010 Bytkowice KP 52 Sf 29
62-090 Bytkowo WP 63 Re 33
47-208 Bytków OP 98 Ta 47
66-630 Bytnica LB 61 Qb 36
41-902 Bytom SL 99 Tf 46
69-108 Bytomiec LB 60 Pe 36
67-115 Bytom Odrzański LB 73 Qe 38
32-731 Bytomsko MA 108 Vc 50
83-210 Bytonia PM 41 Tb 25
88-231 Bytoń KP 65 Td 33
73-130 Bytowo ZP 49 Qd 28
77-100 Bytów PM 28 Sc 23
22-230 Bytyń LU 83 Yd 41
64-542 Bytyń WP 62 Rd 34
35-106 Bzianka PK 103 Wf 48
38-483 Bzianka PK 110 Wf 51
44-330 Bzie-Zameckie SL 98 Td 49
22-302 Bzite LU 94 Yb 42
11-040 Bzowiec WM 43 Vb 24
22-330 Bzowiec LU 94 Xf 44
64-720 Bzowo WP 51 Rc 31
76-251 Bzowo PM 27 Rf 22
86-160 Bzowo KP 41 Td 27
08-106 Bzów MZ 70 Xc 36
99-350 Bzówki LD 66 Ua 35
19-230 Bzury PD 46 Xc 27

## C

28-362 Caców SK 90 Vb 44
97-524 Cadów LD 90 Ud 42
05-480 Całowanie MZ 80 Wb 36
11-520 Canki WM 45 Wd 25
13-124 Cebulki WM 55 Vc 29
17-300 Cecele PD 70 Xe 34
76-220 Cecenowo PM 28 Sd 21
26-903 Cecylówka MZ 80 Wb 39
26-903 Cecylówka MZ 80 Wc 39
95-035 Cedrowice LD 78 Ub 37
18-520 Cedry PD 57 Xb 28
83-020 Cedry Małe PM 30 Tf 23
83-020 Cedry Wielkie PM 30 Tf 23
74-520 Cedynia ZP 48 Pb 31
26-008 Cedzyna SK 91 Ve 43
05-250 Cegielnia MZ 68 Wa 34
22-523 Cegielnia LU 95 Yf 43
27-515 Cegielnia SK 92 We 43
27-660 Cegielnia SK 92 Wd 45
42-244 Cegielnia SL 89 Ub 43
88-422 Cegielnia KP 64 Se 32
89-650 Cegielnia PM 40 Sf 26
87-134 Cegielnik KP 53 Tc 30
62-068 Cegielsko WP 62 Rb 36
05-319 Cegłów MZ 69 We 36
96-314 Cegłów MZ 67 Vd 36
09-230 Cekanowo MZ 66 Ue 32
09-472 Cekanowo MZ 66 Ue 33
97-200 Cekanów LD 78 Uf 39
97-340 Cekanów LD 78 Ue 41
89-511 Cekcyn KP 41 Ta 27
89-511 Cekcynek KP 40 Sf 27
62-834 Ceków WP 76 Tb 37
62-834 Ceków-Kolonia WP 76 Tb 37
08-470 Celejów MZ 80 Wc 37
24-160 Celejów LU 81 Xa 40
05-430 Celestynów MZ 68 Wc 36
26-332 Celestynów LD 79 Va 40
63-810 Celestynów WP 75 Sb 37
96-130 Celigów LD 79 Va 38
22-335 Celin LU 94 Xf 43
07-204 Celinowo MZ 68 Wb 33
05-408 Celinów MZ 68 Wc 36
26-902 Celinów MZ 80 Wc 38
21-404 Celiny LU 70 Xc 37
26-035 Celiny SK 91 Vf 44
32-095 Celiny MA 100 Uf 47
21-421 Celiny-Szlacheckie LU 81 Xb 37
21-421 Celiny-Włościańskie LU 81 Xb 37
21-500 Cełujki LU 70 Xf 36
09-100 Cempkowo MZ 67 Vc 33
97-319 Ceniawy LD 78 Ue 39
47-134 Centawa OP 98 Tc 45
86-212 Cepno KP 53 Td 29
64-550 Ceradz-Dolny WP 62 Rd 34
62-080 Ceradz-Kościelny WP 62 Rd 34
08-322 Ceranów MZ 69 Xb 33
26-652 Cerekiew MZ 80 Wa 40
32-711 Cerekiew MA 101 Vc 48
55-100 Cerekwica DS 75 Sa 41
62-090 Cerekwica WP 63 Re 33
88-404 Cerekwica KP 52 Sd 32
38-450 Cergowa PK 110 We 51
11-040 Cerkiewnik WM 43 Vc 25
72-342 Cerkwica ZP 37 Qa 24
55-300 Cesarzowice DS 86 Rd 42
87-500 Cetki KP 54 Uc 30
09-212 Cetlin MZ 55 Ue 32
84-120 Cetniewo PM 29 Tc 20
87-860 Cetty KP 65 Tf 34
37-523 Cetula PK 104 Xe 48
76-010 Cetuń ZP 39 Rd 24
77-235 Cetyń PM 28 Sa 23
84-312 Cewice PM 28 Se 22
37-632 Cewków PK 104 Xf 47
76-015 Cewlino ZP 27 Rb 24
97-420 Chabielice LD 89 Ua 41
74-202 Chabowo ZP 48 Pe 29
34-700 Chabówka MA 107 Uf 51
74-202 Chabówko ZP 48 Pe 29
88-300 Chabsko KP 64 Sf 33
63-760 Chachalnia WP 75 Sc 39
98-277 Chajew LD 77 Tc 39
05-252 Chajęty MZ 68 Wb 34
87-606 Chalin KP 66 Uc 32
87-875 Chalno KP 65 Te 33
47-460 Chałupki SL 98 Tb 49
63-112 Chaławy WP 63 Rf 36
26-026 Chałupki SK 91 Vd 44
37-200 Chałupki PK 103 Xd 48
44-321 Chałupki SL 98 Td 48
57-230 Chałupki DS 96 Rf 46
97-570 Chałupki LD 90 Uf 42
37-300 Chałupki Dębniańskie PK 103 Xd 47
37-732 Chałupki Medyckie PK 111 Xf 50
84-120 Chałupy PM 29 Td 20
09-300 Chamsk MZ 55 Uf 30
26-035 Chańcza SK 92 Wa 45
95-083 Charbice LD 77 Ua 38
48-340 Charbielin OP 97 Sc 46
62-270 Charbowo WP 63 Sc 33
84-352 Charbrowo PM 28 Sd 20
64-412 Charcice WP 62 Rb 33
21-413 Charlejów LU 81 Xb 39
21-077 Charlęż LU 82 Xe 41
98-200 Charłupia Mała SL 77 Te 39
98-285 Charłupia Wielka LD 77 Td 39
76-270 Charnowo PM 27 Rf 21
32-250 Charsznica MA 100 Uf 46
66-436 Chartów LB 60 Pe 33
18-525 Charubin PD 57 We 28
37-543 Charytany PK 104 Xf 49
62-280 Charzewo WP 63 Sb 33
89-606 Charzykowy PM 40 Sd 26
78-123 Charzyno ZP 38 Qd 24
62-130 Chawłodno WP 52 Sb 31
08-320 Chądzyń MZ 70 Xb 33
99-413 Chąśno LD 67 Uf 35
99-413 Chąśno II LD 67 Uf 35
32-310 Chechło MA 100 Ud 46
44-172 Chechło SL 98 Tc 46
95-082 Chechło I SL 78 Ub 39
95-082 Chechło II LD 78 Ub 39
17-312 Chechłowo PD 70 Xd 33
26-720 Chechły MZ 81 We 40
39-100 Chechły PK 102 Wd 48
19-300 Chełchy WM 46 Xc 25
19-411 Chełchy WM 46 Xb 24
06-425 Chełchy-Chabdzyno MZ 56 Vf 31
64-030 Chełkowo WP 74 Re 37
22-100 Chełm LU 95 Yc 42
32-340 Chełm MA 100 Ue 46
32-700 Chełm MA 101 Vb 49
55-300 Chełm DS 86 Rc 42
59-305 Chełm DS 74 Rc 39
26-067 Chełmce SK 91 Vc 43
62-860 Chełmce WP 76 Tb 38
88-121 Chełmce KP 65 Tc 33
74-500 Chełm Dolny ZP 48 Pd 31
32-660 Chełmek MA 99 Ub 48
67-100 Chełmek LB 73 Qf 37
82-103 Chełmek PM 30 Ub 23
59-330 Chełmek Wołowski DS 74 Rc 40
74-500 Chełm Górny ZP 48 Pd 31
68-219 Chełmica LB 72 Pf 39
87-811 Chełmica Duża KP 54 Ua 32
88-121 Chełmiczki KP 65 Tc 33
22-310 Chełmiec LU 95 Yc 43
33-395 Chełmiec MA 108 Ve 51
59-424 Chełmiec DS 85 Ra 42
62-570 Chełmno WP 62 Rb 34
86-200 Chełmno KP 53 Tc 28
62-660 Chełmno nad Nerem WP 65 Te 36
97-515 Chełmo LD 90 Ue 42

**148** | **Budziszewko**

87-410 Chełmonie KP 53 Tf 30
87-410 Chełmoniec KP 54 Tf 30
66-440 Chełmsko LB 61 Qd 33
58-407 Chełmsko Śląskie DS 85 Ra 44
41-403 Chełm Śląski SL 99 Ub 48
87-140 Chełmża KP 53 Td 29
68-300 Chełm Żarski LB 72 Pf 38
64-734 Chełst WP 50 Qf 32
56-416 Chełstów DS 75 Sc 40
56-416 Chełstówek DS 75 Sc 40
06-230 Chełsty MZ 56 Wc 31
13-230 Chełsty WM 54 Ue 29
08-404 Chęciny MZ 81 We 37
26-060 Chęciny SK 91 Vc 44
66-620 Chęciny LB 72 Pf 37
67-320 Chichy LB 73 Qc 39
16-205 Chilmony PD 47 Yc 26
66-210 Chlastawa LB 61 Qf 35
08-220 Chlebczyn MZ 70 Xf 35
68-219 Chlebice LB 72 Pf 38
89-310 Chlebno WP 52 Sb 29
09-452 Chlebowo MZ 67 Va 33
62-320 Chlebowo WP 64 Sd 36
66-620 Chlebowo LB 60 Pf 36
74-100 Chlebowo ZP 48 Pd 29
76-020 Chlebowo ZP 39 Rd 25
77-200 Chlebowo PM 39 Sa 25
78-506 Chlebowo ZP 38 Ra 27
87-600 Chlebowo KP 54 Ub 31
66-614 Chlebów LB 60 Pf 36
96-127 Chlebów LD 78 Uf 37
73-112 Chlebówka ZP 37 Qb 28
82-230 Chlebówka PM 30 Ua 24
29-130 Chlewice SK 90 Va 45
74-407 Chlewice ZP 60 Pd 33
21-100 Chlewiska LU 82 Xd 40
26-510 Chlewiska MZ 91 Ve 41
37-610 Chlewiska PK 105 Yc 46
64-530 Chlewiska WP 62 Rd 33
88-133 Chlewiska KP 53 Td 32
63-520 Chlewo WP 76 Ta 40
98-215 Chlewo LD 77 Tc 38
29-130 Chlewska Wola SK 90 Uf 44
42-439 Chlina SL 100 Ue 46
18-516 Chludnie PD 57 Wf 29
62-001 Chludowo WP 63 Rf 33
22-335 Chłaniów LU 94 Xf 43
63-014 Chłapowo WP 63 Sc 35
84-120 Chłapowo PM 29 Tb 20
62-230 Chłądowo WP 64 Se 34
06-212 Chłopia Łąka MZ 56 Wb 30
22-540 Chłopiatyn LU 105 Yf 46
37-561 Chłopice PK 104 Xe 49
66-433 Chłopiny LB 49 Qa 32
08-210 Chłopków MZ 70 Xf 35
23-440 Chłopków LU 94 Xe 44
73-231 Chłopowo ZP 49 Qd 30
74-300 Chłopowo ZP 48 Pe 31
78-460 Chłopowo ZP 38 Rb 26
37-403 Chłopska Wola PK 93 Xa 45
76-032 Chłopy ZP 26 Qf 23
38-713 Chmiel PK 111 Xd 53
23-412 Chmielek LU 104 Xf 46
84-250 Chmieleniec PM 29 Sf 21
59-623 Chmieleń DS 84 Qc 43
06-316 Chmieleń Wielki MZ 56 Ve 30
05-300 Chmielew MZ 69 Wd 36
07-120 Chmielew MZ 69 Wf 34
08-300 Chmielew MZ 69 Xa 34
26-910 Chmielew MZ 80 Wc 38
06-100 Chmielewo MZ 56 Wa 32
06-150 Chmielewo MZ 68 Ve 33
07-303 Chmielewo MZ 57 Wf 31
07-303 Chmielewo MZ 57 Xa 32
06-513 Chmielewo Wielkie MZ 55 Vd 29
23-114 Chmiel-I LU 94 Xe 42
23-114 Chmiel-II LU 94 Xe 42
64-310 Chmielinko WP 62 Rb 34
24-200 Chmielnik LU 93 Xb 41
26-020 Chmielnik SK 91 Ve 45
36-016 Chmielnik PK 103 Xa 49
16-150 Chmielniki PD 47 Ya 27
24-200 Chmielnik-Kolonia LU 93 Xb 41
59-600 Chmielno DS 85 Qd 42
76-020 Chmielno ZP 39 Rc 25
83-333 Chmielno PM 29 Ta 23
26-026 Chmielowice SK 91 Vd 44
46-070 Chmielowice OP 87 Sf 45
21-211 Chmielów LU 82 Ya 39
27-400 Chmielów SK 92 Wb 43
28-440 Chmielów SK 101 Vc 46
39-442 Chmielów PK 102 We 45
55-311 Chmielów DS 86 Re 42
16-150 Chmielówka PD 47 Ya 27
98-400 Chobanin LD 76 Tb 41
32-075 Chobędza MA 100 Uf 46
46-040 Chobie OP 88 Tb 44
56-209 Chobienia DS 74 Rc 39
64-212 Chobienice WP 62 Qf 36
05-074 Chobot MZ 68 Wc 35
32-005 Chobot MA 101 Vc 48
19-120 Chobotki PD 58 Xf 28
27-650 Chobrzany SK 92 Wd 45
87-850 Choceń KP 65 Ua 34
22-540 Chochłów LU 105 Za 46
34-513 Chochołów MA 107 Ue 52
99-320 Chochołów LD 66 Ue 35
33-386 Chochorowice MA 108 Vd 51
46-280 Chocianowice OP 88 Tb 43
59-140 Chocianowiec DS 73 Qf 40
59-140 Chocianów DS 73 Qf 40
68-300 Chocicz LB 72 Qa 37
63-040 Chocicza WP 63 Sc 36
62-300 Chocicza-Mała WP 63 Sd 35
62-300 Chocicza-Wielka WP 63 Sd 35
62-300 Chociczka WP 64 Sd 35
48-388 Chociebórz OP 96 Sa 45
84-351 Chocielewko PM 28 Sd 21
67-240 Chociemyśl DS 73 Ra 38
57-320 Chocieszów DS 96 Rc 46
68-300 Chocimek LB 72 Qa 37
76-010 Chocimino ZP 39 Rd 24
27-415 Chocimów SK 92 Wb 43
95-045 Chociszew LD 78 Ub 37
09-150 Chociszewo MZ 67 Vc 34
66-320 Chociszewo LB 61 Qe 35
66-200 Chociule LB 61 Qd 35
97-216 Chociw LD 79 Vb 38
98-170 Chociw LD 77 Ua 40
57-100 Chociwel DS 86 Sa 44
73-120 Chociwel ZP 37 Qc 28
76-020 Chociwle ZP 39 Rd 25
63-313 Chocz WP 76 Sf 37
84-210 Choczewo PM 28 Sf 20
34-100 Chocznia MA 107 Uc 49
16-420 Choćki PD 46 Xe 24
76-220 Choćmirówko PM 28 Sb 21
37-306 Chodaczów PK 103 Xd 48
99-232 Chodaki LD 77 Tf 38
87-860 Chodecz KP 65 Ua 34
87-860 Chodeczek KP 65 Ua 34
24-350 Chodel LU 93 Xa 42
09-470 Chodkowo MZ 67 Va 34
06-210 Chodkowo-Kuchny MZ 56 Wa 30
27-670 Chodków SK 102 Wd 45
55-110 Chodlewko DS 74 Rf 40
55-140 Chodlewo DS 74 Rf 39
24-310 Chodlik LU 93 Wf 41
96-230 Chodnów LD 79 Vd 38
87-600 Chodorążek KP 54 Ub 31
33-325 Chodorowa MA 109 Vf 51
16-150 Chodorówka Nowa PD 47 Ya 27
18-106 Chodory PD 58 Ya 31
08-119 Chodów MZ 69 Xb 35
32-250 Chodów MA 100 Uf 46
62-652 Chodów WP 65 Ua 35
99-220 Chodów LD 77 Ua 36
22-664 Chodywańce LU 105 Yd 46
64-800 Chodzież WP 51 Rf 31
08-441 Choiny MZ 81 Wd 37
08-106 Choja MZ 70 Xc 36
39-450 Chojaczki PK 102 Wd 46
18-208 Chojane PD 58 Xd 31
18-208 Chojane-Sierocięta PD 58 Xd 31
07-110 Chojeczno MZ 69 Xa 35
22-130 Chojeniec LU 94 Ya 41
17-120 Chojewo PD 70 Xf 32
63-640 Chojęcin WP 88 Sf 41
62-130 Chojna WP 51 Sb 30
66-600 Chojna LB 60 Pf 36
74-500 Chojna ZP 48 Pc 31
96-111 Chojnata LD 79 Vc 37
89-620 Chojnaty PM 40 Sd 26
98-200 Chojne LD 77 Te 39
19-300 Chojniak WM 46 Xc 25
89-600 Chojnice PM 40 Sd 26
89-620 Chojniczki PM 40 Sd 26
14-300 Chojnik WM 43 Ue 25
33-180 Chojnik MA 109 Vf 49
63-435 Chojnik WP 75 Se 40
07-415 Chojniki MZ 56 Wc 30
62-865 Chojno WP 76 Tc 39
63-920 Chojno WP 75 Sa 39
64-510 Chojno WP 62 Rb 32
06-415 Chojnowo MZ 56 Ve 30
09-310 Chojnowo MZ 55 Va 30
19-104 Chojnowo PD 58 Xd 28
19-230 Chojnowo PD 46 Xb 27
66-627 Chojnowo LB 72 Qa 37
82-340 Chojnowo WM 31 Ud 23
05-532 Chojnów MZ 80 Wa 36
59-225 Chojnów DS 85 Qf 41
28-305 Chojny SK 91 Vc 44
62-600 Chojny WP 65 Te 35
98-360 Chojny LD 77 Td 40
18-400 Chojny Młode PD 57 Wf 30
82-440 Chojty PM 42 Ub 25
32-060 Cholerzyn MA 100 Ue 48
37-430 Cholewiana Góra PK 103 Xa 46
37-627 Chomak PK 104 Ya 49
18-411 Chomentowo PD 57 Wf 30
28-305 Chomentów SK 91 Vd 44
62-052 Chomęcice WP 63 Re 35
22-417 Chomęciska-Duże LU 94 Ya 44
22-417 Chomęciska-Małe LU 94 Yb 44
09-451 Chomętowo MZ 66 Ue 33
66-520 Chomętowo LB 50 Qd 31
72-320 Chomętowo ZP 37 Qb 24
73-220 Chomętowo ZP 50 Qe 29
89-200 Chomętowo KP 52 Se 31
26-640 Chomętów-Puszcz MZ 92 Wb 41
48-100 Chomiąża OP 97 Sd 48
55-320 Chomiąża DS 86 Rd 41
88-410 Chomiąża Szlachecka KP 52 Sf 32
72-405 Chomino ZP 37 Pf 25
16-040 Chomontowce PD 59 Yf 30
33-394 Chomranice MA 108 Vd 50
22-664 Chorążanka LU 105 Yd 46
33-240 Chorążec MA 101 Vf 48
32-104 Chorążyce MA 101 Vb 47
34-236 Chorażowa MA 107 Ue 51
99-150 Chorki LD 65 Ua 36
38-458 Chorkówka PK 110 We 51
07-405 Chormany MZ 57 We 30
98-410 Chorobel LD 88 Tc 41
42-360 Choroń SL 89 Ub 44
16-070 Choroszcz PD 58 Xf 30
17-332 Choroszczewo PD 70 Ya 33
21-523 Choroszczynka LU 83 Yc 37
32-031 Chorowice MA 100 Uf 49
47-316 Choruła OP 98 Sf 45
22-315 Chorupnik LU 94 Xf 43
16-205 Chorużowce PD 47 Yd 26
64-000 Choryń WP 63 Re 36
06-330 Chorzele MZ 56 Vf 29
39-331 Chorzelów PK 102 Wc 47
64-200 Chorzemin WP 62 Ra 36
42-270 Chorzenice SL 89 Ub 43
98-338 Chorzenice LD 89 Ub 41
99-140 Chorzepin LD 65 Tf 36
98-105 Chorzeszów SL 77 Ua 38
98-358 Chorzew LD 89 Tf 41
28-300 Chorzewa SK 91 Vb 44
97-200 Chorzęcin LD 78 Uf 39
37-560 Chorzów PK 104 Xd 49
41-500* Chorzów SL 99 Tf 47
98-320 Chorzyna LD 77 Tf 41
11-731 Choszczewo WM 44 Wa 25
98-240 Choszczewo LD 77 Tf 38
73-200 Choszczno ZP 49 Qc 30
24-170 Choszczów LU 81 Xb 40
05-110 Choszczówka MZ 68 Vf 34
77-122 Chośnica PM 28 Se 23
27-312 Chotcza MZ 93 We 41
27-312 Chotcza Dolna MZ 93 We 41
27-312 Chotcza Górna MZ 92 We 41
87-865 Chotel KP 65 Te 34
28-160 Chotel Czerwony SK 101 Ve 46
28-100 Chotelek Zielony SK 101 Ve 46
77-141 Chotkowo PM 28 Sc 24
68-113 Chotków LB 73 Qc 38
39-217 Chotowa PK 102 Wb 48
29-105 Chotów SK 90 Va 43
63-460 Chotów WP 76 Ta 38
98-345 Chotów LD 88 Tc 41
06-452 Chotum Włościański MZ 55 Vc 31
08-200 Chotycze MZ 70 Xe 35
37-611 Chotylub PK 104 Yb 47
21-530 Chotyłów LU 71 Yc 37
08-460 Chotynia MZ 81 We 38
37-552 Chotyniec PK 104 Ya 49
27-310 Chotyże MZ 92 Wd 41
17-100 Chraboły PD 59 Yb 31
17-210 Chrabostówka PD 59 Yd 31
27-630 Chrapanów SK 92 We 43
64-316 Chraplewo WP 62 Rb 34
89-200 Chraplewo KP 52 Sd 31
09-317 Chrapoń MZ 54 Ue 31
73-260 Chrapowo ZP 49 Qb 30
05-190 Chrcynno MZ 68 Vf 33
38-709 Chrewt PK 111 Xd 53
34-240 Chrobacze MA 107 Uf 50
28-425 Chroberz SK 101 Vd 46
68-100 Chrobrów LB 73 Qc 39
09-317 Chromakowo MZ 55 Ue 30
58-512 Chromiec DS 84 Qd 43
63-040 Chromiec WP 63 Sb 36
08-412 Chromin MZ 81 We 37
87-702 Chromowola KP 53 Te 32
66-600 Chromów LB 72 Qa 37
22-110 Chromówka LU 95 Yd 41
26-505 Chronów MZ 80 Vf 40
32-722 Chronów MA 108 Vd 49
99-200 Chropy LD 77 Tf 37
05-340 Chrosna MZ 68 Wc 36
32-084 Chrosna MA 100 Ue 48
88-150 Chrosno KP 65 Tb 33
99-306 Chrosno LD 66 Ub 35
87-602 Chrostkowo KP 54 Ub 31
32-742 Chrostowa MA 101 Vb 49
07-405 Chrostowo MZ 57 We 30
06-415 Chrostowo Wielkie MZ 56 Ve 30
83-420 Chrosty Wysińskie PM 29 Tb 24
05-310 Chróścice MZ 69 We 35
46-080 Chróścice OP 87 Se 44
49-345 Chróścina OP 87 Se 44
05-311 Chróśla MZ 68 Wc 35
13-304 Chróśle WM 42 Ud 28
59-424 Chróślice DS 85 Ra 42
86-050 Chróśna KP 53 Tb 31
64-360 Chróśnica WP 62 Ra 35
59-311 Chróstnik DS 74 Ra 40
48-100 Chróstno OP 97 Se 48
88-133 Chróstowo KP 53 Td 32
47-280 Chrósty OP 98 Ta 47
98-430 Chróścin LD 88 Tb 41
46-073 Chróścina OP 87 Se 45
48-319 Chróścina OP 87 Sc 45
56-200 Chróścina DS 74 Rd 38
64-600 Chrustowo WP 63 Re 33
64-850 Chrustowo WP 51 Re 30
98-170 Chrusty LD 77 Tf 40
08-330 Chruszczewka-Szlachecka MZ 69 Xa 33
08-330 Chruszczewka-Włościańska MZ 69 Xa 33
42-450 Chruszczobród SL 99 Ub 46
63-400 Chruszczyn WP 75 Sd 39
28-500 Chruszczyna SK 101 Vc 47
28-400 Chruścice SK 101 Vd 45
14-526 Chruściel WM 31 Ue 23
05-252 Chruściele MZ 68 Wc 34
19-300 Chruściele WM 46 Xb 26
62-660 Chruścin WP 65 Te 36
24-340 Chruślanki Józefowskie LU 93 Xa 43
24-340 Chruślanki Mazanowskie LU 93 Wf 42
99-412 Chruśle LD 67 Uf 35
26-625 Chruślice MZ 80 Vf 40
99-423 Chruślin LD 66 Ue 36
24-340 Chruślina LU 93 Wf 42
07-407 Chruśnice MZ 57 We 31
86-100 Chrystkowo KP 53 Tb 29
63-210 Chrzan WP 63 Sd 36
97-545 Chrzanowice LD 90 Ud 41
06-225 Chrzanowo MZ 56 Wb 31
84-218 Chrzanowo PM 28 Sf 21
88-430 Chrzanowo KP 52 Sd 32
18-423 Chrzanowo Włościańskie PD 58 Xc 28
23-305 Chrzanów LU 94 Xd 44
32-500 Chrzanów MA 99 Uc 48
55-040 Chrzanów DS 86 Rf 43
62-720 Chrząblice WP 65 Td 36
24-130 Chrząchów LU 81 Xa 40
98-170 Chrząstawa LD 77 Ua 40
55-003 Chrząstowa-Mała DS 87 Sb 42
55-003 Chrząstowa-Wielka DS 87 Sb 42
32-340 Chrząstowice MA 100 Ue 46
34-114 Chrząstowice MA 100 Ud 49
46-053 Chrząstowice OP 88 Ta 45
63-130 Chrząstowo WP 62 Sa 36
72-400 Chrząstowo ZP 37 Pf 25
77-314 Chrząstowo PM 40 Sb 27
89-100 Chrząstowo KP 52 Sd 30
39-331 Chrząstów PK 102 Wc 46
38-203 Chrząstówka PK 110 Wd 50
77-300 Chrząstówko PM 40 Sb 27
95-045 Chrząstów Wielki LD 77 Ub 37
96-230 Chrząszczew LD 79 Vc 37
96-230 Chrząszczewek LD 79 Vc 38
72-400 Chrząszczewo ZP 37 Pe 25
05-340 Chrząszczówka MZ 80 Wc 36
46-060 Chrząszczyce OP 87 Sf 45
07-210 Chrzczanka Włościańska MZ 57 Wd 32
06-230 Chrzczonki MZ 56 Wc 31
06-225 Chrzczony MZ 56 Wb 31
48-220 Chrzelice OP 97 Se 46
05-240 Chrzęsne MZ 69 Wc 34
46-061 Chrzowice OP 88 Sf 45
64-412 Chrzypsko Wielkie WP 62 Rb 33
76-113 Chudaczewo ZP 27 Rd 22
78-600 Chude ZP 51 Rd 29
07-420 Chudek MZ 56 Wc 29
46-275 Chudoba OP 88 Tb 43
64-420 Chudobczyce WP 62 Rb 34
96-320 Chudolipie MZ 79 Vd 37
44-177 Chudów SL 99 Te 47
63-000 Chudzice WP 63 Sc 35
68-212 Chudzowice LB 72 Pf 39
26-500 Chustki MZ 91 Vf 41
22-107 Chutcze LU 83 Yc 41
44-200 Chwałęcice SL 98 Tc 48
99-140 Chwalborzyce LD 65 Tf 36
66-415 Chwałęcice LB 49 Qb 32
11-130 Chwalęcin WM 31 Va 24
63-040 Chwalęcin WP 63 Sc 36
62-300 Chwalibogowo WP 63 Sd 35
55-200 Chwalibożyce DS 87 Sb 43
66-120 Chwalim LB 61 Qe 36
64-965 Chwalimie WP 39 Rf 27
55-300 Chwalimierz DS 86 Rd 42
78-460 Chwalimki ZP 39 Rc 26
57-250 Chwalisław DS 96 Re 46
63-750 Chwaliszew WP 75 Sd 39
89-241 Chwaliszewo KP 52 Sc 30
68-200 Chwaliszowice LB 72 Pe 39
58-312 Chwaliszów DS 85 Rb 43
27-641 Chwałki SK 92 We 44
62-420 Chwałkowice WP 64 Se 34
63-000 Chwałkowo WP 63 Sb 35
63-840 Chwałkowo WP 75 Sa 38
63-130 Chwałkowo Kościelne WP 75 Sb 36
28-400 Chwałowice SK 101 Vd 45
37-455 Chwałowice PK 93 Wf 44
44-206 Chwałowice SL 98 Td 48
55-230 Chwałowice DS 87 Sc 42
27-100 Chwałowice-Dolne MZ 92 Wb 41
27-100 Chwałowice-Górne MZ 92 Wb 41
55-081 Chwałów DS 86 Rd 43
62-330 Chwałszyce WP 63 Sc 35
74-100 Chwarstnica ZP 48 Pd 29
73-155 Chwarstno ZP 37 Qc 27
74-407 Chwarszczany ZP 60 Pd 32
81-601 Chwarzno PM 29 Tc 21
83-430 Chwarzno PM 41 Tb 25

27-612 Daromin SK 92 Wd 44
37-734 Darowice PK 111 Xe 50
24-300 Darowne LU 93 Xa 42
78-520 Darskowo ZP 38 Qf 27
72-310 Darszyce-Darzyn ZP 37 Qc 25
72-518 Darzowice ZP 36 Pd 25
72-130 Darż ZP 37 Qa 28
72-304 Darżewo ZP 37 Qc 24
84-300 Darżewo PM 28 Sd 22
77-233 Darżkowo PM 28 Sb 23
84-100 Darżlubie PM 29 Tb 20
76-230 Darżyno PM 28 Sc 22
17-250 Dasze PD 71 Yb 33
61-160 Daszewice WP 63 Rf 35
78-230 Daszewo ZP 38 Qf 24
56-209 Daszów DS 74 Rd 39
99-107 Daszyna LD 66 Ub 36
68-343 Datyń LB 72 Pe 38
07-436 Dawia MZ 57 Wd 29
16-060 Dawidowicze PD 59 Yc 31
19-110 Dawidowizna PD 46 Xe 27
05-090 Dawidy MZ 68 Vf 36
08-207 Dawidy MZ 70 Xd 36
21-205 Dawidy LU 82 Ya 38
64-130 Dąbcze WP 74 Rd 38
06-561 Dąbek MZ 55 Vc 30
07-405 Dąbek MZ 57 We 30
42-265 Dąbek SL 90 Uc 43
08-500 Dąbia-Nowa LU 81 Wf 39
08-500 Dąbia-Stara LU 81 Wf 38
21-400 Dąbie LU 81 Xb 37
22-335 Dąbie LU 94 Xe 43
23-310 Dąbie LU 93 Xb 44
29-100 Dąbie SK 90 Va 44
29-145 Dąbie SK 90 Ue 44
39-311 Dąbie PK 102 Wb 48
39-321 Dąbie PK 102 Wc 47
42-504 Dąbie SL 99 Ua 46
44-240 Dąbie SL 99 Te 48
59-230 Dąbie DS 85 Rc 41
62-660 Dąbie WP 65 Te 36
66-615 Dąbie LB 72 Qa 36
70-843 Dąbie ZP 48 Pd 28
72-310 Dąbie ZP 37 Qc 25
77-100 Dąbie PM 28 Sc 23
78-446 Dąbie ZP 39 Rc 27
98-405 Dąbie LD 76 Tb 40
99-100 Dąbie LD 66 Ua 36
42-512 Dąbie Chrobakowe SL 99 Ua 46
55-140 Dąbki DS 75 Sa 39
76-150 Dąbki ZP 27 Rb 22
89-300 Dąbki WP 52 Sb 30
99-307 Dąbkowice LD 66 Uc 35
99-400 Dąbkowice-Dolne LD 66 Uf 36
99-400 Dąbkowice-Górne LD 66 Uf 36
14-407 Dąbkowo WM 31 Uf 24
37-600 Dąbków PK 104 Ya 48
62-570 Dąbroszyn WP 64 Ta 36
66-460 Dąbroszyn LB 60 Pe 33
05-320 Dąbrowa MZ 69 We 36
06-456 Dąbrowa MZ 55 Vd 32
06-522 Dąbrowa MZ 55 Vb 31
07-130 Dąbrowa MZ 69 We 33
07-205 Dąbrowa MZ 68 Wc 32
07-305 Dąbrowa MZ 57 Xa 32
08-109 Dąbrowa MZ 70 Xd 35
08-450 Dąbrowa MZ 80 Wd 38
09-300 Dąbrowa MZ 55 Uf 30
11-200 Dąbrowa WM 32 Ve 23
11-230 Dąbrowa WM 44 Vf 24
12-120 Dąbrowa WM 44 Vf 26
14-526 Dąbrowa WM 31 Uf 23
21-075 Dąbrowa LU 82 Xf 40
22-500 Dąbrowa LU 95 Yf 44
22-610 Dąbrowa LU 105 Yc 45
23-200 Dąbrowa LU 93 Xb 43
23-230 Dąbrowa LU 93 Wf 43
23-230 Dąbrowa LU 93 Xa 43
24-224 Dąbrowa LU 93 Xb 42
26-332 Dąbrowa LD 79 Va 40
27-225 Dąbrowa SK 92 Wa 43
27-310 Dąbrowa MZ 92 Wd 41
33-311 Dąbrowa MA 108 Ve 50
36-071 Dąbrowa PK 103 We 48
39-127 Dąbrowa PK 103 We 48
42-110 Dąbrowa SL 89 Tf 42
42-230 Dąbrowa SL 90 Ue 44
43-603 Dąbrowa SL 99 Ub 47
46-060 Dąbrowa OP 87 Se 44
46-080 Dąbrowa OP 87 Se 44
46-112 Dąbrowa OP 87 Se 43
47-240 Dąbrowa OP 98 Tb 47
56-320 Dąbrowa DS 75 Sc 40
56-400 Dąbrowa DS 87 Sc 41
59-101 Dąbrowa DS 74 Ra 39
62-070 Dąbrowa WP 63 Re 34
62-110 Dąbrowa WP 52 Sc 32
62-406 Dąbrowa WP 64 Se 35
62-600 Dąbrowa WP 65 Td 35
62-720 Dąbrowa WP 65 Te 36
62-730 Dąbrowa WP 77 Td 37
63-100 Dąbrowa WP 62 Sa 36
63-200 Dąbrowa WP 75 Sc 37
63-708 Dąbrowa WP 75 Sd 38
64-316 Dąbrowa WP 62 Rb 34
66-003 Dąbrowa LB 73 Qe 37
68-300 Dąbrowa LB 72 Pf 37
74-300 Dąbrowa ZP 49 Pf 31
76-004 Dąbrowa ZP 27 Rc 23
82-224 Dąbrowa PM 30 Tf 24
83-260 Dąbrowa PM 41 Tb 25
86-131 Dąbrowa KP 41 Tc 27
88-306 Dąbrowa KP 52 Sf 32
89-430 Dąbrowa KP 40 Sc 27
95-081 Dąbrowa LD 78 Uc 39
97-200 Dąbrowa LD 78 Uf 39
97-217 Dąbrowa LD 79 Va 39
98-300 Dąbrowa LD 88 Td 41
98-358 Dąbrowa LD 89 Tf 41
16-200 Dąbrowa Białostocka PD 47 Yc 27
88-133 Dąbrowa Biskupia KP 53 Td 32
86-070 Dąbrowa Chełmińska KP 53 Tb 29
77-320 Dąbrowa Człuchowska PM 40 Sb 26
26-010 Dąbrowa-Dolna SK 92 Vf 43
18-210 Dąbrowa-Dołęgi PD 58 Xc 31
26-010 Dąbrowa-Górna SK 92 Vf 43
42-142 Dąbrowa Górna SL 89 Te 43
41-300* Dąbrowa Górnicza SL 99 Ub 47
26-631 Dąbrowa Jastrzębska MZ 80 Wb 39
26-720 Dąbrowa-Las MZ 81 Wd 40
18-210 Dąbrowa-Łazy PD 58 Xc 31
68-132 Dąbrowa Łużycka LB 72 Pf 39
18-220 Dąbrowa-Michałki PD 58 Xc 32
98-270 Dąbrowa Miętka LD 77 Td 40
26-337 Dąbrowa nad Czarną LD 78 Uf 41
26-425 Dąbrowa nad Pilicą MZ 79 Vc 39
18-220 Dąbrowa-Nowa Wieś PD 58 Xc 32
72-200 Dąbrowa Nowogardzka ZP 37 Qa 26
97-438 Dąbrowa Rusiecka LD 77 Tf 40
37-455 Dąbrowa Rzeczycka PK 93 Xa 45
32-060 Dąbrowa Szlachecka MA 100 Ue 48
33-200 Dąbrowa Tarnowska MA 102 Vf 47
98-170 Dąbrowa Widawska LD 77 Tf 40
18-220 Dąbrowa-Wielka PD 58 Xc 31
86-060 Dąbrowa Wielka KP 53 Tb 31
98-200 Dąbrowa Wielka LD 77 Te 39
24-320 Dąbrowa Wronowska LU 93 Xa 42
42-265 Dąbrowa Zielona SL 90 Ud 43
05-326 Dąbrowica MZ 68 Wc 34
23-313 Dąbrowica LU 93 Xb 43
23-400 Dąbrowica LU 104 Xd 45
28-350 Dąbrowica SK 100 Uf 45
33-230 Dąbrowica MA 102 Wa 47
37-410 Dąbrowica PK 103 Xc 46
39-450 Dąbrowica PK 102 Wd 46
58-500 Dąbrowica DS 85 Qe 43
62-586 Dąbrowica WP 64 Ta 35
72-130 Dąbrowica ZP 37 Pf 28
21-523 Dąbrowica-Duża LU 83 Yc 37
62-730 Dąbrowica-Kolonia WP 77 Te 37
21-530 Dąbrowica-Mała LU 83 Yc 37
09-300 Dąbrowice MZ 54 Ue 30
46-053 Dąbrowice OP 88 Ta 45
62-604 Dąbrowice WP 65 Tc 35
96-100 Dąbrowice LD 79 Va 37
99-352 Dąbrowice LD 66 Ua 35
62-604 Dąbrowice Częściowe WP 65 Td 36
21-008 Dąbrownica LU 93 Xc 41
37-303 Dąbrownica Duża PK 103 Xd 47
42-320 Dąbrowno SL 90 Ud 44
19-335 Dąbrowskie WM 46 Xc 26
19-400 Dąbrowskie WM 46 Xd 24
12-114 Dąbrowy WM 45 Wc 28
05-152 Dąbrówka MZ 67 Vd 34
05-252 Dąbrówka MZ 68 Wb 34
05-334 Dąbrówka MZ 69 We 36
05-430 Dąbrówka MZ 68 Wc 36
05-652 Dąbrówka MZ 79 Ve 37
06-232 Dąbrówka MZ 56 Wb 31
07-402 Dąbrówka MZ 57 Wd 29
09-500 Dąbrówka MZ 66 Uc 34
12-250 Dąbrówka WM 45 We 25
21-132 Dąbrówka LU 82 Xc 40
23-313 Dąbrówka LU 93 Xb 44
23-423 Dąbrówka LU 104 Xd 46
26-337 Dąbrówka LD 90 Uf 41
26-340 Dąbrówka LD 79 Vc 40
26-652 Dąbrówka MZ 80 Wa 40
29-135 Dąbrówka SK 90 Uf 44
34-146 Dąbrówka MA 107 Ud 50
37-410 Dąbrówka PK 103 Xb 45
42-110 Dąbrówka SL 89 Tf 42
44-187 Dąbrówka SL 98 Tc 45
62-070 Dąbrówka WP 63 Re 34
63-900 Dąbrówka WP 74 Re 39
66-120 Dąbrówka LB 61 Qe 36
76-231 Dąbrówka PM 28 Sc 21
77-132 Dąbrówka PM 28 Sc 24
83-135 Dąbrówka PM 41 Te 26
83-212 Dąbrówka PM 41 Td 25
84-242 Dąbrówka PM 29 Tb 21
84-250 Dąbrówka PM 29 Sf 21
86-140 Dąbrówka KP 41 Tb 28
87-214 Dąbrówka KP 53 Te 29
87-326 Dąbrówka KP 54 Ub 29
87-620 Dąbrówka KP 54 Ua 31
87-721 Dąbrówka KP 53 Te 31
87-820 Dąbrówka KP 66 Ua 34
88-231 Dąbrówka KP 65 Td 33
88-300 Dąbrówka KP 64 Ta 32
89-430 Dąbrówka KP 40 Sd 27
89-500 Dąbrówka KP 40 Sf 27
95-060 Dąbrówka LD 78 Ue 37
95-100 Dąbrówka LD 78 Uc 37
97-216 Dąbrówka LD 79 Va 39
97-500 Dąbrówka LD 89 Uc 42
98-285 Dąbrówka SL 77 Td 39
99-232 Dąbrówka LD 77 Tf 37
88-190 Dąbrówka Barcińska KP 52 Ta 31
46-034 Dąbrówka Dolna OP 88 Sf 43
47-320 Dąbrówka Dolna OP 98 Ta 46
47-303 Dąbrówka Górna OP 98 Sf 45
18-210 Dąbrówka Kościelna PD 58 Xd 31
62-280 Dąbrówka Kościelna WP 63 Sb 33
86-327 Dąbrówka Królewska KP 42 Tf 28
86-060 Dąbrówka Kujawska KP 52 Ta 31
64-600 Dąbrówka Leśna WP 63 Re 32
64-630 Dąbrówka Ludomska WP 51 Rf 32
46-024 Dąbrówka Łubniańska OP 88 Ta 44
08-114 Dąbrówka-Ług MZ 69 Xa 36
66-225 Dąbrówka Mala LB 61 Qe 35
82-431 Dąbrówka Malborska PM 42 Ua 25
11-600 Dąbrówka Mała WM 33 Wd 23
08-114 Dąbrówka-Niwka MZ 69 Xa 36
11-606 Dąbrówka Nowa WM 33 Wf 23
37-455 Dąbrówka Pniowska PK 93 Wf 44
19-520 Dąbrówka Polska WM 34 Wf 23
98-200 Dąbrówka Sieradzka LD 77 Te 39
89-200 Dąbrówka Słupska KP 52 Se 31
08-114 Dąbrówka-Stany MZ 69 Xa 36
36-065 Dąbrówka Starzeńska PK 111 Xb 50
33-115 Dąbrówka Szczepanowska MA 101 Vf 49
33-172 Dąbrówka Tuchowska MA 109 Wa 49
26-680 Dąbrówka Warszawska MZ 92 Wa 41
11-001 Dąbrówka Wielka WM 43 Vd 25
66-320 Dąbrówka Wielkopolska LB 61 Qe 35
39-315 Dąbrówka Wisłocka PK 102 Wc 48
08-114 Dąbrówka-Wyłazy MZ 69 Xa 36
09-200 Dąbrówki MZ 54 Ue 31
09-320 Dąbrówki MZ 55 Uf 31
16-010 Dąbrówki PD 59 Yb 29
37-100 Dąbrówki PK 103 Xb 48
33-210 Dąbrówki Breńskie MA 101 Vf 47
97-438 Dąbrówki Kobylańskie LD 89 Tf 41
14-120 Dąbrówno WM 43 Va 28
67-100 Dąbrówno LB 73 Qf 37
76-242 Dąbrówno PM 28 Sc 22
36-055 Dąbry PK 103 Wf 48
32-014 Dąorowa MA 101 Vb 48
66-235 Debrznica LB 60 Qa 35
77-310 Debrzno PM 40 Sb 27
77-420 Debrzno-Wieś WP 40 Sb 27
48-100 Debrzyca OP 97 Sf 47
83-420 Deka PM 41 Tc 24
98-354 Delfina LD 89 Tf 41
83-209 Demlin PM 41 Td 24
17-100 Deniski PD 59 Yb 31
27-420 Denkówek SK 92 Wc 43
22-100 Depułtycze Królewskie LU 95 Yc 42
22-100 Depułtycze Królewskie-Kol. LU 95 Yc 42
11-320 Derc WM 44 Vd 25
74-300 Derczewo ZP 49 Pf 30
21-512 Dereczanka LU 71 Yc 36
21-311 Derewiczna LU 82 Xf 38
23-400 Dereźnia-Majdańska PK 104 Xe 46
23-400 Dereźnia-Solska PK 104 Xe 45
37-413 Derylaki PK 103 Xc 46
07-200 Deskurów MZ 68 Wc 33
66-446 Deszczno LB 61 Qb 32
22-448 Deszkowice LU 94 Ya 44
22-413 Deszkowice-Kolonia LU 94 Ya 44
38-230 Desznica PK 110 Wc 51
28-362 Deszno SK 90 Va 45
38-481 Deszno PK 110 Wf 51
24-170 Dęba LU 81 Xb 40
26-242 Dęba SK 91 Vb 42
26-315 Dęba LD 79 Vb 40
26-650 Dęba MZ 80 Vf 40
97-510 Dęba LD 90 Uf 42
78-200 Dębczyno ZP 38 Ra 25
05-140 Dębe MZ 68 Vf 34
08-330 Dębe MZ 69 Xa 33
62-834 Dębe WP 76 Tb 38
64-720 Dębe WP 51 Rd 31
62-834 Dębe Kolonia WP 76 Tb 38
05-334 Dębe Małe MZ 81 We 36
05-311 Dębe Wielkie MZ 68 Wc 35
27-641 Dębiany SK 92 Wd 44
28-330 Dębiany SK 101 Vb 45
28-440 Dębiany SK 101 Vc 46
28-506 Dębiany SK 101 Vd 47
21-102 Dębica LU 82 Xd 39
39-200 Dębica PK 102 Wc 48
74-201 Dębica ZP 49 Pf 29
78-125 Dębica ZP 38 Qd 25
55-320 Dębice DS 86 Rc 42
72-130 Dębice ZP 37 Qa 27
87-853 Dębice KP 65 Ua 33
47-400 Dębicz SL 98 Tb 48
63-000 Dębicz WP 63 Sb 35
63-520 Dębicze WP 76 Tb 40
63-000 Dębiczek WP 63 Sc 35
42-110 Dębie SL 89 Tf 42
46-053 Dębie OP 88 Ta 45
59-330 Dębiec DS 74 Rc 40
98-311 Dębiec LD 77 Te 41
87-220 Dębieniec KP 53 Tf 28
13-220 Dębień WM 55 Uf 28
14-405 Dębień WM 31 Ue 24
44-238 Dębieńsko-Stare SL 99 Te 47
44-238 Dębieńsko-Wielkie SL 99 Te 48
05-152 Dębina MZ 67 Ve 34
22-244 Dębina LU 83 Yb 39
22-678 Dębina LU 105 Ye 46
23-107 Dębina LU 93 Xc 42
23-155 Dębina LU 93 Xc 43
28-363 Dębina SK 90 Va 44
32-733 Dębina MA 108 Vc 50
37-100 Dębina PK 103 Xb 48
43-426 Dębina SL 106 Te 50
46-300 Dębina OP 88 Tc 42
48-220 Dębina OP 97 Se 46
55-230 Dębina DS 87 Sc 42
62-045 Dębina WP 62 Rc 33
62-650 Dębina WP 65 Tf 35
74-106 Dębina ZP 49 Pe 29
76-211 Dębina PM 27 Sa 21
82-230 Dębina PM 30 Ua 24
88-160 Dębina KP 64 Ta 32
97-410 Dębina LD 89 Ub 41
98-320 Dębina LD 89 Te 41
32-830 Dębina Łętowska MA 101 Vf 49
46-030 Dębiniec OP 88 Ta 43
62-130 Dębiniec WP 51 Sb 31
68-212 Dębinka LB 72 Pf 39
07-230 Dębinki MZ 68 Wc 34
06-300 Dębiny MZ 56 Vf 30
14-405 Dębiny WM 31 Uf 23
21-143 Dębiny LU 81 Xb 39
26-400 Dębiny MZ 79 Ve 40
37-610 Dębiny PK 105 Yc 47
87-152 Dębiny KP 53 Tc 29
89-412 Dębiny KP 40 Se 28
89-110 Dębionek KP 52 Sc 29
84-110 Dębki PM 29 Ta 20
08-530 Dęblin LU 81 Wf 39
62-212 Dębłowo WP 64 Sd 33
38-503 Dębna PK 111 Xb 51
16-411 Dębniak PD 35 Ya 23
97-225 Dębniak LD 78 Uf 39
87-820 Dębniaki KP 66 Ub 33
62-814 Dębniałki WP 76 Ta 37
26-713 Dębnica MZ 92 Wc 41
55-110 Dębnica DS 75 Rf 40
62-270 Dębnica WP 64 Sc 33
63-421 Dębnica WP 76 Se 39
77-300 Dębnica PM 40 Sc 27
76-248 Dębnica Kaszubska PM 28 Sa 22
46-113 Dębnik OP 87 Sd 42
18-312 Dębniki PD 58 Xc 30
18-416 Dębniki PD 57 We 29
57-100 Dębniki DS 86 Sa 44
26-006 Dębno SK 92 Vf 43
27-530 Dębno SK 93 We 43
32-852 Dębno MA 101 Ve 49
34-434 Dębno MA 108 Vb 52
37-305 Dębno PK 103 Xd 47
55-140 Dębno DS 75 Rf 39
56-100 Dębno DS 74 Rd 40
62-060 Dębno WP 63 Re 35
63-040 Dębno WP 64 Sc 36
74-400 Dębno ZP 48 Pe 32
89-310 Dębno WP 52 Sc 29
62-620 Dębno Królewskie WP 65 Te 35
55-140 Dębno Polskie WP 74 Rf 39
05-640 Dębnowola MZ 80 Ve 39
78-113 Dębogard ZP 26 Qe 24
64-730 Dębogóra WP 50 Ra 31
74-120 Dębogóra ZP 48 Pc 30
89-240 Dębogóra KP 52 Sc 30
83-423 Dębogóry PM 41 Ta 24
81-198 Dębogórze PM 29 Tc 21
78-607 Dębołęka ZP 50 Rb 28
88-230 Dębołęka KP 65 Tc 33

152 | Daromin

A Ą B C Ć D E Ę F G H I J K L Ł M N Ń O Ó P Q R S Ś T U V W X Y Z Ź Ż

09-150 Gawarzec Górny **MZ** 67 Vb 34
23-100 Gawęzów-Kolonia-I **LU** 93 Xc 43
23-100 Gawęzów-Kolonia-II **LU** 93 Xc 43
11-510 Gawliki Małe **WM** 45 Xa 25
11-510 Gawliki Wielkie **WM** 45 Xa 24
98-215 Gawłowice **LD** 77 Td 38
05-192 Gawłowo **MZ** 67 Ve 33
32-711 Gawłów **MA** 101 Vc 48
96-500 Gawłów **MZ** 67 Vb 35
32-708 Gawłówek **MA** 101 Vc 48
21-140 Gawłówka **LU** 82 Xc 39
39-307 Gawłuszowice **PK** 102 Wc 46
59-180 Gaworzyce **DS** 73 Qf 39
78-320 Gawroniec **ZP** 38 Ra 26
86-122 Gawroniec **KP** 53 Tb 28
26-332 Gawrony **LD** 79 Vb 40
62-560 Gawrony **WP** 65 Tc 34
99-100 Gawrony **LD** 66 Ub 36
59-305 Gawrony Duże **DS** 74 Rb 39
16-400 Gawrych Ruda **PD** 47 Xf 24
18-417 Gawrychy **PD** 57 We 29
12-100 Gawrzyjałki **WM** 44 Wb 27
96-320 Gąba **MZ** 79 Vc 37
09-530 Gąbin **MZ** 66 Ue 34
72-320 Gąbin **ZP** 37 Qb 24
89-200 Gąbin **KP** 52 Se 31
87-732 Gąbinek **KP** 54 Tf 32
76-211 Gąbino **PM** 28 Sa 21
88-430 Gącz **KP** 63 Sd 32
86-022 Gądecz **KP** 53 Tb 29
64-930 Gądek **WP** 51 Rd 30
62-023 Gądki **WP** 62 Sa 35
56-300 Gądkowice **DS** 75 Sc 39
59-430 Gądków **DS** 86 Rc 42
66-235 Gądków Mały **LB** 60 Pf 35
66-235 Gądków Wielki **LB** 60 Pf 35
74-503 Gądno **ZP** 48 Pc 31
99-414 Gągolin-Północny **LD** 67 Va 35
99-414 Gągolin-Zachodni **LD** 67 Va 35
88-410 Gąsawa **KP** 52 Se 32
64-500 Gąsawy **WP** 62 Rd 33
26-502 Gąsawy Rządowe **MZ** 91 Vf 41
06-216 Gąsewo Poduchowne **MZ** 56 Wb 31
72-112 Gąsierzyno **ZP** 36 Pd 26
83-133 Gąsiorki **PM** 41 Td 26
05-140 Gąsiorowo **MZ** 68 Wa 33
06-150 Gąsiorowo **MZ** 68 Vf 32
13-214 Gąsiorowo **WM** 55 Vb 28
11-015 Gąsiorowo Olsztyneckie **WM** 43 Vb 27
62-604 Gąsiorów **WP** 65 Td 35
99-107 Gąsiorów **LD** 66 Ua 36
19-404 Gąsiorówko **WM** 46 Xd 25
21-307 Gąsiory **LU** 82 Xd 37
05-660 Gąski **MZ** 80 Wb 37
07-402 Gąski **MZ** 57 We 29
19-400 Gąski **WM** 46 Xc 25
76-034 Gąski **ZP** 26 Qf 23
88-140 Gąski **KP** 53 Tc 32
97-371 Gąski **LD** 78 Ud 40
06-440 Gąsocin **MZ** 56 Ve 32
18-100 Gąsówka-Osse **PD** 58 Xe 31
18-100 Gąsówka-Skwarki **PD** 58 Xe 31
11-700 Gązwa **WM** 44 Wb 25
38-100 Gbiska **PK** 110 We 49
82-550 Gdakowo **PM** 42 Ua 26
78-450 Gdaniec **ZP** 39 Rc 25
80-009* Gdańsk **PM** 30 Td 22
22-455 Gdeszyn **LU** 95 Yd 44
32-420 Gdów **MA** 100 Vb 49
81-004* Gdynia **PM** 29 Td 21
05-334 Generałowo **MZ** 81 We 37
16-100 Geniusze **PD** 59 Yc 28
62-513 Genowefa **WP** 65 Tc 35
97-545 Gertrudów **LD** 90 Ud 41
62-241 Gębarzewo **WP** 64 Sd 34
77-314 Gębarzewo **PM** 40 Sb 27
26-640 Gębarzów **MZ** 80 Wb 41
57-100 Gębczyce **DS** 86 Sa 44
57-100 Gębice **DS** 86 Sa 44
63-830 Gębice **WP** 75 Sa 38
64-700 Gębice **WP** 51 Re 31
66-620 Gębice **LB** 72 Pe 37
88-330 Gębice **KP** 64 Ta 33
64-700 Gębiczyn **WP** 51 Re 31
39-220 Gębiczyna **PK** 102 Wc 49
08-550 Gęsia Wólka **LU** 81 Wf 38
26-025 Gęsice **SK** 92 Wa 44
11-410 Gęsiki **WM** 33 Wc 23
87-707 Gęsin **KP** 53 Td 32
98-275 Gęsina **LD** 77 Td 39
57-100 Gęsiniec **DS** 86 Sa 44
66-614 Gęstowice **LB** 60 Pf 36
21-205 Gęś **LU** 82 Ya 38
84-352 Gęś **PM** 28 Sd 21
83-132 Gętomie **PM** 41 Te 25
42-360 Gężyn **SL** 89 Ub 45
16-506 Giby **PD** 47 Yc 24
97-540 Gidle **LD** 90 Uc 43
42-440 Giebło **SL** 100 Ud 46
32-085 Giebułtów **MA** 100 Uf 48
32-210 Giebułtów **MA** 100 Vb 46
59-630 Giebułtów **DS** 84 Qc 43
63-014 Giecz **WP** 63 Sc 35
95-001 Gieczno **LD** 78 Uc 37
64-730 Gieczynek **WP** 50 Ra 30
11-042 Giedajty **WM** 43 Vb 26
37-300 Giedlarowa **PK** 103 Xc 47
06-516 Giednia **MZ** 55 Vc 30
37-470 Gielnia **PK** 93 Xa 44
26-434 Gielniów **MZ** 79 Vc 40
23-145 Giełczew-Doły **LU** 94 Xe 43
23-145 Giełczew I **LU** 94 Xe 43
23-145 Giełczew II **LU** 94 Xe 43
06-445 Giełczyn **MZ** 55 Vb 31
18-400 Giełczyn **PD** 57 Xa 30
19-104 Giełczyn **PD** 58 Xc 29
89-632 Giełdoń **PM** 40 Se 26
26-225 Giełzów **SK** 79 Vc 41
83-022 Giemlice **PM** 30 Tf 23
95-006 Giemzów **LD** 78 Ud 38
46-250 Gierałcice **OP** 88 Ta 43
48-340 Gierałcice **OP** 97 Sb 46
34-122 Gierałtowice **MA** 99 Uc 49
44-186 Gierałtowice **SL** 99 Te 47
47-208 Gierałtowice **OP** 98 Ta 47
34-122 Gierałtowiczki **MA** 99 Uc 49
59-500 Gierałtowiec **DS** 85 Qf 41
59-733 Gierałtów **DS** 84 Qb 41
59-820 Gierałtówek **DS** 84 Qb 43
27-670 Gieraszowice **SK** 92 Wc 45
27-532 Gierczyce **SK** 92 Wd 44
32-744 Gierczyce **MA** 101 Vc 49
59-630 Gierczyn **DS** 84 Qc 43
11-210 Gierkiny **WM** 33 Wb 23
27-600 Gierlachów **SK** 93 We 44
63-940 Gierłachowo **WP** 74 Re 38
64-010 Gierłachowo **WP** 74 Rf 37
11-404 Gierłoż **WM** 45 Wc 24
14-100 Gierłoż **WM** 43 Ue 27
49-200 Gierów **OP** 87 Sb 45
49-332 Gierszowice **OP** 87 Sd 44
07-440 Gierwaty **MZ** 57 Wd 31
14-107 Gierzwałd **WM** 43 Va 27
11-036 Gietrzwałd **WM** 43 Vb 26
62-402 Giewartów **WP** 64 Sf 34
76-024 Giezkowo **ZP** 26 Ra 24
14-310 Gilginie **WM** 43 Uf 24
09-230 Gilino **MZ** 66 Ue 33
34-322 Gilowice **SL** 107 Ub 50
43-227 Gilowice **SL** 99 Ua 49
23-450 Gilów **LU** 94 Xe 44
26-120 Gilów **SK** 91 Ve 42
58-230 Gilów **DS** 86 Re 44
66-500 Gilów **LB** 49 Qd 31
82-550 Gilwa **PM** 42 Ua 26
11-030 Giławy **WM** 44 Ve 26
73-155 Ginawa **ZP** 38 Qe 28
14-230 Girgajny **WM** 43 Ud 25
12-120 Gisiel **WM** 44 Vf 26
82-450 Gisiel **PM** 42 Uc 25
40-486 Giszowiec **SL** 99 Ua 47
63-308 Gizałki **WP** 64 Se 36
11-700 Gizewo **WM** 44 Wb 25
19-411 Giże **WM** 46 Xc 25
88-150 Giżewo **KP** 65 Tb 33
21-140 Giżyce **LU** 82 Xc 39
63-520 Giżyce **WP** 76 Ta 39
96-521 Giżyce **MZ** 67 Va 35
11-500 Giżycko **WM** 45 We 24
63-940 Giżyn **WP** 74 Rd 38
74-200 Giżyn **ZP** 49 Pf 29
74-304 Giżyn **ZP** 49 Qa 31
06-445 Giżynek **MZ** 55 Vb 31
78-540 Giżyno **ZP** 50 Qf 28
32-353 Glanów **MA** 100 Ue 47
14-120 Glaznoty **WM** 43 Uf 27
11-220 Glądy **WM** 32 Vc 23
14-107 Glądy **WM** 43 Va 27
07-420 Gleba **MZ** 56 Wc 29
14-520 Glebisko **WM** 31 Va 23
99-335 Gledzianów **LD** 66 Uc 36
99-335 Gledzianówek **LD** 66 Uc 36
89-300 Glesno **WP** 52 Sb 29
32-104 Glew **MA** 101 Vb 48
72-100 Glewice **ZP** 37 Pf 27
87-611 Glewo **KP** 66 Ub 33
77-300 Ględowo **PM** 40 Sc 27
73-200 Gleźno **ZP** 49 Qc 30
76-150 Gleźnowo **ZP** 27 Rb 23
32-412 Glichów **MA** 108 Va 50
34-425 Gliczarów Dolny **MA** 107 Va 52
34-425 Gliczarów Górny **MA** 108 Va 52
05-430 Glina **MZ** 68 Wc 36
82-522 Glina **PM** 41 Te 27
97-220 Glina **LD** 79 Vb 39
97-371 Glina **LD** 78 Ud 40
98-358 Glina-Duża **LD** 89 Tf 41
98-358 Glina-Mała **LD** 89 Ua 41
05-300 Gliniak **MZ** 69 Wd 36
05-408 Glinianka **MZ** 68 Wc 36
37-410 Glinianka **PK** 103 Xb 46
27-530 Gliniany **SK** 92 Wd 43
56-100 Gliniany **DS** 74 Rc 41
26-080 Gliniany Las **SK** 91 Vc 42
42-793 Glinica **SL** 88 Td 44
67-231 Glinica **DS** 73 Qf 39
26-650 Glinice **MZ** 80 Vf 40
55-065 Glinice **DS** 86 Rf 43
06-120 Glinice Wielkie **MZ** 68 Vf 33
38-204 Gliniczek **PK** 110 Wd 50
26-400 Gliniec **MZ** 79 Ve 40
39-106 Glinik **PK** 102 Wd 49
58-303 Glinik **DS** 85 Rb 44
66-446 Glinik **LB** 61 Qb 33
38-100 Glinik Charzewksi **PK** 103 Wf 49
38-130 Glinik Dolny **PK** 110 Wd 50
34-442 Gliniki **MA** 108 Va 52
38-204 Glinik Polski **PK** 110 Wd 50
38-130 Glinik Średni **PK** 110 Wd 49
22-351 Gliniska **LU** 94 Xf 43
22-510 Gliniska **LU** 95 Yd 43
16-300 Gliniski **PD** 46 Xf 26
16-100 Gliniszcze Wielkie **PD** 47 Yd 28
28-114 Glinka **SK** 91 Vf 45
34-371 Glinka **SL** 106 Ub 52
56-200 Glinka **DS** 74 Rd 38
08-420 Glinki **MZ** 81 We 37
18-500 Glinki **PD** 45 Xa 27
19-213 Glinki **PD** 46 Xb 28
19-335 Glinki **WM** 46 Xc 26
64-305 Glinki **WP** 62 Ra 34
86-181 Glinki **KP** 52 Ta 28
99-417 Glinki **MZ** 67 Vb 36
64-918 Glinki Mokre **WP** 39 Rf 27
74-106 Glinna **ZP** 48 Pe 29
21-411 Glinne **LU** 82 Xb 38
38-600 Glinne **PK** 111 Xc 52
17-120 Glinnik **PD** 58 Xe 32
97-217 Glinnik **LD** 79 Va 39
62-085 Glinno **WP** 63 Sb 33
64-300 Glinno **WP** 62 Ra 35
98-290 Glinno **SL** 77 Te 38
88-111 Glinno Wielkie **KP** 53 Tc 31
06-450 Glinojeck **MZ** 55 Vb 32
62-570 Gliny **WP** 76 Ta 37
39-305 Gliny-Małe **PK** 102 Wb 46
39-305 Gliny-Wielkie **PK** 102 Wb 46
66-200 Glińsk **LB** 61 Qd 35
64-030 Glińsko **WP** 62 Rd 36
32-433 Glisne **MA** 107 Va 51
66-210 Glisno **LB** 61 Qb 34
86-014 Gliszcz **KP** 52 Se 29
63-430 Gliśnica **WP** 76 Sd 39
77-130 Gliśno Wielkie **PM** 40 Sc 24
11-430 Glitajny **WM** 33 Wa 23
44-100* Gliwice **SL** 98 Te 47
87-840 Gliznowo **KP** 66 Ua 34
14-405 Gładysze **WM** 31 Uf 24
38-315 Gładyszów **MA** 109 Wb 51
98-290 Głaniszew **LD** 77 Td 38
27-641 Głazów **SK** 92 Wd 44
74-300 Głazów **ZP** 49 Pf 31
11-520 Głąbowo **WM** 45 Wd 25
64-400 Głażewo **WP** 62 Qf 33
86-260 Głażewo **KP** 53 Tc 29
06-231 Głażewo-Cholewy **MZ** 56 Wc 31
06-231 Głażewo-Święszki **MZ** 56 Wb 31
38-243 Głeboka **PK** 109 Wb 50
43-460 Głębce **SL** 106 Tf 51
48-381 Głębinów **OP** 97 Sb 46
14-521 Głębock **WM** 32 Vb 22
58-535 Głębock **DS** 85 Qe 44
49-200 Głębocko **OP** 87 Sc 44
66-540 Głęboczek **LB** 50 Qe 31
18-305 Głębocz Wielki **PD** 57 Xa 31
05-307 Głęboczyca **MZ** 69 Wd 34
16-150 Głęboczyzna **PD** 47 Ya 27
57-220 Głęboka **DS** 96 Sa 45
26-400 Głęboka Droga **MZ** 91 Vd 41
16-506 Głęboki Bród **PD** 47 Yb 25
21-070 Głębokie **LU** 94 Ya 41
21-109 Głębokie **LU** 82 Xf 40
33-350 Głębokie **MA** 108 Ve 52
38-480 Głębokie **PK** 110 Wf 51
62-270 Głębokie **WP** 63 Sc 33
62-641 Głębokie **WP** 65 Tf 35
66-300 Głębokie **LB** 61 Qd 34
71-374 Głębokie **ZP** 36 Pc 28
88-121 Głębokie **KP** 65 Tc 33
34-122 Głębowice **MA** 99 Ub 49
56-160 Głębowice **DS** 74 Re 40
58-320 Głinno **DS** 86 Rc 44
56-215 Głobice **DS** 74 Rc 39
39-210 Głobikowa **PK** 102 Wc 49
39-232 Głobikówka **PK** 102 Wc 49
76-200 Głobino **PM** 28 Sa 22
62-068 Głodno **WP** 62 Rb 36
62-513 Głodno **WP** 65 Tc 35
76-020 Głodowa **ZP** 39 Rd 25
06-100 Głodowo **MZ** 56 Wa 32
62-590 Głodowo **WP** 64 Ta 35
77-207 Głodowo **PM** 40 Sb 24
83-420 Głodowo **PM** 41 Tb 24
87-600 Głodowo **KP** 54 Ub 32
18-315 Głodowo-Dąb **PD** 58 Xc 30
34-530 Głodowski-Wierch **MA** 108 Va 52
14-310 Głódówko **WM** 43 Va 24
78-331 Głodzino **ZP** 38 Qf 25
63-810 Głoginin **WP** 75 Sb 37
11-710 Głogno **WM** 44 Wb 26
32-031 Głogoczów **MA** 107 Uf 49
62-650 Głogowa **WP** 65 Tf 35
63-440 Głogowa **WP** 76 Se 38
32-210 Głogowiany **MA** 100 Va 46
37-204 Głogowiec **PK** 103 Xd 47
48-250 Głogowiec **OP** 97 Sf 47
99-300 Głogowiec **LD** 66 Ub 35
26-432 Głogów **MZ** 80 Vf 40
67-200 Głogów **DS** 73 Ra 39
48-250 Głogówek **OP** 97 Sf 46
88-160 Głogówiec **KP** 64 Ta 32
67-240 Głogówko **DS** 74 Ra 38
86-100 Głogówko Królewskie **KP** 53 Tc 28
36-060 Głogów Małopolski **PK** 103 Wf 48
66-100 Głogusz **LB** 61 Qd 36
38-450 Głojsce **PK** 110 Wd 51
11-200 Głomno **WM** 32 Ve 23
77-424 Głomsk **WP** 40 Sa 28
55-330 Głoska **DS** 86 Re 41
05-503 Głosków **MZ** 68 Vf 36
08-412 Głosków **MZ** 81 We 37
11-040 Głotowo **WM** 43 Vc 25
39-217 Głowaczowa **PK** 102 Wb 48
26-903 Głowaczów **MZ** 80 Wb 39
11-432 Głowbity **WM** 33 Wa 23
38-430 Głowienka **PK** 110 We 51
87-500 Głowińsk **KP** 54 Uc 30
95-015 Głowno **LD** 78 Ue 37
44-310 Głożyny **SL** 98 Tc 48
63-322 Główki **WP** 76 Sf 38
89-634 Główczewice **PM** 40 Se 25
46-380 Główczyce **OP** 88 Td 44
76-220 Główczyce **PM** 28 Sc 21
09-460 Główczyn **MZ** 67 Vb 34
62-571 Główiew **WP** 64 Tb 36
19-500 Główka **WM** 34 Xb 23
62-010 Główna **WP** 63 Sb 34
21-300 Główne **LU** 82 Xd 37
48-100 Głubczyce **OP** 97 Se 47
48-100 Głubczyce Sady **OP** 97 Se 47
77-430 Głubczyn **WP** 51 Rf 29
12-160 Głuch **WM** 44 Vf 28
34-340 Głuchaczki **SL** 107 Uc 51
83-220 Głuche **PM** 41 Tc 26
48-340 Głuchołazy **OP** 97 Sc 47
62-052 Głuchowo **WP** 63 Re 34
64-020 Głuchowo **WP** 63 Re 35
64-510 Głuchowo **WP** 62 Rc 33
66-436 Głuchowo **LB** 60 Pf 33
87-140 Głuchowo **KP** 53 Td 29
05-600 Głuchów **MZ** 80 Vf 37
08-140 Głuchów **MZ** 70 Xd 35
37-100 Głuchów **PK** 103 Xb 48
62-704 Głuchów **WP** 77 Td 37
63-860 Głuchów **WP** 75 Sb 38
66-132 Głuchów **LB** 61 Qe 36
95-080 Głuchów **LD** 78 Ud 39
96-130 Głuchów **LD** 79 Va 38
98-313 Głuchów **LD** 77 Tf 40
55-106 Głuchów-Dolny **DS** 86 Sa 41
08-140 Głuchówek **MZ** 70 Xd 35
55-100 Głuchów-Górny **DS** 86 Sa 41
07-230 Głuchy **MZ** 68 Wc 34
32-222 Głupczów **MA** 101 Vb 47
05-340 Głupianka **MZ** 69 Wd 36
97-403 Głupice **LD** 78 Uc 40
64-316 Głuponie **WP** 62 Rb 34
26-922 Głusiec **MZ** 81 We 39
83-328 Głusino **PM** 29 Ta 22
20-383 Głusk **LU** 94 Xd 41
66-520 Głusko **LB** 50 Qf 30
24-310 Głusko-Duże **LU** 93 Wf 41
24-310 Głusko-Małe **LU** 93 Xa 41
34-232 Głuszki **MA** 107 Ud 50
58-340 Głuszyca **DS** 85 Rc 44
58-340 Głuszyca Górna **DS** 85 Rc 44
16-503 Głuszyn **PD** 47 Yb 24
26-415 Głuszyna **MZ** 79 Vd 39
46-142 Głuszyna **OP** 87 Se 42
61-317 Głuszyna **WP** 63 Rf 35
63-522 Głuszyna **WP** 76 Tb 39
76-230 Głuszynko **PM** 28 Sc 22
76-230 Głuszyno **PM** 28 Sc 22
06-521 Głużek **MZ** 55 Vb 30
89-320 Gmurowo **WP** 51 Sa 29
96-515 Gnatowice Stare **MZ** 67 Vc 35
06-120 Gnaty-Wieśniany **MZ** 68 Vf 33
07-303 Gniazdowo **MZ** 57 Wf 31
76-039 Gniazdowo **ZP** 26 Ra 23
82-112 Gniazdowo **PM** 30 Tf 23
42-350 Gniazdów **SL** 89 Ua 45
63-460 Gniazdów **WP** 76 Sf 38
55-080 Gniechowice **DS** 86 Rf 43
16-060 Gniecuiki **PD** 59 Yc 31
27-660 Gnieszowice **SK** 92 Wd 45
83-140 Gniew **PM** 42 Te 25
37-203 Gniewczyna Łańcucka **PK** 103 Xc 48
37-203 Gniewczyna Tryniecka **PK** 103 Xd 48
28-330 Gniewięcin **SK** 100 Va 45
84-250 Gniewino **PM** 29 Ta 20
88-140 Gniewkowo **KP** 53 Tc 31
88-180 Gniewkówiec **KP** 53 Ta 31
59-241 Gniewomierz **DS** 85 Rb 42
26-920 Gniewoszów **MZ** 81 We 40
68-200 Gniewoszyce **LB** 72 Pe 39
84-206 Gniewowo **PM** 29 Tb 21
82-500 Gniewskie Pole **PM** 42 Tf 26
62-200 Gniezno **WP** 64 Sd 33
26-070 Gnieździska **SK** 91 Vb 43
84-100 Gnieżdżewo **PM** 29 Tc 20
16-002 Gniła **PD** 58 Xf 29
62-067 Gnin **WP** 62 Rb 35
83-110 Gniszewo **PM** 41 Te 24
82-213 Gnojewo **PM** 42 Tf 24
49-200 Gnojna **OP** 87 Sb 44
39-105 Gnojnica Dolna **PK** 102 Wd 48
39-105 Gnojnica Górna **PK** 102 Wd 48
32-864 Gnojnik **MA** 108 Vd 49
06-100 Gnojno **MZ** 56 Wa 32
13-200 Gnojno **WM** 55 Va 29


**156** | Gawarzec Górny

09-216 Gójsk MZ 54 Ud 31
98-331 Gójść LD 89 Ua 42
62-400 Gółkowo WP 64 Sf 35
09-440 Góra MZ 67 Va 33
12-250 Góra WM 45 Wf 25
19-111 Góra PD 58 Xf 29
22-150 Góra LU 95 Yb 41
24-200 Góra LU 93 Xb 41
28-142 Góra SK 101 Wa 45
43-227 Góra SL 99 Ua 49
49-100 Góra OP 87 Sd 44
56-200 Góra DS 74 Rd 38
62-007 Góra WP 63 Sb 34
62-080 Góra WP 62 Rd 34
63-100 Góra WP 63 Rf 36
63-233 Góra WP 75 Sc 37
64-410 Góra WP 62 Ra 33
83-210 Góra PM 41 Tb 25
84-252 Góra PM 29 Ta 21
88-100 Góra KP 53 Tc 32
95-047 Góra LD 78 Uf 38
99-200 Góra Bałdrzychowska LD 77 Tf 37
62-620 Góraj WP 65 Te 34
05-530 Góra Kalwaria MZ 80 Wb 37
87-330 Górale KP 54 Ub 28
74-510 Góralice ZP 48 Pe 31
39-204 Góra Motyczna PK 102 Wc 48
64-700 Góra nad Notecią WP 51 Rc 31
16-120 Górany PD 59 Ye 29
24-100 Góra Puławska LU 81 Wf 40
39-120 Góra Ropczycka PK 102 We 48
42-575 Góra Siewierska SL 99 Ua 46
05-462 Góraszka MZ 68 Wb 35
47-154 Góra Świętej Anny OP 98 Tb 46
99-122 Góra Świętej Małgorzaty LD 66 Ub 36
34-623 Góra Św.Jana MA 108 Vb 50
78-124 Górawino ZP 38 Qc 25
42-421 Góra Włodowska SL 100 Uc 45
47-316 Górażdże OP 98 Ta 45
59-600 Górczyca DS 85 Qe 42
74-510 Górczyn ZP 48 Pd 31
67-407 Górczyna LB 74 Rb 38
66-542 Górecko LB 49 Qd 32
23-460 Górecko Kościelne LU 104 Xf 46
63-920 Góreczki Wielkie WP 75 Sa 39
14-100 Górka WM 43 Va 26
21-150 Górka LU 82 Xc 39
32-820 Górka MA 101 Vd 48
63-112 Górka WP 63 Rf 36
64-600 Górka WP 63 Re 33
68-213 Górka LB 72 Qa 39
97-540 Górka LD 90 Ud 43
64-111 Górka Duchowna WP 74 Rd 37
21-104 Górka Lubartowska LU 82 Xd 39
95-200 Górka Pabianicka LD 78 Ub 38
48-210 Górka Prudnicka OP 97 Se 46
57-150 Górka Sobocka DS 86 Rf 44
22-530 Górka-Zabłocie LU 95 Yf 45
05-156 Górki MZ 67 Vd 35
05-311 Górki MZ 68 Wc 35
08-109 Górki MZ 70 Xd 35
08-400 Górki MZ 81 Wd 37
09-522 Górki MZ 66 Ue 34
21-230 Górki LU 82 Ya 40
26-015 Górki SK 91 Ve 44
27-640 Górki SK 92 Wc 45
36-200 Górki PK 110 Xa 51
39-306 Górki PK 102 Wb 46
42-125 Górki SL 89 Ua 43
42-141 Górki SL 88 Td 43
44-295 Górki SL 98 Tc 48
46-060 Górki OP 87 Sf 45
62-650 Górki WP 65 Tf 35
72-400 Górki ZP 37 Pe 25
82-500 Górki PM 42 Tf 26
83-441 Górki PM 40 Sf 25
88-320 Górki KP 64 Ta 32
96-330 Górki MZ 79 Vc 37
97-540 Górki LD 90 Uc 43
98-337 Górki LD 89 Ub 42
09-500 Górki B MZ 66 Ub 34
07-120 Górki Borze MZ 69 Wf 34
89-240 Górki-Dąbskie KP 52 Sd 31
95-080 Górki-Duże LD 78 Ud 39
98-170 Górki Grabińskie LD 77 Tf 40
07-120 Górki Grubaki MZ 69 Wf 34
43-436 Górki Małe SL 106 Tf 50
66-100 Górki Małe LB 61 Qd 36
95-080 Górki-Małe LD 78 Ud 39
66-542 Górki Noteckie LB 49 Qc 32
18-516 Górki-Sypniewo PD 57 Xa 29
43-436 Górki Wielkie SL 106 Tf 50
89-240 Górki-Zagajne KP 52 Sd 31
11-730 Górkło WM 45 We 25
86-134 Górna Grupa KP 41 Te 28
05-870 Górna Wieś MZ 67 Vd 35
26-660 Górna Wola MZ 80 Wa 39
98-240 Górna Wola LD 77 Ua 38
19-500 Górne WM 34 Xc 23
32-005 Górne-Staniątki MA 100 Vb 48
78-607 Górnica ZP 50 Rb 28
23-460 Górniki LU 104 Ya 45
26-008 Górno SK 91 Ve 43
36-051 Górno PK 103 Xa 47
74-110 Górnowo ZP 48 Pe 30
28-136 Górnowola SK 101 Vf 47
89-410 Górowatki KP 52 Sc 29
11-311 Górowo WM 44 Vf 25
55-110 Górowo DS 74 Re 40
11-220 Górowo Iławeckie WM 32 Vc 23
82-550 Górowychy PM 42 Ub 26
87-134 Górsk KP 53 Tc 30
16-500 Górskie PD 45 Wf 28
18-312 Górskie Ponikły-Stok PD 58 Xc 30
64-234 Górsko WP 74 Rb 37
05-306 Góry MZ 69 We 35
08-108 Góry MZ 70 Xe 34
09-401 Góry MZ 66 Ud 33
14-405 Góry WM 31 Ue 24
23-213 Góry LU 93 Xc 43
23-250 Góry LU 93 Xb 42
26-803 Góry MZ 80 Vf 38
28-411 Góry SK 101 Vc 46
33-334 Góry MA 109 Ve 51
56-330 Góry DS 75 Sc 39
62-420 Góry WP 64 Se 34
62-561 Góry WP 64 Tb 34
97-570 Góry Mokre LD 90 Va 42
27-620 Góry Wysokie SK 93 We 44
38-613 Górzanka PK 111 Xc 53
34-451 Górzany MA 108 Vc 52
57-100 Górzec DS 86 Sa 44
77-400 Górzna WP 51 Rf 28
08-404 Górzno MZ 81 We 37
63-450 Górzno WP 76 Sf 38
64-120 Górzno WP 74 Re 37
73-240 Górzno ZP 49 Qd 31
87-320 Górzno KP 54 Ud 29
59-311 Górzyca DS 74 Ra 40
69-113 Górzyca LB 60 Pd 34
72-300 Górzyca ZP 37 Qb 25
55-080 Górzyce DS 86 Re 43
59-305 Górzyn DS 74 Rc 39
68-300 Górzyn LB 72 Pf 38
76-220 Górzyno PM 28 Sc 21
08-412 Gózd MZ 81 We 37
08-550 Gózd LU 81 Xa 38
21-421 Gózd LU 81 Xa 37
26-634 Gózd MZ 80 Wc 40
08-430 Gózdek MZ 81 Wf 38
23-425 Gózd Lipiński LU 103 Xd 46
26-140 Gózd-Zaszosie SK 91 Ve 43
38-232 Grab PK 110 Wc 52
63-304 Grab WP 64 Se 36
21-500 Grabanów LU 71 Ya 36
17-330 Grabarka PD 70 Xf 34
17-332 Grabarka PD 70 Ya 33
58-500 Grabary DS 85 Qe 43
42-165 Grabarze SL 89 Te 42
96-320 Grabce Józefpolskie MZ 79 Vd 37
46-030 Grabczak OP 88 Sf 43
37-416 Grabczyny PK 93 Wf 45
98-160 Grabia LD 77 Tf 39
97-306 Grabica LD 78 Ud 40
46-030 Grabice OP 88 Sf 43
66-620 Grabice LB 72 Pe 37
96-214 Grabice LD 79 Vc 38
09-120 Grabie MZ 67 Vd 33
32-020 Grabie MA 100 Va 48
32-050 Grabie MA 100 Ue 49
32-740 Grabie MA 108 Vb 49
46-024 Grabie OP 88 Ta 44
87-710 Grabie KP 53 Td 31
42-445 Grabiec SL 90 Ue 45
62-586 Grabienice WP 64 Ta 36
62-700 Grabieniec WP 65 Tc 36
09-522 Grabie Polskie MZ 66 Ue 34
14-106 Grabin WM 43 Va 27
49-100 Grabin OP 87 Sd 45
66-630 Grabin LB 61 Qb 36
72-200 Grabin ZP 37 Qa 26
09-520 Grabina MZ 66 Ue 34
27-640 Grabina SK 92 Wc 44
48-210 Grabina OP 97 Sd 46
62-402 Grabina WP 64 Ta 35
98-100 Grabina LD 77 Ub 39
99-232 Grabina SL 77 Te 38
62-660 Grabina Wielka WP 65 Te 36
39-217 Grabiny PK 102 Wc 48
87-600 Grabiny KP 54 Ua 32
83-022 Grabiny-Zameczek PM 30 Te 23
89-350 Grabionna WP 51 Sa 30
59-820 Grabiszyce DS 84 Qb 42
59-820 Grabiszyce Średnie DS 84 Qb 42
28-225 Grabki Duże SK 101 Vf 45
87-820 Grabkowo KP 66 Ua 33
27-225 Grabków SK 91 Wa 43
68-300 Grabków LB 72 Pf 37
08-460 Grabniak MZ 81 We 38
22-234 Grabniak LU 83 Ya 40
19-330 Grabnik WM 46 Xb 25
11-400 Grabno WM 44 Wb 24
32-830 Grabno MA 101 Ve 49
69-220 Grabno LB 60 Pf 34
76-270 Grabno PM 27 Rf 21
98-160 Grabno LD 77 Tf 40
26-903 Grabnowola MZ 80 Wb 39
63-820 Grabonóg WP 75 Sa 37
62-420 Graboszewo WP 64 Se 35
32-640 Graboszyce MA 100 Uc 49
26-341 Grabowa LD 79 Va 40
26-411 Grabowa MZ 79 Vd 40
26-414 Grabowa MZ 80 Ve 39
28-232 Grabowa SK 102 Wb 46
42-233 Grabowa SL 89 Ub 43
42-454 Grabowa SL 100 Uc 46
62-570 Grabowa WP 64 Ta 36
22-671 Grabowica LU 104 Yb 46
28-133 Grabowica SK 102 Wa 46
07-104 Grabowiec MZ 69 We 33
08-107 Grabowiec MZ 70 Xc 35
09-533 Grabowiec MZ 67 Uf 34
14-521 Grabowiec WM 31 Vb 22
17-100 Grabowiec PD 58 Ya 32
17-204 Grabowiec PD 71 Yc 33
21-302 Grabowiec LU 82 Xe 37
22-425 Grabowiec LU 95 Yd 44
27-353 Grabowiec MZ 92 Wc 42
62-740 Grabowiec WP 65 Tc 36
66-008 Grabowiec LB 72 Qb 37
73-210 Grabowiec ZP 49 Qd 29
87-162 Grabowiec KP 53 Te 31
87-300 Grabowiec KP 54 Ua 29
22-425 Grabowiec-Góra LU 95 Yd 44
37-555 Grabowiec Święte PK 104 Xf 49
26-070 Grabownica SK 91 Vb 43
36-207 Grabownica Starzeńska PK 110 Xa 51
06-212 Grabowo MZ 56 Wb 30
07-440 Grabowo MZ 57 Wd 31
11-700 Grabowo WM 44 Wb 26
14-260 Grabowo WM 43 Ue 27
16-200 Grabowo PD 47 Yc 26
16-300 Grabowo PD 46 Xe 25
18-507 Grabowo PD 46 Xa 28
19-500 Grabowo WM 34 Xb 23
62-130 Grabowo WP 51 Sb 31
72-400 Grabowo ZP 37 Pe 25
73-110 Grabowo ZP 49 Qa 28
73-150 Grabowo ZP 38 Qe 26
74-500 Grabowo ZP 48 Pc 30
76-142 Grabowo ZP 27 Rc 23
78-425 Grabowo ZP 39 Rf 25
82-522 Grabowo PM 41 Te 26
83-212 Grabowo PM 41 Td 25
86-022 Grabowo KP 53 Tb 29
83-403 Grabowo Kościerskie PM 29 Ta 23
62-300 Grabowo Królewskie WP 64 Sd 35
06-316 Grabowo-Skorupki MZ 56 Ve 29
62-240 Grabowo-Wykno WP 64 Se 33
83-403 Grabowska Huta PM 29 Tb 23
26-414 Grabowska Wola MZ 80 Ve 39
26-902 Grabowska Wola MZ 80 Wb 38
27-620 Grabów SK 93 We 44
66-235 Grabów LB 61 Qa 34
68-219 Grabów LB 72 Pf 38
99-150 Grabów LD 65 Ua 36
99-320 Grabów LD 66 Ud 35
07-416 Grabówek MZ 56 Wb 30
11-730 Grabówek WM 45 We 25
98-170 Grabówie LD 77 Tf 40
06-102 Grabówiec MZ 68 Wa 32
11-730 Grabówka WM 45 We 25
15-524 Grabówka PD 59 Yb 30
18-300 Grabówka PD 58 Xb 31
23-235 Grabówka LU 93 Wf 43
36-204 Grabówka PK 110 Xa 51
42-215 Grabówka SL 89 Ua 43
43-394 Grabówka SL 106 Tf 49
44-360 Grabówka SL 98 Tb 48
47-240 Grabówka OP 98 Tb 47
64-840 Grabówka WP 51 Rf 31
98-260 Grabówka LD 77 Te 40
76-004 Grabówko ZP 27 Rc 23
82-500 Grabówko PM 42 Tf 26
83-403 Grabówko PM 29 Tb 24
26-902 Grabów nad Pilicą MZ 80 Wb 38
63-520 Grabów nad Prosną WP 76 Ta 39
26-704 Grabów nad Wisłą MZ 81 We 40
89-350 Grabówno WP 51 Sa 30
08-503 Grabów Rycki LU 81 Xa 38
08-503 Grabów Szlachecki LU 81 Xa 38
28-425 Graby SK 101 Vd 46
62-250 Graby WP 63 Sc 34
97-540 Graby LD 90 Ud 43
26-200 Gracuch SK 91 Vc 41
49-156 Gracze OP 87 Sd 44
11-001 Gradki WM 44 Vd 25
64-050 Gradowice WP 62 Rb 36
88-230 Gradowo KP 65 Td 33
59-600 Gradówek DS 84 Qc 42
09-135 Gradzanowo Kościelne MZ 55 Va 31
06-540 Gradzanowo Zbęskie MZ 55 Va 31
19-200 Grajewo PD 46 Xc 27
08-114 Grala Dąbrowizna MZ 69 Xa 36
07-420 Grale MZ 57 Wd 29
09-166 Gralewo MZ 67 Va 32
13-220 Gralewo WM 55 Va 29
64-400 Gralewo WP 62 Qf 33
66-431 Gralewo LB 49 Qc 32
44-207 Grandownia SL 98 Td 48
05-085 Granica MZ 67 Vc 35
05-806 Granica MZ 68 Ve 36
58-150 Granica DS 85 Rb 43
24-350 Granice LU 93 Xa 42
66-614 Granice LB 60 Pf 36
96-515 Granice MZ 67 Vc 35
97-515 Granice LD 90 Ue 42
58-150 Graniczna DS 85 Rc 43
83-042 Graniczna Wieś PM 29 Tc 24
17-322 Granne PD 70 Xd 33
63-435 Granowiec WP 76 Sd 39
62-066 Granowo WP 62 Rd 35
73-231 Granowo ZP 49 Qc 30
89-620 Granowo PM 40 Sd 27
62-066 Granówko WP 62 Rd 35
76-230 Grapice PM 28 Sc 21
78-411 Grąbczyn ZP 39 Rd 25
09-205 Grąbiec MZ 54 Ue 32
63-930 Grąbkowo WP 75 Sa 38
76-230 Grąbkowo PM 28 Sc 22
62-709 Grąbków WP 76 Tc 37
62-065 Grąblewo WP 62 Rc 35
62-563 Grąblin WP 65 Tc 35
14-407 Grądki WM 43 Uf 24
05-084 Grądy MZ 67 Vd 35
06-212 Grądy MZ 56 Wa 30
07-311 Grądy MZ 57 We 31
07-319 Grądy MZ 69 Xa 33
12-120 Grądy WM 44 Wa 26
12-250 Grądy WM 45 Wf 26
18-414 Grądy PD 57 Wf 29
18-420 Grądy PD 58 Xc 29
19-120 Grądy PD 58 Xf 29
21-075 Grądy LU 82 Xf 40
24-350 Grądy LU 93 Xb 42
33-221 Grądy MA 101 Vf 47
48-385 Grądy OP 97 Sb 46
98-200 Grądy LD 77 Te 39
62-310 Grądy Dolne WP 64 Se 36
62-310 Grądy Górne WP 64 Se 36
98-355 Grądy Łazy LD 89 Tf 42
11-606 Grądy Węgorzewskie WM 34 Wf 23
18-312 Grądy-Woniecko PD 58 Xc 30
11-510 Grądzkie WM 45 Xa 24
19-314 Grądzkie Ełckie WM 46 Xe 25
76-200 Grąsino PM 28 Sa 22
66-520 Grąsy LB 50 Qe 31
38-712 Grąziowa PK 111 Xd 51
87-321 Grążawy KP 54 Ud 29
27-353 Grechów MZ 92 Wc 42
17-106 Gredele PD 71 Yb 32
17-106 Gregorowce PD 71 Yb 33
63-604 Grębanin WP 88 Sf 41
26-330 Grębenice SL 90 Vb 41
98-335 Grębień LD 88 Td 42
07-110 Grębków MZ 69 Wf 35
83-121 Gręblin PM 41 Te 25
59-150 Grębocice DS 74 Rb 39
87-122 Grębocin KP 53 Te 30
97-425 Grębociny LD 78 Ub 40
33-260 Gręboszów MA 101 Ve 47
46-148 Gręboszów OP 87 Se 42
97-403 Gręboszów LD 78 Uc 40
72-400 Grębowo ZP 37 Pf 25
39-410 Grębów PK 103 Wf 45
63-708 Grębów WP 75 Sd 38
06-400 Grędzice MZ 56 Ve 31
07-324 Grędzice MZ 57 Xb 32
74-201 Grędziec ZP 49 Pf 29
55-220 Grędzina DS 87 Sc 42
68-219 Gręzawa LB 72 Pf 38
21-400 Grężówka-Nowa LU 82 Xb 36
21-400 Grężówka-Stara LU 70 Xb 37
82-200 Grobelno PM 42 Ua 24
05-650 Grobice MZ 80 Wa 37
32-709 Grobla MA 101 Vc 48
39-120 Grobla PK 102 We 48
59-411 Grobla DS 85 Ra 43
37-430 Groble PK 103 Xb 46
59-225 Groble DS 73 Qe 41
55-010 Groblice DS 87 Sb 42
48-100 Grobniki OP 97 Sf 47
48-100 Grobniki-Widok OP 97 Sf 47
27-530 Grochocice SK 92 Wd 44
27-580 Grocholice SK 92 Wc 43
97-400 Grocholice LD 78 Ub 41
89-240 Grocholin KP 52 Sc 31
47-344 Grocholub OP 98 Ta 46
55-106 Grochowa DS 75 Sb 40
57-256 Grochowa DS 96 Re 45
87-611 Grochowalsk KP 66 Ub 32
37-733 Grochowce PK 111 Xe 50
39-332 Grochowe PK 102 Wc 46
67-240 Grochowice DS 73 Ra 38
57-200 Grochowiska DS 96 Re 45
78-400 Grochowiska ZP 39 Re 26
87-865 Grochowiska KP 65 Te 34
88-420 Grochowiska-Księże KP 52 Se 32
88-420 Grochowiska-Szlacheckie KP 52 Se 32
69-200 Grochowo LB 61 Qb 34
82-110 Grochowo I PM 30 Ua 23
62-570 Grochowy WP 64 Tb 36
08-300 Grochów MZ 69 Xa 34
66-620 Grochów LB 72 Pf 37
99-350 Grochów LD 66 Ub 35
99-350 Grochówek LD 66 Ub 35
08-111 Grochówka MZ 70 Xd 36
18-112 Grochy PD 58 Xf 31

158 I Gójsk

29-130 Hebdzie SK 90 Uf 45
43-330 Hecznarowice SL 106 Ua 49
23-400 Hedwiżyn LU 104 Xe 45
12-220 Hejdyk WM 45 Wd 27
84-150 Hel PM 30 Te 21
96-512 Helenka MZ 67 Vb 35
82-300 Helenowo WM 30 Uc 24
09-504 Helenów MZ 66 Uc 34
09-550 Helenów MZ 66 Ud 35
21-412 Helenów LU 81 Xb 38
26-670 Helenów MZ 80 Wc 40
62-511 Helenów WP 65 Tc 35
96-512 Helenów MZ 67 Va 35
28-313 Helenówka SK 101 Vc 45
43-520 Heleński SL 106 Te 49
64-820 Heliodorowo WP 51 Sb 30
37-560 Helusz PK 111 Xd 49
56-300 Henrykowice DS 75 Sc 39
11-130 Henrykowo WM 31 Va 23
15-511 Henrykowo PD 59 Yb 30
64-100 Henrykowo WP 74 Rd 38
03-129 Henryków MZ 68 Vf 35
57-210 Henryków DS 86 Sa 45
59-800 Henryków DS 84 Qb 41
67-300 Henryków LB 73 Qd 39
96-520 Henryków MZ 67 Va 35
97-217 Henryków LD 79 Va 39
64-730 Herburtowo WP 50 Ra 31
37-700 Herburtów PK 111 Xe 50
26-085 Herby SK 91 Vd 43
42-284 Herby SL 89 Tf 44
36-020 Hermanowa PK 103 Xa 49
37-733 Hermanowice PK 111 Xe 50
21-411 Hermanów LU 81 Xc 38
16-061 Hermanówka PD 59 Yb 30
67-400 Hetmanice LB 74 Rb 37
16-050 Hieronimowo PD 59 Yd 31
08-331 Hilarów MZ 69 Xb 33
63-200 Hilarów WP 75 Sd 37
05-074 Hipolitów MZ 68 Wc 35
96-315 Hipolitów MZ 67 Vb 36
38-503 Hłomcza PK 111 Xb 51
36-245 Hłudno PK 110 Xa 50
37-716 Hnatkowice PK 111 Xe 49
22-110 Hniszów LU 95 Ye 41
38-604 Hoczew PK 111 Xc 52
18-212 Hodyszewo PD 58 Xe 32
22-244 Hola LU 83 Yb 39
26-015 Holendry SK 91 Vf 44
26-026 Holendry SK 91 Ve 45
62-561 Holendry WP 65 Tb 34
26-900 Holendry Kozienickie MZ 81 Wd 39
98-220 Holendry Paprockie SL 77 Tf 39
26-900 Holendry Piotrkowskie MZ 80 Wd 39
22-220 Holeszów LU 83 Yc 38
16-124 Holiki PD 47 Yc 27
17-120 Holonki PD 70 Xf 33
43-438 Hołcyna SL 106 Tf 50
43-140 Hołdunów SL 99 Ua 48
16-500 Hołny Wolmera PD 35 Yc 24
21-504 Hołodnica LU 71 Yb 36
17-100 Hołody PD 59 Yb 32
08-331 Hołowienki MZ 70 Xb 33
21-222 Hołowno LU 83 Yb 39
16-061 Hołówki Duże PD 58 Ya 31
08-107 Hołubla MZ 70 Xc 35
38-535 Hołuczków PK 111 Xc 51
28-160 Hołudza SK 101 Ve 46
22-425 Hołużno LU 95 Yd 43
33-335 Homrzyska MA 109 Ve 51
22-550 Honiatycze LU 95 Yd 44
22-550 Honiatyczki LU 95 Ye 44
22-540 Honiatyn LU 105 Za 45
62-506 Honoratka WP 64 Tb 35
26-333 Honoratów LD 78 Uf 40
22-650 Hopkie LU 105 Ye 45
83-312 Hopowo PM 29 Tb 23
83-304 Hopy PM 29 Tb 22
21-512 Horbów LU 71 Yc 36
21-413 Hordzież LU 82 Xb 38
21-412 Hordzieżka LU 81 Xb 38
22-135 Horeszkowice LU 95 Ye 43
19-100 Hornostaje PD 46 Xe 28
17-306 Hornowo PD 70 Xf 33
05-080 Hornówek MZ 68 Ve 35
22-523 Horodło LU 95 Za 43
16-150 Horodnianka PD 47 Ya 27
22-122 Horodysko LU 95 Yc 43
21-580 Horodyszcze LU 83 Yb 38
22-151 Horodyszcze LU 95 Yc 41
22-540 Horodyszcze LU 105 Za 45
22-205 Horostyta LU 83 Yb 39
22-540 Horoszczyce LU 105 Za 45
08-221 Horoszki-Duże MZ 70 Ya 35
08-221 Horoszki-Małe MZ 70 Ya 35
37-620 Horyniec-Zdrój PK 105 Yc 47
22-457 Horyszów LU 95 Yd 44
22-424 Horyszów Polski LU 95 Yc 44
22-550 Hostynne LU 95 Ye 44
22-550 Hostynne-Kolonia LU 95 Ye 44
23-450 Hosznia-Abramowska LU 94 Xe 44
23-450 Hosznia-Ordynacka LU 94 Xe 44
38-700 Hoszowczyk PK 111 Xd 52
38-700 Hoszów PK 111 Xd 52
34-500 Hotel Kalatówki MA 108 Uf 53
22-525 Hrebenne LU 95 Za 43
22-680 Hrebenne LU 105 Yd 47
22-500 Hrubieszów LU 95 Yf 44
21-500 Hrud LU 71 Ya 36
16-310 Hruskie PD 47 Yb 26
08-210 Hruszew MZ 70 Xe 35
08-210 Hruszniew MZ 70 Xf 35
37-723 Hruszowice PK 104 Xf 49
22-360 Hruszów LU 94 Yb 42
15-378 Hryniewicze PD 59 Ya 30
17-100 Hryniewicze Duże PD 59 Yb 32
17-100 Hryniewicze Małe PD 59 Yb 31
37-611 Hryńków PK 104 Ya 47
34-436 Huba MA 108 Vb 52
22-400 Hubale LU 94 Yb 44
22-678 Hubinek LU 105 Ye 46
36-147 Hucina PK 102 Wd 47
22-440 Hucisko LU 104 Ya 45
26-010 Hucisko SK 91 Vf 43
26-067 Hucisko SK 91 Vc 43
26-220 Hucisko SK 91 Vd 42
26-234 Hucisko SK 90 Vb 42
26-242 Hucisko SK 90 Va 42
26-400 Hucisko MZ 91 Vd 41
26-500 Hucisko MZ 91 Ve 41
34-232 Hucisko MA 107 Uc 50
36-003 Hucisko PK 103 Xa 47
36-147 Hucisko PK 102 We 47
37-311 Hucisko PK 103 Xb 47
37-413 Hucisko PK 103 Xc 46
42-283 Hucisko SL 89 Tf 45
37-232 Hucisko Jawornickie PK 103 Xc 49
37-750 Hucisko Nienadowskie PK 111 Xc 49
22-540 Hulcze LU 105 Za 46
06-460 Humięcino-Retki MZ 55 Vd 30
99-417 Humin LD 67 Vb 36
36-206 Humniska PK 110 Xa 50
37-600 Hurcze PK 104 Ya 48
37-705 Hurko PK 111 Xf 50
17-100 Husaki PD 59 Ya 31
21-500 Husinka LU 71 Yb 36
37-121 Husów-Górnica PK 103 Xb 49
37-121 Husów-Środkowa PK 103 Xb 49
22-175 Husynne LU 95 Yf 42
22-500 Husynne LU 95 Yf 43
21-532 Huszcza I LU 83 Yb 37
21-532 Huszcza II LU 83 Yb 37
22-420 Huszczka-Duża LU 94 Yb 43
22-420 Huszczka-Mała LU 94 Yb 43
08-206 Huszlew MZ 70 Xf 36
16-310 Huta PD 47 Ya 26
22-120 Huta LU 95 Yd 43
24-160 Huta LU 93 Xa 41
26-510 Huta MZ 91 Ve 41
57-500 Huta DS 96 Rd 47
63-430 Huta WP 76 Se 39
64-700 Huta WP 51 Re 31
89-413 Huta KP 52 Se 28
97-352 Huta LD 90 Ue 41
97-400 Huta SL 78 Uc 40
98-360 Huta LD 77 Td 40
05-620 Huta Błędowska MZ 79 Vd 38
37-740 Huta Brzuska PK 111 Xd 50
21-470 Huta Dąbrowa LU 81 Xa 38
37-410 Huta Deręgowska PK 103 Xb 45
95-081 Huta Dłutowska LD 78 Uc 39
97-524 Huta Drewniana LD 90 Ue 43
22-610 Huta Dzierążeńska LU 105 Yc 45
38-131 Huta Gogolowska PK 110 Wd 49
83-047 Huta Górna PM 29 Tb 23
07-104 Huta-Gruszczyno MZ 69 Wf 34
23-225 Huta Józefów LU 93 Xb 44
83-260 Huta Kalna PM 41 Tb 25
36-110 Huta Komorowska PK 102 We 46
38-232 Huta Krempska PK 110 Wd 52
37-600 Huta Kryształowa PK 105 Yb 48
37-414 Huta Krzeszowska PK 103 Xc 45
22-680 Huta Lubycka LU 105 Yc 47
26-624 Huta Mazowszańska MZ 80 Wa 41
26-004 Huta-Nowa SK 92 Vf 43
37-413 Huta Podgórna PK 103 Xc 45
26-004 Huta Podłysica SK 92 Vf 43
38-232 Huta Polańska PK 110 Wd 52
36-244 Huta Poręby PK 111 Xb 50
36-147 Huta Przedborska PK 102 We 47
97-515 Huta Przerębska LD 90 Ue 42
21-470 Huta Radoryska LU 81 Xa 38
37-613 Huta Różaniecka PK 104 Yb 46
26-640 Huta Skaryszewska MZ 92 Wb 41
26-004 Huta-Stara SK 91 Wa 43
42-263 Huta Stara A SL 89 Ua 44
42-263 Huta Stara B SL 89 Ua 44
86-320 Huta Strzelce KP 42 Ub 27
64-761 Huta Szklana WP 50 Ra 31
22-604 Huta Tarnawacka LU 105 Yc 45
23-465 Huta Turobińska LU 94 Xe 44
96-200 Huta Wałowska LD 79 Vb 38
95-030 Huta Wiskicka LD 78 Ud 38
37-610 Huta Złomy PK 105 Yc 47
82-316 Huta Żuławska WM 31 Ud 23
42-134 Hutka SL 89 Tf 43
22-440 Hutki LU 104 Ya 45
32-329 Hutki MA 100 Ud 47
42-274 Hutki SL 89 Ua 44
22-440 Hutków LU 104 Yb 45
37-743 Huwniki PK 111 Xe 51
38-600 Huzele PK 111 Xb 52
36-024 Hyżne PK 103 Xb 49

# I

24-340 Idalin LU 93 Wf 42
14-100 Idzbark WM 43 Va 26
09-110 Idzikowice MZ 67 Vd 33
26-340 Idzikowice LD 79 Vc 40
46-113 Idzikowice OP 87 Se 42
57-500 Idzików DS 96 Re 47
08-103 Iganie MZ 69 Xb 35
72-315 Iglice ZP 38 Qc 26
62-561 Ignacewo WP 65 Tc 34
05-620 Ignaców MZ 79 Vd 38
24-200 Ignaców LU 93 Xb 41
97-340 Ignaców LD 78 Ue 41
28-300 Ignacówka SK 91 Vc 45
11-100 Ignalin WM 32 Vc 24
87-860 Ignalin KP 65 Ua 34
16-001 Ignatki-Kolonia PD 58 Ya 30
22-113 Ignatów LU 95 Yd 42
23-440 Ignatówka LU 94 Xe 45
32-126 Igołomia MA 101 Vb 48
33-131 Ilkowice MA 101 Vf 48
09-100 Ilinko MZ 67 Vb 33
32-218 Ilkowice MA 101 Vb 46
62-817 Ilno WP 76 Ta 38
14-200 Iława WM 42 Ud 27
48-351 Iława OP 97 Sb 46
68-120 Iłowa LB 72 Qb 39
22-420 Iłowiec LU 95 Yc 44
43-394 Iłownica SL 106 Tf 49
83-420 Iłownica PM 41 Tb 24
87-875 Iłowo KP 65 Te 33
89-400 Iłowo KP 40 Sc 28
13-240 Iłowo-Osada WM 55 Vb 29
96-520 Iłów MZ 67 Va 34
63-112 Iłówiec WP 63 Re 35
27-100 Iłża MZ 92 Wb 42
32-353 Imbramowice MA 100 Uf 47
58-130 Imbramowice DS 86 Rd 43
62-260 Imielenko WP 63 Sc 34
41-407 Imielin SL 99 Ub 48
28-313 Imielnica SK 101 Vc 45
28-313 Imielno SK 101 Vc 45
62-260 Imielno WP 63 Sc 34
62-410 Imielno WP 64 Sf 36
99-350 Imielno LD 66 Ub 35
29-145 Imielówka SK 90 Uf 44
12-200 Imionek WM 45 We 27
19-400 Imionki WM 46 Xd 24
98-285 Inczew LD 77 Td 39
97-215 Inowłódz LD 79 Vb 39
88-100 Inowrocław KP 53 Tb 32
34-120 Inwałd MA 107 Uc 49
73-140 Ińsko ZP 38 Qd 28
37-470 Irena PK 93 Xa 44
26-333 Irenów LD 79 Va 41
42-446 Irządze SL 90 Ue 45
37-750 Iskań PK 111 Xc 50
43-426 Iskrzyczyn SL 106 Te 50
32-709 Ispina MA 101 Vc 48
43-470 Istebna SL 106 Tf 51
17-204 Istok PD 71 Yc 33
27-570 Iwaniska SK 92 Wb 44
17-210 Iwanki PD 59 Yd 31
62-865 Iwanowice WP 76 Tb 39
42-152 Iwanowice-Duże SL 89 Te 43
42-152 Iwanowice-Małe SL 89 Te 43
32-095 Iwanowice Włościańskie MA 100 Uf 47
18-106 Iwanówka PD 58 Ya 30
19-314 Iwaśki WM 46 Xd 25
83-260 Iwiczno PM 41 Tb 25
89-512 Iwiec KP 41 Ta 27
39-124 Iwierzyce PK 102 We 48
76-003 Iwięcino ZP 27 Rb 23
78-450 Iwin ZP 39 Rd 26
59-721 Iwiny DS 85 Qe 41
32-861 Iwkowa MA 108 Vd 50
38-450 Iwla PK 110 Wd 51
62-025 Iwno WP 63 Sb 34
89-241 Iwno KP 52 Sc 30
38-440 Iwonicz PK 110 We 51
38-440 Iwonicz-Zdrój PK 110 We 51
99-232 Iwonie LD 77 Tf 38
08-412 Iwowe MZ 81 Wf 37
05-462 Izabela MZ 68 Wb 35
89-115 Izabela KP 52 Sc 29
98-285 Izabela LD 77 Te 39
05-080 Izabelin MZ 68 Ve 35
05-126 Izabelin MZ 68 Wa 34
05-152 Izabelin MZ 68 Ve 34
05-640 Izabelin MZ 79 Ve 38
62-511 Izabelin WP 65 Tc 35
21-143 Izabelmont LU 81 Xb 40
26-200 Izabelów SK 91 Vc 41
98-220 Izabelów SL 77 Tf 39
22-375 Izbica LU 94 Ya 43
76-220 Izbica PM 28 Sc 20
87-865 Izbica Kujawska KP 65 Te 34
63-900 Izbice WP 74 Re 39
47-180 Izbicko OP 98 Ta 45
63-330 Izbiczno WP 75 Sd 37
39-308 Izbiska PK 102 Wb 47
42-120 Izbiska SL 89 Tf 43
82-103 Izbiska PM 30 Ua 23
16-070 Izbiszcze PD 58 Xf 30
38-313 Izby MA 109 Wa 52
88-300 Izdby KP 64 Sf 33
36-203 Izdebki PK 110 Xa 50
89-310 Izdebki WP 52 Sb 29
08-400 Izdebnik MZ 80 Wd 37
34-143 Izdebnik MA 107 Ue 49
08-450 Izdebno MZ 81 Wd 38
21-065 Izdebno LU 94 Xf 42
62-402 Izdebno WP 64 Ta 34
64-410 Izdebno WP 62 Rb 33
88-420 Izdebno KP 52 Sd 32
21-065 Izdebno-Kolonia LU 94 Xf 42
05-825 Izdebno Kościelne MZ 67 Vd 36
12-220 Iznota WM 45 Wd 26

# J

21-526 Jabłeczna LU 83 Yd 38
62-285 Jabłkowo WP 63 Sb 33
62-511 Jabłków WP 65 Tc 35
26-432 Jabłonica MZ 80 Ve 40
28-225 Jabłonica SK 92 Wa 45
38-200 Jabłonica PK 109 Wb 50
36-213 Jabłonica Polska PK 110 Wf 50
34-602 Jabłoniec MA 108 Vc 50
68-320 Jabłoniec LB 72 Qa 38
13-100 Jabłonka WM 44 Vd 28
34-480 Jabłonka MA 107 Ue 52
36-204 Jabłonka PK 110 Xa 50
48-140 Jabłonka OP 97 Sf 48
62-540 Jabłonka WP 64 Ta 34
18-200 Jabłonka Kościelna PD 58 Xc 31
18-200 Jabłonka Świerczewo PD 58 Xc 31
38-606 Jabłonki PK 111 Xb 53
78-650 Jabłonkowo ZP 50 Rb 29
05-110 Jabłonna MZ 68 Vf 34
23-114 Jabłonna LU 94 Xd 42
26-650 Jabłonna MZ 80 Vf 40
26-811 Jabłonna MZ 79 Ve 39
62-710 Jabłonna WP 65 Tc 36
64-130 Jabłonna WP 74 Rd 38
64-308 Jabłonna WP 62 Rb 35
97-570 Jabłonna LD 90 Uf 42
23-114 Jabłonna I LU 94 Xd 42
23-114 Jabłonna II LU 94 Xd 42
08-304 Jabłonna Lacka MZ 70 Xc 34
08-304 Jabłonna Średnia MZ 70 Xc 34
08-455 Jabłonowiec MZ 81 We 38
13-230 Jabłonowo WM 55 Va 29
19-420 Jabłonowo WM 34 Xb 24
64-850 Jabłonowo WP 51 Re 30
78-650 Jabłonowo ZP 50 Rb 29
13-111 Jabłonowo-Adamy WM 55 Vc 29
87-330 Jabłonowo Pomorskie KP 54 Ua 28
68-113 Jabłonów LB 73 Qc 38
12-200 Jabłoń WM 45 We 27
21-205 Jabłoń LU 82 Ya 38
18-212 Jabłoń-Jankowce PD 58 Xd 31
18-212 Jabłoń-Kościelna PD 58 Xd 31
18-212 Jabłoń-Markowięta PD 58 Xd 31
16-420 Jabłońskie PD 46 Xf 25
19-500 Jabłońskie WM 34 Xb 23
18-212 Jabłoń-Śliwowo PD 58 Xe 31
83-211 Jabłowo PM 41 Td 25
89-210 Jabłowo Pałuckie KP 52 Se 31
58-371 Jabłów DS 85 Rb 44
83-212 Jabłówko PM 41 Td 25
89-210 Jabłówko KP 52 Se 31
47-263 Jaborowice OP 98 Ta 47
19-500 Jabramowo WM 34 Xb 23
26-230 Jacentów SK 91 Vb 42
27-580 Jacentów SK 92 Wc 43
88-100 Jacewo KP 53 Tb 32
27-650 Jachimowice SK 92 Wd 45
14-521 Jachowo WM 31 Va 22
34-211 Jachówka MA 107 Ue 50
05-140 Jachranka MZ 68 Vf 34
06-210 Jaciążek MZ 56 Wa 31
76-010 Jacinki ZP 27 Rd 24
42-140 Jaciska SL 89 Te 43
99-440 Jackowice LD 66 Ue 35
84-210 Jackowo PM 28 Se 20
07-204 Jackowo-Dolne MZ 68 Wb 33
05-190 Jackowo-Dworskie MZ 68 Ve 33
07-203 Jackowo-Górne MZ 68 Wb 33
05-190 Jackowo-Włościańskie MZ 68 Ve 33
21-007 Jacków LU 94 Xe 41
42-282 Jacków SL 89 Uc 43
37-610 Jacków-Ogród PK 105 Yc 47
22-442 Jacnia LU 104 Yb 45
99-420 Jacochów LD 78 Uf 37
16-124 Jacowlany PD 47 Yc 28
07-120 Jaczew MZ 69 Wf 34
55-200 Jaczkowice DS 87 Sb 43

160 I Hebdzie

27-100 Jasieniec-Maziarze **MZ** 92 Wb 42
26-700 Jasieniec Solecki **MZ** 92 Wd 41
17-306 Jasieniówka **PD** 70 Xf 33
33-322 Jasienna **MA** 109 Ve 50
26-070 Jasień **SK** 91 Vb 43
28-200 Jasień **SK** 92 Wa 45
38-700 Jasień **PK** 111 Xd 52
64-020 Jasień **WP** 63 Re 36
68-320 Jasień **LB** 72 Qa 38
77-122 Jasień **PM** 28 Sd 23
80-126 Jasień **PM** 29 Td 22
87-605 Jasień **KP** 54 Uc 32
96-130 Jasień **LD** 79 Va 38
97-217 Jasień **LD** 79 Va 39
62-200 Jasin **WP** 62 Sa 34
66-450 Jasiniec **LB** 61 Qa 32
42-674 Jasiona **SL** 98 Te 46
47-330 Jasiona **OP** 98 Ta 46
48-200 Jasiona **OP** 97 Sd 47
49-330 Jasiona **OP** 87 Sd 44
08-106 Jasionka **MZ** 70 Xc 36
21-200 Jasionka **LU** 82 Xf 39
36-002 Jasionka **PK** 103 Xa 48
38-450 Jasionka **PK** 110 We 51
26-800 Jasionna **MZ** 80 Vf 39
28-300 Jasionna **SK** 91 Vc 45
64-510 Jasionna **WP** 50 Rc 32
95-015 Jasionna **LD** 66 Ud 36
99-417 Jasionna **LD** 67 Va 36
82-335 Jasionno **WM** 42 Uc 24
16-130 Jasionowa Dolina **PD** 47 Yb 28
16-406 Jasionowo **PD** 35 Ya 23
36-211 Jasionów **PK** 110 Wf 51
68-200 Jasionów **LB** 72 Pf 39
19-122 Jasionóweczka **PD** 58 Ya 28
19-122 Jasionówka **PD** 58 Ya 28
09-317 Jasiony **MZ** 54 Ue 30
07-130 Jasiorówka **MZ** 69 We 33
26-050 Jasiów **SK** 91 Vd 43
34-483 Jasiurówka **MA** 107 Ud 51
32-051 Jaskowice **MA** 100 Ue 49
63-440 Jaskółki **WP** 76 Se 38
64-061 Jaskółki **WP** 62 Rd 35
05-190 Jaskółowo **MZ** 68 Vf 33
19-120 Jaskra **PD** 58 Xf 28
42-244 Jaskrów **SL** 89 Ub 43
38-200 Jasło **PK** 110 Wc 50
82-440 Jasna **PM** 42 Ub 24
57-441 Jasna Dolina **DS** 96 Rd 45
59-921 Jasna Góra **DS** 84 Pf 43
63-714 Jasne Pole **WP** 75 Sd 38
43-470 Jasnowice **SL** 106 Tf 51
84-140 Jastarnia **PM** 29 Te 20
32-852 Jastew **MA** 101 Ve 49
37-403 Jastkowice **PK** 93 Xa 45
21-002 Jastków **LU** 82 Xc 41
27-440 Jastków **SK** 92 Wd 43
44-330 Jastřbie-Zdrój **SL** 98 Td 49
64-915 Jastrowie **WP** 39 Re 28
59-420 Jastrowiec **DS** 85 Ra 43
64-500 Jastrowo **WP** 62 Rd 33
26-434 Jastrząb **MZ** 79 Vd 40
26-502 Jastrząb **MZ** 91 Vf 41
42-360 Jastrząb **SL** 89 Ub 44
06-320 Jastrząbka **MZ** 56 Wb 30
18-411 Jastrząbka Młoda **PD** 57 Wf 31
44-323 Jastrzebie Dolne **SL** 98 Td 49
55-300 Jastrzębce **DS** 86 Rd 41
26-631 Jastrzębia **MZ** 80 Wb 40
33-191 Jastrzębia **MA** 109 Vf 50
34-143 Jastrzębia **MA** 107 Ue 49
56-200 Jastrzębia **DS** 74 Rc 38
99-106 Jastrzębia **LD** 65 Tf 35
84-104 Jastrzębia Góra **PM** 29 Tb 20
97-438 Jastrzębice **LD** 77 Ua 41
34-606 Jastrzębie **MA** 108 Vc 51
43-450 Jastrzębie **SL** 106 Tf 50
46-112 Jastrzębie **OP** 87 Se 42
47-411 Jastrzębie **SL** 98 Ta 47
86-140 Jastrzębie **KP** 41 Tb 27
87-322 Jastrzębie **KP** 54 Ud 29
87-600 Jastrzębie **KP** 54 Ub 31
05-552 Jastrzębiec **MZ** 68 Vf 36
06-415 Jastrzębiec **MZ** 56 Ve 30
28-130 Jastrzębiec **SK** 101 Vf 46
37-303 Jastrzębiec **PK** 104 Xd 46
89-410 Jastrzębiec **KP** 52 Sd 28
44-330 Jastrzębie Górne **SL** 98 Td 49
95-070 Jastrzębie Górne **LD** 78 Ub 37
44-245 Jastrzębie Zdrój **SL** 98 Td 48
33-370 Jastrzębik **MA** 109 Vf 52
16-310 Jastrzębna I **PD** 47 Yb 26
16-310 Jastrzębna II **PD** 47 Yb 26
59-524 Jastrzębnik **DS** 85 Qf 42
66-431 Jastrzębnik **LB** 61 Qd 32
64-330 Jastrzębniki **WP** 62 Rc 34
62-240 Jastrzębowo **WP** 64 Se 33
27-570 Jastrzębska Wola **SK** 92 Wb 44
64-300 Jastrzębsko **WP** 62 Ra 35
46-300 Jastrzygowice **OP** 88 Tc 43
34-453 Jaszcze **MA** 108 Vb 51
38-460 Jaszczew **PK** 110 Wd 50
17-315 Jaszczołty **PD** 70 Xd 33
21-020 Jaszczów **LU** 94 Xf 41
07-211 Jaszczułty **MZ** 69 Wd 32
34-106 Jaszczurowa **MA** 107 Ud 50
39-111 Jaszczurówka **PK** 102 Wd 49
55-080 Jaszkotle **DS** 86 Rf 42
57-300 Jaszkowa Dolna **DS** 96 Re 46
57-300 Jaszkowa Górna **DS** 96 Re 46
63-020 Jaszkowo **WP** 63 Sb 35
63-112 Jaszkowo **WP** 63 Rf 36
89-412 Jaszkowo **KP** 52 Se 29
26-652 Jaszowice **MZ** 80 Vf 40
55-040 Jaszowice **DS** 86 Rf 43
43-450 Jaszowiec **SL** 106 Tf 50
48-387 Jaszów **OP** 87 Sb 45
26-670 Jaśce **MZ** 80 Wc 40
16-420 Jaśki **PD** 46 Xe 25
19-100 Jaśki **PD** 46 Xe 28
19-400 Jaśki **WM** 46 Xc 24
42-674 Jaśkowice **SL** 98 Td 46
43-180 Jaśkowice **SL** 99 Te 48
46-060 Jaśkowice **OP** 97 Se 45
46-220 Jaśkowice **OP** 88 Tb 42
55-318 Jaśkowice **DS** 86 Rd 41
59-216 Jaśkowice **DS** 85 Rb 41
14-230 Jaśkowo **WM** 43 Ue 26
39-332 Jaślany **PK** 102 Wc 46
22-300 Jaślików **LU** 94 Ya 42
38-485 Jaśliska **PK** 110 We 52
87-162 Jaświły **PD** 46 Xf 28
37-430 Jata **PK** 103 Xa 46
72-405 Jatki **ZP** 37 Pf 25
22-400 Jatutów **LU** 95 Yb 44
16-150 Jatwież Duża **PD** 47 Ya 27
16-150 Jatwież Mała **PD** 47 Ya 27
21-077 Jawidz **LU** 82 Xe 40
32-626 Jawiszowice **MA** 99 Ua 49
58-405 Jawiszów **DS** 85 Ra 44
26-341 Jawor **LD** 79 Va 40
59-400 Jawor **DS** 85 Rb 42
97-425 Jawor **LD** 77 Ua 40
24-310 Jaworce **LU** 93 Wf 41
07-111 Jaworek **MZ** 69 We 35
09-500 Jaworek **MZ** 66 Ud 34
46-325 Jaworek **OP** 88 Td 42
57-522 Jaworek **DS** 96 Re 47
98-410 Jaworek **LD** 88 Tb 41
57-522 Jaworek Górny **DS** 96 Re 47
34-460 Jaworki **MA** 108 Vd 52
42-713 Jawornica **SL** 89 Te 44
32-400 Jawornik **MA** 107 Uf 49
38-114 Jawornik **PK** 110 Wf 49
37-232 Jawornik Polski **PK** 103 Xb 49
37-232 Jawornik Przedmieście **PK** 111 Xb 49
37-751 Jawornik Ruski **PK** 111 Xb 50
05-090 Jaworowa **MZ** 68 Vf 36
24-103 Jaworów **LU** 81 Xa 39
57-120 Jaworów **DS** 87 Sb 44
99-150 Jaworów **LD** 65 Ua 36
16-002 Jaworówka **PD** 58 Xf 29
32-853 Jaworsko **MA** 101 Ve 49
27-350 Jawor Solecki **MZ** 92 Wc 42
63-810 Jawory **WP** 75 Sb 37
76-248 Jawory **PM** 28 Sc 23
18-312 Jawory-Klepacze **PD** 58 Xd 30
26-050 Jaworze **SK** 91 Ve 43
87-200 Jaworze **KP** 54 Ua 29
39-220 Jaworze Dolne **PK** 102 Wc 49
43-384 Jaworze-Dolne **SL** 106 Tf 50
39-220 Jaworze Górne **PK** 102 Wc 49
43-384 Jaworze-Górne **SL** 106 Tf 50
43-384 Jaworze-Nałęże **SL** 106 Tf 50
43-384 Jaworze-Średnie **SL** 106 Tf 50
34-602 Jaworzna **MA** 108 Vc 50
26-065 Jaworznia **SK** 91 Vc 43
42-310 Jaworznik **SL** 89 Uc 45
43-602 Jaworzno **SL** 99 Ub 47
46-325 Jaworzno **OP** 88 Td 42
58-140 Jaworzyna Śląska **DS** 86 Rc 43
43-476 Jaworzynka **SL** 106 Tf 51
28-305 Jawór **SK** 91 Vd 44
14-240 Jawty-Małe **WM** 42 Ub 26
14-240 Jawty-Wielkie **WM** 42 Ub 26
89-400 Jazdrowo **KP** 40 Sc 28
07-420 Jazgarka **MZ** 56 Wc 29
16-310 Jaziewo **PD** 46 Xf 27
38-124 Jazowa **PK** 110 Wd 49
82-100 Jazowa **PM** 30 Ub 23
33-389 Jazowsko **MA** 108 Vd 51
78-114 Jazy **ZP** 26 Qe 24
87-880 Jądrowice **KP** 65 Te 33
08-412 Jaźwiny **MZ** 81 We 37
08-440 Jaźwiny **MZ** 80 We 37
39-215 Jaźwiny **PK** 102 Wb 48
42-244 Jaźwiny **SL** 89 Uc 44
83-136 Jaźwiska **PM** 42 Te 26
58-210 Jaźwina **DS** 86 Re 44
64-212 Jażyniec **WP** 62 Ra 36
21-109 Jedlanka **LU** 82 Xf 39
21-422 Jedlanka **LU** 81 Xa 37
26-070 Jedle **SK** 91 Vb 43
63-322 Jedlec **WP** 76 Sf 37
46-042 Jedlice **OP** 88 Tb 44
74-240 Jedlice **ZP** 49 Qa 31
38-460 Jedlicze **PK** 110 Wd 50
95-073 Jedlicze **LD** 78 Ub 37
23-423 Jedlinki **LU** 103 Xd 46
26-660 Jedlińsk **MZ** 80 Wa 39
26-670 Jedlnia **MZ** 80 Wc 40
26-630 Jedlnia-Letnisko **MZ** 80 Wb 40
97-561 Jedlno I **LD** 89 Ub 42
97-561 Jedlno II **LD** 89 Ub 42
44-300 Jedłownik **SL** 98 Tc 49
18-400 Jednaczewo **PD** 57 Xa 29
06-323 Jednorożec **MZ** 56 Wa 30
18-420 Jedwabne **PD** 58 Xb 29
12-122 Jedwabno **WM** 44 Ve 27
87-162 Jedwabno **KP** 53 Te 30
11-010 Jedzbark **WM** 44 Ve 26
13-220 Jeglia **WM** 55 Uf 28
07-420 Jeglijowiec **MZ** 56 Wc 29
16-503 Jegliniec **PD** 35 Ya 24
11-420 Jegławki **WM** 33 Wc 23
57-130 Jegłowa **DS** 87 Sa 44
82-331 Jegłownik **WM** 30 Ub 24
26-140 Jegrzna **SK** 91 Ve 43
44-290 Jejkowice **SL** 98 Tc 48
27-353 Jelanka **MZ** 92 Wc 42
32-250 Jelcza **MA** 100 Uf 46
28-411 Jelcza Wielka **SK** 101 Vc 46
55-230 Jelcz-Laskowice **DS** 87 Sc 42
84-110 Jeldzino **PM** 29 Ta 20
58-500 Jelenia Góra **DS** 85 Qe 43
21-422 Jeleniec **LU** 81 Xb 37
86-221 Jeleniec **KP** 53 Tc 29
16-404 Jeleniewo **PD** 35 Xf 23
57-160 Jelenin **DS** 86 Sa 43
68-100 Jelenin **LB** 73 Qc 38
74-500 Jelenin **ZP** 48 Pc 31
78-400 Jelenino **ZP** 39 Rd 27
78-506 Jelenino **ZP** 38 Qf 27
57-343 Jeleniow **DS** 96 Rc 46
12-120 Jeleniowo **WM** 44 Wa 26
26-006 Jeleniów **SK** 92 Wa 43
66-006 Jeleniów **LB** 73 Qc 37
13-230 Jeleń **WM** 55 Uf 29
43-608 Jeleń **SL** 99 Ub 48
78-446 Jeleń **ZP** 39 Rd 27
83-140 Jeleń **PM** 41 Te 26
89-422 Jeleń **KP** 52 Sc 28
77-124 Jeleńcz **PM** 28 Sd 23
89-506 Jeleńcz **KP** 40 Se 27
84-217 Jeleńska Huta **PM** 29 Tb 22
34-340 Jeleśnia **SL** 107 Ub 51
62-220 Jelitowo **WP** 64 Sd 34
33-318 Jelna **MA** 109 Ve 50
37-310 Jelna **PK** 103 Xc 47
26-340 Jelnia **LD** 79 Vc 40
77-304 Jelnia **PM** 39 Rf 26
21-560 Jelnica **LU** 82 Xe 37
26-415 Jelonek **MZ** 79 Vd 40
27-300 Jelonek **MZ** 92 Wd 41
17-204 Jelonka **PD** 71 Yc 33
07-302 Jelonki **MZ** 57 We 31
14-411 Jelonki **WM** 42 Ud 24
46-325 Jelonki **OP** 88 Td 42
46-024 Jełowa **OP** 88 Ta 44
16-424 Jemieliste **PD** 35 Xe 23
56-420 Jemielna **DS** 87 Sd 41
47-133 Jemielnica **OP** 98 Tc 45
56-209 Jemielno **DS** 74 Rd 39
66-220 Jemiołów **LB** 61 Qb 34
57-200 Jemna **DS** 86 Rd 45
72-130 Jenikowo **ZP** 37 Qa 27
66-450 Jenin **LB** 61 Qa 32
66-450 Jeniniec **LB** 60 Qa 33
55-311 Jenkowice **DS** 86 Rd 42
56-400 Jenkowice **DS** 87 Sb 41
59-430 Jenków **DS** 85 Rc 42
18-218 Jeńki **PD** 58 Xe 30
64-010 Jerka **WP** 63 Rf 37
12-140 Jerutki **WM** 44 Wa 27
12-140 Jeruty **WM** 44 Wb 27
05-317 Jeruzal **MZ** 69 Wf 36
96-111 Jeruzal **LD** 79 Vc 37
95-083 Jerwonice **LD** 77 Ua 38
99-412 Jerzewo **LD** 67 Uf 35
77-116 Jerzkowice **PM** 28 Sd 23
59-500 Jerzmanice Zdrój **DS** 85 Qf 42
59-900 Jerzmanki **DS** 84 Qa 42
67-222 Jerzmanowa **DS** 73 Ra 39
32-048 Jerzmanowice **MA** 100 Ue 47
59-225 Jerzmanowice **DS** 85 Qf 41
87-851 Jerzmanowo **KP** 65 Tf 34
89-430 Jerzmionki **KP** 40 Sd 27
14-230 Jerzwałd **WM** 42 Ud 26
62-010 Jerzykowo **WP** 63 Sb 34
62-010 Jerzyn **WP** 63 Sb 34
07-130 Jerzyska **MZ** 69 We 33
67-415 Jesiona **LB** 73 Qf 37
62-610 Jesionka **WP** 65 Tc 35
96-315 Jesionka **MZ** 67 Vc 36
12-160 Jesionowiec **WM** 44 Wa 28
11-040 Jesionowo **WM** 44 Vd 25
14-523 Jesionowo **WM** 32 Vb 23
74-210 Jesionowo **ZP** 49 Qa 30
49-200 Jeszkotle **OP** 87 Sb 44
55-003 Jeszkowice **DS** 87 Sb 42
83-206 Jezierce **PM** 41 Tc 25
22-600 Jeziernia **LU** 105 Yc 46
82-112 Jeziernik **PM** 30 Tf 23
76-113 Jezierzany **ZP** 27 Rd 21
77-140 Jezierze **PM** 28 Sb 23
64-030 Jezierzyce **WP** 74 Re 37
70-892 Jezierzyce **ZP** 48 Pe 28
76-200 Jezierzyce **PM** 28 Sa 22
64-140 Jezierzyce Kościelne **WP** 74 Rc 37
76-200 Jezierzyce-Osiedle **PM** 28 Sa 21
55-065 Jezierzyce Wielkie **DS** 86 Rf 43
05-652 Jeziora **MZ** 79 Ve 37
11-320 Jeziorany **WM** 44 Ve 25
11-320 Jeziorany-Kolonie **WM** 44 Ve 25
88-324 Jeziora Wielkie **KP** 64 Tb 33
16-300 Jeziorki **PD** 46 Xe 25
62-060 Jeziorki **WP** 62 Rd 35
64-810 Jeziorki **WP** 51 Rf 30
78-640 Jeziorki **ZP** 50 Ra 29
86-141 Jeziorki **KP** 41 Tb 28
87-340 Jeziorki **KP** 54 Uc 29
88-320 Jeziorki **KP** 64 Ta 33
89-600 Jeziorki **PM** 40 Se 26
89-320 Jeziorki Kosztowskie **WP** 51 Sa 29
11-520 Jeziorko **WM** 45 Wd 25
18-421 Jeziorko **PD** 57 Xa 29
26-006 Jeziorko **SK** 91 Wa 43
95-040 Jeziorko **LD** 78 Uf 38
99-414 Jeziorko-Południowe **LD** 67 Va 35
99-414 Jeziorko-Północne **LD** 67 Va 35
98-405 Jeziorna **LD** 76 Tb 40
82-440 Jeziorno **PM** 42 Ub 25
21-220 Jezioro **LU** 82 Xe 39
42-133 Jezioro **SL** 89 Tf 44
82-325 Jezioro **WM** 42 Uc 24
42-439 Jeziorowice **SL** 100 Ue 45
11-612 Jeziorowskie **WM** 34 Wf 24
98-290 Jeziorsko **LD** 77 Td 38
21-400 Jeziory **LU** 82 Xc 37
66-200 Jeziory **LB** 61 Qd 35
63-020 Jeziory-Małe **WP** 62 Sa 35
63-020 Jeziory-Wielkie **WP** 62 Sa 35
05-555 Jeziorzany **MZ** 80 Ve 37
21-146 Jeziorzany **LU** 81 Xb 39
32-060 Jeziorzany **MA** 100 Ue 49
97-220 Jeziorzec **LD** 79 Ve 39
05-652 Jeziórka **MZ** 79 Ve 37
88-111 Jezuicka Struga **KP** 53 Tb 31
77-323 Jęczniki Małe **PM** 40 Sc 27
77-300 Jęczniki Wielkie **PM** 40 Sc 27
48-140 Jędrychowice **OP** 97 Se 48
11-731 Jędrychowo **WM** 44 Wb 26
14-220 Jędrychowo **WM** 42 Uc 27
14-530 Jędrychowo **WM** 31 Ue 23
14-300 Jędrychówko **WM** 43 Uf 25
47-171 Jędrynie **OP** 98 Tb 45
42-660 Jędrysek **SL** 99 Tf 45
64-700 Jędrzejewo **WP** 50 Rc 31
64-700 Jędrzejewo **WP** 51 Rd 31
86-141 Jędrzejewo **KP** 41 Tb 27
27-400 Jędrzejowice **SK** 92 Wb 43
05-306 Jędrzejów **MZ** 69 We 35
28-300 Jędrzejów **SK** 91 Vb 45
49-200 Jędrzejów **OP** 87 Sb 45
23-450 Jędrzejówka **LU** 94 Xe 44
37-610 Jędrzejówka **PK** 105 Yc 47
59-101 Jędrzychow **DS** 73 Ra 40
57-120 Jędrzychowice **DS** 87 Sb 43
67-407 Jędrzychowice **LB** 74 Rb 38
68-212 Jędrzychowice **LB** 72 Pf 39
68-212 Jędrzychowiczki **LB** 72 Pf 39
48-300 Jędrzychów **OP** 97 Sb 46
59-170 Jędrzychówek **DS** 73 Qf 40
12-201 Jeże **WM** 45 Wf 28
99-232 Jeżew **LD** 77 Ua 38
05-555 Jeżewice **MZ** 79 Ve 37
09-100 Jeżewo **MZ** 67 Vc 33
11-400 Jeżewo **WM** 33 Wb 24
63-810 Jeżewo **WP** 75 Sb 37
84-219 Jeżewo **PM** 29 Sf 21
86-131 Jeżewo **KP** 41 Tc 27
89-210 Jeżewo **KP** 52 Sf 31
42-793 Jeżowa **SL** 88 Td 44
26-616 Jeżowa Wola **MZ** 80 Wa 40
37-430 Jeżowe **PK** 103 Xa 46
29-100 Jeżowice **SK** 90 Uf 43
26-200 Jeżów **SK** 91 Vc 41
27-425 Jeżów **SK** 92 Wb 43
28-330 Jeżów **SK** 100 Va 45
38-350 Jeżów **MA** 109 Vf 50
95-047 Jeżów **LD** 78 Uf 38
97-371 Jeżów **LD** 78 Ud 41
32-340 Jeżówka **MA** 100 Uf 46
58-521 Jeżów Sudecki **DS** 85 Qe 43
76-150 Jeżyce **ZP** 27 Rc 22
76-150 Jeżyczki **ZP** 27 Rc 22
66-450 Jeżyki **LB** 61 Qa 32
58-330 Jlina-Zdrójed **DS** 85 Rb 44
08-100 Joachimów **MZ** 70 Xc 36
99-417 Joachimów **LD** 67 Vb 36
22-330 Joanin **LU** 94 Xf 43
39-225 Jodłowa **PK** 109 Wb 49
56-120 Jodłowice **DS** 86 Re 41
98-300 Jodłowiec **LD** 89 Te 41
34-620 Jodłownik **MA** 108 Vb 50
58-262 Jodłownik **DS** 86 Rd 45
83-047 Jodłowno **PM** 29 Tc 23
48-364 Jodłów **OP** 97 Sb 46
57-530 Jodłów **DS** 96 Re 48
32-765 Jodłówka **MA** 101 Vd 49
37-560 Jodłówka **PK** 103 Xc 49
82-410 Jodłówka **PM** 42 Ub 25
33-173 Jodłówka Tuchowska **MA** 109 Wa 50
33-150 Jodłówka-Wałki **MA** 102 Wa 48
09-131 Joniec **MZ** 67 Vd 33
33-160 Joniny **MA** 109 Wb 49
11-042 Jonkowo **WM** 43 Vb 26
09-317 Jonne **MZ** 55 Ue 31
21-422 Jonnik **LU** 81 Xb 37
11-730 Jora Wielka **WM** 45 Wc 25
66-200 Jordanowo **LB** 61 Qd 34
88-180 Jordanowo **KP** 52 Ta 31
34-240 Jordanów **MA** 107 Ue 51
95-060 Jordanów **LD** 78 Ue 38

A Ą B C Ć D E Ę F G H I J K L Ł M N Ń O Ó P Q R S Ś T U V W X Y Z Ź Ż

96-330 Kamion **MZ** 79 Vb 37
96-512 Kamion **MZ** 67 Vb 34
98-324 Kamion **LD** 89 Te 42
98-290 Kamionacz **LD** 77 Te 38
98-200 Kamionaczyk **LD** 77 Te 39
12-100 Kamionek **WM** 44 Vf 27
47-325 Kamionek **OP** 98 Ta 45
88-330 Kamionek **KP** 64 Sf 33
11-600 Kamionek Wielki **WM** 33 Wd 24
82-340 Kamionek Wielki **WM** 30 Uc 23
05-306 Kamionka **MZ** 69 We 35
05-334 Kamionka **MZ** 69 We 36
09-541 Kamionka **MZ** 66 Ue 35
13-314 Kamionka **WM** 54 Ud 28
14-300 Kamionka **WM** 43 Ue 25
16-060 Kamionka **PD** 59 Yc 30
16-423 Kamionka **PD** 46 Xe 24
19-122 Kamionka **PD** 47 Ya 28
21-132 Kamionka **LU** 82 Xc 40
21-450 Kamionka **LU** 81 Wf 37
24-333 Kamionka **LU** 93 Wf 42
32-241 Kamionka **MA** 100 Va 46
37-418 Kamionka **PK** 103 Xc 46
39-122 Kamionka **PK** 102 We 48
47-214 Kamionka **OP** 98 Ta 46
62-710 Kamionka **WP** 65 Tc 36
64-720 Kamionka **WP** 51 Rd 32
74-505 Kamionka **ZP** 48 Pd 32
82-500 Kamionka **PM** 42 Tf 26
83-230 Kamionka **PM** 41 Td 26
87-404 Kamionka **KP** 54 Ua 30
89-650 Kamionka **PM** 41 Ta 26
96-317 Kamionka **MZ** 67 Vb 36
98-260 Kamionka **LD** 77 Te 40
98-335 Kamionka **LD** 88 Td 41
98-430 Kamionka **LD** 88 Tb 41
33-334 Kamionka Wielka **MA** 109 Ve 51
09-412 Kamionki **MZ** 66 Ud 33
11-500 Kamionki **WM** 45 Wd 24
18-420 Kamionki **PD** 58 Xc 29
58-250 Kamionki **DS** 86 Rd 44
62-023 Kamionki **WP** 63 Rf 35
87-148 Kamionki Duże **KP** 53 Te 30
87-148 Kamionki Małe **KP** 53 Te 30
07-130 Kamionna **MZ** 69 We 33
32-732 Kamionna **MA** 108 Vc 50
55-080 Kamionna **DS** 86 Re 43
64-400 Kamionna **WP** 62 Qf 33
86-230 Kamlarki **KP** 53 Td 29
77-200 Kamnica **PM** 39 Rf 24
97-306 Kamocin **LD** 78 Ud 40
26-337 Kamocka Wola **LD** 90 Uf 41
78-200 Kamosowo **ZP** 38 Qf 25
05-085 Kampinos **MZ** 67 Vc 35
42-125 Kamyk **SL** 89 Ua 43
98-313 Kamyk **LD** 77 Tf 40
36-072 Kamyszyn **PK** 103 Wf 48
08-307 Kanabród **MZ** 70 Xc 34
55-140 Kanclerzowice **DS** 75 Rf 40
67-400 Kandlewo **LB** 74 Rb 38
11-220 Kandyty **WM** 32 Vc 23
73-120 Kania **ZP** 37 Qb 27
88-190 Kania **KP** 52 Sf 31
95-100 Kania Góra **LD** 78 Uc 37
87-840 Kanibród **KP** 66 Ub 34
97-220 Kanice **LD** 79 Vb 39
82-522 Kaniczki **PM** 41 Te 26
05-805 Kanie **MZ** 68 Ve 36
22-170 Kanie **LU** 94 Ya 42
63-720 Kaniew **WP** 75 Sc 38
87-703 Kaniewo **KP** 53 Te 32
09-470 Kanigowo **MZ** 67 Uf 33
13-100 Kanigowo **WM** 55 Vc 29
06-452 Kanigówek **MZ** 55 Vc 31
76-113 Kanin **ZP** 27 Rd 22
34-600 Kanina **MA** 108 Vd 51
26-050 Kaniów **SK** 91 Vd 43
43-512 Kaniów **SL** 99 Ua 49
46-090 Kaniów **OP** 87 Sf 44
66-620 Kaniów **LB** 72 Pf 37
16-060 Kaniuki **PD** 59 Yb 31
21-222 Kaniuki **LU** 83 Yb 39
21-075 Kaniwola **LU** 82 Ya 40
33-220 Kanna **MA** 101 Vf 47
49-340 Kantorowice **OP** 87 Sd 44
16-100 Kantorówka **PD** 59 Yc 28
14-220 Kantowo **WM** 42 Ub 27
37-220 Kańczuga **PK** 103 Xc 49
07-320 Kańkowo **MZ** 69 Xa 32
26-230 Kapałów **LD** 91 Vb 42
19-200 Kapice **PD** 46 Xd 27
83-314 Kaplica **PM** 29 Tb 23
11-010 Kaplityny **WM** 44 Vd 26
22-207 Kaplonosy **LU** 83 Yc 39
18-214 Kapłań **PD** 58 Xc 32
23-304 Kapronie **LU** 94 Xd 45
06-220 Kaptury **MZ** 56 Wb 32
16-030 Karakule **PD** 59 Yb 29
14-200 Karaś **WM** 42 Ud 27
41-902 Karb **SL** 99 Tf 46
11-130 Karbowo **WM** 43 Vb 24
87-300 Karbowo **KP** 54 Uc 29
19-300 Karbowskie **WM** 46 Xb 26
42-674 Karchowice **SL** 99 Te 46
64-120 Karchowo **WP** 74 Re 37
47-270 Karchów **OP** 98 Ta 47
78-100 Karcino **ZP** 26 Qc 24
08-106 Karcze **MZ** 70 Xc 36
84-208 Karczemki **PM** 29 Tc 22
05-480 Karczew **MZ** 68 Wb 36
42-270 Karczewice **SL** 89 Uc 43
72-310 Karczewie **ZP** 37 Qb 26
07-111 Karczewiec **MZ** 69 Wf 35
07-130 Karczewizna **MZ** 69 We 34
62-280 Karczewo **WP** 63 Sb 33
64-061 Karczewo **WP** 62 Rc 35
87-400 Karczewo **KP** 54 Ua 29
89-520 Karczewo **KP** 40 Se 28
08-500 Karczmiska **LU** 81 Xa 38
24-310 Karczmiska **LU** 93 Wf 41
24-310 Karczmiska II **LU** 93 Xa 41
16-020 Karczmisko **PD** 59 Yb 29
97-425 Karczmy **LD** 78 Ub 39
59-323 Karczowiska **DS** 74 Ra 41
82-331 Karczowiska Górne **WM** 30 Uc 24
49-120 Karczów **OP** 87 Se 44
97-525 Karczów **LD** 90 Ue 42
98-240 Karczówek **LD** 77 Tf 38
25-640 Karczówka **SK** 91 Vd 43
26-411 Karczówka **MZ** 79 Vd 40
68-113 Karczówka **LB** 73 Qc 38
28-313 Karczunek **SK** 91 Vc 45
55-311 Karczyce **DS** 86 Re 42
57-150 Karczyn **DS** 86 Rf 44
88-150 Karczyn **KP** 65 Tc 32
66-120 Kargowa **LB** 61 Qf 36
28-142 Kargów **SK** 101 Vf 45
11-130 Karkajmy **WM** 43 Va 24
99-107 Karkoszki **LD** 66 Ub 36
66-435 Karkoszów **LB** 60 Pf 33
73-120 Karkowo **ZP** 37 Qb 28
78-120 Karkowo **ZP** 38 Qd 24
09-227 Karlewo **MZ** 54 Ud 31
84-110 Karlikowo **PM** 29 Ta 20
38-505 Karlików **PK** 110 Xa 52
42-400 Karlin **SL** 100 Ud 46
78-230 Karlino **ZP** 38 Qf 24
46-037 Karłowice **OP** 87 Se 43
59-830 Karłowice **DS** 84 Qc 42
62-006 Karłowice **WP** 62 Sa 34
48-387 Karłowice-Małe **OP** 97 Sb 45
48-387 Karłowice-Wielkie **OP** 97 Sb 45
46-037 Karłowiczki **OP** 87 Se 43
96-521 Karłowo **MZ** 67 Uf 35
24-160 Karmanowice **LU** 81 Xa 40
62-045 Karmin **WP** 62 Rb 33
63-330 Karmin **WP** 75 Se 37
64-030 Karmin **WP** 74 Rd 37
63-330 Karminek **WP** 75 Se 38
63-330 Karminiec **WP** 76 Sd 38
64-212 Karna **WP** 62 Qf 35
72-343 Karnice **ZP** 37 Qa 24
73-150 Karnice **ZP** 38 Qc 26
99-200 Karnice **LD** 77 Tf 37
76-004 Karnieszewice **ZP** 27 Rc 23
06-425 Karniewo **MZ** 56 Vf 31
06-461 Karniewo **MZ** 55 Vd 31
66-400 Karnin **LB** 61 Qb 32
32-545 Karniowice **MA** 100 Ud 48
32-010 Karniów **MA** 100 Vb 48
62-212 Karniszewo **WP** 64 Sc 33
09-320 Karniszyn **MZ** 55 Uf 31
14-230 Karnity **WM** 43 Ue 26
09-150 Karnkowo **MZ** 67 Vc 34
87-600 Karnkowo **KP** 54 Ub 31
57-130 Karnków **DS** 87 Sb 44
99-413 Karnków **LD** 67 Uf 35
43-419 Karnowiec **SL** 106 Te 50
89-100 Karnowo **KP** 52 Sd 29
89-100 Karnówko **KP** 52 Sd 29
05-205 Karolew **MZ** 68 Wc 34
05-252 Karolew **MZ** 68 Wc 34
05-652 Karolew **MZ** 79 Ve 37
08-300 Karolew **MZ** 69 Xa 34
06-214 Karolewo **MZ** 56 Wa 30
09-505 Karolewo **MZ** 66 Uc 33
11-400 Karolewo **WM** 45 Wc 24
64-610 Karolewo **WP** 51 Rf 32
86-022 Karolewo **KP** 52 Ta 29
86-141 Karolewo **KP** 41 Tb 28
86-342 Karolewo **KP** 42 Ua 28
89-410 Karolewo **KP** 52 Sd 28
16-506 Karolin **PD** 47 Yb 24
21-080 Karolin **LU** 82 Xc 40
26-700 Karolin **MZ** 80 Wd 41
96-314 Karolina **MZ** 67 Vd 36
98-215 Karolina **LD** 77 Tc 38
09-120 Karolinowo **MZ** 67 Vd 32
09-142 Karolinowo **MZ** 67 Vd 33
07-230 Karolinów **MZ** 69 Wd 34
22-110 Karolinów **LU** 95 Yd 41
29-105 Karolinów **SK** 90 Va 43
27-350 Karolów **MZ** 92 Wc 42
37-600 Karolówka **PK** 104 Yb 48
39-450 Karolówka **PK** 102 Wd 46
56-215 Karów **DS** 74 Rb 39
17-123 Karp **PD** 58 Xe 32
12-220 Karpa **WM** 45 Wd 28
58-550 Karpacz **DS** 85 Qe 44
64-200 Karpicko **WP** 62 Ra 36
05-252 Karpin **MZ** 68 Wb 34
72-015 Karpin **ZP** 36 Pc 27
95-006 Karpin **LD** 78 Ue 38
82-522 Karpiny **PM** 41 Tf 27
23-206 Karpiówka **LU** 93 Xb 43
58-533 Karpniki **DS** 85 Qf 43
77-130 Karpno **PM** 40 Sc 25
16-150 Karpowicze **PD** 47 Ya 27
14-230 Karpowo **WM** 42 Ud 26
62-220 Karsewo **WP** 64 Se 34
78-609 Karsibor **ZP** 50 Rc 28
72-602 Karsibór **ZP** 36 Pb 25
78-316 Karsibór **ZP** 38 Qf 27
83-440 Karsin **PM** 40 Sf 25
76-010 Karsina **ZP** 39 Rc 24
76-113 Karsino **ZP** 27 Rd 22
72-200 Karsk **ZP** 37 Qa 26
88-121 Karsk **KP** 65 Tc 33
63-400 Karski **WP** 76 Sf 38
73-115 Karsko **ZP** 49 Qa 30
74-305 Karsko **ZP** 49 Qa 31
78-550 Karsno **ZP** 38 Rb 27
09-210 Karsy **MZ** 55 Va 32
27-500 Karsy **SK** 92 Wc 44
27-530 Karsy **SK** 92 We 43
28-305 Karsy **SK** 91 Vd 45
62-571 Karsy **WP** 64 Tb 36
63-322 Karsy **WP** 76 Sf 38
97-524 Karsy **LD** 90 Ud 42
28-133 Karsy Małe **SK** 102 Wa 46
83-221 Karszanek **PM** 41 Tc 26
62-660 Karszew **WP** 65 Tf 36
98-100 Karszew **LD** 77 Ua 39
14-420 Karszewo **WM** 31 Ud 23
28-366 Karsznice **SK** 91 Vb 44
99-122 Karsznice **LD** 66 Uc 36
99-413 Karsznice Duże **LD** 67 Uf 35
72-022 Karszno **ZP** 36 Pb 26
57-100 Karszów **DS** 86 Rf 44
57-100 Karszówek **DS** 87 Sb 44
66-120 Karszyn **LB** 61 Qf 36
78-230 Karścino **ZP** 38 Qe 24
72-110 Kartlewo **ZP** 37 Pe 26
66-130 Kartno **LB** 73 Qf 37
74-106 Kartno **ZP** 48 Pe 29
67-300 Kartowice **LB** 73 Qd 39
83-300 Kartuzy **PM** 29 Tb 23
87-320 Karw **KP** 54 Ud 29
06-300 Karwacz **MZ** 56 Vf 30
84-120 Karwia **PM** 29 Tb 20
50-900 Karwiany **DS** 86 Sa 42
12-220 Karwica **WM** 45 Wc 27
84-312 Karwica **PM** 28 Se 22
26-300 Karwice **LD** 79 Vc 40
76-142 Karwice **ZP** 27 Rd 23
78-500 Karwice **ZP** 38 Qf 28
11-700 Karwie **WM** 44 Wb 26
84-105 Karwieńskie Błoto **PM** 29 Tb 20
12-200 Karwik **WM** 45 We 26
32-104 Karwin **MA** 101 Vb 48
66-530 Karwin **LB** 50 Qf 32
78-230 Karwin **ZP** 38 Qe 25
56-420 Karwiniec **DS** 87 Sd 42
14-405 Karwiny **WM** 31 Ue 24
77-116 Karwno **PM** 28 Sd 22
33-170 Karwodrza **MA** 102 Wa 49
18-520 Karwowo **PD** 57 Xa 29
19-213 Karwowo **PD** 58 Xc 28
72-001 Karwowo **ZP** 48 Pc 28
73-150 Karwowo **ZP** 38 Qd 26
18-420 Karwowo-Wszebory **PD** 58 Xb 29
21-404 Karwów **LU** 82 Xc 37
27-500 Karwów **SK** 92 Wc 44
76-200 Karzcino **PM** 28 Sa 21
63-840 Karzec **WP** 75 Rf 38
76-230 Karznica **PM** 28 Sc 22
76-231 Karżniczka **PM** 28 Sb 22
22-122 Kasiłan **LU** 95 Yc 42
34-741 Kasina Wielka **MA** 108 Va 50
34-734 Kasinka Mała **MA** 107 Va 50
11-400 Kaskajmy **WM** 33 Wc 24
98-405 Kaski **LD** 76 Tb 40
96-314 Kaski-Budki **MZ** 67 Vc 35
96-314 Kaski-Centralne **MZ** 67 Vc 35
83-221 Kasparus **PM** 41 Tc 26
34-408 Kasprówka **MA** 107 Ue 51
64-234 Kaszczor **WP** 74 Ra 37
87-100 Kaszczorek **KP** 53 Te 30
98-215 Kaszew **LD** 77 Td 38
97-415 Kaszewice **LD** 78 Ub 41
73-231 Kaszewo **ZP** 49 Qd 30
26-650 Kaszewska Wola **MZ** 80 Vf 39
99-314 Kaszewy **LD** 66 Uc 35
56-300 Kaszowo **DS** 75 Sb 39
26-806 Kaszów **MZ** 80 Vf 39
32-060 Kaszów **MA** 100 Ue 48
89-634 Kaszuba **PM** 40 Sd 25
22-330 Kaszuby **LU** 94 Xf 43
11-100 Kaszuny **WM** 32 Vc 24
37-717 Kaszyce **PK** 104 Xe 49
55-140 Kaszyce-Milickie **DS** 75 Sa 40
55-110 Kaszyce-Wielkie **DS** 75 Sa 40
21-140 Katarzyn **LU** 81 Xb 39
62-635 Katarzyna **WP** 65 Tf 35
98-354 Katarzynopole **LD** 89 Te 41
19-335 Katarzynowo **WM** 46 Xd 26
26-900 Katarzynów **MZ** 80 Wd 39
13-324 Katlewo **WM** 55 Ue 28
40-001* Katowice **SL** 99 Ua 47
38-230 Katy **PK** 110 Wd 51
63-940 Kawcze **WP** 74 Rf 38
77-200 Kawcze **PM** 39 Rf 24
26-026 Kawczyn **SK** 91 Vd 44
64-000 Kawczyn **WP** 63 Re 36
64-734 Kawczyn **WP** 50 Qf 32
32-415 Kawec **MA** 108 Vb 49
86-122 Kawęcin **KP** 41 Tb 28
05-507 Kawęczyn **MZ** 68 Wb 36
08-550 Kawęczyn **LU** 81 Xa 38
21-050 Kawęczyn **LU** 94 Xe 42
22-460 Kawęczyn **LU** 94 Xf 44
23-302 Kawęczyn **LU** 93 Xc 44
39-308 Kawęczyn **PK** 102 Wb 47
62-704 Kawęczyn **WP** 77 Td 37
87-123 Kawęczyn **KP** 53 Tf 31
88-140 Kawęczyn **KP** 53 Td 31
96-126 Kawęczyn **LD** 79 Va 37
96-516 Kawęczyn **MZ** 67 Vc 35
97-220 Kawęczyn **LD** 79 Vc 39
97-515 Kawęczyn **LD** 90 Uf 42
22-470 Kawęczynek **LU** 94 Xf 45
39-120 Kawęczyn Sędziszowski **PK** 102 We 48
59-230 Kawice **DS** 86 Rc 41
42-140 Kawki **SL** 89 Te 43
87-326 Kawki **KP** 54 Ub 29
89-400 Kawle **KP** 40 Sc 28
62-590 Kawnice **WP** 64 Ta 35
14-260 Kazanice **WM** 43 Ue 27
26-713 Kazanów **MZ** 92 Wc 41
57-100 Kazanów **DS** 86 Sa 44
05-660 Kazimierków **MZ** 80 Wa 38
16-050 Kazimierowo **PD** 59 Yd 30
62-571 Kazimierów **WP** 64 Tb 36
96-516 Kazimierów **MZ** 67 Vb 35
16-404 Kazimierówka **PD** 35 Xf 23
22-630 Kazimierówka **LU** 95 Yd 44
26-640 Kazimierówka **MZ** 80 Wb 40
36-065 Kazimierówka **PK** 110 Xb 50
64-700 Kazimierówka **WP** 50 Rc 31
41-215 Kazimierz **SL** 99 Ub 47
48-250 Kazimierz **OP** 97 Sf 47
78-425 Kazimierz **ZP** 39 Re 25
84-230 Kazimierz **PM** 29 Tc 21
95-083 Kazimierz **LD** 77 Ub 38
28-500 Kazimierza Mała **SK** 101 Vd 47
28-500 Kazimierza Wielka **SK** 101 Vc 47
62-530 Kazimierz Biskupi **WP** 64 Tb 35
24-120 Kazimierz Dolny **LU** 81 Wf 41
99-232 Kazimierzew **LD** 77 Tf 38
82-300 Kazimierzewo **WM** 30 Uc 24
24-300 Kazimierzów **LU** 93 Wf 41
26-706 Kazimierzów **MZ** 80 Wc 40
97-403 Kazimierzów **LD** 78 Uc 40
21-040 Kazimierzówka **LU** 94 Xe 41
76-037 Kazimierz Pomorski **ZP** 26 Ra 23
89-100 Kazin **KP** 52 Se 29
28-330 Kaziny **SK** 100 Va 45
21-110 Kaznów **LU** 82 Xe 40
99-140 Kaznów **LD** 65 Tf 36
55-080 Kącka **DS** 86 Re 42
33-330 Kąclowa **MA** 109 Vf 51
64-840 Kąkolewice **WP** 51 Rf 31
21-302 Kąkolewnica-Południowa **LU** 82 Xe 37
21-302 Kąkolewnica-Północna **LU** 82 Xe 37
21-302 Kąkolewnica Wschodnia **LU** 82 Xe 37
62-065 Kąkolewo **WP** 62 Rb 35
62-066 Kąkolewo **WP** 62 Rd 35
64-113 Kąkolewo **WP** 74 Re 37
36-032 Kąkolówka **PK** 110 Xa 49
87-880 Kąkowa Wola **KP** 65 Te 33
11-500 Kąp **WM** 45 Wf 24
29-120 Kąparzów **SK** 90 Uf 43
62-250 Kąpiel **WP** 63 Sd 34
62-402 Kąpiel **WP** 64 Ta 34
32-340 Kąpiele Wielkie **MA** 100 Ue 46
84-200 Kąpino **PM** 29 Tb 21
11-410 Kąpławki **WM** 33 Wb 23
64-500 Kąsinowo **WP** 62 Rd 33
33-190 Kąśna Dolna **MA** 109 Vf 50
33-190 Kąśna Górna **MA** 109 Vf 50
06-461 Kątki **MZ** 55 Vd 31
55-093 Kątna **DS** 87 Sb 42
14-100 Kątno **WM** 43 Va 26
07-120 Kąty **MZ** 69 We 34
11-420 Kąty **WM** 33 Wc 24
14-400 Kąty **WM** 42 Ud 25
17-306 Kąty **PD** 70 Xf 33
18-516 Kąty **PD** 57 Wf 29
21-509 Kąty **LU** 83 Yd 37
23-440 Kąty **LU** 94 Xe 45
24-313 Kąty **LU** 93 Wf 41
29-100 Kąty **SK** 90 Uf 44
32-107 Kąty **MA** 100 Vb 47
32-861 Kąty **MA** 108 Vd 50
33-206 Kąty **MA** 102 Wa 47
34-324 Kąty **SL** 106 Ua 51
37-544 Kąty **PK** 104 Xf 48
39-432 Kąty **PK** 93 Wf 44
62-095 Kąty **WP** 63 Sa 33
62-400 Kąty **WP** 64 Sf 35
64-010 Kąty **WP** 74 Re 37
72-100 Kąty **ZP** 37 Pe 27
96-500 Kąty **MZ** 67 Vb 35
97-532 Kąty **LD** 90 Ue 43
98-310 Kąty **LD** 88 Td 41
05-307 Kąty-Borucza **MZ** 69 Wd 34
57-540 Kąty Bystrzyckie **DS** 96 Rf 47
05-282 Kąty Czernickie **MZ** 69 Wd 34
22-450 Kąty I **LU** 94 Ya 44
22-450 Kąty II **LU** 94 Ya 44
05-282 Kąty-Miąski **MZ** 69 Wd 34
46-050 Kąty Opolskie **OP** 98 Sf 45
36-050 Kąty Raszkawskie **PK** 103 Xb 47
82-104 Kąty Rybackie **PM** 30 Ub 22

5-126 Kąty Węgierskie MZ 68 Wa 34
5-080 Kąty Wrocławskie DS 86 Re 42
5-332 Kąty-Zdroje MZ 69 Wd 36
3-024 Kaźmierki WP 63 Sb 35
4-530 Kaźmierz WP 62 Rd 33
37-732 Kaźmierzewo KP 53 Tf 32
39-115 Kaźmierzowo KP 52 Sd 29
59-101 Kaźmierzów DS 73 Ra 39
39-240 Kcynia KP 52 Sc 31
76-251 Kczewo PM 27 Rf 22
33-304 Kczewo PM 29 Tb 22
95-001 Kębliny LD 78 Ud 37
55-080 Kębłowice DS 86 Rf 42
62-320 Kębłowo WP 63 Sd 35
64-200 Kębłowo WP 62 Ra 36
34-242 Kębłowo PM 29 Ta 21
34-351 Kębłowo Nowowiejskie PM 28 Se 21
39-340 Kębłów PK 102 Wc 46
59-305 Kębłów DS 74 Rc 39
62-650 Kęcerzyn WP 65 Te 35
06-545 Kęczewo MZ 55 Va 30
78-123 Kędrzyno ZP 37 Qc 24
55-140 Kędzie DS 74 Re 39
05-540 Kędzierówka MZ 80 Wa 37
09-230 Kędzierzyn MZ 66 Ue 32
62-220 Kędzierzyn WP 64 Se 34
32-415 Kędzierzynka MA 108 Va 49
47-220 Kędzierzynkoźle OP 98 Tb 46
95-060 Kędziorki LD 78 Ue 38
19-222 Kędziorowo PD 46 Xc 27
09-110 Kępa MZ 55 Vc 32
46-022 Kępa OP 88 Sf 44
55-094 Kępa DS 87 Sb 41
64-500 Kępa WP 62 Rd 33
26-900 Kępa Bielańska MZ 80 Wd 39
24-313 Kępa Chotecka LU 93 We 41
27-320 Kępa Gostecka MZ 93 We 42
24-224 Kępa-Kolonia LU 93 Xb 42
26-902 Kępa Niemojewska MZ 80 Wa 38
09-470 Kępa Polska MZ 67 Uf 34
82-300 Kępa Rybacka WM 30 Ub 23
05-510 Kępa Zawadowska MZ 68 Wa 36
05-084 Kępiaste MZ 67 Vd 35
72-405 Kępica ZP 37 Pf 25
26-922 Kępice MZ 81 We 39
77-230 Kępice PM 27 Rf 23
32-241 Kępie MA 100 Uf 46
37-415 Kępie Zaleszańskie PK 93 Wf 45
09-530 Kępina MZ 66 Ue 34
57-160 Kępino DS 86 Sa 43
66-630 Kępiny LB 60 Qa 35
82-100 Kępiny Małe PM 30 Ub 23
07-323 Kępiste-Borowe MZ 57 Xa 32
21-307 Kępki LU 82 Xc 37
82-100 Kępki PM 30 Ub 23
48-321 Kępnica OP 97 Sc 46
82-325 Kępniewo WM 42 Uc 24
63-600 Kępno WP 88 Sf 41
73-130 Kępno ZP 49 Qc 28
66-200 Kępsko LB 61 Qd 36
76-020 Kępsko ZP 39 Re 25
34-232 Kępy MA 107 Uc 50
59-430 Kępy DS 85 Rc 42
34-650 Kęski MA 108 Vc 51
89-506 Kęsowo KP 40 Se 27
89-652 Kęsza PM 41 Ta 26
66-300 Kęszyca LB 61 Qd 34
99-417 Kęszyce LD 67 Va 36
11-400 Kętrzyn WM 45 Wc 24
84-223 Kętrzyno PM 29 Sf 22
32-650 Kęty MA 106 Ub 49
64-530 Kiączyn WP 62 Rd 34
27-620 Kichary Nowe SK 92 We 44
06-456 Kicin MZ 55 Vd 32
22-135 Kicin LU 95 Ye 43
62-004 Kicin WP 62 Sa 34
73-112 Kicko ZP 49 Qa 28
73-110 Kiczarowo ZP 49 Qa 28
05-319 Kiczki-I MZ 69 We 36
05-319 Kiczki-II MZ 69 We 36
33-390 Kicznia MA 108 Vc 51
33-390 Kiczonki MA 108 Vc 51
34-483 Kiczory MA 107 Ud 51
43-430 Kiczyce SL 106 Te 50
37-500 Kidałowice PK 104 Xe 49
42-436 Kidów SL 100 Ue 45
32-720 Kiebło Brzeżnickie MA 101 Vd 49
77-130 Kiedrowice PM 40 Sc 25
62-090 Kiekrz WP 63 Re 34
35-106 Kielanówka PK 103 Wf 48
25-511 Kielce SK 91 Vd 43
47-126 Kielcza OP 98 Td 45
16-500 Kielczany PD 35 Yc 23
23-107 Kielczewice-Maryjskie LU 93 Xc 42
44-187 Kieleczka SL 98 Td 45
36-020 Kielnarowa PK 103 Xa 49
84-208 Kielno PM 29 Tc 22
87-140 Kiełbasin KP 53 Te 29
08-205 Kiełbaski MZ 70 Xf 36
67-100 Kiełcz LB 73 Qe 38
38-606 Kiełczawa PK 111 Xb 52
18-505 Kiełcze-Kopki PD 45 Xa 28
07-319 Kiełczew MZ 69 Wf 32
62-600 Kiełczew Górny WP 65 Te 35
23-107 Kiełczewice-Górne LU 93 Xc 42
64-000 Kiełczewo WP 62 Rd 36
62-600 Kiełczew Smużny WP 65 Te 35
55-093 Kiełczów DS 87 Sb 42
97-310 Kiełczówka LD 78 Ue 39
98-358 Kiełczygłów LD 89 Tf 41
98-358 Kiełczygłówek LD 89 Tf 41
58-203 Kiełczyn DS 86 Rd 44
28-210 Kiełczyna SK 92 Wb 45
63-130 Kiełczynek WP 63 Sb 36
42-440 Kiełkowice SL 100 Ud 46
64-212 Kiełkowo WP 62 Ra 36
39-320 Kiełków PK 102 Wc 47
95-010 Kiełmina LD 78 Ud 37
86-253 Kiełp KP 53 Tc 29
05-092 Kiełpin MZ 68 Vf 34
66-006 Kiełpin LB 73 Qd 37
77-323 Kiełpin PM 40 Sc 26
77-420 Kiełpin WP 39 Sa 28
89-500 Kiełpin KP 40 Sf 27
89-607 Kiełpin PM 40 Sb 25
77-323 Kiełpinek PM 40 Sc 26
08-320 Kiełpiniec MZ 70 Xc 33
72-304 Kiełpino ZP 37 Qc 25
73-220 Kiełpino ZP 50 Qd 29
78-446 Kiełpino ZP 39 Rc 26
83-307 Kiełpino PM 29 Tb 23
80-178 Kiełpino Górne PM 29 Tc 22
13-230 Kiełpiny WM 55 Ue 28
64-212 Kiełpiny WP 62 Ra 36
87-337 Kiełpiny KP 54 Ub 30
87-410 Kiełpiny KP 54 Tf 29
09-460 Kiełtyki MZ 67 Va 34
21-450 Kienkówka LU 81 Wf 37
99-412 Kiernozia LD 66 Uf 35
11-106 Kiersnowo WM 32 Ve 24
17-120 Kiersnowo PD 70 Xf 32
17-120 Kiersnówek PD 58 Xf 32
16-150 Kiersnówka PD 47 Ya 27
14-500 Kiersy WM 31 Uf 23
05-510 Kierszek MZ 68 Wa 36
11-320 Kiersztanowo WM 44 Ve 25
11-700 Kiersztanowo WM 44 Wb 25
14-107 Kiersztanówko WM 43 Va 27
11-200 Kiertyny Wielkie WM 32 Ve 23
11-106 Kierwiny WM 32 Ve 24
87-337 Kierz KP 54 Ub 30
07-420 Kierzek MZ 56 Wb 29
63-600 Kierzenko WP 76 Ta 40
19-520 Kierzki WM 34 Xa 23
83-047 Kierzkowo PM 29 Tc 24
84-210 Kierzkowo PM 28 Sf 20
88-400 Kierzkowo KP 52 Sf 31
21-421 Kierzków LU 82 Xb 37
74-312 Kierzków ZP 48 Pe 31
21-132 Kierzkówka LU 82 Xc 40
26-503 Kierz Niedźwiedzi MZ 91 Vf 41
63-600 Kierzno WP 76 Ta 41
59-730 Kierżno DS 84 Qc 41
08-124 Kiesielany-Kuce MZ 69 Xb 35
08-124 Kiesielany-Żmichy MZ 69 Xb 35
26-670 Kieszek MZ 80 Wb 40
42-714 Kieszki SL 89 Tf 44
07-323 Kietlanka MZ 57 Xb 32
48-118 Kietlice OP 97 Se 47
58-230 Kietlin DS 86 Re 44
97-500 Kietlin SL 90 Ud 42
48-130 Kietrz OP 98 Ta 48
17-120 Kiewłaki PD 58 Xe 31
83-020 Kiezmark PM 30 Tf 23
10-371 Kieźliny WM 43 Vd 26
21-421 Kij LU 81 Xa 37
27-312 Kijanka MZ 92 We 41
28-512 Kijany SK 101 Vd 47
21-077 Kijany-Kolonia LU 82 Xe 40
21-077 Kijany Kościelne LU 82 Xe 40
89-320 Kijaszkowo WP 51 Sb 29
28-404 Kije SK 91 Vd 45
66-100 Kije LB 61 Qd 36
98-235 Kije LD 76 Tc 39
19-400 Kijewo WM 46 Xd 25
63-000 Kijewo WP 63 Sb 35
88-140 Kijewo KP 53 Td 31
86-253 Kijewo Królewskie KP 53 Tc 29
56-420 Kijowice DS 87 Sd 42
21-512 Kijowiec LU 71 Yc 36
62-560 Kijowiec WP 65 Tb 34
48-364 Kijów OP 97 Sb 46
99-220 Kiki LD 77 Tf 36
11-320 Kikity WM 44 Vf 25
05-180 Kikoły MZ 68 Ve 34
72-221 Kikorze ZP 37 Qa 27
62-045 Kikowo WP 62 Rb 33
78-220 Kikowo ZP 38 Rb 25
87-620 Kikół KP 54 Ua 31
28-131 Kików SK 101 Vf 46
55-080 Kilianów DS 86 Re 42
74-305 Kinice ZP 49 Qa 31
89-632 Kinice PM 40 Se 25
11-200 Kinkajmy WM 32 Vf 23
09-303 Kipichy MZ 54 Ud 30
33-190 Kipszna MA 109 Vf 50
84-218 Kisewo PM 28 Se 21
08-210 Kisielew MZ 70 Xe 35
09-200 Kisielewo MZ 54 Ue 32
87-610 Kisielewo KP 66 Ub 32
14-220 Kisielice WM 42 Ub 27
18-421 Kisielnica PD 57 Xa 29
37-205 Kisielów PK 103 Xd 49
43-440 Kisielów SL 106 Te 50
21-450 Kisielsk LU 81 Wf 37
13-200 Kisiny WM 55 Vb 29
83-320 Kistowo PM 28 Se 23
64-607 Kiszewko WP 62 Rd 32
64-607 Kiszewo WP 62 Re 32
62-740 Kiszewy WP 65 Tb 36
23-300 Kiszki LU 93 Xc 45
62-280 Kiszkowo WP 63 Sb 33
19-100 Kiślak PD 58 Xe 28
16-080 Kiślaki PD 58 Xe 29
06-520 Kitki MZ 55 Vd 30
14-107 Kitnowo WM 43 Va 27
86-330 Kitnowo KP 42 Ua 28
22-448 Kitów LU 94 Xf 44
11-220 Kiwajny WM 32 Vc 22
11-106 Kiwity WM 32 Ve 24
16-130 Kizielany PD 47 Yb 27
86-200 Klamry KP 53 Td 28
83-242 Klaniny PM 41 Tb 26
89-410 Klarynowo KP 52 Sc 29
89-650 Klaskawa PM 41 Ta 26
82-520 Klasztorek PM 42 Ua 26
74-510 Klasztorna ZP 48 Pd 31
73-240 Klasztorne ZP 50 Qe 30
98-400 Klatka LD 88 Tb 41
36-110 Klatki PK 103 Wf 46
89-620 Klawkowo PM 40 Sd 26
22-630 Klątwy LU 95 Ye 45
10-687 Klebark Mały WM 44 Vd 26
10-687 Klebark Wielki WM 44 Vd 26
82-420 Klecewko PM 42 Ua 25
82-410 Klecewo PM 42 Ua 25
82-520 Klecewo PM 42 Ua 27
82-220 Klecie PM 42 Ub 24
58-124 Klecin DS 86 Rd 43
59-610 Klecza DS 85 Qd 42
34-124 Klecza-Dolna MA 107 Ud 49
34-124 Klecza-Górna MA 107 Ud 49
27-641 Kleczanów SK 92 Wd 44
62-540 Kleczew WP 64 Tb 34
82-550 Kleczewo PM 42 Ub 26
07-405 Kleczkowo MZ 57 Wf 30
11-106 Klejdyty WM 32 Ve 24
17-207 Klejniki PD 59 Yc 31
14-500 Klejnowo WM 31 Ue 22
46-380 Klekotna OP 88 Td 44
17-300 Klekotowo PD 70 Xe 34
05-205 Klembów MZ 68 Wb 34
28-330 Klemencice SK 100 Vb 45
24-170 Klementowice LU 81 Xa 40
99-200 Klementów LD 77 Tf 37
26-903 Klementynów MZ 80 Wb 39
64-720 Klempicz WP 51 Rc 32
66-130 Klenica LB 73 Qe 37
16-001 Kleosin PD 59 Ya 30
15-636 Klepacze PD 58 Ya 30
08-221 Klepaczew MZ 70 Ya 35
42-134 Klepaczka SL 89 Tf 43
42-261 Klepaczka SL 89 Ua 44
88-140 Klepary KP 53 Tc 31
62-300 Kleparz WP 64 Sd 34
76-003 Kleszcze ZP 27 Rb 23
17-250 Kleszczele PD 71 Yb 33
83-031 Kleszczewko PM 30 Td 23
11-513 Kleszczewo WM 45 We 25
19-404 Kleszczewo WM 46 Xd 25
63-005 Kleszczewo WP 62 Sa 34
83-034 Kleszczewo PM 29 Td 23
83-206 Kleszczewo PM 41 Tc 25
42-436 Kleszczowa SL 100 Ue 46
32-084 Kleszczów MA 100 Ue 48
44-164 Kleszczów SL 98 Td 46
44-240 Kleszczów SL 99 Te 48
97-410 Kleszczów LD 89 Ub 41
08-500 Kleszczówka LU 81 Wf 39
87-517 Kleszczyn KP 54 Ub 30
77-400 Kleszczyna WP 51 Sa 29
77-116 Kleszczyniec PM 28 Sd 23
06-100 Kleszewo MZ 56 Wa 32
42-164 Kleśniska SL 89 Te 42
66-530 Kleśno LB 50 Qe 31
08-540 Kletnia LU 81 We 39
97-545 Kletnia LD 90 Ud 42
57-550 Kletno DS 96 Rf 47
19-110 Klewianka PD 46 Xe 28
16-061 Klewinowo PD 59 Yb 31
06-300 Klewki MZ 56 Vf 30
10-687 Klewki WM 44 Vd 26
99-400 Klewków LD 67 Uf 36
11-440 Klewno WM 44 Wb 24
76-220 Klęcino PM 28 Sc 21
33-394 Klęczany MA 108 Vd 51
39-127 Klęczany PK 103 We 48
13-200 Klęczkowo WM 55 Vb 29
95-010 Klęk LD 78 Ud 37
63-040 Klęka WP 63 Sc 36
78-300 Klępczewo ZP 38 Qe 26
74-503 Klępicz ZP 48 Pb 31
28-130 Klępie-Dolne SK 102 Vf 46
28-220 Klępie-Górne SK 101 Wa 46
74-400 Klępin ZP 48 Pe 32
66-010 Klępina LB 72 Qb 38
73-110 Klępino ZP 49 Qa 28
78-200 Klępino Białogardzkie ZP 38 Ra 25
73-150 Klępnica ZP 38 Qd 26
66-100 Klępsk LB 61 Qe 36
06-461 Klice MZ 55 Vd 31
17-120 Klichy PD 70 Xf 33
74-300 Klicko ZP 49 Pf 31
09-300 Kliczewo MZ 55 Va 30
59-724 Kliczków DS 73 Qc 41
98-275 Kliczków-Mały LD 77 Td 39
98-275 Kliczków-Wielki LD 77 Td 39
33-102 Klikowa MA 101 Vf 48
34-404 Klikuszowa MA 108 Uf 51
19-212 Klimaszewnica PD 46 Xc 28
07-436 Klimki MZ 57 Wc 29
11-600 Klimki WM 33 We 23
21-400 Klimki LU 82 Xb 37
38-314 Klimkówka MA 109 Wa 51
38-480 Klimkówka PK 110 We 51
27-640 Klimontów SK 92 Wc 45
28-330 Klimontów SK 100 Va 45
32-112 Klimontów MA 101 Vb 47
08-140 Klimonty MZ 70 Xd 35
16-123 Klimówka PD 47 Yf 27
21-050 Klimusin LU 94 Xf 42
08-207 Klimy MZ 70 Xd 36
14-220 Klimy WM 42 Ub 27
72-123 Kliniska Wielkie ZP 37 Pe 28
21-055 Kliny LU 94 Xe 41
26-300 Kliny LD 79 Vb 40
62-006 Kliny WP 62 Sa 34
63-600 Kliny WP 76 Sf 41
48-118 Klisino OP 97 Se 47
55-140 Kliszkowice DS 74 Rf 40
28-404 Kliszów SK 91 Vd 45
39-307 Kliszów PK 102 Wc 46
97-512 Klizin LD 90 Ud 42
12-114 Klon WM 44 Wb 28
98-273 Klonowa LD 76 Tc 40
39-410 Klonowe PK 103 Wf 45
99-306 Klonowiec Wielki LD 66 Ub 35
21-504 Klonownica-Duża LU 71 Yb 36
21-505 Klonownica-Mała LU 71 Yb 36
13-230 Klonowo WM 54 Ue 29
14-120 Klonowo WM 43 Uf 27
89-526 Klonowo KP 40 Sf 28
83-047 Klonowo Dolne PM 29 Tb 23
14-330 Klonowy Dwór WM 43 Ue 25
26-140 Klonów SK 91 Ve 43
32-222 Klonów MA 100 Vb 46
56-513 Klonów DS 75 Sd 40
98-215 Klonów LD 77 Td 38
83-130 Klonówka PM 41 Td 25
47-143 Klucz OP 98 Tb 46
46-200 Kluczbork OP 88 Tb 43
32-310 Klucze MA 100 Ud 46
67-200 Klucze DS 74 Ra 38
64-234 Kluczewo WP 62 Rc 36
64-560 Kluczewo WP 62 Rc 33
73-110 Kluczewo ZP 49 Qa 29
78-552 Kluczewo ZP 38 Rb 27
29-120 Kluczewsko SK 90 Uf 43
24-333 Kluczkowice LU 93 Wf 42
78-300 Kluczkowo ZP 38 Qf 26
57-200 Kluczowa DS 86 Re 45
29-145 Kluczyce SK 90 Ue 44
74-210 Kluki ZP 49 Qa 30
76-214 Kluki PM 28 Sc 20
97-415 Kluki LD 77 Ub 40
83-322 Klukowa Huta PM 28 Sf 23
17-330 Klukowicze PD 71 Yb 34
06-150 Klukowo MZ 68 Ve 32
07-320 Klukowo MZ 69 Wf 32
17-300 Klukowo PD 70 Xe 34
18-214 Klukowo PD 58 Xd 32
06-150 Klukówek MZ 67 Ve 32
09-504 Klusek Biały MZ 66 Uc 33
98-335 Kluski LD 88 Td 42
12-250 Klusy WM 46 Xa 26
06-516 Kluszewo MZ 55 Vd 30
34-440 Kluszkowce MA 108 Vb 52
11-106 Klutajny WM 44 Vd 24
26-634 Klwatka Królewska MZ 80 Wb 40
26-415 Klwów MZ 79 Vd 39
09-470 Kłaczkowo MZ 67 Uf 33
76-035 Kładno ZP 26 Qf 23
32-015 Kłaj MA 101 Vb 49
76-020 Kłanino ZP 39 Rc 24
84-107 Kłanino PM 29 Tb 20
36-145 Kłapówka PK 103 Wf 47
82-220 Kławki PM 42 Ub 24
77-143 Kłączno PM 40 Sd 24
62-270 Kłecko WP 63 Sc 33
09-230 Kłeniewo MZ 66 Uf 33
59-160 Kłębanowice DS 73 Qf 39
59-241 Kłębanowice DS 85 Rb 41
78-600 Kłębowiec ZP 50 Rc 29
11-100 Kłębowo WM 44 Vd 24
21-307 Kłębów LU 82 Xc 37
72-410 Kłęby ZP 37 Pf 26
74-201 Kłęby ZP 49 Qa 29
87-890 Kłobia KP 65 Tf 33
42-100 Kłobuck SL 89 Tf 43
59-180 Kłobuczyn DS 73 Qf 39
83-315 Kłobuczyno PM 29 Ta 23
98-200 Kłocko SL 77 Te 39
08-550 Kłoczew LU 81 Wf 38
24-170 Kłoda LU 81 Xb 40
26-910 Kłoda MZ 80 Wc 38
64-130 Kłoda WP 74 Rd 38
67-231 Kłoda DS 73 Qf 39
21-512 Kłoda-Duża LU 83 Yb 36
21-512 Kłoda-Mała LU 71 Yc 36
56-200 Kłoda Mała DS 74 Rd 39
38-212 Kłodawa PK 109 Wc 50
62-650 Kłodawa WP 65 Tf 35
66-415 Kłodawa LB 49 Qb 32
83-034 Kłodawa PM 29 Td 23
89-632 Kłodawa PM 40 Sd 26
56-200 Kłoda Wielka DS 74 Rd 39

A Ą B C Ć D E Ę F G H I J K L Ł M N Ń O Ó P Q R S Ś T U V W X Y Z Ź Ż

Kłoda Wielka I 165

72-320 Kłodkowo ZP 37 Qb 24
34-451 Kłodne MA 108 Vc 52
34-654 Kłodne MA 108 Vd 50
24-313 Kłodnica LU 93 Wf 41
41-706 Kłodnica SL 99 Tf 47
47-206 Kłodnica OP 98 Ta 46
24-224 Kłodnica-Dolna LU 93 Xb 42
24-224 Kłodnica-Górna LU 93 Xb 42
48-387 Kłodobok OP 97 Sb 45
74-120 Kłodowo ZP 48 Pd 30
62-290 Kłodzin WP 63 Sc 32
72-410 Kłodzino ZP 37 Pf 26
74-210 Kłodzino ZP 49 Qa 30
78-460 Kłodzino ZP 38 Rb 26
64-510 Kłodzisko WP 62 Rb 32
57-300 Kłodzko DS 96 Rd 46
44-251 Kłokocin SL 98 Td 48
32-070 Kłokoczyn MA 100 Ud 49
62-635 Kłokoczyn WP 65 Tf 35
42-270 Kłomnice SL 89 Uc 43
59-411 Kłonice DS 85 Ra 43
26-425 Kłonna MZ 79 Vd 40
26-634 Kłonówek MZ 80 Wb 40
88-200 Kłonówek KP 65 Td 33
69-108 Kłopot LB 60 Pe 36
88-100 Kłopot KP 53 Tb 32
59-630 Kłopotnica DS 84 Qc 43
78-114 Kłopotowo ZP 38 Qe 24
59-300 Kłopotów DS 74 Rb 40
17-300 Kłopoty-Bujny PD 70 Xe 33
17-300 Kłopoty-Stanisławy PD 70 Xe 33
89-620 Kłosnowo PM 40 Sd 26
64-410 Kłosowice WP 62 Ra 33
78-607 Kłosowo ZP 50 Rb 28
83-304 Kłosowo PM 29 Tb 22
57-120 Kłosów DS 87 Sb 44
74-505 Kłosów ZP 48 Pc 32
77-123 Kłosy PM 28 Sd 23
87-840 Kłóbka KP 66 Ua 34
86-318 Kłódka KP 42 Tf 27
08-114 Kłódzie MZ 69 Xa 36
87-821 Kłótno KP 66 Ub 34
26-230 Kłucko SK 91 Vc 42
26-415 Kłudno MZ 79 Ve 39
26-432 Kłudno MZ 80 Ve 40
05-825 Kłudno-Nowe MZ 67 Vd 36
05-825 Kłudno-Stare MZ 67 Vd 36
97-330 Kłudzice LD 78 Ue 40
27-320 Kłudzie MZ 93 We 42
87-335 Kłuśno KP 54 Uc 30
33-250 Kłyż MA 101 Vf 47
37-403 Kłyżów PK 103 Xa 45
22-650 Kmiczyn LU 105 Ye 45
37-114 Kmiecie PK 103 Xb 48
82-100 Kmiecin PM 30 Ua 23
39-450 Knapy PK 102 Wd 46
98-410 Kniatowy LD 88 Tc 41
37-734 Kniażyce PK 111 Xe 50
46-048 Knieja OP 88 Tb 44
88-190 Knieja KP 52 Sf 31
84-252 Kniewo PM 29 Ta 21
11-100 Knipy WM 32 Vd 24
11-040 Knopin WM 43 Vc 25
17-100 Knorozy PD 59 Yb 31
17-111 Knorydy PD 71 Ya 32
07-221 Knurowiec MZ 69 Wd 32
34-434 Knurów MA 108 Vb 52
44-190 Knurów SL 98 Te 47
08-108 Knychówek MZ 70 Xd 34
78-461 Knyki ZP 39 Rc 26
16-113 Knyszewicze PD 59 Ye 28
19-120 Knyszyn PD 58 Xf 29
19-120 Knyszyn-Zamek PD 58 Xf 29
06-513 Kobiałki MZ 55 Vd 29
11-106 Kobiela WM 32 Ve 24
49-200 Kobiela OP 87 Sb 45
97-524 Kobiele Małe LD 90 Ud 42
97-524 Kobiele Wielkie LD 90 Ud 42
43-200 Kobielice SL 99 Tf 48
32-412 Kobielnik MA 108 Va 50
43-356 Kobiernice SL 106 Ub 49
63-714 Kobierno WP 75 Sc 38
55-040 Kobierzyce DS 86 Rf 43
98-285 Kobierzycko LD 77 Td 39
34-300 Kobierzyn MA 102 Vf 48
43-210 Kobiór SL 99 Tf 48
22-500 Kobło LU 95 Yf 43
87-602 Kobrzyniec KP 54 Ub 31
11-300 Kobułty WM 44 Wa 26
08-460 Kobusy MZ 81 We 38
13-230 Kobusy PD 70 Xd 32
06-550 Kobuszyn MZ 55 Va 30
17-322 Kobyla PD 70 Xc 33
38-112 Kobyla PK 110 Wf 50
44-285 Kobyla SL 98 Tb 48
57-211 Kobyla Głowa DS 86 Rf 45
46-300 Kobyla Góra OP 88 Tb 42
63-507 Kobyla Góra WP 76 Sf 40
82-110 Kobyla Kępa PM 30 Ub 23
06-323 Kobylaki-Czarzaste MZ 56 Vf 30
09-320 Kobyla Łąka MZ 55 Uf 31
87-840 Kobyla Łąka KP 66 Ua 34
05-307 Kobylanka MZ 69 We 34
16-050 Kobylanka PD 59 Yd 30
38-303 Kobylanka MA 109 Wb 50
73-108 Kobylanka ZP 49 Pf 28
27-500 Kobylanki SK 92 Wc 44
62-560 Kobylanki WP 64 Tb 34
08-205 Kobylany MZ 70 Xf 36
21-540 Kobylany LU 71 Yd 36
26-640 Kobylany MZ 80 Wb 41
27-500 Kobylany SK 92 Wc 44
32-082 Kobylany MA 100 Ue 48
38-462 Kobylany PK 110 Wd 51
08-307 Kobylany Górne MZ 70 Xc 35
86-061 Kobylarnia KP 52 Sf 30
34-406 Kobylarzówka MA 108 Va 52
84-223 Kobylasz PM 29 Sf 22
62-650 Kobylata WP 65 Tf 35
08-404 Kobyla Wola MZ 81 Wd 37
8267 Kobyle PK 110 Wd 49
22-360 Kobyle LU 94 Yb 42
32-720 Kobyle MA 101 Vd 49
83-236 Kobyle PM 41 Tb 24
32-740 Kobylec MA 108 Vb 49
62-100 Kobylec WP 51 Sb 31
21-300 Kobyle Ługi LU 82 Xd 38
47-253 Kobylice OP 98 Tb 47
05-600 Kobylin MZ 80 Vf 37
06-406 Kobylin MZ 56 Ve 31
07-440 Kobylin MZ 57 Wd 32
18-516 Kobylin PD 57 Xa 29
19-335 Kobylin WM 46 Xc 26
63-740 Kobylin WP 75 Sb 38
95-063 Kobylin LD 78 Uf 37
18-204 Kobylin-Borzymy PD 58 Xe 30
18-204 Kobylin-Cieszymy PD 58 Xe 30
06-211 Kobylinek MZ 56 Wa 31
18-204 Kobylin-Kruszewo PD 58 Xd 30
08-480 Kobylnica MZ 81 Wd 39
62-006 Kobylnica WP 62 Sa 34
76-251 Kobylnica PM 27 Rf 22
88-121 Kobylnica KP 65 Tc 33
37-627 Kobylnica-Ruska PK 104 Ya 48
37-627 Kobylnica-Wołoska PK 104 Ya 48
09-450 Kobylniki MZ 67 Vb 34
28-160 Kobylniki SK 101 Vd 46
28-530 Kobylniki SK 101 Vc 47
55-300 Kobylniki DS 86 Re 41
62-065 Kobylniki WP 62 Rc 35
62-090 Kobylniki WP 63 Re 34
64-000 Kobylniki WP 62 Rd 36
64-520 Kobylniki WP 62 Rd 32
88-150 Kobylniki KP 65 Tb 32
99-200 Kobylniki LD 77 Tf 37
46-024 Kobylno OP 88 Ta 44
42-244 Kobyłczyce SL 89 Uc 44
05-230 Kobyłka MZ 68 Wb 34
97-403 Kobyłki LD 78 Uc 40
86-212 Kobyły KP 53 Td 29
83-304 Kobysewo PM 29 Tb 22
62-260 Kocanowo WP 63 Sc 34
13-230 Koce-Basie PD 70 Xd 32
17-123 Koce-Borowe PD 70 Xd 32
13-230 Koce-Schaby PD 70 Xd 32
62-652 Kocewia-Duża WP 65 Tf 35
42-713 Kochanowice SL 89 Te 44
84-242 Kochanowo PM 29 Ta 21
26-422 Kochanów MZ 91 Ve 41
32-064 Kochanów MA 100 Ue 48
58-400 Kochanów DS 85 Ra 44
96-130 Kochanów LD 79 Va 38
11-100 Kochanówka WM 44 Vd 24
27-350 Kochanówka MZ 92 Wc 42
39-104 Kochanówka PK 102 Wd 48
42-713 Kochcice SL 89 Te 44
98-324 Kochlew LD 89 Te 41
59-222 Kochlice DS 85 Ra 41
41-707 Kochłowice SL 99 Tf 47
46-220 Kochłowice OP 88 Tb 42
63-500 Kochłowy WP 76 Sf 40
62-400 Kochowo WP 64 Sf 34
08-480 Kochów MZ 80 Wd 38
27-500 Kochów SK 92 Wc 44
21-075 Kocia Góra LU 82 Xf 40
62-010 Kociałkowa Górka WP 63 Sb 34
11-440 Kocibórz WM 44 Wb 24
64-730 Kocień Wielki WP 50 Rb 31
99-414 Kocierzew Południowy LD 67 Va 35
34-321 Kocierz Moszczanicki SL 107 Ub 50
97-545 Kocierzowy LD 90 Ud 42
34-321 Kocierz Rychwałdzki SL 107 Uc 50
09-140 Kocięcin Brodowy MZ 55 Vb 31
42-436 Kocikowa SL 100 Ud 46
28-506 Kocina SK 101 Ve 47
98-170 Kocina LD 77 Tf 40
42-125 Kocin-Nowy SL 89 Ua 43
42-231 Kocin-Stary SL 89 Ua 43
12-200 Kocioł Duży WM 45 Wf 27
12-200 Kociołek Szlachecki WM 45 Wf 26
26-900 Kociołki MZ 81 Wd 39
05-600 Kociszew MZ 80 Vf 37
97-425 Kociszew LD 78 Ub 40
64-120 Kociugi WP 74 Re 37
21-150 Kock LU 82 Xc 39
32-010 Kocmyrzów MA 100 Va 48
97-515 Koconia LD 90 Ue 42
34-323 Kocoń SL 107 Uc 50
23-304 Kocudza Górna LU 94 Xd 44
23-304 Kocudza-I LU 94 Xd 44
23-304 Kocudza-II LU 94 Xd 44
23-304 Kocudza-III LU 94 Xd 45
46-380 Kocury OP 88 Tc 44
77-220 Koczała PM 39 Sa 25
11-400 Koczarki WM 45 Wc 25
12-150 Koczek WM 45 Wc 27
21-200 Koczergi LU 82 Xf 39
55-100 Koczurki DS 75 Sa 40
21-211 Kodeniec LU 83 Ya 39
21-509 Kodeń LU 83 Yd 37
09-140 Kodłutowo MZ 55 Va 31
98-332 Kodrań LD 89 Ua 41
72-518 Kodrąb ZP 36 Pd 25
97-512 Kodrąb LD 90 Ud 42
72-518 Kodrąbek ZP 36 Pd 25
57-160 Kojęcin DS 86 Sa 43
17-200 Kojły PD 59 Yc 32
34-231 Kojszówka MA 107 Ue 50
11-300 Kojtryny WM 44 Vf 26
62-817 Kokanin WP 76 Ta 38
42-233 Kokawa SL 89 Ua 43
86-260 Kokocko KP 53 Tb 29
64-000 Kokorzyn WP 62 Rd 36
44-286 Kokoszyce SL 98 Tc 48
09-214 Kokoszczyn MZ 54 Ud 32
62-080 Kokoszczyn WP 62 Rd 34
12-114 Kokoszki WM 45 Wc 27
18-430 Kokoszki PD 58 Xb 29
62-330 Kokoszki WP 63 Sc 34
98-235 Kokoszki LD 76 Tc 39
83-207 Kokoszkowy PM 41 Td 25
28-404 Kokot SK 91 Vd 45
42-700 Kokotek SL 89 Te 45
32-002 Kokotów MA 100 Va 48
33-350 Kokuszka MA 109 Ve 52
87-600 Kolankowo KP 54 Ub 31
21-205 Kolano LU 82 Ya 38
46-023 Kolanowice OP 88 Sf 44
32-310 Kolbark MA 100 Ud 46
83-050 Kolbudy PM 29 Tc 23
36-100 Kolbuszowa PK 103 We 47
36-100 Kolbuszowa Dolna PK 102 We 47
36-100 Kolbuszowa Górna PK 103 We 47
58-340 Kolce DS 86 Rc 45
09-213 Kolczyn MZ 66 Ud 32
62-561 Kolebki WP 65 Tc 34
21-110 Kolechowice LU 82 Xf 40
21-110 Kolechowice-Folwark LU 82 Xf 40
21-110 Kolechowice-Kolonia LU 82 Xe 40
84-207 Koleczkowo PM 29 Tc 22
46-375 Kolejka OP 88 Tc 44
21-311 Kolembrody LU 82 Ya 37
22-145 Kolemczyce LU 95 Yf 42
66-110 Kolesin LB 61 Qe 36
19-314 Koleśniki WM 46 Xe 25
56-300 Kolęda DS 75 Sd 39
13-200 Kolgartowo WM 55 Vb 29
16-500 Kolimagi PD 57 Wf 28
73-115 Kolin ZP 49 Qa 29
26-242 Koliszowy SK 91 Vb 41
16-300 Kolnica PD 47 Ya 26
49-200 Kolnica OP 87 Sc 44
63-040 Kolniczki WP 63 Sc 36
83-032 Kolnik PM 29 Te 24
19-500 Kolniszki WM 34 Xc 23
11-311 Kolno WM 44 Vf 25
16-500 Kolno PD 57 Wf 28
78-607 Kolno ZP 50 Rc 28
86-200 Kolno KP 53 Td 28
48-210 Kolnowice OP 97 Sd 46
26-050 Kolomań SK 91 Vd 42
12-140 Kolonia WM 44 Wb 27
83-328 Kolonia PM 29 Ta 22
43-178 Kolonia Beksza SL 99 Te 47
19-200 Kolonia Białaszewo PD 46 Xc 27
46-324 Kolonia Biskupska OP 88 Tc 43
87-850 Kolonia Bodzanowska KP 65 Td 32
99-417 Kolonia Bolimowska Wieś LD 67 Vb 36
95-070 Kolonia Brużyca LD 78 Uc 37
21-411 Kolonia Bystrzycka LU 82 Xb 38
96-313 Kolonia Chylice MZ 67 Vd 36
21-210 Kolonia-Cichostów LU 82 Xe 38
87-853 Kolonia Dębice KP 65 Tf 33
14-521 Kolonia Głębock WM 32 Vb 22
19-122 Kolonia Kąty PD 58 Xf 28
78-320 Kolonia Kocury ZP 38 Rb 26
26-634 Kolonia Kuczki MZ 80 Wc 40
46-380 Kolonia Łomnicka OP 88 Tc 44
87-890 Kolonia Łódź KP 65 Te 33
22-530 Kolonia Małków LU 95 Za 45
74-300 Kolonia-Myśliborzyce ZP 49 Pf 31
22-375 Kolonia Orłów Murowany LU 94 Yb 43
83-135 Kolonia Ostrowicka PM 41 Te 26
43-250 Kolonia Pawłowska SL 99 Te 49
28-210 Kolonia Pęcławska SK 92 Wb 45
17-332 Kolonia Pokaniewo PD 70 Ya 33
37-303 Kolonia Polska PK 104 Xd 47
11-610 Kolonia Pozezdrze WM 33 Wf 24
16-427 Kolonia Przerośl PD 35 Xe 23
56-410 Kolonia Strzelce DS 87 Sc 41
21-310 Kolonia-Suchowola LU 82 Xe 38
22-540 Kolonia Sulimów LU 105 Za 45
26-415 Kolonia Ulów MZ 79 Vd 39
43-243 Kolonia Wideki SL 99 Te 49
49-156 Kolonia Wielka OP 87 Sd 44
22-500 Kolonia-Wolica LU 95 Yf 44
59-706 Kolonia Zającówka DS 73 Qe 40
22-413 Kolonia Zawada LU 94 Ya 44
42-436 Kolonijka SL 100 Ud 45
47-110 Kolonowskie OP 88 Tc 45
73-240 Kolsk ZP 50 Qd 31
67-415 Kolsko LB 73 Qf 37
95-082 Kolumna-Las LD 77 Ub 39
95-040 Koluszki LD 78 Ue 38
63-130 Kołacin WP 75 Sb 36
95-060 Kołacin LD 78 Ue 37
95-060 Kołacinek LD 78 Ue 37
78-320 Kołacz ZP 38 Rb 26
22-244 Kołacze LU 83 Yb 40
78-320 Kołaczek ZP 38 Rb 26
28-100 Kołaczkowice SK 101 Vf 46
42-120 Kołaczkowice SL 89 Tf 43
63-910 Kołaczkowice WP 75 Sa 38
62-230 Kołaczkowo WP 64 Se 34
62-306 Kołaczkowo WP 64 Sd 35
89-200 Kołaczkowo KP 52 Se 30
06-406 Kołaczków MZ 56 Ve 31
37-312 Kołacznia PK 103 Xb 47
38-213 Kołaczyce PK 110 Wc 50
06-231 Kołaki MZ 57 Wc 31
18-315 Kołaki Kościelne PD 58 Xc 30
18-516 Kołaki-Strumienie PD 57 Xa 29
06-460 Kołaki Wielkie MZ 56 Vd 30
18-516 Kołaki-Wietrzychowo PD 57 Xa 29
05-254 Kołaków MZ 68 Wb 34
62-007 Kołata WP 63 Sb 34
63-400 Kołątajew WP 76 Sf 38
74-106 Kołbacz ZP 49 Pe 29
72-001 Kołbaskowo ZP 48 Pc 28
05-340 Kołbiel MZ 68 Wc 36
72-514 Kołczewo ZP 36 Pd 25
77-140 Kołczygłowy PM 28 Sb 23
77-140 Kołczygłówki PM 28 Sb 23
21-504 Kołczyn LU 71 Yc 36
66-435 Kołczyn LB 61 Qa 33
77-300 Kołdowo PM 40 Sb 26
88-430 Kołdrąb KP 52 Sd 32
73-222 Kołki ZP 50 Qd 30
28-411 Kołków SK 101 Vc 46
62-600 Koło WP 65 Td 35
68-343 Koło LB 72 Pe 37
97-330 Koło LD 78 Ue 40
78-100 Kołobrzeg ZP 26 Qd 23
07-140 Kołodziąż MZ 69 Wf 33
08-117 Kołodziąż MZ 81 Wf 36
82-550 Kołodzieje PM 42 Ub 26
88-160 Kołodziejewo KP 64 Ta 32
12-160 Kołodziejowy Grąd WM 44 Vf 28
19-100 Kołodzież PD 58 Xe 28
72-300 Kołomąć ZP 37 Qa 25
99-350 Kołomia LD 66 Ub 34
18-312 Kołomyja PD 58 Xc 30
38-606 Kołonice PK 111 Xb 53
26-242 Kołoniec SK 90 Va 41
70-900 Kołowo ZP 48 Pe 29
78-425 Kołtki ZP 39 Rf 25
88-160 Kołuda-Mała KP 52 Ta 32
88-160 Kołuda-Wielka KP 53 Ta 32
62-110 Kołybki WP 52 Sc 31
38-543 Komańcza PK 110 Xa 52
21-543 Komarno LU 71 Ya 36
58-508 Komarno DS 85 Qf 43
21-230 Komarówka LU 82 Ya 40
21-311 Komarówka Podlaska LU 82 Xf 38
22-435 Komarów-Osada LU 95 Yc 45
22-435 Komarów-Wieś LU 95 Yc 45
84-352 Komaszewo PM 28 Se 20
26-225 Komaszyce SK 91 Vc 41
88-100 Komaszyce KP 53 Tb 32
38-421 Kombornia PK 110 Wf 50
89-400 Komierowo KP 40 Sd 28
11-311 Kominki WM 44 Wa 24
23-440 Komodzianka LU 94 Xe 44
76-256 Komorczyn PM 27 Rf 22
29-120 Komorniki SK 90 Uf 43
47-364 Komorniki OP 97 Sf 46
55-300 Komorniki DS 86 Rd 42
59-101 Komorniki DS 74 Ra 39
59-243 Komorniki DS 85 Rc 41
60-900 Komorniki WP 63 Re 34
63-004 Komorniki WP 62 Sa 35
97-320 Komorniki LD 78 Uf 39
98-345 Komorniki LD 88 Tc 42
47-214 Komorno OP 98 Ta 46
57-150 Komorowice DS 86 Rf 44
07-205 Komorowo MZ 68 Wc 32
07-310 Komorowo MZ 57 Wf 32
12-230 Komorowo WM 45 Xa 27
13-113 Komorowo WM 56 Ve 29
14-105 Komorowo WM 43 Va 26
55-100 Komorowo DS 75 Sa 40
62-270 Komorowo WP 63 Sc 33
62-530 Komorowo WP 64 Ta 34

166 I Kłodkowo

64-310 Komorowo WP 62 Ra 34
87-322 Komorowo KP 54 Ud 29
87-600 Komorowo KP 54 Ua 32
87-865 Komorowo KP 65 Te 34
82-310 Komorowo Żuławskie WM 31 Ud 24
05-085 Komorów MZ 67 Vc 35
05-806 Komorów MZ 68 Ve 36
26-220 Komorów SK 91 Vd 42
26-432 Komorów MZ 79 Ve 40
28-133 Komorów SK 102 Wa 46
32-200 Komorów MA 100 Va 46
33-122 Komorów MA 101 Vf 48
36-110 Komorów PK 102 We 46
56-500 Komorów DS 75 Se 41
58-100 Komorów DS 86 Rc 43
63-510 Komorów WP 76 Sf 39
66-620 Komorów LB 72 Pe 37
96-214 Komorów LD 79 Vb 38
97-200 Komorów LD 78 Uf 39
55-100 Komorówko DS 75 Sa 40
64-308 Komorówko WP 62 Rb 35
07-120 Komory MZ 69 We 34
78-446 Komorze ZP 39 Rc 27
63-040 Komorze Nowomiejskie WP 63 Sc 36
63-210 Komorze Przybysław WP 64 Sd 36
64-700 Komorzewo WP 51 Rd 31
46-264 Komorzno OP 88 Ta 42
26-021 Komórki SK 91 Ve 44
99-416 Kompina LD 67 Va 36
16-515 Kompocie PD 35 Yb 23
46-070 Komprachcice OP 87 Se 45
09-150 Komsin MZ 67 Vc 34
09-140 Komunin MZ 55 Vb 31
62-035 Konarskie WP 62 Sa 35
05-088 Konary MZ 67 Vb 35
05-190 Konary MZ 68 Ve 33
05-660 Konary MZ 80 Wb 37
09-230 Konary MZ 66 Ue 33
27-640 Konary SK 92 Wc 44
42-270 Konary SL 89 Uc 43
55-340 Konary DS 86 Rc 42
57-130 Konary DS 87 Sa 45
62-130 Konary WP 51 Sb 31
63-910 Konary WP 75 Sa 39
88-133 Konary KP 53 Tc 32
88-220 Konary KP 65 Te 33
99-314 Konary LD 66 Uc 35
63-700 Konarzew WP 75 Sc 38
99-120 Konarzew LD 66 Uc 36
62-070 Konarzewo WP 63 Re 34
63-900 Konarzewo WP 74 Rf 39
72-200 Konarzewo ZP 37 Qb 26
72-343 Konarzewo ZP 37 Qa 24
18-400 Konarzyce PD 57 Xa 30
63-130 Konarzyce WP 63 Sb 36
89-607 Konarzynki PM 40 Sc 26
83-430 Konarzyny PM 41 Ta 25
89-607 Konarzyny PM 40 Sc 26
32-210 Konaszówka MA 100 Va 46
55-216 Konczyce DS 86 Sa 43
09-110 Kondrajec MZ 67 Vd 32
06-450 Kondrajec Szlachecki MZ 55 Vb 32
57-150 Kondratowice DS 86 Rf 44
59-423 Kondratów DS 85 Qf 42
23-450 Kondraty LU 94 Xe 44
87-702 Koneck KP 53 Te 32
97-215 Konewka LD 79 Va 39
37-500 Koniaczów PK 104 Xe 48
43-474 Koniaków SL 106 Tf 51
05-652 Konie MZ 79 Ve 37
18-420 Koniecki PD 58 Xc 29
28-160 Koniecmosty SK 101 Vd 46
42-230 Koniecpol SL 90 Ue 44
82-400 Koniecwałd PM 42 Ua 25
42-140 Konieczki SL 89 Te 43
38-114 Konieczkowa PK 110 Wf 49
29-100 Konieczno SK 90 Va 44
28-200 Koniemłoty SK 102 Wa 45
11-100 Koniewo WM 32 Vd 24
72-510 Koniewo ZP 36 Pd 26
05-074 Konik Nowy MZ 68 Wb 35
76-024 Konikowo ZP 26 Rb 24
42-240 Konin SL 89 Ub 43
62-045 Konin WP 62 Rb 33
62-500 Konin WP 64 Tb 35
64-310 Konin WP 62 Rb 34
34-735 Konina MA 108 Va 51
62-045 Koninek WP 62 Rb 33
62-105 Koninek WP 52 Sb 31
68-120 Konin Żagański LB 72 Qb 39
55-100 Koniowo DS 75 Sa 40
34-470 Koniówka MA 107 Ue 52
22-457 Koniuchy LU 95 Yd 44
32-104 Koniusza MA 100 Vb 47
16-205 Koniuszki PD 47 Yc 26
33-321 Koniuszowa MA 109 Ve 51
13-100 Koniuszyn WM 43 Vd 28
64-061 Konojad WP 62 Rd 36
87-330 Konojady KP 54 Ub 28
42-274 Konopiska SL 89 Ua 44
06-560 Konopki MZ 55 Vc 31
12-230 Konopki WM 45 Xa 27
18-420 Konopki PD 58 Xc 29
19-200 Konopki PD 46 Xc 27
32-724 Konopki MA 108 Vc 50
18-507 Konopki-Białystok PD 46 Xa 28
16-075 Konopki-Pokrzywnica PD 58 Xd 30
11-513 Konopki Wielkie WM 45 Wf 25
21-030 Konopnica LU 93 Xc 41
96-200 Konopnica LD 79 Vb 38
98-313 Konopnica LD 77 Te 40
99-220 Konopnica LD 77 Tf 37
21-412 Konorzatka LU 81 Xb 38
67-415 Konotop LB 73 Qf 37
73-220 Konotop ZP 50 Qf 30
78-500 Konotop ZP 38 Qe 28
05-850 Konotopa MZ 68 Ve 35
87-620 Konotopie KP 54 Ua 31
16-070 Konowały PD 58 Xf 30
57-540 Konradow DS 96 Re 47
48-300 Konradowa OP 97 Sc 46
11-008 Konradowo WM 43 Vb 25
67-106 Konradowo LB 73 Qe 37
67-400 Konradowo LB 74 Rb 38
42-130 Konradów SL 89 Tf 44
48-340 Konradów OP 97 Sc 47
63-435 Konradów WP 75 Sd 40
59-225 Konradówka DS 85 Qf 41
05-510 Konstancin-Jeziorna MZ 68 Wa 36
89-115 Konstantowo KP 52 Sd 29
23-304 Konstantów LU 93 Xd 44
21-515 Konstantyn LU 83 Yc 39
64-800 Konstantynowo WP 51 Rf 30
89-300 Konstantynowo WP 52 Sb 30
21-543 Konstantynów LU 70 Ya 35
42-235 Konstantynów SL 90 Ud 44
96-230 Konstantynów LD 79 Vd 38
98-331 Konstantynów LD 89 Ua 42
22-235 Konstantynówka LU 83 Yc 40
95-050 Konstantynów Łódzki LD 78 Ub 38
12-220 Końcewo WM 45 Wd 26
82-213 Kończewice PM 41 Tf 24
87-140 Kończewice KP 53 Td 29
76-251 Kończewo PM 27 Rf 22
26-601 Kończyce MZ 80 Wa 40
37-400 Kończyce PK 103 Xa 46
41-810 Kończyce SL 99 Te 47
43-410 Kończyce Małe SL 106 Td 49
43-419 Kończyce Wielkie SL 106 Td 50
26-200 Końskie SK 91 Vc 41
36-204 Końskie PK 111 Xb 51
24-130 Końskowola LU 81 Xa 40
59-500 Kopacz DS 85 Qf 42
32-820 Kopacze Wielkie MA 101 Vd 47
59-921 Kopaczów DS 84 Pf 43
06-320 Kopaczyska MZ 56 Wb 29
46-034 Kopalina OP 88 Sf 43
55-220 Kopalina DS 87 Sc 42
84-210 Kopalino PM 28 Sf 20
32-720 Kopaliny MA 101 Vc 49
42-274 Kopalnia SL 89 Tf 44
64-212 Kopanica WP 62 Qf 36
49-300 Kopanie OP 87 Sd 44
37-110 Kopanie Żołyńskie PK 103 Xc 48
43-180 Kopanina SL 99 Tf 48
43-523 Kopanina SL 106 Te 49
64-530 Kopanina WP 62 Rd 33
87-162 Kopanina KP 53 Te 31
24-335 Kopanina Kaliszańska LU 93 Wf 42
24-335 Kopanina Kamieńska LU 93 Wf 42
26-200 Kopaniny SK 91 Vb 41
98-360 Kopaniny LD 76 Tc 40
58-512 Kopaniec DS 84 Qd 43
32-050 Kopanka MA 100 Ue 49
82-331 Kopanka WM 30 Ub 24
64-330 Kopanki WP 62 Rb 35
37-552 Kopań PK 104 Ya 49
76-150 Kopań ZP 27 Rc 22
64-010 Kopaszewo WP 74 Re 36
55-110 Kopaszyn DS 75 Rf 40
62-100 Kopaszyn WP 51 Sb 31
08-206 Kopce MZ 70 Xe 36
07-110 Kopcie MZ 69 Xa 35
08-113 Kopcie MZ 69 Xa 36
08-125 Kopcie MZ 69 Xb 35
36-121 Kopcie PK 103 Wf 46
41-403 Kopciowice SL 99 Ub 48
16-150 Kopciówka PD 47 Yb 27
16-315 Kopczany PD 47 Yd 26
63-520 Kopeć WP 76 Ta 40
28-400 Kopernia SK 101 Vc 45
89-650 Kopernica PM 40 Sc 26
48-300 Koperniki OP 97 Sb 46
66-620 Koperno LB 72 Pe 37
49-200 Kopice OP 87 Sc 45
72-112 Kopice ZP 36 Pd 26
16-310 Kopiec PD 47 Xf 26
42-125 Kopiec SL 89 Ua 43
43-400 Kopiec SL 106 Td 50
42-674 Kopienice SL 98 Td 46
19-335 Kopijki WM 46 Xd 26
21-070 Kopina LU 83 Ya 41
21-210 Kopina LU 82 Xf 38
21-422 Kopina LU 81 Xa 37
16-002 Kopisk PD 58 Ya 29
96-314 Kopiska MZ 67 Vd 36
37-420 Kopki PK 103 Xb 46
62-410 Kopojno WP 64 Sf 36
96-230 Koprzywna LD 79 Vd 38
27-660 Koprzywnica SK 92 Wd 45
99-340 Kopy LD 66 Ua 35
62-550 Kopydłowo WP 64 Tb 34
98-350 Kopydłów LD 88 Tc 41
22-523 Kopyłów LU 95 Yf 43
98-100 Kopyść SL 77 Ua 39
83-230 Kopytkowo PM 41 Td 26
21-532 Kopytnik LU 83 Yb 37
38-459 Kopytowa PK 110 Wd 51
05-870 Kopytów MZ 67 Ve 35
21-509 Kopytów LU 83 Yd 37
34-114 Kopytówka MA 100 Ud 49
62-814 Korab WP 76 Sf 37
96-330 Korabiewice MZ 79 Vc 37
37-433 Korabina PK 103 Wf 46
97-438 Korablew LD 77 Ua 40
34-335 Korbielów-Dolny SL 107 Uc 51
34-335 Korbielów-Górny SL 107 Uc 51
06-500 Korboniec MZ 55 Vb 30
23-415 Korchów I LU 104 Xe 46
23-415 Korchów II LU 104 Xe 46
07-411 Korczaki MZ 57 Wd 30
08-108 Korczew MZ 70 Xd 34
97-400 Korczew LD 78 Uc 40
98-220 Korczew LD 77 Tf 39
22-678 Korczmin LU 105 Yf 46
37-552 Korczowa PK 104 Ya 49
36-130 Korczowiska PK 103 Xa 47
23-400 Korczów LU 104 Xe 46
08-207 Korczówka MZ 70 Xe 36
21-532 Korczówka LU 82 Ya 37
08-207 Korczówka Kolonia MZ 70 Xe 36
22-550 Korczunek LU 95 Yf 44
66-614 Korczyców LB 60 Pf 36
26-067 Korczyn SK 91 Vc 43
38-340 Korczyna MA 109 Wb 50
38-420 Korczyna PK 110 We 50
98-160 Korczyska LD 77 Ua 40
07-415 Kordowo MZ 57 Wd 30
48-317 Korfantów OP 97 Sd 46
22-664 Korhynie LU 105 Yd 46
76-113 Korlino ZP 27 Rd 21
16-400 Korliny PD 35 Xe 24
37-734 Kormanice PK 111 Xe 50
07-210 Kornaciska MZ 57 Wd 32
37-600 Kornagi PK 104 Ya 48
32-410 Kornatka MA 108 Va 49
86-230 Kornatowo KP 53 Td 29
62-420 Kornaty WP 64 Sf 34
83-409 Korne PM 28 Sf 24
89-200 Kornelin KP 52 Sf 30
96-513 Kornelin MZ 67 Vb 35
22-424 Kornelówka LU 95 Yc 44
37-114 Korniaktów-Połnocny PK 103 Xc 48
37-114 Korniaktów-Południowy PK 103 Xc 48
26-200 Kornica SK 91 Vc 41
47-480 Kornice SL 98 Ta 48
22-680 Kornie LU 105 Yd 47
44-285 Kornowac SL 98 Tb 48
22-200 Korolówka LU 83 Yc 39
21-200 Korona LU 82 Ya 39
64-111 Koronowo WP 74 Rd 37
86-010 Koronowo KP 52 Sf 29
21-550 Koroszczyn LU 71 Yd 36
63-500 Korpysy WP 76 Sf 40
11-430 Korsze WM 33 Wa 23
14-107 Korsztyn WM 43 Va 27
08-107 Koryciany MZ 70 Xc 35
16-140 Korycin PD 47 Ya 28
17-315 Koryciny PD 70 Xe 33
09-142 Koryciska MZ 67 Vd 33
26-432 Koryciska MZ 80 Vf 40
17-204 Koryciski PD 71 Yc 32
42-439 Koryczany SL 100 Uf 46
63-440 Koryta WP 75 Se 38
66-235 Koryta LB 61 Qb 35
99-107 Koryta LD 66 Ua 36
26-225 Korytków SK 79 Vc 41
23-400 Korytków-Duży LU 94 Xd 45
23-440 Korytków-Mały LU 94 Xe 45
07-120 Korytnica MZ 69 Wf 34
08-455 Korytnica MZ 81 We 38
28-225 Korytnica SK 92 Wa 45
28-305 Korytnica SK 91 Vd 45
63-440 Korytnica WP 75 Se 38
37-741 Korytniki PK 111 Xd 50
97-515 Korytno LD 90 Uf 42
28-506 Koryto SK 101 Vc 47
96-300 Korytow MZ 67 Vc 36
72-130 Korytowo ZP 37 Qa 27
73-200 Korytowo ZP 49 Qd 30
86-122 Korytowo KP 53 Tb 28
57-300 Korytów DS 96 Rd 46
26-060 Korzecko SK 91 Vc 44
62-620 Korzecznik-Szatanowo WP 65 Te 34
47-208 Korzekwice OP 97 Sb 45
37-543 Korzenica PK 104 Xf 48
37-740 Korzeniec PK 111 Xd 50
62-831 Korzeniew WP 76 Tb 37
82-500 Korzeniewo PM 42 Tf 26
39-203 Korzeniów PK 102 Wc 48
17-300 Korzeniówka PD 70 Xe 34
17-306 Korzeniówka PD 70 Xf 33
18-516 Korzeniste PD 57 Xa 28
33-322 Korzenna MA 109 Vf 50
26-021 Korzenno SK 91 Vf 44
26-811 Korzeń MZ 80 Vf 39
09-520 Korzeń-Królewski MZ 66 Ud 34
09-520 Korzeń-Rządowy MZ 66 Ud 34
55-140 Korzeńsko DS 74 Rf 39
87-890 Korzeszynek KP 65 Te 33
72-514 Korzęcin ZP 36 Pd 25
32-088 Korzkiew MA 100 Uf 48
63-300 Korzkwy WP 76 Se 37
42-274 Korzonek SL 89 Tf 44
77-231 Korzybie PM 27 Rf 23
26-500 Korzyce MZ 80 Ve 41
78-132 Korzystno ZP 26 Qd 24
18-421 Kosaki PD 58 Xb 30
11-420 Kosakowo WM 33 Wc 23
81-198 Kosakowo PM 29 Tc 21
23-110 Kosarzew LU 94 Xd 43
66-620 Kosarzyn LB 60 Pe 36
33-350 Kosarzyska MA 108 Ve 52
43-474 Kosarzyska SL 106 Tf 51
09-226 Kosemin MZ 55 Uf 31
05-180 Kosewko MZ 67 Ve 34
05-180 Kosewo MZ 67 Ve 34
07-303 Kosewo MZ 57 Wf 31
11-700 Kosewo WM 45 Wc 26
62-402 Kosewo WP 64 Sf 34
17-315 Kosianka PD 70 Xe 33
66-210 Kosieczyn LB 61 Qe 35
37-713 Kosienice PK 111 Xe 49
66-615 Kosierz LB 72 Qb 37
76-129 Kosierzewo ZP 27 Re 23
06-316 Kosiły MZ 56 Ve 30
19-206 Kosiły PD 46 Xd 26
23-235 Kosin LU 93 Wf 44
66-530 Kosin LB 50 Qf 31
74-210 Kosin ZP 49 Qa 30
37-112 Kosina PK 103 Xb 48
09-451 Kosino MZ 67 Uf 33
55-110 Kosinowo DS 75 Rf 40
06-521 Kosiny Bartosowe MZ 55 Vb 30
13-230 Kosiorki PD 70 Xd 33
19-110 Kosiorki PD 46 Xe 28
06-150 Kosiorowo MZ 68 Vf 32
59-430 Kosiska DS 86 Rc 42
95-047 Kosiska LD 78 Uf 38
17-322 Koski PD 70 Xd 33
59-241 Koskowice DS 85 Rb 41
07-303 Koskowo MZ 57 Wf 31
34-736 Kosmale MA 108 Vb 50
32-300 Kosmołów MA 100 Ud 47
06-415 Kosmowo MZ 56 Ve 30
22-500 Kosmów LU 95 Za 44
62-834 Kosmów WP 76 Tb 37
08-111 Kosny MZ 70 Xd 36
26-903 Kosny MZ 80 Wb 39
22-470 Kosobudy LU 94 Ya 45
78-520 Kosobudy ZP 38 Qf 27
89-632 Kosobudy PM 40 Se 25
66-220 Kosobudz LB 61 Qb 35
46-050 Kosorowice OP 98 Ta 45
62-241 Kosowo WP 64 Sd 34
63-800 Kosowo WP 75 Rf 37
83-304 Kosowo PM 29 Tb 22
86-111 Kosowo KP 53 Tc 28
89-115 Kosowo KP 52 Sd 29
36-106 Kosowy PK 102 Wd 47
21-109 Kosów LU 82 Xf 40
26-624 Kosów MZ 80 Wa 40
97-310 Kosów LD 78 Ue 40
39-308 Kosówka PK 102 Wb 47
08-330 Kosów Lacki MZ 69 Xa 33
07-322 Kossaki MZ 70 Xc 33
18-505 Kossaki PD 45 Xa 28
18-315 Kossaki Borowe PD 58 Xc 30
18-312 Kossaki-Nadbielne PD 58 Xc 30
34-114 Kossowa MA 100 Ud 49
29-135 Kossów SK 90 Va 44
38-507 Kostarowce PK 110 Xa 51
28-114 Kostera SK 101 Ve 45
08-300 Kostki MZ 69 Xb 34
28-100 Kostki Duże SK 101 Vd 46
42-425 Kostkowice SL 100 Ud 45
84-250 Kostkowo PM 29 Ta 20
21-509 Kostomłoty LU 83 Yd 37
55-311 Kostomłoty DS 86 Rd 42
26-085 Kostomłoty-I SK 91 Vd 43
26-085 Kostomłoty-II SK 91 Vd 43
46-220 Kostów OP 88 Ta 42
21-210 Kostry LU 82 Xf 38
18-212 Kostry-Litwa PD 58 Xd 31
18-214 Kostry-Śmiejki PD 58 Xd 32
18-214 Kostry-Wypychy PD 58 Xd 32
58-150 Kostrza DS 85 Rb 43
28-425 Kostrzeszyn SK 100 Vd 46
58-533 Kostrzyca DS 85 Qe 44
26-811 Kostrzyn MZ 79 Ve 39
62-025 Kostrzyn WP 63 Sb 34
42-141 Kostrzyna SL 89 Te 43
66-470 Kostrzyn nad Odrą LB 60 Pd 33
05-480 Kosumce MZ 80 Wb 37
21-422 Kosuty LU 81 Xa 37
11-200 Kosy WM 32 Vf 23
22-230 Kosyń LU 83 Yd 40
14-330 Koszajny WM 42 Ud 25
75-402 Koszalin ZP 27 Rb 23
62-045 Koszanowo WP 62 Rc 33
78-300 Koszanowo ZP 38 Qe 26
34-340 Koszarawa SL 107 Uc 51
19-200 Koszarówka PD 46 Xc 27
22-335 Koszarsko LU 94 Xf 43
88-210 Koszczały KP 65 Td 32
17-106 Koszele PD 71 Yb 32





Koszele | 167

09-530 Koszelew MZ 66 Ue 34
13-220 Koszelewki WM 55 Uf 29
13-220 Koszelewy WM 55 Uf 29
21-560 Koszeliki LU 70 Xf 36
08-205 Koszelówka MZ 70 Xf 35
73-110 Koszewko ZP 49 Pf 29
07-111 Koszewnica MZ 69 Wf 35
17-120 Koszewo PD 58 Xf 32
73-110 Koszewo ZP 49 Pf 29
42-286 Koszęcin SL 89 Tf 45
17-106 Koszki PD 71 Yb 32
63-810 Koszkowo WP 75 Sa 37
21-532 Koszoły LU 83 Yb 37
26-510 Koszorów MZ 91 Ve 41
37-752 Kosztowa PK 111 Xb 49
89-300 Kosztowo WP 51 Sb 30
41-409 Kosztowy SL 99 Ua 47
62-400 Koszuty WP 64 Sf 35
63-000 Koszuty WP 63 Sb 35
83-011 Koszwały PM 30 Te 23
42-772 Koszwice SL 88 Td 45
32-130 Koszyce MA 101 Vd 48
33-100 Koszyce MA 101 Vf 49
64-920 Koszyce WP 51 Re 29
33-111 Koszyce-Małe MA 101 Vf 49
33-111 Koszyce-Wielkie MA 101 Vf 49
57-441 Koszyn DS 96 Rd 45
64-000 Kościan WP 62 Rd 36
32-222 Kościejów MA 101 Vb 47
32-100 Kościelec MA 101 Vc 47
42-240 Kościelec SL 89 Ub 43
59-223 Kościelec DS 85 Ra 42
62-604 Kościelec WP 65 Td 35
62-831 Kościelec WP 76 Tb 37
88-170 Kościelec KP 53 Ta 32
82-200 Kościeleczki PM 42 Ua 24
46-331 Kościeliska OP 88 Td 43
34-511 Kościelisko MA 107 Uf 53
22-375 Kościelna Droga LU 94 Ya 43
96-513 Kościelna Góra MZ 67 Vb 36
83-225 Kościelna Jania PM 41 Td 26
59-950 Kościelna Wieś DS 72 Qb 40
63-322 Kościelna Wieś WP 76 Ta 38
88-220 Kościelna Wieś KP 65 Te 32
59-800 Kościelnik DS 84 Qb 42
59-820 Kościelniki Dln. DS 84 Qb 42
21-530 Kościeniewicze LU 83 Yb 37
76-010 Kościernica ZP 27 Rc 24
78-200 Kościernica ZP 38 Ra 24
49-313 Kościerzyce OP 87 Sd 43
98-285 Kościerzyn LD 77 Td 39
83-400 Kościerzyna PM 29 Sf 24
89-310 Kościerzyn Mały WP 51 Sb 29
89-300 Kościerzyn Wielki WP 51 Sb 29
06-150 Kościesze MZ 68 Ve 32
88-324 Kościeszki KP 65 Tb 33
16-070 Kościuki PD 58 Xf 30
72-221 Kościuszki ZP 37 Qa 27
97-420 Kościuszki LD 77 Ua 40
63-830 Kościuszkowo WP 75 Sa 38
82-400 Kośllinka PM 42 Ua 25
08-111 Kośmidry MZ 70 Xd 36
19-500 Kośmidry WM 34 Xb 23
42-772 Kośmidry SL 88 Td 45
05-600 Kośmin MZ 80 Vf 37
24-103 Kośmin LU 81 Wf 39
58-240 Kośmin DS 86 Re 44
05-340 Kośminy MZ 69 Wd 36
12-122 Kot WM 44 Vd 28
38-232 Kotań PK 110 Wc 51
27-425 Kotarszyn SK 92 Wb 43
17-307 Koterka PD 71 Yb 34
06-406 Kotermań MZ 56 Ve 31
83-200 Koteże PM 41 Tc 25
28-100 Kotki SK 101 Ve 45
97-350 Kotkowska LD 90 Ud 42
99-106 Kotków LD 65 Ua 35
97-350 Kotków Wola LD 90 Ud 41
67-240 Kotla DS 73 Ra 38
27-100 Kotlarka MZ 92 Wb 42
56-320 Kotlarka DS 75 Sc 40
47-246 Kotlarnia OP 98 Tc 47
22-457 Kotlice LU 95 Yd 44
26-026 Kotlice SK 101 Ve 45
63-220 Kotlin WP 76 Sd 37
24-103 Kotliny LU 81 Xb 40
98-240 Kotliny SL 77 Tf 38
59-600 Kotliska DS 84 Qd 42
44-180 Kotliszowice SL 98 Td 46
76-039 Kotłowo ZP 26 Ra 24
63-510 Kotłów WP 76 Sf 39
08-430 Kotłówka MZ 81 Wf 38
17-100 Kotły PD 59 Yb 32
87-214 Kotnowo KP 53 Te 29
86-022 Kotomierz KP 52 Ta 29
22-550 Kotorów LU 95 Ye 44
05-555 Kotorydz MZ 80 Vf 36
37-416 Kotowa Wola PK 93 Wf 45
05-840 Kotowice MZ 67 Ve 36
42-310 Kotowice SL 90 Uc 45
55-010 Kotowice DS 87 Sb 42
55-120 Kotowice DS 86 Rf 41
66-010 Kotowice LB 73 Qc 38
63-460 Kotowiecko WP 76 Sf 38
62-066 Kotowo WP 62 Rc 35
77-112 Kotowo PM 28 Sc 22
18-420 Kotowo-Plac PD 58 Xb 29
87-513 Kotowy KP 54 Ud 30
46-023 Kotórz-Mały OP 88 Ta 44
46-045 Kotórz-Wielky OP 88 Ta 44
33-336 Kotów MA 109 Vf 51
37-740 Kotów PK 111 Xc 50
43-410 Kotucz SL 106 Td 49
44-180 Kotulin SL 98 Tc 46
95-063 Kotulin LD 78 Uf 37
62-400 Kotunia WP 64 Sf 35
08-130 Kotuń MZ 69 Xa 35
64-930 Kotuń WP 51 Rd 30
64-061 Kotusz WP 62 Rc 36
26-337 Kotuszów SL 78 Uf 41
28-225 Kotuszów SK 92 Wa 45
62-709 Kotwasice WP 76 Tc 37
18-400 Koty PD 58 Xb 30
42-690 Koty SL 99 Te 45
87-820 Kowal KP 66 Ua 33
24-100 Kowala LU 81 Wf 40
26-052 Kowala SK 91 Vd 44
26-624 Kowala MZ 80 Wa 41
28-400 Kowala SK 101 Vd 46
32-100 Kowala MA 101 Vc 47
24-320 Kowala-I LU 93 Xa 41
24-320 Kowala-II LU 93 Xa 41
09-130 Kowale MZ 67 Vb 32
16-123 Kowale PD 47 Yd 27
18-105 Kowale PD 58 Xf 31
43-430 Kowale SL 106 Tf 50
46-320 Kowale OP 88 Tc 42
55-120 Kowale DS 75 Rf 41
80-180 Kowale PM 29 Td 23
98-200 Kowale LD 77 Td 39
16-123 Kowale-Kolonia PD 47 Yd 27
62-700 Kowale Księże WP 77 Td 37
19-420 Kowale Oleckie WM 34 Xc 24
62-704 Kowale Pańskie WP 77 Td 37
63-300 Kowalew WP 76 Se 37
62-586 Kowalewek WP 64 Ta 35
76-150 Kowalewice ZP 27 Rd 22
95-035 Kowalewice LD 78 Ub 37
06-150 Kowalewice-Nowe MZ 68 Vf 33
06-150 Kowalewice-Włościańskie MZ 68 Ve 33
76-150 Kowalewiczki ZP 27 Rd 22
06-522 Kowalewko MZ 55 Vb 31
09-411 Kowalewko MZ 66 Ud 33
64-600 Kowalewko WP 63 Re 33
89-241 Kowalewko KP 52 Sc 30
06-522 Kowalewo MZ 55 Vb 30
12-230 Kowalewo WM 45 Xa 27
18-500 Kowalewo PD 45 Xa 28
62-212 Kowalewo WP 64 Sd 32
64-061 Kowalewo WP 62 Rc 35
64-830 Kowalewo WP 51 Sa 31
67-407 Kowalewo LB 74 Rb 38
84-208 Kowalewo PM 29 Tb 22
89-200 Kowalewo KP 52 Se 31
62-400 Kowalewo Opactwo WP 64 Sf 35
09-213 Kowalewo-Podborne MZ 54 Ue 32
87-410 Kowalewo Pomorskie KP 53 Tf 30
18-218 Kowalewszczyzna PD 58 Xe 30
05-252 Kowalicha MZ 68 Wb 33
12-114 Kowalik WM 45 Wc 28
13-308 Kowaliki WM 54 Ue 29
23-231 Kowalin LU 93 Xa 43
19-500 Kowalki WM 34 Xb 23
78-220 Kowalki ZP 39 Rc 25
87-500 Kowalki KP 54 Uc 30
26-713 Kowalków MZ 92 Wc 41
33-160 Kowalowa MA 109 Wb 49
58-350 Kowalowa DS 85 Rb 44
16-060 Kowalowce PD 59 Yb 30
46-142 Kowalowice OP 87 Se 42
56-210 Kowalowo DS 74 Rd 39
57-120 Kowalów DS 87 Sb 44
69-110 Kowalów LB 60 Pe 34
28-330 Kowalów-Dolny SK 100 Va 45
28-330 Kowalów-Górny SK 100 Va 46
07-305 Kowalówka MZ 57 Xa 32
37-611 Kowalówka PK 104 Ya 47
62-010 Kowalskie WP 62 Sa 34
34-400 Kowaniec MA 107 Va 52
64-600 Kowanowo WP 63 Rf 33
64-600 Kowanówko WP 63 Rf 32
78-230 Kowańcz ZP 38 Qf 24
32-107 Kowary MA 101 Vb 47
58-530 Kowary DS 85 Qf 44
23-100 Kowersk LU 93 Xc 43
08-311 Kowiesy MZ 69 Xb 35
96-111 Kowiesy LD 79 Vc 37
08-460 Kownacica MZ 81 We 38
08-104 Kownaciska MZ 70 Xb 35
13-124 Kownatki WM 43 Vb 28
19-213 Kownatki PD 46 Xc 28
21-400 Kownatki LU 82 Xd 37
08-206 Kownaty MZ 70 Xf 36
18-421 Kownaty PD 57 Xb 29
62-550 Kownaty KP 64 Tb 33
66-235 Kownaty LB 61 Qa 34
06-400 Kownaty Żędowe MZ 55 Vd 31
87-148 Kowróz KP 53 Td 30
47-260 Koza OP 98 Ta 47
19-500 Kozaki WM 34 Xc 23
23-412 Kozaki Osuchowskie LU 104 Xf 46
23-250 Kozarów LU 93 Xa 42
13-230 Kozarze PD 70 Xc 32
62-530 Kozarzew WP 64 Ta 35
09-152 Kozarzewo MZ 67 Vb 33
63-642 Koza Wielka WP 87 Se 41
26-332 Kozenin LD 79 Va 40
05-825 Kozerki MZ 67 Vd 36
39-103 Kozia PK 102 Wd 48
14-105 Kozia Góra WM 43 Va 25
22-150 Kozia Góra LU 95 Yc 41
78-230 Kozia Góra ZP 38 Qe 24
89-115 Kozia Górka Krajeńska KP 52 Sd 29
37-418 Koziarnia PK 103 Xb 46
29-105 Kozia Wieś SK 90 Va 43
22-640 Kozia Wola LU 105 Yd 45
26-220 Kozia Wola SK 91 Vd 41
26-652 Kozia Wola MZ 80 Vf 40
08-455 Kozice MZ 81 We 38
09-500 Kozice MZ 66 Uc 34
58-303 Kozice DS 85 Rb 44
59-200 Kozice DS 85 Ra 42
21-050 Kozice-Dolne LU 94 Xe 42
21-050 Kozice-Górne LU 94 Xe 42
06-461 Koziczyn MZ 56 Ve 31
09-140 Koziebrody MZ 55 Uf 32
67-240 Kozie Doły DS 73 Ra 38
05-604 Koziegłowy MZ 80 Vf 38
06-121 Koziegłowy MZ 68 Wa 33
42-350 Koziegłowy SL 89 Ua 45
62-028 Koziegłowy WP 62 Sa 34
42-350 Koziegłówki SL 99 Ub 45
37-632 Koziejówka PK 104 Xf 47
26-035 Koziel SK 92 Vf 44
86-022 Kozielec KP 53 Tb 29
72-410 Kozielice ZP 37 Pf 25
74-204 Kozielice ZP 49 Pe 30
48-370 Kozielno OP 96 Rf 46
62-110 Kozielsko WP 52 Sc 32
26-900 Kozienice MZ 80 Wd 39
22-304 Kozieniec LU 95 Yc 42
26-414 Kozieniec MZ 79 Ve 39
97-532 Kozie Pole LD 90 Ue 43
97-371 Kozierogi LD 78 Ud 40
05-640 Kozietuły MZ 79 Ve 38
18-411 Koziki PD 57 Xa 30
18-300 Koziki-Konopki PD 57 Xb 30
07-300 Koziki-Majdan MZ 57 We 32
16-500 Koziki-Olszyny PD 45 Xa 28
09-304 Kozilas MZ 55 Uf 30
11-520 Kozin WM 45 We 25
66-433 Kozin LB 49 Pf 31
34-106 Koziniec MA 107 Ud 50
57-200 Koziniec DS 86 Re 45
16-002 Kozińce PD 58 Xf 29
16-500 Kozioł PD 45 Wf 28
24-105 Kozioł LU 81 Xb 39
87-605 Koziróg Leśny KP 54 Uc 32
87-875 Kozjaty KP 65 Te 34
46-300 Kozlowice OP 88 Tc 43
59-700 Kozlów DS 73 Qd 40
41-945 Kozłowa Góra SL 99 Tf 46
26-400 Kozłowiec MZ 79 Vd 40
06-126 Kozłowo MZ 56 Vf 32
09-209 Kozłowo MZ 67 Uf 32
11-731 Kozłowo WM 44 Wa 26
13-124 Kozłowo WM 55 Vb 29
17-315 Kozłowo PD 70 Xe 33
64-330 Kozłowo WP 62 Rc 35
16-113 Kozłowy Ług PD 59 Yd 29
08-441 Kozłów MZ 81 We 37
26-613 Kozłów MZ 80 Wb 40
26-811 Kozłów MZ 79 Ve 39
28-366 Kozłów SK 90 Va 44
32-241 Kozłów MA 100 Va 46
33-260 Kozłów MA 101 Ve 47
39-200 Kozłów PK 102 Wc 48
44-153 Kozłów SL 98 Td 47
96-513 Kozłów Biskupi MZ 67 Vb 35
27-515 Kozłówek SK 92 We 43
38-124 Kozłówek PK 110 We 49
19-206 Kozłówka PD 46 Xe 27
21-132 Kozłówka LU 82 Xc 40
48-130 Kozłówki OP 98 Sf 48
05-240 Kozły MZ 68 Wc 34
17-100 Kozły PD 71 Yb 32
21-532 Kozły LU 82 Ya 37
63-500 Kozły WP 76 Sf 40
22-500 Kozodawy LU 95 Yf 44
39-103 Kozodrza PK 102 Wd 48
07-104 Kozołupy MZ 69 Wf 33
56-160 Kozowo DS 74 Rd 40
26-212 Kozów LD 91 Vc 42
59-500 Kozów DS 85 Qf 42
66-620 Kozów LB 72 Pe 37
28-400 Kozubów SK 101 Vc 46
62-720 Kozubów WP 65 Te 36
21-030 Kozubszczyzna LU 93 Xc 41
46-034 Kozuby OP 87 Sf 43
43-340 Kozy SL 106 Ua 49
73-130 Kozy ZP 49 Qc 28
76-243 Kozy PM 28 Sd 22
88-237 Kozy KP 65 Td 33
66-008 Koża LB 72 Qb 37
64-500 Kože WP 62 Rc 33
62-850 Koźlątków WP 76 Tb 37
47-200 Koźle OP 98 Ta 46
95-011 Koźle LD 78 Ud 37
59-180 Koźlice DS 73 Qf 39
59-305 Koźlice DS 74 Rb 40
59-900 Koźlice DS 84 Pf 42
16-060 Koźliki PD 59 Yb 31
83-022 Koźliny PM 30 Te 24
57-200 Koźmice DS 86 Rf 45
32-020 Koźmice Wielkie MA 100 Va 49
62-720 Koźmin WP 65 Te 36
64-520 Koźmin WP 62 Rc 32
83-236 Koźmin PM 41 Tb 24
62-840 Koźminek WP 76 Tc 38
63-330 Koźminiec WP 75 Sd 38
63-720 Koźmin Wielkopolski WP 75 Sc 38
97-360 Koźniewice LD 90 Uc 41
06-440 Koźniewo Wielkie MZ 56 Ve 32
21-509 Kożanówka LU 83 Yd 37
66-225 Kożminek LB 61 Qe 35
08-311 Kożuchów MZ 70 Xb 34
67-120 Kożuchów LB 73 Qd 38
12-230 Kożuchy WM 46 Xa 27
11-500 Kożuchy Wielkie WM 45 Wf 24
21-560 Kożuszki LU 70 Xe 36
88-324 Kożuszkowo KP 64 Tb 33
83-333 Kożyczkowo PM 29 Ta 22
17-100 Kożyno PD 59 Yb 31
62-035 Kóbnin WP 62 Sa 35
47-300 Kórnica OP 97 Sf 46
62-035 Kórnik WP 62 Sa 35
28-530 Kózka SK 101 Vc 47
07-110 Kózki MZ 69 Wf 35
08-220 Kózki MZ 70 Xf 34
47-270 Kózki OP 98 Sf 47
22-435 Kraczew LU 95 Yd 45
24-320 Kraczewice LU 93 Xa 41
89-110 Kraczki KP 52 Sc 29
37-124 Kraczkowa-Dolna PK 103 Xb 48
37-124 Kraczkowa-Górna PK 103 Xb 48
99-235 Kraczynki LD 77 Te 38
98-410 Krajanka LD 88 Tb 41
57-400 Krajanów DS 86 Rc 45
77-430 Krajenka WP 51 Rf 29
89-506 Krajenki KP 40 Se 27
63-800 Krajewice WP 75 Sa 37
13-240 Krajewo WM 55 Vc 30
18-300 Krajewo-Borowe PD 57 Xa 31
18-300 Krajewo-Łętowo PD 57 Xa 31
06-316 Krajewo Wielkie MZ 56 Ve 29
86-230 Krajęcin KP 53 Te 28
09-131 Krajęczyn MZ 67 Vd 33
09-140 Krajkowo MZ 55 Vb 32
09-210 Krajkowo MZ 67 Uf 32
62-050 Krajkowo WP 63 Rf 35
74-100 Krajnik ZP 48 Pc 29
74-500 Krajnik Dolny ZP 48 Pb 30
74-500 Krajnik Górny ZP 48 Pb 30
57-120 Krajno DS 87 Sb 44
26-008 Krajno I SK 91 Vf 43
26-008 Krajno II SK 91 Vf 43
26-008 Krajno Zagórze SK 91 Vf 43
26-400 Krajów MZ 79 Ve 40
59-223 Krajów DS 85 Ra 42
05-831 Krakowiany MZ 68 Ve 36
30-024* Kraków MA 100 Uf 48
86-140 Krakówek KP 41 Tb 27
17-315 Krakówki PD 70 Xd 33
84-352 Krakulice PM 28 Sd 20
11-320 Kramarzewo WM 44 Ve 24
13-214 Kramarzewo WM 55 Va 28
19-213 Kramarzewo PD 46 Xc 28
37-560 Kramarzówka PK 111 Xd 49
77-133 Kramarzyny PM 40 Sb 24
18-430 Kramkowo PD 58 Xc 29
07-322 Kramkowo Lipskie MZ 70 Xc 33
19-110 Kramkówka PD 46 Xe 28
62-511 Kramsk WP 65 Tc 35
62-511 Kramsk-Pole WP 65 Tc 35
26-021 Kranów SK 91 Ve 44
47-300 Krapkowice OP 98 Sf 46
14-100 Kraplewo WM 43 Uf 27
42-256 Krasawa SL 89 Uc 44
21-345 Krasew LU 82 Xc 38
42-244 Krasice SL 89 Uc 44
37-741 Krasiczyn PK 111 Xd 50
46-040 Krasiejów OP 88 Tb 44
21-025 Krasienin LU 82 Xc 40
26-333 Krasik LD 79 Va 41
14-400 Krasin WM 42 Ud 24
14-420 Krasinek WM 31 Ue 23
08-480 Kraski MZ 80 Wc 38
99-140 Kraski LD 65 Tf 36
11-430 Kraskowo WM 33 Wb 24
46-200 Krasków OP 88 Tb 43
26-220 Krasna SK 91 Vd 42
38-408 Krasna PK 110 Wf 50
49-156 Krasna Gora OP 87 Sc 45
82-433 Krasna Łąka PM 42 Ub 25
17-111 Krasna Wieś PD 71 Yb 33
06-408 Krasne MZ 56 Vf 31
16-130 Krasne PD 47 Yb 27
16-315 Krasne PD 47 Yc 26
16-503 Krasne PD 35 Ya 24
21-109 Krasne LU 82 Xf 40
22-120 Krasne LU 94 Yb 42
22-417 Krasne LU 94 Yb 43
36-007 Krasne PK 103 Xa 48
37-534 Krasne PK 104 Xe 47
74-230 Krasne ZP 49 Pf 30
66-340 Krasne Dłusko LB 61 Qd 33
19-122 Krasne Folwarczne PD 58 Ya 28
34-620 Krasne Lasocice MA 108 Vb 50
48-100 Krasne Pole OP 97 Sd 48
16-310 Krasnoborki PD 47 Ya 26

**168** | **Koszelew**

21-560 Krzewica LU 70 Xe 36
59-830 Krzewie Mł. DS 84 Qc 42
59-620 Krzewie Wlk. DS 84 Qc 42
05-074 Krzewina MZ 68 Wc 35
59-916 Krzewina DS 84 Pf 42
64-810 Krzewina WP 51 Rf 30
86-160 Krzewiny KP 41 Td 27
14-527 Krzewno WM 31 Va 22
18-421 Krzewo PD 57 Xb 30
62-660 Krzewo WP 65 Tf 36
82-325 Krzewsk WM 42 Uc 24
32-051 Krzęcin MA 100 Ue 49
73-231 Krzęcin ZP 49 Qc 30
97-525 Krzętów LD 90 Uf 43
73-222 Krzowiec ZP 49 Qd 30
21-413 Krzówka LU 81 Xb 39
98-100 Krzucz LD 77 Ua 39
64-117 Krzycko Małe WP 74 Rc 37
64-140 Krzycko Wielkie WP 74 Rc 37
21-550 Krzyczew LU 71 Yc 36
05-190 Krzyczki-Żabiczki MZ 68 Vf 33
56-100 Krzydlina Mała DS 74 Rd 41
56-100 Krzydlina Wlk. DS 74 Rc 41
59-150 Krzydłowice DS 74 Rb 39
32-329 Krzykawa MA 99 Uc 47
09-452 Krzykosy MZ 67 Va 33
62-650 Krzykosy WP 65 Tf 35
63-024 Krzykosy WP 63 Sc 36
82-520 Krzykosy PM 42 Ua 26
97-320 Krzykowska Wólka LD 78 Uf 39
46-113 Krzyków OP 87 Se 42
08-142 Krzymosze MZ 70 Xc 36
21-560 Krzymoszyce LU 82 Xd 36
62-513 Krzymów WP 65 Tc 35
74-500 Krzymów ZP 48 Pb 31
76-248 Krzynia PM 28 Sb 22
74-320 Krzynka ZP 49 Qb 31
73-260 Krzynki ZP 49 Qc 31
06-316 Krzynowłoga Mała MZ 56 Ve 30
06-330 Krzynowłoga Wielka MZ 56 Vf 29
26-650 Krzyszkowice MZ 80 Vf 40
32-445 Krzyszkowice MA 107 Uf 49
62-090 Krzyszkowo WP 63 Re 33
55-050 Krzyształowice DS 86 Re 43
16-150 Krzywa PD 47 Ya 27
17-100 Krzywa PD 59 Yc 32
19-124 Krzywa PD 47 Ya 28
38-307 Krzywa MA 109 Wb 51
39-120 Krzywa PK 102 We 48
59-225 Krzywa DS 85 Qe 41
32-442 Krzywaczka MA 107 Uf 49
46-034 Krzywa Góra OP 87 Sf 43
62-300 Krzywa Góra WP 64 Sd 35
09-440 Krzywanice MZ 67 Va 33
97-565 Krzywanice LD 89 Ub 42
76-248 Krzywań PM 28 Sa 22
77-400 Krzywa Wieś WP 39 Sa 28
37-755 Krzywcza PK 111 Xd 50
67-312 Krzywczyce LB 73 Qd 39
08-450 Krzywda MZ 80 Wd 38
21-470 Krzywda LU 81 Xb 38
26-704 Krzywda MZ 81 We 41
37-430 Krzywdy PK 103 Xb 46
11-700 Krzywe WM 44 Wb 26
16-400 Krzywe PD 47 Ya 24
19-335 Krzywe WM 46 Xd 26
19-411 Krzywe WM 46 Xb 25
22-351 Krzywe LU 94 Ya 42
36-204 Krzywe PK 111 Xb 51
38-607 Krzywe PK 111 Xc 53
88-324 Krzywe Kolano KP 65 Tb 33
83-022 Krzywe Koło PM 30 Te 23
05-332 Krzywica MZ 69 Wd 36
36-110 Krzywica PK 102 We 46
22-100 Krzywice LU 95 Yc 42
72-221 Krzywice ZP 37 Pf 27
46-264 Krzywiczyny OP 88 Ta 42
23-251 Krzywie LU 93 Xa 43
17-210 Krzywiec PD 59 Yd 31
73-112 Krzywiec ZP 37 Qb 28
95-070 Krzywiec LD 78 Ub 38
74-120 Krzywin ZP 48 Pc 30
64-010 Krzywiń WP 74 Re 37
11-610 Krzywińskie WM 33 Wf 23
19-335 Krzywińskie WM 46 Xb 26
46-211 Krzywizna OP 88 Tb 42
14-220 Krzywka WM 42 Ub 27
06-550 Krzywki-Boski MZ 55 Va 30
09-310 Krzywki-Bratki MZ 55 Va 30
73-112 Krzywnica ZP 37 Qb 28
89-511 Krzywogoniec KP 41 Ta 27
28-200 Krzywołęcz SK 102 Wa 45
06-516 Krzywonoś MZ 55 Vd 30
32-310 Krzywopłoty MA 100 Ud 46
98-345 Krzyworzeka LD 88 Td 41
63-322 Krzywosądów WP 76 Sf 38
88-210 Krzywosądz KP 65 Td 32
22-435 Krzywostok LU 95 Yc 45
08-206 Krzywośnity MZ 70 Xe 36
22-205 Krzywowierzba LU 83 Yb 39
22-360 Krzywowola LU 94 Yb 42
21-515 Krzywowólka LU 83 Yd 38
16-427 Krzywólka PD 34 Xd 23
11-710 Krzywy Róg WM 44 Wb 26
28-506 Krzyż SK 101 Vd 47
33-103 Krzyż MA 102 Vf 48
89-650 Krzyż PM 40 Sf 26
77-300 Krzyżanki PM 40 Sc 26
27-100 Krzyżanowice MZ 92 Wb 41
47-450 Krzyżanowice SL 98 Tb 49
51-180 Krzyżanowice DS 86 Sa 41
28-400 Krzyżanowice Dolne SK 101 Vd 46
09-413 Krzyżanowo MZ 66 Ud 33
63-100 Krzyżanowo WP 63 Rf 36
82-220 Krzyżanowo PM 42 Ub 24
97-371 Krzyżanów LD 78 Ud 40
99-314 Krzyżanów LD 66 Uc 35
11-520 Krzyżany WM 45 Wc 25
12-220 Krzyże WM 45 Wd 27
18-218 Krzyżewo PD 58 Xe 30
06-210 Krzyżewo-Borowe MZ 56 Wa 31
06-232 Krzyżewo-Jurki MZ 56 Wb 31
44-370 Krzyżkowice SL 98 Tc 48
48-231 Krzyżkowice OP 97 Se 47
34-340 Krzyżowa SL 107 Ub 51
58-100 Krzyżowa DS 86 Rd 44
59-330 Krzyżowa DS 74 Rc 40
59-706 Krzyżowa DS 73 Qe 41
46-040 Krzyżowa Dolina OP 88 Tb 45
43-254 Krzyżowice SL 98 Te 49
48-100 Krzyżowice OP 97 Se 47
49-332 Krzyżowice OP 87 Sc 44
55-040 Krzyżowice DS 86 Rf 43
63-004 Krzyżowniki WP 62 Sa 35
63-630 Krzyżowniki WP 87 Sf 42
07-411 Krzyżówka MZ 57 Wd 30
33-336 Krzyżówka MA 109 Vf 52
87-603 Krzyżówki KP 54 Ua 32
64-761 Krzyż Wielkopolski WP 50 Ra 31
28-520 Ksany SK 101 Ve 47
26-804 Ksawerów MZ 80 Wa 39
28-440 Ksawerów SK 101 Vc 46
62-310 Ksawerów WP 64 Se 35
95-054 Ksawerów LD 78 Uc 38
99-150 Ksawerów LD 65 Ua 36
21-060 Ksawerówka LU 94 Xf 42
21-426 Ksawerynów LU 81 Xa 37
18-525 Ksebki PD 45 Wd 28
05-825 Książenice MZ 67 Ve 36
44-213 Książenice SL 98 Td 48
63-520 Książenice WP 76 Ta 40
28-300 Książe-Skroniów SK 91 Vb 45
87-222 Książki KP 54 Ua 29
32-210 Książ Mały MA 100 Vb 46
58-203 Książnica DS 86 Rd 44
28-133 Książnice SK 102 Wa 46
32-013 Książnice MA 101 Vb 49
32-130 Książnice MA 101 Vd 47
39-300 Książnice PK 102 Wc 47
14-310 Książnik WM 43 Va 25
62-320 Książno WP 64 Sc 35
67-120 Książ Śląski LB 73 Qd 38
32-210 Książ Wielki MA 100 Va 46
63-130 Książ Wielkopolski WP 63 Sb 36
55-040 Księginice DS 86 Rf 43
55-100 Księginice DS 75 Sa 41
55-330 Księginice DS 86 Re 41
59-241 Księginice DS 85 Rb 42
55-050 Księginice Mł. DS 86 Re 43
57-150 Księginice Wielkie DS 86 Rf 44
63-140 Księginki WP 75 Sa 37
87-335 Księte KP 54 Ud 29
28-225 Księża Niwa SK 92 Vf 44
96-200 Księża Wola LD 79 Vb 38
99-235 Księża Wólka LD 77 Te 37
99-235 Księże Młyny LD 77 Te 37
48-133 Księże Pole OP 98 Sf 48
11-230 Księżno WM 44 Ve 24
14-405 Księżno WM 31 Uf 23
23-275 Księżomierz LU 93 Wf 43
08-311 Księżopole-Komory MZ 69 Xa 35
22-435 Księżostany LU 95 Yc 45
05-555 Księżowola MZ 80 Vf 37
23-415 Księżpol LU 104 Xe 46
55-340 Księżyce DS 85 Rc 42
57-120 Księżyce DS 87 Sb 44
13-200 Księży Dwór WM 55 Va 29
42-674 Księży Las SL 99 Te 46
12-114 Księży Lasek WM 44 Wb 28
62-060 K Skrzynki WP 62 Rd 34
99-314 Ktery LD 66 Uc 36
62-066 Kubaczyn WP 62 Rd 35
43-470 Kubalonka SL 106 Tf 51
63-920 Kubeczki WP 75 Rf 39
87-860 Kubłowo KP 65 Ua 34
18-423 Kubra PD 58 Xb 28
26-026 Kuby-Młyny SK 91 Ve 44
12-160 Kucbork WM 44 Vf 28
26-120 Kucębów SK 91 Vd 42
63-322 Kucharki WP 76 Sf 38
78-446 Kucharowo ZP 39 Rd 26
09-151 Kuchary MZ 67 Vc 34
09-210 Kuchary MZ 55 Va 32
09-230 Kuchary MZ 66 Ue 33
42-244 Kuchary SL 89 Ub 43
55-216 Kuchary DS 86 Sa 43
63-322 Kuchary WP 76 Sf 38
99-314 Kuchary LD 66 Uc 36
99-335 Kuchary LD 66 Ub 36
62-570 Kuchary Borowe WP 64 Ta 36
62-586 Kuchary Kościelne WP 64 Ta 36
09-110 Kuchary Żydowskie MZ 67 Vd 32
57-120 Kucharzowice DS 87 Sb 44
16-050 Kuchmy-Pietruki PD 59 Ye 30
83-140 Kuchnia PM 41 Tf 25
09-164 Kucice MZ 67 Vb 33
99-205 Kuciny LD 77 Ua 37
08-320 Kuczaby MZ 69 Xb 33
09-310 Kuczbork-Osada MZ 55 Va 30
19-314 Kucze WM 46 Xd 26
18-420 Kucze Wielkie PD 58 Xc 29
99-210 Kuczki LD 77 Te 36
87-706 Kuczkowo KP 53 Td 32
29-145 Kuczków SK 90 Ue 44
63-300 Kuczków WP 76 Sf 38
46-300 Kuczoby OP 88 Td 43
27-230 Kuczów SK 92 Wa 42
42-660 Kuczów SL 99 Tf 45
87-140 Kuczwały KP 53 Td 30
18-214 Kuczyn PD 70 Xd 32
19-100 Kuczyn PD 58 Xe 28
07-420 Kuczyńskie MZ 56 Wc 29
96-214 Kuczyzna LD 79 Vc 39
33-333 Kućmy MA 109 Vf 51
08-311 Kudelczyn MZ 69 Xb 34
34-432 Kudłacze MA 107 Va 50
57-350 Kudowa-Zdrój DS 96 Rc 46
16-205 Kudrawka PD 47 Yc 27
95-200 Kudrowice SL 78 Ub 38
21-205 Kudry LU 83 Ya 38
16-060 Kudrycze PD 59 Yb 30
14-300 Kudypy WM 43 Uf 25
46-211 Kujakowice-Dolne OP 88 Tb 42
46-211 Kujakowice-Górne OP 88 Tb 42
77-424 Kujan WP 51 Sb 28
77-300 Kujanki PM 40 Sb 26
87-340 Kujawa KP 54 Uc 29
87-400 Kujawa KP 54 Ub 29
28-440 Kujawki SK 101 Vc 46
62-130 Kujawki WP 52 Sc 31
27-570 Kujawy SK 92 Wc 44
47-370 Kujawy OP 97 Se 46
66-627 Kukadło LB 72 Qa 37
05-650 Kukały MZ 80 Wa 37
72-300 Kukar ZP 37 Qa 25
22-120 Kukawka LU 95 Yc 43
78-111 Kukinia ZP 26 Qe 24
55-040 Kuklice DS 86 Rf 43
06-513 Kuklin MZ 55 Vc 29
63-740 Kuklinów WP 75 Sb 38
96-325 Kukłówka Zarzeczna MZ 67 Vd 36
19-400 Kukowo WM 46 Xc 24
76-200 Kukowo PM 28 Sb 21
87-630 Kukowo KP 54 Uc 31
34-206 Kuków MA 107 Uc 50
19-411 Kukówko WM 46 Xc 25
72-400 Kukułowo ZP 37 Pe 25
21-550 Kukuryki LU 71 Yd 36
38-542 Kulaszne PK 110 Xa 52
34-484 Kulawiakówka MA 107 Ue 51
22-235 Kulczyn LU 83 Yb 40
42-134 Kuleje SL 89 Te 43
32-052 Kulerzów MA 100 Uf 49
19-100 Kulesze PD 58 Xe 28
19-111 Kulesze-Chobotki PD 58 Xe 29
18-208 Kulesze Kościelne PD 58 Xd 30
76-251 Kuleszewo PM 27 Rf 22
18-413 Kuleszka PD 57 We 30
72-200 Kulice ZP 37 Qb 27
83-130 Kulice PM 41 Te 25
19-206 Kuligi PD 46 Xe 27
34-722 Kuligowa MA 107 Ue 51
66-300 Kuligowo LB 61 Qd 34
05-254 Kuligów MZ 68 Wb 33
22-130 Kulik LU 94 Yb 41
16-002 Kulikówka PD 58 Ya 29
55-300 Kulin DS 86 Rd 42
37-303 Kulno PK 103 Xc 47
67-240 Kulów DS 74 Ra 38
22-500 Kułakowice-I LU 95 Yf 43
22-500 Kułakowice-II LU 95 Ye 43
22-500 Kułakowice-III LU 95 Ye 43
17-300 Kułygi PD 70 Xe 34
11-130 Kumajny WM 31 Vb 24
18-500 Kumelsk PD 45 Xa 28
16-130 Kumialka PD 47 Yb 28
16-140 Kumiała PD 47 Ya 28
68-343 Kumiałtowice LB 72 Pe 38
12-230 Kumielsk WM 45 Wf 27
22-122 Kumów Majoracki LU 95 Yd 42
22-122 Kumów Plebański LU 95 Yd 42
16-100 Kundzicze PD 59 Yc 28
26-332 Kunice LD 79 Vb 40
59-216 Kunice DS 85 Rb 41
69-100 Kunice LB 60 Pd 35
68-200 Kunice (Żary) LB 72 Qb 39
11-040 Kunik WM 43 Vc 24
07-440 Kunin MZ 57 Wd 31
46-200 Kuniów OP 88 Tb 43
09-550 Kunki MZ 66 Ud 34
11-015 Kunki WM 43 Vb 27
22-672 Kunki LU 104 Yb 46
38-315 Kunkowa MA 109 Wa 51
38-243 Kunowa PK 109 Wc 50
69-100 Kunowice LB 60 Pd 34
63-800 Kunowo WP 75 Sa 37
64-550 Kunowo WP 62 Rc 34
73-100 Kunowo ZP 49 Pf 29
74-110 Kunowo ZP 48 Pe 30
88-300 Kunowo KP 64 Ta 33
89-310 Kunowo WP 51 Sa 29
27-415 Kunów SK 92 Wb 43
33-300 Kunów MA 109 Ve 51
55-050 Kunów DS 86 Re 43
62-710 Kuny WP 65 Tc 36
37-700 Kuńkowce PK 111 Xe 50
46-082 Kup OP 87 Sf 44
07-120 Kupce MZ 69 We 34
37-733 Kupiatycze PK 111 Xe 50
33-221 Kupienin MA 101 Vf 47
66-200 Kupienino LB 61 Qd 35
08-331 Kupientyn MZ 69 Xb 34
26-225 Kupimierz SK 79 Vc 41
14-230 Kupin WM 42 Ud 25
62-660 Kupinin WP 65 Tf 36
37-755 Kupna PK 111 Xd 50
18-414 Kupnina PD 57 Wf 29
36-145 Kupno PK 103 We 47
16-411 Kupowo PD 35 Ya 23
99-417 Kurabka LD 67 Vb 36
21-310 Kuraszew LU 82 Xe 38
17-207 Kuraszewo PD 59 Yc 32
26-307 Kuraszków LD 79 Vc 41
55-120 Kuraszków DS 75 Rf 41
63-220 Kurcew WP 75 Se 37
73-110 Kurcewo ZP 49 Qa 29
19-335 Kurcząki WM 46 Xb 27
89-650 Kurcze PM 41 Ta 26
05-604 Kurczowa Wieś MZ 80 Vf 37
57-160 Kurczów DS 86 Sa 43
96-513 Kurdwanów MZ 67 Vb 36
19-200 Kurejewa PD 46 Xc 27
19-200 Kurejewka PD 46 Xc 27
16-315 Kurianka PD 47 Yc 26
16-420 Kurianki I PD 46 Xf 25
16-420 Kurianki II PD 46 Xf 25
15-589 Kuriany PD 59 Yb 30
11-015 Kurki WM 44 Vc 27
13-200 Kurki WM 55 Vb 29
87-207 Kurkocin KP 54 Ua 29
18-507 Kurkowo PD 46 Xb 28
22-135 Kurmanów LU 95 Ye 43
64-420 Kurnatowice WP 62 Ra 33
97-330 Kurnędz LD 78 Uf 41
97-400 Kurnos I LD 78 Ub 41
97-400 Kurnos II LD 78 Ub 41
48-317 Kuropas OP 97 Sd 46
57-100 Kuropatnik DS 86 Sa 44
24-100 Kuroszów LU 81 We 40
08-331 Kurowice MZ 70 Xb 33
67-222 Kurowice DS 73 Ra 39
95-006 Kurowice Kościelne LD 78 Ue 39
95-006 Kurowice Rządowe LD 78 Ue 39
06-408 Kurowo MZ 56 Vf 31
09-213 Kurowo MZ 54 Ud 32
62-065 Kurowo WP 62 Rc 35
64-000 Kurowo WP 62 Rd 36
76-020 Kurowo ZP 39 Rd 24
84-210 Kurowo PM 28 Se 20
14-420 Kurowo Braniewskie WM 31 Ue 23
34-360 Kurowski SL 106 Ua 51
16-100 Kurowszczyzna PD 59 Yd 28
76-024 Kurozwęcz ZP 38 Rb 24
28-200 Kurozwęki SK 92 Wa 45
21-404 Kurów LU 82 Xd 36
24-170 Kurów LU 81 Xb 40
27-540 Kurów SK 92 Wc 44
33-311 Kurów MA 108 Vd 50
34-232 Kurów MA 107 Uc 50
57-120 Kurów DS 87 Sb 43
62-586 Kurów WP 64 Ta 36
63-460 Kurów WP 76 Sf 38
72-001 Kurów ZP 48 Pd 28
97-425 Kurów LD 77 Ua 40
98-300 Kurów LD 88 Tc 41
99-322 Kurów LD 66 Ud 35
97-425 Kurówek LD 77 Ua 40
09-213 Kurówko MZ 54 Ud 32
59-180 Kurów Wielki LB 73 Qf 39
07-405 Kurpie Dworskie MZ 57 We 30
16-075 Kurpiki PD 58 Xc 29
83-140 Kursztyn PM 41 Te 25
34-530 Kurucowski-Wierch MA 108 Va 52
05-240 Kury MZ 69 Wd 34
37-303 Kuryłówka PK 103 Xc 47
26-225 Kurzacze SK 79 Vc 41
64-000 Kurza Góra WP 62 Rd 36
55-216 Kurzątkowice DS 87 Sa 43
86-160 Kurzejewo KP 41 Td 27
29-100 Kurzelów SK 90 Uf 43
96-200 Kurzeszyn LD 79 Vb 38
13-306 Kurzętnik WM 54 Ud 28
46-037 Kurznie OP 87 Se 43
74-505 Kurzycko ZP 48 Pc 32
37-410 Kurzyna-Mała PK 103 Xc 45
37-410 Kurzyna-Średnia PK 103 Xc 45
37-410 Kurzyna-Wielka PK 103 Xc 46
76-142 Kusice ZP 27 Rc 23
42-256 Kusięta SL 89 Ub 44
07-300 Kuskowizna MZ 57 Wf 32
78-411 Kusowo ZP 39 Rd 26
86-022 Kusowo KP 53 Ta 29
37-418 Kustrawa PK 103 Xc 46
98-160 Kustrzyce LD 77 Ua 39
37-413 Kusze PK 103 Xc 46
62-285 Kuszewo WP 63 Sb 32
26-720 Kuszlów MZ 81 We 40


170 | Krzewica

A Ą B C Ć D E Ę F G H I J K L Ł M N Ń O Ó P Q R S Ś T U V W X Y Z Ź Ż

66-008 Letnica LB 73 Qc 37
84-252 Letni Dwór PM 29 Ta 21
16-002 Letniki PD 58 Ya 29
74-211 Letnin ZP 49 Pf 30
14-120 Lewałd Wielki WM 43 Uf 28
48-140 Lewice OP 97 Se 48
64-361 Lewice WP 62 Qf 34
72-320 Lewice ZP 37 Qb 24
16-061 Lewickie PD 59 Ya 30
05-622 Lewiczyn MZ 80 Vf 38
06-545 Lewiczyn MZ 55 Vb 30
96-206 Lewin LD 79 Vc 38
49-340 Lewin Brzeski OP 87 Sd 44
57-343 Lewin Kłodzki DS 96 Rc 46
84-222 Lewino PM 29 Ta 22
17-100 Lewki PD 71 Yb 32
63-400 Lewkowiec WP 76 Se 38
63-400 Lewków WP 76 Sf 38
32-864 Lewniowa MA 108 Vd 49
26-230 Lewoszów SK 91 Vb 42
63-460 Leziona WP 76 Ta 39
84-300* Lębork PM 28 Se 21
11-230 Lędławki WM 32 Vf 24
76-270 Lędowo PM 27 Re 21
83-021 Lędowo PM 29 Te 23
76-270 Lędowo-Osiedle PM 27 Re 21
64-965 Lędyczek WP 39 Rf 27
84-351 Lędziechowo PM 28 Se 21
72-343 Lędzin ZP 37 Qa 24
56-321 Lędzina DS 75 Sc 40
43-140 Lędziny SL 99 Ua 48
46-053 Lędziny OP 88 Ta 44
62-130 Lęgniszewo WP 52 Sc 31
34-733 Lętowe MA 108 Va 51
99-100 Leźnica Mała LD 66 Ua 36
99-220 Leźnica Wielka-Osiedle LD 77 Ua 37
80-298 Leżno PM 29 Tc 22
87-313 Leżno Małe KP 54 Ue 29
87-313 Leżno Wielkie KP 54 Ue 29
37-530 Leżachów PK 104 Xd 48
99-120 Leżajna LD 66 Ud 36
37-300 Leżajsk PK 103 Xc 47
64-930 Leżenica WP 51 Rd 30
26-903 Leżenice MZ 80 Wb 39
67-400 Lgiń LB 74 Rb 37
42-253 Lgoczanka SL 90 Ud 44
32-340 Lgota MA 100 Uf 46
32-543 Lgota MA 100 Ud 47
34-103 Lgota MA 100 Ud 49
42-221 Lgota SL 89 Ua 43
42-235 Lgota Błotna SL 90 Ud 44
42-235 Lgota Gawronna SL 90 Ud 45
42-350 Lgota Górna SL 89 Ub 45
42-282 Lgota Mała SL 89 Uc 43
42-350 Lgota-Mokrzesz SL 89 Ub 45
42-425 Lgota Murowana SL 100 Ud 45
97-565 Lgota Wielka LD 89 Ub 42
32-340 Lgota Wolbromska MA 100 Ue 46
63-210 Lgów WP 64 Sd 36
62-025 Libartowo WP 63 Sb 34
06-550 Liberadz MZ 55 Vb 31
30-444 Libertów MA 100 Uf 49
32-590 Libiąż MA 99 Ub 48
42-125 Libidza SL 89 Tf 43
26-300 Libiszów LD 79 Vb 40
44-330 Libowiec SL 98 Td 49
33-300 Librantowa MA 109 Ve 51
38-306 Libusza MA 109 Wb 50
98-160 Lichawa LD 77 Ua 39
98-240 Lichawa LD 77 Tf 38
62-620 Lichenek WP 65 Td 35
66-500 Licheń LB 49 Qd 31
82-224 Lichnowy PM 30 Tf 24
89-620 Lichnowy PM 40 Sd 27
82-224 Lichnówki PM 30 Tf 24
11-015 Lichtajny WM 43 Vb 27
14-100 Lichtajny WM 43 Va 27
21-306 Lichty LU 82 Xd 38
33-172 Lichwin MA 109 Vf 49
33-160 Liciąż MA 109 Wb 49
97-215 Liciążna LD 79 Vb 39
82-500 Licze PM 42 Ua 26
13-230 Lidzbark WM 55 Ue 29
11-100 Lidzbark Warmiński WM 32 Vd 24
83-121 Lignowy Szlacheckie PM 41 Te 25
44-203 Ligocka Kuźnia SL 98 Td 48
43-518 Ligota SL 106 Tf 49
44-200 Ligota SL 98 Td 48
47-100 Ligota OP 98 Ta 46
56-200 Ligota DS 74 Rd 38
63-440 Ligota WP 75 Se 38
98-170 Ligota LD 77 Tf 40
98-260 Ligota LD 77 Tf 40
48-210 Ligota Bialska OP 97 Se 46
47-180 Ligota Czamborowa OP 98 Tb 45
46-380 Ligota Dobrodzieńska OP 88 Tc 44
46-166 Ligota Książęca OP 87 Sd 42
44-100 Ligota Łabędzka SL 98 Td 46
47-260 Ligota Mała OP 98 Ta 47
56-400 Ligota Mała DS 87 Sc 42
46-333 Ligota Oleska OP 88 Td 43
55-114 Ligota Piękna DS 86 Sa 41
56-400 Ligota Polska DS 87 Sd 41
55-110 Ligota Strupińska DS 74 Re 40
55-100 Ligota Trzebnicka DS 75 Sa 40
49-130 Ligota Tułowicka OP 97 Sd 45
46-046 Ligota Turawska OP 88 Tb 44
44-360 Ligota Tworkowska SL 98 Tb 48
48-385 Ligota Wielka OP 96 Sa 46
56-400 Ligota Wielka DS 87 Sc 41
58-210 Ligota Wielka DS 86 Re 44
47-270 Ligota Wielky OP 98 Ta 47
46-250 Ligota Wołczyńska OP 88 Ta 42
42-289 Ligota Woźnicka SL 89 Ua 45
44-100 Ligota Zabrska SL 99 Te 47
46-100 Ligotka OP 87 Se 42
55-110 Ligotka DS 75 Rf 40
09-228 Ligowo MZ 54 Uc 32
87-630 Likiec KP 54 Uc 31
14-140 Liksajny WM 43 Ue 26
34-600 Limanowa MA 108 Vc 50
14-220 Limża WM 42 Ub 27
42-165 Lindów SL 89 Tf 42
96-320 Lindów MZ 79 Vd 37
84-223 Linia PM 29 Sf 22
64-310 Linie WP 62 Ra 34
74-202 Linie ZP 48 Pe 29
83-420 Liniewko Kościerskie PM 29 Tb 24
83-420 Liniewo PM 41 Tb 24
14-330 Linki WM 43 Ue 25
82-433 Linki PM 42 Ub 25
11-400 Linkowo WM 33 Wb 24
96-200 Linków LD 79 Vb 38
87-500 Linne KP 54 Uc 30
13-324 Linowiec WM 43 Ue 28
62-436 Linowiec WP 64 Ta 33
83-207 Linowiec PM 41 Tc 24
86-230 Linowiec KP 53 Td 29
10-687 Linowo WM 44 Vd 26
12-120 Linowo WM 44 Vf 27
78-500 Linowo ZP 38 Qf 28
86-341 Linowo KP 42 Ua 28
26-700 Linów MZ 80 Wd 40
27-630 Linów SK 93 We 43
73-140 Linówko ZP 38 Qc 28
89-530 Lińsk KP 41 Ta 26
06-100 Lipa MZ 56 Wa 32
06-323 Lipa MZ 56 Wa 30
06-461 Lipa MZ 56 Ve 31
26-242 Lipa SK 90 Vb 42
26-903 Lipa MZ 80 Wb 39
28-305 Lipa SK 91 Vd 45
37-470 Lipa PK 93 Xa 44
37-740 Lipa PK 111 Xc 50
57-220 Lipa DS 86 Sa 45
59-420 Lipa DS 85 Ra 43
64-820 Lipa WP 51 Sb 30
27-300 Lipa-Miklas MZ 92 Wd 42
78-300 Lipce ZP 38 Qe 26
96-127 Lipce Reymontowskie LD 78 Uf 37
77-320 Lipczynek PM 40 Sb 25
62-814 Lipe WP 76 Ta 37
29-105 Lipia Góra SK 90 Va 43
64-820 Lipia Góra WP 51 Sb 30
83-133 Lipia Góra PM 41 Td 26
07-440 Lipianka MZ 57 Wd 31
09-505 Lipianki MZ 66 Uc 33
82-500 Lipianki PM 41 Tf 26
59-700 Lipiany DS 73 Qd 40
74-240 Lipiany ZP 49 Pf 30
11-210 Lipica WM 33 Wa 22
62-580 Lipice WP 64 Ta 36
42-270 Lipicze SL 89 Uc 43
98-215 Lipicze-Wieś LD 77 Td 38
05-620 Lipie MZ 79 Ve 38
27-230 Lipie SK 92 Wa 42
32-821 Lipie MA 101 Vd 48
36-060 Lipie PK 103 Wf 48
37-610 Lipie PK 105 Yc 46
38-710 Lipie PK 111 Xe 53
42-165 Lipie SL 89 Te 42
62-320 Lipie WP 64 Sd 35
63-645 Lipie WP 88 Ta 41
78-331 Lipie ZP 38 Qf 26
88-140 Lipie KP 53 Tc 31
66-500 Lipie Góry LB 49 Qd 31
86-230 Lipienek KP 53 Td 29
58-405 Lipienica DS 85 Ra 44
69-220 Lipienica LB 60 Pf 34
86-131 Lipienki KP 41 Tc 27
42-700 Lipie Śląskie SL 88 Td 44
16-100 Lipina PD 59 Yc 29
22-540 Lipina LU 105 Yf 46
37-630 Lipina PK 104 Xf 48
82-230 Lipinka PM 30 Ua 24
13-340 Lipinki WM 42 Ub 28
21-518 Lipinki LU 83 Yc 38
22-114 Lipinki LU 95 Ye 42
26-902 Lipinki MZ 80 Wb 38
38-305 Lipinki MA 109 Wb 50
67-410 Lipinki LB 73 Ra 37
83-240 Lipinki Królewskie PM 41 Tc 25
68-213 Lipinki Łużyckie LB 72 Qa 39
83-211 Lipinki Szlacheckie PM 41 Td 25
05-317 Lipiny MZ 69 Wf 36
08-109 Lipiny MZ 70 Xd 35
17-200 Lipiny PD 59 Yd 32
21-412 Lipiny LU 81 Xa 38
26-035 Lipiny SK 92 Wa 44
26-425 Lipiny MZ 79 Vd 39
26-634 Lipiny MZ 80 Wc 40
33-206 Lipiny MA 102 Wa 48
39-220 Lipiny PK 102 Wb 48
62-613 Lipiny WP 65 Td 35
64-830 Lipiny WP 51 Sb 31
67-100 Lipiny LB 73 Qe 37
92-701 Lipiny LD 78 Ue 38
99-350 Lipiny LD 66 Ua 35
23-423 Lipiny Górne-Borowina LU 103 Xc 46
09-530 Lipińskie MZ 66 Ue 34
12-230 Lipińskie WM 46 Xb 27
19-335 Lipińskie Małe WM 46 Xc 26
56-504 Lipka DS 87 Sd 41
64-600 Lipka WP 63 Re 32
67-415 Lipka LB 73 Qf 37
77-420 Lipka WP 40 Sb 28
95-010 Lipka LD 78 Ue 37
49-300 Lipki OP 87 Sc 43
62-250 Lipki WP 63 Sc 34
99-200 Lipki LD 77 Tf 37
66-431 Lipki Wielkie LB 61 Qd 32
05-080 Lipków MZ 68 Ve 35
32-420 Liplas MA 100 Vb 49
68-132 Lipna LB 72 Qa 40
96-208 Lipna LD 79 Vd 38
08-112 Lipniak MZ 69 Xb 36
21-560 Lipniaki LU 82 Xd 37
21-504 Lipnica LU 71 Yb 36
28-366 Lipnica SK 91 Vb 44
36-123 Lipnica PK 103 Wf 47
55-300 Lipnica DS 86 Rd 41
64-500 Lipnica WP 62 Rc 33
77-130 Lipnica PM 40 Sc 25
87-207 Lipnica KP 54 Ua 29
99-207 Lipnica LD 77 Tf 37
38-242 Lipnica-Dolna PK 109 Wc 50
38-242 Lipnica-Górna PK 109 Wc 50
34-482 Lipnica Mała MA 107 Ud 51
32-724 Lipnica Murowana MA 108 Vd 49
33-322 Lipnica Wielka MA 109 Vf 50
34-483 Lipnica Wielka MA 107 Ud 52
87-148 Lipniczki KP 53 Te 30
27-540 Lipnik SK 92 Wc 44
28-404 Lipnik SK 91 Vd 45
32-412 Lipnik MA 108 Va 50
37-206 Lipnik PK 103 Xb 49
73-110 Lipnik ZP 49 Pf 28
77-230 Lipnik PM 27 Rf 23
98-354 Lipnik LD 89 Tf 41
07-436 Lipniki MZ 57 Wd 29
09-204 Lipniki MZ 55 Ue 31
11-220 Lipniki WM 32 Vc 22
12-122 Lipniki WM 44 Ve 27
42-253 Lipniki SL 90 Uc 44
48-388 Lipniki OP 96 Sa 45
86-160 Lipniki KP 41 Tc 27
08-210 Lipno MZ 70 Xe 34
26-400 Lipno MZ 79 Vd 40
28-363 Lipno SK 90 Va 44
49-130 Lipno OP 87 Sd 45
64-111 Lipno WP 74 Rd 37
66-008 Lipno LB 72 Qb 37
66-530 Lipno LB 50 Qf 32
87-600 Lipno KP 54 Ub 31
98-275 Lipno LD 77 Te 40
27-500 Lipowa SK 92 Wc 44
32-640 Lipowa MA 100 Uc 48
34-116 Lipowa MA 100 Ud 48
34-324 Lipowa SL 106 Ua 50
48-321 Lipowa OP 97 Sc 46
49-120 Lipowa OP 87 Se 44
49-200 Lipowa OP 87 Sc 44
89-530 Lipowa KP 41 Ta 26
97-512 Lipowczyce LD 90 Ud 42
26-115 Lipowe Pole Plebańskie SK 91 Vf 42
26-060 Lipowica SK 91 Vd 44
38-450 Lipowica PK 110 We 51
12-100 Lipowiec WM 44 Wa 28
13-306 Lipowiec WM 54 Ud 28
22-460 Lipowiec LU 94 Ya 44
22-630 Lipowiec LU 95 Ye 45
23-407 Lipowiec LU 94 Xf 45
38-485 Lipowiec PK 110 We 52
43-450 Lipowiec SL 106 Te 50
43-460 Lipowiec SL 106 Te 51
56-215 Lipowiec DS 74 Rc 39
63-720 Lipowiec WP 75 Sc 38
06-545 Lipowiec Kościelny MZ 55 Vb 30
87-312 Lipowiec-Rumunki KP 54 Uc 28
14-500 Lipowina WM 31 Uf 22
11-300 Lipowo WM 44 Wa 25
11-612 Lipowo WM 45 Xa 24
11-710 Lipowo WM 45 Wc 26
14-100 Lipowo WM 43 Uf 27
11-015 Lipowo Kurkowskie WM 43 Vc 27
06-320 Lipowy Las MZ 56 Wb 29
16-040 Lipowy Most PD 59 Yd 29
13-214 Lipówka WM 55 Va 28
16-420 Lipówka PD 46 Xe 25
22-205 Lipówka LU 83 Yb 39
28-440 Lipówka SK 101 Vc 46
63-140 Lipówka WP 75 Sa 37
08-440 Lipówki MZ 81 Wd 37
22-130 Lipówki LU 94 Ya 41
16-315 Lipsk PD 47 Yc 26
97-216 Lipski LD 79 Va 38
22-400 Lipsko LU 94 Yb 45
27-300 Lipsko MZ 92 Wd 42
37-610 Lipsko PK 105 Yc 46
22-400 Lipsko-Kosobudy LU 94 Yb 45
22-400 Lipsko-Polesie LU 94 Yb 45
68-320 Lipsk Żarski LB 72 Qa 38
83-424 Lipuska Huta PM 40 Se 24
83-424 Lipusz PM 28 Se 24
66-415 Lipy LB 49 Qb 31
87-811 Lisek KP 54 Ua 32
63-210 Lisew WP 64 Sd 36
09-100 Lisewo MZ 67 Vc 33
62-310 Lisewo WP 64 Se 36
62-560 Lisewo WP 65 Tc 34
77-320 Lisewo PM 40 Sb 26
84-250 Lisewo PM 29 Ta 20
86-230 Lisewo KP 53 Te 29
87-400 Lisewo KP 54 Ua 30
88-180 Lisewo Kościelne KP 52 Ta 31
82-224 Lisewo Malborskie PM 42 Te 24
33-140 Lisia Góra MA 102 Wa 48
68-320 Lisia Góra LB 72 Qa 38
59-323 Lisiec DS 73 Ra 41
62-571 Lisiec Nowy WP 64 Tb 36
62-571 Lisiec Wielki WP 64 Tb 36
26-080 Lisie Jamy SK 91 Vc 42
37-600 Lisie Jamy PK 104 Yb 48
83-334 Lisie Jamy PM 29 Sf 23
74-500 Lisie Pole ZP 48 Pc 30
99-434 Lisiewice Duże LD 66 Ue 36
48-100 Lisięcice OP 97 Sf 47
36-016 Lisi Kąt PK 103 Xa 49
21-426 Lisikierz LU 81 Wf 37
89-530 Lisiny KP 41 Ta 27
86-065 Lisi Ogon KP 52 Sf 30
21-310 Lisiowólka LU 82 Xe 38
11-210 Liski WM 32 Vf 23
12-200 Liski WM 45 Wf 27
19-330 Liski WM 45 Xb 25
22-523 Liski LU 95 Yf 43
22-540 Liski LU 105 Yf 45
38-700 Liskowate PK 111 Xd 52
62-850 Lisków WP 76 Tc 38
86-342 Lisnowo KP 42 Ua 28
86-342 Lisnówko KP 42 Ua 28
42-700 Lisowice SL 88 Td 44
55-311 Lisowice DS 86 Re 42
59-230 Lisowice DS 85 Rc 41
98-355 Lisowice-Kolonia LD 89 Te 42
17-312 Lisowo PD 70 Xd 34
72-310 Lisowo ZP 37 Qb 26
73-120 Lisowo ZP 37 Qb 28
05-610 Lisów MZ 80 Vf 38
21-100 Lisów LU 82 Xd 40
26-026 Lisów SK 91 Vd 44
26-660 Lisów MZ 80 Wb 39
27-532 Lisów SK 92 Wd 44
38-242 Lisów PK 109 Wb 50
42-714 Lisów SL 89 Te 44
69-100 Lisów LB 60 Pd 34
82-310 Lisów WM 42 Ud 24
62-060 Lisówki WP 62 Rd 35
19-520 Lisy WM 34 Xa 23
16-315 Liszczany PD 47 Yd 26
42-280 Liszka Dolna SL 89 Ua 44
08-307 Liszki MZ 70 Xc 34
32-060 Liszki MA 100 Ue 48
88-111 Liszkowice KP 53 Tb 31
78-449 Liszkowo ZP 39 Rc 27
88-180 Liszkowo KP 53 Tb 31
89-310 Liszkowo WP 52 Sb 29
21-515 Liszna LU 83 Yd 38
38-500 Liszna PK 111 Xb 51
22-170 Liszno LU 94 Ya 42
09-410 Liszyno MZ 66 Ue 34
96-111 Liśna LD 79 Vc 37
23-275 Liśnik Duży LU 93 Xa 43
23-231 Liśnik Mały LU 93 Xa 43
13-100 Litwinki WM 55 Vc 28
16-123 Litwinki PD 47 Yd 27
17-330 Litwinowicze PD 71 Yb 34
88-231 Litychowo KP 65 Td 33
14-140 Liwa WM 43 Ue 26
08-206 Liwki-I MZ 70 Xe 36
08-206 Liwki-II MZ 70 Xe 36
55-200 Lizawice DS 87 Sb 43
86-141 Lniano KP 41 Tb 27
96-126 Lnisno LD 79 Va 37
97-340 Longinówka LD 78 Ue 40
95-001 Lorenki LD 78 Uc 37
64-918 Lotyń WP 39 Re 27
89-620 Lotyń PM 40 Se 26
28-300 Lścin SK 91 Vc 45
29-130 Lubachowy SK 90 Uf 45
58-100 Lubachów DS 86 Rc 44
37-600 Lubaczów PK 104 Ya 48
14-100 Lubajny WM 43 Va 26
59-800 Lubań DS 84 Qb 42
26-026 Lubania SK 91 Ve 45
96-208 Lubania LD 79 Vd 38
86-182 Lubania-Lipiny KP 52 Ta 28
68-200 Lubanice LB 72 Qa 38
87-732 Lubanie KP 53 Tf 32
74-111 Lubanowo ZP 48 Pd 30
97-306 Lubanów LD 78 Ud 40
83-422 Lubań PM 29 Ta 24
21-100 Lubartów LU 82 Xd 40
68-131 Lubartów LB 72 Qa 39
33-230 Lubasz MA 102 Wa 47
64-720 Lubasz WP 51 Rd 31
89-100 Lubaszcz KP 52 Sd 30
33-172 Lubaszowa MA 109 Wa 49

172 | Letnica

33-230 Lubasz-Zalesie MA 102 Wa 47
38-440 Lubatowa PK 110 We 51
38-440 Lubatówka PK 110 We 51
14-260 Lubawa WM 43 Ue 27
58-420 Lubawka DS 85 Qf 44
49-200 Lubcz OP 87 Sc 44
88-420 Lubcz KP 64 Se 32
28-330 Lubcza SK 101 Vb 46
33-162 Lubcza MA 102 Wb 49
39-422 Lubcza KP 52 Sc 28
72-105 Lubczyna ZP 37 Pe 27
98-400 Lubczyna LD 76 Ta 40
66-450 Lubczyno LB 61 Qa 32
42-700 Lubecko SL 88 Td 44
36-042 Lubenia PK 103 Wf 49
06-456 Luberadz MZ 55 Vc 32
73-236 Lubiana ZP 49 Qc 30
14-520 Lubianka WM 32 Vb 23
73-260 Lubianka ZP 49 Qc 30
95-015 Lubianków LD 78 Ue 37
63-140 Lubiatowo WP 75 Sa 36
74-210 Lubiatowo ZP 49 Qa 29
75-900 Lubiatowo ZP 27 Rb 24
84-210 Lubiatowo PM 28 Sf 20
48-385 Lubiatów OP 96 Sa 46
59-500 Lubiatów DS 85 Ra 41
66-530 Lubiatów LB 61 Qe 32
66-615 Lubiatów LB 72 Qb 37
67-410 Lubiatów LB 73 Qf 37
97-320 Lubiatów LD 78 Ue 39
63-140 Lubiatówko WP 62 Sa 37
56-100 Lubiąż DS 86 Rc 41
05-340 Lubice MZ 80 Wd 36
83-240 Lubichowo PM 41 Tc 25
49-313 Lubicz OP 87 Sd 43
66-500 Lubicz LB 49 Qd 31
74-120 Lubicz ZP 48 Pc 30
87-162 Lubicz Dolny KP 53 Te 30
87-162 Lubicz Górny KP 53 Te 30
21-211 Lubiczyn LU 82 Ya 39
97-420 Lubiec LD 77 Ua 40
59-110 Lubiechnia Wielka LB 60 Pe 34
58-306 Lubiechow DS 85 Rc 44
59-540 Lubiechowa DS 85 Qf 43
64-061 Lubiechowo WP 62 Rc 36
78-230 Lubiechowo ZP 38 Qf 24
67-320 Lubiechów LB 73 Qc 39
74-520 Lubiechów Dolny ZP 48 Pb 31
74-520 Lubiechów Górny ZP 48 Pb 31
72-315 Lubie-Dolny ZP 37 Qc 26
72-315 Lubie-Górny ZP 37 Qc 26
18-106 Lubiejki PD 58 Ya 30
66-210 Lubiel DS 74 Re 40
27-230 Lubienia SK 92 Wb 42
46-090 Lubienia OP 87 Se 43
73-210 Lubieniów ZP 49 Qd 29
21-532 Lubienka LU 83 Yb 37
22-205 Lubień LU 83 Yb 39
32-433 Lubień MA 108 Uf 50
59-241 Lubień DS 85 Rb 42
89-220 Lubień PD 67 Sf 34
86-134 Lubień KP 41 Te 27
95-035 Lubień LD 66 Ub 36
97-340 Lubień LD 90 Ue 41
87-840 Lubień Kujawski KP 66 Ua 34
78-641 Lubiesz ZP 50 Rb 29
08-322 Lubiesza MZ 69 Xb 33
17-120 Lubieszcze PD 70 Xe 32
78-520 Lubieszewo ZP 38 Qf 28
82-100 Lubieszewo PM 30 Ua 23
88-300 Lubieszewo KP 64 Ta 32
82-100 Lubieszewo I PM 30 Tf 23
47-244 Lubieszów OP 98 Tb 47
67-100 Lubieszów LB 73 Qd 38
68-131 Lubieszów LB 72 Qa 39
83-420 Lubieszyn PM 29 Tb 24
89-512 Lubiewice KP 41 Ta 28
89-526 Lubiewo KP 41 Ta 28
67-100 Lubięcin LB 73 Qf 37
83-260 Lubiki PM 41 Tb 25
66-342 Lubikowo LB 61 Qe 33
09-540 Lubików MZ 66 Ue 35
59-300 Lubin DS 74 Rb 40
66-235 Lubin LB 60 Pf 35
72-500 Lubin ZP 36 Pc 25
87-620 Lubin KP 54 Ua 31
63-210 Lubinia Mała WP 64 Sd 37
56-200 Lubinicko LB 61 Qd 35
33-115 Lubinka MA 101 Vf 49
62-570 Lubiny WP 76 Ta 36
62-238 Lubiń WP 64 Sf 33
64-010 Lubiń WP 75 Rf 37
99-207 Lubiszewice LD 77 Te 37
83-112 Lubiszewo Tczewskie PM 41 Te 24
66-433 Lubiszyn LB 49 Pf 32
78-120 Lubkowice ZP 38 Qd 24
77-200 Lubkowo PM 39 Sa 24
59-721 Lubków DS 85 Qe 41
38-130 Lubla PK 110 Wd 50
83-050 Lublewo Gdańskie PM 29 Td 23
84-210 Lublewo Lęborskie PM 29 Sf 20
20-001* Lublin LU 94 Xd 41
42-700 Lubliniec SL 89 Te 44
37-611 Lubliniec-Nowy PK 104 Ya 47
37-612 Lubliniec-Stary PK 104 Ya 47
73-120 Lublino ZP 37 Qc 28
89-632 Lubnia PM 40 Se 25
64-918 Lubnica WP 39 Rf 27
69-210 Lubniewice LB 61 Qb 33
66-450 Lubno LB 49 Qa 32
78-607 Lubno ZP 50 Rc 29
14-526 Lubnowo WM 31 Uf 23
14-240 Lubnowy Małe WM 42 Ub 26
14-240 Lubnowy Wielkie WM 42 Ub 26
46-034 Lubnów OP 88 Sf 43
55-120 Lubnów DS 86 Rf 41
57-220 Lubnów DS 96 Sa 45
86-140 Lubocheń KP 41 Tc 28
62-200 Lubochnia WP 64 Se 33
97-217 Lubochnia LD 79 Va 39
82-450 Lubochowo PM 42 Uc 25
89-530 Lubocień KP 41 Ta 26
42-700 Lubockie SL 89 Te 44
97-220 Lubocz LD 79 Vc 39
86-141 Lubodzież KP 41 Tb 28
66-614 Lubogoszcz LB 60 Pf 36
78-450 Lubogoszcz ZP 39 Rc 26
66-200 Lubogóra LB 61 Qc 35
42-233 Lubojenka SL 89 Ua 43
42-233 Lubojna SL 89 Ua 43
99-235 Lubola SL 77 Te 38
44-360 Lubomia SL 98 Tb 48
32-740 Lubomierz MA 108 Vb 49
34-736 Lubomierz MA 108 Vb 51
59-623 Lubomierz DS 84 Qd 42
05-304 Lubomin MZ 69 Wd 35
58-312 Lubomin DS 85 Rb 44
87-851 Lubomin KP 65 Tf 34
11-135 Lubomino WM 43 Vb 24
68-200 Lubomyśl LB 72 Qb 38
62-561 Lubomyśle WP 64 Tb 34
63-020 Luboniec WP 63 Sb 36
63-020 Lubonieczek WP 63 Sb 36
62-650 Luboniek WP 65 Te 35
62-030 Luboń WP 63 Rf 34
77-130 Luboń PM 40 Sc 24
59-407 Luboradz DS 85 Rb 42
78-460 Luboradza ZP 38 Rb 26
42-230 Luborcza SL 90 Ud 44
32-010 Luborzyca MA 100 Va 48
62-045 Lubosina WP 62 Rc 33
89-210 Lubostroń KP 52 Sf 31
64-420 Lubosz WP 62 Rb 33
67-410 Luboszcz LB 73 Ra 37
97-217 Luboszewy LD 79 Va 39
46-022 Luboszyce OP 88 Sf 44
56-209 Luboszyce DS 74 Rc 39
66-620 Luboszyce LB 72 Pe 37
56-209 Luboszyce Małe DS 74 Rc 39
48-130 Lubotyń OP 98 Sf 48
47-411 Lubowice SL 98 Tb 48
18-214 Lubowicz PD 58 Xd 32
18-214 Lubowicz Wielki PD 58 Xd 32
09-304 Lubowidz MZ 55 Uf 30
84-300 Lubowidz PM 28 Se 21
95-061 Lubowidza LD 78 Ue 37
22-244 Lubowierz LU 83 Yb 40
56-209 Lubów DS 74 Rc 39
66-235 Lubów LB 60 Pf 34
87-890 Lubraniec KP 65 Tf 33
87-890 Lubrańczyk KP 65 Tf 33
48-231 Lubrza OP 97 Sd 46
66-218 Lubrza LB 61 Qc 35
88-230 Lubsin KP 65 Td 33
46-113 Lubska OP 87 Sd 42
68-300 Lubsko LB 72 Pf 38
82-230 Lubstowo PM 30 Ub 24
62-610 Lubstów WP 65 Tc 34
62-610 Lubstówek WP 65 Tc 34
88-324 Lubstówek KP 65 Tb 33
14-260 Lubstynek WM 43 Uf 27
42-287 Lubsza SL 89 Ua 45
49-313 Lubsza OP 87 Sd 43
76-200 Lubuczewo PM 28 Sa 21
76-251 Lubuń PM 28 Sa 22
22-680 Lubycza Królewska LU 105 Yd 46
39-102 Lubzina PK 102 Wd 48
83-230 Luchowo PM 41 Te 26
89-310 Luchowo WP 52 Sb 29
23-420 Luchów-Dolny LU 104 Xd 47
23-420 Luchów-Górny LU 104 Xe 47
98-113 Luciejów LD 77 Ua 40
09-504 Lucień MZ 66 Uc 34
86-010 Lucim KP 52 Sf 28
26-704 Lucimia MZ 93 We 41
26-706 Lucin MZ 80 Wc 40
74-210 Lucin ZP 49 Qa 30
63-100 Luciny WP 62 Sa 36
62-600 Lucjanowo WP 65 Te 35
07-200 Lucynów Duży MZ 68 Wc 33
37-700 Luczyce PK 111 Xe 50
88-170 Ludkowo KP 52 Ta 32
48-130 Ludmierzyce OP 97 Sf 48
23-251 Ludmiłówka LU 93 Xa 43
64-630 Ludomki WP 51 Re 32
64-630 Ludomy WP 51 Re 32
87-200 Ludowice KP 53 Tf 29
57-160 Ludów Śląski DS 86 Sa 43
89-505 Ludwichowo KP 41 Ta 27
57-450 Ludwikowice Kłodzkie DS 86 Rc 45
59-223 Ludwikowo DS 85 Ra 41
89-240 Ludwikowo KP 52 Sc 30
21-010 Ludwików LU 82 Xe 41
24-300 Ludwików LU 93 Xa 42
26-660 Ludwików MZ 80 Wa 39
63-421 Ludwików WP 76 Se 39
96-515 Ludwików MZ 67 Vc 35
21-075 Ludwin LU 82 Xf 40
63-300 Ludwina WP 76 Se 37
88-170 Ludwiniec KP 52 Ta 32
63-830 Ludwinowo WP 75 Sa 38
05-306 Ludwinów MZ 69 Wd 35
07-100 Ludwinów MZ 69 Wf 34
21-003 Ludwinów LU 82 Xd 41
21-070 Ludwinów LU 94 Yb 41
24-224 Ludwinów LU 93 Xb 42
28-131 Ludwinów SK 101 Vf 46
28-300 Ludwinów SK 91 Vb 45
28-366 Ludwinów SK 90 Vb 44
29-100 Ludwinów SK 90 Uf 44
42-320 Ludwinów SL 90 Uc 44
98-432 Ludwinów LD 88 Tb 41
29-105 Ludynia SK 90 Va 43
88-160 Ludzisko KP 53 Tb 32
66-431 Ludzisławice LB 49 Qc 32
34-471 Ludźmierz MA 108 Uf 52
76-252 Lulemino PM 27 Sa 22
78-200 Lulewice ZP 38 Qf 24
64-600 Lulin WP 63 Re 33
87-148 Lulkowo KP 53 Td 30
86-200 Lunawy KP 53 Td 28
30-698 Lusina MA 100 Uf 49
55-340 Lusina DS 86 Rc 42
42-253 Lusławice SL 89 Uc 44
62-080 Lusowo WP 63 Re 34
62-080 Lusówko WP 62 Rd 34
06-450 Luszewo MZ 55 Vb 32
06-540 Luszewo MZ 55 Va 31
86-120 Luszkówko KP 53 Tb 29
32-500 Luszowice MA 99 Uc 47
33-151 Luszowice Górne MA 102 Wa 48
09-541 Luszyn MZ 66 Ue 35
22-200 Luta LU 83 Yc 40
26-220 Luta SK 91 Vd 42
38-112 Lutcza PK 110 Wf 50
23-310 Lute LU 93 Xc 44
73-130 Lutkowo ZP 49 Qc 28
96-323 Lutkówka MZ 79 Vd 37
96-206 Lutobory LD 79 Vc 38
87-850 Lutobórz KP 65 Ua 34
07-214 Lutobrok MZ 68 Wb 33
09-317 Lutocin MZ 54 Ue 31
63-700 Lutogniew WP 75 Sc 38
59-916 Lutogniewice DS 84 Pf 42
68-300 Lutol LB 72 Qa 38
66-320 Lutol Mokry LB 61 Qf 35
66-304 Lutol Suchy LB 61 Qe 34
64-410 Lutom WP 62 Ra 33
89-642 Lutom PM 40 Sf 26
64-410 Lutomek WP 62 Ra 33
58-100 Lutomia-Dolna DS 86 Rd 44
58-100 Lutomia-Górna DS 86 Rd 44
95-083 Lutomiersk SL 77 Ub 38
57-200 Lutomierz DS 86 Re 45
36-040 Lutoryż PK 103 Wf 49
97-306 Lutosławice-Rządowe LD 78 Ud 39
97-306 Lutosławice-Szlacheckie LD 78 Ud 39
18-400 Lutostan PD 58 Xb 30
38-713 Lutowiska PK 111 Xe 53
89-400 Lutowo KP 40 Sc 28
74-320 Lutówko ZP 49 Qb 30
89-400 Lutówko KP 40 Sc 28
42-161 Lutrowskie SL 88 Te 43
11-311 Lutry WM 44 Vf 24
98-360 Lututów LD 76 Tc 40
55-330 Lutynia DS 86 Re 42
63-330 Lutynia WP 76 Sd 37
68-131 Lutynka LB 72 Qa 39
84-242 Luzino PM 29 Ta 21
48-100 Lwowiany OP 97 Se 47
11-210 Lwowiec WM 33 Wa 23
09-540 Lwówek MZ 66 Ue 34
64-310 Lwówek WP 62 Rb 34
59-600 Lwówek Śląski DS 85 Qd 42
44-295 Lyski SL 98 Tc 48


## Ł


44-113 Łabądy SL 98 Td 46
11-200 Łabędnik WM 32 Vf 23
78-504 Łabędzie ZP 38 Qe 27
98-290 Łabędzie LD 77 Td 38
88-230 Łabędzin KP 65 Tc 33
26-026 Łabędziów SK 91 Ve 44
42-230 Łabędź SL 90 Ud 43
16-320 Łabętnik PD 46 Xe 26
76-248 Łabiszewo PM 28 Sb 22
89-210 Łabiszyn KP 52 Sf 31
62-200 Łabiszynek WP 64 Sd 33
33-336 Łabowa MA 109 Vf 51
33-336 Łabowiec MA 109 Vf 51
22-437 Łabunie LU 95 Yc 45
22-437 Łabuńki-I LU 95 Yc 44
22-437 Łabuńki-II LU 95 Yc 44
72-315 Łabuń Mały ZP 37 Qc 26
72-315 Łabuń Wielki ZP 37 Qc 26
75-016 Łabusz ZP 26 Rb 23
05-140 Łacha MZ 68 Wa 33
18-525 Łacha PD 45 We 28
22-652 Łachowce LU 105 Yf 46
89-200 Łachowo KP 52 Se 30
29-100 Łachów SK 90 Uf 43
33-390 Łacko MA 108 Vc 51
23-305 Łada LU 94 Xd 44
33-156 Ładna MA 102 Wa 48
12-220 Ładne Pole WM 45 Wd 26
05-090 Łady MZ 68 Vf 36
96-520 Łady MZ 67 Va 34
46-090 Ładza OP 87 Sf 43
97-561 Ładzice LD 89 Uc 42
72-518 Ładzin ZP 36 Pd 25
98-330 Ładzin LD 89 Ua 42
09-470 Łagiewniki MZ 67 Uf 34
21-003 Łagiewniki LU 82 Xd 41
26-026 Łagiewniki SK 91 Ve 45
28-100 Łagiewniki SK 101 Ve 46
58-210 Łagiewniki DS 86 Rf 44
62-010 Łagiewniki WP 63 Sb 33
62-580 Łagiewniki WP 64 Ta 36
63-740 Łagiewniki WP 75 Sb 38
64-061 Łagiewniki WP 62 Rd 36
72-315 Łagiewniki ZP 38 Qc 26
87-853 Łagiewniki KP 65 Ua 33
88-150 Łagiewniki KP 65 Tb 33
97-200 Łagiewniki LD 78 Uf 39
98-310 Łagiewniki LD 88 Td 41
62-280 Łagiewniki Kościelne WP 63 Sc 33
42-772 Łagiewniki Małe SL 88 Td 44
42-772 Łagiewniki Wielkie SL 88 Td 44
56-200 Łagiszyn DS 74 Rc 38
66-446 Łagodzin LB 61 Qb 32
67-222 Łagoszów Mały DS 73 Ra 39
59-160 Łagoszów Wielki DS 73 Qf 39
66-304 Łagowiec LB 61 Qe 34
64-010 Łagowo WP 75 Rf 37
26-025 Łagów SK 92 Wa 44
26-704 Łagów MZ 81 We 40
66-220 Łagów LB 61 Qb 34
66-615 Łagów LB 72 Qb 37
99-420 Łagów LD 78 Uf 37
66-220 Łagówek LB 61 Qb 34
99-414 Łaguszew LD 67 Uf 36
64-330 Łagwy WP 62 Rc 34
10-687 Łajs WM 44 Vd 27
38-204 Łajsce PK 110 Wd 50
05-135 Łajski MZ 68 Vf 34
11-036 Łajsy WM 43 Vb 26
14-520 Łajsy WM 31 Va 23
48-200 Łaka OP 97 Sd 47
48-316 Łambinowice OP 97 Sd 45
87-860 Łania KP 65 Tf 34
11-100 Łaniewo WM 32 Vc 24
06-316 Łanięta MZ 56 Ve 30
87-860 Łanięta KP 65 Tf 34
99-306 Łanięta LD 66 Ub 34
11-432 Łankiejmy WM 33 Wa 24
89-240 Łankowice KP 52 Sc 30
16-427 Łanowicze-Duże PD 35 Xe 23
16-427 Łanowicze-Małe PD 35 Xe 23
48-320 Łanów OP 87 Sb 45
23-275 Łany LU 93 Wf 43
27-532 Łany SK 92 Wd 44
28-330 Łany SK 100 Vb 45
44-160 Łany SL 98 Tc 46
47-253 Łany OP 98 Tb 47
42-439 Łany Małe SL 100 Uf 46
42-439 Łany-Srednie SL 100 Uf 45
42-439 Łany-Wielkie SL 100 Uf 45
44-153 Łany Wielkie SL 98 Td 47
47-260 Łańce OP 98 Ta 47
21-020 Łańcuchów LU 94 Xf 41
37-100 Łańcut PK 103 Xb 48
37-205 Łapajówka PK 103 Xd 49
83-300 Łapalice PM 29 Ta 22
32-740 Łapanów MA 108 Vb 49
32-744 Łapczyca MA 101 Vc 49
55-140 Łapczyce DS 74 Rf 40
16-020 Łapczyn PD 59 Yb 28
29-120 Łapczyna Wola SK 90 Uf 43
16-120 Łapicze PD 59 Ye 29
22-400 Łapiguz LU 94 Yb 44
83-330 Łapino Kartuskie PM 29 Tc 23
87-340 Łapinóż KP 54 Uc 29
87-337 Łapinóżek KP 54 Ub 29
34-442 Łapszanka MA 108 Vb 52
34-442 Łapsze Niżne MA 108 Vb 52
34-442 Łapsze Wyżne MA 108 Vb 52
32-130 Łapszów MA 101 Vd 47
18-100 Łapy PD 58 Xf 31
18-100 Łapy-Dębowina PD 58 Xf 31
18-100 Łapy-Pluśniaki PD 58 Xf 31
99-417 Łasieczniki LD 67 Va 36
06-225 Łasiewity MZ 56 Wc 31
86-320 Łasin KP 42 Ua 27
98-100 Łask SL 77 Ua 39
08-450 Łaskarzew MZ 81 Wd 38
38-200 Łaski PK 110 Wd 50
73-240 Łasko ZP 50 Qe 30
93-460 Łaskowice LD 78 Uc 38
22-530 Łasków LU 95 Yf 45
22-671 Łasochy LU 104 Yb 46
22-650 Łaszczów LU 105 Ye 45
22-600 Łaszczówka LU 105 Yc 46
63-900 Łaszczyn WP 74 Rf 39
96-214 Łaszczyn LD 79 Vc 38
63-300 Łaszew WP 76 Se 37
09-135 Łaszewo MZ 55 Va 31
87-321 Łaszewo KP 54 Ud 29
98-324 Łaszew Rządowy LD 88 Td 42
82-110 Łaszka PM 30 Ub 23
62-814 Łaszków WP 76 Sf 37
06-225 Łaś MZ 56 Wb 31
28-160 Łatanice SK 101 Ve 46
26-704 Ławeczko Stare MZ 81 We 40
64-410 Ławica WP 62 Ra 33
14-200 Ławice WM 42 Ud 27
11-520 Ławki WM 45 Wd 25


A
Ą
B
C
Ć
D
E
Ę
F
G
H
I
J
K
L
Ł
M
N
Ń
O
Ó
P
Q
R
S
Ś
T
U
V
W
X
Y
Z
Ź
Ż

Ławki I 173

14-405 Ławki WM  31 Uf 23
21-400 Ławki LU  81 Xc 37
41-408 Ławki SL  99 Ua 48
62-240 Ławki WP  64 Se 33
39-331 Ławnica PK  102 Wc 46
19-222 Ławsk PD  44 Kb 28
59-724 Ławszowa DS  73 Qc 40
08-206 Ławy MZ  70 Xe 35
74-300 Ławy ZP  49 Pf 31
87-500 Ławy KP  54 Uc 30
97-400 Ławy LD  78 Uc 40
06-333 Łaz MZ  56 Vf 29
66-003 Łaz LB  73 Qe 37
68-203 Łaz LB  72 Qa 39
32-020 Łazany MA  100 Va 49
19-206 Łazarze PD  46 Xd 26
11-400 Łazdoje WM  44 Wb 25
42-274 Łaziec SL  89 Ua 44
99-423 Łazin LD  66 Ud 36
62-410 Łazińsk I WP  64 Sf 36
62-580 Łazińsk II WP  64 Sf 36
05-306 Łaziska MZ  69 Wd 35
09-320 -Łaziska MZ  55 Uf 31
09-533 Łaziska MZ  66 Uf 34
22-420 Łaziska LU  95 Yc 44
24-335 Łaziska LU  93 Wf 42
26-065 Łaziska SK  91 Vc 43
26-505 Łaziska MZ  80 Vf 41
27-310 Łaziska MZ  92 Wd 41
28-200 Łaziska SK  92 Wb 45
44-340 Łaziska SL  98 Tc 49
47-133 Łaziska OP  98 Tc 45
59-700 Łaziska DS  60 Qd 41
62-100 Łaziska WP  51 Sb 32
95-081 Łaziska LD  78 Uc 39
96-520 Łaziska MZ  67 Va 35
43-170 Łaziska Dolne SL  99 Tf 48
43-170 Łaziska Górne SL  99 Tf 48
43-170 Łaziska Średnie SL  99 Tf 48
56-416 Łaziska DS  75 Sd 40
97-200 Łazisko LD  78 Uf 39
74-500 Łaziszcze ZP  48 Pb 31
16-080 Łaziuki PD  58 Xe 29
97-221 Łaznowska Wola LD  78 Ue 39
97-221 Łaznów LD  78 Ue 39
37-413 Łazory PK  103 Xd 46
22-680 Łazowa LU  105 Yc 46
08-320 Łazów MZ  70 Xc 33
37-418 Łazów PK  103 Xc 46
97-532 Łazów LD  90 Ue 43
98-170 Łazów LD  77 Ua 40
08-320 Łazówek MZ  70 Xc 33
05-085 Łazy MZ  67 Vc 35
05-552 Łazy MZ  68 Vf 36
06-212 Łazy MZ  56 Wa 30
07-130 Łazy MZ  69 Wd 33
07-410 Łazy MZ  57 Wd 30
16-080 Łazy PD  58 Xe 29
19-110 Łazy PD  46 Xe 28
21-400 Łazy LU  82 Xc 37
32-048 Łazy MA  100 Ue 47
32-210 Łazy MA  100 Va 46
32-600 Łazy MA  99 Ub 49
32-765 Łazy MA  101 Vd 49
32-825 Łazy MA  101 Ve 48
37-550 Łazy PK  104 Xf 48
38-480 Łazy PK  110 Wf 51
42-288 Łazy SL  89 Tf 45
42-450 Łazy SL  99 Uc 46
46-325 Łazy OP  88 Td 42
56-160 Łazy DS  74 Rd 39
76-002 Łazy ZP  27 Rb 23
87-632 Łazy KP  54 Ua 31
33-340 Łazy Biegonickie MA  108 Ve 51
33-389 Łazy Brzyńskie MA  108 Vd 51
97-330 Łazy-Dąbrowa LD  78 Ue 41
38-200 Łazy Dębowieckie PK  109 Wc 50
97-340 Łazy Duże LD  78 Ue 41
56-321 Łazy-Małe DS  75 Sb 40
56-321 Łazy-Wielkie DS  75 Sb 40
72-111 Łąka ZP  36 Pd 26
09-520 Łąck MZ  66 Ud 34
76-113 Łącko ZP  27 Rd 21
88-170 Łącko KP  52 Ta 31
44-160 Łącza SL  98 Tc 47
26-680 Łączany MZ  92 Wa 41
34-115 Łączany MA  100 Ud 49
46-100 Łączany OP  87 Se 42

62-635 Łączewna WP  65 Tf 34
43-426 Łączka SL  106 Te 50
07-438 Łączki MZ  45 Wd 28
39-320 Łączki Brzeskie PK  102 Wc 47
38-472 Łączki Jagiellońskie PK  110 We 50
39-106 Łączki Kucharskie PK  102 Wd 48
26-140 Łączna SK  91 Ve 43
57-300 Łączna DS  96 Rd 46
58-350 Łączna DS  85 Ra 44
66-540 Łącznica LB  49 Qd 31
48-220 Łącznik OP  97 Se 46
14-300 Łączno WM  43 Uf 25
78-446 Łączno ZP  39 Rd 27
87-517 Łączonek KP  54 Ub 30
28-300 Łączyn SK  91 Vb 45
89-652 Łąg PM  41 Ta 26
89-652 Łąg-Kolonia PM  41 Ta 26
36-004 Łąka PK  103 Xa 48
43-241 Łąka SL  99 Tf 49
48-364 Łąka OP  97 Se 46
59-700 Łąka DS  73 Qd 41
78-550 Łąka ZP  38 Rb 27
08-404 Łąki MZ  81 We 37
24-160 Łąki LU  93 Xb 41
56-300 Łąki DS  75 Sa 40
78-627 Łąki ZP  50 Rc 29
62-068 Łąkie WP  62 Rb 36
66-213 Łąkie LB  61 Qc 35
77-143 Łąkie PM  40 Sb 24
77-420 Łąkie WP  39 Sa 27
87-630 Łąkie KP  54 Uc 31
88-320 Łąkie KP  64 Ta 33
47-150 Łąki Kozielskie OP  98 Tb 46
99-420 Łąki Sierakowskie LD  67 Uf 36
87-851 Łąki Wielkie KP  65 Tf 34
88-100 Łąkocin KP  53 Tc 32
63-400 Łąkociny WP  76 Sd 39
24-170 Łąkoć LU  81 Xb 40
13-334 Łąkorek WM  42 Uc 28
13-334 Łąkorz WM  42 Uc 28
78-311 Łąkowo ZP  38 Qe 26
63-900 Łąkta WP  75 Rf 39
32-733 Łąkta Dolna MA  108 Vc 49
32-731 Łąkta Górna MA  108 Vc 49
89-530 Łąski Piec KP  41 Tb 27
86-010 Łąsko Wielkie KP  52 Se 28
07-405 Łątczyn Włościański MZ  57 We 30
09-310 Łążek MZ  55 Va 30
27-670 Łążek SK  102 Wd 45
37-470 Łążek PK  93 Wf 44
62-650 Łążek WP  65 Tf 35
86-150 Łążek KP  41 Tb 27
98-331 Łążek LD  89 Ua 42
23-300 Łążek Garncarski LU  93 Xb 45
23-300 Łążek Ordynacki LU  93 Xb 45
99-220 Łążki LD  77 Ua 37
14-260 Łążyn WM  43 Uf 28
87-123 Łążyn KP  53 Tf 30
87-133 Łążyn KP  53 Tc 30
32-007 Łaźnia MA  101 Vb 48
16-030 Łaźnie PD  59 Yc 29
05-870 Łaźniew MZ  67 Ve 35
59-500 Łaźniki DS  85 Ra 42
99-440 Łaźniki LD  66 Ue 35
05-502 Łbiska MZ  68 Wa 36
84-360 Łeba PM  28 Sd 20
84-103 Łebcz PM  29 Tc 20
84-360 Łebieniec PM  28 Sd 20
76-231 Łebień PM  28 Sc 22
84-351 Łebień PM  28 Se 21
84-217 Łebieńska Huta PM  29 Ta 22
06-458 Łebki MZ  55 Vc 31
84-217 Łebno PM  29 Ta 22
84-312 Łebunia PM  28 Se 22
33-335 Łęg MA  109 Ve 51
62-105 Łekno WP  52 Sb 31
76-037 Łekno ZP  26 Ra 23
13-230 Łempice PD  70 Xd 32
19-222 Łempice PD  46 Xb 27
09-140 Łempino MZ  55 Va 32
08-207 Łepki MZ  70 Xe 35
98-270 Łeszczyn LD  77 Te 40
82-340 Łęcze MZ  42 Uc 26
05-622 Łęczeszyce MZ  80 Ve 38
21-010 Łęczna LU  82 Xf 41

72-310 Łęczna ZP  37 Qa 26
78-200 Łęczno ZP  38 Qf 25
97-330 Łęczno LD  78 Uf 41
08-106 Łęcznowola MZ  70 Xc 36
62-052 Łęczyca WP  63 Rf 35
73-112 Łęczyca ZP  37 Qa 28
99-100 Łęczyca LD  66 Ub 35
64-330 Łęczyce WP  62 Rc 35
84-218 Łęczyce PM  28 Sf 21
08-107 Łęczycki MZ  70 Xd 35
73-112 Łęczyna ZP  37 Qa 28
06-520 Łęg MZ  56 Ve 29
28-230 Łęg SK  102 Wb 46
33-131 Łęg MA  101 Vf 48
42-282 Łęg SL  89 Ub 42
63-100 Łęg WP  62 Sa 36
86-208 Łęg KP  53 Td 28
11-010 Łęgajny WM  44 Vd 26
72-003 Łęgi ZP  36 Pc 27
78-325 Łęgi ZP  38 Qf 26
09-209 Łęg-Kasztelański MZ  66 Uf 32
11-040 Łęgno MZ  43 Vb 25
26-420 Łęgonice MZ  79 Vd 39
67-400 Łęgoń LB  74 Rc 38
14-220 Łęgowo WM  42 Ub 27
19-400 Łęgowo WM  46 Xc 24
62-100 Łęgowo WP  51 Sb 32
66-100 Łęgowo LB  61 Qc 36
66-540 Łęgowo LB  50 Qe 31
83-031 Łęgowo PM  30 Td 23
09-209 Łęg-Probostwo MZ  67 Uf 32
07-402 Łęg-Przedmieście MZ  57 Wd 30
07-402 Łęg-Starościński MZ  57 Wd 30
11-036 Łęguty WM  43 Va 26
11-600 Łęgwarowo WM  33 We 23
28-136 Łęka SK  101 Vc 47
33-321 Łęka MA  109 Ve 50
62-604 Łęka WP  65 Td 36
99-100 Łęka LD  65 Ua 36
99-120 Łęka LD  66 Uc 36
63-800 Łęka-Mała WP  75 Rf 38
63-611 Łęka Mroczeńska WP  88 Sf 41
56-215 Łękanów DS  74 Rc 38
63-645 Łęka Opatowska WP  88 Ta 41
33-230 Łęka-Szczucińska MA  102 Wa 47
28-500 Łękawa SK  101 Vc 47
97-400 Łękawa SL  89 Uc 41
05-332 Łękawica MZ  69 Wd 36
26-902 Łękawica MZ  80 Wb 38
33-156 Łękawica MA  102 Wa 49
34-124 Łękawica MA  107 Ud 49
34-321 Łękawica SL  107 Ub 50
63-800 Łęka-Wielka WP  74 Rf 38
33-112 Łękawka MA  102 Wa 49
06-406 Łęki MZ  56 Ve 31
08-130 Łęki MZ  69 Wf 36
32-425 Łęki MA  107 Va 49
32-651 Łęki MA  99 Ub 49
32-823 Łęki MA  101 Ve 48
33-314 Łęki MA  108 Vd 50
39-221 Łęki-Dolne PK  102 Wb 49
38-450 Łęki Dukielskie PK  110 We 51
39-221 Łęki-Górne PK  102 Wb 49
99-314 Łęki Kościelne LD  66 Ud 36
98-360 Łęki-Małe LD  76 Tc 40
77-220 Łękinia PM  39 Sa 25
97-410 Łękińsko LD  89 Uc 41
38-471 Łęki Strzyżowskie PK  110 We 50
97-352 Łęki Szlacheckie LD  90 Ue 41
64-061 Łęki Wielkie WP  62 Rd 36
68-208 Łęknica LB  72 Pe 39
78-460 Łęknica ZP  38 Rb 26
63-020 Łękno WP  62 Sa 36
11-510 Łękuk Mały WM  46 Xa 24
76-220 Łękwica PM  28 Sa 21
26-806 Łepin MZ  79 Vd 39
14-407 Łępno WM  31 Uf 24
32-851 Łęszcz MA  101 Vd 49
32-107 Łętkowice MA  100 Vb 47
33-121 Łętowice MA  101 Vf 49
34-242 Łętownia MA  107 Uf 50
37-312 Łętownia PK  93 We 44
37-700 Łętownia PK  111 Xe 50
38-100 Łętownia PK  103 We 49

18-305 Łętownica PD  57 Xb 31
76-100 Łętowo ZP  27 Re 23
84-210 Łętowo PM  29 Sf 20
11-440 Łężany WM  44 Wa 25
38-430 Łężany PK  110 We 51
47-208 Łężce OP  98 Ta 47
59-170 Łężce DS  73 Qe 39
64-412 Łężce WP  62 Rb 33
99-200 Łężki LD  77 Tf 37
32-015 Łężkowice MA  101 Vb 49
66-016 Łężyca LB  73 Qc 37
57-340 Łężyce DS  96 Rd 46
84-207 Łężyce PM  29 Tc 21
62-500 Łężyn WP  65 Tb 35
38-230 Łężyny PK  110 Wd 51
21-550 Łobaczew LU  71 Yd 36
38-700 Łobozew Dolny PK  111 Xd 52
38-700 Łobozew Górny PK  111 Xd 52
97-425 Łobudzice LD  78 Ub 40
98-240 Łobudzice LD  77 Ua 38
63-233 Łobzowiec WP  75 Sc 37
73-150 Łobez ZP  38 Qd 27
42-125 Łobodno SL  89 Tf 43
38-700 Łodyna PK  111 Xd 52
89-110 Łodzia KP  52 Sc 30
37-740 Łodzianka Górna PK  111 Xd 50
38-503 Łodzina PK  111 Xb 51
97-402 Łodziska PK  111 Xd 50
83-034 Łoguszewo PM  29 Td 23
11-200 Łojdy WM  32 Ve 23
19-314 Łoje WM  46 Xd 26
19-504 Łoje WM  34 Xd 23
26-922 Łoje MZ  81 We 39
19-213 Łoje-Awissa PD  58 Xc 28
07-132 Łojew MZ  69 We 33
76-231 Łojewo PM  28 Sc 21
88-100 Łojewo KP  53 Tb 32
07-130 Łojki MZ  69 We 33
42-290 Łojki SL  89 Ua 44
27-641 Łojowice SK  92 Wd 44
57-120 Łojowice DS  87 Sb 44
64-761 Łokacz WP  50 Ra 31
76-214 Łokciowe PM  28 Sb 20
17-100 Łoknica PD  59 Yc 32
21-532 Łomazy LU  83 Yb 37
64-965 Łomczewo WP  39 Rf 27
06-500 Łomia MZ  55 Vc 30
05-092 Łomianki MZ  68 Vf 34
05-152 Łomna MZ  68 Ve 34
08-330 Łomna MZ  69 Xb 33
32-720 Łomna MA  101 Vd 49
08-117 Łomnica MZ  69 Wf 36
08-430 Łomnica MZ  81 Wf 38
22-234 Łomnica LU  82 Ya 40
46-300 Łomnica DS  85 Rc 44
58-340 Łomnica DS  85 Ra 44
58-533 Łomnica DS  85 Qe 43
59-901 Łomnica DS  84 Qa 42
64-360 Łomnica WP  62 Qf 35
64-980 Łomnica WP  51 Rd 30
33-350 Łomnica MA  109 Ve 52
62-410 Łomnica WP  64 Sf 36
11-042 Łomy WM  43 Vb 25
66-620 Łomy LB  60 Pe 36
18-400 Łomża PD  57 Xa 29
64-113 Łoniewo WM  74 Re 37
32-854 Łoniowa MA  101 Ve 49
27-670 Łoniów SK  102 Wd 45
77-430 Łońsko WP  51 Sa 29
08-412 Łopacianka MZ  81 Wf 37
06-440 Łopacin MZ  56 Vd 32
27-532 Łopata SK  92 Wd 44
24-160 Łopatki LU  81 Xa 41
87-222 Łopatki KP  54 Ua 29

98-100 Łopatki SL  77 Ua 39
87-222 Łopatki Polskie KP  54 Ua 28
07-130 Łopianka MZ  69 We 33
72-300 Łopianów ZP  37 Qb 25
18-212 Łopienie Jeże PD  58 Xe 31
38-607 Łopienka LU  111 Xc 53
24-224 Łopiennik LU  93 Xb 42
22-351 Łopiennik Dolny LU  94 Ya 42
22-351 Łopiennik Górny LU  94 Ya 42
62-212 Łopienno WP  64 Sc 32
64-630 Łopiszewo WP  51 Re 32
39-106 Łopuchowa PK  102 Wd 48
16-080 Łopuchowo PD  58 Xe 29
62-095 Łopuchowo WP  63 Sb 33
62-095 Łopuchówko WP  63 Sa 33
37-220 Łopuszka Mała PK  103 Xc 49
37-222 Łopuszka Wielka PK  103 Xc 49
34-432 Łopuszna MA  108 Va 52
26-070 Łopuszno SK  91 Vb 43
16-500 Łosewo PD  57 Wf 28
08-200 Łosice DS  70 Xe 35
55-095 Łosice DS  87 Sb 41
05-250 Łosie MZ  68 Wb 34
33-336 Łosie MA  109 Vf 52
38-314 Łosie MA  109 Wa 51
26-065 Łosienek SK  91 Vc 43
98-200 Łosieniec SL  77 Td 39
23-145 Łosień LU  94 Xc 43
26-065 Łosień SK  91 Vc 43
41-300* Łosień SL  99 Uc 46
07-132 Łosiewice MZ  69 We 33
16-120 Łosiniany PD  59 Yf 29
21-450 Łosiniec LU  81 Xa 37
22-672 Łosiniec LU  104 Yb 46
62-285 Łosiniec WP  51 Sb 32
17-210 Łosinka PD  59 Yd 31
07-206 Łosinno MZ  68 Wc 33
76-251 Łosino PM  27 Sa 22
89-504 Łosiny PM  40 Sf 26
49-330 Łosiów OP  87 Sd 44
33-314 Łososina Dolna MA  108 Vd 50
56-100 Łososiowice DS  74 Rd 41
32-010 Łososkowice MA  100 Va 47
72-315 Łosośnica ZP  37 Qb 26
34-730 Łostówka MA  108 Va 50
05-504 Łoś MZ  80 Vf 37
78-320 Łośnica ZP  38 Ra 25
66-415 Łośno LB  49 Qb 31
37-554 Łowce PK  104 Xe 49
33-170 Łowczów MA  102 Vf 49
33-171 Łowczówek MA  101 Vf 49
55-330 Łowęcice DS  86 Re 42
63-233 Łowęcice WP  75 Sb 37
62-200 Łowęcin WP  62 Sa 33
99-400 Łowicz LD  67 Uf 36
87-703 Łowiczek KP  53 Te 32
78-650 Łowicz Wałecki ZP  50 Ra 29
86-120 Łowin KP  53 Ta 28
86-181 Łowinek KP  52 Ta 28
28-330 Łowinia SK  90 Va 45
36-053 Łowisko PK  103 Xb 47
46-211 Łowkowice OP  88 Tb 42
47-364 Łowkowice OP  97 Sf 46
46-300 Łowoszów OP  88 Tc 43
64-400 Łowyń WP  62 Qf 33
74-204 Łozice ZP  48 Pe 30
76-020 Łozice ZP  39 Rd 25
55-095 Łozina DS  87 Sb 41
08-107 Łozy MZ  70 Xc 35
68-100 Łoz LB  73 Qc 38
14-520 Łoźnik WM  31 Vb 23
72-122 Łożnica ZP  37 Pf 26
62-060 Łódź WP  63 Re 35
90-001* Łódź LD  78 Uc 38
37-614 Łówcza PK  104 Yb 47
84-219 Łówcz Górny PM  29 Sf 21
87-703 Łówkowice KP  53 Te 32
21-570 Łózki LU  82 Xf 37
22-664 Łubcze LU  105 Yd 46
83-407 Łubiana PM  28 Sf 24
16-130 Łubianka PD  59 Yb 30
74-305 Łubianka ZP  49 Qb 31
87-152 Łubianka KP  53 Tc 30
08-300 Łubianki MZ  69 Xb 34
42-674 Łubie SL  98 Td 46
05-084 Łubiec MZ  67 Vd 35
06-211 Łubienica MZ  68 Wa 33
38-204 Łubienko PK  110 Wd 51
17-100 Łubin Kościelny PD  58 Ya 32

## M

89-520 Mała Klonia **KP** 40 Se 28
89-642 Mała-Klonia **PM** 40 Se 26
87-103 Mała Nieszawka **KP** 53 Td 31
38-307 Małastów **MA** 109 Wb 51
43-250 Mała-Strona **SL** 106 Td 49
21-540 Małaszewicze-Duże **LU** 71 Yd 36
21-540 Małaszewicze-Małe **LU** 71 Yd 36
05-320 Mała Wieś **MZ** 69 We 36
05-622 Mała Wieś **MZ** 80 Ve 38
09-460 Mała Wieś **MZ** 67 Va 34
64-212 Mała Wieś **WP** 62 Qf 36
96-214 Mała Wieś **LD** 79 Vb 38
97-532 Mała Wieś **LD** 90 Ud 43
98-313 Mała Wieś **LD** 77 Te 40
59-975 Mała Wieś Górna **DS** 84 Qa 42
97-216 Mała-Wola **LD** 79 Vb 39
95-060 Małczew **LD** 78 Ue 38
12-160 Małdaniec **WM** 44 Wa 28
14-330 Małdyty **WM** 43 Ue 25
97-213 Małe **LD** 78 Uf 40
13-315 Małe Bałówki **WM** 54 Uc 28
33-207 Małec **MA** 102 Wa 47
89-632 Małe-Chełmy **PM** 40 Sd 25
97-217 Małecz **LD** 79 Va 39
86-212 Małe Czyste **KP** 53 Tc 29
89-505 Małe Gacno **KP** 41 Ta 27
89-632 Małe Gliśno **PM** 40 Se 25
84-200 Małe-Gowino **PM** 29 Tb 21
56-416 Małe-Grabowno **DS** 75 Sc 40
26-341 Małe Końskie **LD** 78 Va 40
83-242 Małe Krówno **PM** 41 Tb 26
27-415 Małe Prawęcin **SK** 92 Wb 43
87-207 Małe Pułkowo **KP** 54 Ua 29
16-420 Małe Raczki **PD** 46 Xe 24
87-200 Małe Radowiska **KP** 54 Tf 29
89-203 Małe Rudy **KP** 52 Sf 30
83-120 Małe Słońca **PM** 42 Te 24
89-608 Małe Swornegacie **PM** 40 Sd 26
83-140 Małe Walichnowy **PM** 41 Tf 25
26-634 Małęczyn **MZ** 80 Wb 40
62-850 Małgów **WP** 76 Tc 37
63-860 Małgów **WP** 75 Sb 38
06-225 Małki **MZ** 56 Wc 31
87-300 Małki **KP** 54 Ub 29
07-320 Małkinia Dolna **MZ** 69 Xa 32
07-320 Małkinia Górna **MZ** 69 Xa 32
73-110 Małkocin **ZP** 49 Qa 28
37-716 Małkowice **PK** 111 Xe 49
55-080 Małkowice **DS** 86 Re 42
83-330 Małkowo **PM** 29 Tc 22
21-070 Małków **LU** 83 Yb 41
26-330 Małków **SL** 91 Vb 41
98-290 Małków **LD** 77 Td 38
34-483 Małkuchowa **MA** 107 Ud 52
22-300 Małochwiej **LU** 94 Yb 43
86-111 Małociechowo **KP** 53 Tb 28
09-320 Małocin **MZ** 55 Va 30
89-100 Małocin **KP** 52 Sd 29
22-113 Małodutyn **LU** 95 Yd 42
28-366 Małogoszcz **SK** 91 Vb 44
67-320 Małomice **LB** 73 Qc 39
27-100 Małomierzyce **MZ** 92 Wb 41
87-605 Małomin **KP** 54 Uc 32
22-650 Małoniż **LU** 105 Ye 45
05-252 Małopole **MZ** 68 Wb 34
28-530 Małoszów **SK** 101 Vc 47
32-210 Małoszów **MA** 100 Va 46
26-315 Małoszyce **LD** 79 Vc 39
27-580 Małoszyce **SK** 92 Wc 43
42-439 Małoszyce **SL** 100 Ue 45
62-710 Małoszyna **WP** 65 Tc 36
56-160 Małowice **DS** 74 Rc 40
06-323 Małowidz **MZ** 56 Wa 29
16-200 Małowista **PD** 47 Yb 26
38-112 Małówka **PK** 110 Wf 50
38-114 Małówka **PK** 110 Wf 49
12-120 Małszewko **WM** 44 Vf 26
12-122 Małszewo **WM** 44 Ve 27
87-408 Małszyce **KP** 53 Tf 30
99-400 Małszyce **LD** 67 Uf 36
49-318 Małujowice **OP** 87 Sc 43
42-244 Małusy Wielkie **SL** 89 Ub 44
55-040 Małuszów **DS** 86 Rf 42
69-200 Małuszów **LB** 61 Qa 34
77-420 Mały Buczek **WP** 40 Sb 28
34-350 Mały Cisiec **SL** 106 Ua 51
83-120 Mały Garc **PM** 42 Te 25
87-313 Mały Głęboczek **KP** 54 Ud 29
83-400 Mały Klincz **PM** 29 Ta 24
86-170 Mały Komorsk **KP** 41 Te 27
13-206 Mały Łęck **WM** 55 Uf 29
99-232 Małyń **LD** 77 Ua 38
18-516 Mały Płock **PD** 57 Xa 29
86-302 Mały Rudnik **KP** 53 Te 28
17-315 Małyszczyn **PD** 70 Xe 33
32-353 Małyszyce **MA** 100 Uf 47
27-220 Małyszyn Górny **SK** 92 Wa 42
66-400 Małyszyn Wielki **LB** 49 Qa 32
83-112 Małżewo **PM** 41 Td 24
27-545 Malżyn **SK** 92 Wc 44
06-216 Mamino **MZ** 56 Wb 30
88-190 Mamlicz **KP** 52 Ta 31
26-230 Mamocicha **SK** 91 Vb 42
37-232 Manasterz **PK** 103 Xc 49
37-522 Manasterz **PK** 104 Xe 48
38-600 Manasterzec **PK** 111 Xc 51
21-560 Manie **LU** 70 Xe 36
63-112 Manieczki **WP** 63 Rf 36
64-605 Maniewo **WP** 63 Rf 33
34-436 Maniowy **MA** 108 Vb 52
33-203 Maniów **MA** 102 Wa 46
38-543 Maniów **PK** 110 Xb 53
55-081 Maniów **DS** 86 Rd 43
55-081 Maniów Mały **DS** 86 Rd 43
55-081 Maniów Wielki **DS** 86 Re 43
76-015 Manowo **ZP** 27 Rb 24
57-160 Mańczyce **DS** 86 Rf 43
11-015 Mańki **WM** 43 Vb 27
48-315 Mańkowice **OP** 97 Sc 46
09-210 Mańkowo **MZ** 55 Uf 32
11-731 Maradki **WM** 44 Wa 26
78-400 Marcelin **ZP** 39 Re 26
29-145 Marchocice **SK** 90 Uf 44
32-222 Marchocice **MA** 100 Vb 47
84-207 Marchowo **PM** 29 Tb 22
62-865 Marchwacz **WP** 76 Tb 38
63-507 Marcinki **WP** 76 Sf 40
27-500 Marcinkowice **SK** 92 Wc 44
32-250 Marcinkowice **MA** 100 Uf 46
33-273 Marcinkowice **MA** 101 Ve 48
33-393 Marcinkowice **MA** 108 Vd 50
55-200 Marcinkowice **DS** 87 Sb 43
78-641 Marcinkowice **ZP** 50 Rb 29
11-030 Marcinkowo **WM** 44 Ve 26
11-700 Marcinkowo **WM** 44 Wb 25
14-110 Marcinkowo **WM** 43 Va 27
62-610 Marcinkowo **WP** 65 Td 34
88-100 Marcinkowo **KP** 53 Tc 32
88-330 Marcinkowo **KP** 64 Ta 33
88-410 Marcinkowo-Dolne **KP** 52 Se 32
88-410 Marcinkowo-Górne **KP** 52 Se 32
26-330 Marcinków **SL** 90 Va 41
27-215 Marcinków **SK** 92 Vf 42
11-513 Marcinowa Wola **WM** 45 Wf 25
32-241 Marcinowice **MA** 100 Uf 45
58-124 Marcinowice **DS** 86 Rd 43
59-407 Marcinowice **DS** 85 Rb 42
66-600 Marcinowice **LB** 60 Qa 36
19-314 Marcinowo **WM** 46 Xd 25
55-100 Marcinowo **DS** 75 Sa 41
57-300 Marcinów **DS** 96 Re 46
68-113 Marcinów **LB** 73 Qc 38
68-200 Marcinów **LB** 72 Pf 39
42-400 Marciszów **SL** 99 Uc 45
58-410 Marciszów **DS** 85 Ra 43
09-460 Marcjanka **MZ** 67 Va 34
62-704 Marcjanów **WP** 77 Tc 36
62-865 Marcjanów **WP** 76 Tb 38
34-210 Marcówka **MA** 107 Ud 50
34-114 Marcyporęba **MA** 100 Ud 49
59-610 Marczów **DS** 85 Qd 42
82-500 Mareza **PM** 42 Tf 26
64-830 Margonin **WP** 51 Sa 31
64-830 Margońska Wieś **WP** 51 Sa 31
72-405 Margowo **ZP** 37 Pf 25
63-435 Mariak **WP** 75 Sd 40
26-333 Mariampol **LD** 79 Va 40
26-903 Mariampol **MZ** 80 Wb 39
64-212 Marianice **WP** 62 Qf 36
05-300 Marianka **MZ** 69 Wd 36
14-400 Marianka **WM** 31 Ud 24
68-343 Marianka **LB** 72 Pe 38
42-242 Marianka Rędzińska **SL** 89 Ub 43
63-645 Marianka Siemieńska **WP** 88 Ta 41
87-500 Marianki **KP** 54 Uc 30
87-605 Marianki **KP** 54 Uc 32
64-212 Mariankowo **WP** 62 Ra 35
06-316 Marianowo **MZ** 56 Ve 30
07-207 Marianowo **MZ** 57 Wc 32
64-510 Marianowo **WP** 62 Rc 32
73-121 Marianowo **ZP** 49 Qb 28
05-252 Marianów **MZ** 68 Wb 33
09-500 Marianów **MZ** 66 Uc 34
21-411 Marianów **LU** 81 Xc 38
26-070 Marianów **SK** 90 Vb 43
26-337 Marianów **LD** 90 Va 41
26-903 Marianów **MZ** 80 Wc 39
27-353 Marianów **MZ** 92 Wc 41
27-570 Marianów **SK** 92 Wb 44
28-330 Marianów **SK** 100 Va 45
28-440 Marianów **SK** 101 Vc 46
42-110 Marianów **SL** 89 Tf 42
23-212 Marianówka **LU** 93 Xb 42
62-710 Mariantów **WP** 65 Tc 36
87-410 Mariany **KP** 53 Tf 30
08-470 Mariańskie Porzecze **MZ** 80 Wc 37
05-083 Mariew **MZ** 68 Ve 35
44-330 Mariowiec **SL** 98 Td 49
11-100 Markajmy **WM** 32 Vd 24
05-270 Marki **MZ** 68 Wa 35
39-450 Marki **PK** 102 Wd 46
44-321 Marklowice **SL** 98 Td 48
43-410 Marklowice Górne **SL** 106 Td 49
66-620 Markosice **LB** 72 Pd 37
46-250 Markotów Duży **OP** 88 Ta 43
37-120 Markowa **PK** 103 Xb 48
38-500 Markowce **PK** 110 Xa 51
47-400 Markowice **SL** 98 Tb 48
48-330 Markowice **OP** 97 Sb 46
63-004 Markowice **WP** 63 Sb 35
88-320 Markowice **KP** 64 Tb 32
23-415 Markowicze **LU** 104 Xe 46
36-051 Markowizna **PK** 103 Xa 47
14-300 Markowo **WM** 43 Uf 24
88-140 Markowo **KP** 53 Tc 31
26-920 Markowola **MZ** 81 We 40
18-212 Markowo-Wólka **PD** 58 Xe 32
19-404 Markowskie **WM** 46 Xd 24
95-082 Markówka **LD** 77 Ub 39
36-017 Markówki **PK** 103 Xb 49
12-100 Marksewo **WM** 44 Wa 27
82-325 Markusy **WM** 42 Uc 24
38-126 Markuszowa **PK** 110 We 49
24-173 Markuszów **LU** 81 Xb 40
61-332 Marlewo **WP** 63 Rf 34
11-015 Maróz **WM** 43 Vc 27
63-520 Marszałki **WP** 76 Ta 40
63-300 Marszew **WP** 76 Se 37
62-540 Marszewo **WP** 64 Ta 34
72-100 Marszewo **ZP** 37 Pf 27
76-113 Marszewo **ZP** 27 Re 21
83-047 Marszewska Góra **PM** 29 Tc 23
32-010 Marszowice **MA** 100 Va 47
32-013 Marszowice **MA** 101 Vb 49
55-200 Marszowice **DS** 87 Sb 43
68-200 Marszów **LB** 72 Qb 39
82-230 Martąg **PM** 30 Ua 24
78-640 Martew **ZP** 50 Ra 29
11-400 Martiany **WM** 45 Wd 24
62-720 Marulew **WP** 65 Td 36
88-100 Marulewy **KP** 53 Tb 32
64-700 Marunowo **WP** 51 Re 31
11-010 Maruny **WM** 44 Vd 25
44-304 Marusze **SL** 98 Tc 49
21-345 Maruszewiec **LU** 82 Xd 38
27-300 Maruszów **MZ** 92 Wd 42
27-530 Maruszów **SK** 93 We 43
34-424 Maruszyna **MA** 108 Uf 52
34-424 Maruszyna Górny **MA** 108 Uf 52
14-120 Marwałd **WM** 43 Uf 28
14-411 Marwica **WM** 42 Ud 24
66-432 Marwice **LB** 49 Qa 32
74-120 Marwice **ZP** 48 Pc 29
21-580 Marylin **LU** 83 Yb 38
64-733 Marylin **WP** 50 Ra 32
77-430 Maryniec **WP** 51 Rf 29
21-300 Marynin **LU** 82 Xd 38
22-130 Marynin **LU** 94 Yb 41
22-360 Marynin **LU** 94 Yb 42
05-140 Marynino **MZ** 68 Wa 33
99-122 Marynki **LD** 66 Ub 36
23-275 Marynopole **LU** 93 Xa 43
82-100 Marynowy **PM** 30 Ua 24
21-002 Marysin **LU** 93 Xd 41
21-060 Marysin **LU** 94 Xf 42
22-363 Marysin **LU** 95 Yc 42
22-630 Marysin **LU** 95 Yd 45
26-414 Marysin **MZ** 80 Ve 40
62-220 Marysin **WP** 64 Se 34
99-423 Marywil **LD** 66 Ud 36
62-300 Marzenin **WP** 64 Sd 34
98-160 Marzenin **SL** 77 Ua 39
13-314 Marzęcice **WM** 42 Ud 28
28-400 Marzęcin **SK** 101 Vd 46
82-100 Marzęcino **PM** 30 Ub 23
26-021 Marzysz **SK** 91 Ve 44
98-161 Marżynek **SL** 77 Tf 39
63-405 Masanów **WP** 76 Ta 39
56-215 Masełkowice **DS** 74 Rc 39
19-100 Masie **PD** 58 Xe 28
27-552 Masiówki **SK** 92 Wb 44
42-360 Masłońskie **SL** 89 Ub 45
76-113 Masłowice **ZP** 27 Rd 22
97-515 Masłowice **LD** 90 Ue 42
98-300 Masłowice **LD** 88 Td 41
77-134 Masłowice Trzebiatkowskie **PM** 40 Sb 24
77-133 Masłowiczki **PM** 40 Sb 24
63-140 Masłowo **WP** 75 Sa 36
26-001 Masłów **SK** 91 Ve 43
55-100 Masłów **DS** 75 Sa 40
26-001 Masłów II **SK** 91 Ve 43
08-530 Masów **LU** 81 Wf 39
46-024 Masów **OP** 88 Sf 44
99-413 Mastki **LD** 67 Uf 35
11-210 Masuny **WM** 32 Wa 23
84-352 Maszewko **PM** 28 Se 20
09-400 Maszewo **MZ** 66 Ud 33
66-446 Maszewo **LB** 61 Qb 33
66-614 Maszewo **LB** 60 Pf 36
72-130 Maszewo **ZP** 37 Qa 28
84-310 Maszewo **PM** 28 Se 22
09-400 Maszewo Duże **MZ** 66 Ud 33
11-200 Maszewy **WM** 32 Vf 23
24-204 Maszki **LU** 93 Xb 41
32-828 Maszkienice **MA** 101 Ve 49
33-390 Maszkowice **MA** 108 Vc 51
95-035 Maszkowice **LD** 78 Uc 37
72-200 Maszkowo **ZP** 37 Qb 26
76-004 Maszkowo **ZP** 27 Rb 23
32-095 Maszków **MA** 100 Uf 47
66-435 Maszków **LB** 61 Qa 33
96-515 Maszna **MZ** 67 Vc 35
22-330 Maszów **LU** 94 Xf 43
16-407 Maszutkinie **PD** 35 Xf 22
32-047 Maszyce **MA** 100 Uf 47
21-109 Maśluchy **LU** 82 Xf 40
22-523 Matcze **LU** 95 Yf 43
24-200 Matczyn **LU** 93 Xb 41
28-221 Matiaszów **SK** 102 Wc 46
21-523 Matiaszówka **LU** 83 Yc 38
82-450 Matule **PM** 42 Uc 26
68-219 Matuszowice **LB** 72 Pf 38
24-101 Matygi **LU** 81 Wf 39
96-514 Matyldów **MZ** 67 Va 35
89-115 Matyldzin **KP** 52 Sd 29
26-212 Matyniów **SK** 91 Vc 42
36-020 Matysówka **PK** 103 Xa 49
96-516 Maurycew **MZ** 67 Vc 36
97-425 Mauryców **LD** 77 Ub 40
99-440 Maurzyce **LD** 66 Uf 36
11-040 Mawry **WM** 43 Vc 24
14-230 Mazanki **WM** 43 Ue 25
87-220 Mazanki **KP** 54 Tf 28
24-340 Mazanów **LU** 93 Wf 42
21-523 Mazanówka **LU** 83 Yc 38
43-391 Mazańcowice **SL** 106 Tf 49
99-107 Mazew **LD** 66 Ua 35
22-114 Maziarnia **LU** 95 Yd 43
37-413 Maziarnia **PK** 103 Xc 45
37-433 Maziarnia **PK** 103 Xa 46
27-300 Maziarze **MZ** 92 Wd 41
27-100 Maziarze Stare **MZ** 92 Wb 42
22-672 Maziły **LU** 105 Yb 46
26-624 Mazowszany **MZ** 80 Wa 40
87-641 Mazowsze **KP** 54 Ua 31
87-641 Mazowsze-Parcele **KP** 54 Ua 31
42-122 Mazówki **SL** 89 Ua 43
11-510 Mazuchówka **WM** 45 Xa 25
55-320 Mazurowice **DS** 86 Rc 41
19-314 Mazurowo **WM** 46 Xd 25
18-200 Mazury **PD** 58 Xd 31
19-411 Mazury **WM** 46 Xb 24
36-130 Mazury **PK** 103 Xa 47
42-262 Mazury **SL** 89 Ua 44
97-400 Mazury **SL** 78 Uc 41
26-001 Mąchocice Kapitulne **SK** 91 Ve 43
06-333 Mącice **MZ** 56 Vf 29
62-200 Mączniki **WP** 64 Sd 33
63-000 Mączniki **WP** 63 Sb 35
63-522 Mączniki **WP** 76 Tb 39
77-100 Mądrzechowo **PM** 28 Sd 24
95-015 Mąkolice **LD** 78 Ud 36
97-371 Mąkolice **SL** 78 Ud 40
09-470 Mąkolin **MZ** 67 Va 33
57-250 Mąkolno **DS** 96 Rf 46
62-610 Mąkolno **WP** 65 Td 34
49-315 Mąkoszyce **OP** 87 Sd 43
63-507 Mąkoszyce **WP** 76 Se 40
62-619 Mąkoszyn **WP** 65 Td 34
89-200 Mąkoszyn **KP** 52 Se 31
86-013 Mąkowarsko **KP** 52 Se 28
62-230 Mąkownica **WP** 64 Se 34
86-160 Mątasek **KP** 41 Td 27
86-170 Mątawy **KP** 41 Te 27
11-042 Mątki **WM** 43 Vc 25
82-213 Mątowy Małe **PM** 41 Tf 25
82-213 Mątowy Wielkie **PM** 41 Tf 24
18-414 Mątwica **PD** 57 Wf 29
88-100 Mątwy **KP** 53 Tb 32
14-204 Mątyki **WM** 43 Ue 27
11-400 Mażany **WM** 33 Wd 24
19-314 Maże **WM** 46 Xe 25
19-500 Mażucie **WM** 34 Xb 22
38-606 Mchawa **PK** 111 Xb 52
06-300 Mchowo **MZ** 56 Vf 30
62-620 Mchowo **WP** 65 Te 34
87-865 Mchówek **KP** 65 Te 34
06-300 Mchówko **MZ** 56 Vf 30
63-130 Mchy **WP** 75 Sb 36
06-522 Mdzewko **MZ** 55 Vb 31
06-445 Mdzewo **MZ** 55 Vb 31
81-198 Mechelinki **PM** 29 Td 21
26-434 Mechlin **MZ** 79 Vd 40
63-100 Mechlin **WP** 62 Sa 36
64-420 Mechnacz **WP** 62 Ra 33
47-214 Mechnica **OP** 98 Ta 46
46-073 Mechnice **OP** 87 Se 45
63-600 Mechnice **WP** 76 Ta 40
36-122 Mechowiec **PK** 103 We 47
72-310 Mechowo **ZP** 37 Qb 26
72-410 Mechowo **ZP** 37 Qa 25
74-211 Mechowo **ZP** 49 Pf 30
84-106 Mechowo **PM** 29 Tb 20
37-732 Medyka **PK** 111 Xf 50
37-126 Medynia-Głogowska **PK** 103 Xa 48
37-126 Medynia-Łańcucka **PK** 103 Xa 48
11-100 Medyny **WM** 32 Vd 24
21-140 Mejznerzyn **LU** 82 Xb 39
84-123 Meksyk **PM** 29 Tc 21
08-450 Melanów **MZ** 81 Wd 38
32-840 Melsztyn **MA** 109 Ve 49
42-235 Mełchów **SL** 90 Ud 44
21-007 Mełgiew **LU** 94 Xe 41
87-220 Mełno **KP** 42 Tf 28
63-140 Mełpin **WP** 75 Rf 36
67-415 Mesze **LB** 73 Qf 37
08-200 Meszki **MZ** 70 Xe 35
43-360 Meszna **SL** 106 Ua 50
48-385 Meszno **OP** 97 Sa 46
22-500 Metelin **LU** 95 Yf 44
89-632 Męcikał **PM** 40 Se 26
34-654 Męcina **MA** 108 Vd 50
38-307 Męcina-Mała **MA** 109 Wb 51
38-307 Męcina-Wielka **MA** 109 Wb 51
59-424 Męcinka **DS** 85 Ra 42
26-700 Męciszów **MZ** 80 Wc 40
98-200 Męcka Wola **LD** 77 Te 39
18-430 Męczki **PD** 58 Xc 29
08-124 Męczyn **MZ** 69 Xa 35
89-500 Mędromierz Mały **KP** 40 Se 27


**176** | **Mała Klonia**

89-520 Mędromierz Wielki KP 40 Se 27
26-035 Mędrów SK 92 Vf 44
33-221 Mędrzechów MA 101 Vf 47
86-342 Mędrzyce KP 42 Ua 28
98-200 Męka-Jamy LD 77 Te 39
98-200 Męka-Księża LD 77 Te 39
28-506 Mękarzowice SK 101 Vd 46
29-130 Mękarzów SK 90 Uf 44
32-551 Mętków MA 99 Uc 48
99-122 Mętlew LD 66 Ub 36
17-307 Mętna PD 71 Ya 34
74-500 Mętno ZP 48 Pc 31
20-388 Mętów LU 94 Xd 42
08-210 Mężenin MZ 70 Xe 34
18-312 Mężenin PD 58 Xc 30
64-730 Mężyk WP 50 Rb 32
86-230 Mgoszcz KP 53 Te 29
87-214 Mgowo KP 53 Tf 28
09-504 Miałkówek MZ 66 Uc 34
64-730 Miały WP 50 Rb 32
32-210 Mianocice MA 100 Va 46
76-231 Mianowice PM 28 Sb 22
07-305 Mianowo MZ 57 Xb 32
95-083 Mianów LD 77 Ua 38
89-350 Miasteczko Huby WP 51 Rf 30
89-350 Miasteczko Krajeńskie WP 51 Sa 30
42-610 Miasteczko Śląskie SL 99 Tf 46
77-200 Miastko PM 39 Rf 24
18-413 Miastkowo PD 57 We 30
21-140 Miastkówek LU 81 Xb 39
08-420 Miastków Kościelny MZ 81 We 37
89-240 Miastowice KP 52 Sd 31
62-240 Miaty WP 64 Se 33
09-150 Miączyn MZ 67 Vc 34
22-455 Miączyn LU 95 Yd 44
06-550 Miączyn Duży MZ 55 Vb 31
09-150 Miączynek MZ 67 Vc 34
05-240 Miąse MZ 68 Wc 34
63-023 Miąskowo WP 63 Sc 35
64-113 Miąskowo WP 74 Re 37
28-305 Miąsowa SK 91 Vc 44
62-270 Michalcza WP 63 Sc 32
05-660 Michalczew MZ 80 Wa 37
33-314 Michalczowa MA 108 Vd 50
86-134 Michale KP 41 Te 28
26-700 Michalin MZ 81 We 40
89-121 Michalin KP 52 Se 29
21-550 Michalków LU 71 Yd 36
12-130 Michałki WM 44 Ve 27
18-200 Michałki PD 58 Xc 31
21-504 Michałki LU 71 Yb 36
87-335 Michałki KP 54 Uc 30
44-251 Michałkowice SL 98 Td 48
48-140 Michałkowice OP 97 Se 48
87-610 Michałkowo KP 66 Uc 33
05-816 Michałowice MZ 68 Vf 35
28-506 Michałowice SK 101 Vc 46
32-091 Michałowice MA 100 Uf 48
49-312 Michałowice OP 87 Sc 43
55-050 Michałowice DS 86 Re 43
14-240 Michałowo WM 42 Uc 26
16-050 Michałowo PD 59 Yd 30
63-820 Michałowo WP 75 Sa 37
18-220 Michałowo Wielkie PD 58 Xb 32
05-155 Michałów MZ 67 Vd 34
05-660 Michałów MZ 80 Wa 38
22-234 Michałów LU 83 Yb 40
22-448 Michałów LU 94 Ya 44
22-640 Michałów LU 105 Yd 45
26-115 Michałów SK 91 Vf 42
27-353 Michałów MZ 92 Wc 42
27-423 Michałów SK 92 Wd 42
28-411 Michałów SK 101 Vc 46
42-270 Michałów SL 89 Uc 43
49-332 Michałów OP 87 Sd 44
55-300 Michałów DS 86 Rd 42
59-140 Michałów DS 73 Ra 40
62-860 Michałów WP 76 Tb 38
97-221 Michałów LD 78 Ue 39
98-220 Michałów SL 77 Ua 39
09-142 Michałówek MZ 67 Vd 33
49-100 Michałówek OP 87 Se 45
95-010 Michałówek LD 78 Ud 37
21-143 Michałówka LU 81 Xc 40
22-175 Michałówka LU 95 Ye 42
22-500 Michałówka LU 95 Yf 44
32-353 Michałówka MA 100 Ue 47
05-119 Michałów-Reginów MZ 68 Vf 34
87-800 Michelin KP 65 Ua 33
38-710 Michniowiec PK 111 Xe 53
26-130 Michniów SK 91 Vf 42
64-316 Michorzewko WP 62 Rc 34
64-316 Michorzewo WP 62 Rc 34
96-130 Michowice LD 79 Va 38
21-140 Michów LU 82 Xb 39
59-225 Michów DS 85 Qf 41
05-652 Michrów MZ 80 Ve 37
26-065 Micigózd SK 91 Vc 43
43-436 Miczów SL 106 Te 50
64-125 Miechcin WP 74 Re 38
39-400 Miechocin PK 102 Wd 45
46-220 Miechowa OP 88 Ta 42
05-640 Miechowice MZ 79 Ve 38
41-923 Miechowice SL 99 Te 46
33-270 Miechowice Małe MA 101 Ve 47
87-880 Miechowice-Parcele KP 65 Tf 33
33-270 Miechowice Wielkie MA 101 Ve 47
26-713 Miechów MZ 92 Wc 41
32-200 Miechów MA 100 Va 46
56-215 Miechów DS 74 Rc 39
63-642 Miechów WP 87 Se 41
69-200 Miechów LB 61 Qa 33
32-250 Miechów-Charsznica MA 100 Uf 46
83-334 Miechucino PM 29 Ta 22
19-206 Miecze PD 46 Xd 26
62-050 Mieczewo WP 62 Sa 35
18-423 Mieczki Czarne PD 58 Xb 28
18-520 Mieczki Sucholaszczki PD 57 Xb 28
07-405 Mieczki-Ziemaki MZ 57 Wf 30
89-241 Mieczkowo KP 52 Sc 30
55-311 Mieczków DS 86 Rd 42
62-402 Mieczownica WP 64 Sf 34
29-105 Mieczyn SK 90 Vb 43
09-440 Mieczyno MZ 67 Uf 33
42-674 Miedary SL 99 Te 46
96-100 Miedniewice LD 79 Vb 37
96-315 Miedniewice MZ 67 Vb 36
22-510 Miedniki LU 95 Ye 43
47-400 Miedonia SL 98 Tb 48
19-520 Mieduniszki-Małe WM 34 Wf 23
19-520 Mieduniszki-Wielkie WM 34 Wf 23
17-332 Miedwieżyki PD 71 Yb 33
98-290 Miedze LD 77 Te 38
46-050 Miedziana OP 98 Ta 45
26-085 Miedziana Góra SK 91 Vd 43
59-970 Miedziane DS 84 Qa 42
26-060 Miedzianka SK 91 Vc 43
58-520 Miedzianka DS 85 Qf 43
16-200 Miedzianowo PD 47 Yb 27
64-361 Miedzichowo WP 62 Qf 34
26-212 Miedzierza SK 91 Vc 42
07-106 Miedzna MZ 69 Xa 34
26-307 Miedzna Drewniana SL 79 Vb 41
26-330 Miedzna Murowana SL 79 Vb 41
86-150 Miedzno KP 41 Tc 27
66-213 Miedzylesie LB 61 Qc 36
43-227 Miedźna SL 99 Ua 49
42-120 Miedźno SL 89 Tf 43
98-290 Miedźno LD 77 Te 38
34-116 Miejsce MA 100 Ud 48
46-112 Miejsce OP 87 Se 43
47-230 Miejsce Kłodnickie OP 98 Tb 46
47-253 Miejsce Odrzańskie OP 98 Tb 47
38-430 Miejsce Piastowe PK 110 We 51
22-230 Miejscowniki LU 83 Ye 40
26-903 Miejska Dąbrowa MZ 80 Wb 39
63-910 Miejska Górka WP 75 Rf 39
11-320 Miejska Wieś WM 44 Ve 25
11-100 Miejska Wola WM 32 Vc 24
63-524 Mielcuchy WP 76 Tb 40
39-300 Mielec PK 102 Wc 47
76-032 Mielenko ZP 26 Ra 23
78-500 Mielenko Drawskie ZP 38 Qe 28
74-100 Mielenko Gryfińskie ZP 48 Pd 29
16-040 Mieleszki PD 59 Ye 30
16-123 Mieleszkowce Pawłowickie PD 47 Yd 27
69-108 Mielesznica LB 60 Pe 36
63-505 Mieleszówka WP 76 Tb 40
62-212 Mieleszyn WP 63 Sd 32
98-430 Mieleszyn LD 88 Tb 41
58-130 Mielęcin DS 86 Rc 43
63-640 Mielęcin WP 76 Sf 41
73-231 Mielęcin ZP 49 Qc 30
74-230 Mielęcin ZP 49 Pf 30
78-630 Mielęcin ZP 50 Rb 30
74-230 Mielęcinek ZP 49 Pf 30
62-560 Mielnica WP 65 Tc 34
17-307 Mielnik PD 70 Ya 34
14-107 Mielno WM 43 Vb 27
62-006 Mielno WP 62 Sa 34
62-212 Mielno WP 64 Sd 33
66-620 Mielno LB 72 Pd 38
68-132 Mielno LB 72 Pf 39
73-155 Mielno ZP 37 Qc 27
76-032 Mielno ZP 26 Ra 23
77-130 Mielno PM 40 Sc 25
77-233 Mielno PM 28 Sa 23
74-204 Mielno Pyrzyckie ZP 48 Pe 30
37-741 Mielnów PK 111 Xd 50
62-230 Mielżyn WP 64 Se 34
05-319 Mienia MZ 69 We 36
22-500 Mieniany LU 95 Yf 44
17-120 Mień PD 58 Xe 32
66-235 Mierczany LB 60 Pf 35
59-430 Mierczyce Granowice DS 85 Rc 42
11-015 Mierki WM 43 Vb 27
68-300 Mierków LB 72 Pf 38
28-425 Miernów SK 101 Vd 46
28-330 Mieronice SK 100 Va 45
28-366 Mieronice SK 91 Vb 44
58-350 Mieroszów DS 85 Rb 44
84-103 Mieroszyno PM 29 Tb 20
19-200 Mierucie PD 46 Xc 26
88-306 Mierucin KP 52 Sf 32
89-413 Mierucin KP 52 Se 29
16-424 Mieruniszki PD 34 Xd 23
28-330 Mierzawa SK 101 Vb 45
95-081 Mierzączka-Duża LD 78 Ub 39
95-081 Mierzączka-Mała LD 78 Ub 39
11-700 Mierzejewo WM 45 Wc 25
64-120 Mierzejewo WP 74 Re 37
83-041 Mierzeszyn PM 29 Tc 23
62-220 Mierzewo WP 64 Sd 34
42-460 Mierzęcice SL 99 Ua 46
07-217 Mierzęcin MZ 68 Wb 33
09-227 Mierzęcin MZ 54 Ud 31
47-270 Mierzęcin OP 98 Sf 47
66-520 Mierzęcin LB 50 Qe 31
72-510 Mierzęcin ZP 37 Pe 26
26-704 Mierziaczka MZ 81 We 41
97-212 Mierzno LD 78 Uf 38
59-230 Mierzowice DS 74 Rc 41
17-132 Mierzwin PD 58 Xf 32
28-313 Mierzwin SK 101 Vc 45
59-700 Mierzwin DS 84 Qc 41
88-180 Mierzwin KP 53 Ta 31
21-580 Mierzwinek LU 83 Ya 38
98-324 Mierzyce LD 89 Te 42
76-024 Mierzym ZP 27 Rb 24
13-340 Mierzyn WM 42 Ub 28
28-330 Mierzyn SK 100 Va 45
64-400 Mierzyn WP 61 Qf 33
72-006 Mierzyn ZP 36 Pc 28
78-230 Mierzyn ZP 26 Qf 24
97-340 Mierzyn LD 90 Ue 41
87-162 Mierzynek KP 53 Te 30
84-250 Mierzynko PM 29 Sf 20
84-250 Mierzyno PM 29 Sf 20
97-438 Mierzynów LD 77 Tf 41
17-315 Mierzynówka PD 70 Xe 33
08-404 Mierżączka MZ 81 We 37
87-320 Miesiączkowo KP 54 Ud 29
09-200 Mieszaki MZ 54 Ue 31
78-450 Mieszałki ZP 39 Rc 25
09-200 Mieszczk MZ 54 Ud 31
73-155 Mieszewo ZP 37 Qc 27
06-120 Mieszki-Kuligi MZ 68 Vf 33
06-400 Mieszki Wielkie MZ 56 Vd 32
48-200 Mieszkowice OP 97 Sc 46
74-505 Mieszkowice ZP 48 Pc 32
59-180 Mieszków DS 73 Qf 39
63-200 Mieszków WP 64 Sc 36
68-200 Mieszków LB 72 Pf 39
17-132 Mieszuki PD 58 Ya 31
83-111 Mieścin PM 29 Te 24
64-550 Mieściska WP 62 Rc 34
62-290 Mieścisko WP 52 Sb 32
55-081 Mietków DS 86 Rd 43
88-420 Mięcierzyn KP 64 Se 32
96-316 Międzyborów MZ 67 Vc 36
56-513 Międzybórz DS 75 Se 40
77-304 Międzybórz PM 39 Sa 26
38-500 Międzybrodzie PK 111 Xb 51
34-312 Międzybrodzie Bialskie SL 106 Ub 50
34-312 Międzybrodzie Żywieckie SL 106 Ub 50
14-230 Międzychód WM 42 Ud 26
63-140 Międzychód WP 62 Sa 36
64-400 Międzychód WP 62 Qf 33
27-540 Międzygórz SK 92 Wd 44
11-040 Międzylesie WM 44 Vc 25
29-100 Międzylesie SK 90 Uf 43
57-530 Międzylesie DS 96 Re 48
62-110 Międzylesie WP 52 Sc 32
62-710 Międzylesie WP 65 Tc 36
82-520 Międzylesie PM 42 Ua 26
05-326 Międzyleś MZ 68 We 34
06-520 Międzyleś MZ 56 Ve 30
07-106 Międzyleś MZ 69 Xa 33
21-523 Międzyleś LU 83 Yc 37
83-140 Międzyłęż PM 41 Tf 25
21-560 Międzyrzec Podlaski LU 82 Xe 37
66-300 Międzyrzecz LB 61 Qd 34
43-220 Międzyrzecze SL 99 Ua 48
43-392 Międzyrzecze-Dolne SL 106 Tf 49
43-392 Międzyrzecze-Górne SL 106 Tf 49
43-430 Międzyświeć SL 106 Te 50
72-415 Międzywodzie ZP 37 Pe 24
72-500 Międzyzdroje ZP 36 Pc 25
32-065 Miękinia MA 100 Ud 48
55-330 Miękinia DS 86 Re 41
17-100 Miękisze PD 59 Yc 32
37-543 Miękisz Nowy PK 104 Xf 48
37-543 Miękisz Stary PK 104 Xf 48
62-005 Miękowo WP 63 Rf 34
72-100 Miękowo ZP 37 Pe 27
95-015 Mięsośnia LD 78 Ud 36
12-120 Miętkie WM 44 Wa 26
22-530 Miętkie LU 95 Yf 45
22-530 Miętkie-Kolonia LU 95 Ye 45
08-400 Miętne MZ 81 Wd 37
72-200 Miętno Wojcieszyn ZP 37 Qa 26
34-470 Miętustwo MA 107 Uf 52
42-300 Mijaczów SL 99 Ub 45
62-240 Mijanowo WP 64 Sf 33
87-732 Mikanowo KP 53 Tf 32
05-300 Mikanów MZ 69 Wd 36
19-124 Mikicin PD 47 Xf 27
98-270 Miklesz LD 77 Td 40
32-708 Mikluszowice MA 101 Vc 48
17-106 Mikłasze PD 59 Yb 32
21-404 Mikłusy LU 70 Xd 36
49-345 Mikolin OP 87 Se 44
96-516 Mikołajew MZ 67 Vb 35
99-100 Mikołajew LD 66 Ua 36
95-083 Mikołajewice LD 77 Ub 38
64-700 Mikołajewo WP 50 Rc 31
11-730 Mikołajki WM 45 Wd 26
13-306 Mikołajki WM 42 Ud 28
19-314 Mikołajki WM 46 Xd 25
82-433 Mikołajki Pomorskie PM 42 Ub 25
32-830 Mikołajowice MA 101 Vf 49
59-241 Mikołajowice DS 85 Rb 42
28-221 Mikołajów SK 102 Wc 46
28-506 Mikołajów SK 101 Vd 47
57-200 Mikołajów DS 96 Re 45
97-221 Mikołajów LD 78 Ue 38
62-600 Mikołajówek WP 65 Te 35
42-690 Mikołeska SL 99 Te 45
43-190 Mikołów SL 99 Tf 47
76-243 Mikorowo PM 28 Sd 22
62-561 Mikorzyn WP 65 Tb 34
63-600 Mikorzyn WP 76 Ta 40
12-250 Mikosze WM 45 Wf 26
82-103 Mikoszewo PM 30 Tf 22
64-000 Mikoszki WP 62 Re 36
46-166 Mikowice OP 87 Sd 42
38-543 Mików PK 110 Xa 53
05-532 Mikówiec MZ 80 Wb 36
63-510 Mikstat WP 76 Sf 39
63-510 Mikstat-Pustkowie WP 76 Sf 39
99-350 Mikształ LD 66 Ub 35
41-807 Mikulczyce SL 99 Te 46
37-207 Mikulice PK 103 Xc 48
17-332 Mikulicze PD 71 Yb 33
22-650 Mikulin LU 105 Ye 45
59-975 Mikułowa DS 84 Qa 42
26-341 Mikułowice LD 79 Va 40
27-532 Mikułowice SK 92 Wd 43
28-100 Mikułowice SK 101 Ve 46
62-320 Mikuszewo WP 64 Sd 35
23-250 Mikuszewskie LU 93 Xa 43
58-130 Mikuszowa DS 86 Rc 43
43-310 Mikuszowice SL 106 Ua 50
08-460 Milanów MZ 81 We 38
21-210 Milanów LU 82 Xf 38
05-822 Milanówek MZ 67 Ve 36
43-516 Milardowice SL 99 Tf 49
64-800 Milcz WP 51 Rf 30
38-483 Milcza PK 110 Wf 51
17-332 Milejczyce PD 71 Ya 33
82-316 Milejewo WM 31 Ud 23
26-652 Milejowice MZ 80 Wa 40
97-340 Milejowiec SL 78 Ue 40
21-020 Milejów LU 94 Xf 41
97-340 Milejów SL 78 Ue 40
98-311 Milejów LD 77 Td 40
87-330 Mileszewy KP 54 Ub 28
05-310 Milew MZ 69 Wf 35
09-210 Milewko MZ 55 Uf 32
09-110 Milewo MZ 67 Vc 32
09-226 Milewo MZ 55 Uf 32
18-300 Milewo PD 57 Xb 30
19-104 Milewo PD 58 Xe 28
19-314 Milewo WM 46 Xe 25
86-170 Milewo KP 41 Td 26
18-507 Milewo-Gałązki PD 46 Xa 27
06-408 Milewo-Rączki MZ 56 Vf 31
06-408 Milewo-Szwejki MZ 56 Vf 31
07-406 Milewo Wielkie MZ 57 Wf 30
19-122 Milewskie PD 58 Ya 28
59-623 Milęcice DS 84 Qd 42
47-280 Milice OP 98 Sf 47
56-300 Milicz DS 75 Sb 39
33-370 Milik MA 109 Vf 52
82-450 Milikowo PM 42 Uc 25
59-730 Milików DS 84 Qc 41
55-081 Milin DS 86 Re 43
62-710 Milinów WP 65 Tc 36
87-408 Miliszewy KP 54 Tf 30
32-353 Milonki MA 100 Ue 47
34-360 Milówka SL 106 Ua 51
66-003 Milsko LB 73 Qe 37
84-242 Milwino PM 29 Ta 21
72-400 Miłachowo ZP 37 Pe 25
87-875 Miłachówek KP 65 Td 33
62-540 Miłaczew WP 64 Ta 34
62-709 Miłaczew WP 76 Tc 37
62-709 Miłaczewek WP 76 Tc 37
14-521 Miłaki WM 31 Vb 23
14-310 Miłakowo WM 43 Va 24
67-124 Miłaków LB 73 Qe 38
62-240 Miława WP 64 Sf 33
28-506 Miławczyce SK 101 Vc 46
56-100 Miłcz DS 74 Re 40
11-513 Miłki WM 45 Wf 25
58-535 Miłków DS 85 Qe 44
33-321 Miłkowa MA 109 Ve 50
59-222 Miłkowice DS 85 Ra 41
62-730 Miłkowice WP 77 Td 37
17-312 Miłkowice Maćki PD 70 Xe 34
17-312 Miłkowice Paszki PD 70 Xd 34
11-130 Miłkowo WM 32 Vb 23
64-720 Miłkowo WP 51 Rd 32
78-553 Miłkowo ZP 39 Rc 27
27-415 Miłkowska Karczma SK 92 Wc 42
21-220 Miłków LU 82 Xe 39
27-400 Miłków SK 92 Wc 43




Miłków | 177

24-123 Nasiłów LU 81 Wf 40
27-640 Nasławice SK 92 Wd 44
14-100 Nastajki WM 43 Uf 27
72-130 Nastazin ZP 37 Qb 27
25-116 Nastole SK 91 Vd 44
78-200 Nasutowo ZP 38 Qf 25
21-025 Nasutów LU 82 Xd 40
33-386 Naszacowice MA 108 Vd 51
13-100 Natać Wielka WM 44 Vd 27
08-400 Natalia MZ 81 Wd 37
62-710 Natalia WP 65 Tc 36
07-202 Natalin MZ 68 Wc 33
23-235 Natalin LU 93 Wf 43
26-652 Natalin MZ 80 Wa 40
11-036 Naterki WM 43 Vc 26
72-310 Natolewice ZP 37 Qc 25
05-825 Natolin MZ 67 Vd 36
42-165 Natolin SL 89 Te 42
92-701 Natolin LD 78 Ud 38
28-330 Nawarzyce SK 101 Vb 45
84-219 Nawcz PM 29 Sf 21
23-413 Nawczy LU 104 Ya 47
11-710 Nawiady WM 44 Wb 26
74-500 Nawodna ZP 48 Pc 30
27-640 Nawodzice SK 92 Wc 45
33-335 Nawojowa MA 109 Ve 51
32-065 Nawojowa Góra MA 100 Ue 48
59-800 Nawojów Łużycki DS 84 Qc 41
59-800 Nawojów Śl. DS 84 Qb 42
22-413 Nawóz LU 94 Ya 44
13-300 Nawra WM 42 Ud 28
87-140 Nawra KP 53 Td 29
74-300 Nawrocko ZP 49 Pe 31
39-110 Nawsie PK 102 Wd 49
39-230 Nawsie Brzosteckie PK 109 Wc 49
38-213 Nawsie Kołaczyckie PK 110 Wc 50
64-360 Nądnia WP 61 Qf 35
82-522 Nebrowo Wielkie PM 41 Te 27
22-664 Nedeżów LU 105 Yd 46
37-733 Nehrybka PK 111 Xe 50
62-330 Nekielka WP 63 Sc 34
62-330 Nekla WP 63 Sc 34
86-022 Nekla KP 52 Ta 29
21-550 Neple LU 71 Yd 36
11-220 Nerwiki WM 32 Vd 23
62-300 Neryngowo WP 64 Sd 35
16-320 Netta I PD 46 Xf 26
16-320 Netta II PD 46 Xf 26
47-440 Nędza SL 98 Tb 48
73-210 Nętkowo ZP 50 Qd 29
78-504 Nętno ZP 38 Qe 27
64-200 Niałek Wielki WP 62 Ra 36
11-731 Nibork WM 44 Wa 25
13-230 Nick WM 55 Uf 29
83-140 Nicponia PM 42 Te 26
86-327 Nicwałd KP 42 Tf 28
72-343 Niczonów ZP 37 Qa 24
26-026 Nida SK 91 Vd 44
34-122 Nidek MA 99 Ub 49
62-250 Nidom WP 64 Sd 34
82-230 Nidowo PM 30 Ua 24
09-310 Nidzgora MZ 55 Va 30
13-100 Nidzica WM 55 Vc 28
84-351 Niebędzino PM 28 Sd 21
38-500 Niebieszczany PK 110 Xb 52
36-207 Niebocko PK 110 Xa 50
44-360 Nieboczowy SL 98 Tb 48
44-144 Nieborowice SL 98 Td 47
74-200 Nieborowo ZP 48 Pe 29
44-144 Nieborowska SL 98 Td 47
99-416 Nieborów LD 67 Va 36
36-024 Nieborów Wielki PK 103 Xa 49
64-212 Nieborza WP 62 Qf 36
09-150 Nieborzyn MZ 67 Vb 34
62-540 Nieborzyn WP 64 Ta 34
24-101 Niebrzegów LU 81 Wf 39
14-300 Niebrzydowo Wielkie WM 43 Uf 25
38-114 Niebylec PK 110 Wf 49
33-322 Niecew MA 109 Vf 50
62-220 Niechanowo WP 64 Se 34
99-350 Niechcianów LD 66 Ub 35
97-340 Niechcice LD 90 Ud 41
56-215 Niechlów DS 74 Rc 38
13-206 Niechłonin WM 55 Va 29
64-115 Niechłód WP 74 Rc 37
98-260 Niechmirów LD 77 Te 40
08-130 Niechnabrz MZ 69 Wf 35
36-040 Niechobrz PK 103 Wf 49
06-400 Niechodzin MZ 55 Vd 31
89-400 Niechorz KP 40 Sd 28
72-350 Niechorze ZP 37 Qa 24
16-080 Nieciece PD 58 Xe 29
67-124 Niecieczł LB 73 Qe 38
33-240 Niecieczа MA 101 Vf 48
08-331 Nieciecz-Dwór MZ 70 Xb 34
08-331 Nieciecz-Włościańska MZ 70 Xb 34
08-400 Niecieplin MZ 81 Wd 37
28-142 Niecieslawice SK 101 Wa 45
19-222 Nieciki PD 46 Xb 28
86-120 Nieciszewo KP 53 Ta 29
56-400 Nieciszów DS 87 Sb 41
76-230 Nieckowo PM 28 Sd 21
64-605 Nieczajna WP 63 Re 33
33-205 Nieczajna Dolna MA 102 Wa 47
33-205 Nieczajna Górna MA 102 Wa 47
26-652 Nieczatów MZ 80 Wa 40
98-260 Nieczuj LD 77 Te 40
27-225 Nieczulice SK 92 Wa 43
19-222 Niećkowo PD 46 Xc 27
26-804 Niedabyl MZ 80 Wa 39
76-024 Niedalino ZP 38 Ra 24
58-420 Niedamirów DS 85 Qf 44
83-423 Niedamowo PM 41 Ta 24
13-124 Niedanowo WM 55 Vb 29
26-713 Niedarczów-Dolny Wies MZ 92 Wc 41
26-713 Niedarczów-Górny Wies MZ 92 Wc 41
55-106 Niedary DS 75 Sb 41
09-130 Niedarzyn MZ 55 Vb 32
77-141 Niedarzyno PM 28 Sc 23
59-407 Niedaszów DS 85 Rb 42
44-270 Niedobczyce SL 98 Tc 48
33-132 Niedomice MA 101 Vf 48
98-235 Niedoń LD 77 Tc 39
67-106 Niedoradz LB 73 Qe 37
97-525 Niedośpielin LD 90 Ue 42
59-901 Niedów DS 84 Pf 42
99-307 Niedrzaków LD 66 Uc 34
99-307 Niedrzew I LD 66 Ub 34
99-307 Niedrzew II LD 66 Uc 34
19-500 Niedrzwica WM 34 Xb 23
24-220 Niedrzwica Duża LU 93 Xc 42
24-220 Niedrzwica Kościelna LU 93 Xc 42
97-400 Niedyszyna LD 78 Uc 40
06-458 Niedzbórz MZ 55 Vc 31
28-230 Niedziałki SK 102 Wb 46
22-360 Niedziałowice LU 95 Yc 42
11-410 Niedziały WM 33 Wc 23
34-441 Niedzica MA 108 Vb 52
34-435 Niedzica-Falsztyn MA 108 Vb 52
22-450 Niedzieliska LU 94 Ya 44
32-820 Niedzieliska MA 101 Vd 48
99-412 Niedzieliska LD 67 Uf 35
21-104 Niedźwiada LU 82 Xe 39
39-107 Niedźwiada PK 102 Wd 49
24-335 Niedźwiada Duża LU 93 Wf 41
21-422 Niedźwiadka LU 81 Xa 37
19-230 Niedźwiadna PD 46 Xb 27
63-233 Niedźwiady WP 75 Sb 37
88-420 Niedźwiady KP 52 Sd 32
89-205 Niedźwiady KP 52 Sd 30
57-220 Niedźwiednik DS 96 Rf 45
32-854 Niedźwiedza MA 109 Ve 49
82-103 Niedźwiedzica PM 30 Tf 23
58-320 Niedźwiedzice DS 86 Rc 44
59-225 Niedźwiedzice DS 85 Ra 43
12-100 Niedźwiedzie WM 44 Wa 27
62-085 Niedźwiedziny WP 63 Sa 33
72-300 Niedźwiedziska ZP 37 Qa 25
19-404 Niedźwiedzkie WM 46 Xd 25
07-430 Niedźwiedź MZ 57 Wc 28
08-503 Niedźwiedź LU 81 Xa 38
11-010 Niedźwiedź WM 44 Ve 25
26-067 Niedźwiedź SK 91 Vc 43
28-210 Niedźwiedź SK 92 Wa 44
32-090 Niedźwiedź MA 100 Va 47
34-735 Niedźwiedź MA 108 Va 51
57-220 Niedźwiedź DS 96 Sa 45
63-500 Niedźwiedź WP 76 Sf 40
66-220 Niedźwiedź LB 61 Qb 35
73-108 Niedźwiedź ZP 49 Pe 28
87-207 Niedźwiedź KP 54 Ua 29
87-620 Niedźwiedź KP 54 Ua 31
32-104 Niegardów MA 100 Vb 47
06-545 Niegocin MZ 55 Vb 30
64-330 Niegolewo WP 62 Rc 34
66-530 Niegosław LB 50 Qf 32
28-330 Niegosławice SK 101 Vb 45
28-425 Niegosławice SK 101 Vd 46
67-312 Niegosławice LB 73 Qe 39
58-100 Niegoszów DS 86 Rd 43
42-320 Niegowa SL 90 Uc 45
32-420 Niegowić MA 101 Vb 49
42-454 Niegowonice SL 99 Uc 46
42-454 Niegowoniczki SL 99 Uc 46
07-230 Niegów MZ 68 Wc 33
78-100 Niekanin ZP 26 Qd 24
44-172 Niekarmia SL 98 Tc 46
66-213 Niekarzyn LB 61 Qd 36
48-140 Niekazanice OP 97 Sf 48
72-300 Niekładź ZP 37 Qb 25
26-220 Niekłań-Mały SK 91 Vd 41
26-220 Niekłań-Wielki SK 91 Vd 41
76-024 Niekłonice ZP 26 Ra 24
72-015 Niekłończyca ZP 36 Pd 27
28-221 Niekrasów SK 102 Wc 46
64-980 Niekursko WP 50 Rc 30
28-221 Niekurza SK 102 Wc 46
13-306 Nielbark WM 54 Ud 28
22-554 Nieledew LU 95 Ye 44
34-360 Nieledwia SL 106 Ua 51
78-300 Nielep ZP 38 Qf 25
32-064 Nielepice MA 100 Ue 48
37-522 Nielepkowice PK 104 Xe 48
59-610 Nielestno DS 85 Qe 43
64-000 Nielęgowo WP 62 Rd 36
22-413 Nielisz LU 94 Ya 44
87-200 Nielub KP 53 Tf 29
67-231 Nielubia DS 73 Qf 39
18-430 Nieławice PD 58 Xb 29
63-910 Niemarzyn WP 75 Rf 39
21-025 Niemce LU 82 Xd 40
16-400 Niemcowizna PD 46 Xe 24
86-032 Niemcz KP 52 Ta 29
58-230 Niemcza DS 86 Rf 44
76-248 Niemczewo PM 28 Sb 23
86-221 Niemczyk KP 53 Td 29
16-020 Niemczyn PD 59 Yb 28
62-110 Niemczyn WP 52 Sc 31
96-214 Niemgłowy LD 79 Vc 38
72-410 Niemica ZP 37 Pf 25
76-142 Niemica ZP 27 Rc 23
62-865 Niemiecka Wieś WP 76 Tc 39
22-300 Niemienice LU 94 Ya 43
27-580 Niemienice SK 92 Wb 43
73-220 Niemieńsko ZP 50 Qf 29
78-123 Niemierze ZP 37 Qd 24
64-420 Niemierzewo WP 62 Rb 33
62-066 Niemierzyce WP 62 Rd 35
98-311 Niemierzyn LD 77 Td 41
78-300 Niemierzyno ZP 38 Qe 26
55-200 Niemil DS 87 Sb 43
08-304 Niemirki MZ 70 Xc 34
96-230 Niemirowice LD 79 Vc 37
17-307 Niemirów PD 71 Yb 35
28-210 Niemirów SK 92 Wb 44
22-604 Niemirówek LU 105 Yc 45
07-221 Niemiry MZ 69 Wd 33
07-323 Niemiry MZ 57 Xa 32
27-312 Niemiryczów MZ 92 We 41
49-100 Niemodlin OP 87 Sd 45
98-360 Niemojew LD 76 Tc 40
88-320 Niemojewko KP 53 Tb 32
08-200 Niemojki MZ 70 Xe 35
26-330 Niemojowice-Nowiny LD 90 Vb 41
57-530 Niemojów DS 96 Rd 47
37-611 Niemstów PK 104 Ya 47
59-323 Niemstów DS 74 Rb 40
19-411 Niemsty WM 46 Xb 24
28-200 Niemścice SK 102 Wa 45
17-123 Niemyje-Ząbki PD 58 Xe 32
48-200 Niemysłowice OP 97 Sd 46
99-207 Niemysłów LD 77 Te 37
37-750 Nienadowa PK 111 Xc 49
36-050 Nienadówka-Dolna PK 103 Xa 47
36-050 Nienadówka-Górna PK 103 Xa 47
07-323 Nienałty-Szymany MZ 57 Xa 32
38-230 Nienaszów PK 110 Wd 51
64-610 Nienawiszcz WP 63 Rf 32
37-550 Nienowice PK 104 Xf 49
37-550 Nienowice-Brzeg PK 104 Xf 49
63-840 Niepart WP 75 Rf 38
44-109 Niepaszyce SL 98 Td 47
38-203 Niepla PK 110 Wd 50
84-223 Niepoczołowice PM 28 Sf 22
77-113 Niepoględzie PM 28 Sc 23
96-515 Niepokalanów MZ 67 Vc 35
32-005 Niepołomice MA 100 Vb 48
32-566 Nieporaz MA 100 Ud 48
05-126 Nieporęt MZ 68 Wa 34
28-425 Nieprowice SK 101 Vd 46
64-320 Niepruszewo WP 62 Rd 34
32-700 Nieprześnia MA 101 Ve 49
42-262 Nierada SL 89 Ua 44
48-385 Nieradowice OP 97 Sb 46
43-450 Nierodzim SL 106 Te 50
89-607 Nierostowo PM 40 Sc 25
16-200 Nierośno PD 47 Yc 27
48-317 Niesiebędowice OP 97 Sd 45
24-340 Niesiołowice LU 93 Wf 42
83-320 Niesiołowice PM 28 Sf 23
07-304 Nieskórz MZ 57 Xa 32
63-100 Niesłabin WP 62 Sa 36
73-260 Niesporowice ZP 49 Qb 31
99-413 Niespusza Wieś LD 66 Uf 35
26-021 Niestachów SK 91 Ve 44
83-331 Niestępowo PM 29 Tc 23
06-121 Niestępowo-Nowe MZ 68 Wa 33
06-121 Niestępowo-Włościańskie MZ 68 Wa 33
76-200 Niestkowo PM 27 Rf 21
13-200 Niestoja WM 55 Va 29
88-300 Niestronno KP 64 Se 32
06-400 Niestum MZ 56 Vd 31
66-213 Niesulice LB 61 Qc 35
97-540 Niesulów LD 90 Uc 43
95-010 Niesułków LD 78 Ud 37
62-095 Nieszawa WP 63 Rf 33
87-730 Nieszawa KP 53 Tf 31
59-305 Nieszczyce DS 74 Rc 39
16-423 Nieszki PD 46 Xe 24
56-100 Nieszkowice DS 74 Re 40
57-100 Nieszkowice DS 86 Rf 44
62-285 Nieświastowice WP 63 Sb 32
62-530 Nieświastów WP 64 Ta 35
26-200 Nieświn SK 91 Vc 41
64-030 Nietążkowo WP 62 Rd 37
66-100 Nietkowice LB 61 Qc 36
66-016 Nietków LB 61 Qc 36
66-300 Nietoperek LB 61 Qd 34
24-340 Nietrzeba LU 93 Wf 42
27-415 Nietulisko SK 92 Wb 43
27-415 Nietulisko Duże SK 92 Wb 43
16-120 Nietupa PD 59 Ye 29
64-800 Nietuszkowo WP 51 Re 30
98-311 Nietuszyna LD 77 Td 41
21-306 Niewęgłosz LU 82 Xd 38
97-225 Niewiadów LD 78 Uf 39
17-315 Niewiarowo PD 70 Xe 33
19-104 Niewiarowo PD 58 Xe 28
26-337 Niewierszyn LD 90 Uf 41
64-550 Niewierz WP 62 Rc 34
87-300 Niewierz KP 54 Ub 29
99-200 Niewiesz LD 77 Tf 37
86-120 Niewieścin KP 53 Tb 29
17-132 Niewino Borowe PD 58 Ya 32
17-132 Niewino Popławskie PD 58 Ya 32
22-455 Niewirków LU 95 Yd 44
22-455 Niewirków-Kolonia LU 95 Yc 44
36-204 Niewistka PK 111 Xb 50
38-124 Niewodna PK 102 We 49
18-106 Niewodnica Kościelna PD 58 Ya 30
49-120 Niewodniki OP 87 Se 44
18-421 Niewodowo PD 57 Xb 30
62-240 Niewolno WP 64 Se 33
24-320 Niezabitów LU 93 Xa 41
77-131 Niezabyszewo PM 28 Sc 24
24-300 Niezdów LU 93 Wf 42
47-143 Niezdrowice OP 98 Tc 46
55-140 Niezgoda DS 75 Sa 39
26-411 Nieznamierowice MZ 79 Vd 40
42-270 Nieznanice SL 89 Ub 43
29-100 Nieznanowice SK 90 Va 44
32-013 Nieznanowice MA 101 Vb 49
74-106 Nieznań ZP 49 Pf 29
47-263 Nieznaszyn OP 98 Tb 47
32-109 Niezwojowice MA 101 Vb 47
89-620 Nieżychowice PM 40 Sd 26
89-340 Nieżychowo WP 51 Sa 30
78-123 Nieżyn ZP 38 Qd 24
77-300 Nieżywięć PM 40 Sc 26
87-326 Nieżywięć KP 54 Ua 29
10-370 Nikielkowo WM 44 Vd 26
27-500 Nikisiałka Duża SK 92 Wd 44
27-500 Nikisiałka Mała SK 92 Wc 44
16-500 Niksowizna PD 57 Wf 29
63-313 Niniew WP 76 Se 36
64-630 Ninino WP 51 Rf 32
26-422 Ninków MZ 79 Ve 41
14-240 Nipkowie WM 42 Ub 26
06-330 Niskie-Wielkie MZ 56 Vf 29
37-400 Nisko PK 103 Xa 45
33-395 Niskowa MA 108 Vd 51
88-180 Niszczewice KP 53 Tb 31
24-105 Niwa LU 81 Xa 39
37-631 Niwa PK 104 Ya 48
49-345 Niwa OP 87 Se 44
57-320 Niwa DS 96 Rd 46
08-500 Niwa Babicka LU 81 Wf 38
68-200 Niwica LB 72 Pf 39
36-147 Niwiska PK 102 Wd 47
66-010 Niwiska LB 73 Qc 38
98-405 Niwiska LD 76 Tb 41
98-330 Niwiska-Dolne LD 89 Tf 42
98-330 Niwiska-Górne LD 89 Tf 42
08-124 Niwiski I MZ 69 Xb 35
08-124 Niwiski II MZ 69 Xb 35
33-130 Niwka MA 101 Vf 48
26-700 Niwki MZ 80 Wd 40
46-053 Niwki OP 88 Ta 44
47-100 Niwki OP 98 Ta 46
62-652 Niwki WP 65 Ua 35
37-620 Niwki Horynieckie PK 105 Yc 47
56-513 Niwki-Kraszowskie DS 76 Se 40
56-513 Niwki-Książęce DS 76 Se 40
18-430 Niwkowo PD 58 Xc 30
96-200 Niwna LD 79 Vb 38
48-321 Niwnica OP 97 Sc 46
59-600 Niwnice DS 84 Qc 42
55-200 Niwnik DS 87 Sb 43
26-008 Niwy SK 91 Ve 43
89-430 Niwy KP 40 Sc 27
28-142 Niziny SK 102 Wa 45
09-460 Niżdzlin MZ 67 Va 34
98-355 Niżankowice LD 89 Te 42
37-220 Niżatyce PK 103 Xc 49
33-370 Niżny Koniec MA 109 Vf 52
78-445 Nobliny ZP 39 Rc 27
63-100 Nochowo WP 63 Rf 36
39-124 Nockowa PK 103 We 48
62-619 Noć WP 65 Tc 34
82-331 Nogat WM 30 Ub 24
47-143 Nogawczyce OP 98 Tc 46
07-440 Nogawki MZ 57 Wd 31
62-045 Nojewo WP 62 Rb 33
07-120 Nojszew MZ 69 We 34
16-101 Nomiki PD 47 Yf 27
19-404 Nory WM 46 Xd 25
63-640 Nosale WP 88 Sf 41
97-570 Nosalewice LD 90 Uf 42
76-113 Nosalin ZP 27 Re 22
06-516 Nosarzewo-Borowe MZ 55 Vd 30
06-516 Nosarzewo-Polne MZ 55 Vd 30
78-450 Nosibądy ZP 39 Rc 25
62-301 Noskowo WP 63 Sd 34
76-100 Noskowo ZP 27 Re 22
63-233 Nosków Nowa Cerekwica WP 75 Sb 37
73-132 Nosowo ZP 49 Qc 29
76-039 Nosowo ZP 26 Ra 24
21-542 Nosów LU 70 Ya 36
27-425 Nosów SK 92 Wb 43
36-046 Nosówka PK 103 Wf 48
78-200 Nosówko ZP 38 Ra 24

180 I Nasiłów

11-700 Notyst Mały WM 45 Wc 25
59-700 Nowa DS 84 Qd 41
09-400 Nowa Biała MZ 66 Ud 33
46-243 Nowa Bogacica OP 88 Ta 43
21-542 Nowa-Bordziłówka LU 70 Ya 36
64-300 Nowa Boruja WP 62 Ra 35
06-126 Nowa Borza MZ 56 Vf 32
98-331 Nowa Brzeźnica LD 89 Ub 42
57-500 Nowa Bystrzyca DS 96 Rd 47
46-375 Nowa Bzinica OP 88 Tc 44
48-133 Nowa Cerekwia OP 98 Sf 48
82-112 Nowa Cerkiew PM 30 Tf 23
83-132 Nowa Cerkiew PM 41 Td 25
89-620 Nowa Cerkiew PM 40 Se 26
87-140 Nowa Chełmża KP 53 Td 29
05-084 Nowa-Dąbrowa MZ 67 Vd 35
64-200 Nowa-Dąbrowa WP 62 Rb 36
73-112 Nowa Dąbrowa ZP 49 Qb 28
86-014 Nowa Dąbrówka KP 52 Se 29
39-460 Nowa Dęba PK 102 We 46
27-415 Nowa-Dębowa Wola SK 92 Wc 42
16-424 Nowa-Dębszczyzna PD 35 Xe 24
09-164 Nowa Dzierzążnia MZ 67 Vb 33
32-065 Nowa Góra MA 100 Ud 47
37-631 Nowa Grobla PK 104 Ya 48
31-907 Nowa Huta MA 100 Va 48
37-414 Nowa Huta PK 103 Xc 45
83-328 Nowa Huta PM 29 Ta 22
05-500 Nowa Iwiczna MZ 68 Wa 36
67-312 Nowa Jabłona LB 73 Qe 39
49-120 Nowa Jamka OP 87 Se 44
72-015 Nowa Jasienica ZP 36 Pc 27
33-151 Nowa Jastrząbka MA 102 Wa 48
26-640 Nowa-Jedlanka MZ 92 Wb 41
62-872 Nowa-Kakawa WP 76 Ta 39
10-687 Nowa Kaletka WM 44 Vd 27
58-512 Nowa Kamienica DS 84 Qd 43
16-100 Nowa Kamionka PD 59 Yd 28
16-320 Nowa-Kamionka PD 46 Xe 26
05-140 Nowa Kania MZ 68 Wa 33
11-220 Nowa Karczma WM 32 Vd 23
83-404 Nowa Karczma PM 29 Tb 24
63-313 Nowa-Kaźmierka WP 76 Sf 36
08-114 Nowaki MZ 69 Xa 36
48-314 Nowaki OP 97 Sb 45
83-430 Nowa Kiszewa PM 41 Ta 24
67-300 Nowa Kopernia LB 73 Qd 39
08-205 Nowa Kornica MZ 70 Xf 35
09-522 Nowa Korzeniówka MZ 66 Ue 34
82-112 Nowa Kościelnica PM 30 Tf 23
82-300 Nowakowo WM 30 Uc 23
08-460 Nowa Krępa MZ 81 Wd 38
46-060 Nowa Kuźnia OP 87 Sf 45
59-160 Nowa Kuźnia DS 73 Qf 39
59-706 Nowa Kuźnia DS 73 Qe 40
18-112 Nowa Liza PD 58 Xe 31
57-521 Nowa Łomnica DS 96 Rd 46
18-100 Nowa Łupianka PD 58 Xe 30
66-340 Nowa Niedrzwica LB 61 Qd 33
63-720 Nowa Obra WP 75 Sc 37
42-445 Nowa Ołudza SL 100 Ue 45
07-300 Nowa-Osuchowa MZ 57 We 32
06-521 Nowa-Otocznia MZ 55 Vc 30
14-500 Nowa Pasłęka WM 31 Ue 22
16-427 Nowa-Pawłówka PD 35 Xe 23
07-210 Nowa Pecyna MZ 57 Wd 32
06-516 Nowa Piasecznica MZ 67 Vc 35
05-332 Nowa Pogorzel MZ 69 Wd 36
08-540 Nowa Rokitna LU 81 We 39
68-219 Nowa Rola LB 72 Pf 38
16-100 Nowa-Rozedranka PD 59 Yc 28
11-400 Nowa Różanka WM 33 Wc 24
18-525 Nowa Ruda PD 45 We 28
21-413 Nowa Ruda LU 81 Xc 38
57-400 Nowa Ruda DS 96 Rd 45
97-220 Nowa Rzeczyca LD 79 Vb 39
37-310 Nowa Sarzyna PK 103 Xc 47
46-040 Nowa-Schodnja OP 88 Tb 44
06-516 Nowa Sławogóra MZ 55 Vc 30
26-006 Nowa Słupia SK 92 Wa 43
99-106 Nowa-Sobótka LD 65 Ua 35
67-100 Nowa Sól LB 73 Qe 38
96-513 Nowa Sucha MZ 67 Vb 36
59-830 Nowa Świdnica DS 84 Qc 42
77-400 Nowa Święta WP 51 Sa 28
64-212 Nowa Tuchorza WP 62 Ra 35
27-312 Nowa-Tymienica MZ 92 We 41
12-220 Nowa Ukta WM 45 Wd 26
05-307 Nowa Wieś MZ 69 We 34
05-660 Nowa Wieś MZ 80 Wa 38
05-806 Nowa Wieś MZ 68 Ve 36
06-330 Nowa Wieś MZ 56 Ve 29
06-333 Nowa Wieś MZ 56 Wa 29
06-456 Nowa Wieś MZ 55 Vd 32
07-210 Nowa Wieś MZ 57 Wc 32
07-416 Nowa Wieś MZ 56 Wc 30
08-300 Nowa Wieś MZ 69 Xb 34
09-135 Nowa Wieś MZ 55 Va 31
09-210 Nowa Wieś MZ 55 Uf 32
09-310 Nowa Wieś MZ 55 Va 30
09-500 Nowa Wieś MZ 66 Uc 34
11-030 Nowa Wieś WM 44 Vd 27
14-200 Nowa Wieś WM 42 Ud 27
14-400 Nowa Wieś WM 43 Ud 24
16-200 Nowa Wieś PD 47 Yb 26
16-400 Nowa Wieś PD 35 Ya 24
19-104 Nowa Wieś PD 58 Xe 29
21-107 Nowa Wieś LU 82 Xe 40
23-465 Nowa Wieś LU 94 Xf 44
26-900 Nowa Wieś MZ 80 Wc 39
28-350 Nowa Wieś SK 100 Uf 45
28-362 Nowa Wieś SK 90 Va 45
32-651 Nowa Wieś MA 99 Ub 49
32-731 Nowa Wieś MA 108 Vc 50
33-336 Nowa Wieś MA 109 Vf 52
36-100 Nowa Wieś PK 102 We 47
37-413 Nowa Wieś PK 103 Xc 46
37-740 Nowa Wieś PK 111 Xc 50
38-120 Nowa Wieś PK 103 We 49
38-450 Nowa Wieś PK 110 We 51
42-110 Nowa Wieś SL 89 Ua 42
42-125 Nowa Wieś SL 89 Ua 43
42-262 Nowa Wieś SL 89 Ub 44
42-265 Nowa Wieś SL 90 Ud 43
42-460 Nowa Wieś SL 99 Ua 46
44-295 Nowa Wieś SL 98 Tc 48
46-146 Nowa Wieś OP 88 Sf 42
57-522 Nowa Wieś DS 96 Re 47
59-700 Nowa Wieś DS 73 Qd 41
59-730 Nowa Wieś DS 84 Qc 41
62-400 Nowa Wieś WP 64 Ta 35
62-610 Nowa Wieś WP 65 Td 34
63-300 Nowa Wieś WP 76 Se 37
63-708 Nowa Wieś WP 75 Sd 38
64-130 Nowa Wieś WP 74 Re 37
64-234 Nowa Wieś WP 74 Rb 36
64-530 Nowa Wieś WP 62 Rd 33
64-980 Nowa Wieś WP 50 Rc 31
66-307 Nowa Wieś LB 61 Qc 34
67-400 Nowa Wieś LB 74 Rb 38
77-122 Nowa Wieś PM 28 Se 23
77-320 Nowa Wieś PM 40 Sb 25
82-400 Nowa Wieś PM 42 Ua 25
83-322 Nowa Wieś PM 29 Sf 23
86-302 Nowa Wieś KP 42 Te 27
87-162 Nowa Wieś KP 53 Te 30
87-330 Nowa Wieś KP 42 Ub 28
87-603 Nowa Wieś KP 54 Ub 32
87-700 Nowa Wieś KP 53 Td 31
87-865 Nowa Wieś KP 65 Te 34
88-230 Nowa Wieś KP 65 Tc 34
88-324 Nowa Wieś KP 64 Tb 33
96-514 Nowa Wieś MZ 67 Va 35
98-275 Nowa Wieś LD 77 Td 40
98-320 Nowa Wieś LD 89 Te 41
99-200 Nowa Wieś LD 77 Tf 37
99-220 Nowa Wieś LD 77 Ua 37
99-300 Nowa Wieś LD 66 Uc 35
86-200 Nowa Wieś Chełmińska KP 53 Td 28
13-111 Nowa Wieś-Dmochy WM 55 Vd 29
19-300 Nowa Wieś Ełcka WM 46 Xc 26
59-524 Nowa Wieś Grodziska DS 85 Qe 42
11-220 Nowa Wieś Iławecka WM 32 Vd 23
11-400 Nowa Wieś Kętrzyńska WM 45 Wc 24
57-431 Nowa Wieś Kłodzka DS 96 Rd 45
08-330 Nowa Wieś Kosowska MZ 69 Xb 33
83-400 Nowa Wieś Kościerska PM 29 Ta 24
62-300 Nowa Wieś Królewska WP 64 Sd 35
87-214 Nowa Wieś Królewska KP 53 Tf 29
63-640 Nowa Wieś Książęca WP 87 Sf 41
59-241 Nowa Wieś Legnicka DS 85 Rb 42
84-351 Nowa Wieś Lęborska PM 28 Se 21
59-101 Nowa Wieś Lubińska DS 73 Qf 40
82-200 Nowa Wieś Malborska PM 42 Ua 24
11-040 Nowa Wieś Mała WM 43 Vc 25
49-200 Nowa Wieś Mała OP 87 Sc 44
49-340 Nowa Wieś Mała OP 87 Sd 44
89-240 Nowa Wieś Notecka KP 52 Sc 30
88-410 Nowa Wieś Pałucka KP 52 Sf 32
62-320 Nowa Wieś Podgórna WP 64 Sd 36
48-217 Nowa Wieś Prudnicka OP 97 Se 46
05-155 Nowa Wieś przy Drodze MZ 67 Vd 34
83-047 Nowa Wieś Przywidzka PM 29 Tb 23
83-200 Nowa Wieś Rzeczna PM 41 Tc 25
32-061 Nowa Wieś Szlachecka MA 100 Ue 48
42-690 Nowa Wieś Tworoska SL 99 Te 45
64-850 Nowa Wieś Ujska WP 51 Re 30
11-100 Nowa Wieś Wielka WM 32 Vd 23
13-111 Nowa Wieś Wielka WM 55 Vd 29
86-060 Nowa Wieś Wielka KP 52 Ta 31
07-411 Nowa Wieś Wschodnia MZ 57 We 30
64-840 Nowa Wieś Wyszyńska WP 51 Rf 31
64-360 Nowa Wieś Zbąska WP 61 Qf 35
59-500 Nowa Wieś Złotoryjska DS 85 Qf 42
42-470 Nowa Wioska SL 99 Ub 45
66-218 Nowa Wioska LB 61 Qc 35
66-620 Nowa Wioska LB 72 Pe 37
82-520 Nowa Wioska PM 42 Ua 26
86-060 Nowa Wioska KP 53 Ta 31
05-500 Nowa Wola MZ 68 Vf 36
16-050 Nowa Wola PD 59 Yd 30
21-107 Nowa Wola LU 82 Xe 40
26-902 Nowa Wola MZ 80 Wb 38
87-850 Nowa Wola KP 66 Ua 33
97-438 Nowa Wola LD 77 Tf 41
09-131 Nowa-Wrona MZ 67 Vd 33
21-422 Nowa-Wróblina LU 81 Xb 37
87-821 Nowa Zawada KP 66 Ub 34
26-700 Nowa Zielonka MZ 81 Wd 40
27-530 Nowe SK 93 We 43
34-400 Nowe MA 107 Va 51
62-100 Nowe WP 51 Sa 31
86-170 Nowe KP 41 Te 27
16-002 Nowe Aleksandrowo PD 58 Ya 29
98-220 Nowe Annopole LD 77 Tf 39
82-300 Nowe Batorowo WM 30 Uc 23
17-200 Nowe Berezowo PD 59 Yd 32
34-433 Nowe Biała MA 108 Va 52
76-039 Nowe Bielice ZP 26 Ra 24
69-100 Nowe Biskupice LB 60 Pe 34
86-320 Nowe Błonowo KP 42 Ua 27
58-312 Nowe Bogaczowice DS 85 Ra 43
43-220 Nowe Bojszowy SL 99 Ua 48
07-210 Nowe Bosewo MZ 57 Wd 32
26-200 Nowe Brody LD 91 Vc 42
37-620 Nowe Brusno PK 104 Yb 47
32-120 Nowe Brzesko MA 101 Vc 48
26-706 Nowe-Brzezinki MZ 80 Wc 41
64-840 Nowe Brzeźno WP 51 Sa 31
06-520 Nowe-Brzozowo MZ 56 Vd 29
62-613 Nowe Budki WP 65 Td 35
46-030 Nowe Budkowice OP 88 Ta 43
09-533 Nowe Budy MZ 66 Uf 34
47-364 Nowe Budy OP 98 Sf 46
06-120 Nowe-Bulkowo MZ 68 Vf 32
34-520 Nowe Bystre MA 107 Uf 52
43-523 Nowe Chałupy SL 106 Te 49
42-622 Nowe Chechło SL 99 Tf 46
16-075 Nowe Chlebiotki PD 58 Xd 29
22-133 Nowe Chojno I LU 94 Ya 41
22-133 Nowe Chojno II LU 94 Ya 41
74-202 Nowe Chrapowo ZP 48 Pe 30
97-221 Nowe Chrusty LD 78 Ue 38
09-130 Nowe-Cieszkowo MZ 67 Vb 32
68-200 Nowe Czaple LB 72 Pe 39
83-324 Nowe Czaple PM 29 Ta 23
89-210 Nowe Dąbie KP 52 Sf 31
22-100 Nowe-Depułtycze LU 95 Yc 42
89-340 Nowe Dębówko WP 51 Sb 30
06-323 Nowe Drążdżewo MZ 56 Wa 30
12-230 Nowe Drygały WM 45 Xa 26
67-407 Nowe-Drzewce LB 74 Rb 38
64-730 Nowe Dwory WP 50 Rb 31
62-050 Nowe-Dymaczewo WP 63 Re 35
22-680 Nowe Dyniska LU 105 Ye 46
98-330 Nowe-Gajęcice LD 89 Ua 42
97-360 Nowe Gałkowice SL 90 Uc 41
18-210 Nowe Gierałty PD 58 Xd 31
83-209 Nowe Gołębiewko PM 29 Td 24
78-411 Nowe Gonne ZP 39 Rd 26
66-330 Nowe Gorzycko LB 61 Qe 33
18-204 Nowe Grabowo PD 58 Xd 30
88-230 Nowe Gradowo KP 65 Td 33
62-580 Nowe-Grądy WP 76 Ta 36
05-155 Nowe Grochale MZ 67 Vd 34
77-318 Nowe Gronowo PM 40 Sc 27
05-310 Nowe-Groszki MZ 69 Wf 35
09-164 Nowe-Gumino MZ 67 Vb 33
12-250 Nowe Guty WM 45 Wf 26
08-221 Nowe-Hołowczyce MZ 70 Xf 35
86-320 Nowe Jankowice KP 42 Ua 27
59-700 Nowe Jaroszowice DS 84 Qd 41
26-070 Nowek SK 91 Vb 43
07-306 Nowe Kaczkowo MZ 69 Wf 32
78-550 Nowe Kaleńsko ZP 38 Ra 27
28-363 Nowe-Kanice SK 90 Vb 44
46-331 Nowe-Karmonki OP 88 Td 43
11-042 Nowe Kawkowo WM 43 Vb 25
12-120 Nowe Kiejkuty WM 44 Wa 27
49-313 Nowe Kolnie OP 87 Sd 43
09-304 Nowe Konopaty MZ 54 Ue 30
17-200 Nowe Kornino PD 59 Yd 32
08-445 Nowe-Kościeliska MZ 80 Wc 37
96-315 Nowe-Kozłowice MZ 67 Vc 36
98-160 Nowe-Kozuby LD 77 Ua 40
66-110 Nowe Kramsko LB 61 Qe 36
09-454 Nowe Krubice MZ 67 Va 33
19-330 Nowe-Krzywe WM 46 Xa 25
18-400 Nowe-Kupiski PD 57 Wf 29
66-540 Nowe Kurowo LB 50 Qe 31
66-300 Nowe-Kursko LB 61 Qc 34
14-400 Nowe Kusy WM 42 Ud 24
64-733 Nowe Kwiejce WP 50 Ra 32
78-530 Nowe Laski ZP 50 Ra 28
07-104 Nowe Lipki MZ 69 Wf 33
06-100 Nowe Lipniki MZ 68 Wa 32
18-208 Nowe Litewka PD 58 Xd 30
08-221 Nowe-Litewniki MZ 70 Xf 35
07-300 Nowe Lubiejewo MZ 57 Wf 31
78-320 Nowe-Ludzicko ZP 38 Ra 26
06-225 Nowe Łachy MZ 56 Wc 32
91-520 Nowe Łagiewniki LD 78 Uc 37
26-420 Nowe Łęgonice MZ 79 Vd 39
09-452 Nowe Łubki MZ 67 Va 33
17-220 Nowe-Masiewo PD 59 Yf 32
26-631 Nowe-Mąkosy MZ 80 Wb 39
67-124 Nowe Miasteczko LB 73 Qe 38
09-120 Nowe Miasto MZ 67 Vd 33
13-300 Nowe Miasto Lubawskie WM 42 Ud 28
26-420 Nowe Miasto nad Pilicą MZ 79 Vd 39
63-040 Nowe Miasto nad Wartą WP 63 Sc 36
09-166 Nowe Młodochowo MZ 55 Va 32
21-512 Nowe-Mokrany LU 71 Yc 36
14-420 Nowe Monasterzysko WM 31 Ud 23
21-222 Nowe Mosty LU 83 Yb 39
16-424 Nowe-Motule PD 35 Xe 23
08-320 Nowe Mursy MZ 69 Xb 33
09-300 Nowe Nadratowo MZ 55 Va 30
17-123 Nowe Niemyje PD 58 Xe 32
74-503 Nowe Objezierze ZP 48 Pb 31
64-000 Nowe-Oborzyska WP 63 Re 36
08-112 Nowe Okniny MZ 81 Xc 36
47-126 Nowe Osiedle OP 98 Td 45
88-126 Nowe Osiedle KP 53 Ta 31
64-600 Nowe Osowo Popówko WP 62 Rd 33
99-350 Nowe Ostrowy LD 66 Ub 35
06-516 Nowe Piegłowo MZ 55 Vd 30
18-212 Nowe Piekuty PD 58 Xe 31
05-190 Nowe-Pieścirogi MZ 68 Ve 33
83-430 Nowe Polaszki PM 41 Ta 24
77-420 Nowe Potulice WP 40 Sb 28
07-416 Nowe Przytuły MZ 57 We 30
18-218 Nowe Racibory PD 58 Xe 31
05-326 Nowe Ręczaje MZ 68 Wc 34
96-116 Nowe Rowiska LD 79 Va 37
16-300 Nowe Rudki PD 46 Xe 25
34-652 Nowe Rybie MA 108 Vc 50
18-212 Nowe Rzepki PD 58 Xe 32
96-206 Nowe Sadkowice LD 79 Vd 38
37-743 Nowe Sady PK 111 Xe 51
09-164 Nowe Sarnowo MZ 67 Vb 33
66-400 Nowe Siedlice LB 61 Qb 32
58-350 Nowe Siodło DS 85 Rb 45
46-083 Nowe Siołkowice OP 87 Se 44
37-611 Nowe Sioło PK 104 Yb 47
63-460 Nowe Skalmierzyce WP 76 Sf 38
76-230 Nowe-Skórowo PM 28 Sd 22
46-100 Nowe Smarchowice OP 87 Se 42
09-130 Nowe Sokolniki MZ 67 Vb 32
67-410 Nowe Strącze LB 74 Rb 37
08-205 Nowe-Szpaki MZ 70 Xf 35
87-322 Nowe-Świerczyny KP 54 Uc 29
09-460 Nowe-Święcice MZ 67 Va 34
05-170 Nowe-Trębki MZ 67 Vd 34
09-411 Nowe Trzepowo MZ 66 Ue 33
72-022 Nowe Warpno ZP 36 Pb 26
05-505 Nowe Wągrodno MZ 80 Wa 37
07-206 Nowe Wielątki MZ 68 Wc 33
21-220 Nowe-Wierzchowiny LU 82 Xe 39
11-001 Nowe Włóki WM 43 Vd 25
78-523 Nowe Worowo ZP 38 Ra 27
08-550 Nowe Zadybie LU 81 Wf 38
18-210 Nowe Zalesie PD 58 Xd 32
05-255 Nowe-Załubice MZ 68 Wa 34
22-234 Nowe-Załucze LU 82 Ya 40
26-660 Nowe-Zawady MZ 80 Wa 39
99-440 Nowe Zduny LD 66 Ue 36
84-360 Nowęcin PM 28 Sd 20
67-100 Nowe Żabno LB 73 Qe 38
06-408 Nowe Żmijewo MZ 56 Vf 31
14-405 Nowica WM 31 Ue 23
38-315 Nowica MA 109 Wb 51
56-410 Nowica DS 87 Sc 41
58-140 Nowice DS 86 Rc 43
82-440 Nowiec PM 42 Uc 25
72-320 Nowielice ZP 37 Qb 24
74-230 Nowielin ZP 49 Pf 30
64-720 Nowina WP 50 Rc 32
82-300 Nowina WM 31 Uc 24
16-113 Nowinka PD 59 Yd 29
16-124 Nowinka PD 47 Yc 27
16-304 Nowinka PD 47 Xf 25
62-053 Nowinki WP 63 Re 35
82-100 Nowinki PM 30 Ub 23

97-510 Nowinki LD 90 Uf 41
16-515 Nowinniki PD 35 Yb 23
05-155 Nowiny MZ 67 Vc 34
12-100 Nowiny WM 44 Vf 27
21-345 Nowiny LU 82 Xc 38
22-105 Nowiny LU 95 Yd 41
22-351 Nowiny LU 94 Xf 42
22-672 Nowiny LU 104 Ya 46
26-900 Nowiny MZ 80 Wd 39
37-455 Nowiny PK 93 Wf 44
66-342 Nowiny LB 61 Qe 33
74-505 Nowiny ZP 48 Pd 32
77-400 Nowiny WP 51 Rf 28
82-440 Nowiny PM 42 Uc 25
16-320 Nowiny Bargłowskie PD 46 Xf 26
37-620 Nowiny Horynieckie PK 105 Yc 47
19-120 Nowiny Kasjerskie PD 58 Ya 29
66-460 Nowiny Wielkie LB 60 Qa 32
23-110 Nowiny Żukowskie LU 94 Xe 42
58-203 Nowizna DS 86 Rd 44
16-010 Nowodworce PD 59 Yb 29
13-230 Nowodwory PD 70 Xc 32
08-503 Nowodwór LU 81 Xa 39
21-100 Nowodwór LU 82 Xd 40
16-123 Nowodziel PD 47 Yf 27
72-200 Nowogard ZP 37 Qa 26
59-730 Nowogrodziec DS 84 Qc 41
18-414 Nowogród PD 57 Wf 29
21-010 Nowogród LU 82 Xe 41
87-400 Nowogród KP 54 Ua 30
66-010 Nowogród Bobrzański LB 72 Qb 38
74-304 Nowogródek Pomorski ZP 49 Qa 31
55-020 Nowojowice DS 86 Sa 43
63-313 Nowolipsk WP 76 Sf 37
64-600 Nowołoskoniec WP 63 Re 32
08-304 Nowomodna MZ 70 Xc 34
24-310 Noworąblów LU 93 Xa 41
11-100 Nowosady WM 43 Vd 24
16-050 Nowosady PD 59 Yf 31
16-060 Nowosady PD 59 Yb 30
17-200 Nowosady PD 59 Yd 32
48-100 Nowosady OP 98 Sf 47
56-410 Nowosiedlice DS 87 Sc 41
37-200 Nowosielce PK 103 Xc 48
38-530 Nowosielce PK 110 Xa 51
38-712 Nowosielce Kozickie PK 111 Xd 51
08-200 Nowosielec MZ 70 Xe 35
37-400 Nowosielec PK 103 Xa 46
16-040 Nowosiółki PD 59 Yd 29
17-332 Nowosiółki PD 71 Yb 33
21-512 Nowosiółki LU 71 Yc 36
21-526 Nowosiółki LU 83 Yd 38
22-100 Nowosiółki LU 95 Yc 41
22-500 Nowosiółki LU 95 Ye 43
22-652 Nowosiółki LU 105 Yf 45
38-604 Nowosiółki PK 111 Xb 52
37-743 Nowosiółki Dydyńskie PK 111 Xe 51
22-100 Nowosiółki-Kolonia LU 95 Yc 41
92-780 Nowosolna LD 78 Ud 38
95-010 Nowostawy Górne LD 78 Ue 37
38-506 Nowotaniec PK 110 Xa 51
82-300 Nowotki WM 30 Ub 23
82-103 Nowotna PM 30 Ua 23
16-130 Nowowola PD 47 Yc 28
83-431 Nowy PM 41 Ta 24
21-136 Nowy-Antonin LU 82 Xc 39
09-540 Nowy-Barcik MZ 66 Uf 34
83-422 Nowy Barkoczyn PM 29 Ta 24
08-108 Nowy-Bartków MZ 70 Xd 34
08-500 Nowy-Bazanów LU 81 Xa 39
23-400 Nowy Bidaczów LU 104 Xd 46
43-155 Nowy Bieruń SL 99 Ua 48
18-300 Nowy Borek PD 57 Xb 31
36-030 Nowy Borek PK 103 Xa 49
09-440 Nowy Bromierz MZ 67 Uf 32
48-231 Nowy Browiniec OP 97 Se 46
16-400 Nowy-Bród PD 35 Xf 24
96-521 Nowy-Brzozów MZ 67 Va 35
62-613 Nowy-Budzisław WP 65 Td 35
46-325 Nowy-Bugaj OP 88 Td 43
83-220 Nowy Bukowiec PM 41 Tc 26
41-709 Nowy Bytom SL 99 Tf 47
78-461 Nowy Chwalim ZP 39 Rc 26
18-421 Nowy-Cydzyn PD 57 Xa 29
64-000 Nowy Dębiec WP 63 Re 37
08-500 Nowy Dęblin LU 81 Wf 39
96-315 Nowy-Drzewicz MZ 67 Vc 36
09-505 Nowy Duninów MZ 66 Uc 33
66-200 Nowy Dworek LB 61 Qd 34
11-130 Nowy Dwór WM 31 Va 24
12-122 Nowy Dwór WM 44 Vf 27
13-230 Nowy Dwór WM 55 Uf 29
14-300 Nowy Dwór WM 43 Uf 25
16-205 Nowy Dwór PD 47 Yd 27
21-530 Nowy Dwór LU 83 Yc 37
23-145 Nowy Dwór LU 94 Xe 43
29-105 Nowy Dwór SK 90 Va 43
42-793 Nowy Dwór SL 88 Td 44
55-100 Nowy Dwór DS 75 Sa 41
56-500 Nowy Dwór DS 75 Se 41
57-210 Nowy Dwór DS 86 Sa 45
59-101 Nowy Dwór DS 73 Ra 40
59-160 Nowy Dwór DS 73 Qf 39
64-010 Nowy Dwór WP 74 Rf 37
64-360 Nowy Dwór WP 62 Qf 35
64-820 Nowy Dwór WP 52 Sb 30
64-930 Nowy Dwór WP 51 Rd 29
82-500 Nowy Dwór PM 42 Tf 26
86-010 Nowy Dwór KP 52 Sf 29
86-070 Nowy Dwór KP 53 Tb 30
87-410 Nowy Dwór KP 53 Te 30
88-231 Nowy Dwór KP 65 Td 33
89-410 Nowy Dwór KP 52 Sc 28
89-665 Nowy Dwór PM 40 Sd 27
96-115 Nowy Dwór LD 79 Vb 37
13-304 Nowy Dwór Bratiański WM 42 Ud 28
82-331 Nowy Dwór Elbląski WM 30 Ub 24
82-100 Nowy Dwór Gdański PM 30 Ua 23
86-221 Nowy Dwór Królewski KP 53 Td 29
05-100 Nowy Dwór Mazowiecki MZ 67 Ve 34
96-115 Nowy Dwór-Parcela LD 79 Vb 37
84-206 Nowy Dwór Wejherowski PM 29 Tb 21
26-200 Nowy-Dziebałtów SK 91 Vc 42
37-632 Nowy Dzików PK 104 Xf 47
28-130 Nowy Falęcin SK 101 Vf 46
64-600 Nowy Folwark WP 63 Re 33
82-450 Nowy Folwark PM 42 Uc 25
99-122 Nowy Gaj LD 66 Uc 36
57-550 Nowy-Gieraltów DS 96 Rf 47
83-330 Nowy Glińcz PM 29 Tc 23
99-300 Nowy Gołębiewek LD 66 Ub 35
64-020 Nowy Gołębin WP 63 Rf 36
26-902 Nowy Grabów MZ 80 Wb 38
22-220 Nowy Holeszów LU 83 Yc 38
97-415 Nowy Janów LD 89 Ub 41
76-150 Nowy Jarosław ZP 27 Rd 22
97-217 Nowy Jasień LD 79 Va 39
86-181 Nowy Jasiniec KP 52 Ta 28
58-140 Nowy Jaworów DS 86 Rc 43
23-225 Nowy Kaczyniec LU 93 Xc 43
26-806 Nowy-Kadłubek MZ 80 Wa 39
09-530 Nowy-Kamień MZ 66 Ue 34
36-053 Nowy Kamień PK 103 Xa 47
96-330 Nowy-Karolinów MZ 79 Vb 37
96-115 Nowy Kawęczyn LD 79 Vb 37
26-200 Nowy-Kazanów SK 91 Vc 41
62-820 Nowy Kiączyn WP 76 Ta 37
66-002 Nowy Kisielin LB 73 Qd 37
83-400 Nowy Klincz PM 29 Ta 24
74-505 Nowy Kłosów ZP 48 Pc 32
26-806 Nowy-Kobylnik MZ 80 Wa 39
28-136 Nowy Korczyn SK 101 Ve 47
59-540 Nowy Kościół DS 85 Qf 42
96-513 Nowy Kozłów MZ 67 Va 36
08-111 Nowy Krzesk MZ 70 Xd 36
48-340 Nowy Las OP 97 Sc 46
18-300 Nowy-Laskowiec PD 58 Xb 31
23-415 Nowy Lipowiec LU 104 Xf 46
07-207 Nowy-Lubiel MZ 56 Wc 32
64-000 Nowy-Lubosz WP 63 Re 36
69-100 Nowy Lubusz LB 60 Pd 34
38-543 Nowy Łupków PK 110 Xa 53
22-680 Nowy Machnów LU 105 Yd 46
23-145 Nowy-Maciejów LU 94 Xe 43
22-120 Nowy Majdan LU 95 Yd 43
23-414 Nowy Majdan LU 104 Xe 46
99-107 Nowy Mazew LD 66 Ua 35
19-404 Nowy Młyn WM 46 Xd 25
47-300 Nowy Młyn OP 98 Sf 46
62-840 Nowy Nakwasin WP 76 Tb 38
37-430 Nowy Nart PK 103 Xa 46
27-552 Nowy-Nieskurzów SK 92 Wb 44
98-420 Nowy-Ochędzyn LD 76 Tb 41
27-350 Nowy-Olechów MZ 92 Wc 42
63-313 Nowy Olesiec WP 76 Sf 37
96-317 Nowy Oryszew MZ 67 Vc 36
21-230 Nowy Orzechów LU 82 Ya 40
16-113 Nowy Ostrów PD 59 Yd 29
21-470 Nowy-Patok LU 81 Xa 37
21-505 Nowy Pawłów LU 71 Yb 35
08-450 Nowy-Pilczyn MZ 81 Wd 38
09-452 Nowy-Podleck MZ 67 Va 33
11-700 Nowy Probark WM 45 Wc 26
74-201 Nowy Przylep ZP 49 Qa 29
23-235 Nowy-Rachów LU 93 Wf 43
66-600 Nowy Raduszec LB 72 Qa 36
08-320 Nowy-Ratyniec MZ 69 Xb 33
26-337 Nowy Reczków LD 90 Uf 41
16-315 Nowy-Rogożyn PD 47 Yc 26
48-100 Nowy Rożnów OP 97 Se 47
96-115 Nowy-Rzędków LD 79 Vb 37
33-300 Nowy Sącz MA 108 Ve 51
06-212 Nowy Sielc MZ 56 Wa 30
06-225 Nowy Sielc MZ 56 Wb 32
63-930 Nowy-Sielec WP 75 Sa 39
26-200 Nowy-Sokołów SK 91 Vb 42
28-225 Nowy-Solec SK 101 Vf 45
21-025 Nowy Staw LU 82 Xd 40
26-025 Nowy Staw SK 92 Wa 44
82-230 Nowy Staw PM 30 Ua 24
06-220 Nowy Strachocin MZ 56 Wb 32
89-511 Nowy-Sumin KP 40 Sf 27
06-216 Nowy Szczeglin MZ 56 Wb 31
96-514 Nowy Szwarocin MZ 67 Va 35
34-721 Nowy Świal MA 107 Uf 51
32-720 Nowy Świat MA 108 Ve 49
43-190 Nowy Świat SL 99 Tf 47
49-315 Nowy Świat OP 87 Sd 43
62-740 Nowy Świat WP 64 Tb 36
48-340 Nowy Świętów OP 97 Sc 46
34-400 Nowy Targ MA 107 Va 52
82-410 Nowy Targ PM 42 Ub 25
64-300 Nowy Tomyśl WP 62 Ra 35
09-522 Nowy Troszyn MZ 66 Uf 34
66-530 Nowy Trzebicz LB 50 Qe 32
27-220 Nowy-Tychów SK 92 Wa 42
32-329 Nowy Ujków MA 100 Uc 47
57-500 Nowy Waliszów DS 96 Re 47
28-350 Nowy Węgrzynów SK 100 Uf 45
64-200 Nowy Widzim WP 62 Ra 36
83-250 Nowy Wiec PM 29 Tc 24
55-080 Nowy Wieś Kącka DS 86 Re 42
59-420 Nowy Wieś Wielka DS 85 Ra 43
05-155 Nowy Wilków MZ 67 Vd 34
32-720 Nowy Wiśnicz MA 101 Vc 49
96-111 Nowy-Wylezin LD 79 Vc 37
09-500 Nowy Zaborów MZ 66 Uc 34
66-600 Nowy Zagór LB 72 Qa 36
56-300 Nowy Zamek DS 75 Sc 39
05-332 Nowy Zglechów MZ 69 We 36
99-440 Nowy Złaków LD 66 Ue 35
08-470 Nowy-Żabieniec MZ 80 Wc 37
38-230 Nowy Żmigród PK 110 Wd 51
36-245 Nozdrzec PK 111 Xb 50
07-415 Nożewo MZ 57 Wd 30
88-324 Nożyczyn KP 64 Tb 33
77-115 Nożynko PM 28 Sc 23
77-115 Nożyno PM 28 Sc 23
05-190 Nuna MZ 68 Vf 33
07-322 Nur MZ 70 Xb 32
17-111 Nurzec PD 71 Ya 33
17-330 Nurzec PD 71 Yb 34
17-330 Nurzec-Stacja PD 70 Ya 34
21-404 Nurzyna LU 82 Xc 37
06-400 Nużewo MZ 55 Vd 31
62-610 Nykiel WP 65 Tc 34
48-300 Nysa OP 97 Sc 46

## Ń

–

## O

36-204 Obarzym PK 110 Xb 50
26-026 Obice SK 91 Vd 44
34-404 Obidowa MA 107 Va 51
99-300 Obidówek LD 66 Uc 36
33-389 Obidza MA 108 Vc 52
06-425 Obiecanowo MZ 56 Wa 31
88-430 Obiecanowo KP 52 Sd 32
28-350 Obiechów SK 100 Uf 45
07-402 Obierwia MZ 56 Wc 30
59-150 Obiszów DS 74 Ra 39
46-142 Objazda OP 87 Se 42
76-211 Objazda PM 27 Sa 21
64-600 Objezierze WP 63 Re 33
73-231 Objezierze ZP 49 Qd 30
77-233 Objezierze PM 28 Sa 23
89-620 Objezierze PM 40 Se 26
89-430 Obkas KP 40 Sd 27
24-123 Oblasy LU 81 Wf 40
42-230 Oblasy SL 90 Ue 43
28-133 Oblekoń SK 101 Wa 47
12-230 Oblewo WM 45 Xa 27
26-067 Obłęgór SK 91 Vc 43
84-351 Obliwice PM 28 Se 21
24-320 Obliźniak LU 93 Xa 41
62-300 Obłaczkowo WP 64 Sd 35
43-460 Obłaziec SL 106 Tf 50
46-300 Obłąki OP 88 Td 43
77-232 Obłęże PM 27 Rf 23
17-312 Obniże Duże PD 70 Xd 33
89-412 Obodowo KP 40 Se 28
74-200 Obojno ZP 49 Pf 30
62-200 Obora WP 64 Sd 33
06-320 Oborczyska MZ 56 Wb 29
64-600 Oborniki WP 63 Re 33
55-120 Oborniki Śl. DS 75 Rf 41
86-212 Obory KP 53 Td 28
87-645 Obory KP 54 Ub 30
74-400 Oborzany ZP 48 Pd 32
83-250 Obozin PM 41 Td 24
62-200 Obórka WP 64 Sd 33
49-351 Obórki OP 87 Sc 44
64-200 Obra WP 62 Ra 36
66-120 Obra Dolna LB 62 Qf 36
63-720 Obra Wałków WP 75 Sc 37
27-641 Obrazów SK 92 Wd 44
06-300 Obrąb MZ 56 Ve 30
06-456 Obrąb MZ 55 Vc 32
07-230 Obrąb MZ 69 Wd 34
32-107 Obrażejowice MA 100 Va 47
09-320 Obręb MZ 55 Uf 31
06-121 Obrębek MZ 68 Wa 33
06-415 Obrębiec MZ 56 Ve 30
62-700 Obrębizna WP 65 Td 36
27-580 Obręczna SK 92 Wc 43
22-470 Obrocz LU 94 Ya 45
23-212 Obroki LU 93 Xc 42
74-211 Obromino ZP 49 Pf 30
78-100 Obroty ZP 26 Qd 24
22-500 Obrowiec LU 95 Yf 44
47-320 Obrowiec OP 98 Ta 46
64-520 Obrowo WP 62 Rd 32
87-126 Obrowo KP 53 Tf 31
89-506 Obrowo KP 40 Se 27
56-400 Obrót DS 87 Sd 41
98-358 Obrów LD 89 Ua 41
16-002 Obrubniki PD 58 Ya 29
74-201 Obryta ZP 49 Pf 29
07-215 Obryte MZ 68 Wb 32
07-322 Obryte MZ 70 Xc 33
18-423 Obrytki PD 58 Xb 28
64-520 Obrzycko WP 62 Rd 32
82-550 Obrzynowo PM 42 Ub 26
23-413 Obsza LU 104 Xf 47
43-436 Obszary SL 106 Tf 50
88-410 Obudno KP 52 Sf 32
43-430 Ochabice SL 106 Te 49
43-430 Ochaby SL 106 Te 49
98-420 Ochędzyn-Stary LD 76 Tb 41
66-006 Ochla LB 73 Qc 37
62-600 Ochle WP 65 Td 35
98-170 Ochle LD 77 Tf 40
32-003 Ochmanów MA 100 Va 49
32-051 Ochodza MA 100 Ue 49
62-100 Ochodza WP 51 Sb 32
77-112 Ochodza PM 28 Sb 22
46-070 Ochodze OP 87 Se 45
62-240 Ochodża WP 64 Se 33
40-668 Ochojec SL 99 Tf 47
44-145 Ochojec SL 98 Td 47
32-040 Ochojno MA 100 Uf 49
34-452 Ochotnica Dolna MA 108 Vb 51
34-453 Ochotnica-Górna MA 108 Vb 51
97-515 Ochotnik LD 90 Ue 42
21-109 Ochoża LU 82 Xf 39
22-151 Ochoża LU 95 Yc 41
17-220 Ochrymy PD 59 Ye 31
07-200 Ochudno MZ 68 Wc 33
63-460 Ociąż WP 76 Sf 38
47-400 Ocice SL 98 Tb 48
59-700 Ocice DS 84 Qc 41
39-104 Ocieka PK 102 Wd 48
26-035 Ocieseki SK 92 Vf 44
64-605 Ocieszyn WP 63 Re 33
26-807 Ocieść MZ 80 Ve 39
83-241 Ocypel PM 41 Tb 26
63-910 Oczkowice WP 75 Sa 38
34-300 Oczków SL 106 Ub 50
88-410 Oćwieka KP 52 Se 32
73-130 Odargowo ZP 49 Qc 28
84-110 Odargowo PM 29 Ta 20
26-640 Odechowiec MZ 80 Wc 41
26-640 Odechów MZ 92 Wb 41
22-510 Odletajka LU 95 Ye 43
16-050 Odnoga Kuźmy PD 59 Ye 31
12-250 Odoje WM 45 Xa 25
63-430 Odolanów WP 75 Se 39
28-500 Odonów SK 101 Vc 47
33-240 Odporyszów MA 101 Vf 48
44-362 Odra SL 98 Tb 49
05-825 Odrano-Wola MZ 67 Vd 36
26-220 Odrowąż SK 91 Vd 42
34-408 Odrowąż MA 107 Uf 52
47-316 Odrowąż OP 98 Sf 45
97-525 Odrowąż LD 90 Ue 42
26-120 Odrowążek SK 91 Vd 42
89-651 Odry PM 41 Ta 25
17-210 Odrynki PD 59 Yd 31
11-010 Odryty WM 44 Ve 26
38-530 Odrzechowa PK 110 Wf 51
38-406 Odrzykoń PK 110 We 50
05-622 Odrzywołek MZ 80 Ve 37
26-425 Odrzywół MZ 79 Vd 39
66-500 Ogardy LB 49 Qd 31
29-100 Ogarka SK 90 Va 44
78-320 Ogartowo ZP 38 Ra 26
06-300 Ogięda MZ 56 Vf 30
73-130 Ognica ZP 49 Qc 29
74-120 Ognica ZP 48 Pc 30
21-422 Ogniwo LU 81 Xa 37
11-600 Ogonki WM 34 We 23
26-300 Ogonowice LD 79 Vb 40
59-241 Ogonowice DS 85 Rb 42
06-231 Ogony MZ 56 Wc 31
62-740 Ogorzelczyn WP 65 Tc 36
58-425 Ogorzelec DS 85 Qf 44
09-412 Ogorzelice MZ 66 Ue 33
89-665 Ogorzeliny PM 40 Sd 27
42-320 Ogorzelnik SL 90 Ud 45
87-632 Ograszka KP 54 Ua 31
55-300 Ogrodnica DS 86 Rd 42
16-030 Ogrodniczki PD 59 Yb 29
07-132 Ogrodniki MZ 69 We 33
17-100 Ogrodniki PD 59 Yb 32
17-210 Ogrodniki PD 59 Yd 31
17-300 Ogrodniki PD 70 Xe 34
19-120 Ogrodniki PD 58 Xf 28
21-523 Ogrodniki LU 83 Yc 37
82-316 Ogrodniki WM 31 Ud 23
14-220 Ogrodzieniec WM 42 Ub 27
42-440 Ogrodzieniec SL 100 Ud 46
59-140 Ogrodzisko DS 73 Ra 40
98-220 Ogrodzisko SL 77 Tf 39
43-426 Ogrodzona SL 106 Te 50
97-352 Ogrodzona LD 90 Ue 41
12-250 Ogródek WM 45 Xa 26
11-410 Ogródki WM 33 Wc 23
07-221 Ojcowizna MZ 69 Wd 33
32-047 Ojców MA 100 Ue 47
66-225 Ojerzyce LB 61 Qd 35
89-210 Ojrzanowo KP 52 Sf 31


182 | Nowinki

96-321 Ojrzanów MZ 79 Ve 36
06-456 Ojrzeń MZ 55 Vd 32
97-540 Ojrzeń LD 90 Ud 43
21-210 Okalew LU 82 Xe 38
98-311 Okalew LD 77 Td 41
87-335 Okalewko KP 54 Ud 30
87-511 Okalewo KP 54 Ud 30
27-500 Okalina SK 92 Wc 44
89-340 Okaliniec WP 51 Sa 30
12-250 Okartowo WM 45 Wf 26
21-509 Okczyn LU 83 Yd 37
89-511 Okiersk KP 40 Sf 27
32-566 Okleśna MA 100 Ud 48
16-407 Okliny PD 35 Xe 23
59-225 Okmiany DS 85 Qe 41
87-821 Okna KP 66 Uc 34
32-800 Okocim MA 101 Vd 49
86-010 Okole KP 52 Sf 29
62-650 Okoleniec WP 65 Te 35
42-230 Okołowice SL 90 Ue 44
46-030 Okoły OP 87 Sf 43
64-965 Okonek WP 39 Rf 27
39-102 Okonin PK 102 Wd 48
86-330 Okonin KP 42 Tf 28
87-521 Okonin KP 54 Ub 30
87-220 Okonin-Wybudowanie KP 42 Tf 28
89-530 Okoniny Nadjezierne KP 41 Ta 26
16-150 Okopy PD 47 Ya 27
22-175 Okopy LU 95 Ye 41
19-200 Okół PD 46 Xc 27
27-423 Okół SK 92 Wd 42
59-420 Okrajek DS 85 Qf 43
34-321 Okrajnik SL 107 Ub 50
97-500 Okrajszów SL 90 Uc 42
19-213 Okrasin PD 58 Xc 28
87-600 Okrąg KP 54 Ub 31
28-230 Okrągła SK 102 Wb 46
82-522 Okrągła Łąka PM 42 Te 27
23-400 Okrągłe LU 104 Xe 45
98-200 Okręglica LD 77 Te 39
26-704 Okrężnica MZ 81 We 41
21-480 Okrzeja LU 81 Xa 38
58-420 Okrzeszyn DS 85 Ra 45
28-363 Oksa SK 90 Va 44
81-109 Oksywie PM 29 Td 21
66-460 Oksza LB 60 Pf 33
22-105 Okszów LU 95 Yc 42
32-765 Okulice MA 101 Vd 48
55-050 Okulice DS 86 Re 43
74-200 Okunica ZP 49 Pf 29
05-079 Okuniew MZ 68 Wb 35
22-232 Okuninka LU 83 Yd 39
77-203 Okunino PM 39 Rf 24
16-400 Okuniowiec PD 35 Xf 24
42-242 Okupniki SL 89 Ub 43
98-100 Okup Wielki SL 77 Ua 39
18-505 Okurowo PD 45 Wf 28
23-231 Olbięcin LU 93 Xa 43
42-265 Olbrachcice SL 90 Ud 44
67-400 Olbrachcice LB 74 Rc 38
57-200 Olbrachcice Wielkie DS 86 Re 45
55-050 Olbrachtowice Stary DS 86 Re 43
14-240 Olbrachtowo WM 42 Uc 26
68-200 Olbrachtów LB 72 Qa 39
14-240 Olbrachtówko WM 42 Uc 26
32-720 Olchawa MA 101 Vc 49
37-523 Olchowa PK 104 Xe 48
38-516 Olchowa PK 111 Xb 52
22-150 Olchowiec LU 94 Yb 41
22-335 Olchowiec LU 94 Xf 43
38-450 Olchowiec PK 110 Wd 52
38-709 Olchowiec PK 111 Xd 53
72-200 Olchowo ZP 37 Qa 27
17-220 Olchówka PD 59 Ye 31
21-230 Olchówka LU 83 Ya 39
34-530 Olczański MA 108 Va 52
49-345 Oldrzyszowice OP 87 Sd 44
19-400 Olecko WM 46 Xc 24
19-404 Olecko Małe WM 46 Xd 25
64-234 Olejnica WP 74 Rb 37
05-334 Oleksianka MZ 69 Wf 37
08-122 Oleksin MZ 69 Wf 35
17-120 Oleksin PD 70 Xf 32
34-400 Oleksówki MA 108 Va 51
22-174 Olenówka LU 95 Yd 42
22-315 Olesin LU 94 Ya 43
33-210 Olesno MA 101 Vf 47
46-300 Olesno OP 88 Tc 43
16-020 Oleszkowo PD 59 Yb 29
58-210 Oleszna DS 86 Re 44
59-623 Oleszna Podgórska DS 84 Qc 42
29-105 Oleszno SK 90 Va 43
62-130 Oleszno WP 52 Sc 31
78-513 Oleszno ZP 38 Qe 28
87-603 Oleszno KP 66 Ub 32
37-630 Oleszyce PK 104 Ya 47
08-117 Oleśnica MZ 69 Wf 36
28-220 Oleśnica SK 102 Wa 46
33-210 Oleśnica MA 101 Vf 47
56-400 Oleśnica DS 87 Sc 41
62-410 Oleśnica WP 64 Sf 35
64-800 Oleśnica WP 51 Rf 31
99-205 Oleśnica LD 77 Ua 38
55-200 Oleśnica Mł. DS 87 Sb 43
55-093 Oleśniczka DS 87 Sb 42
97-400 Oleśnik LD 78 Uc 41
21-044 Oleśniki LU 94 Ya 42
82-335 Oleśno WM 42 Ub 24
98-300 Olewin LD 88 Td 41
08-140 Olędy MZ 70 Xc 35
17-120 Olędy PD 70 Xe 32
17-120 Olędzkie PD 58 Xf 32
87-850 Olganowo KP 65 Tf 33
86-061 Olimpin KP 52 Sf 30
39-124 Olimpów PK 102 We 48
16-070 Oliszki PD 58 Ya 30
80-302 Oliwa PM 29 Td 22
26-803 Olkowice MZ 80 Vf 38
32-300 Olkusz MA 100 Ud 47
83-430 Olpuch PM 41 Ta 24
16-200 Olsza PD 47 Yb 27
56-300 Olsza DS 75 Sa 39
63-100 Olsza WP 62 Sa 36
88-300 Olsza KP 64 Ta 33
95-063 Olsza LD 78 Uf 38
07-210 Olszaki MZ 57 Wd 32
26-260 Olszamowice SK 90 Va 42
33-386 Olszana MA 108 Vd 51
38-722 Olszanica PK 111 Xc 52
59-516 Olszanica DS 85 Qe 41
82-522 Olszanica PM 41 Tf 26
07-200 Olszanka MZ 68 Wc 33
08-207 Olszanka MZ 70 Xe 36
16-150 Olszanka PD 47 Yb 27
16-304 Olszanka PD 46 Xf 25
22-310 Olszanka LU 95 Yc 43
22-351 Olszanka LU 94 Ya 42
23-110 Olszanka LU 94 Xe 42
33-386 Olszanka MA 108 Vd 51
49-332 Olszanka OP 87 Sc 44
83-041 Olszanka PM 29 Tc 24
96-330 Olszanka MZ 79 Vc 37
21-509 Olszanki LU 83 Yd 37
77-304 Olszanowo PM 39 Sa 26
05-604 Olszany MZ 80 Vf 37
37-741 Olszany PK 111 Xd 50
58-150 Olszany DS 86 Rb 43
05-610 Olszew MZ 80 Vf 38
08-322 Olszew MZ 69 Xb 33
05-310 Olszewice MZ 69 We 35
06-415 Olszewiec MZ 56 Ve 30
06-323 Olszewka MZ 56 Wa 29
07-402 Olszewka MZ 57 Wc 30
89-100 Olszewka KP 52 Sd 30
89-412 Olszewka KP 40 Se 28
12-120 Olszewki WM 44 Vf 26
09-310 Olszewko MZ 55 Va 30
21-302 Olszewnica LU 82 Xd 37
21-345 Olszewnica LU 82 Xd 38
05-124 Olszewnica-Nowa MZ 68 Vf 34
05-124 Olszewnica-Stara MZ 68 Vf 34
11-320 Olszewnik WM 44 Ve 25
09-300 Olszewo MZ 55 Uf 30
11-730 Olszewo WM 45 We 25
17-111 Olszewo PD 70 Ya 32
19-330 Olszewo WM 46 Xa 25
63-000 Olszewo WP 63 Sb 35
64-030 Olszewo WP 74 Rd 37
07-415 Olszewo-Borki MZ 57 Wd 30
11-606 Olszewo Węgorzewskie WM 33 We 23
26-811 Olszowa MZ 80 Ve 39
32-842 Olszowa MA 109 Ve 50
47-143 Olszowa OP 98 Tb 46
63-600 Olszowa WP 76 Ta 41
97-225 Olszowa LD 78 Uf 39
96-208 Olszowa Wola LD 79 Vd 38
32-040 Olszowice MA 100 Uf 49
23-100 Olszowiec LU 94 Xd 42
26-332 Olszowiec LD 79 Va 40
37-403 Olszowiec PK 103 Xa 45
97-217 Olszowiec LD 79 Va 39
27-552 Olszownica SK 92 Wb 44
34-732 Olszówka MA 107 Va 51
56-416 Olszówka DS 75 Sc 40
62-641 Olszówka WP 65 Tf 35
87-400 Olszówka KP 54 Ua 30
96-320 Olszówka MZ 79 Vc 36
10-110 Olsztyn WM 44 Vc 26
42-256 Olsztyn SL 89 Ub 44
11-015 Olsztynek WM 43 Vb 27
08-113 Olszyc-Szlachecki MZ 69 Xa 36
08-113 Olszyc-Włościański MZ 69 Xa 36
21-504 Olszyn LU 71 Yc 36
42-284 Olszyna SL 89 Tf 44
59-830 Olszyna DS 84 Qc 42
63-500 Olszyna WP 76 Sf 40
68-212 Olszyna LB 72 Pe 39
59-830 Olszyna Dln. DS 84 Qc 42
58-330 Olszyniec DS 85 Rc 44
68-200 Olszyniec LB 72 Qb 39
11-430 Olszynka WM 33 Wb 24
48-231 Olszynka OP 97 Se 46
07-430 Olszyny MZ 56 Wb 29
12-100 Olszyny WM 44 Wa 27
18-421 Olszyny PD 57 Xb 29
32-551 Olszyny MA 100 Uc 48
32-831 Olszyny MA 109 Ve 49
33-163 Olszyny MA 109 Wa 50
44-352 Olszyny SL 98 Tc 49
58-407 Olszyny DS 85 Ra 44
09-142 Olszyny-Nowe MZ 67 Vc 33
09-142 Olszyny-Stare MZ 67 Vc 33
96-520 Olunin MZ 67 Va 35
44-350 Olza SL 98 Tc 49
55-200 Oława DS 87 Sb 43
06-126 Ołdaki MZ 56 Vf 32
07-411 Ołdaki MZ 57 We 30
57-360 Ołdrzychowice Kłodzkie DS 96 Re 46
88-160 Ołdrzychowo KP 64 Ta 32
59-724 Ołobok DS 72 Qb 40
63-405 Ołobok WP 76 Ta 39
66-213 Ołobok LB 61 Qc 35
11-606 Ołownik WM 34 We 23
38-247 Ołpiny MA 109 Wb 50
07-322 Ołtarze-Gołacze MZ 69 Xb 32
78-120 Ołużna ZP 38 Qd 24
26-500 Omięcin MZ 80 Vf 41
78-423 Omulna ZP 39 Re 27
14-260 Omułe WM 43 Uf 28
26-922 Opactwo MZ 81 We 39
05-520 Opacz MZ 68 Wa 36
37-600 Opaka PK 104 Ya 48
17-240 Opaka Duża PD 71 Yc 33
33-389 Opalanka MA 108 Vc 51
64-330 Opalenica WP 62 Rc 35
87-300 Opalenica KP 54 Uc 29
83-136 Opalenie PM 42 Te 26
06-330 Opaleniec MZ 56 Vf 29
37-306 Opaleniska PK 103 Xc 48
66-225 Opalewo LB 61 Qe 35
38-123 Oparówka PK 110 We 50
78-300 Oparzno ZP 38 Qe 26
24-100 Opatkowice LU 81 Wf 40
26-900 Opatkowice MZ 80 Wd 39
28-440 Opatkowice SK 101 Vb 46
32-100 Opatkowice MA 101 Vb 47
28-313 Opatkowice-Drewniane SK 101 Vc 45
28-313 Opatkowice-Murowane SK 101 Vc 45
42-680 Opatowice SL 99 Te 46
57-160 Opatowice DS 86 Sa 43
88-200 Opatowice KP 65 Td 33
28-520 Opatowice SK 101 Ve 47
27-500 Opatów SK 92 Wc 44
42-151 Opatów SL 89 Te 43
63-645 Opatów WP 88 Ta 41
62-860 Opatówek WP 76 Tb 38
76-020 Opatówek ZP 39 Rd 25
09-440 Opatówiec MZ 67 Uf 33
62-330 Opatówko WP 64 Sc 34
58-420 Opawa DS 85 Qf 44
48-100 Opawica OP 97 Sd 48
07-405 Opęchowo MZ 57 We 30
98-220 Opiesin LD 77 Tf 39
11-130 Opin WM 31 Vb 24
06-406 Opinogóra Górna MZ 56 Ve 31
43-520 Opitów SL 106 Te 49
58-100 Opoczka DS 86 Rd 44
87-710 Opoczki KP 53 Td 31
26-300 Opoczno LD 79 Vb 40
98-310 Opojowice LD 88 Td 41
23-235 Opoka LU 93 Wf 43
87-710 Opoki KP 53 Td 32
08-103 Opole MZ 69 Xb 35
21-222 Opole LU 83 Yb 38
45-059* Opole OP 88 Sf 44
95-043 Opole LD 66 Ua 37
24-300 Opole Lubelskie LU 93 Wf 42
57-256 Opolnica DS 96 Re 45
59-921 Opolno-Zdrój DS 84 Pf 43
64-120 Oporowo WP 74 Rf 38
64-560 Oporowo WP 62 Rc 33
89-210 Oporowo KP 52 Sf 31
99-322 Oporów LD 66 Ud 35
64-120 Oporówko WP 74 Re 38
62-100 Oporzyn WP 51 Sb 31
05-660 Opożdżew MZ 80 Wa 38
97-371 Oprzężów LD 78 Ud 40
05-825 Opypy MZ 67 Ve 36
19-300 Oracze WM 46 Xc 25
98-285 Oraczew-Mały LD 77 Td 39
98-285 Oraczew-Wielki LD 77 Td 39
34-480 Orawka MA 107 Ue 51
22-315 Orchowiec LU 94 Xf 43
62-436 Orchowo WP 64 Ta 33
98-100 Orchów SL 77 Ua 39
22-232 Orchówek LU 83 Yd 39
62-436 Orchówek WP 64 Sf 34
64-520 Ordzin WP 62 Rc 32
38-623 Orelec PK 111 Xc 52
99-423 Orenice LD 66 Ud 36
28-400 Orkanów SK 101 Vc 46
82-550 Orkusz PM 42 Ua 26
17-106 Orla PD 71 Yb 32
96-230 Orla Góra LD 79 Vd 38
72-314 Orle ZP 37 Qc 27
83-420 Orle PM 41 Tb 24
84-252 Orle PM 29 Tb 21
87-875 Orle KP 65 Td 34
89-115 Orle KP 52 Sd 29
64-412 Orle Wielkie WP 62 Rb 33
62-045 Orliczko WP 62 Rc 33
89-634 Orlik PM 40 Se 25
18-420 Orlikowo PD 58 Xb 29
63-308 Orlina Duża WP 64 Sf 36
89-115 Orlinek KP 52 Sd 29
82-100 Orliniec PM 30 Ub 23
39-432 Orliska PK 93 Wf 45
95-073 Orła LD 78 Ub 37
07-320 Orło MZ 57 Wf 32
11-520 Orło WM 45 Wd 25
59-630 Orłowice DS 84 Qc 43
16-100 Orłowicze PD 47 Yd 28
44-280 Orłowiec SL 98 Tc 48
11-510 Orłowo WM 46 Xa 24
12-230 Orłowo WM 45 Wf 27
13-100 Orłowo WM 43 Vc 28
64-630 Orłowo WP 51 Re 32
81-518 Orłowo PM 29 Td 22
82-100 Orłowo PM 30 Ua 23
87-214 Orłowo KP 53 Te 29
87-603 Orłowo KP 54 Ub 32
39-305 Orłów PK 102 Wc 46
99-311 Orłów LD 66 Ud 36
22-375 Orłów-Drewniany LU 94 Yb 43
22-375 Orłów-Murowany LU 94 Yb 43
99-311 Orłów-Parcel LD 66 Ud 36
37-716 Orły PK 111 Xe 49
96-500 Orły-Cesin MZ 67 Vb 35
22-425 Ornatowice LU 95 Yd 43
11-130 Orneta WM 31 Va 24
43-196 Ornontowice SL 99 Te 47
14-100 Ornowo WM 43 Uf 27
08-480 Oronne MZ 81 Wd 38
26-505 Orońsko MZ 80 Vf 41
95-082 Orpelów LD 77 Ub 39
63-714 Orpiszew WP 75 Sd 38
59-305 Orsk DS 74 Rc 39
11-220 Orsy WM 32 Vc 22
99-122 Orszewice LD 66 Ub 36
09-460 Orszymowo MZ 67 Va 34
21-530 Ortel Królewski I LU 83 Yb 37
21-530 Ortel Królewski II LU 83 Yb 37
21-500 Ortel Książęcy LU 83 Yb 37
47-246 Ortowice OP 98 Tb 47
80-059 Orunia PM 30 Td 23
42-622 Orzech SL 99 Tf 46
37-712 Orzechowce PK 111 Xe 49
17-100 Orzechowicze PD 59 Ya 31
11-040 Orzechowo WM 44 Vd 25
19-330 Orzechowo WM 46 Xa 25
62-322 Orzechowo WP 64 Sc 36
72-200 Orzechowo ZP 37 Qa 26
87-213 Orzechowo KP 53 Te 29
74-520 Orzechów ZP 48 Pb 31
97-524 Orzechów LD 90 Ud 42
97-524 Orzechówek LD 90 Ud 42
19-110 Orzechówka PD 46 Xe 26
36-220 Orzechówka PK 110 Wf 50
87-213 Orzechówko KP 53 Tf 29
66-446 Orzelec LB 61 Qb 33
28-232 Orzelec Duży SK 102 Wa 46
06-320 Orzeł MZ 56 Wb 29
07-140 Orzełek MZ 69 Wf 33
89-430 Orzełek KP 40 Sc 27
44-290 Orzepowice SL 98 Tc 48
43-180 Orzesze SL 99 Te 48
12-114 Orzeszki WM 44 Wb 28
17-200 Orzeszkowo PD 71 Yd 32
63-014 Orzeszkowo WP 63 Sc 35
56-160 Orzeszków DS 74 Rd 40
99-210 Orzeszków LD 77 Te 36
07-106 Orzeszówka MZ 69 Xa 34
98-235 Orzeżyn LD 77 Td 39
95-081 Orzk LD 78 Uc 39
06-220 Orzyc MZ 56 Wb 32
12-120 Orzyny WM 44 Wa 26
12-250 Orzysz WM 45 Wf 26
87-890 Osada-Górniak KP 65 Tf 33
56-513 Ose DS 76 Sd 40
26-140 Osełków SK 91 Ve 42
22-678 Oserdów LU 105 Yf 46
22-672 Oseredek LU 104 Ya 46
59-225 Osetnica DS 85 Qf 41
11-130 Osetnik WM 31 Uf 24
84-210 Osetnik PM 28 Se 20
13-340 Osetno WM 42 Ub 28
56-200 Osetno DS 74 Rc 39
05-307 Osęczyzna MZ 69 Wd 35
36-122 Osia Góra PK 103 Wf 47
83-022 Osice PM 30 Te 23
22-420 Osiczyna LU 95 Yc 43
86-150 Osie KP 41 Tc 27
08-445 Osieck MZ 80 Wc 37
46-048 Osiecko OP 88 Tc 44
66-350 Osiecko LB 61 Qb 33
62-586 Osiecza WP 64 Ta 35
32-400 Osieczany MA 108 Uf 49
87-222 Osieczek KP 54 Ua 29
28-221 Osieczko SK 102 Wc 45
87-851 Osiecz-Mały KP 65 Tf 34
64-113 Osieczna WP 74 Re 37
83-242 Osieczna PM 41 Tb 26
59-724 Osiecznica DS 73 Qc 41
66-600 Osiecznica LB 60 Qa 36
98-170 Osieczno LD 77 Tf 40
59-724 Osieczów DS 73 Qc 41
87-851 Osiecz-Wielki KP 65 Tf 34
43-210 Osiedle SL 99 Tf 48
47-223 Osiedle Azoty OP 98 Tb 47
44-253 Osiedle Boguszowice SL 98 Td 48
57-362 Osiedle Fabryczne DS 96 Rd 46
59-220 Osiedle Kopernika DS 85 Rb 41
47-240 Osiedle Korzonek OP 98 Tb 47
43-460 Osiedle Kozince SL 106 Tf 51
26-052 Osiedle-Nowiny LU 91 Vd 44
58-150 Osiedle Południe DS 85 Rc 43
59-220 Osiedle Sienkiewicza DS 85 Rb 41
58-260 Osiedle Włókniarzy DS 86 Rd 44
41-935 Osiedle Wolności SL 99 Te 46
09-131 Osiek MZ 67 Vd 33
09-214 Osiek MZ 54 Uc 32
14-407 Osiek WM 31 Uf 24



Osiek I 183

8-320 Paderewek MZ 70 Xc 33
9-340 Padew Narodowa PK 102 Wc 46
8-300 Padniewko KP 64 Sf 33
8-300 Padniewo KP 64 Sf 33
3-334 Pagórek MA 109 Vf 51
26-704 Pająków MZ 81 We 40
6-080 Pajewo PD 58 Xe 30
8-330 Pajęczno LD 89 Ua 42
1-030 Pajtuny WM 44 Ve 26
7-100 Pakosław MZ 92 Wb 41
3-920 Pakosław WP 75 Sa 39
4-310 Pakosław WP 62 Rb 34
8-314 Pakosławice OP 97 Sc 45
6-330 Pakosławsko DS 75 Sb 39
4-520 Pakosze WM 31 Va 23
8-507 Pakoszówka PK 110 Xa 51
8-170 Pakość KP 52 Ta 32
7-320 Pakotulsko PM 40 Sb 26
3-940 Pakówka WP 74 Re 38
2-250 Pakszyn WP 63 Sd 34
6-230 Pakuły SK 91 Vb 42
4-211 Palcza MA 107 Ue 50
5-660 Palczew MZ 80 Wa 38
6-150 Palczewice ZP 27 Rc 22
2-112 Palczewo PM 30 Tf 23
2-640 Palczowice MA 100 Uc 48
2-842 Paleśnica MA 109 Ve 50
2-070 Palędzie WP 63 Re 34
8-300 Palędzie-Dolne KP 64 Se 33
8-300 Palędzie-Kościelne KP 64 Sf 33
24-204 Palikije I LU 93 Xb 41
24-204 Palikije II LU 93 Xb 41
36-073 Palikówka PK 103 Xa 48
87-400 Paliwodzizna KP 54 Ua 30
89-240 Palmierowo KP 52 Sc 31
05-152 Palmiry MZ 68 Ve 34
28-100 Palonki SK 101 Vf 45
44-230 Palowice SL 99 Te 48
11-230 Paluzy WM 32 Vf 24
66-213 Pałck LB 61 Qc 36
95-006 Pałczew LD 78 Ud 39
62-320 Pałczyn WP 64 Sc 35
21-104 Pałecznica LU 82 Xe 40
32-109 Pałecznica MA 101 Vb 47
76-113 Pałowo ZP 27 Re 22
76-113 Pałówko ZP 27 Re 22
83-340 Pałubice PM 28 Sf 22
83-430 Pałubin PM 41 Tb 25
83-210 Pałubinek PM 41 Tb 25
88-160 Pałuczyna KP 64 Ta 32
06-406 Pałuki MZ 56 Ve 31
64-500 Pamiątkowo Myszkowo WP 62 Rd 33
32-109 Pamięcice MA 101 Vb 47
69-113 Pamięcin LB 60 Pd 34
73-210 Pamięcin ZP 49 Qd 29
96-100 Pamiętna LD 79 Vb 37
89-506 Pamiętowo KP 40 Se 27
11-510 Pamry WM 45 Xa 25
99-200 Panaszew LD 77 Ua 37
40-753 Panewniki SL 99 Tf 47
63-233 Panienka WP 75 Sc 36
21-002 Panieńszczyzna LU 93 Xc 41
87-875 Paniewo KP 65 Te 33
62-130 Panigródz WP 52 Sc 31
55-120 Paniowice DS 86 Rf 41
43-190 Paniowy SL 99 Te 47
44-177 Paniówki SL 99 Te 47
42-140 Panki SL 89 Te 43
58-100 Panków DS 86 Rd 43
42-793 Panoszów SL 88 Td 44
66-320 Panowice LB 61 Qe 34
37-224 Pantalowice PK 103 Xc 49
16-070 Pańki PD 58 Xf 30
22-600 Pańków LU 105 Yc 45
11-510 Pańska Wola WM 45 Xa 25
34-700 Pańskie MA 107 Uf 51
34-425 Pańszczyki Stachonie MA 107 Va 52
86-212 Paparzyny KP 53 Td 28
97-306 Papieże LD 78 Ud 40
07-120 Paplin MZ 69 Wf 34
96-111 Paplin LD 79 Vc 37
86-221 Papowo Biskupie KP 53 Td 29
87-148 Papowo Toruńskie KP 53 Te 30
26-006 Paprocice SK 92 Wa 44
62-610 Paprocin WP 65 Td 34
64-300 Paproć WP 62 Ra 35
18-305 Paproć Duża PD 57 Xa 31
18-305 Paproć Mała PD 57 Xa 31
88-150 Papros KP 65 Tc 32
11-513 Paprotki WM 45 We 25
58-420 Paprotki DS 85 Qf 44
08-107 Paprotnia MZ 70 Xc 35
08-540 Paprotnia LU 81 Wd 39
62-513 Paprotnia WP 65 Tc 35
95-060 Paprotnia LD 78 Ue 38
96-206 Paprotnia LD 79 Vd 38
96-515 Paprotnia MZ 67 Vc 35
26-811 Paprotno MZ 80 Ve 39
72-342 Paprotno ZP 37 Qa 25
76-034 Paprotno ZP 26 Qf 23
76-142 Paproty ZP 27 Rd 23
26-333 Paradyż LD 79 Va 41
24-103 Parafianka LU 81 Xa 39
44-230 Parcele SL 98 Te 48
06-500 Parcele Łomskie MZ 55 Vb 30
17-100 Parcewo PD 59 Yb 32
88-100 Parchanie KP 53 Tc 32
88-100 Parchanki KP 53 Tc 32
24-120 Parchatka LU 81 Wf 40
78-460 Parchlino ZP 38 Rb 26
28-136 Parchocin SK 101 Vf 47
77-124 Parchowo PM 28 Se 23
59-140 Parchów DS 73 Qf 40
06-323 Parciaki MZ 56 Wa 29
98-410 Parcice LD 88 Tb 41
11-404 Parcz WM 45 Wd 24
21-200 Parczew LU 82 Xf 39
16-123 Parczowce PD 47 Yd 28
26-307 Parczów SL 79 Vb 41
26-307 Parczówek LD 79 Vc 41
26-220 Pardołów SK 91 Vd 42
11-220 Pareżki WM 32 Vc 22
39-220 Parkosz PK 102 Wb 48
11-200 Parkoszewo WM 32 Vf 22
42-421 Parkoszowice SL 100 Uc 45
59-700 Parkoszów DS 73 Qd 40
64-610 Parkowo WP 63 Rf 32
11-300 Parleza Wielka WM 44 Wa 25
09-150 Parlin MZ 67 Vb 34
86-120 Parlin KP 53 Tb 28
88-306 Parlin KP 52 Sf 32
88-306 Parlinek KP 64 Sf 32
73-112 Parlino ZP 37 Qa 28
99-400 Parma LD 67 Uf 36
74-110 Parnica ZP 48 Pe 30
76-039 Parnowo ZP 26 Ra 24
05-831 Parole MZ 68 Ve 36
21-526 Parośla LU 83 Yd 38
59-724 Parowa DS 72 Qb 40
78-404 Parsęcko ZP 39 Rd 26
86-302 Parski KP 41 Te 27
99-140 Parski LD 65 Ua 36
76-039 Parsowo ZP 38 Qf 24
74-202 Parsów ZP 48 Pe 29
82-224 Parszewo PM 30 Tf 24
84-107 Parszkowo PM 29 Tb 20
59-330 Parszowice DS 74 Rc 40
27-215 Parszów SK 91 Vf 42
86-342 Partęczyny KP 42 Ub 28
39-310 Partynia PK 102 Wb 47
22-120 Partyzancka Kolonia LU 95 Yd 43
63-210 Paruchów WP 64 Sd 36
26-200 Paruchy SK 91 Vd 41
62-420 Paruszewo WP 64 Se 35
77-430 Paruszka WP 51 Rf 29
46-220 Paruszowice OP 88 Tb 42
22-151 Parypse LU 95 Yc 41
11-430 Parys WM 33 Wb 23
08-441 Parysów MZ 81 We 37
88-400 Paryż KP 52 Sd 31
09-413 Parzeń MZ 66 Ud 33
63-220 Parzew WP 75 Se 37
63-233 Parzęczew WP 75 Sc 37
95-045 Parzęczew LD 77 Ub 37
64-061 Parzęczewo WP 62 Rc 36
26-624 Parznice MZ 80 Wa 41
97-371 Parzniewice LD 78 Ud 41
97-371 Parzniewiczki LD 90 Ud 41
97-415 Parzno LD 78 Ub 40
59-730 Parzyce DS 84 Qc 41
95-035 Parzyce LD 78 Ub 36
42-164 Parzymiechy SL 89 Te 42
89-634 Parzyn PM 40 Sd 25
63-507 Parzynów WP 76 Sf 40
58-140 Pasieczna DS 86 Rc 43
59-623 Pasiecznik DS 84 Qd 43
17-200 Pasieczniki Wielkie PD 71 Yd 32
23-200 Pasieka LU 93 Xb 43
23-310 Pasieka LU 93 Xc 44
77-200 Pasieka PM 39 Rf 25
87-865 Pasieka KP 65 Te 34
99-320 Pasieka LD 66 Ud 35
33-240 Pasieka Otfinowska MA 101 Ve 47
07-440 Pasieki MZ 57 Wd 31
22-600 Pasieki LU 105 Yc 46
87-300 Pasieki KP 54 Ub 29
34-600 Pasierbiec MA 108 Vc 50
55-095 Pasikurowice DS 86 Sa 41
97-510 Paskrzyn LD 90 Uf 41
21-307 Paskudy LU 82 Xd 37
14-400 Pasłęk WM 42 Ud 24
05-870 Pass MZ 67 Vd 35
11-600 Pasternak WM 33 Wd 23
67-300 Pasterzowice LB 73 Qd 39
55-020 Pasterzyce DS 86 Rf 43
58-410 Pastewnik DS 85 Ra 43
58-140 Pastuchów DS 86 Rc 43
28-400 Pasturka SK 101 Vd 46
82-500 Pastwa PM 42 Tf 26
27-100 Pastwiska MZ 92 Wb 42
42-510 Pastwiska SL 99 Ub 46
12-130 Pasym WM 44 Ve 27
17-100 Pasynki PD 59 Yb 32
39-207 Paszczyna PK 102 Wd 48
21-205 Paszenki LU 83 Ya 38
21-300 Paszki Duże LU 82 Xd 38
26-330 Paszkowice SL 90 Vb 41
17-106 Paszkowszczyzna PD 71 Yb 32
57-320 Paszków DS 96 Rd 46
34-113 Paszkówka MA 100 Ue 49
38-711 Paszowa PK 111 Xc 51
59-411 Paszowice DS 85 Ra 42
27-353 Pasztowa Wola MZ 92 Wc 42
33-326 Paszyn MA 109 Ve 51
89-100 Paterek KP 52 Sd 30
08-200 Patków MZ 70 Xe 35
17-120 Patoki PD 58 Xe 32
98-170 Patoki LD 77 Ua 40
99-416 Patoki LD 67 Va 36
87-821 Patrówek KP 66 Ub 34
11-030 Patryki WM 44 Ve 26
08-311 Patrykozy MZ 70 Xb 35
62-511 Patrzyków WP 65 Tc 35
22-604 Pauczno LU 105 Yc 45
96-521 Paulinka MZ 67 Uf 35
86-022 Pauliny KP 52 Ta 29
11-220 Paustry WM 32 Vc 23
16-100 Pawełki PD 59 Yd 28
42-713 Pawełki SL 89 Te 44
33-140 Pawęzów MA 102 Vf 48
28-363 Pawęzów SK 90 Va 44
82-500 Pawlice PM 42 Ua 26
27-353 Pawliczka MZ 92 Wc 42
32-020 Pawlikowice MA 100 Va 49
59-225 Pawlikowice DS 85 Qf 41
95-200 Pawlikowice LD 78 Uc 39
21-030 Pawlin LU 93 Xc 41
41-800 Pawlów SL 99 Te 47
95-081 Pawlówek LD 78 Uc 39
36-065 Pawłokoma PK 111 Xb 50
37-500 Pawłosiów PK 104 Xd 49
37-534 Pawłowa PK 104 Xe 47
05-555 Pawłowice MZ 80 Vf 37
08-540 Pawłowice LU 81 We 39
27-320 Pawłowice MZ 92 We 42
28-330 Pawłowice SK 100 Va 45
28-400 Pawłowice SK 101 Vc 45
44-180 Pawłowice SL 98 Tc 46
57-200 Pawłowice DS 96 Re 45
59-430 Pawłowice DS 85 Rb 42
62-090 Pawłowice WP 63 Re 34
63-210 Pawłowice WP 64 Sd 36
64-120 Pawłowice WP 74 Re 38
96-515 Pawłowice MZ 67 Vc 35
99-314 Pawłowice LD 66 Uc 35
46-142 Pawłowice Namysłowskie OP 87 Se 42
17-307 Pawłowicze PD 70 Xf 34
47-280 Pawłowiczki OP 98 Ta 47
06-461 Pawłowo MZ 55 Vd 31
09-130 Pawłowo MZ 55 Vb 32
09-200 Pawłowo MZ 54 Ud 31
11-015 Pawłowo WM 43 Vb 27
11-606 Pawłowo WM 33 We 23
62-250 Pawłowo WP 63 Sd 34
63-930 Pawłowo WP 75 Sb 39
83-041 Pawłowo PM 29 Tc 24
89-620 Pawłowo PM 40 Sd 26
06-415 Pawłowo Kościelne MZ 56 Ve 30
62-085 Pawłowo Skockie WP 63 Sb 33
62-100 Pawłowo Żońskie WP 51 Sb 31
22-170 Pawłów LU 94 Yb 42
23-107 Pawłów LU 93 Xc 42
26-510 Pawłów MZ 91 Ve 41
27-225 Pawłów SK 92 Wa 43
27-630 Pawłów SK 92 We 44
33-220 Pawłów MA 101 Vf 47
47-480 Pawłów SL 98 Ta 48
49-300 Pawłów OP 87 Sd 43
63-435 Pawłów WP 76 Sd 40
62-800 Pawłówek WP 76 Ta 38
86-014 Pawłówek KP 52 Sf 30
97-371 Pawłów Górny SL 90 Uc 41
16-503 Pawłówka PD 35 Yb 24
22-640 Pawłówka LU 105 Yd 45
06-415 Pawłówko MZ 56 Ve 30
06-461 Pawłówko MZ 55 Vd 31
77-320 Pawłówko PM 40 Sb 26
55-110 Pawłów Trzebnicki DS 75 Sa 40
14-520 Pawły WM 32 Vc 23
16-060 Pawły PD 59 Yb 31
42-772 Pawonków SL 88 Td 44
43-200 Pazurowice SL 99 Tf 49
62-511 Pąchów WP 65 Tc 35
83-220 Pączewo PM 41 Td 25
26-035 Pągowiec SK 92 Wa 44
46-115 Pągów OP 87 Sd 42
97-532 Pągów LD 90 Ue 43
62-500 Pątnów WP 64 Tb 35
98-335 Pątnów LD 88 Td 42
59-222 Pątnówek DS 85 Ra 41
59-216 Pątnów Legnicki DS 85 Rb 41
55-311 Październo DS 86 Rd 42
32-432 Pcim MA 108 Uf 50
27-310 Pcin MZ 92 Wd 41
62-053 Pecna WP 63 Re 35
14-105 Pelnik WM 43 Va 26
83-130 Pelplin PM 41 Te 25
17-322 Pełch PD 70 Xc 33
64-734 Pełcza WP 50 Qf 32
05-319 Pełczanka MZ 69 We 35
55-080 Pełcznica DS 86 Re 42
58-160 Pełcznica DS 85 Rb 43
55-040 Pełczyce DS 86 Rf 43
73-260 Pełczyce ZP 49 Qb 30
21-044 Pełczyn LU 94 Xf 42
56-100 Pełczyn DS 74 Re 40
28-425 Pełczyska SK 101 Vd 46
99-220 Pełczyska LD 77 Ua 36
16-515 Pełele PD 35 Yb 23
37-511 Pełkinie PK 104 Xd 48
37-205 Pełnatycze PK 103 Xd 49
07-430 Pełty MZ 56 Wb 28
19-111 Peńskie PD 58 Xe 29
09-470 Pepłowo MZ 67 Uf 33
22-550 Peresołowice LU 95 Ye 44
22-630 Perespa LU 95 Yd 45
21-570 Pereszczówka LU 82 Xf 37
18-218 Perki-Mazowsze PD 58 Xe 31
21-500 Perkowice LU 83 Yb 36
64-234 Perkowo WP 74 Rb 36
17-322 Perlejewo PD 70 Xd 33
84-250 Perlino PM 29 Sf 20
11-600 Perły WM 33 Wd 23
06-232 Perzanowo MZ 56 Wb 31
63-642 Perzów WP 87 Se 41
64-360 Perzyny WP 62 Qf 35
62-820 Petryki WP 76 Ta 37
09-206 Petrykozy MZ 55 Uf 32
13-200 Petrykozy WM 55 Va 30
26-307 Petrykozy LD 79 Vc 41
78-124 Petrykozy ZP 37 Qc 24
95-200 Petrykozy SL 78 Ub 38
96-321 Petrykozy MZ 79 Ve 37
22-107 Petrylów LU 83 Yc 40
34-232 Pewelka MA 107 Uc 50
34-331 Pewel Mała SL 107 Ub 50
34-331 Pewel Ślemieńska SL 107 Uc 50
34-340 Pewel Wielka SL 107 Uc 51
88-180 Pęchowo KP 52 Ta 31
27-640 Pęchów SK 92 Wc 44
18-305 Pęchratka Polska PD 57 Xa 31
05-806 Pęcice MZ 68 Vf 36
76-150 Pęciszewko ZP 27 Rc 22
55-106 Pęciszów DS 75 Sb 40
64-733 Pęckowo WP 50 Ra 31
05-462 Pęclin MZ 68 Wc 36
05-530 Pęcław MZ 80 Wb 37
67-221 Pęcław DS 74 Rb 39
99-120 Pęcławice LD 66 Ud 36
57-100 Pęcz DS 86 Sa 44
78-316 Pęczerzyno ZP 38 Qe 26
06-408 Pęczki-Kozłowo MZ 56 Ve 31
99-235 Pęczniew LD 77 Te 38
27-612 Pęczyny SK 92 Wd 44
87-134 Pędzewo KP 53 Tc 30
98-405 Pędziwiatry LD 76 Tb 40
11-036 Pęglity WM 43 Vb 26
55-120 Pęgów DS 86 Rf 41
76-142 Pękanino ZP 27 Rc 23
28-330 Pękosław SK 100 Va 45
06-126 Pękowo MZ 56 Vf 32
55-110 Pększyn DS 74 Rf 40
89-410 Pęperzyn KP 52 Sd 29
49-351 Pępice OP 87 Sc 44
76-270 Pęplino PM 27 Rf 21
63-830 Pępowo WP 75 Sa 38
83-330 Pępowo PM 29 Tc 22
18-300 Pęsy-Lipno PD 58 Xb 30
27-423 Pętkowice SK 92 Wd 42
07-323 Pętkowo MZ 57 Xb 32
63-000 Pętkowo WP 63 Sb 35
38-307 Pętna MA 109 Wb 51
18-421 Pęza PD 57 Xa 29
73-131 Pęzino ZP 49 Qb 28
12-250 Pianki WM 45 Wf 25
64-000 Pianowo WP 62 Re 36
05-190 Pianowo-Daczki MZ 68 Ve 33
42-609 Piaseczna SL 99 Te 46
59-950 Piaseczna DS 72 Qa 40
26-026 Piaseczna Górka SK 91 Vd 44
73-200 Piasecznik ZP 49 Qb 29
05-319 Piaseczno MZ 69 We 36
05-500 Piaseczno MZ 68 Wa 36
05-660 Piaseczno MZ 80 Wb 38
11-220 Piaseczno WM 32 Vd 23
21-075 Piaseczno LU 82 Ya 40
26-660 Piaseczno MZ 80 Wa 39
27-670 Piaseczno SK 102 Wd 45
42-425 Piaseczno SL 100 Ud 45
74-510 Piaseczno ZP 48 Pd 31
74-510 Piaseczno ZP 48 Pe 30
78-550 Piaseczno ZP 38 Ra 27
83-140 Piaseczno PM 41 Te 26
87-603 Piaseczno KP 54 Ub 32
89-400 Piaseczno KP 40 Sd 28
26-220 Piasek SK 91 Vd 41
42-253 Piasek SL 89 Uc 44
42-287 Piasek SL 89 Tf 45
43-211 Piasek SL 99 Tf 48
74-520 Piasek ZP 48 Pb 31
28-131 Piasek Mały SK 101 Vf 46
28-136 Piasek Wielki SK 101 Ve 46
09-200 Piaski MZ 54 Ud 31
12-220 Piaski WM 45 Wd 26
16-080 Piaski PD 58 Xe 29
17-204 Piaski PD 71 Yd 33
19-300 Piaski WM 46 Xb 25
21-050 Piaski LU 94 Xf 42
22-230 Piaski LU 83 Yd 40
24-101 Piaski LU 81 Wf 39
26-035 Piaski SK 91 Vf 44
26-234 Piaski SK 90 Va 42
28-300 Piaski SK 91 Vc 45
33-250 Piaski MA 101 Vf 47
42-161 Piaski SL 88 Td 43
42-270 Piaski SL 90 Uc 43
44-330 Piaski SL 98 Td 49
47-143 Piaski OP 98 Tc 46
63-645 Piaski WP 88 Ta 41
63-750 Piaski WP 75 Sd 39
63-820 Piaski WP 75 Sa 37
66-008 Piaski LB 73 Qc 37
72-315 Piaski ZP 37 Qc 26
78-460 Piaski ZP 38 Rb 26

Piaski I 185

82-120 Piaski PM 31 Ud 22
86-031 Piaski KP 52 Sf 29
86-302 Piaski KP 41 Te 28
88-153 Piaski KP 65 Tc 32
97-540 Piaski LD 90 Ud 43
98-220 Piaski SL 77 Tf 39
98-240 Piaski SL 77 Ua 38
98-360 Piaski LD 76 Tc 40
98-430 Piaski LD 88 Tb 41
99-140 Piaski LD 65 Tf 36
99-150 Piaski LD 65 Tf 36
99-416 Piaski LD 67 Va 36
27-440 Piaski Brzóstowskie SK 92 Wc 43
26-212 Piaski Królewieckie LD 91 Vc 42
22-315 Piaski Szlacheckie LU 94 Ya 43
72-511 Piaski Wielkie ZP 37 Pe 25
57-500 Piaskowice DS 96 Rc 47
95-045 Piaskowice LD 77 Ub 37
64-500 Piaskowo WP 62 Rd 33
89-506 Piastoszyn KP 40 Se 27
49-313 Piastowice OP 87 Sd 43
37-600 Piastowo PK 104 Yb 47
66-500 Piastowo LB 49 Qd 31
58-160 Piastowskie DS 85 Rb 43
05-820 Piastów MZ 68 Vf 35
08-430 Piastów MZ 81 We 38
18-416 Piastuno Żelazne PD 57 Wf 29
11-220 Piasty Wielkie WM 32 Vd 23
12-140 Piasutno WM 44 Wb 27
97-545 Piaszczyce LD 90 Ud 42
77-207 Piaszczyna PM 39 Sb 24
77-133 Piaszno PM 40 Sc 24
09-440 Piączyn MZ 67 Va 33
99-120 Piątek LD 66 Uc 36
62-820 Piątek-Mały WP 76 Ta 37
62-820 Piątek-Wielki WP 76 Ta 37
13-100 Piątki WM 55 Vc 28
33-300 Piątkowa MA 109 Ve 51
36-030 Piątkowa PK 110 Xa 49
37-750 Piątkowa PK 111 Xc 50
48-315 Piątkowice OP 97 Sc 45
39-308 Piątkowiec PK 102 Wc 47
29-100 Piątkowisko SK 90 Uf 43
95-200 Piątkowisko LD 78 Ub 38
07-438 Piątkowizna MZ 45 Wd 28
63-000 Piątkowo WP 63 Sc 35
87-410 Piątkowo KP 54 Tf 29
26-720 Piątków MZ 81 We 40
59-220 Piątnica DS 85 Ra 41
18-421 Piątnica Poduchowna PD 57 Xa 29
18-421 Piątnica Włościańska PD 57 Xa 29
55-340 Pichorowice DS 86 Rc 42
34-370 Pichuci SL 106 Ua 51
12-122 Piduń WM 44 Ve 27
44-293 Piece SL 98 Tc 48
83-260 Piece PM 41 Tb 25
77-416 Piecewo WP 51 Rf 28
64-020 Piechanin WP 63 Re 36
88-192 Piechcin KP 52 Ta 32
26-050 Piechotne SK 91 Vd 42
39-332 Piechoty PK 102 Wd 46
58-573 Piechowice DS 85 Qd 43
58-573 Piechowice DS 85 Qd 44
83-425 Piechowice PM 40 Se 24
11-710 Piecki WM 45 Wc 26
16-424 Piecki PD 35 Xe 23
88-153 Piecki KP 65 Tc 32
11-440 Pieckowo WM 44 Wb 24
78-650 Piecnik ZP 50 Rb 28
55-093 Piecowice DS 87 Sb 42
12-160 Piecuchy WM 44 Wa 28
11-610 Pieczarki WM 33 We 24
99-150 Pieczew LD 65 Tf 36
11-500 Pieczonki WM 45 Wf 24
28-220 Pieczonogi SK 102 Vf 46
32-109 Pieczonogi MA 101 Vb 47
05-650 Pieczyska MZ 80 Wa 37
43-602 Pieczyska SL 99 Ub 47
62-874 Pieczyska WP 76 Tb 39
78-630 Pieczyska ZP 50 Ra 30
86-010 Pieczyska KP 52 Sf 28
98-400 Pieczyska LD 88 Tb 41
96-520 Pieczyska Iłowskie MZ 67 Va 34
17-322 Pieczyski PD 70 Xd 33
06-516 Piegłowo-Wieś MZ 55 Vd 30
62-874 Piegonisko-Pustkowie WP 76 Tb 39
62-874 Piegonisko-Wieś WP 76 Tc 39
97-371 Piekarki LD 78 Ud 40
32-060 Piekary MA 100 Ue 48
32-100 Piekary MA 101 Vc 47
55-120 Piekary DS 75 Rf 41
55-230 Piekary DS 87 Sc 42
55-340 Piekary DS 86 Rc 42
62-060 Piekary WP 62 Rd 35
62-200 Piekary WP 64 Sd 33
62-730 Piekary WP 77 Te 37
96-320 Piekary MZ 79 Vd 37
97-371 Piekary SL 78 Ud 40
98-338 Piekary LD 89 Ua 41
99-120 Piekary LD 66 Uc 36
41-940 Piekary Śląskie SL 99 Tf 46
59-220 Piekary Wielkie DS 85 Rb 41
63-300 Piekarzew WP 75 Se 37
34-483 Piekarzówka MA 107 Ud 52
34-472 Piekielnik MA 107 Ue 52
13-240 Piekiełko WM 55 Vc 29
34-650 Piekiełko MA 108 Vc 50
82-440 Piekło PM 42 Tf 25
83-047 Piekło Dolne PM 29 Tb 23
26-065 Piekoszów SK 91 Vc 43
05-650 Piekut MZ 80 Wa 37
55-340 Pielaszkowice DS 86 Rd 42
27-612 Pielaszów SK 92 Wd 44
14-521 Piele WM 31 Vb 22
87-860 Pieleszki KP 66 Ua 34
38-223 Pielgrzymka PK 110 Wc 51
59-524 Pielgrzymka DS 85 Qe 42
32-091 Pielgrzymowice MA 100 Va 48
43-250 Pielgrzymowice SL 98 Td 49
46-113 Pielgrzymowice OP 87 Sd 42
13-124 Pielgrzymowo WM 55 Vc 29
48-100 Pielgrzymów OP 97 Se 47
66-500 Pielice LB 49 Qd 31
38-533 Pielnia PK 110 Xa 51
22-650 Pieniany LU 105 Ye 46
34-408 Pieniążkowice MA 107 Uf 51
83-135 Pieniążkowo PM 41 Te 26
06-212 Pienice MZ 56 Wb 30
77-304 Pieniężnica PM 39 Rf 25
14-520 Pieniężno WM 31 Va 23
14-520 Pieniężno I WM 31 Va 23
39-310 Pień PK 102 Wb 47
19-206 Pieńczykowo PD 46 Xd 27
16-050 Pieńki PD 59 Yd 30
18-420 Pieńki Borowe PD 57 Xb 29
88-220 Pieńki Kościelne KP 65 Te 33
42-282 Pieńki Szczepockie SL 89 Uc 42
07-305 Pieńki Wielkie MZ 57 Xb 32
76-113 Pieńkowo ZP 27 Re 22
05-152 Pieńków MZ 68 Ve 34
76-113 Pieńkówko ZP 27 Re 22
59-930 Pieńsk DS 84 Qa 41
26-080 Pieradła SK 91 Vc 42
88-133 Pieranie KP 53 Tc 32
11-500 Pierkunowo WM 45 We 24
13-200 Pierławki WM 55 Va 29
16-113 Pierożki PD 59 Ye 29
11-200 Piersele WM 32 Ve 22
62-513 Piersk WP 65 Tc 35
64-542 Piersko WP 62 Rc 33
67-221 Piersna DS 74 Rb 39
55-311 Piersno DS 86 Rd 42
56-321 Pierstnica DS 75 Sc 40
83-315 Pierszczewo PM 29 Ta 23
43-430 Pierściec SL 106 Te 49
63-304 Pieruchy WP 76 Se 37
63-304 Pieruszyce WP 76 Se 37
11-320 Pierwągi WM 44 Ve 24
81-198 Pierwoszyno PM 29 Td 21
09-550 Pieryszew MZ 66 Ud 35
97-532 Pierzaki LD 90 Ue 43
07-100 Pierzchały MZ 69 Wf 35
14-526 Pierzchały WM 31 Uf 23
39-340 Pierzchne PK 102 Wc 46
26-806 Pierzchnia MZ 80 Vf 39
26-015 Pierzchnianka SK 91 Ve 44
26-015 Pierzchnica SK 91 Ve 44
42-130 Pierzchno SL 89 Tf 43
62-035 Pierzchno WP 62 Sa 35
82-433 Pierzchowice PM 42 Ua 25
32-013 Pierzchów MA 101 Vb 49
66-010 Pierzwin LB 73 Qc 38
98-358 Pierzyny-Duże LD 89 Tf 41
98-358 Pierzyny-Małe LD 89 Tf 41
62-260 Pierzyska WP 64 Sc 33
83-210 Piesienica PM 41 Tc 25
66-300 Pieski LB 61 Qc 34
84-312 Pieski PM 28 Se 22
89-310 Piesno WP 51 Sb 29
28-131 Piestrzec SK 101 Vf 46
76-113 Pieszcz ZP 27 Re 22
16-040 Pieszczaniki PD 59 Yd 30
11-220 Pieszkowo WM 32 Vd 23
59-323 Pieszków DS 74 Rb 40
59-600 Pieszków DS 85 Qe 42
21-230 Pieszowola LU 83 Ya 40
58-250 Pieszyce DS 86 Rd 44
09-152 Pieścidła MZ 67 Vc 34
18-112 Pietkowo PD 58 Xf 31
47-300 Pietna OP 98 Sf 46
19-411 Pietrasze WM 45 Xb 24
17-120 Pietraszki PD 58 Xe 32
46-375 Pietraszów OP 88 Tc 45
47-470 Pietraszyn SL 98 Ta 48
64-800 Pietronki WP 51 Rf 31
48-100 Pietrowice OP 97 Se 48
47-480 Pietrowice Wielkie SL 98 Ta 48
08-207 Pietrusy MZ 70 Xe 36
14-100 Pietrzwałd WM 43 Uf 27
82-400 Pietrzwałd PM 42 Ua 25
09-317 Pietrzyk MZ 54 Ue 30
12-200 Pietrzyki WM 45 Wf 27
34-326 Pietrzykowice SL 106 Ua 50
55-080 Pietrzykowice DS 86 Rf 42
17-100 Pietrzykowo PD 59 Ya 31
77-220 Pietrzykowo PM 40 Sa 25
58-170 Pietrzyków DS 85 Rb 43
62-310 Pietrzyków WP 64 Se 35
62-840 Pietrzyków WP 76 Tb 38
68-213 Pietrzyków LB 72 Pf 38
63-024 Pięczkowo WP 63 Sc 36
86-131 Pięćmorgi KP 41 Td 27
67-100 Piękne Kąty LB 73 Qf 38
56-300 Piękocin DS 75 Sb 39
18-214 Piętki PD 58 Xd 32
19-314 Piętki WM 46 Xd 25
95-081 Piętków SL 78 Uc 39
62-740 Piętno WP 76 Tc 36
26-120 Piętы SK 91 Ve 42
37-530 Pigany PK 104 Xd 47
63-020 Pigłowice WP 63 Sb 35
87-152 Pigża KP 53 Td 30
63-840 Pijanowice WP 75 Rf 38
26-234 Pijanów SK 90 Vb 42
16-304 Pijawne-Polskie PD 46 Xf 25
16-304 Pijawne-Wielkie PD 46 Xf 25
09-135 Pijawnia MZ 55 Va 31
23-300 Pikule LU 93 Xc 44
37-733 Pikulice PK 111 Xe 50
37-430 Pikuły PK 103 Xb 46
87-880 Pikutkowo KP 65 Tf 33
21-065 Pilaszkowice LU 94 Xf 43
99-400 Pilaszków LD 66 Uf 36
05-532 Pilawa MZ 68 Wa 36
08-440 Pilawa MZ 80 Wd 37
57-230 Pilce DS 96 Re 45
44-145 Pilchowice SL 98 Td 47
59-610 Pilchowice DS 85 Qd 43
72-004 Pilchowo ZP 36 Pc 28
37-464 Pilchów PK 93 Xa 45
12-200 Pilchy WM 45 Wf 26
57-362 Pilcz DS 96 Rd 46
33-264 Pilcza Żelichowska MA 101 Vf 47
26-234 Pilczyca SK 90 Va 42
29-120 Pilczyca SK 90 Uf 43
11-440 Pilec WM 44 Wb 25
05-660 Pilica MZ 80 Wb 38
42-436 Pilica SL 100 Ud 46
26-330 Pilichowice LD 90 Va 41
09-454 Pilichowo MZ 67 Va 33
88-220 Pilichowo KP 65 Td 33
17-100 Piliki PD 59 Ya 31
17-100 Pilipki PD 59 Yc 31
09-100 Pilitowo MZ 67 Vc 33
48-130 Pilszcz OP 97 Sf 48
39-220 Pilzno PK 102 Wb 49
26-200 Piła SK 91 Vc 41
28-330 Piła SK 100 Va 45
42-134 Piła SL 89 Te 43
63-313 Piła WP 76 Sf 37
64-920 Piła WP 51 Re 30
42-134 Piła I SL 89 Te 43
42-134 Piła II SL 89 Te 43
11-606 Piłaki Małe WM 34 Wf 23
11-610 Piłaki Wielkie WM 34 Wf 23
32-540 Piła Kościelecka MA 100 Uc 48
23-302 Piłatka LU 93 Xc 44
27-100 Piłatka MZ 92 Wb 42
55-080 Piława DS 86 Re 43
78-446 Piława ZP 39 Rc 27
58-203 Piława Dolna DS 86 Re 44
58-240 Piława Górna DS 86 Re 44
14-140 Piławki WM 43 Uf 26
64-733 Piłka WP 50 Ra 32
33-151 Pinasy MA 102 Wa 48
83-210 Pinczyn PM 41 Tc 25
34-512 Pindele MA 107 Ue 53
14-400 Piniewo WM 42 Ud 25
28-400 Pińczów SK 101 Vd 45
42-350 Pińczyce SL 99 Ub 45
89-200 Pińsko KP 52 Se 30
28-330 Piołunka SK 100 Va 45
88-200 Piołunowo KP 65 Td 33
26-670 Pionki MZ 80 Wc 40
33-380 Piorunka MA 109 Vf 52
48-200 Piorunkowice OP 97 Sd 46
98-105 Piorunów LD 77 Ua 38
11-040 Piotraszewo WM 43 Vc 24
21-002 Piotrawin LU 82 Xc 41
24-335 Piotrawin LU 93 We 42
56-300 Piotrkosice DS 75 Sb 39
26-026 Piotrkowice SK 91 Ve 44
26-900 Piotrkowice MZ 80 Wd 39
28-330 Piotrkowice SK 101 Vb 45
28-512 Piotrkowice SK 101 Vd 47
55-110 Piotrkowice DS 74 Rf 40
62-561 Piotrkowice WP 65 Tc 34
64-020 Piotrkowice WP 63 Re 36
32-104 Piotrkowice Wielkie MA 100 Vb 47
55-114 Piotrkowiczki DS 86 Sa 41
14-240 Piotrkowo WM 42 Uc 26
87-408 Piotrkowo KP 54 Ua 30
57-160 Piotrków Borowski DS 86 Rf 43
09-533 Piotrkówek MZ 67 Uf 34
23-110 Piotrkówek LU 94 Xe 42
23-114 Piotrków I LU 94 Xd 42
23-114 Piotrków II LU 94 Xd 42
64-500 Piotrkówko WP 62 Rd 33
23-114 Piotrków-Kolonia LU 94 Xd 42
88-230 Piotrków Kujawski KP 65 Tc 33
88-230 Piotrków Poduchowny KP 65 Td 33
97-300 Piotrków Trybunalski LD 78 Ue 40
56-100 Piotroniowice DS 74 Rd 41
49-100 Piotrowa OP 87 Sd 45
05-480 Piotrowice MZ 80 Wb 36
08-540 Piotrowice LU 81 We 39
13-100 Piotrowice WM 55 Vd 28
23-107 Piotrowice LU 93 Xc 42
24-140 Piotrowice LU 81 Xb 41
26-630 Piotrowice MZ 80 Wb 40
27-630 Piotrowice SK 93 Wf 43
32-130 Piotrowice MA 101 Vd 47
32-641 Piotrowice MA 99 Uc 49
55-311 Piotrowice DS 86 Re 42
57-100 Piotrowice DS 86 Sa 44
58-140 Piotrowice DS 86 Rc 43
59-170 Piotrowice DS 73 Qe 39
59-225 Piotrowice DS 85 Qf 41
59-424 Piotrowice DS 85 Ra 42
62-400 Piotrowice WP 64 Sf 35
64-115 Piotrowice WP 74 Rc 37
68-213 Piotrowice LB 72 Pf 39
78-114 Piotrowice ZP 38 Qe 24
99-423 Piotrowice LD 66 Ue 36
13-340 Piotrowice Duże WM 42 Uc 27
13-340 Piotrowice Małe WM 42 Ub 27
56-209 Piotrowice Małe DS 74 Rd 39
48-364 Piotrowice Nyskie OP 97 Sa 46
57-211 Piotrowice Polskie DS 86 Rf 45
21-080 Piotrowice Wielkie LU 82 Xc 40
14-520 Piotrowiec WM 31 Va 23
26-067 Piotrowiec SK 91 Vc 43
11-135 Piotrowo WM 43 Vb 24
64-020 Piotrowo WP 63 Re 35
64-520 Piotrowo WP 51 Rc 32
64-630 Piotrowo WP 51 Re 31
17-111 Piotrowo-Krzywokoły PD 70 Xf 33
17-111 Piotrowo-Trojany PD 70 Xf 33
26-025 Piotrów SK 92 Wa 44
27-425 Piotrów SK 92 Wb 43
62-814 Piotrów WP 76 Ta 38
68-132 Piotrów LB 72 Pf 39
08-455 Piotrówek MZ 81 We 39
55-065 Piotrówek DS 86 Re 44
59-216 Piotrówek DS 85 Rc 41
28-136 Piotrówka SK 101 Vf 47
47-133 Piotrówka OP 98 Tc 45
63-620 Piotrówka WP 88 Sf 41
87-404 Piórkowo KP 54 Ub 30
27-552 Piórków SK 92 Wa 44
08-140 Pióry Wielkie MZ 70 Xd 36
37-430 Pirogi PK 103 Xa 46
26-804 Piróg MZ 80 Wa 39
19-314 Pisanica WM 46 Xd 26
19-104 Pisanki PD 58 Xe 28
38-500 Pisarowce PK 110 Xa 51
32-064 Pisary MA 100 Ue 48
57-530 Pisary DS 96 Re 48
34-654 Pisarzowa MA 108 Vd 50
43-332 Pisarzowice SL 106 Ua 49
44-180 Pisarzowice SL 98 Td 46
47-364 Pisarzowice OP 97 Sf 46
49-314 Pisarzowice OP 87 Sc 43
55-330 Pisarzowice DS 86 Rf 41
58-400 Pisarzowice DS 85 Qf 44
59-800 Pisarzowice DS 84 Qb 42
63-507 Pisarzowice WP 76 Se 41
07-407 Piski MZ 57 Wf 31
23-412 Pisklaki LU 104 Xf 46
87-517 Piskorczyn KP 54 Ub 30
06-121 Piskornia MZ 68 Wa 33
37-300 Piskorowice PK 103 Xd 47
62-814 Piskory WP 76 Ta 37
97-570 Piskorzeniec LD 90 Va 42
55-216 Piskorzów DS 87 Sa 43
58-250 Piskorzów DS 86 Rd 44
55-216 Piskorzówek DS 86 Sa 43
56-160 Piskorzyna DS 74 Rd 40
27-552 Piskrzyn SK 92 Wb 44
12-200 Pisz WM 45 We 27
21-530 Piszczac LU 83 Yc 37
21-530 Piszczac-Kolonia LU 83 Yc 37
11-320 Piszewo WM 44 Ve 25
57-300 Piszkowice DS 96 Rd 46
34-722 Pitowa MA 107 Ue 51
99-300 Piwki LD 66 Uc 35
87-148 Piwnice KP 53 Td 30
12-160 Piwnice Wielkie WM 56 Vf 28
33-350 Piwniczna-Zdrój MA 109 Ve 52
37-522 Piwoda PK 104 Xe 48
08-443 Piwonin MZ 80 Wb 37
19-110 Piwowary PD 46 Xe 28
99-400 Placencja LD 67 Uf 36
17-220 Planta PD 59 Ye 31
21-310 Planta LU 82 Xf 38
16-100 Planteczka PD 59 Yc 28
16-050 Planty PD 59 Yd 31
08-210 Platerów MZ 70 Xe 35
59-816 Platerówka DS 84 Qb 42
11-015 Platyny WM 43 Vb 27
87-214 Pląchawy KP 53 Te 28
87-423 Pląchoty KP 54 Ub 29
26-260 Pląskowice SK 90 Va 42
62-290 Pląskowo WP 63 Sb 32
21-211 Plebania-Wola LU 82 Xf 39
22-664 Plebanka LU 105 Yd 46
87-200 Plebanka KP 53 Tf 29
16-100 Plebanowce PD 47 Yc 28
16-205 Plebanowce PD 47 Yc 27
26-432 Plec MZ 80 Ve 40
77-416 Plecemin WP 51 Re 29
05-088 Plecewice MZ 67 Vb 35
99-311 Plecka Dąbrowa LD 66 Ud 35
26-230 Plenna SK 91 Vb 42
86-320 Plesewo KP 42 Ua 27
63-300 Pleszew WP 76 Se 37
63-322 Pleszówka WP 76 Sf 37
33-171 Pleśna MA 101 Vf 49


186 | Piaski

11-218 Pleśno WM 32 Wa 24
62-052 Plewiska WP 63 Re 34
07-210 Plewki MZ 57 Wd 32
07-437 Plewki MZ 57 Wd 29
08-106 Plewki MZ 70 Xd 36
19-400 Plewki WM 34 Xd 24
62-834 Plewnia WP 76 Tb 37
99-220 Plewnik LD 77 Ua 37
86-122 Plewno KP 41 Tb 28
14-330 Plękity WM 43 Ue 25
11-200 Plęsy WM 32 Ve 23
14-105 Plichta WM 43 Va 26
28-221 Pliskowola SK 102 Wc 45
22-122 Plisków LU 95 Yc 43
20-258 Pliszczyn LU 82 Xd 41
66-630 Pliszka LB 60 Qa 35
24-320 Plizin LU 93 Xa 42
97-350 Plucice LD 90 Ud 41
46-375 Pludry OP 88 Tc 44
95-011 Pludwiny LD 78 Ud 37
11-034 Pluski WM 43 Vc 27
09-164 Pluskocin MZ 67 Vb 33
87-140 Pluskowęsy KP 53 Te 29
87-410 Pluskowęsy KP 54 Tf 29
19-504 Pluszkiejmy WM 34 Xc 23
86-253 Plutowo KP 53 Tc 29
14-520 Pluty WM 32 Vb 23
18-420 Pluty PD 58 Xc 28
64-930 Pluty WP 51 Rd 29
17-100 Plutycze PD 59 Ya 31
83-420 Płachty PM 41 Tb 24
63-930 Płaczkowo WP 75 Sa 38
26-120 Płaczków SK 91 Ve 42
59-600 Płakowice DS 85 Qd 42
16-326 Płaska PD 47 Yb 25
99-414 Płaskocin LD 67 Va 36
26-660 Płasków MZ 80 Wa 39
77-320 Płaszczyca PM 40 Sb 26
76-200 Płaszewko PM 28 Sa 22
76-252 Płaszewo PM 27 Sa 23
07-140 Płatkownica MZ 69 Wf 32
66-615 Pław LB 72 Qb 37
22-113 Pławanice LU 95 Yd 42
78-120 Pławęcino ZP 38 Qd 24
69-100 Pławidło LB 60 Pd 34
66-540 Pławin LB 50 Qe 32
88-100 Pławin KP 53 Ta 31
88-100 Pławinek KP 53 Tc 32
33-190 Pławna MA 103 Vf 50
57-100 Pławna DS 86 Sa 43
59-623 Pławna Dolna DS 85 Qd 42
59-623 Pławna Górna DS 84 Qd 42
57-500 Pławnica DS 96 Re 47
73-240 Pławno ZP 49 Qd 30
78-550 Pławno ZP 38 Rb 27
97-540 Pławno LD 90 Uc 43
39-305 Pławo PK 102 Wc 46
32-120 Pławowice MA 101 Vc 47
39-305 Pławska PK 102 Wc 46
14-220 Pławty Wielkie WM 42 Ub 27
32-552 Płaza MA 100 Uc 48
89-510 Płazowo KP 40 Sf 27
37-614 Płazów PK 104 Yb 47
36-122 Płazówka PK 103 Wf 47
05-860 Płochocin MZ 67 Ve 35
86-160 Płochocin KP 41 Td 27
86-160 Płochocinek KP 41 Td 27
77-220 Płocicz PM 39 Sa 25
89-430 Płocicz KP 40 Sd 27
09-303 Płociczno MZ 54 Ue 30
16-423 Płociczno PD 46 Xe 24
19-300 Płociczno WM 46 Xc 25
78-641 Płociczno ZP 50 Ra 29
16-400 Płociczno-Osiedle PD
46 Xf 24
16-400 Płociczno-Tartak PD 47 Xf 24
72-510 Płocin ZP 36 Pd 25
09-400* Płock MZ 66 Ue 33
77-223 Płocko PM 27 Re 24
06-100 Płocochowo MZ 68 Wa 32
32-543 Płoki MA 100 Ud 47
87-610 Płomiany KP 66 Ub 32
05-317 Płomieniec MZ 69 Wf 36
66-431 Płomykowo LB 49 Qc 32
70-893 Płonia ZP 48 Pe 28
06-210 Płoniawy-Bramura MZ
56 Wa 31
57-250 Płonica DS 96 Rf 46
66-446 Płonica LB 61 Qb 33
77-300 Płonica PM 40 Sc 27
22-330 Płonka LU 94 Xf 43
18-100 Płonka-Kościelna PD 58 Xe 30
18-100 Płonka-Strumianka PD
58 Xf 30
24-170 Płonki LU 81 Xb 40
88-111 Płonkowo KP 53 Tb 31
88-111 Płonkówko KP 53 Tb 31
38-505 Płonna PK 110 Xa 52
14-420 Płonne WM 31 Ue 23
87-404 Płonne KP 54 Ub 30
74-320 Płonno ZP 49 Qb 31
17-120 Płonowo PD 70 Xe 32
09-100 Płońsk MZ 67 Vc 33
74-210 Płońsko ZP 49 Qa 30
17-100 Płoski PD 59 Yb 31
56-210 Płoski DS 74 Re 39
22-400 Płoskie LU 94 Yb 44
14-526 Płoskinia WM 31 Uf 23
08-221 Płosków MZ 70 Xf 35
08-140 Płosodrza MZ 70 Xd 35
58-508 Płoszczyna DS 85 Qe 43
62-610 Płoszewo WP 65 Tc 34
73-115 Płoszkowo ZP 49 Qb 30
73-240 Płoszkowo ZP 50 Qe 30
97-500 Płoszów SL 90 Ud 42
07-402 Płoszyce MZ 57 Wd 29
13-206 Płośnica WM 55 Va 29
73-236 Płotno ZP 49 Qb 30
77-131 Płotowo Małe PM 28 Sc 24
66-016 Płoty LB 73 Qc 37
72-310 Płoty ZP 37 Qb 26
21-008 Płouszowice LU 93 Xc 41
21-030 Płouszowice-Kolonia LU
93 Xc 41
88-200 Płowce KP 65 Td 33
87-330 Płowęż KP 42 Ub 28
12-100 Płozy WM 44 Wa 27
59-600 Płóczki-Dlone DS 84 Qd 42
59-600 Płóczki-Górne DS 84 Qd 42
27-353 Płósy MZ 92 Wc 42
77-131 Płótowa PM 28 Sc 24
27-100 Płudnica MZ 92 Wb 41
21-300 Płudy LU 82 Xd 37
07-215 Płusy MZ 68 Wb 32
23-415 Płusy LU 104 Xe 46
11-430 Płutniki WM 33 Wb 24
08-112 Płuty MZ 69 Xb 36
47-134 Płużnica OP 98 Tc 46
87-214 Płużnica KP 53 Te 29
44-180 Płużniczka OP 98 Tc 46
96-126 Płyćwia LD 79 Va 37
77-416 Płytnica WP 51 Re 29
87-200 Pływaczewo KP 53 Tf 29
26-803 Pnie MZ 80 Vf 38
48-319 Pniewie OP 87 Sc 45
08-109 Pniewiski MZ 70 Xd 35
07-120 Pniewnik MZ 69 We 34
07-214 Pniewo MZ 68 Wb 33
11-600 Pniewo WM 33 Wd 23
18-400 Pniewo PD 57 Xb 30
62-652 Pniewo WP 66 Ua 35
64-965 Pniewo WP 39 Re 28
72-310 Pniewo ZP 37 Qc 25
74-100 Pniewo ZP 48 Pc 29
99-311 Pniewo LD 66 Ud 35
06-461 Pniewo-Czeruchy MZ
55 Vc 31
05-652 Pniewy MZ 79 Ve 37
62-045 Pniewy WP 62 Rb 33
42-609 Pniowiec SL 99 Te 46
37-455 Pniów PK 93 Wf 44
44-120 Pniów SL 98 Td 46
66-235 Pniów LB 60 Qa 35
74-300 Pniów ZP 48 Pe 31
22-400 Pniówek LU 94 Yb 44
43-250 Pniówek SL 98 Te 49
22-150 Pniówno LU 95 Yc 41
32-126 Pobiednik-Mały MA 100 Vb 48
32-126 Pobiednik-Wielki MA
100 Vb 48
38-505 Pobiedno PK 110 Xa 51
62-010 Pobiedziska WP 63 Sb 34
56-210 Pobiel DS 74 Re 39
72-346 Pobierowo ZP 37 Pf 24
13-230 Pobikry PD 70 Xd 33
76-220 Pobłocie PM 28 Sd 21
84-222 Pobłocie PM 29 Ta 22
78-120 Pobłocie Małe ZP 38 Qe 24
78-230 Pobłocie Wielkie ZP 38 Qe 24
32-120 Poborowice MA 101 Vb 48
77-235 Poborowo PM 28 Sa 23
47-214 Poborszów OP 98 Ta 46
89-340 Pobórka Wielka WP 51 Sa 30
99-322 Pobórz LD 66 Ud 35
06-114 Pobyłkowo Małe MZ 68 Wa 33
34-383 Pochodzita SL 106 Ua 51
88-220 Pocierzyn KP 65 Te 32
47-208 Pociękarb OP 98 Ta 47
87-710 Poczałkowo KP 53 Td 32
73-110 Poczernin ZP 37 Pf 28
42-263 Poczesna SL 89 Ua 44
24-340 Pocześle LU 93 Wf 43
46-048 Poczołków OP 88 Tc 44
95-060 Poćwiardówka LD 78 Ue 37
64-800 Podanin WP 51 Rf 31
72-100 Podańsko ZP 37 Pf 27
62-010 Podarzewo WP 63 Sb 33
09-541 Podatkówek MZ 66 Ue 35
08-107 Podawce MZ 70 Xc 35
14-407 Podągi WM 43 Va 24
05-280 Podbale MZ 69 We 34
05-430 Podbiel MZ 80 Wc 36
07-303 Podbiele MZ 57 Wf 31
62-436 Podbielsko WP 64 Ta 33
22-463 Podborcze LU 94 Xf 44
28-236 Podborek SK 102 Wa 46
07-300 Podborze MZ 57 Wf 32
33-210 Podborze MA 101 Vf 47
39-310 Podborze PK 102 Wb 47
22-630 Podbór LU 95 Ye 45
43-520 Podbór SL 106 Te 49
67-120 Podbrzezie Górne LB
73 Qd 38
43-419 Podbrzezówka SL 106 Td 50
44-351 Podbucze SL 98 Tc 49
98-275 Podcabaje LD 77 Td 40
33-332 Podchełmie MA 109 Vf 51
28-300 Podchojny SK 91 Vb 45
26-080 Podchyby SK 91 Vd 42
13-230 Podcibórz WM 55 Uf 29
05-319 Podciernie MZ 69 We 36
26-415 Podczasza Wola MZ 79 Ve 39
34-470 Podczerwone MA 107 Ue 52
76-211 Poddąbie PM 27 Rf 21
05-124 Poddębe MZ 68 Vf 34
87-853 Poddębice KP 65 Ua 33
99-200 Poddębice LD 77 Tf 37
28-200 Poddębowiec SK 92 Wb 45
16-400 Poddubówek PD 46 Xf 24
21-222 Podedwórze LU 83 Yb 38
33-386 Podegrodzie MA 108 Vd 51
37-620 Podemszczyzna PK
104 Yb 47
26-070 Podewsie SK 91 Vc 43
57-150 Podgaj DS 86 Rf 44
87-710 Podgaj KP 53 Td 31
28-100 Podgaje SK 101 Ve 45
64-965 Podgaje WP 39 Rf 28
62-650 Podgajew WP 65 Tf 35
99-322 Podgajew LD 66 Uc 35
05-530 Podgóra MZ 80 Wb 37
26-634 Podgóra MZ 80 Wc 40
59-550 Podgórki DS 85 Qf 43
76-129 Podgórki ZP 27 Rd 23
77-223 Podgóry PM 27 Re 23
24-313 Podgórz LU 93 Wf 41
87-300 Podgórz KP 54 Uc 29
09-460 Podgórze MZ 67 Va 34
18-400 Podgórze PD 57 Xa 30
27-310 Podgórze MZ 92 Wc 41
27-440 Podgórze SK 92 Wd 43
33-221 Podgórze MA 101 Vf 47
37-430 Podgórze PK 103 Xb 46
39-215 Podgórze PK 102 Wc 48
58-300 Podgórze DS 85 Rb 44
58-420 Podgórze DS 85 Qf 44
98-170 Podgórze LD 77 Tf 40
99-140 Podgórze LD 65 Tf 36
09-460 Podgórze-Parcele MZ
67 Va 34
05-660 Podgórzyce MZ 80 Wb 37
66-010 Podgórzyce LB 72 Qb 37
99-122 Podgórzyce LD 66 Ub 36
58-562 Podgórzyn DS 85 Qe 44
88-400 Podgórzyn KP 52 Se 32
43-520 Podgrobel SL 99 Tf 49
27-440 Podgrodzie SK 92 Wd 43
39-200 Podgrodzie PK 102 Wc 48
72-022 Podgrodzie ZP 36 Pb 26
22-550 Podhorce LU 95 Ye 44
22-600 Podhorce LU 105 Yd 46
22-604 Podhucie LU 105 Yc 45
83-320 Podjazy PM 28 Se 23
66-450 Podjenin LB 60 Qa 33
70-721 Podjuchy ZP 48 Pd 28
33-380 Pod Kamianna MA 109 Vf 51
48-300 Podkamień OP 97 Sc 46
16-100 Podkamionka PD 59 Yc 28
05-085 Podkampinos MZ 67 Vc 35
62-620 Podkiejsze WP 65 Te 35
22-440 Podklasztor LU 104 Yb 45
77-116 Podkomorzyce PM 28 Sd 22
26-010 Podkonarze SK 91 Vf 43
97-216 Podkonice LD 79 Vb 38
27-353 Podkońce MZ 92 Wc 42
33-206 Podkościele MA 102 Wa 48
36-106 Podkościele PK 102 Wd 47
05-807 Podkowa Leśna MZ 68 Ve 36
06-521 Podkrajewo MZ 55 Vb 30
22-417 Podkrasne LU 94 Yb 43
63-522 Podkuźnica WP 76 Tb 39
07-436 Podladzie MZ 57 Wd 28
26-930 Podlas MZ 81 Wd 40
96-200 Podlas LD 79 Vb 38
13-340 Podlasek WM 42 Ub 27
28-300 Podlaszcze SK 91 Vc 45
11-030 Podlaza WM 44 Ve 26
66-132 Podlegórz LB 61 Qe 36
32-075 Podlesice MA 100 Uf 46
42-425 Podlesice SL 100 Ud 45
09-216 Podlesie MZ 54 Uc 31
23-200 Podlesie LU 93 Xb 43
26-015 Podlesie SK 91 Ve 45
26-230 Podlesie SK 91 Vb 42
26-807 Podlesie MZ 80 Ve 39
28-142 Podlesie SK 102 Vf 45
28-220 Podlesie SK 102 Wa 46
32-300 Podlesie MA 100 Ud 47
32-800 Podlesie MA 101 Vd 48
33-160 Podlesie MA 102 Wa 49
36-053 Podlesie PK 103 Xa 47
37-600 Podlesie PK 104 Yb 48
38-421 Podlesie PK 110 Wf 50
39-216 Podlesie PK 102 Wb 48
39-221 Podlesie PK 102 Wb 48
40-748 Podlesie SL 99 Tf 47
42-235 Podlesie SL 90 Ud 44
43-250 Podlesie SL 106 Te 49
43-426 Podlesie SL 106 Te 50
47-253 Podlesie OP 98 Tb 47
58-230 Podlesie DS 86 Rf 44
97-425 Podlesie LD 77 Ua 40
66-520 Podlesiec LB 50 Qf 31
26-804 Podlesie Duże MZ 80 Wa 39
62-290 Podlesie Kościelne WP
51 Sb 32
62-285 Podlesie Wysokie WP
63 Sb 32
37-610 Podlesina PK 105 Yc 46
39-300 Podleszany PK 102 Wc 47
11-040 Podleśna WM 44 Vc 25
32-200 Podleśna Wola MA 100 Va 46
14-500 Podleśne WM 31 Uf 22
73-155 Podlipce ZP 38 Qd 27
32-329 Podlipie MA 100 Uc 47
32-020 Podlipowa MA 100 Va 49
22-650 Podlodów LU 105 Ye 46
08-504 Podlodówka LU 81 Xb 39
34-424 Podlubelki MA 107 Va 52
97-330 Podlubień LD 78 Ue 41
66-213 Podła Góra LB 61 Qc 36
18-315 Podłatki PD 58 Xb 30
11-410 Podławki WM 33 Wb 24
26-140 Podłazie SK 91 Ve 43
26-652 Podłężna MZ 80 Wa 40
08-480 Podłęż MZ 80 Wc 38
28-400 Podłęże SK 101 Vd 45
32-003 Podłęże MA 100 Va 48
32-566 Podłęże MA 100 Ud 48
99-140 Podłęże LD 65 Ua 36
42-161 Podłęże Królewskie SL
88 Td 43
42-141 Podłęże Szlacheckie SL
88 Td 43
98-200 Podłężyce SL 77 Te 39
34-650 Podłopień MA 108 Vb 50
28-200 Podmaleniec SK 92 Wb 45
09-164 Podmarszczyn MZ 67 Vb 33
26-010 Podmielowiec SK 91 Vf 43
66-110 Podmokłe-Małe LB 61 Qe 35
66-110 Podmokłe-Wielkie LB
61 Qe 35
38-459 Podniebyle PK 110 Wd 50
08-125 Podnieśno MZ 69 Xb 35
08-480 Podoblin MZ 80 Wd 38
88-404 Podobowice KP 52 Sd 31
21-550 Podolanka LU 83 Yd 36
17-230 Podolany PD 71 Yf 32
28-500 Podolany SK 101 Vd 47
32-420 Podolany MA 108 Vb 49
59-500 Podolany DS 85 Qf 41
05-600 Podole MZ 80 Vf 37
08-470 Podole MZ 80 Wb 37
27-500 Podole SK 92 Wc 43
39-320 Podole PK 102 Wc 47
33-318 Podole-Górowa MA 109 Ve 50
76-248 Podole Małe PM 28 Sb 22
76-220 Podole Wielkie PM 28 Sc 21
62-120 Podolin WP 52 Sc 31
32-640 Podolsze MA 100 Uc 48
18-413 Podosie PD 57 Wf 30
21-425 Podosie LU 81 Xa 38
16-150 Podostrówek PD 47 Ya 27
16-040 Podozierany PD 59 Ye 30
62-045 Podpniewki WP 62 Rb 33
26-060 Podpolichno SK 91 Vc 44
28-440 Podróżne SK 101 Vb 46
77-430 Podróżna WP 51 Sa 29
17-207 Podrzeczany PD 59 Yc 32
33-386 Podrzecze MA 108 Vd 51
63-800 Podrzecze WP 75 Sa 37
64-550 Podrzewie WP 62 Rc 34
28-330 Podsadek SK 100 Va 45
34-721 Podsarnie MA 107 Ue 51
28-520 Podskale SK 101 Ve 47
05-319 Podskwarne MZ 69 We 36
99-417 Podsokołów LD 67 Va 36
23-412 Podsośnina LU 104 Xf 46
22-417 Podstary Zamość LU 94 Ya 44
08-480 Podstolice MZ 80 Wc 38
32-020 Podstolice MA 100 Uf 49
64-840 Podstolice WP 51 Rf 31
26-015 Podstoła SK 91 Vf 44
97-403 Podstoła SL 78 Uc 39
26-680 Podsuliszka MZ 92 Wb 41
07-110 Podsusze MZ 69 Wf 35
34-472 Podszkle MA 107 Ue 51
34-370 Podścigłów SL 106 Ua 52
96-115 Podtrzcianna LD 79 Vb 37
57-300 Podtynie DS 96 Re 46
98-160 Podule LD 77 Tf 40
28-133 Podwale SK 101 Wa 46
42-510 Podwarpie SL 99 Ub 46
08-480 Podwierzbie MZ 80 Wc 38
08-500 Podwierzbie LU 81 Wf 39
86-208 Podwiesk KP 53 Td 28
78-200 Podwilcze ZP 38 Qe 25
77-233 Podwilczyn PM 28 Sa 23
34-722 Podwilk MA 107 Ue 51
97-400 Podwody LD 78 Ub 40
37-400 Podwolina PK 103 Xb 46
16-420 Podwysokie PD 46 Xe 24
22-420 Podwysokie LU 95 Yc 43
26-706 Podzakrzówek MZ 80 Wc 41
08-480 Podzamcze MZ 81 Wd 38
21-007 Podzamcze LU 94 Xe 41
21-010 Podzamcze LU 82 Xf 41
23-100 Podzamcze LU 93 Xd 42
26-065 Podzamcze SK 91 Vc 43
38-420 Podzamcze PK 110 We 50
42-440 Podzamcze SL 100 Ud 46
58-316 Podzamcze DS 85 Rb 44
82-500 Podzamcze PM 42 Tf 26
87-721 Podzamcze KP 53 Tf 31
57-300 Podzamek DS 96 Re 46
87-400 Podzamek Golubski KP
54 Ua 30
56-120 Pogalewo-Małe DS 86 Rd 41
56-120 Pogalewo-Wielkie DS
86 Rd 41
76-242 Poganice PM 28 Sc 22
08-106 Pogonów MZ 70 Xc 36
24-105 Pogonów LU 81 Xa 39
84-351 Pogorszewo PM 28 Se 21
82-213 Pogorzała Wieś PM 42 Tf 25
37-430 Pogorzałka PK 103 Xa 46
16-002 Pogorzałki PD 58 Xf 29
62-511 Pogorzałki WP 65 Tc 35
63-720 Pogorzałki Małe WP 75 Sb 37
05-332 Pogorzel MZ 69 Wd 36

05-430 Pogorzel MZ 68 Wc 36
06-513 Pogorzel MZ 55 Vc 29
08-300 Pogorzel MZ 69 Xa 34
08-445 Pogorzel MZ 80 Wc 37
19-500 Pogorzel WM 34 Xc 23
49-332 Pogorzela OP 87 Sc 44
63-860 Pogorzela WP 75 Sb 38
17-230 Pogorzelce PD 59 Ye 32
62-561 Pogorzele WP 65 Tc 34
06-114 Pogorzelec MZ 68 Wa 33
07-130 Pogorzelec MZ 69 Wd 33
08-480 Pogorzelec MZ 81 Wd 38
16-506 Pogorzelec PD 47 Yb 24
21-518 Pogorzelec LU 83 Yc 38
63-210 Pogorzelica WP 64 Sd 36
72-351 Pogorzelica ZP 37 Qa 24
84-300 Pogorzelice PM 28 Sd 22
59-140 Pogorzeliska DS 73 Qf 40
12-230 Pogorzel Wielka WM 46 Xa 26
32-501 Pogorzyce MA 99 Uc 48
38-305 Pogorzyna MA 109 Wb 50
83-236 Pogódki PM 41 Tb 24
33-152 Pogórska Wola MA 102 Wa 48
43-430 Pogórze SL 106 Te 50
81-198 Pogórze PM 29 Tc 21
22-175 Pogranicze LU 95 Ye 42
17-250 Pogreby PD 71 Yb 33
82-340 Pogrodzie WM 31 Ud 23
05-850 Pogroszew MZ 68 Ve 35
26-432 Pogroszyn MZ 80 Ve 41
44-285 Pogrzebień SL 98 Tb 48
12-200 Pogubie Średnie WM 45 We 27
12-200 Pogubie Tylne WM 45 We 27
32-700 Pogwizdów MA 101 Vc 49
33-240 Pogwizdów MA 101 Vf 48
36-060 Pogwizdów PK 103 Wf 47
37-126 Pogwizdów PK 103 Xa 48
43-418 Pogwizdów SL 106 Td 50
59-411 Pogwizdów DS 85 Ra 43
16-124 Pohorany PD 47 Yd 27
21-150 Poizdów LU 81 Xc 39
32-200 Pojałowice MA 100 Va 47
32-821 Pojawie MA 101 Ve 48
21-500 Pojelce LU 70 Xf 36
17-332 Pokaniewo PD 70 Ya 33
63-005 Poklatki WP 63 Sb 35
62-400 Pokoje WP 64 Sf 35
16-150 Pokośno PD 47 Yb 27
46-034 Pokój OP 87 Sf 43
22-100 Pokrówka LU 95 Yc 42
87-312 Pokrzydowo KP 54 Uc 29
48-267 Pokrzywna OP 97 Sc 47
06-121 Pokrzywnica MZ 68 Wa 33
07-440 Pokrzywnica MZ 57 Wd 31
47-208 Pokrzywnica OP 98 Ta 47
63-140 Pokrzywnica WP 75 Sa 37
64-930 Pokrzywnica WP 51 Rd 30
99-120 Pokrzywnica LD 66 Uc 36
13-111 Pokrzywnica Wielka WM 55 Vd 29
59-623 Pokrzywnik DS 85 Qd 43
59-900 Pokrzywnik DS 84 Qa 41
57-320 Pokrzywno DS 96 Rd 46
64-980 Pokrzywno WP 51 Rd 30
86-327 Pokrzywno KP 41 Tf 28
64-030 Poladowo WP 74 Rc 36
08-130 Polaki MZ 69 Xa 35
55-020 Polakowice DS 86 Sa 43
38-709 Polana PK 111 Xd 53
57-320 Polanica-Zdrój DS 96 Rd 46
43-419 Polanie SL 106 Te 49
32-400 Polanka MA 108 Uf 49
59-243 Polanka DS 85 Rc 42
37-620 Polanka Horyniecka PK 105 Yc 47
32-607 Polanka Wielka MA 99 Ub 49
38-613 Polanki PK 111 Xc 53
32-090 Polanowice MA 100 Va 47
46-220 Polanowice OP 88 Tb 42
88-150 Polanowice KP 65 Tb 33
89-300 Polanowo WP 51 Sb 30
27-650 Polanów SK 92 Wd 45
76-010 Polanów ZP 27 Re 24
22-610 Polanówka LU 95 Yc 45
24-313 Polanówka LU 93 Wf 41
26-680 Polany MZ 92 Wa 41
33-380 Polany MA 109 Vf 51
38-232 Polany PK 110 Wd 52
38-610 Polańczyk PK 111 Xc 52
82-400 Polaszki PM 42 Ua 25
21-550 Polatycze LU 71 Yd 36
43-426 Pole SL 106 Te 50
66-620 Pole LB 72 Pf 37
86-122 Poledno KP 53 Tb 28
94-305 Polesie LD 78 Uc 38
98-400 Polesie LD 76 Tb 41
95-082 Poleszyn SL 77 Ub 39
17-120 Poletyły PD 58 Xf 32
56-320 Police DS 75 Sc 40
71-892 Police ZP 36 Pd 27
23-225 Polichna LU 93 Xc 44
26-060 Polichno SK 91 Vc 44
89-100 Polichno KP 52 Sd 30
97-320 Polichno LD 78 Ue 40
97-532 Polichno LD 90 Ue 43
87-617 Polichnowo KP 54 Tf 32
33-182 Polichty MA 109 Vf 50
62-406 Policko WP 64 Sf 35
66-330 Policko LB 61 Qe 34
97-570 Policzko LD 90 Uf 42
17-250 Policzna PD 71 Yc 33
26-720 Policzna MZ 81 Wd 40
08-480 Polik MZ 81 Wd 38
09-204 Polik MZ 54 Ue 31
95-060 Polik LD 78 Ue 38
89-300 Polinowo WP 51 Sb 29
26-422 Politów MZ 79 Ve 41
14-310 Polkajny WM 43 Va 24
59-100 Polkowice DS 73 Ra 39
59-101 Polkowice Dolne DS 73 Ra 39
16-310 Polkowo PD 46 Xf 27
46-146 Polkowskie OP 88 Sf 42
98-220 Polków SL 77 Tf 39
07-110 Polków-Daćbogi MZ 69 Xa 35
07-110 Polków-Pobratymy MZ 69 Wf 35
07-110 Polków-Sagały MZ 69 Wf 35
66-436 Polne LB 60 Pf 33
78-460 Polne ZP 38 Rb 27
77-323 Polnica PM 40 Sc 26
62-620 Polonisz WP 65 Te 34
47-260 Polska Cerekiew OP 98 Ta 47
46-070 Polska Nowa Wieś OP 87 Se 45
11-700 Polska Wieś WM 44 Wb 25
62-270 Polska Wieś WP 63 Sc 33
83-140 Polskie Gronowo PM 41 Tf 25
86-122 Polskie Łąki KP 53 Tb 28
63-330 Polskie Olędry WP 75 Sd 37
86-101 Polski Konopat KP 41 Tc 28
21-302 Polskowola LU 82 Xd 37
21-580 Polubicze Wiejskie LU 82 Ya 38
16-515 Polułńce PD 35 Yb 23
55-216 Polwica DS 87 Sb 43
63-020 Polwica WP 63 Sb 35
64-710 Połajewko WP 51 Re 32
64-710 Połajewo WP 51 Re 32
88-230 Połajewo KP 65 Tc 33
28-230 Połaniec SK 102 Wb 46
11-106 Połapin WM 32 Ve 24
07-100 Połazie MZ 69 Wf 34
63-000 Połażejewo WP 63 Sc 35
72-400 Połchowo ZP 37 Pe 25
73-155 Połchowo ZP 38 Qd 27
84-123 Połchowo PM 29 Tc 21
84-107 Połchówko PM 29 Tb 20
84-100 Połczyno PM 29 Tc 20
78-320 Połczyn-Zdrój ZP 38 Ra 26
66-614 Połęcko LB 60 Pf 34
69-220 Połęcko LB 60 Pf 34
11-200 Połęcze WM 32 Ve 23
83-312 Połęczyno PM 29 Tb 23
19-411 Połom WM 46 Xb 25
32-720 Połom Duży MA 108 Vc 49
38-115 Połomia PK 103 Wf 49
42-690 Połomia SL 99 Te 46
44-323 Połomia SL 98 Td 49
06-323 Połoń MZ 56 Vf 29
21-530 Połoski LU 83 Yc 37
17-240 Połowce PD 71 Yc 34
14-330 Połowite WM 42 Ud 25
39-210 Południk PK 102 Wc 49
62-010 Pomarzanowice WP 63 Sb 33
62-270 Pomarzany WP 63 Sc 33
99-340 Pomarzany LD 66 Ub 35
62-650 Pomarzany Fabryczne WP 65 Tf 35
06-220 Pomaski Małe MZ 56 Wa 32
06-220 Pomaski Wielkie MZ 56 Wa 32
78-200 Pomianowo ZP 38 Ra 24
57-220 Pomianów Dolny DS 96 Sa 46
57-230 Pomianów Górny DS 96 Rf 45
16-320 Pomiany PD 46 Xe 26
63-620 Pomiany WP 88 Ta 42
98-337 Pomiary LD 89 Ub 42
05-180 Pomiechowo MZ 68 Ve 34
05-180 Pomiechówek MZ 68 Ve 34
83-304 Pomieczyno PM 29 Tb 22
83-300 Pomieczyńska Huta PM 29 Tb 22
73-210 Pomień ZP 49 Qc 29
78-540 Pomierzyn ZP 50 Qf 28
73-115 Pomiętów ZP 49 Qb 30
18-106 Pomigacze PD 58 Ya 30
76-100 Pomiłowo ZP 27 Re 22
83-047 Pomlewo PM 29 Tc 23
42-583 Pomłynie SL 99 Ua 46
59-423 Pomocne DS 85 Ra 42
63-920 Pomocno WP 75 Sa 39
82-316 Pomorska Wieś WM 31 Ud 24
66-100 Pomorsko LB 61 Qc 36
26-680 Pomorzany MZ 92 Wa 41
06-406 Pomorze MZ 56 Ve 31
16-506 Pomorze PD 47 Yc 24
48-118 Pomorzowice OP 97 Se 47
48-118 Pomorzowiczki OP 97 Se 47
83-121 Pomyje PM 41 Te 25
26-400 Pomyków MZ 79 Vd 40
77-100 Pomysk Mały PM 28 Sd 23
77-100 Pomysk Wielki PM 28 Sd 23
16-205 Ponarlica PD 47 Yd 26
14-310 Ponary WM 43 Va 25
62-640 Ponętów-Dolny WP 65 Te 35
62-641 Ponętów-Górny WP 65 Te 35
18-421 Poniat PD 57 Xb 29
24-320 Poniatowa LU 93 Xa 41
24-320 Poniatowa-Wieś LU 93 Xa 41
56-400 Poniatowice DS 87 Sd 41
16-123 Poniatowicze PD 47 Yd 28
07-319 Poniatowo MZ 69 Xa 33
09-300 Poniatowo MZ 55 Uf 30
57-520 Poniatów DS 96 Rd 47
58-307 Poniatów DS 85 Rb 44
97-330 Poniatów SL 78 Ue 40
98-215 Poniatówek LD 77 Td 38
22-122 Poniatówka LU 95 Yd 43
34-700 Ponice MA 108 Uf 51
64-125 Poniec WP 74 Re 38
34-100 Ponikiew MA 107 Uc 50
07-440 Ponikiew Duża MZ 57 Wd 31
07-440 Ponikiew Mała MZ 57 Wd 31
06-232 Ponikiew-Wielka MZ 56 Wb 31
06-230 Ponikiew-Zawady MZ 56 Wb 31
16-002 Ponikła PD 58 Ya 29
26-930 Ponikwa MZ 81 Wd 40
57-520 Ponikwa DS 96 Rd 47
23-155 Ponikwy LU 94 Xd 43
64-000 Ponin WP 62 Rd 36
44-172 Poniszowice SL 98 Tc 46
43-450 Poniwiec SL 106 Te 50
16-300 Ponizie PD 47 Ya 26
08-445 Ponurzyca MZ 80 Wc 36
22-335 Poperczyn LU 94 Xf 43
67-124 Popęszyce LB 73 Qe 39
07-300 Popielarnia MZ 57 We 32
96-315 Popielarnia MZ 67 Vb 36
97-221 Popielawy LD 78 Ue 39
78-320 Popielewko ZP 38 Ra 26
62-240 Popielewo WP 64 Sf 33
78-320 Popielewo ZP 38 Rb 26
86-017 Popielewo KP 52 Se 29
12-220 Popielno WM 45 Wd 26
46-090 Popielowska Kolonia OP 87 Se 44
07-100 Popielów MZ 69 Wf 34
44-274 Popielów SL 98 Td 48
46-090 Popielów OP 87 Se 44
59-623 Popielówek DS 84 Qd 43
09-131 Popielżyn-Zawady MZ 67 Vd 33
95-063 Popień LD 78 Uf 38
18-417 Popiołki PD 57 We 29
16-140 Popiołówka PD 59 Ya 28
11-606 Popioły WM 34 Wf 23
18-516 Popki PD 57 Xa 29
23-250 Popkowice LU 93 Xb 43
09-401 Popłacin MZ 66 Ud 33
16-123 Popławce PD 47 Yd 28
06-100 Popławy MZ 68 Wa 32
08-205 Popławy MZ 70 Xf 35
17-120 Popławy PD 58 Xf 32
21-404 Popławy LU 82 Xd 37
26-333 Popławy LD 79 Va 40
12-120 Popowa Wola WM 44 Wa 26
28-363 Popowice SK 90 Va 44
33-340 Popowice MA 108 Vd 51
55-065 Popowice DS 86 Rf 43
98-335 Popowice LD 88 Td 42
16-080 Popowlany PD 58 Xe 29
16-320 Popowo PD 46 Xe 26
19-200 Popowo PD 46 Xc 27
64-510 Popowo WP 62 Rb 32
66-350 Popowo LB 61 Qd 33
76-037 Popowo ZP 26 Ra 23
78-627 Popowo ZP 51 Rc 29
82-103 Popowo PM 30 Ua 23
84-312 Popowo PM 28 Sf 22
87-615 Popowo KP 54 Ua 32
88-121 Popowo KP 65 Tc 33
05-190 Popowo-Borowe MZ 68 Vf 33
62-212 Popowo-Ignacewo WP 64 Sd 33
07-204 Popowo Kościelne MZ 68 Wb 33
62-285 Popowo Kościelne WP 63 Sb 32
05-190 Popowo-Północ MZ 68 Vf 33
11-700 Popowo Salęckie WM 45 Wc 25
64-234 Popowo Stare WP 74 Rc 36
62-212 Popowo Tomkowe WP 64 Sd 32
64-113 Popowo Wonieskie WP 74 Re 37
23-235 Popów LU 93 Wf 43
42-110 Popów SL 89 Tf 42
99-235 Popów LD 77 Te 37
99-400 Popów LD 67 Uf 36
95-015 Popów Głowieński LD 78 Ud 36
32-200 Poradów MA 100 Va 46
96-230 Porady Górne LD 79 Vc 38
73-150 Poradz ZP 38 Qd 26
98-215 Poradzew LD 77 Td 38
22-523 Poraj LU 95 Yf 43
38-458 Poraj PK 110 Wd 51
42-360 Poraj SL 89 Ub 44
84-352 Poraj PM 28 Sd 21
59-921 Porajów DS 84 Pe 43
32-353 Porąbka MA 100 Ue 46
34-642 Porąbka MA 108 Vb 50
43-353 Porąbka SL 106 Ub 50
32-861 Porąbka Iwkowska MA 108 Vd 50
32-854 Porąbka Uszewska MA 101 Ve 49
26-004 Porąbki SK 91 Vf 43
38-540 Poraż PK 111 Xb 52
64-330 Porażyn WP 62 Rc 35
11-042 Porbady WM 43 Vb 26
99-200 Porczyny LD 77 Tf 37
82-224 Pordenowo PM 30 Tf 24
18-416 Poredy PD 57 We 29
28-114 Poręba SK 91 Vf 45
32-425 Poręba MA 107 Va 50
42-480 Poręba SL 99 Uc 46
43-200 Poręba SL 99 Tf 49
57-520 Poręba DS 96 Rd 47
32-340 Poręba Dzierżna MA 100 Ue 46
32-340 Poręba Górna MA 100 Ue 46
33-112 Poręba Radlna MA 101 Wa 49
32-800 Poręba Spytkowska MA 101 Vd 49
07-308 Poręba Średnia MZ 69 We 32
32-600 Poręba Wielka MA 99 Ub 48
34-735 Poręba Wielka MA 108 Va 51
32-566 Poręba-Żegoty MA 100 Ud 48
34-735 Porębscy MA 108 Va 51
05-307 Poręby MZ 69 Wd 35
05-408 Poręby MZ 68 Wc 36
36-230 Poręby PK 110 Wf 50
38-524 Poręby PK 110 Wf 51
39-450 Poręby PK 102 Wd 46
98-220 Poręby SL 77 Tf 39
36-105 Poręby Dymarskie PK 103 We 47
39-410 Poręby Furmańskie PK 93 We 45
36-100 Poręby Kupieńskie PK 103 Wf 47
34-520 Poronin MA 107 Va 52
21-500 Porosiuki LU 82 Ya 36
16-070 Porosły PD 58 Ya 30
76-020 Porost ZP 39 Rd 25
18-112 Porośl-Wojsławy PD 58 Xe 31
27-580 Porudzie SK 92 Wc 44
18-520 Poryte PD 57 Xa 28
18-300 Poryte-Jabłoń PD 57 Xb 30
07-205 Porządzie MZ 68 Wc 32
26-085 Porzecze SK 91 Vd 43
74-406 Porzecze ZP 60 Pc 32
76-150 Porzecze ZP 27 Rc 22
17-315 Porzeziny-Mendle PD 70 Xe 33
62-530 Posada WP 64 Tb 35
38-481 Posada Grn. PK 110 Wf 51
38-530 Posada Jaćmierska PK 110 Xa 51
38-485 Posada Jaśliska PK 110 We 52
38-600 Posada Leska PK 111 Xb 52
37-742 Posada Rybotycka PK 111 Xd 51
38-530 Posada Zarszyńska PK 110 Xa 51
56-420 Posadowice DS 87 Sc 42
63-840 Posadowo WP 75 Sa 38
64-310 Posadowo WP 62 Rb 34
22-652 Posadów LU 105 Ye 46
32-104 Posądza MA 101 Vb 47
16-506 Posejnele PD 47 Yc 24
05-319 Posiadały MZ 69 We 36
32-100 Posiłów MA 101 Vc 47
32-095 Poskwitów MA 100 Va 47
25-145 Posłowice SK 91 Vd 44
88-430 Posługowo KP 52 Sd 32
62-731 Posoka WP 65 Te 36
47-110 Posowskie OP 88 Tc 45
42-320 Postaszowice SL 90 Uc 45
97-400 Postękalice LD 78 Uc 40
42-350 Postęp SL 89 Ub 45
59-430 Postolice DS 86 Rc 42
56-300 Postolin DS 75 Sb 40
82-400 Postolin PM 42 Ua 25
05-240 Postoliska MZ 68 Wc 34
83-042 Postołowo PM 29 Tc 24
38-600 Postołów PK 111 Xb 52
76-113 Postomino ZP 27 Re 22
27-660 Postronna SK 92 Wd 45
09-152 Postróże MZ 67 Vc 33
36-130 Posuchy PK 103 Xa 47
48-140 Posucice OP 97 Se 48
07-106 Poszewka MZ 69 Xa 34
06-330 Poścień-Wieś MZ 56 Wa 29
21-560 Pościsze LU 82 Xe 36
05-326 Poświętne MZ 68 Wc 35
09-100 Poświętne MZ 67 Vc 33
18-112 Poświętne PD 58 Xe 31
26-315 Poświętne LD 79 Vc 39
59-724 Poświętne DS 72 Qb 40
97-215 Poświętne LD 79 Vb 39
64-234 Poświętno WP 74 Rc 36
38-204 Potakówka PK 110 Wd 50
63-200 Potarzyca WP 75 Sc 37
63-840 Potarzyca WP 75 Sa 38
62-005 Potasze WP 63 Sa 33
16-400 Potasznia PD 35 Xf 24
22-330 Potasznia LU 94 Ya 43
56-300 Potasznia DS 75 Sc 39
08-404 Potaszniki MZ 81 We 38
62-513 Potażniki WP 65 Tc 35
76-230 Potęgowo PM 28 Sc 22
84-223 Potęgowo PM 29 Sf 22
42-693 Potępa SL 98 Td 45
26-650 Potkanna MZ 80 We 40
22-442 Potoczek LU 94 Yb 45
23-313 Potoczek LU 93 Xb 44
27-515 Potoczek SK 92 We 42
57-530 Potoczek DS 96 Re 48
67-222 Potoczek DS 73 Ra 39
34-735 Potoczki MA 108 Va 51
19-100 Potoczyzna PD 46 Xf 28
08-500 Potok LU 81 Wf 38
27-530 Potok SK 92 Wd 43
28-225 Potok SK 91 Vf 45
34-734 Potok MA 107 Va 50

**188** | Pogorzel

37-111 Potok PK 103 Xb 48
38-404 Potok PK 110 We 50
68-132 Potok LB 72 Pf 40
16-050 Potoka PD 59 Yd 31
09-533 Potok Biały MZ 67 Uf 34
23-423 Potok Górny LU 103 Xd 46
22-680 Potoki LU 105 Yd 47
33-318 Potoki MA 109 Ve 50
28-300 Potok-Mały SK 91 Vb 45
23-313 Potok-Stany LU 93 Xb 44
23-313 Potok Wielki LU 93 Xb 44
28-300 Potok-Wielki SK 91 Vb 45
16-406 Potopy PD 35 Xf 22
11-320 Potryty WM 44 Vd 24
62-085 Potrzanowo WP 63 Sa 32
64-150 Potrzebowo WP 74 Ra 37
27-630 Potrzyn SK 92 We 43
62-100 Potulice WP 51 Sa 32
77-420 Potulice WP 39 Sb 28
89-120 Potulice KP 52 Se 30
62-130 Potulin WP 52 Sb 31
72-310 Potuliniec ZP 37 Qb 26
72-315 Potuliny ZP 38 Qc 26
83-315 Potuły PM 29 Ta 23
22-652 Poturzyn LU 105 Yf 45
26-414 Potworów MZ 79 Ve 39
57-256 Potworów DS 96 Re 45
05-530 Potycz MZ 80 Wb 37
09-152 Potyry MZ 67 Vb 33
78-314 Powalice ZP 38 Qd 25
82-100 Powalina PM 30 Ub 23
12-140 Powałczyn WM 44 Wb 27
89-620 Powałki PM 40 Sd 26
05-084 Powązki MZ 67 Vd 35
62-430 Powidz WP 64 Sf 34
76-010 Powidz ZP 27 Rc 23
55-140 Powidzko DS 75 Rf 40
06-120 Powielin MZ 68 Vf 33
62-600 Powiercie WP 65 Te 35
13-111 Powierz WM 55 Vc 29
14-411 Powodowo WM 42 Uc 24
64-200 Powodowo WP 62 Ra 36
99-220 Powodów LD 77 Ua 37
33-370 Powroźnik MA 109 Vf 52
02-998 Powsin MZ 68 Wa 36
11-610 Pozedrze WM 33 Wf 24
32-415 Poznachowice Górne MA 108 Va 50
61-010* Poznań WP 63 Rf 34
47-180 Poznowice OP 98 Ta 45
32-051 Pozowice MA 100 Ue 49
37-723 Poździacz PK 111 Xf 49
66-220 Poźrzadło LB 61 Qb 35
78-540 Poźrzadło Wielkie ZP 50 Qf 28
11-400 Pożarki WM 45 Wc 24
64-510 Pożarowo WP 62 Rb 32
68-100 Pożarów LB 73 Qb 39
13-214 Pożary WM 55 Vb 29
55-065 Pożarzyce DS 86 Rf 44
58-130 Pożarzysko DS 86 Rd 43
97-425 Pożdżenice LD 77 Ub 40
28-114 Pożogi SK 91 Ve 45
24-130 Pożóg-Nowy LU 81 Xa 40
24-130 Pożóg-Stary LU 81 Xa 40
09-140 Pólka-Raciąż MZ 55 Va 32
62-817 Pólko WP 76 Ta 38
64-500 Pólko WP 62 Rc 33
82-550 Pólko PM 42 Ub 26
78-300 Półchleb ZP 38 Qe 26
77-143 Półczno PM 28 Sd 24
07-300 Półki MZ 57 We 32
16-500 Półkoty PD 35 Yc 24
34-643 Półrzeczki MA 108 Vb 51
87-337 Półwiesk Mały KP 54 Ub 30
14-230 Półwieś WM 42 Ud 25
34-115 Półwieś MA 100 Ud 49
62-561 Półwiosek Lubstowski WP 65 Tb 34
66-620 Późna LB 72 Pd 37
07-210 Prabuty MZ 57 Wd 32
82-550 Prabuty PM 42 Ub 26
05-555 Prace Małe MZ 80 Vf 37
56-300 Pracze DS 75 Sb 40
33-388 Praczka MA 108 Vd 51
42-427 Pradła SL 100 Ud 45
99-200 Praga LD 77 Tf 37
82-440 Prakwice PM 42 Uc 25
37-741 Prałkowice PK 111 Xe 50
32-090 Prandocin MA 100 Va 47
12-220 Pranie WM 45 Wc 27
11-040 Praslity WM 43 Vc 24
42-140 Praszczyki I SL 89 Te 43
42-140 Praszczyki II SL 89 Te 43
46-320 Praszka OP 88 Tc 42
97-525 Pratkowice LD 90 Uf 42
98-220 Pratków SL 77 Tf 38
21-504 Pratulin LU 71 Yc 36
95-030 Prawda LD 78 Uc 39
11-730 Prawdowo WM 45 Wd 26
19-314 Prawdziska WM 46 Xe 25
95-070 Prawęcice LD 77 Ua 37
20-515 Prawiedniki LU 93 Xd 42
56-100 Prawików DS 86 Rd 41
24-340 Prawno LU 93 Wf 42
64-810 Prawomyśl WP 51 Rf 30
16-427 Prawy Las PD 35 Xe 23
66-446 Prądocin LB 61 Qb 32
86-060 Prądocin KP 52 Ta 31
42-288 Prądy SL 89 Tf 45
85-386 Prądy PM 52 Sf 30
97-438 Prądzew LD 77 Tf 40
99-100 Prądzew LD 66 Ub 36
77-130 Prądzona PM 40 Sc 24
14-260 Prątnica WM 43 Ue 28
97-319 Prażki LD 78 Ue 39
11-520 Prażmowo WM 45 We 25
05-505 Prażmów MZ 80 Vf 37
42-512 Preczów SL 99 Ub 46
22-530 Prehoryłe LU 95 Za 45
11-030 Prejłowo WM 44 Ve 26
38-542 Prełuki PK 110 Xa 52
87-515 Pręczki KP 54 Uc 30
27-100 Prędocin MZ 92 Wb 42
49-300 Prędocin OP 87 Sd 43
11-400 Pręgowo WM 45 Wc 24
83-050 Pręgowo PM 29 Tc 23
82-230 Pręgowo Żuławskie PM 30 Tf 24
38-422 Pręt PK 110 We 50
55-330 Prężyce DS 86 Re 41
48-210 Prężyna OP 97 Sd 46
48-231 Prężynka OP 97 Sd 46
13-206 Prioma WM 55 Va 29
28-425 Probołowice SK 101 Vd 46
87-732 Probostwo Górne KP 53 Tf 32
09-131 Proboszczewice MZ 67 Vd 33
09-412 Proboszczewice MZ 66 Ue 33
44-180 Proboszczowice SL 98 Tc 46
98-290 Proboszczowice LD 77 Td 38
59-524 Proboszczów DS 85 Qe 42
59-230 Prochowice DS 85 Rc 41
64-050 Prochy WP 62 Rb 36
77-424 Prochy WP 39 Sa 28
38-713 Procisne PK 111 Xe 53
88-330 Procyń KP 64 Ta 33
26-200 Proćwin SK 91 Vc 41
28-512 Prokocice SK 101 Vd 47
63-300 Prokopów WP 76 Se 37
83-300 Prokowo PM 29 Tb 22
26-803 Promna MZ 80 Vf 38
62-005 Promnice WP 63 Rf 33
26-067 Promnik SK 91 Vc 43
62-007 Promno WP 63 Sb 34
17-100 Proniewicze PD 59 Yb 32
07-304 Prosienica MZ 57 Xa 31
78-552 Prosino ZP 38 Rb 27
11-230 Prosity WM 44 Ve 24
11-430 Prosna WM 33 Wa 23
64-840 Prosna WP 51 Rf 31
19-335 Prostki WM 46 Xc 26
07-319 Prostyń MZ 69 Wf 33
97-320 Proszenie LD 78 Ue 40
07-110 Proszew A MZ 69 Xa 35
56-100 Proszkowa DS 74 Re 40
06-550 Proszkowo MZ 55 Vb 30
55-300 Proszków DS 86 Rd 42
59-630 Proszowa DS 84 Qc 43
32-100 Proszowice MA 101 Vb 47
47-400 Proszowiec SL 98 Tb 48
63-630 Proszów WP 87 Sf 42
68-343 Proszów LB 72 Pe 38
59-620 Proszówka DS 84 Qc 42
32-700 Proszówki MA 101 Vc 49
96-315 Prościeniec MZ 67 Vb 36
46-262 Proślice OP 88 Ta 42
14-300 Prośno WM 43 Uf 26
16-060 Protasy PD 59 Yb 30
14-411 Protowo WM 42 Uc 25
98-275 Próba LD 77 Td 39
08-207 Próchenki MZ 70 Xd 36
82-300 Próchnik WM 30 Uc 23
64-830 Próchnowo WP 51 Sa 31
78-650 Próchnowo ZP 50 Rb 29
46-060 Prószkowska OP 97 Sf 45
46-060 Prószków OP 97 Sf 45
26-341 Prucheńsko-Duże SL 78 Uf 40
26-341 Prucheńsko-Małe SL 78 Uf 40
43-523 Pruchna SL 106 Te 49
37-560 Pruchnik PK 103 Xd 49
62-270 Pruchnowo WP 64 Sc 33
48-200 Prudnik OP 97 Sd 47
16-404 Prudziszki PD 35 Xf 23
98-420 Prusak LD 76 Tc 41
84-113 Prusewo PM 29 Sf 20
55-110 Prusice DS 75 Rf 40
98-331 Prusicko LD 89 Ub 42
37-620 Prusie PK 105 Yd 47
38-500 Prusiek PK 110 Xa 51
27-425 Prusinowice SK 92 Wb 43
48-314 Prusinowice OP 97 Sc 45
95-083 Prusinowice LD 78 Ub 38
98-240 Prusinowice LD 77 Tf 38
11-710 Prusinowo WM 44 Wb 26
62-035 Prusinowo WP 62 Sa 35
64-720 Prusinowo WP 51 Rd 31
72-300 Prusinowo ZP 37 Qb 25
73-150 Prusinowo ZP 38 Qd 26
77-310 Prusinowo PM 39 Sa 27
78-642 Prusinówko ZP 50 Rb 29
16-320 Pruska PD 46 Xe 26
87-410 Pruska Łąka KP 53 Tf 30
16-300 Pruska Mała PD 46 Xe 25
16-300 Pruska Wielka PD 46 Xf 25
13-240 Pruski WM 55 Vb 29
86-150 Pruskie KP 41 Tb 27
06-330 Pruskołęka MZ 56 Wa 29
46-048 Prusków OP 88 Tc 44
12-100 Prusowy Borek WM 44 Wa 27
13-220 Prusy WM 55 Uf 28
27-530 Prusy SK 92 We 44
32-010 Prusy MA 100 Va 48
57-150 Prusy DS 86 Rf 44
63-230 Prusy WP 75 Sd 37
89-652 Prusy PM 41 Ta 25
17-120 Pruszanka Stara PD 58 Xe 32
72-304 Pruszcz ZP 37 Qb 25
86-120 Pruszcz KP 53 Tb 29
89-520 Pruszcz KP 40 Se 28
83-000 Pruszcz Gdański PM 30 Td 23
18-312 Pruszki Wielkie PD 58 Xb 30
09-110 Pruszkowo MZ 67 Vd 33
05-800 Pruszków MZ 68 Ve 36
62-800 Pruszków WP 76 Ta 38
98-160 Pruszków SL 77 Ua 39
51-231 Pruszowice DS 86 Sa 41
08-100 Pruszyn MZ 70 Xc 35
08-110 Pruszynek MZ 70 Xc 35
08-110 Pruszyn-Pieńki MZ 70 Xc 35
64-610 Pruśce WP 51 Sa 32
06-230 Prycanowo MZ 56 Wc 31
26-332 Prymusowa Wola LD 79 Vb 40
11-600 Prynowo WM 33 We 23
21-025 Pryszczowa Góra LU 82 Xc 40
06-300 Przasnysz MZ 56 Vf 30
98-240 Przatów LD 77 Ua 38
28-300 Prząsław SK 91 Vb 45
48-317 Przdroże-Wielkie OP 97 Sd 46
62-095 Przebędowo WP 63 Sa 33
32-020 Przebieczany MA 100 Va 49
66-530 Przeborowo LB 50 Qf 31
82-120 Przebrno PM 30 Uc 22
16-400 Przebród PD 46 Xe 24
77-320 Przechlewko PM 40 Sb 25
77-320 Przechlewo PM 40 Sb 26
19-200 Przechody PD 46 Xd 27
21-570 Przechodzisko LU 82 Xe 37
21-518 Przechód LU 83 Yc 38
48-317 Przechód OP 97 Se 45
32-625 Przecieszyn MA 99 Ub 49
32-641 Przeciszów MA 99 Uc 48
39-320 Przecław PK 102 Wc 47
62-402 Przecław WP 64 Ta 34
64-500 Przecław WP 63 Re 33
67-312 Przecław LB 73 Qe 39
72-005 Przecław ZP 48 Pc 28
95-060 Przecław LD 78 Ue 38
55-020 Przecławice DS 86 Rf 43
28-411 Przecławka SK 101 Vc 46
68-200 Przecwoźniki LB 72 Pe 39
49-345 Przecza OP 87 Sd 44
59-630 Przecznica DS 84 Qc 43
73-240 Przeczno ZP 50 Qe 30
87-152 Przeczno KP 53 Tc 30
28-232 Przeczów SK 102 Wb 46
46-166 Przeczów OP 87 Sd 42
39-230 Przeczyca PK 109 Wc 49
42-460 Przeczyce SL 99 Ub 46
78-100 Przećmino ZP 26 Qd 24
88-100 Przedbojewice KP 53 Tb 32
57-200 Przedborowa DS 86 Re 45
47-280 Przedborowice OP 98 Ta 47
63-510 Przedborów WP 76 Ta 40
09-440 Przedbórz MZ 67 Va 33
36-100 Przedbórz PK 102 We 47
97-570 Przedbórz LD 90 Uf 42
62-635 Przedecz WP 65 Tf 34
26-026 Przededworze SK 91 Ve 45
98-277 Przedłęcze LD 77 Tc 40
17-307 Przedmieście PD 70 Ya 35
27-320 Przedmieście-Bliższe MZ 92 We 42
38-120 Przedmieście Czudeckie PK 103 We 49
27-320 Przedmieście-Dalsze MZ 92 We 42
37-750 Przedmieście Dubieckie PK 111 Xc 49
23-465 Przedmieście Szczebrzeszyńskie LU 94 Xe 44
55-300 Przedmoście DS 86 Re 41
59-150 Przedmoście DS 74 Ra 39
46-320 Przedmość OP 88 Tc 42
07-311 Przedświt MZ 57 Wd 32
06-406 Przedwojewo MZ 56 Vd 31
58-400 Przedwojów DS 85 Ra 44
21-311 Przegaliny-Duże LU 82 Xf 38
21-311 Przegaliny-Małe LU 82 Xf 38
44-238 Przegędza SL 98 Td 48
32-049 Przeginia MA 100 Ue 47
32-061 Przeginia-Duchowna MA 100 Ud 48
32-070 Przeginia-Narodowa MA 100 Ud 48
26-903 Przejazd MZ 80 Wc 39
83-021 Przejazdowo PM 30 Te 23
59-724 Przejęsław DS 73 Qc 40
16-411 Przejma Wielka PD 35 Xf 23
73-260 Przekolno ZP 49 Qc 30
74-210 Przelewice ZP 49 Qa 30
78-630 Przelewice ZP 50 Ra 30
28-330 Przełaj SK 100 Uf 45
66-218 Przełazy LB 61 Qc 35
48-351 Przełęk OP 97 Sc 46
13-206 Przełęk Duży WM 55 Uf 29
13-206 Przełęk Kościelny WM 55 Va 29
26-080 Przełom SK 91 Vc 42
32-107 Przemęczany MA 101 Vb 47
64-234 Przemęt WP 74 Rb 36
42-522 Przemiarki SL 99 Ub 46
06-100 Przemiarowo MZ 56 Wa 32
55-050 Przemiłów DS 86 Re 43
59-170 Przemków DS 73 Qe 39
72-130 Przemocze ZP 37 Pf 28
32-130 Przemyków MA 101 Vd 47
66-460 Przemysław LB 60 Qa 33
73-150 Przemysław ZP 38 Qd 26
82-103 Przemysław PM 30 Tf 23
09-530 Przemysłów MZ 66 Uf 34
99-413 Przemysłów LD 66 Uf 35
37-700 Przemyśl PK 111 Xe 50
22-600 Przeorsk LU 105 Ye 46
89-412 Przepałkowo KP 40 Sd 28
27-570 Przepiórów SK 92 Wc 44
77-200 Przeradz PM 39 Rf 25
78-450 Przeradz ZP 39 Rd 26
09-317 Przeradz Mały MZ 54 Ue 30
09-317 Przeradz Wielki MZ 54 Ue 30
97-515 Przerąb LD 90 Ue 42
09-304 Przerodki MZ 55 Uf 29
16-427 Przerośl PD 34 Xd 23
19-504 Przerośl Gołdapska WM 34 Xd 23
11-610 Przerwanki WM 34 Wf 24
47-430 Przerycie SL 98 Tc 47
39-216 Przeryty Bór PK 102 Wb 48
58-230 Przerzeczyn-Zdrój DS 86 Re 44
97-225 Przesiadłów LD 78 Uf 39
59-903 Przesieczany DS 84 Qa 41
59-160 Przesieczna DS 73 Qf 39
58-562 Przesieka DS 85 Qe 44
64-761 Przesieki WP 50 Qf 30
32-104 Przesławice MA 100 Vb 47
32-200 Przesławice MA 100 Va 47
86-320 Przesławice KP 42 Ua 28
08-109 Przesmyki MZ 70 Xd 35
62-834 Przespolew-Kościelny WP 76 Tc 37
62-834 Przespolew-Pański WP 76 Tc 37
32-095 Przestańsko MA 100 Va 47
18-420 Przestrzele PD 58 Xc 29
66-235 Prześlice LB 60 Qa 34
84-217 Przetoczyno PM 29 Tb 21
07-210 Przetycz-Folwark MZ 57 Wd 32
27-440 Przeuszyn SK 92 Wd 43
22-630 Przewale LU 95 Yd 45
11-210 Przewarszyty WM 32 Vf 23
16-304 Przewięź PD 47 Ya 25
21-200 Przewłoka LU 82 Xf 39
22-664 Przewłoka LU 105 Yd 46
76-270 Przewłoka PM 27 Rf 21
73-115 Przewłoki ZP 49 Qa 29
83-221 Przewodnik KP 41 Tc 26
96-200 Przewodowice LD 79 Vb 38
06-126 Przewodowo-Majorat MZ 56 Vf 32
06-126 Przewodowo-Parcele MZ 56 Vf 32
22-540 Przewodów LU 105 Yf 46
57-130 Przeworno DS 87 Sb 44
37-200 Przeworsk PK 103 Xc 48
08-480 Przewóz MZ 80 Wd 38
47-253 Przewóz OP 98 Tb 47
68-132 Przewóz LB 72 Pf 40
77-143 Przewóz PM 40 Sd 24
83-324 Przewóz PM 29 Ta 23
88-235 Przewóz KP 65 Tc 34
08-322 Przewóz Nurski MZ 70 Xb 33
26-910 Przewóz Tarnowski MZ 80 Wc 38
36-003 Przewrotne PK 103 Wf 47
42-675 Przezchlebie SL 98 Te 46
55-050 Przezdrowice DS 86 Re 43
82-310 Przezmark WM 31 Ud 24
82-450 Przezmark PM 42 Uc 25
27-612 Przezwody SK 92 Wd 44
28-330 Przezwody SK 101 Vb 46
37-420 Przędzel PK 103 Xb 46
77-200 Przęsin PM 39 Sa 24
05-652 Przęsławice MZ 80 Ve 37
72-010 Przęsocin ZP 36 Pd 27
07-305 Przeździecko-Grzymki MZ 57 Xb 31
59-610 Przeździedza DS 85 Qe 42
12-160 Przeździęk Mały WM 56 Ve 28
12-160 Przeździęk Wielki WM 56 Ve 28
62-081 Przeźmierowo WP 63 Re 34
83-304 Przodkowo PM 29 Tb 22
34-381 Przybędza SL 106 Ua 51
72-304 Przybiernowo ZP 37 Qb 25
72-110 Przybiernów ZP 37 Pe 26
72-300 Przybiernówko ZP 37 Qa 25
78-460 Przybkowo ZP 38 Rb 26
78-600 Przybkowo ZP 51 Rd 29
28-210 Przyborowice SK 92 Wb 44
66-620 Przyborowice LB 72 Pf 37
09-142 Przyborowice-Dolne MZ 67 Vc 33
09-142 Przyborowice-Górne MZ 67 Vd 33
07-302 Przyborowie MZ 57 We 31
18-507 Przyborowo PD 46 Xa 27
63-840 Przyborowo WP 75 Rf 38
64-500 Przyborowo WP 62 Rd 33
32-823 Przyborów MA 101 Vd 48
34-340 Przyborów SL 107 Uc 51
56-160 Przyborów DS 74 Rc 40
66-436 Przyborów LB 60 Pe 33
67-100 Przyborów LB 73 Qe 38
64-500 Przyborówko WP 62 Rd 33
73-150 Przyborze ZP 38 Qd 26
09-150 Przybójewo-Nowe MZ 67 Vc 34



Przybójewo-Nowe I 189

09-150 Przybójewo-Stare MZ 67 Vc 34
38-471 Przybówka PK 110 Wd 50
34-108 Przybradz MA 99 Uc 49
87-710 Przybranowo KP 53 Td 32
87-710 Przybranówek KP 53 Td 32
78-421 Przybrda ZP 39 Rf 26
62-090 Przybroda WP 62 Rd 33
64-710 Przybychowo WP 51 Re 31
59-424 Przybyłowice DS 85 Ra 42
82-340 Przybyłowo WM 31 Ud 23
62-640 Przybyłów WP 65 Te 35
98-405 Przybyłów LD 76 Tb 40
66-010 Przybymierz LB 73 Qc 38
42-310 Przybynów SL 89 Ub 45
73-231 Przybysław ZP 49 Qc 30
88-133 Przybysław KP 53 Td 32
21-080 Przybysławice LU 81 Xb 40
27-530 Przybysławice SK 92 We 44
32-046 Przybysławice MA 100 Uf 47
32-241 Przybysławice MA 100 Va 46
33-273 Przybysławice MA 101 Ve 48
63-440 Przybysławice WP 76 Se 38
26-803 Przybyszew MZ 80 Vf 39
64-115 Przybyszewo WP 74 Rc 38
26-200 Przybyszowy SK 91 Vb 41
29-130 Przybyszów SK 90 Uf 45
63-600 Przybyszów WP 76 Sf 41
67-410 Przybyszów LB 74 Ra 37
97-524 Przybyszów LD 90 Ud 42
36-072 Przybyszówka PK 103 Wf 48
95-047 Przybyszyce LD 78 Uf 38
13-230 Przybyszyn PD 70 Xd 33
21-560 Przychody LU 82 Xd 37
42-436 Przychody SL 100 Ue 46
37-300 Przychojec PK 103 Xc 47
59-330 Przychowa DS 74 Rc 40
06-550 Przychód MZ 55 Va 30
66-627 Przychów LB 72 Pf 37
67-400 Przyczyna Górna LB 74 Rb 38
74-204 Przydarłów ZP 49 Pf 30
33-318 Przydonica MA 109 Ve 50
48-325 Przydroże-Małe OP 97 Sd 46
26-910 Przydworzyce MZ 80 Wc 38
97-330 Przygłów LD 78 Ue 40
08-125 Przygody MZ 69 Xb 35
63-421 Przygodzice WP 76 Se 39
63-421 Przygodziczki WP 76 Sf 39
57-431 Przygórze DS 86 Rd 45
29-100 Przygradów SK 90 Va 44
83-331 Przyjaźń PM 29 Tc 23
74-503 Przyjezierze ZP 48 Pc 31
88-320 Przyjezierze KP 64 Ta 33
62-590 Przyjma WP 64 Ta 35
26-085 Przyjmo SK 91 Vd 43
07-302 Przyjmy MZ 57 Wf 31
07-308 Przyjmy MZ 69 We 32
62-731 Przykona WP 77 Td 37
11-030 Przykop WM 44 Vd 27
39-340 Przykop PK 102 Wc 46
19-300 Przykopka WM 46 Xc 25
08-420 Przykory MZ 81 We 37
08-550 Przykwa LU 81 Wf 38
36-043 Przylasek PK 103 Wf 49
68-113 Przylaski LB 73 Qc 38
66-015 Przylep LB 73 Qc 37
72-005 Przylep ZP 48 Pc 28
49-332 Przylesie OP 87 Sc 44
49-200 Przylesie Dolne OP 87 Sc 44
97-570 Przyłanki LD 90 Uf 42
58-130 Przyłęgów DS 86 Rc 43
28-330 Przyłęczek SK 101 Vb 45
66-500 Przyłęg LB 49 Qc 31
08-450 Przyłęk MZ 81 Wd 38
26-333 Przyłęk LD 90 Va 41
26-704 Przyłęk MZ 81 We 41
28-330 Przyłęk SK 101 Vb 45
42-445 Przyłęk SL 90 Ue 44
57-256 Przyłęk DS 96 Re 45
36-106 Przyłęk Górny PK 102 Wd 47
64-980 Przyłęki WP 50 Rc 31
86-005 Przyłęki KP 52 Sf 30
34-331 Przyłęków SL 107 Ub 51
26-212 Przyłogi SK 91 Vc 42
05-600 Przyłom MZ 80 Wa 37
07-217 Przyłubie MZ 68 Wb 33
62-560 Przyłubie WP 65 Tc 34
86-050 Przyłubie KP 53 Tb 30
42-425 Przyłubsko SL 100 Ud 45
23-415 Przymiarki LU 104 Xe 46
37-530 Przymiarki PK 104 Xd 47
42-256 Przymiłowice SL 89 Ub 44
89-506 Przymuszewo KP 40 Sd 27
66-540 Przynotecko LB 50 Qe 32
21-136 Przypisówka LU 82 Xd 39
64-360 Przyprostynia WP 62 Qf 35
62-831 Przyranie WP 76 Tb 37
28-330 Przyrąb SK 101 Vb 46
89-520 Przyrowa KP 40 Se 27
42-248 Przyrów SL 90 Ud 44
46-060 Przysiecz OP 97 Sf 45
62-100 Przysieczyn WP 51 Sb 32
87-134 Przysiek KP 53 Td 30
88-210 Przysiek KP 65 Td 32
32-241 Przysieka MA 100 Uf 46
62-100 Przysieka WP 51 Sa 32
62-212 Przysieka WP 63 Sd 33
66-542 Przysieka LB 49 Qd 32
64-030 Przysieka Polska WP 62 Rd 36
38-207 Przysieki PK 109 Wc 50
86-122 Przysiersk KP 41 Tb 28
33-342 Przysietnica MA 108 Vd 51
36-200 Przysietnica PK 110 Xa 50
38-607 Przysłup PK 111 Xc 53
06-330 Przysowy MZ 56 Vf 29
28-300 Przysów SK 90 Vb 44
62-874 Przystajnia WP 76 Tb 39
42-141 Przystajń SL 89 Te 43
26-415 Przystałowice-Duże MZ 79 Ve 40
26-411 Przystałowice-Małe MZ 79 Vd 40
62-045 Przystanki WP 62 Rc 33
07-416 Przystań MZ 56 Wc 30
16-515 Przystawańce PD 35 Yb 23
16-130 Przystawka PD 47 Yb 28
76-142 Przystawy ZP 27 Rc 23
78-450 Przystawy ZP 39 Rc 25
58-210 Przystronie DS 86 Re 44
62-610 Przystronie WP 65 Td 34
26-400 Przysucha MZ 79 Vd 40
34-606 Przyszowa MA 108 Vd 51
44-178 Przyszowice SL 99 Te 47
37-433 Przyszów PK 103 Wf 46
83-441 Przytarnia PM 40 Sf 25
34-130 Przytkowice MA 100 Ue 49
77-223 Przytocko PM 27 Rf 24
66-340 Przytoczna LB 61 Qe 33
63-505 Przytocznica WP 76 Ta 40
21-146 Przytoczno LU 81 Xb 39
66-002 Przytok LB 73 Qd 37
73-155 Przytoń ZP 38 Qd 27
78-506 Przytoń ZP 38 Qf 27
72-600 Przytór ZP 36 Pc 25
19-100 Przytulanka PD 58 Xf 28
06-212 Przytuły MZ 56 Wa 30
11-610 Przytuły WM 34 Wf 24
18-423 Przytuły PD 58 Xb 28
19-300 Przytuły WM 46 Xc 25
18-423 Przytuły-Kolonia PD 58 Xb 28
26-650 Przytyk MZ 80 Vf 40
34-483 Przywarówka MA 107 Ud 51
83-047 Przywidz PM 29 Tb 23
99-232 Przywidz LD 77 Te 38
06-460 Przywilcz MZ 56 Vd 30
87-513 Przywitowo KP 54 Ud 30
74-210 Przywodzie ZP 49 Qa 30
46-050 Przywory OP 98 Sf 45
98-410 Przywory LD 88 Tb 41
08-113 Przywory Duże MZ 69 Xb 36
98-324 Przywóz LD 89 Te 42
08-300 Przywózki MZ 69 Xb 34
55-140 Przywsie DS 74 Rf 39
62-045 Psarskie WP 62 Rb 33
63-100 Psarskie WP 63 Rf 36
07-215 Psary MZ 68 Wb 32
26-332 Psary LD 79 Va 40
29-145 Psary SK 90 Ue 44
32-545 Psary MA 100 Ud 47
42-287 Psary SL 89 Tf 45
42-512 Psary SL 99 Ua 46
51-180 Psary DS 86 Sa 41
55-200 Psary DS 87 Sc 43
56-209 Psary DS 74 Rd 39
62-620 Psary WP 65 Te 34
62-731 Psary WP 77 Td 37
63-405 Psary WP 76 Ta 39
87-860 Psary KP 65 Ua 34
99-205 Psary LD 77 Ua 37
99-423 Psary LD 66 Ud 36
26-010 Psary-Kąty SK 91 Vf 43
62-300 Psary Polskie WP 64 Sd 34
26-010 Psary-Stara Wieś SK 91 Vf 43
78-550 Psie Głowy ZP 38 Rb 28
51-376 Psie Pole DS 86 Sa 42
38-120 Pstrągowa PK 102 We 49
38-124 Pstrągówka PK 110 Wd 49
44-284 Pstrążna SL 98 Tc 48
57-350 Pstrążna DS 96 Rc 46
98-161 Pstrokonie LD 77 Tf 39
32-200 Pstroszyce II MA 100 Uf 46
74-230 Pstrowice ZP 49 Pf 30
05-190 Psucin MZ 68 Ve 33
46-333 Psurów OP 88 Td 43
43-200 Pszczyna SL 99 Tf 49
38-713 Pszczeliny PK 111 Xd 54
43-600 Pszczelnik SL 99 Ub 47
74-300 Pszczelnik ZP 49 Pe 31
66-330 Pszczew LB 61 Qe 34
46-220 Pszczonki OP 88 Tb 42
99-420 Pszczonów LD 78 Uf 37
18-204 Pszczółczyn PD 58 Xe 30
89-210 Pszczółczyn KP 52 Sf 30
06-460 Pszczółki MZ 56 Vd 30
83-032 Pszczółki PM 29 Te 23
97-425 Pszczółki LD 77 Ua 40
46-115 Pszeniczna OP 87 Sd 42
58-100 Pszenno DS 86 Rd 43
44-370 Pszów SL 98 Tc 48
18-525 Ptaki PD 57 We 28
42-674 Ptakowice SL 99 Te 46
33-333 Ptaszkowa MA 109 Vf 51
98-161 Ptaszkowice LD 77 Tf 39
62-065 Ptaszkowo WP 62 Rc 35
58-400 Ptaszków DS 85 Ra 44
88-190 Pturek KP 52 Sf 31
77-416 Ptusza WP 51 Re 28
83-400 Puc PM 29 Ta 24
21-560 Puchacze LU 82 Xf 36
37-620 Puchacze PK 104 Yb 47
21-013 Puchaczów LU 82 Xf 41
17-120 Puchały Stare PD 70 Xf 33
17-210 Puchły PD 59 Yc 31
21-205 Puchowa Góra LU 83 Ya 38
72-105 Pucice ZP 37 Pe 28
16-101 Puciłki PD 47 Yd 28
84-100 Puck PM 29 Tc 20
95-083 Puczniew LD 77 Ua 38
08-210 Puczyce MZ 70 Xe 35
63-842 Pudliszki WP 75 Rf 38
99-200 Pudłówek LD 77 Tf 38
97-545 Pudzików LD 90 Ud 41
22-650 Pukarzów LU 105 Yd 45
97-532 Pukarzów LD 90 Ue 43
96-200 Pukinin LD 79 Vb 38
23-440 Pulczynów LU 94 Xe 45
24-130 Pulki LU 81 Xa 40
17-132 Pulsze PD 58 Ya 31
24-100 Puławy LU 81 Wf 40
38-480 Puławy PK 110 Wf 52
18-210 Pułazie-Świerże PD 58 Xd 31
82-112 Pułkownikówka PM 30 Tf 23
06-100 Pułtusk MZ 68 Wa 32
43-400 Puńców SL 106 Td 50
16-515 Puńsk PD 35 Yb 23
11-042 Pupki WM 43 Vb 25
18-525 Pupki PD 57 We 28
07-437 Pupkowizna MZ 57 Wd 28
11-030 Purda WM 44 Ve 26
11-030 Purdka WM 44 Ve 26
13-240 Purgałki WM 55 Vb 29
08-119 Purzec MZ 70 Xb 35
06-460 Purzyce MZ 55 Vd 30
09-303 Purzyce MZ 54 Ue 30
87-423 Pusta Dąbrówka KP 54 Ub 29
78-113 Pustary ZP 26 Qd 24
05-305 Pustelnik MZ 68 Wc 35
21-065 Pustelnik LU 94 Xe 42
59-420 Pustelnik DS 85 Ra 43
89-651 Pustki PM 40 Sf 25
63-500 Pustkowie WP 76 Sf 40
42-350 Pustkowie Lgockie SL 99 Ub 45
72-345 Pustkowo ZP 37 Pf 24
70-200 Pustkowo ZP 38 Ra 24
39-205 Pustków PK 102 Wc 48
46-042 Pustków OP 88 Tb 44
55-040 Pustków Wilczkowski DS 86 Rf 43
55-040 Pustków Żurawski DS 86 Rf 43
11-731 Pustniki WM 44 Wa 25
77-223 Pustowo PM 27 Re 24
39-200 Pustynia PK 102 Wc 48
38-422 Pustyny PK 110 Wf 51
09-204 Puszcza MZ 54 Ue 31
96-330 Puszcza Mariańska MZ 79 Vc 37
87-500 Puszcza-Miejska KP 54 Uc 30
87-500 Puszcza-Rządowa KP 54 Uc 30
62-040 Puszczykowo WP 63 Rf 35
64-061 Puszczykowo WP 62 Rc 36
62-040 Puszczykówko WP 63 Rf 35
24-300 Puszno Skokowskie LU 93 Xa 42
48-317 Puszyna OP 97 Sd 46
17-312 Putkowice-Nadolne PD 70 Xd 34
17-312 Putkowice-Nagórne PD 70 Xd 34
22-120 Putnowice-Kolonia LU 95 Yd 43
22-120 Putnowice Wielkie LU 95 Ye 43
07-306 Puzdrowizna MZ 57 We 32
83-340 Puzdrowo PM 28 Sf 22
08-400 Puznów MZ 81 Wd 37
08-440 Puznówka MZ 81 Wd 37
66-130 Pyrnik LB 73 Qe 37
38-120 Pyrówki PK 102 We 49
66-460 Pyrzany LB 60 Pf 33
42-625 Pyrzowice SL 99 Ua 46
73-260 Pyrzycka ZP 49 Qc 30
44-120 Pyskowice SL 98 Td 46
59-500 Pyskowice DS 85 Qf 41
63-100 Pysząca WP 62 Sa 36
58-130 Pyszczyn DS 86 Rd 43
62-200 Pyszczyn WP 64 Sd 33
86-022 Pyszczyn KP 52 Ta 29
87-851 Pyszkowo KP 65 Tf 34
98-275 Pyszków LD 77 Te 40
37-403 Pysznica PK 103 Xa 45
97-360 Pytowice LD 90 Uc 41
62-310 Pyzdry WP 64 Se 35
34-404 Pyzówka MA 107 Uf 51


## Q

–

## R


77-143 Rabacino PM 28 Sd 24
34-730 Raba Niżna MA 107 Va 51
34-721 Raba Wyżna MA 107 Uf 51
38-710 Rabe PK 111 Xd 52
07-405 Rabędy MZ 57 We 30
07-120 Rabiany MZ 69 We 34
22-600 Rabinówka LU 105 Yc 46
34-700 Rabka-Zdrój MA 108 Uf 51
62-200 Rabowice WP 62 Sa 34
32-300 Rabszyn MA 100 Ud 47
63-220 Racendów WP 76 Sd 37
16-124 Racewo PD 47 Yc 28
22-640 Rachanie LU 105 Yd 45
87-811 Rachcin KP 54 Ua 32
22-442 Rachodoszcze LU 94 Yb 45
62-709 Rachowa WP 76 Tc 37
44-156 Rachowice SL 98 Tc 47
82-325 Rachowo WM 42 Uc 24
32-130 Rachwałowice MA 101 Vd 47
89-500 Raciąż KP 40 Se 27
87-721 Raciążek KP 53 Te 31
22-135 Raciborowice LU 95 Ye 43
32-091 Raciborowice MA 100 Va 48
97-310 Raciborowice LD 78 Ue 39
59-720 Raciborowice Dolne DS 85 Qe 41
59-720 Raciborowice Górne DS 85 Qe 41
22-135 Raciborowice-Kolonia LU 95 Ye 43
99-300 Raciborów LD 66 Uc 35
32-020 Raciborsko MA 100 Va 49
05-555 Racibory MZ 80 Vf 37
19-213 Racibory-Jurgi PD 58 Xc 28
12-140 Racibórz WM 44 Wb 27
47-400 Racibórz SL 98 Tb 48
88-150 Racice KP 65 Tb 33
32-415 Raciechowice MA 108 Va 49
62-610 Racięcice WP 65 Tc 35
72-111 Racimierz ZP 36 Pd 26
77-330 Raciniewo PM 39 Sa 26
86-260 Raciniewo KP 53 Tc 29
49-315 Raciszów OP 87 Sd 43
98-355 Raciszyn LD 89 Tf 42
66-432 Racław LB 49 Qa 32
32-049 Racławice MA 100 Ue 47
32-222 Racławice MA 101 Vb 47
37-400 Racławice PK 103 Xb 45
38-323 Racławice MA 109 Wb 50
63-522 Racławice WP 76 Tb 39
48-250 Racławice Śląskie OP 97 Se 47
55-040 Racławice Wielkie DS 86 Rf 43
47-370 Racławiczki OP 97 Se 46
89-620 Racławki PM 40 Se 26
36-047 Racławówka PK 103 Wf 48
64-000 Racot WP 63 Re 36
66-004 Racula LB 73 Qd 37
16-420 Raczki PD 46 Xe 25
38-507 Raczkowa PK 110 Xb 51
59-241 Raczkowa DS 85 Rb 42
42-265 Raczkowice SL 90 Ud 43
62-285 Raczkowo WP 63 Sb 33
98-290 Raczków LD 77 Td 38
28-114 Raczyce SK 101 Vf 45
57-210 Raczyce DS 86 Sa 44
63-430 Raczyce WP 75 Sd 39
64-820 Raczyn WP 51 Sa 30
98-310 Raczyn LD 88 Td 41
08-109 Raczyny MZ 70 Xd 35
09-300 Raczyny MZ 54 Ue 30
69-220 Radachów LB 60 Pf 34
78-446 Radacz ZP 39 Rd 26
73-200 Radaczewo ZP 49 Qc 29
55-330 Radakowice DS 86 Re 42
86-150 Radańska KP 41 Tc 27
37-523 Radawa PK 104 Xe 48
46-048 Radawie OP 88 Tb 44
21-030 Radawiec Duży LU 93 Xc 41
77-400 Radawnica WP 39 Rf 28
21-210 Radcze LU 82 Xf 38
56-120 Radecz DS 74 Re 41
22-463 Radecznica LU 94 Xe 44
26-422 Radestów MZ 79 Ve 41
66-520 Radęcin LB 50 Qf 30
33-207 Radgoszcz MA 102 Wa 47
64-400 Radgoszcz WP 61 Qf 33
26-060 Radkowice SK 91 Vc 44
27-225 Radkowice SK 92 Wa 43
22-652 Radków LU 105 Yf 46
29-135 Radków SK 90 Uf 44
57-420 Radków DS 96 Rd 45
62-865 Radliczyce WP 76 Tc 38
24-350 Radlin LU 93 Xb 42
26-008 Radlin SK 91 Ve 43
44-310 Radlin SL 98 Tc 48
63-200 Radlin WP 63 Sd 36
63-040 Radliniec WP 64 Sc 36
55-216 Radłowice DS 86 Sa 43
88-170 Radłowo KP 52 Ta 32
32-130 Radłów MA 101 Vd 48
33-130 Radłów MA 101 Vf 48
46-331 Radłów OP 88 Td 43
63-400 Radłów WP 76 Se 38
88-100 Radłówek KP 53 Tb 32
59-600 Radłówka DS 84 Qd 42
66-600 Radnica LB 61 Qb 36
57-540 Radochów DS 96 Re 46
34-100 Radocza MA 100 Uc 49
83-221 Radogoszcz PM 41 Tc 26
88-101 Radojewice KP 53 Tc 32
61-680 Radojewo WP 63 Rf 34
64-980 Radolin WP 51 Rd 30
62-590 Radolina WP 64 Ta 35
64-700 Radolinek WP 51 Rd 31
26-610 Radom MZ 80 Wa 40
64-630 Radom WP 51 Re 31
26-026 Radomice SK 91 Ve 44
59-610 Radomice DS 85 Qd 43
87-600 Radomice KP 54 Ua 32
64-111 Radomicko WP 74 Rd 37
66-614 Radomicko LB 60 Pf 36
46-030 Radomierowice OP 88 Ta 43
58-520 Radomierz DS 85 Qf 43


**190** | Przybójewo-Stare

28-404 Rębów SK 91 Vd 45
73-240 Rębusz ZP 49 Qd 30
97-510 Ręczno LD 90 Uf 41
59-901 Ręczyn DS 84 Pf 42
76-200 Rędzikowo PM 28 Sa 22
51-050 Rędzin DS 86 Rf 41
34-300 Rędzina SL 106 Ub 50
46-380 Rędzina OP 88 Td 44
42-242 Rędziny SL 89 Ub 43
58-400 Rędziny DS 85 Qf 44
97-532 Rędziny LD 90 Ud 43
32-218 Rędziny-Borek MA 100 Vb 46
55-106 Rędziszowice DS 87 Sb 41
09-213 Rękawczyn MZ 54 Ud 32
97-212 Rękawiec LD 79 Va 38
97-310 Rękoraj LD 78 Ud 39
26-910 Rękowice MZ 80 Wb 38
55-050 Ręków DS 86 Rf 43
42-274 Rększowice SL 89 Ua 44
59-330 Ręszów DS 74 Rc 40
87-404 Rętwiny KP 54 Ub 30
62-650 Rgielew WP 65 Tf 35
62-100 Rgielsko WP 51 Sb 32
64-030 Robaczyn WP 74 Rd 37
62-023 Robakowo WP 62 Sa 35
84-242 Robakowo PM 29 Ta 21
86-212 Robakowo KP 53 Td 28
98-270 Robaszew LD 77 Td 40
64-130 Robczysko WP 74 Re 38
09-541 Robertów MZ 66 Ue 35
14-400 Robity WM 43 Ue 24
37-742 Robotycze PK 111 Xd 51
78-120 Robuń ZP 38 Qe 24
72-330 Roby ZP 26 Qb 24
06-550 Rochnia MZ 55 Vb 30
57-160 Rochowice DS 86 Rf 43
48-300 Rochus OP 97 Sc 46
34-120 Roczyny MA 107 Ub 49
32-310 Rodaki MA 100 Ud 46
11-410 Rodele WM 33 Wc 23
11-200 Rodnowo WM 32 Vd 23
14-500 Rodowo WM 31 Uf 22
82-550 Rodowo PM 42 Ub 26
14-200 Rodzone WM 43 Ud 27
17-332 Rogacze PD 71 Yb 33
64-010 Rogaczewo-Małe WP 63 Re 36
64-010 Rogaczewo-Wielkie WP 63 Rf 36
14-400 Rogajny WM 43 Ue 24
19-504 Rogajny WM 34 Xd 23
12-120 Rogale WM 44 Wa 26
18-520 Rogale PD 57 Xb 28
19-330 Rogale WM 45 Xb 25
19-520 Rogale WM 34 Xa 23
12-230 Rogale Wielkie WM 46 Xb 27
49-315 Rogalice OP 87 Sd 43
22-525 Rogalin LU 95 Za 43
62-050 Rogalin WP 63 Rf 35
89-412 Rogalin KP 52 Sd 28
62-050 Rogalinek WP 63 Rf 35
78-300 Rogalino ZP 38 Qf 26
29-105 Rogalów SK 90 Va 43
63-500 Rogaszyce WP 76 Sf 40
22-145 Rogatka LU 95 Yf 42
32-712 Rogatka MA 101 Vd 48
76-200 Rogawica PM 28 Sa 21
17-300 Rogawka PD 70 Xe 34
38-430 Rogi PK 110 We 51
47-200 Rogi OP 98 Ta 46
49-156 Rogi OP 87 Sd 45
97-525 Rogi LD 90 Ue 43
11-135 Rogiedle WM 43 Vb 24
09-212 Rogienice MZ 54 Ue 32
29-100 Rogienice SK 90 Va 44
18-516 Rogienice-Wielkie PD 57 Xa 29
18-516 Rogienice-Wypychy PD 57 Xa 29
14-500 Rogity WM 31 Uf 22
19-411 Rogojny WM 46 Xb 24
09-210 Rogotwórsk MZ 67 Va 32
26-080 Rogowice SK 91 Vd 42
44-362 Rogowiec SL 98 Tc 49
09-440 Rogowo MZ 67 Va 33
09-454 Rogowo MZ 67 Va 33
14-140 Rogowo WM 43 Ue 26
14-400 Rogowo WM 31 Ud 24
16-070 Rogowo PD 58 Xf 30
72-314 Rogowo ZP 37 Qc 27
72-330 Rogowo ZP 26 Qc 24
78-200 Rogowo ZP 38 Ra 25
87-148 Rogowo KP 53 Te 30
87-515 Rogowo KP 54 Uc 31
88-420 Rogowo KP 52 Sd 32
72-343 Rogozina ZP 37 Qa 24
66-320 Rogoziniec LB 61 Qe 35
44-240 Rogoźna SL 98 Td 48
21-560 Rogoźnica LU 70 Xf 36
36-060 Rogoźnica PK 103 Wf 48
58-150 Rogoźnica DS 85 Rb 42
34-471 Rogoźnik MA 107 Uf 52
42-580 Rogoźnik SL 99 Ua 46
59-243 Rogoźnik DS 85 Rc 41
64-610 Rogoźno WP 51 Sa 32
98-170 Rogoźno LD 77 Tf 40
55-114 Rogoż DS 86 Sa 41
48-133 Rogożany OP 97 Sf 48
09-500 Rogożewek MZ 66 Ud 34
63-930 Rogożewo WP 75 Sa 38
08-307 Rogów MZ 70 Xc 34
22-425 Rogów LU 95 Yd 44
24-313 Rogów LU 93 Wf 41
26-200 Rogów SK 91 Vc 41
26-503 Rogów MZ 91 Wa 41
28-520 Rogów SK 101 Ve 47
44-362 Rogów SL 98 Tc 49
95-063 Rogów LD 78 Uf 38
16-070 Rogówek PD 58 Xf 30
73-155 Rogówko ZP 38 Qd 27
87-122 Rogówko KP 53 Te 30
87-515 Rogówko KP 54 Uc 31
59-230 Rogów Legnicki DS 86 Rc 41
47-303 Rogów Opolski OP 98 Sf 45
55-050 Rogów Sobócki DS 86 Re 43
07-300 Rogóźnia MZ 57 Wf 32
37-413 Rogóźnia PK 103 Xd 46
21-075 Rogóźno LU 82 Xf 40
22-600 Rogóźno LU 105 Yc 46
86-318 Rogóźno KP 42 Tf 27
95-001 Rogóźno LD 78 Uc 37
99-434 Rogóźno LD 66 Ue 36
22-600 Rogóźno-Kolonia LU 105 Yc 46
86-318 Rogóźno-Zamek KP 42 Tf 27
11-100 Rogóż WM 32 Vd 24
13-124 Rogóż WM 55 Vb 28
37-100 Rogóżno PK 103 Xc 48
07-120 Roguszyn MZ 69 Wf 34
14-310 Roje WM 43 Va 25
88-111 Rojewice KP 53 Tb 31
66-300 Rojewo LB 61 Qd 33
87-515 Rojewo KP 54 Uc 31
88-111 Rojewo KP 53 Tb 31
64-130 Rojęczyn WP 74 Re 38
63-500 Rojów WP 76 Sf 40
09-228 Rokicie MZ 54 Uc 32
09-414 Rokicie MZ 66 Uc 33
47-150 Rokicie OP 98 Tb 46
97-221 Rokiciny LD 78 Ue 39
97-221 Rokiciny-Kolonia LD 78 Ue 39
34-700 Rokiciny Podhalańskie MA 107 Uf 51
37-562 Rokietnica PK 104 Xd 49
62-090 Rokietnica WP 63 Re 33
72-110 Rokita ZP 37 Pf 26
59-225 Rokitki DS 73 Qf 40
77-123 Rokitki PM 28 Se 22
83-112 Rokitki PM 41 Te 24
26-420 Rokitnica MZ 79 Vc 38
41-813 Rokitnica SL 99 Te 46
59-500 Rokitnica DS 85 Qf 42
66-213 Rokitnica LB 61 Qc 35
83-021 Rokitnica PM 29 Te 23
11-106 Rokitnik WM 32 Ve 24
21-100 Rokitno LU 82 Xe 40
21-504 Rokitno LU 71 Yb 36
22-678 Rokitno LU 105 Ye 46
42-445 Rokitno SL 100 Ue 45
66-340 Rokitno LB 61 Qd 33
05-870 Rokitno-Majątek MZ 67 Ve 35
42-450 Rokitno Szlacheckie SL 100 Uc 46
23-465 Rokitów LU 94 Xe 44
74-204 Rokity ZP 49 Pe 30
77-123 Rokity PM 28 Se 22
63-800 Rokosowo WP 75 Rf 38
78-314 Rokosowo ZP 38 Qe 25
96-513 Rokotów MZ 67 Vb 35
37-741 Rokszyce PK 111 Xd 50
97-371 Rokszyce LD 78 Ud 40
97-371 Rokszyce Szkolne LD 78 Ud 40
63-300 Rokutów WP 76 Sf 37
34-484 Rola MA 107 Ud 51
89-634 Rolbik PM 40 Sd 25
21-400 Role LU 82 Xc 37
77-207 Role PM 28 Sa 24
14-300 Rolnowo WM 43 Uf 25
11-210 Romankowo WM 32 Wa 23
16-503 Romanowce PD 35 Yb 24
06-425 Romanowo MZ 56 Wa 31
63-000 Romanowo WP 63 Sb 35
64-700 Romanowo Dolne WP 51 Rd 31
64-700 Romanowo Górne WP 51 Rd 31
21-505 Romanów LU 71 Ya 35
21-518 Romanów LU 83 Yc 38
22-375 Romanów LU 94 Ya 43
26-660 Romanów MZ 80 Wa 39
57-130 Romanów DS 86 Sa 44
63-700 Romanów WP 75 Sc 38
95-030 Romanów LD 78 Ud 39
16-124 Romanówka PD 47 Yb 27
17-300 Romanówka PD 70 Xf 34
22-610 Romanówka LU 105 Yc 45
27-620 Romanówka SK 92 We 44
97-340 Romanówka LD 78 Ud 41
12-100 Romany WM 44 Vf 27
18-520 Romany PD 57 Xb 28
06-300 Romany-Sebory MZ 56 Vf 30
99-335 Romartów LD 66 Ub 36
21-533 Romaszki LU 82 Ya 38
09-214 Romatowo MZ 54 Ud 32
83-130 Rombark PM 41 Td 25
19-124 Romejki PD 47 Xf 28
72-410 Ronica ZP 37 Pf 26
76-113 Ronino ZP 27 Rd 22
38-312 Ropa MA 109 Wa 51
39-100 Ropczyce PK 102 Wd 48
06-400 Ropele MZ 56 Vd 31
38-454 Ropianka PK 110 Wd 52
38-307 Ropica Grn. MA 109 Wb 51
38-300 Ropica Polska MA 109 Wa 51
38-711 Ropienka PK 111 Xc 51
38-316 Ropki MA 109 Wa 52
95-100 Rosanów LD 78 Uc 37
28-530 Rosiejów SK 101 Vb 47
66-200 Rosin LB 61 Qd 36
74-210 Rosiny ZP 49 Qa 30
64-730 Rosko WP 50 Rb 31
21-500 Roskosz LU 71 Ya 36
22-175 Roskosz LU 95 Ye 42
74-510 Rosnowo ZP 48 Pd 31
76-042 Rosnowo ZP 38 Rb 24
62-052 Rosnówko WP 63 Re 35
26-420 Rosocha MZ 79 Vd 39
62-590 Rosocha WP 64 Ta 35
76-010 Rosocha ZP 27 Rd 24
97-319 Rosocha LD 78 Ue 39
19-400 Rosochackie WM 46 Xc 24
59-216 Rosochata DS 85 Rb 41
18-220 Rosochate Kościelne PD 58 Xc 31
89-530 Rosochatka KP 41 Ta 26
16-503 Rosochaty Róg PD 47 Ya 24
06-560 Rosochy MZ 55 Vc 31
27-500 Rosochy SK 92 Wc 44
46-320 Rosochy OP 88 Tc 42
05-319 Rososz MZ 69 We 36
07-311 Rososz MZ 57 Wd 31
08-500 Rososz LU 81 Wf 38
98-160 Rososza SL 77 Ua 39
05-650 Rososzka MZ 80 Wb 37
57-220 Rososznica DS 86 Rf 45
63-405 Rososzyca WP 76 Ta 39
21-533 Rossosz LU 83 Ya 37
98-290 Rossoszyca SL 77 Te 38
62-068 Rostarzewo WP 62 Rb 36
19-500 Rostek WM 34 Xb 23
06-220 Rostki MZ 56 Wb 31
07-106 Rostki MZ 69 Xa 33
09-120 Rostki MZ 67 Ve 33
12-200 Rostki WM 45 Wf 26
18-520 Rostki PD 57 Xb 28
12-250 Rostki Skomackie WM 45 Xa 26
09-450 Rostkowice MZ 67 Vb 34
48-217 Rostkowice OP 97 Se 46
06-415 Rostkowo MZ 56 Ve 30
62-540 Rostoka WP 64 Tb 34
16-061 Rostołty PD 59 Ya 31
62-090 Rostworowo WP 63 Re 33
21-450 Rosy LU 81 Xa 36
05-253 Roszczep MZ 68 Wb 34
84-352 Roszczyce PM 28 Se 20
18-100 Roszki PD 58 Xe 30
63-714 Roszki WP 75 Sd 38
97-220 Roszkowa Wola LD 79 Vc 39
46-220 Roszkowice OP 88 Tb 42
49-100 Roszkowice OP 87 Sd 45
49-315 Roszkowice OP 87 Se 43
62-085 Roszkowo WP 63 Sb 32
63-910 Roszkowo WP 75 Rf 38
83-000 Roszkowo PM 29 Te 23
47-450 Roszków SL 98 Tb 49
63-200 Roszków WP 75 Sc 37
63-910 Roszkówko WP 75 Rf 38
47-263 Roszowice OP 98 Tb 47
47-253 Roszowicki Las OP 98 Tb 47
37-740 Roszuszka PK 111 Xc 51
57-300 Roszyce DS 96 Rd 46
68-200 Rościce LB 72 Qa 39
89-115 Rościmin KP 52 Sc 29
74-300 Rościn ZP 48 Pe 31
62-085 Rościnno WP 63 Sa 32
78-200 Rościno ZP 38 Qf 25
55-120 Rościsławice DS 74 Rf 41
09-204 Rościszewo MZ 54 Ue 31
83-034 Rościszewo PM 29 Td 24
58-250 Rościszów DS 86 Rd 44
83-400 Rotembark PM 40 Sf 24
72-300 Rotnowo ZP 37 Qb 25
16-406 Rowele PD 35 Xf 22
44-240 Rowień SL 98 Td 48
21-580 Rowiny LU 83 Yb 37
07-120 Rowiska MZ 69 We 34
76-212 Rowy PM 27 Sa 21
82-520 Rozajny PM 42 Ua 27
05-282 Rozalin MZ 69 We 34
05-831 Rozalin MZ 68 Ve 36
39-460 Rozalin PK 102 We 46
42-165 Rozalin SL 89 Te 42
62-400 Rozalin WP 64 Sf 35
62-570 Rozalin WP 64 Ta 36
64-420 Rozbitek WP 62 Ra 33
21-523 Rozbitówka LU 83 Yd 37
08-311 Rozbity Kamień MZ 69 Xb 34
37-200 Rozbórz PK 103 Xd 48
37-560 Rozbórz-Długi PK 103 Xc 49
37-560 Rozbórz-Okrągły PK 103 Xc 49
22-424 Rozdoły LU 95 Yc 44
63-708 Rozdrażew WP 75 Sd 38
63-714 Rozdrażewek WP 75 Sd 38
13-100 Rozdroże WM 55 Vc 28
07-215 Rozdziały MZ 56 Wb 32
32-731 Rozdziele MA 108 Vc 50
38-305 Rozdziele MA 109 Wb 51
84-104 Rozewie PM 29 Tc 20
82-335 Rozgart WM 42 Ub 24
87-134 Rozgarty KP 53 Tc 30
22-120 Rozięcin LU 95 Yd 43
32-551 Rozkochów MA 100 Uc 48
47-344 Rozkochów OP 98 Sf 46
21-110 Rozkopaczew LU 82 Xf 40
22-510 Rozkoszówka LU 95 Yd 43
96-500 Rozlazłów MZ 67 Vb 35
84-219 Rozłazino PM 29 Sf 21
22-448 Rozłopy LU 94 Xf 44
47-171 Rozmierka OP 98 Tb 45
47-171 Rozmierz OP 98 Tb 45
26-910 Rozniszew MZ 80 Wb 38
11-731 Rozogi WM 44 Wa 26
12-114 Rozogi WM 45 Wc 28
82-500 Rozpędziny PM 42 Tf 26
89-240 Rozpętek KP 52 Sc 31
21-075 Rozpłucie I LU 82 Ya 40
97-340 Rozprza LD 78 Ud 41
38-535 Rozpucie PK 111 Xc 51
46-320 Rozterk OP 88 Tc 42
58-200 Roztocznik DS 86 Re 44
05-084 Roztoka MZ 67 Vd 35
22-114 Roztoka LU 95 Ye 42
34-606 Roztoka MA 108 Vc 51
58-173 Roztoka DS 85 Rb 43
83-047 Roztoka PM 29 Tb 23
33-318 Roztoka-Brzeziny MA 109 Ve 50
33-343 Roztoka Ryterska MA 108 Vd 52
33-383 Roztoka Wielka MA 109 Vf 52
57-530 Roztoki DS 96 Re 47
68-320 Roztoki LB 72 Qa 38
89-412 Roztoki KP 52 Sd 28
38-606 Roztoki Dolne PK 111 Xb 52
43-386 Roztropice SL 106 Tf 49
89-240 Roztrzębowo KP 52 Sd 30
48-130 Rozumice OP 98 Sf 48
21-307 Rozwadów LU 82 Xc 38
21-580 Rozwadówka LU 83 Yb 38
21-580 Rozwadówka-Folwark LU 83 Yb 38
26-434 Rozwady MZ 79 Vc 40
47-330 Rozwadza OP 98 Ta 46
72-511 Rozwarowo ZP 37 Pe 25
89-100 Rozwarzyn KP 52 Sd 30
77-310 Rozwory PM 39 Sa 27
09-300 Rozwozin MZ 55 Ue 30
97-415 Roździn LD 77 Ub 40
37-565 Roźwienica PK 104 Xd 49
05-622 Rożce MZ 79 Ve 37
22-100 Rożdżałów LU 95 Yd 42
98-290 Rożdżały SL 77 Te 38
26-337 Rożenek LD 90 Va 41
14-260 Rożental WM 43 Ue 27
83-130 Rożental PM 41 Te 25
22-335 Rożki LU 94 Xe 43
27-641 Rożki SK 92 Wd 44
97-403 Rożniatowice LD 78 Uc 40
37-205 Rożniatów PK 103 Xd 49
99-210 Rożniatów LD 65 Te 36
39-340 Rożniaty PK 102 Wc 46
47-161 Rożniątów OP 98 Tb 45
38-323 Rożnowice MA 109 Wa 50
64-600 Rożnowo WP 63 Rf 32
74-111 Rożnowo ZP 48 Pd 30
73-150 Rożnowo Łobeskie ZP 38 Qe 27
72-130 Rożnowo Nowogardzkie ZP 37 Pf 28
33-318 Rożnów MA 108 Ve 50
46-262 Rożnów OP 88 Ta 42
57-130 Rożnów DS 87 Sb 44
33-318 Rożnów Zapora MA 108 Vd 50
97-505 Rożny SL 89 Uc 42
37-700 Rożubowice PK 111 Xf 50
13-113 Róg WM 56 Ve 28
44-241 Rój SL 98 Td 48
74-312 Rów ZP 48 Pe 31
08-106 Rówce MZ 70 Xc 36
98-235 Równa LD 77 Td 39
05-282 Równe MZ 69 Wd 34
38-451 Równe PK 110 We 51
48-100 Równe OP 97 Se 47
78-450 Równe ZP 39 Rc 25
32-120 Równia MA 101 Vb 48
38-700 Równia PK 111 Xd 52
43-440 Równia SL 106 Te 50
22-330 Równianki LU 94 Xf 43
11-430 Równina Górna WM 33 Wb 23
74-320 Równo ZP 49 Qb 30
76-220 Równo PM 28 Sb 21
64-810 Równopole WP 51 Rf 30
22-671 Róża LU 104 Yb 46
39-216 Róża PK 102 Wb 48
62-400 Róża WP 64 Sf 35
64-300 Róża WP 62 Rb 34
95-082 Róża LD 78 Ub 39
06-230 Różan MZ 56 Wc 31
55-340 Różana DS 86 Rc 42
57-200 Różana DS 86 Re 45
23-420 Różaniec LU 104 Xf 46
23-420 Różaniec II LU 104 Xe 47
14-240 Różanka WM 42 Uc 26
22-211 Różanka LU 83 Yd 39
38-124 Różanka PK 102 We 49
57-530 Różanka DS 96 Rd 47
66-415 Różanki LB 49 Qb 32
87-148 Różankowo KP 53 Td 30
26-425 Różanna MZ 79 Vc 39
62-436 Różanna WP 64 Ta 33
86-122 Różanna KP 53 Tb 28
96-317 Różanów MZ 67 Vb 36
67-100 Różanówka LB 73 Qf 38
16-200 Różanystok PD 47 Yc 27
74-400 Różańsko ZP 48 Pe 31
21-450 Róża Podgórna LU 81 Xa 37


192 I Rębów

8-627 Różewo ZP 51 Rc 29
8-150 Różniaty KP 65 Tb 32
1-001 Różnowo WM 43 Vd 25
4-240 Różnowo WM 42 Uc 26
3-714 Różopole WP 75 Sd 38
5-040 Różyca LD 78 Ue 38
1-135 Różyn WM 43 Vc 24
1-210 Różyna WM 32 Wa 23
9-330 Różyna OP 87 Sd 44
9-706 Różyniec DS 73 Qe 41
1-008 Różynka WM 43 Vb 25
3-031 Różyny PM 29 Te 23
9-300 Różyńsk WM 46 Xa 26
9-500 Różyńsk Mały WM 34 Xa 23
9-335 Różyńsk Wielki WM 46 Xb 26
6-326 Rubcowo PD 47 Yc 26
2-300 Rubno WM 30 Uc 23
8-180 Rucewo KP 52 Ta 31
7-100 Ruchenka MZ 69 Xa 34
7-100 Ruchna MZ 69 Xa 34
2-067 Ruchocice WP 62 Rc 35
2-230 Ruchocin WP 64 Se 34
2-230 Ruchocinek WP 64 Se 34
2-220 Ruciane-Nida WM 45 Wd 27
4-420 Rucianka WM 31 Ue 23
8-311 Ruciany MZ 69 Xb 35
8-100 Ruczynów SK 101 Vf 46
5-255 Ruda MZ 68 Wa 34
8-180 Ruda MZ 66 Wc 35
5-555 Ruda MZ 80 Vf 37
8-455 Ruda MZ 81 Wf 38
1-513 Ruda WM 45 Wf 25
2-230 Ruda WM 45 Xa 27
9-111 Ruda PD 58 Xf 29
9-200 Ruda PD 46 Xd 27
1-413 Ruda LU 81 Xc 38
1-470 Ruda LU 81 Xb 38
2-110 Ruda LU 95 Yd 41
3-300 Ruda LU 93 Xc 44
6-713 Ruda MZ 92 Wc 41
7-230 Ruda SK 92 Wb 42
8-230 Ruda SK 102 Wb 46
7-433 Ruda PK 103 Wf 45
7-620 Ruda PK 105 Yc 47
7-621 Ruda PK 104 Yd 47
9-122 Ruda PK 102 We 48
7-420 Ruda SL 98 Tb 47
2-740 Ruda WP 65 Tc 36
3-760 Ruda WP 75 Sb 39
7-510 Ruda KP 51 Rf 32
6-302 Ruda KP 53 Te 28
7-510 Ruda KP 54 Ud 30
9-300 Ruda WP 52 Sb 30
7-540 Ruda LD 90 Uc 43
8-170 Ruda LD 77 Ua 40
8-200 Ruda LD 77 Te 39
8-300 Ruda LD 88 Td 41
6-225 Ruda Białaczowska SK 91 Vc 41
9-315 Ruda Dolna PK 102 Wc 47
2-110 Ruda-Huta LU 95 Yd 41
9-232 Ruda Jeżewska LD 77 Tf 38
2-840 Ruda Kameralna MA 109 Ve 50
2-110 Ruda-Kolonia LU 95 Yd 41
2-310 Ruda Komorska WP 64 Se 36
2-440 Ruda Kościelna SK 92 Wd 43
7-430 Ruda Kozielska SL 98 Tc 47
7-860 Ruda Lubieniecka KP 65 Ua 34
7-310 Ruda Łańcucka PK 103 Xc 47
6-242 Ruda Maleniecka SK 91 Vb 42
6-300 Ruda Milicka DS 75 Sc 39
2-110 Ruda-Opalin LU 95 Yd 41
6-234 Ruda Pilczycka SK 90 Va 42
5-307 Ruda-Pniewnik MZ 69 We 34
7-613 Ruda Różaniecka PK 104 Yb 47
8-516 Ruda-Skroda PD 57 Wf 29
3-400 Ruda Solska LU 104 Xd 46
6-300 Ruda Sułowska DS 75 Sa 39
8-400 Ruda Talubska MZ 81 Wf 37
8-470 Ruda Tarnowska MZ 80 Wc 38
7-408 Rudaw KP 54 Ua 30
8-425 Rudawa SK 101 Vd 46
2-064 Rudawa MA 100 Ue 48
8-340 Rudawa OP 97 Sc 46
6-160 Rudawa DS 74 Re 40
7-408 Rudawa DS 96 Rc 45

67-320 Rudawica LB 73 Qc 39
36-200 Rudawiec PK 110 Xa 50
63-308 Ruda Wieczyńska WP 64 Se 36
26-680 Ruda Wielka MZ 92 Wa 41
16-130 Rudawka PD 47 Yb 28
16-326 Rudawka MZ 47 Ya 27
37-740 Rudawka PK 111 Xc 50
08-117 Ruda Wolińska MZ 69 Xa 36
22-600 Ruda Wołoska LU 105 Yc 46
26-070 Ruda Zajączkowska SK 91 Vb 43
55-140 Ruda Żmigrodzka DS 75 Sa 40
22-680 Ruda Żurawiecka LU 105 Yd 46
38-722 Rudenka PK 111 Xc 52
66-200 Rudgerzowice LB 61 Qd 35
08-205 Rudka MZ 70 Xf 35
12-100 Rudka WM 44 Wa 27
17-123 Rudka PD 58 Xe 32
22-100 Rudka LU 95 Yc 42
22-110 Rudka LU 95 Yc 42
27-415 Rudka SK 92 Wb 43
33-122 Rudka MA 101 Vf 48
37-530 Rudka PK 104 Xd 47
97-525 Rudka LD 90 Ue 42
27-423 Rudka Bałtowska SK 92 Wd 42
21-110 Rudka Kijańska LU 82 Xf 40
21-025 Rudka Kozłowiecka LU 82 Xd 40
22-235 Rudka Łowiecka LU 83 Yc 40
18-516 Rudka-Skroda PD 57 Wf 29
21-109 Rudka Starościańska LU 82 Xf 39
23-213 Rudki LU 93 Xb 43
26-006 Rudki SK 92 Wa 43
26-704 Rudki MZ 81 We 41
28-225 Rudki SK 91 Vf 45
64-560 Rudki WP 62 Rc 33
64-800 Rudki WP 51 Rf 31
78-607 Rudki ZP 50 Rc 28
98-311 Rudlice LD 77 Td 41
14-500 Rudłowo WM 31 Ue 22
59-305 Rudna DS 74 Rb 39
66-435 Rudna LB 61 Qa 33
77-400 Rudna WP 51 Sb 29
89-320 Rudna WP 51 Sa 29
36-054 Rudna Mała PK 103 Wf 48
36-054 Rudna Wielka PK 103 Wf 48
56-210 Rudna Wielka DS 74 Re 39
58-262 Rudnica DS 86 Re 45
66-435 Rudnica LB 61 Qb 33
62-100 Rudnicze WP 51 Sa 32
95-015 Rudniczek LD 78 Ue 37
63-505 Rudniczysko WP 76 Ta 40
05-319 Rudnik MZ 69 We 36
08-200 Rudnik MZ 70 Xe 35
08-445 Rudnik MZ 80 Wc 37
21-302 Rudnik LU 82 Xe 37
22-330 Rudnik LU 94 Xf 43
27-415 Rudnik SK 92 Wb 42
32-410 Rudnik MA 107 Uf 49
47-411 Rudnik SL 98 Tb 48
86-300 Rudnik PM 53 Tc 30
08-117 Rudnik-Duży MZ 81 Wf 37
08-307 Rudnik MZ 70 Xd 34
16-075 Rudniki PD 58 Xd 29
16-420 Rudniki PD 46 Xe 25
23-213 Rudnik I LU 93 Xc 43
26-070 Rudniki SK 90 Vb 43
28-230 Rudniki SK 102 Wb 46
42-230 Rudniki SL 90 Ue 44
42-240 Rudniki SL 89 Ub 43
42-421 Rudniki SL 100 Uc 45
46-325 Rudniki OP 88 Td 42
64-330 Rudniki WP 62 Rc 34
82-420 Rudniki PM 42 Tf 25
99-235 Rudniki SL 77 Te 38
23-213 Rudnik II LU 93 Xc 43
23-212 Rudnik-Kolonia LU 93 Xb 43
08-117 Rudnik-Mały MZ 81 Wf 37
42-260 Rudnik Mały SL 89 Ua 44
37-310 Rudnik nad Sanem PK 103 Xb 46
23-212 Rudnik Szlachecki LU 93 Xb 43
42-260 Rudnik Wielki SL 89 Ua 44
05-307 Rudno MZ 69 We 35

05-340 Rudno MZ 69 Wd 36
14-100 Rudno WM 43 Uf 27
21-140 Rudno LU 81 Xc 39
21-210 Rudno LU 82 Xf 38
22-114 Rudno LU 95 Ye 42
26-422 Rudno MZ 79 Vd 41
32-067 Rudno MA 100 Ud 48
44-160 Rudno SL 98 Tc 46
56-100 Rudno DS 74 Rd 40
67-100 Rudno LB 73 Qe 38
83-121 Rudno PM 41 Te 25
32-120 Rudno-Dolne MA 101 Vc 48
32-125 Rudno-Górne MA 101 Vb 48
06-316 Rudno-Jeziorowe MZ 56 Ve 30
06-316 Rudno-Kmiece MZ 56 Ve 30
37-565 Rudołowice PK 104 Xd 49
09-230 Rudówko MZ 66 Uf 33
24-130 Rudy LU 81 Xa 40
47-430 Rudy SL 98 Tc 47
62-420 Rudy WP 64 Se 34
86-050 Rudy KP 53 Tb 30
32-820 Rudy-Rysie MA 101 Vd 48
47-460 Rudyszwałd SL 98 Tb 49
88-230 Rudz-Duży KP 65 Tc 33
32-640 Rudze MA 100 Uc 49
43-394 Rudzica SL 106 Tf 49
59-818 Rudzica DS 84 Qa 42
62-510 Rudzica WP 65 Tb 35
48-200 Rudziczka OP 97 Sd 46
14-200 Rudzienice WM 43 Ud 27
21-210 Rudzieniec LU 82 Xf 38
05-307 Rudzienko MZ 69 We 35
21-140 Rudzienko LU 82 Xb 39
21-140 Rudzienko-Kolonia LU 82 Xb 39
86-182 Rudzinek KP 52 Ta 28
44-160 Rudziniec SL 98 Tc 46
67-312 Rudziny LB 73 Qe 38
89-632 Rudziny PM 40 Sf 25
11-300 Rudziska WM 44 Vf 26
26-260 Rudzisko SK 90 Va 41
97-420 Rudzisko LD 77 Ua 40
11-600 Rudziszki WM 33 Wd 23
88-230 Rudzk-Mały KP 65 Tc 33
59-243 Ruja DS 86 Rc 41
11-300 Ruklawki WM 44 Vf 25
83-112 Rukosin PM 29 Te 24
86-134 Rulewo KP 41 Td 27
99-423 Rulice LD 66 Ue 36
16-061 Rumejki PD 59 Ya 30
84-230 Rumia PM 29 Tc 21
13-220 Rumian WM 43 Uf 28
62-080 Rumianek WP 62 Rd 34
14-260 Rumienica WM 43 Uf 28
62-504 Rumin WP 64 Tb 35
06-452 Rumoka MZ 55 Vc 32
76-220 Rumsko PM 28 Sb 21
09-500 Rumunki MZ 66 Uc 34
12-120 Rumy WM 44 Vf 26
11-100 Runowo WM 32 Vc 24
62-100 Runowo WP 51 Sa 32
64-980 Runowo WP 50 Rc 31
73-155 Runowo ZP 37 Qd 27
76-230 Runowo PM 28 Sd 22
89-410 Runowo Krajeńskie KP 52 Sc 29
73-155 Runowo Pomorskie ZP 38 Qd 27
76-256 Runowo Sławieńskie PM 27 Rf 22
05-502 Runów MZ 80 Vf 36
06-231 Rupin MZ 56 Wc 31
06-320 Rupin MZ 56 Wb 30
34-600 Rupniów MA 108 Vc 50
44-330 Ruptawa SL 98 Td 49
74-500 Rurka ZP 37 Qc 26
72-105 Rurzyca ZP 37 Pe 28
11-210 Rusajny WM 32 Vf 23
12-130 Rusek Wielki WM 44 Vf 26
63-014 Rusibórz WP 63 Sc 35
05-830 Rusiec MZ 68 Ve 36
62-120 Rusiec WP 51 Sa 32
97-438 Rusiec LD 77 Tf 41
21-222 Rusiły LU 83 Yb 38
58-303 Rusinowa DS 86 Rb 44
42-700 Rusinowice SL 89 Te 45
76-107 Rusinowo ZP 27 Rd 21
78-311 Rusinowo ZP 38 Qd 26
78-640 Rusinowo ZP 50 Rb 30

82-522 Rusinowo PM 41 Te 27
87-500 Rusinowo KP 54 Uc 30
88-153 Rusinowo KP 65 Tc 33
26-411 Rusinów MZ 79 Vd 40
26-422 Rusinów MZ 91 Ve 41
66-200 Rusinów Witosław LB 61 Qd 35
11-700 Ruska Wieś WM 45 Wb 25
19-300 Ruska Wieś WM 46 Xb 26
26-400 Ruski Bród MZ 91 Vd 41
55-320 Rusko DS 86 Rc 41
58-120 Rusko DS 86 Rc 43
63-233 Rusko WP 75 Sc 37
76-150 Rusko ZP 27 Rc 22
07-305 Ruskołęka-Parcele MZ 57 Xa 31
08-210 Rusków MZ 70 Xe 35
34-115 Rusocice MA 100 Ud 48
68-200 Rusocice LB 72 Qa 39
48-304 Rusocin OP 97 Sc 45
63-140 Rusocin WP 62 Sa 36
97-306 Rusociny SL 78 Uc 40
78-111 Rusowo ZP 26 Qe 24
62-710 Russocice WP 65 Tc 36
62-817 Russów WP 76 Ta 37
11-010 Ruszajny WM 44 Ve 25
28-230 Ruszcza SK 102 Wb 46
16-070 Ruszczany PD 58 Xf 30
22-435 Ruszczyzna LU 95 Yc 45
37-755 Ruszelczyce PK 111 Xd 50
26-330 Ruszenice LD 90 Va 41
88-220 Ruszki KP 65 Te 32
26-422 Ruszkowice MZ 79 Vd 40
06-420 Ruszkowo MZ 56 Ve 32
13-214 Ruszkowo WM 55 Va 28
87-337 Ruszkowo KP 54 Ub 30
62-619 Ruszkowo-Parcele WP 65 Tc 34
27-580 Ruszków SK 92 Wc 43
98-275 Ruszków LD 77 Te 40
62-604 Ruszków-I WP 65 Td 36
62-604 Ruszków-II WP 65 Td 35
67-200 Ruszowice DS 73 Ra 39
22-437 Ruszów LU 95 Yb 45
59-950 Ruszów DS 72 Qb 40
10-687 Ruś WM 44 Vc 26
14-300 Ruś WM 43 Uf 25
16-406 Rutka-Tartak PD 35 Xf 23
18-430 Rutki PD 58 Xc 29
49-100 Rutki OP 87 Sd 44
18-312 Rutki-Kossaki PD 58 Xc 30
13-206 Rutkowice WM 55 Va 29
87-840 Rutkowice KP 66 Ua 34
07-431 Rutkowo MZ 56 Wb 30
12-120 Rutkowo WM 44 Ve 26
18-430 Rutkowskie PD 58 Xc 29
19-124 Rutkowskie Duże PD 46 Xf 26
78-642 Rutwica ZP 50 Rb 29
06-212 Ruzieck MZ 56 Wb 30
87-645 Ruże KP 54 Ub 30
11-034 Rybaki WM 44 Vc 27
16-050 Rybaki PD 59 Ya 31
19-110 Rybaki PD 46 Xe 28
66-614 Rybaki LB 60 Pf 36
73-210 Rybaki ZP 49 Qd 29
83-120 Rybaki PM 42 Te 25
83-315 Rybaki PM 29 Ta 23
66-415 Rybakowo LB 49 Qc 31
43-378 Rybarzowice SL 106 Ua 50
21-065 Rybczewice LU 94 Xf 42
21-065 Rybczewice I LU 94 Xf 42
11-520 Rybical WM 45 Wd 25
72-405 Rybice ZP 37 Pf 24
44-207 Rybicka Kuźnia SL 98 Td 48
27-353 Rybiczyzna MZ 92 Wc 42
02-198 Rybie MZ 68 Vf 36
22-360 Rybie LU 95 Yb 42
62-570 Rybie WP 76 Tb 36
62-280 Rybieniec WP 63 Sb 33
86-212 Rybieniec KP 53 Td 28
07-200 Rybienko Nowe MZ 68 Wc 33
33-385 Rybień MA 109 Ve 51
63-507 Rybin SL 78 Se 40
82-103 Rybina PM 30 Ua 23
87-875 Rybiny KP 65 Te 34
24-340 Rybitwy LU 93 Wf 42
62-260 Rybitwy WP 63 Sc 33
88-170 Rybitwy KP 52 Tc 32
32-061 Rybna MA 100 Ud 48
42-233 Rybna SL 89 Ua 43

46-090 Rybna OP 87 Se 44
38-613 Rybne PK 111 Xc 52
58-512 Rybnica DS 85 Qd 43
58-350 Rybnica Leśna DS 85 Rb 44
44-200* Rybnik SL 98 Td 48
98-275 Rybnik LD 77 Td 40
16-010 Rybniki PD 59 Ya 29
07-200 Rybno MZ 68 Wc 33
11-731 Rybno WM 44 Wa 26
13-220 Rybno WM 55 Uf 28
42-100 Rybno SL 89 Tf 43
62-280 Rybno WP 63 Sb 33
62-619 Rybno WP 65 Tc 34
62-635 Rybno WP 65 Tf 34
84-250 Rybno PM 29 Ta 20
96-514 Rybno MZ 67 Va 35
69-100 Rybocice LB 60 Pd 35
72-300 Rybokarty ZP 37 Qa 25
16-060 Ryboły PD 59 Yb 31
62-130 Rybowo WP 51 Sb 31
34-370 Rycerka-Dolna SL 106 Ua 52
34-370 Rycerka-Górna SL 106 Ua 52
88-170 Rycerzewo KP 53 Ta 32
09-213 Rycharcice Wielkie MZ 66 Ue 32
64-980 Rychlik WP 50 Rc 30
69-200 Rychlik LB 60 Qa 34
14-411 Rychliki WM 42 Ud 25
98-313 Rychłocice LD 77 Te 40
98-300 Rychłowice LD 88 Td 41
14-106 Rychnowo WM 43 Va 27
86-341 Rychnowo KP 42 Ua 28
82-100 Rychnowo Żuławskie PM 30 Ua 23
14-106 Rychnowska Wola WM 43 Va 27
77-300 Rychnowy PM 40 Sc 26
82-316 Rychnowy WM 31 Ud 23
46-142 Rychnów OP 87 Se 42
62-814 Rychnów WP 76 Ta 37
74-320 Rychnów ZP 49 Qa 31
78-200 Rychowo ZP 38 Qf 25
63-630 Rychtal WP 87 Sf 42
62-570 Rychwał WP 64 Ta 36
33-171 Rychwałd MA 101 Vf 49
34-322 Rychwałd SL 107 Ub 50
34-331 Rychwałdek SL 107 Ub 50
06-320 Rycica MZ 56 Wb 29
06-330 Rycice MZ 56 Vf 29
08-503 Rycza LU 81 Xa 39
38-242 Ryczak PK 109 Wb 50
56-200 Ryczeń DS 74 Rd 39
37-413 Ryczki PK 103 Xc 48
34-116 Ryczów MA 100 Ud 48
42-440 Ryczów SL 100 Ud 46
32-310 Ryczówek MA 100 Ud 46
26-900 Ryczywół MZ 80 Wc 38
64-630 Ryczywół WP 51 Rf 32
88-400 Rydlewo KP 52 Se 32
44-280 Rydułtowy SL 98 Tc 48
11-700 Rydwągi WM 44 Wb 25
06-452 Rydzewo MZ 55 Vc 31
11-513 Rydzewo WM 45 We 25
18-413 Rydzewo PD 57 We 30
19-206 Rydzewo PD 46 Xd 26
78-504 Rydzewo ZP 38 Qe 27
18-505 Rydzewo-Świątki PD 45 Xa 28
39-300 Rydzów PK 102 Wc 47
14-400 Rydzówka WM 42 Ud 24
64-130 Rydzyna WP 74 Rd 38
95-080 Rydzynki LD 78 Uc 39
95-200 Rydzyny LD 78 Uc 39
33-160 Ryglice MA 109 Wa 49
16-326 Rygol PD 47 Yc 25
82-420 Ryjewo PM 42 Tf 25
05-610 Rykały MZ 80 Ve 38
08-500 Ryki LU 81 Wf 39
13-113 Ryki-Borkowo WM 56 Ve 29
26-065 Rykoszyn SK 91 Vc 43
32-820 Rylowa MA 101 Vd 48
38-480 Rymanów PK 110 Wf 51
38-481 Rymanów-Zdrój PK 110 Wf 51
19-300 Rymki WM 46 Xb 29
11-520 Ryn WM 45 Wd 25
14-100 Ryn WM 43 Uf 27
59-305 Rynarcice DS 74 Rb 40
89-203 Rynarzewo KP 52 Se 30
13-324 Rynek WM 55 Ue 28
05-127 Rynia MZ 68 Wa 34

A
Ą
B
C
Ć
D
E
Ę
F
G
H
I
J
K
L
Ł
M
N
Ń
O
Ó
P
Q
R
S
Ś
T
U
V
W
X
Y
Z
Ź
Ż

05-307 Rynia MZ 69 Wd 34
74-120 Rynica ZP 48 Pc 30
18-105 Rynki PD 58 Ya 31
83-230 Rynkówka PM 41 Td 26
09-303 Rynowo MZ 54 Ue 30
73-150 Rynowo ZP 38 Qe 27
11-311 Ryn Reszelski WM 44 Wa 24
87-213 Ryńsk KP 53 Te 29
87-500 Rypałki Prywatne KP 54 Uc 30
87-500 Rypin KP 54 Uc 30
05-240 Rysie MZ 68 Wc 34
62-650 Rysiny WP 65 Te 35
48-385 Rysiowice OP 97 Sb 45
76-100 Ryszczewo ZP 27 Rd 22
74-200 Ryszewko ZP 49 Pf 29
88-410 Ryszewko KP 64 Se 32
74-200 Ryszewo ZP 49 Pf 29
88-420 Ryszewo KP 64 Se 32
05-604 Ryszki MZ 80 Wa 38
37-544 Ryszkowa Wola PK 104 Xf 48
98-420 Ryś LD 76 Tc 41
89-642 Rytel PM 40 Se 26
08-322 Rytele-Olechny MZ 69 Xb 32
08-330 Rytele-Święcke MZ 69 Xa 32
08-322 Rytele-Wszołki MZ 69 Xa 32
33-343 Rytro MA 108 Ve 52
28-236 Rytwiany SK 102 Wb 45
68-212 Rytwiny LB 72 Pf 39
42-122 Rywaczki SL 89 Ua 43
83-200 Rywałd PM 41 Td 25
87-220 Rywałd KP 54 Ua 28
13-340 Rywałdzik WM 42 Ub 28
13-200 Rywociny WM 55 Va 30
83-220 Ryzowie PM 41 Td 26
21-400 Ryżki LU 82 Xb 37
64-412 Ryżyn WP 62 Rb 33
87-880 Rzadka Wola KP 65 Tf 33
64-810 Rzadkowo WP 51 Rf 30
88-320 Rzadkwin KP 64 Ta 32
05-408 Rzakta MZ 68 Wc 36
06-316 Rzańce MZ 56 Ve 29
29-100 Rząbiec SK 90 Va 44
18-218 Rzące PD 58 Xe 31
05-304 Rządza MZ 69 Wd 35
59-620 Rząsiny DS 84 Qc 42
30-199 Rząska MA 100 Uf 48
98-332 Rząśnia LD 89 Ua 41
07-205 Rząśnik MZ 68 Wc 32
59-540 Rząśnik DS 85 Qe 42
07-303 Rząśnik Lubotyński MZ 57 Xa 31
07-311 Rząśnik-Szlachecki MZ 57 We 31
07-311 Rząśnik-Włościański MZ 57 We 31
99-440 Rząśno LD 66 Ue 35
08-142 Rzążew MZ 70 Xc 36
76-220 Rzechcino PM 28 Sc 21
06-213 Rzechowo-Gać MZ 56 Wb 31
27-353 Rzechów MZ 92 Wc 42
62-730 Rzechta WP 77 Td 37
98-200 Rzechta SL 77 Tf 39
99-232 Rzechta Drużbińska LD 77 Te 38
64-510 Rzecin WP 50 Rb 32
78-331 Rzecino ZP 38 Qf 25
11-300 Rzeck WM 44 Vf 25
73-222 Rzecko ZP 49 Qd 29
77-304 Rzeczenica PM 39 Sa 26
58-320 Rzeczka DS 86 Rc 44
26-680 Rzeczków MZ 92 Wa 41
96-230 Rzeczków LD 79 Vd 37
97-319 Rzeczków LD 78 Ue 39
27-353 Rzeczniów MZ 92 Wc 42
21-560 Rzeczyca LU 83 Xf 38
22-678 Rzeczyca LU 105 Ye 46
24-120 Rzeczyca LU 81 Xa 41
27-620 Rzeczyca SK 92 We 44
55-300 Rzeczyca DS 86 Rd 41
59-150 Rzeczyca ZP 48 Pf 30
66-200 Rzeczyca LB 61 Qd 35
66-614 Rzeczyca LB 60 Pf 35
78-641 Rzeczyca ZP 50 Ra 29
97-220 Rzeczyca LD 79 Vb 39
99-232 Rzeczyca LD 77 Tf 38
37-455 Rzeczyca Długa PK 93 Xa 45
88-230 Rzeczyca Kasprat KP 65 Tc 33
23-230 Rzeczyca Księża LU 93 Xb 43

37-455 Rzeczyca Okrągła PK 93 Xa 45
76-010 Rzeczyca Wielka ZP 27 Re 24
23-230 Rzeczyca Ziemiańska LU 93 Xb 43
44-100 Rzeczyce SL 98 Td 46
39-300 Rzedzianowice PK 102 Wc 47
62-260 Rzegnowo WP 64 Sc 33
28-136 Rzegocin SK 101 Vf 46
39-110 Rzegocin PK 102 Wd 49
97-512 Rzejowice LD 90 Ue 42
34-451 Rzeka MA 108 Vc 51
34-736 Rzeki MA 108 Vb 51
38-120 Rzeki PK 103 We 49
42-270 Rzeki-Małe SL 89 Uc 43
42-270 Rzeki-Wielkie SL 89 Uc 43
07-411 Rzekuń MZ 57 Wf 31
63-740 Rzemiechów WP 75 Sb 38
28-520 Rzemienowice SK 101 Vd 47
39-322 Rzemień PK 102 Wd 47
42-350 Rzeniszów SL 99 Ua 45
48-250 Rzepcze OP 97 Sf 46
78-316 Rzepczyno ZP 38 Qe 26
38-542 Rzepedz PK 110 Xa 52
77-100 Rzepica PM 28 Sd 23
89-504 Rzepiczna KP 41 Ta 26
33-163 Rzepiennik Biskupi MA 109 Wa 50
33-163 Rzepiennik Strzyżewski MA 109 Wa 50
33-163 Rzepiennik Suchy MA 109 Wa 50
69-110 Rzepin LB 60 Pf 34
69-110 Rzepinek LB 60 Pf 35
27-225 Rzepin I SK 92 Wa 43
27-225 Rzepin II SK 92 Wa 43
27-225 Rzepin Kolonia SK 92 Wa 43
17-200 Rzepiska PD 59 Yd 32
34-532 Rzepiska MA 108 Va 52
16-300 Rzepiski PD 47 Ya 26
98-240 Rzepiszew LD 77 Ua 38
97-318 Rzepki LD 78 Ud 39
34-472 Rzepkowa MA 107 Ue 52
76-003 Rzepkowo ZP 27 Rb 23
22-678 Rzeplin LU 105 Yf 46
32-046 Rzeplin MA 100 Uf 47
55-020 Rzeplin DS 86 Sa 42
73-115 Rzeplino ZP 49 Qb 29
16-060 Rzepniki PD 59 Yb 31
74-200 Rzepnowo ZP 49 Pf 30
78-550 Rzepowo ZP 38 Ra 27
88-150 Rzepowo KP 65 Tb 33
42-270 Rzerzęczyce SL 89 Ub 43
23-440 Rzerzyce LU 94 Xe 45
78-125 Rzesznikowo ZP 38 Qc 25
32-040 Rzeszotary MA 100 Uf 49
59-222 Rzeszotary DS 85 Ra 41
09-204 Rzeszotary-Chwały MZ 55 Ue 31
09-204 Rzeszotary-Górtaty MZ 55 Ue 31
09-204 Rzeszotary-Zawady MZ 55 Uf 31
08-107 Rzeszotków MZ 70 Xc 35
35-074 Rzeszów PK 103 Xa 48
29-100 Rzeszówek SK 90 Va 44
59-540 Rzeszówek DS 85 Qf 42
88-324 Rzeszyn KP 65 Tb 33
63-600 Rzetnia WP 76 Tf 40
09-130 Rzewin MZ 55 Vb 32
06-225 Rzewnie MZ 56 Wc 31
72-400 Rzewnowo ZP 37 Pe 25
08-220 Rzewuszki MZ 70 Xf 35
29-120 Rzewuszyce SK 90 Uf 43
32-765 Rzezawa MA 101 Vd 49
87-133 Rzęczkowo KP 53 Tc 30
42-421 Rzędkowice SL 100 Uc 45
32-210 Rzędowice MA 100 Va 46
46-380 Rzędowice OP 88 Tc 44
16-080 Rzędziany PD 58 Xf 30
72-003 Rzędziny ZP 36 Pc 27
49-100 Rzędziwojowice OP 87 Sd 44
46-045 Rzędzów OP 88 Ta 44
06-520 Rzęgnowo MZ 56 Ve 30
72-300 Rzęsin ZP 37 Qa 25
72-900 Rzęskowo ZP 36 Pc 24
89-300 Rzęszkowo WP 51 Sb 30
78-520 Rzęśnica ZP 38 Qf 27
09-300 Rzeżawy MZ 55 Uf 30

87-840 Rzeżewo-Morzyce KP 66 Ua 34
87-840 Rzeżewo-Parcele KP 66 Ua 34
83-132 Rzeżęcin PM 41 Td 26
32-075 Rzeżuśnia MA 100 Uf 46
95-030 Rzgów LD 78 Uc 39
62-586 Rzgów I WP 64 Ta 36
39-300 Rzochów PK 102 Wc 47
32-052 Rzozów MA 100 Ue 49
84-122 Rzucewo PM 29 Tc 20
33-114 Rzuchowa MA 101 Vf 49
27-580 Rzuchów SK 92 Wc 43
37-300 Rzuchów PK 103 Xd 47
44-285 Rzuchów SL 98 Tc 48
62-660 Rzuchów WP 65 Te 36
26-422 Rzuców MZ 91 Ve 41
76-220 Rzuszcze PM 28 Sc 21
09-110 Rzy MZ 67 Vd 32
63-910 Rzyczkowo WP 75 Sa 38
34-125 Rzyki MA 107 Uc 50
88-420 Rzym KP 64 Sd 32
47-208 Rzymiany OP 97 Sb 45
48-324 Rzymkowice OP 97 Se 46
59-500 Rzymówka DS 85 Ra 42
62-730 Rzymsko WP 77 Td 37
21-400 Rzymy-Las LU 82 Xc 37
72-110 Rzystnowo ZP 37 Pe 26
07-416 Rżaniec MZ 56 Wb 30
32-700 Rżyska MA 101 Vc 48

# S

22-600 Sabaudia LU 105 Yc 46
08-331 Sabnie MZ 70 Xb 33
28-142 Sachalin SK 102 Vf 45
16-123 Saczkowce PD 47 Yd 27
62-872 Saczyn WP 76 Tb 38
96-316 Sade MZ 67 Vc 36
26-500 Sadek MZ 91 Vf 41
28-400 Sadek SK 101 Vc 46
89-110 Sadki KP 52 Sc 30
39-305 Sadkowa Góra PK 102 Wc 46
96-206 Sadkowice LD 79 Vd 38
27-320 Sadkowice I MZ 92 We 42
27-320 Sadkowice II MZ 92 We 42
78-220 Sadkowo ZP 38 Rb 25
26-025 Sadków SK 92 Wa 44
26-613 Sadków MZ 80 Wb 40
55-080 Sadków DS 86 Rf 42
56-410 Sadków DS 75 Sb 41
82-522 Sadlinki PM 42 Tf 26
62-619 Sadlno WP 65 Tc 34
72-343 Sadlno ZP 37 Qb 24
88-192 Sadłogoszcz KP 52 Ta 31
24-100 Sadłowice LU 81 Wf 41
16-423 Sadłowina PD 46 Xd 24
09-320 Sadłowo MZ 55 Uf 31
73-132 Sadłowo ZP 49 Qb 29
87-500 Sadłowo KP 54 Ud 30
82-433 Sadłuki PM 42 Ua 25
63-630 Sadogóra WP 87 Sf 42
98-285 Sadokrzyce LD 77 Td 39
07-140 Sadoleś MZ 69 Wf 33
55-080 Sadowice DS 86 Re 42
88-300 Sadowice KP 64 Se 33
27-580 Sadowie SK 92 Wc 43
32-010 Sadowie MA 100 Va 47
42-460 Sadowie SL 99 Ua 46
63-400 Sadowie WP 76 Sf 39
07-140 Sadowne MZ 69 Wf 33
11-300 Sadowo WM 44 Wa 25
16-200 Sadowo PD 47 Yb 27
96-521 Sadowo MZ 67 Va 35
42-700 Sadów SL 89 Te 44
24-150 Sadurki LU 93 Xb 41
17-312 Sady PD 70 Xc 34
22-420 Sady LU 95 Yc 43
26-414 Sady MZ 79 Ve 40
49-100 Sady OP 87 Sd 45
58-111 Sady DS 86 Re 43
62-080 Sady WP 63 Sa 35
97-532 Sady LD 90 Ue 43
59-420 Sady-Dolny DS 85 Rb 43
59-420 Sady-Górny DS 85 Rb 43

66-620 Sadzarzewice LB 72 Pd 37
13-111 Safronka WM 55 Vc 29
22-546 Sahryń LU 95 Ye 44
22-106 Sajczyce LU 95 Yc 41
16-326 Sajenek PD 47 Ya 25
21-515 Sajówka LU 83 Yc 38
19-300 Sajzy WM 46 Xb 25
17-100 Saki PD 59 Yb 32
17-250 Saki PD 71 Yc 33
38-613 Sakowicz PK 111 Xc 53
99-220 Sakowo LD 77 Tf 38
14-400 Sakówko WM 42 Ud 24
26-212 Salata LD 91 Vc 42
84-250 Salino PM 29 Sf 20
43-370 Salmopol SL 106 Tf 50
63-700 Salnia WP 75 Sc 38
86-010 Salno KP 52 Sf 29
23-275 Salomin LU 93 Xa 44
11-400 Salpik WM 45 Wd 25
14-400 Sałkowice WM 43 Ue 24
23-320 Samary LU 93 Xc 43
62-406 Samarzewo WP 64 Se 35
11-135 Samborek WM 43 Vb 24
47-480 Samborowice SL 98 Ta 48
57-130 Samborowice DS 87 Sb 45
14-100 Samborowo WM 43 Ue 27
64-915 Samborsko WP 39 Re 28
27-650 Samborzec SK 93 Wd 45
55-311 Sambórz DS 86 Rd 42
14-330 Sambród WM 43 Ue 25
14-110 Samin WM 43 Va 28
87-321 Samin KP 54 Ud 29
72-410 Samlino ZP 37 Pf 25
11-311 Samławki WM 44 Wa 25
86-010 Samociążek KP 52 Sf 29
33-220 Samocice MA 101 Vf 47
08-480 Samogoszcz MZ 80 Wc 38
21-132 Samoklęski LU 82 Xc 40
38-223 Samoklęski PK 110 Wc 51
89-205 Samoklęski-Duże KP 52 Se 30
89-205 Samoklęski-Małe KP 52 Se 30
11-106 Samolubie WM 32 Ve 23
64-510 Samołęż WP 62 Rc 32
08-404 Samorządki MZ 81 We 38
08-404 Samorządki-Kolonia MZ 81 We 37
28-404 Samostrzałów SK 91 Vd 45
89-110 Samostrzel KP 52 Sc 30
55-080 Samotwór DS 86 Re 42
21-550 Samowicze LU 71 Yd 35
14-260 Sampława WM 43 Ue 28
86-014 Samsieczno KP 52 Se 29
89-115 Samsieczynek KP 52 Se 29
87-517 Samsiory KP 54 Ub 30
26-050 Samsonów SK 91 Vd 43
26-050 Samsonów Ciągłe SK 91 Vd 42
88-220 Samszyce KP 65 Te 33
17-132 Samuiki Duże PD 58 Ya 31
28-440 Sancygniów SK 101 Vb 46
27-600 Sandomierz SK 92 We 44
97-225 Sangrodz LD 78 Uf 39
68-132 Sanice LB 72 Pf 40
55-140 Sanie DS 75 Rf 40
95-070 Sanie LD 78 Ub 38
16-080 Saniki PD 58 Xe 29
32-067 Sanka MA 100 Ud 48
09-540 Sanniki MZ 66 Uf 34
38-500 Sanoczek PK 110 Xa 51
38-500 Sanok PK 111 Xa 51
33-130 Sanoka MA 101 Vf 48
66-415 Santocko LB 49 Qa 32
66-415 Santoczno LB 49 Qc 31
66-431 Santok LB 49 Qc 32
19-520 Sapałówka WM 34 Xa 23
63-720 Sapieżyn WP 75 Sd 37
62-060 Sapowice WP 62 Rd 35
99-434 Sapy LD 78 Ue 36
62-290 Sarbia WP 51 Sb 32
64-550 Sarbia WP 62 Rc 34
64-700 Sarbia WP 51 Rd 31
66-600 Sarbia LB 60 Pf 36
78-100 Sarbia ZP 37 Qc 24
26-070 Sarbice SK 91 Vb 43
26-070 Sarbice-Rogaczów SK 91 Vb 42
62-740 Sarbicko WP 64 Tb 36
09-130 Sarbiewo MZ 67 Vc 32
66-542 Sarbiewo LB 49 Qd 32

62-025 Sarbinowo WP 62 Sa 34
64-125 Sarbinowo WP 75 Rf 38
66-520 Sarbinowo LB 50 Qf 31
74-404 Sarbinowo ZP 60 Pe 33
76-034 Sarbinowo ZP 26 Qf 23
88-400 Sarbinowo KP 52 Se 31
88-430 Sarbinowo KP 64 Sd 32
64-700 Sarbka WP 51 Rd 31
84-352 Sarbsk PM 28 Se 20
57-130 Sarby DS 87 Sb 45
64-980 Sarcz WP 50 Rc 30
08-220 Sarnaki MZ 70 Xf 35
16-506 Sarnetki PD 47 Yb 24
27-425 Sarnia Zwola SK 92 Wb 43
73-260 Sarnik ZP 49 Qb 31
63-900 Sarnowa WP 75 Rf 39
06-430 Sarnowa Góra MZ 56 Vd 32
48-385 Sarnowice OP 96 Sa 46
09-310 Sarnowo MZ 55 Va 30
11-100 Sarnowo WM 32 Vd 24
13-124 Sarnowo WM 55 Vb 29
86-212 Sarnowo KP 53 Te 28
87-890 Sarnowo WP 65 Te 34
83-423 Sarnowy PM 41 Td 24
21-421 Sarnów LU 82 Xb 37
26-920 Sarnów MZ 81 We 40
39-333 Sarnów PK 102 Wd 46
42-512 Sarnów SL 99 Ua 46
44-180 Sarnów SL 98 Td 46
46-220 Sarnów OP 88 Tb 42
96-514 Sarnów MZ 67 Va 35
99-205 Sarnów LD 77 Ua 38
27-400 Sarnówek-Duży SK 92 Wc 42
27-400 Sarnówek-Mały SK 92 Wc 42
63-900 Sarnówka WP 75 Rf 39
08-504 Sarny LU 81 Xa 39
98-235 Sarny LD 77 Tc 39
86-100 Sartowice KP 41 Tb 28
37-310 Saryzna PK 103 Xc 46
12-100 Sasek Mały WM 44 Vf 26
84-210 Sasino PM 28 Se 20
62-050 Sasinowo WP 63 Rf 34
14-330 Sasiny WM 42 Ud 25
17-111 Sasiny PD 71 Ya 33
17-132 Sasiny PD 58 Xf 32
12-100 Sawica WM 44 Vf 26
08-307 Sawice Bronisze MZ 70 Xc 35
08-307 Sawice Wieś MZ 70 Xc 34
22-107 Sawin LU 95 Yc 41
16-080 Sawino PD 58 Xf 29
14-520 Sawity WM 31 Va 23
21-560 Sawki LU 82 Xe 37
76-231 Sąborze PM 28 Sb 22
64-234 Sączkowo WP 74 Rc 36
42-583 Sączów SL 99 Ua 46
34-406 Sądel MA 108 Va 52
38-204 Sądkowa PK 110 Wd 50
69-108 Sądów LB 60 Pf 35
73-115 Sądów ZP 49 Qb 30
73-115 Sądówko ZP 49 Qb 30
56-416 Sądrożyce DS 75 Sc 40
64-140 Sądzia WP 74 Rc 37
11-220 Sągnity WM 32 Vc 22
08-330 Sągole MZ 69 Xa 33
12-120 Sapłaty WM 44 Vf 26
77-320 Sąpolno PM 40 Sc 26
14-200 Sąpy WM 43 Ue 26
14-420 Sąpy WM 31 Ue 24
22-448 Sąsiadka LU 94 Xf 43
32-048 Sąspów MA 100 Ue 47
56-420 Sątok DS 87 Se 41
13-124 Sątop WM 55 Vb 29
11-218 Sątopy WM 44 Wa 24
64-300 Sątopy WP 62 Rb 33
11-218 Sątopy-Samulewo WM 44 Wa 24
06-300 Sątrzaska MZ 56 Vf 30
39-310 Schabowiec PK 102 Wb 47
77-420 Scholastykowo WP 40 Sa 27
48-370 Scibórz OP 96 Sa 46
63-430 Sebastianów WP 63 Sb 36
29-145 Secemin SK 90 Uf 44
05-155 Secymin Polski MZ 67 Vc 34
19-400 Sedranki WM 46 Xc 24
14-241 Segnowy WM 42 Uc 27
16-500 Sejny PD 35 Yc 24
38-307 Sekowa MA 109 Wb 51
97-532 Sekursko LD 90 Ud 43
99-420 Seligów LD 78 Uf 34
11-015 Selwa WM 43 Vc 27

83-206 Semlin PM 41 Tc 25
28-520 Senisławice SK 101 Ve 47
64-000 Sepienko WP 62 Rd 36
64-061 Sepno WP 62 Rd 36
07-437 Serafin MZ 57 Wd 28
63-720 Serafinów WP 75 Sc 38
26-080 Serbinów SK 91 Vd 42
69-110 Serbów LB 60 Pe 34
67-200 Serby DS 74 Ra 38
27-100 Seredzice MZ 92 Wb 42
22-107 Serniawy LU 83 Yc 40
21-107 Serniki LU 82 Xd 40
05-140 Serock MZ 68 Wa 33
21-136 Serock LU 82 Xd 39
86-181 Serock KP 52 Ta 28
87-707 Seroczki KP 53 Td 32
07-407 Seroczyn MZ 57 We 31
08-117 Seroczyn MZ 81 Wf 36
08-320 Seroczyn MZ 70 Xc 33
09-317 Seroki MZ 55 Ue 31
99-420 Seroki LD 67 Uf 36
21-413 Serokomla LU 81 Xc 38
08-221 Serpelice MZ 70 Ya 35
16-326 Serski Las PD 47 Yb 25
58-170 Serwinów DS 85 Rb 43
47-370 Serwitut OP 97 Se 46
16-326 Serwy PD 47 Yb 25
22-540 Setniki LU 105 Yf 46
07-120 Sewerynów MZ 69 We 34
26-903 Sewerynów MZ 80 Wc 39
96-521 Sewerynów MZ 67 Va 35
21-220 Sewerynówka LU 82 Xe 39
88-220 Sęczkowo KP 65 Te 32
09-209 Sędek MZ 67 Uf 33
26-025 Sędek SK 91 Wa 44
09-520 Sędeń Mały MZ 66 Ud 34
19-300 Sędki WM 46 Xc 25
11-200 Sędławki WM 32 Vf 23
28-411 Sędowice SK 101 Vc 45
88-306 Sędowo KP 52 Sf 32
26-307 Sędów LD 91 Vc 41
99-220 Sędów LD 77 Tf 37
12-160 Sędrowo WM 56 Wa 28
55-106 Sędzice DS 75 Sa 41
98-285 Sędzice LD 77 Td 39
26-026 Sędziejowice SK 101 Vd 45
98-160 Sędziejowice LD 77 Ua 39
98-235 Sędzimirowice LD 76 Tc 38
59-524 Sędzimirów DS 85 Qe 42
87-706 Sędzin I KP 53 Td 32
89-320 Sędziniec WP 51 Sa 29
64-550 Sędzinko WP 62 Rc 34
87-706 Sędzin-Kolonia KP 53 Td 32
64-550 Sędziny WP 62 Rc 34
38-324 Sędziszowa MA 109 Vf 50
59-540 Sędziszowa DS 85 Qf 42
28-512 Sędziszowice SK 101 Vd 47
28-340 Sędziszów SK 100 Va 45
39-120 Sędziszów Małopolski PK
102 We 48
62-302 Sędziwojewo WP 64 Sd 34
18-300 Sędziwuje PD 57 Xb 31
05-090 Sękocin-Las MZ 68 Vf 36
05-090 Sękocin-Stary MZ 68 Vf 36
66-620 Sękowice LB 72 Pe 37
38-713 Sękowiec PK 111 Xd 53
09-412 Sękowo MZ 66 Ue 33
13-214 Sękowo WM 55 Va 29
64-550 Sękowo WP 62 Rc 33
28-136 Sępichów SK 101 Ve 47
05-340 Sępochów MZ 68 Wc 36
78-425 Sępolno Małe ZP 39 Re 25
78-425 Sępolno Wielkie ZP 39 Re 25
11-210 Sępopol WM 32 Wa 23
89-400 Sępólno Krajeńskie KP
40 Sd 28
11-001 Sętal WM 44 Vc 25
42-436 Siadcza SL 100 Ue 45
66-130 Siadcza LB 73 Qf 36
72-001 Siadło Dolne ZP 48 Pc 28
72-001 Siadło Górne ZP 48 Pc 28
42-425 Siamoszyce SL 100 Ud 45
83-328 Sianowo PM 29 Ta 22
83-300 Sianowska Huta PM 29 Ta 22
78-111 Sianożęty ZP 26 Qe 23
76-004 Sianów ZP 27 Rb 23
07-420 Siarcza Łąka MZ 56 Wc 29
38-307 Siary MA 109 Wb 51
87-720 Siarzewo KP 53 Tf 31
62-570 Siąszyce WP 64 Ta 36
37-430 Sibigi PK 103 Xb 46
72-511 Sibin ZP 37 Pe 25
59-424 Sichów DS 85 Ra 42
28-236 Sichów Duży SK 102 Wa 46
59-424 Sichówek DS 85 Ra 42
28-236 Sichów Mały SK 102 Wb 46
86-014 Sicienko KP 52 Se 29
56-215 Siciny DS 74 Rc 38
96-127 Siciska LD 78 Uf 37
73-210 Sicko ZP 49 Qc 29
26-630 Siczki MZ 80 Wb 40
16-124 Siderka PD 47 Yc 27
78-314 Sidłowo ZP 38 Qe 25
16-404 Sidorówka PD 35 Xf 23
16-404 Sidory PD 35 Xf 23
16-420 Sidory PD 46 Xe 24
16-124 Sidra PD 47 Yc 27
34-236 Sidzina MA 107 Ue 51
48-320 Sidzina OP 97 Sc 45
34-236 Sidzinka Mała MA 107 Ue 51
18-430 Sieburczyn PD 58 Xc 29
55-011 Siechnice DS 87 Sa 42
76-214 Siecie PM 28 Sb 21
55-200 Siecieborowice DS 87 Sb 43
67-300 Siecieborzyce LB 73 Qd 39
32-095 Sieciechowice MA 100 Uf 47
26-922 Sieciechów MZ 81 We 39
68-213 Sieciejów LB 72 Qa 38
76-004 Siecieminí ZP 27 Rc 23
09-411 Siecień MZ 66 Ud 33
78-506 Siecino ZP 38 Ra 27
26-337 Sieczka LD 90 Uf 41
07-211 Sieczychy MZ 69 Wc 32
36-147 Siedlanka PK 102 We 47
21-300 Siedlanów LU 82 Xe 38
08-110 Siedlce MZ 70 Xb 36
26-060 Siedlce SK 91 Vc 44
33-321 Siedlce MA 109 Ve 50
55-200 Siedlce DS 87 Sb 43
59-300 Siedlce DS 74 Rb 40
98-160 Siedlce LD 77 Ua 40
32-065 Siedlec MA 100 Ue 48
32-700 Siedlec MA 101 Vb 49
33-130 Siedlec MA 101 Vf 48
42-244 Siedlec SL 89 Ub 44
42-253 Siedlec SL 89 Uc 44
47-180 Siedlec OP 98 Ta 45
48-385 Siedlec OP 97 Sb 45
55-095 Siedlec DS 86 Sa 41
62-025 Siedlec WP 63 Sb 34
63-830 Siedlec WP 75 Sa 38
64-212 Siedlec WP 62 Ra 36
68-212 Siedlec LB 72 Pe 39
98-330 Siedlec LD 89 Ua 42
99-100 Siedlec LD 66 Ua 36
42-350 Siedlec Duży SL 89 Ua 45
37-220 Siedleczka PK 103 Xc 49
62-105 Siedleczko WP 52 Sb 31
63-200 Siedlemin WP 75 Sc 37
39-450 Siedleszczany PK 102 Wd 45
58-521 Siedlęcin DS 85 Qe 43
73-155 Siedlice ZP 38 Qc 27
63-500 Siedlików WP 76 Sf 40
88-324 Siedlimowo KP 64 Tb 34
09-100 Siedlin MZ 67 Vc 33
11-510 Siedliska WM 45 Wf 25
19-300 Siedliska WM 46 Xb 25
21-132 Siedliska LU 82 Xd 40
21-411 Siedliska LU 82 Xb 38
22-400 Siedliska LU 94 Ya 44
22-680 Siedliska LU 105 Yd 47
32-200 Siedliska MA 100 Va 46
33-172 Siedliska MA 109 Wa 49
36-042 Siedliska PK 103 Wf 49
36-244 Siedliska PK 111 Xb 50
37-705 Siedliska PK 111 Xf 50
38-324 Siedliska MA 109 Vf 50
42-445 Siedliska SL 90 Ue 45
47-420 Siedliska SL 98 Tb 47
49-120 Siedliska OP 87 Se 45
59-222 Siedliska DS 85 Ra 41
39-231 Siedliska-Bogusz PK
102 Wc 49
21-060 Siedliska-I LU 94 Xf 42
21-060 Siedliska-II LU 94 Xf 42
19-500 Siedlisko WM 34 Xb 23
64-980 Siedlisko WP 50 Rc 31
66-614 Siedlisko LB 60 Pf 35
67-100 Siedlisko LB 73 Qe 38
22-130 Siedliszcze LU 94 Ya 41
22-145 Siedliszcze LU 95 Ye 42
22-230 Siedliszcze LU 95 Yd 41
21-050 Siedliszczki LU 94 Xf 42
33-250 Siedliszowice MA 101 Ve 47
42-427 Siedliszowice SL 100 Ue 45
67-400 Siedlnica LB 74 Rb 38
63-810 Siedmiorogów WP 75 Sb 37
19-400 Siejnik WM 46 Xc 24
59-817 Siekierczyn DS 84 Qb 42
33-192 Siekierczyna MA 109 Vf 50
34-600 Siekierczyna MA 108 Vc 51
16-124 Siekierka PD 47 Yc 27
27-312 Siekierka Nowa MZ 92 We 41
16-080 Siekierki PD 58 Xf 29
74-520 Siekierki ZP 48 Pb 32
82-120 Siekierki PM 30 Uc 22
62-025 Siekierki-Małe KP 62 Sa 34
62-025 Siekierki-Wielkie KP 62 Sa 34
26-010 Siekierno SK 91 Vf 43
59-407 Siekierzyce DS 85 Rb 42
38-213 Sieklówka PK 110 Wd 50
17-111 Siekluki PD 70 Xf 33
64-234 Siekowo WP 62 Rc 36
64-234 Siekówko WP 62 Rb 36
07-300 Sielc MZ 57 We 32
17-111 Sielc PD 70 Xf 33
88-160 Sielc KP 53 Ta 32
09-540 Sielce MZ 67 Uf 34
24-130 Sielce LU 81 Xa 40
96-124 Sielce-Lewe LD 79 Va 37
96-124 Sielce-Prawe LD 79 Va 37
09-150 Sielec MZ 67 Vc 34
22-122 Sielec LU 95 Yd 42
26-300 Sielec LD 79 Vc 40
26-300 Sielec SL 90 Va 41
28-200 Sielec SK 102 Wa 45
39-124 Sielec PK 102 We 48
88-405 Sielec KP 52 Sd 31
96-500 Sielce MZ 67 Vb 35
64-330 Sielinko WP 62 Rc 35
26-230 Sielpia Wielka SK 91 Vc 42
73-155 Sielsko ZP 37 Qc 27
09-317 Siemcichy MZ 55 Ue 30
78-550 Siemczyno ZP 38 Ra 27
55-120 Siemianice DS 75 Rf 41
63-645 Siemianice WP 88 Ta 41
76-200 Siemianice PM 27 Sa 21
41-100 Siemianowice Śląskie SL
99 Ua 47
13-124 Siemianowo WM 55 Vb 28
62-260 Siemianowo WP 63 Sc 33
57-160 Siemianów DS 86 Rf 43
99-307 Siemianów LD 66 Ub 35
17-220 Siemianówka PD 59 Yf 31
14-200 Siemiany WM 42 Ud 26
17-300 Siemiatycze PD 70 Xf 34
17-300 Siemiatycze-Stacja PD
70 Xf 34
09-135 Siemiątkowo Koziebrodzkie
MZ 55 Uf 31
17-330 Siemichocze PD 71 Yb 34
72-320 Siemidarżno ZP 37 Qc 24
55-080 Siemidrożyce DS 86 Rd 42
33-182 Siemiechów MA 109 Vf 49
98-170 Siemiechów LD 77 Te 40
99-314 Siemienice LD 66 Uc 36
21-220 Siemień LU 82 Xe 39
18-400 Siemień Nadrzeczny PD
57 Xa 30
22-640 Siemierz LU 105 Yd 45
11-510 Siemionki WM 45 Xa 25
17-315 Siemiony PD 70 Xe 33
84-312 Siemirowice PM 28 Se 22
11-400 Siemki WM 44 Wb 24
98-354 Siemkowice LD 89 Tf 41
86-141 Siemkowo KP 41 Tb 28
22-640 Siemnice LU 105 Yd 45
87-890 Siemnówek KP 65 Tf 34
42-595 Siemonia SL 99 Ua 46
87-134 Siemoń KP 53 Tc 30
63-800 Siemowo WP 75 Rf 37
99-150 Siemszyce LD 66 Ua 36
38-535 Siemuszowa PK 111 Xb 51
46-146 Siemysłów OP 87 Se 42
78-123 Siemyśl ZP 38 Qd 24
34-723 Sieniawa MA 107 Uf 51
37-530 Sieniawa PK 104 Xd 47
38-524 Sieniawa PK 110 Wf 51
66-220 Sieniawa LB 61 Qc 34
68-213 Sieniawa Żarska LB 72 Qa 39
58-210 Sieniawka DS 86 Re 44
59-921 Sieniawka DS 84 Pf 43
78-540 Sienica ZP 50 Qf 28
58-210 Sienice DS 86 Rf 44
32-300 Sieniczno MA 100 Ud 47
98-300 Sieniec LD 88 Te 41
17-312 Sieniewice PD 70 Xd 34
33-318 Sienna MA 109 Ve 50
34-300 Sienna SL 106 Ua 50
57-550 Sienna DS 96 Re 47
05-332 Siennica MZ 69 Wd 36
18-220 Siennica PD 58 Xc 32
22-304 Siennica Królewska-Duża LU
94 Yb 43
22-304 Siennica Królewska-Mała LU
94 Yb 42
22-302 Siennica Nadolna LU
94 Yb 42
22-304 Siennica Różana LU 95 Yb 42
27-350 Sienno MZ 92 Wc 42
62-100 Sienno WP 51 Sb 32
69-220 Sienno LB 60 Pe 34
86-022 Sienno KP 53 Ta 29
72-314 Sienno Dolne ZP 37 Qb 27
37-205 Siennów PK 103 Xc 49
28-350 Sieńsko SK 90 Va 45
38-242 Siepietnica PK 109 Wb 50
32-447 Siepraw MA 100 Uf 49
21-008 Sieprawice LU 82 Xc 41
98-200 Sieradz SL 77 Te 39
33-240 Sieradza MA 101 Vf 48
37-743 Sierakośce PK 111 Xe 51
44-156 Sierakowice SL 98 Tc 47
83-340 Sierakowice PM 28 Sf 22
96-100 Sierakowice LD 79 Va 36
06-300 Sierakowo MZ 56 Vf 30
09-140 Sierakowo MZ 55 Va 32
62-420 Sierakowo WP 64 Sf 35
64-000 Sierakowo WP 62 Rd 36
73-130 Sierakowo ZP 49 Qc 29
87-410 Sierakowo KP 53 Tf 29
76-142 Sierakowo Sławieńskie ZP
27 Rd 23
76-251 Sierakowo Słupskie PM
27 Rf 22
83-340 Sierakowska Huta PM
29 Sf 23
87-875 Sierakowy KP 65 Td 34
05-080 Sieraków MZ 68 Ve 35
05-250 Sieraków MZ 68 Wa 34
09-500 Sieraków MZ 66 Uc 34
26-021 Sieraków SK 91 Vf 44
37-413 Sieraków PK 103 Xc 46
42-250 Sieraków SL 90 Uc 44
64-410 Sieraków WP 62 Ra 33
09-500 Sieraków ek MZ 66 Uc 34
64-710 Sierakówko WP 51 Re 32
42-793 Sieraków Śląski SL 88 Td 44
42-436 Sierbowice SL 100 Ud 45
66-320 Siercz LB 61 Qe 34
32-020 Siercza MA 100 Va 49
66-320 Sierczynek LB 61 Qe 34
16-080 Sierki PD 58 Xe 29
62-402 Siernicze-Małe WP 64 Ta 34
62-402 Siernicze-Wielkie WP 64 Ta 34
64-610 Sierniki WP 51 Sa 32
89-240 Sierniki KP 52 Sc 30
34-425 Sierockie MA 108 Uf 52
77-300 Sieroczyn PM 40 Sb 26
47-143 Sieroniowice OP 98 Tc 46
62-080 Sierosław WP 62 Re 34
72-514 Sierosław ZP 37 Pe 25
86-140 Sierosław KP 41 Tb 27
97-310 Sierosław LD 78 Ud 39
26-200 Sierosławice SK 91 Vc 41
32-120 Sierosławice MA 101 Vc 48
63-405 Sieroszewice WP 76 Sf 39
59-160 Sieroszowice DS 73 Qf 39
57-200 Sieroszów DS 86 Rf 45
44-187 Sieroty SL 98 Td 46
09-200 Sierpc MZ 54 Ud 31
82-310 Sierpin WM 31 Ud 24
64-030 Sierpowo WP 74 Rd 37
77-330 Sierpowo PM 39 Rf 27
95-035 Sierpów LD 78 Ub 36
08-500 Sierskowola LU 81 Wf 39
32-530 Siersza MA 99 Uc 47
63-210 Sierszew WP 64 Se 37
16-205 Sieruciowce PD 47 Yd 26
87-731 Sierzchowo KP 53 Tf 32
96-214 Sierzchowy LD 79 Vb 38
62-860 Sierzchów WP 76 Tb 38
77-131 Sierzno PM 28 Sc 24
18-400 Sierzputy Młode PD 57 Wf 30
95-010 Sierżnia LD 78 Ud 37
99-413 Sierżniki LD 67 Uf 35
28-100 Siesławice SK 101 Ve 46
18-420 Siestrzanki PD 58 Xc 29
48-300 Siestrzechowice OP 97 Sb 46
96-321 Siestrzeń MZ 68 Ve 36
16-060 Sieśki PD 59 Yc 31
37-220 Sietesz-Dolna PK 103 Xc 49
37-220 Sietesz-Górna PK 103 Xc 49
24-350 Siewalka LU 93 Xa 42
87-850 Siewiersk KP 65 Tf 34
42-470 Siewierz SL 99 Ub 46
21-400 Sięciaszka I LU 82 Xb 37
21-400 Sięciaszka II LU 82 Xb 37
98-100 Sięganów LD 77 Ua 39
11-220 Sigajny WM 32 Vd 22
37-418 Sigiełki PK 103 Xc 46
72-200 Sikorki ZP 37 Qa 26
08-311 Sikory MZ 69 Xa 34
19-100 Sikory PD 58 Xf 28
72-300 Sikory ZP 37 Qb 25
78-550 Sikory ZP 38 Rb 27
87-500 Sikory KP 54 Uc 30
18-204 Sikory-Bartkowięta PD
58 Xd 30
33-270 Sikorzyce MA 101 Ve 47
63-800 Sikorzyn WP 75 Rf 38
83-316 Sikorzyno PM 29 Ta 23
09-413 Sikórz MZ 66 Ud 33
87-602 Sikórz KP 54 Ub 31
98-240 Sikucin SL 77 Tf 38
11-420 Silec WM 33 Wd 23
11-410 Silginy WM 33 Wb 23
08-206 Siliwonki MZ 70 Xe 36
66-330 Silna LB 61 Qf 34
97-532 Silnica LD 90 Ue 43
97-532 Silniczka LD 90 Ue 43
87-125 Silno KP 53 Te 31
89-620 Silno PM 40 Se 27
68-131 Silno Małe LB 72 Qa 39
78-446 Silnowo ZP 39 Rd 27
29-100 Silpia Duża SK 90 Ue 43
43-426 Simoradz SL 106 Te 50
16-061 Simuny PD 59 Ya 31
87-705 Siniarzewo KP 53 Te 32
11-420 Siniec WM 33 Wd 24
72-510 Siniechowo ZP 36 Pd 26
87-707 Sinki I KP 53 Te 32
09-303 Sinogóra MZ 54 Ue 30
05-310 Sinołęka MZ 69 Wf 35
78-200 Sińce ZP 38 Qf 25
76-150 Sińczyca ZP 27 Rc 22
58-170 Siodłkowice DS 85 Rb 43
05-332 Siodło MZ 69 We 36
68-200 Siodło LB 72 Qb 39
76-220 Siodłonie PM 28 Sb 21
21-044 Siostrzytów LU 94 Xf 41
12-100 Siódmak WM 44 Vf 27
16-315 Siółko PD 47 Yd 26
33-330 Siółkowa MA 109 Vf 51
89-240 Sipiory KP 52 Sd 30
22-400 Sitaniec-Kolonia LU 94 Yb 44
22-400 Sitaniec-Wolica LU 94 Yb 44
16-130 Sitawka PD 47 Yb 28
16-130 Sitkowo PD 59 Yb 28
25-852 Sitkówka LU 91 Vd 44
38-323 Sitnica MA 109 Wa 50
21-500 Sitnik LU 70 Ya 36
11-015 Sitno WM 43 Vb 28
21-345 Sitno LU 82 Xd 38
22-424 Sitno LU 95 Yc 44
74-300 Sitno ZP 49 Pf 30
74-505 Sitno ZP 48 Pd 32
78-400 Sitno ZP 39 Rd 27
87-200 Sitno KP 54 Tf 29
87-645 Sitno KP 54 Ua 30
89-413 Sitno KP 52 Sd 29
22-424 Sitno-Kolonia LU 95 Yc 44
26-300 Sitowa LD 79 Vb 40
89-412 Sitowiec KP 52 Se 28
26-337 Siucice LD 90 Va 41
87-732 Siutkowo KP 53 Tf 32
42-609 Siwcowa SL 99 Te 46
83-209 Siwiałka PM 41 Td 24
05-340 Siwianka MZ 68 Wc 36
18-416 Siwiki PD 57 We 29




Siwiki I 195

18-507 Siwki PD 46 Xb 28
28-114 Skadła SK 91 Vf 45
11-010 Skajboty WM 44 Ve 26
28-530 Skalbmierz SK 101 Vc 47
57-210 Skalice DS 86 Sa 45
73-110 Skalin ZP 49 Pf 29
88-140 Skalmierowice KP 53 Tb 31
88-160 Skalmierowice KP 64 Ta 32
98-235 Skalmierz LD 76 Tc 38
38-230 Skalnik PK 110 Wc 51
32-043 Skała MA 100 Uf 47
59-600 Skała DS 85 Qd 42
46-250 Skałągi OP 88 Ta 42
55-080 Skałka DS 86 Re 42
63-720 Skałów WP 75 Sc 38
11-410 Skandawa WM 33 Wb 23
11-410 Skandławki WM 33 Wc 23
43-460 Skansen SL 106 Tf 51
22-400 Skaraszów LU 94 Ya 45
99-434 Skaratki-Stara Wieś LD 66 Ue 36
49-318 Skarbimierz OP 87 Sc 43
49-130 Skarbiszowice OP 87 Se 45
49-120 Skarbiszów OP 87 Se 44
27-423 Skarbka SK 92 Wd 42
62-710 Skarbki WP 65 Td 36
96-208 Skarbkowa LD 79 Vd 38
66-614 Skarbona LB 60 Pf 36
62-420 Skarboszewo WP 64 Se 35
13-300 Skarlin WM 42 Uc 28
89-400 Skarpa KP 40 Sd 28
62-817 Skarszew WP 76 Ta 38
86-100 Skarszewo KP 41 Tc 28
83-250 Skarszewy PM 41 Tc 24
86-302 Skarszewy KP 42 Te 28
76-248 Skarszów Górny PM 28 Sa 22
55-100 Skarszyn DS 87 Sa 41
63-505 Skarydzew WP 76 Ta 40
26-640 Skaryszew MZ 80 Wb 41
58-140 Skarzyce DS 86 Rc 43
09-100 Skarzyn MZ 67 Vb 33
42-400 Skarżyce SL 100 Ud 45
07-111 Skarżyn MZ 69 Wf 34
07-407 Skarżyn MZ 57 We 31
12-230 Skarżyn WM 46 Xb 27
62-704 Skarżyn WP 76 Tc 37
26-110 Skarżysko-Kamienna SK 91 Vf 42
26-115 Skarżysko Kościelne SK 91 Vf 42
06-126 Skaszewo Włościańskie MZ 56 Vf 32
87-865 Skaszyn KP 65 Te 34
34-713 Skawa MA 107 Uf 51
34-106 Skawce MA 107 Ud 50
34-221 Skawica MA 107 Ud 50
32-050 Skawina MA 100 Ue 49
34-143 Skawinki MA 107 Ue 50
16-423 Skazdub-Nowy PD 35 Xe 24
16-423 Skazdub-Stary PD 34 Xe 24
98-337 Skąpa LD 89 Ua 42
66-213 Skąpe LB 61 Qc 36
87-140 Skąpe KP 53 Td 29
62-730 Skęczniew WP 77 Te 37
87-630 Skępe KP 54 Uc 31
87-400 Skępsk KP 54 Tf 30
22-425 Skibice LU 95 Yd 43
66-010 Skibice LB 73 Qc 38
88-200 Skibin KP 65 Td 33
08-300 Skibniew-Podawce MZ 69 Xb 34
76-003 Skibno ZP 27 Rb 23
26-060 Skiby SK 91 Vc 44
77-400 Skic WP 51 Sb 29
67-240 Skidniów DS 73 Qf 38
32-625 Skidzin MA 99 Ub 49
16-315 Skieblewo PD 47 Yc 26
22-420 Skierbieszów LU 95 Yc 43
62-200 Skiereszewo WP 64 Sd 33
11-410 Skierki WM 33 Wc 24
96-100 Skierniewice LD 79 Va 37
16-140 Skindzierz PD 47 Ya 27
11-200 Skitno WM 32 Vf 23
17-300 Skiwy PD 70 Xe 34
24-105 Skladów LU 81 Xb 39
33-336 Składziste MA 109 Ve 51
26-510 Skłoby MZ 91 Ve 41
18-212 Skłody Borowe PD 58 Xe 31
07-323 Skłody-Średnie MZ 57 Xa 32
87-133 Skłudzewo KP 53 Tb 30
29-135 Skociszewy SK 90 Va 44
09-226 Skoczkowo MZ 55 Ue 31
43-430 Skoczów SL 106 Te 50
78-114 Skoczów ZP 26 Qf 24
34-483 Skoczykówka MA 107 Ud 51
98-358 Skoczylasy LD 89 Ua 41
21-306 Skoki LU 82 Xe 38
26-080 Skoki SK 91 Vc 43
62-085 Skoki WP 63 Sa 32
64-918 Skoki WP 39 Rf 27
55-110 Skokowa DS 74 Rf 40
24-300 Skoków LU 93 Xa 42
63-810 Skoków WP 75 Sb 37
62-410 Skokum WP 64 Sf 36
27-570 Skolanowska Wola SK 92 Wb 44
37-627 Skolin PK 104 Yb 48
11-008 Skolity WM 43 Vb 25
71-872 Skolwin ZP 36 Pd 27
82-450 Skolwity PM 42 Ud 25
37-550 Skołoszów PK 104 Xe 49
38-242 Skołyszyn PK 109 Wc 50
19-330 Skomack Wielki WM 45 Xa 25
19-314 Skomętno Wielkie WM 46 Xd 25
32-433 Skomielna Biała MA 107 Uf 51
32-437 Skomielna Czarna MA 107 Uf 50
98-346 Skomlin LD 88 Tc 41
22-425 Skomorochy LU 95 Yd 43
11-520 Skop WM 45 Wd 25
39-451 Skopanie PK 102 Wd 46
37-754 Skopów PK 111 Xd 50
63-040 Skoraczew WP 75 Sb 36
89-413 Skoraczewo KP 52 Sd 29
63-830 Skoraszewice WP 75 Sa 38
28-500 Skorczów SK 101 Vc 47
23-205 Skorczyce LU 93 Xb 42
07-206 Skorki MZ 68 Wb 33
29-105 Skorków SK 91 Vb 43
48-300 Skorochów OP 97 Sb 46
28-160 Skorocice SK 101 Ve 46
22-244 Skorodnica LU 83 Yb 39
49-345 Skorogoszcz OP 87 Se 44
06-120 Skorosze MZ 68 Vf 33
55-100 Skoroszów DS 75 Sb 40
63-630 Skoroszów WP 87 Sf 42
48-320 Skoroszyce OP 87 Sc 45
08-307 Skorupki MZ 70 Xc 34
05-340 Skorupy MZ 68 Wc 36
26-008 Skorzeszyce SK 91 Vf 44
83-400 Skorzewo PM 29 Sf 23
62-215 Skorzęcin WP 64 Sf 34
28-100 Skorzów SK 101 Ve 45
59-600 Skorzynice DS 85 Qe 42
72-510 Skoszewo ZP 36 Pd 26
27-425 Skoszyn SK 92 Wa 43
32-720 Skotnica MA 108 Vc 49
46-320 Skotnica OP 88 Td 42
36-020 Skotnik PK 103 Xa 49
26-337 Skotniki LD 90 Uf 41
27-650 Skotniki SK 92 Wd 45
28-100 Skotniki SK 101 Ve 46
30-399 Skotniki MA 100 Uf 48
55-100 Skotniki DS 87 Sa 41
62-320 Skotniki WP 63 Sd 35
78-404 Skotniki ZP 39 Rd 26
95-002 Skotniki LD 78 Uc 37
95-035 Skotniki LD 78 Ub 36
99-210 Skotniki LD 65 Te 36
83-032 Skowarcz PM 29 Te 23
77-310 Skowarnki PM 39 Sa 27
37-415 Skowierzyn PK 93 Wf 44
24-130 Skowieszyn LU 81 Xa 40
99-413 Skowroda Północna LD 67 Uf 35
28-400 Skowronno-Dolne SK 101 Vc 45
38-540 Skowronówka PK 111 Xb 51
14-407 Skowrony WM 43 Uf 24
83-220 Skórcz PM 41 Td 26
77-430 Skórka WP 51 Rf 29
88-420 Skórki KP 52 Sd 32
26-330 Skórkowice LD 90 Va 41
08-114 Skórzec MZ 69 Xa 36
13-230 Skórzec PD 70 Xd 33
83-221 Skórzenno PM 41 Tc 26
60-185 Skórzewo WP 63 Re 34
06-120 Skórznice MZ 68 Vf 32
87-811 Skórzno KP 66 Ua 32
66-614 Skórzyn LB 60 Qa 36
76-220 Skórzyno PM 28 Sc 21
62-814 Skrajnia Blizanowska WP 76 Ta 37
42-256 Skrajnica SL 89 Ub 44
42-235 Skrajniwa SL 90 Ud 44
44-341 Skrbeńsko SL 98 Td 49
28-130 Skrobaczów SK 101 Vf 46
16-040 Skroblaki PD 59 Ye 30
21-100 Skrobów LU 82 Xd 40
21-100 Skrobów-Kolonia LU 82 Xd 40
18-507 Skroda Wielka PD 45 Xa 28
19-206 Skrodzkie PD 46 Xd 26
26-307 Skronina SL 91 Vc 41
28-300 Skroniów SK 91 Vb 45
46-300 Skrońsko OP 88 Tc 43
05-320 Skruda MZ 69 Wf 35
24-103 Skrudki LU 81 Xa 39
33-388 Skrudzina MA 108 Vd 51
87-510 Skrwilno KP 54 Ud 30
15-608 Skrybicze PD 59 Yb 30
22-145 Skryhiczyn LU 95 Yf 43
09-500 Skrzany MZ 66 Uc 34
73-115 Skrzany ZP 49 Qb 30
62-872 Skrzatki WP 76 Tb 39
64-930 Skrzatusz WP 51 Rd 29
63-440 Skrzebowa WP 76 Se 38
26-015 Skrzelczyce SK 91 Ve 44
96-516 Skrzelew MZ 67 Vc 36
05-124 Skrzeszew MZ 68 Vf 34
08-307 Skrzeszew MZ 70 Xd 34
83-330 Skrzeszewo Żukowskie PM 29 Tc 23
09-543 Skrzeszewy MZ 66 Ud 35
32-010 Skrzeszowice MA 100 Va 47
64-630 Skrzetusz WP 51 Re 32
62-270 Skrzetuszewo WP 63 Sc 33
33-312 Skrzętla-Rojówka MA 108 Vd 50
64-400 Skrzydlewo WP 62 Qf 33
34-625 Skrzydlna MA 108 Vb 50
42-270 Skrzydlów SL 89 Uc 43
42-772 Skrzydłowice SL 88 Td 44
78-125 Skrzydłowo ZP 38 Qc 25
83-404 Skrzydłowo PM 29 Tb 24
23-114 Skrzynice I LU 94 Xd 42
23-114 Skrzynice II LU 94 Xd 42
23-114 Skrzynice-Kolonia LU 94 Xd 42
24-200 Skrzyniec LU 93 Xb 42
32-410 Skrzynka MA 108 Va 49
33-230 Skrzynka MA 102 Wa 47
57-540 Skrzynka DS 96 Re 46
74-240 Skrzynka ZP 49 Pf 30
09-100 Skrzynki MZ 67 Vc 33
62-035 Skrzynki WP 62 Sa 35
87-821 Skrzynki KP 66 Ub 33
97-225 Skrzynki LD 78 Uf 39
26-432 Skrzynno MZ 79 Ve 40
98-311 Skrzynno LD 77 Td 41
26-400 Skrzyńsko MZ 79 Vd 40
27-670 Skrzypaczowice SK 102 Wd 45
28-400 Skrzypiów SK 101 Vd 45
17-100 Skrzypki PD 58 Ya 32
63-300 Skrzypna WP 76 Se 37
55-216 Skrzypnik DS 87 Sb 43
26-225 Skrzyszów SK 79 Vc 41
33-156 Skrzyszów MA 102 Wa 49
39-103 Skrzyszów PK 102 Wd 48
44-348 Skrzyszów SL 98 Tc 49
44-348 Skrzyszów SL 98 Td 49
62-436 Skubarczewo WP 64 Sf 34
87-506 Skudzawy KP 54 Ud 30
62-560 Skulsk WP 65 Tb 34
62-560 Skulska Wieś WP 65 Tb 34
96-321 Skuły MZ 79 Vd 37
05-319 Skupie MZ 69 We 36
08-124 Skupie MZ 69 Xa 35
34-408 Skupnie MA 107 Uf 52
08-470 Skurcza MZ 80 Wc 38
86-318 Skurgwy KP 42 Tf 27
39-230 Skurowa PK 109 Wc 49
05-600 Skurów MZ 80 Vf 38
13-206 Skurpie WM 55 Va 29
07-201 Skuszew MZ 68 Wc 33
05-319 Skwarne MZ 69 We 36
09-152 Skwary MZ 67 Vc 33
77-143 Skwierawy PM 28 Se 24
08-307 Skwierczyn MZ 70 Xc 35
66-440 Skwierzyna LB 61 Qd 33
76-003 Skwierzynka ZP 27 Rb 23
38-315 Skwirtne MA 109 Wb 52
28-100 Słabkowice SK 101 Ve 45
56-330 Słabocin DS 75 Sb 39
62-540 Słaboludź WP 64 Ta 34
88-405 Słabomierz KP 52 Sd 31
96-325 Słabomierz MZ 79 Vd 36
63-400 Słaborowice WP 76 Sf 38
88-306 Słaboszewko KP 52 Sf 32
88-306 Słaboszewo KP 52 Sf 32
28-330 Słaboszowice SK 100 Vb 45
32-218 Słaboszów MA 101 Vb 46
11-520 Słabowo WM 45 Wc 25
27-540 Słabuszewice SK 92 Wd 44
84-210 Słajkowo PM 28 Sf 20
72-200 Słajsino ZP 37 Qb 27
84-210 Słajszewo PM 28 Se 20
67-410 Sława LB 73 Ra 37
78-300 Sława ZP 38 Qf 26
21-500 Sławacinek LU 70 Ya 36
21-515 Sławatycze LU 83 Yd 38
26-920 Sławczyn-Nowy MZ 81 We 40
26-920 Sławczyn-Stary MZ 81 We 39
56-200 Sławęcice DS 74 Rd 38
09-320 Sławęcin MZ 55 Va 31
57-230 Sławęcin DS 96 Rf 46
73-200 Sławęcin ZP 49 Qc 29
87-840 Sławęcin KP 66 Ua 34
88-100 Sławęcin KP 53 Tb 32
89-620 Sławęcin PM 40 Sd 27
99-150 Sławęcin LD 65 Ua 36
88-100 Sławęcinek KP 53 Tb 32
77-400 Sławianowo WP 51 Sa 29
62-085 Sławica WP 63 Sa 33
32-200 Sławice MA 100 Va 47
49-120 Sławice OP 87 Sf 44
18-414 Sławiec PD 57 Wf 29
64-600 Sławienko WP 63 Re 33
47-230 Sławięcice OP 98 Tb 46
47-411 Sławików SL 98 Tb 47
63-405 Sławin WP 76 Ta 39
13-124 Sławka Mała WM 55 Vb 28
13-124 Sławka Wielka WM 55 Vb 28
83-311 Sławki PM 29 Tb 23
32-020 Sławkowice MA 100 Va 49
06-216 Sławkowo MZ 56 Wb 31
11-400 Sławkowo WM 45 Wc 24
13-214 Sławkowo WM 55 Va 28
87-140 Sławkowo KP 53 Te 30
06-550 Sławkowo-Kraśnik MZ 55 Va 31
41-260 Sławków SL 99 Uc 47
59-903 Sławnikowice DS 84 Qb 41
48-355 Sławniowice OP 97 Sb 46
42-436 Sławniów SL 100 Ue 46
26-332 Sławno LD 79 Va 40
62-270 Sławno WP 63 Sc 33
64-720 Sławno WP 51 Rd 31
66-542 Sławno LB 49 Qd 31
76-100 Sławno ZP 27 Re 22
78-450 Sławno ZP 39 Rd 25
78-314 Sławoborze ZP 38 Qe 25
63-220 Sławoszew WP 75 Se 37
62-540 Sławoszewek WP 64 Tb 34
56-300 Sławoszowice DS 75 Sb 39
84-110 Sławoszyno PM 29 Tb 20
56-100 Sławowice DS 74 Re 40
62-586 Sławsk WP 64 Ta 35
76-100 Sławsko ZP 27 Re 22
88-320 Sławsko Dolne KP 64 Tb 33
84-122 Sławutowo PM 29 Tc 20
84-122 Sławutówko PM 29 Tc 21
88-404 Słębowo KP 52 Sd 31
14-405 Słobity WM 31 Ue 24
37-304 Słoboda PK 104 Xd 47
16-411 Słobódka PD 35 Ya 23
17-300 Słochy Annopolskie PD 70 Xe 34
62-065 Słocin WP 62 Rc 35
35-330 Słocina PK 103 Xa 48
73-132 Słodkowo ZP 49 Qb 29
62-700 Słodków WP 76 Tc 36
23-206 Słodków I LU 93 Xb 43
23-206 Słodków II LU 93 Xb 43
23-206 Słodków III LU 93 Xb 43
73-132 Słodkówko ZP 49 Qb 29
16-113 Słoja PD 59 Yd 29
16-100 Słojniki PD 59 Yc 28
05-507 Słomczyn MZ 68 Wa 36
05-600 Słomczyn MZ 80 Vf 37
16-080 Słomianka PD 58 Xd 29
16-124 Słomianka PD 47 Yc 27
19-122 Słomianka PD 58 Ya 28
09-450 Słomin MZ 67 Vb 34
32-700 Słomka MA 101 Vc 48
09-440 Słomkowo MZ 67 Uf 33
62-619 Słomkowo WP 65 Tc 34
87-710 Słomkowo KP 53 Te 31
96-124 Słomków LD 78 Uf 37
98-285 Słomków-Mokry LD 77 Td 39
98-285 Słomków-Suchy LD 77 Td 39
32-090 Słomniki MA 100 Va 47
62-300 Słomowo WP 64 Sd 34
64-610 Słomowo WP 63 Rf 32
32-840 Słona MA 109 Vf 50
64-600 Słonawy WP 63 Re 33
89-200 Słonawy KP 52 Sd 30
66-008 Słone LB 73 Qc 37
14-300 Słonecznik WM 43 Uf 25
06-425 Słoniawy MZ 56 Wa 31
78-220 Słonino ZP 38 Rb 24
37-750 Słonne PK 111 Xc 50
76-251 Słonowice PM 27 Rf 22
78-316 Słonowice ZP 38 Qe 26
66-520 Słonów LB 50 Qe 31
86-070 Słończ KP 53 Tb 29
66-436 Słońsk LB 60 Pe 33
88-100 Słońsko KP 53 Tc 32
64-520 Słopanowo-Huby WP 62 Rd 32
26-021 Słopiec SK 91 Ve 44
34-615 Słopnice MA 108 Vc 50
07-230 Słopsk MZ 68 Wc 33
27-540 Słoptów SK 92 Wc 44
77-200 Słosinko PM 39 Rf 25
97-545 Słostowice LD 90 Uc 41
09-100 Słoszewo MZ 67 Vc 32
87-300 Słoszewy KP 54 Ub 29
73-110 Słotnica ZP 49 Pf 29
39-220 Słotowa PK 102 Wb 49
09-141 Słotwin MZ 67 Vc 33
34-324 Słotwina SL 106 Ua 50
58-100 Słotwina DS 86 Rc 43
24-310 Słotwiny LU 93 Xa 41
33-380 Słotwiny MA 109 Vf 52
78-314 Słowenkowo ZP 38 Qe 25
76-038 Słowienkowo ZP 26 Qf 23
42-263 Słowik SL 89 Ub 44
95-100 Słowik LD 78 Uc 37
62-540 Słowiki WP 64 Ta 34
26-922 Słowiki-Nowe MZ 81 Wd 39
26-922 Słowiki-Stare MZ 81 Wd 39
62-436 Słowikowo WP 64 Sf 33
46-325 Słowików OP 88 Td 42
66-520 Słowin LB 50 Qe 30
76-150 Słowino ZP 27 Rd 22
09-533 Słubice MZ 67 Uf 34
07-110 Słuchocin MZ 69 Wf 35
84-113 Słuchowo PM 29 Sf 20
19-213 Słucz PD 46 Xc 28
16-040 Słuczanka PD 59 Yd 30
72-310 Słudwia ZP 37 Qb 26
99-122 Sługi LD 66 Uc 36
97-200 Sługocice LD 79 Va 40
97-319 Sługocice LD 78 Ue 39
21-008 Sługocin LU 81 Xc 41
62-406 Sługocin WP 64 Ta 35
09-550 Słup MZ 66 Ud 35
13-230 Słup WM 54 Ue 29
14-521 Słup WM 31 Vb 23
55-300 Słup DS 86 Rd 41
56-160 Słup DS 74 Rd 40
59-424 Słup DS 85 Ra 42
86-327 Słup KP 42 Ua 28
62-400 Słupca WP 64 Sf 35
27-620 Słupcza SK 93 We 44
23-145 Słupeczno LU 94 Xe 43
09-226 Słupia MZ 55 Uf 32
26-234 Słupia SK 90 Va 42
28-133 Słupia SK 102 Wa 46
28-350 Słupia SK 90 Uf 45
62-060 Słupia WP 62 Rd 35
77-310 Słupia PM 40 Sb 27
96-128 Słupia LD 78 Uf 37
63-900 Słupia Kapitulna WP 75 Rf 39
27-515 Słupia Nadbrzeżna SK 93 We 43
63-642 Słupia pod Bralinem WP 87 Se 41

196 | Siwki

A
Ą
B
C
Ć
D
E
Ę
F
G
H
I
J
K
L
Ł
M
N
Ń
O
Ó
P
Q
R
S
Ś
T
U
V
W
X
Y
Z
Ź
Ż

47-180 Sprzęcice OP 98 Ta 46
69-113 Spudłów LB 60 Pe 34
11-200 Spurgle WM 32 Vf 23
12-150 Spychowo WM 45 Wc 27
99-210 Spycimierz LD 77 Te 37
11-200 Spytajny WM 32 Ve 23
34-116 Spytkowice MA 100 Ud 49
34-745 Spytkowice MA 107 Uf 51
11-500 Spytkowo WM 45 We 24
64-000 Spytkówki WP 63 Re 36
09-162 Srebrna MZ 67 Vb 34
09-411 Srebrna MZ 66 Ud 33
18-305 Srebrna PD 57 Xa 31
57-200 Srebrna Góra DS 96 Rd 45
62-120 Srebrna Góra WP 52 Sd 31
87-410 Srebrniki KP 53 Te 29
18-305 Srebrny Borek PD 57 Xb 31
18-430 Srebrowo PD 58 Xc 29
22-100 Srebrzyszcze LU 95 Yd 42
97-310 Srock LD 78 Ud 39
64-020 Srocko Wielkie WP 63 Re 35
28-220 Sroczków SK 102 Wa 46
62-280 Sroczyn WP 63 Sb 33
38-507 Srogów Dolny PK 110 Xa 51
38-507 Srogów Górny PK 110 Xa 51
63-740 Sroki WP 75 Sb 38
11-420 Srokowo WM 33 Wd 23
11-420 Srokowski Dwór WM 33 Wd 23
34-443 Sromowce MA 108 Vc 52
34-443 Sromowce Niżne MA 108 Vc 52
99-414 Sromów LD 67 Va 36
97-425 Sromutka LD 77 Ub 40
16-503 Stabieńszczyzna PD 35 Yb 24
86-260 Stablewice KP 53 Tc 29
22-424 Stabrów LU 95 Yc 44
11-100 Stabunity WM 32 Vc 23
99-418 Stachlew LD 79 Va 36
11-400 Stachowizna WM 44 Wb 24
12-160 Stachy WM 56 Vf 28
06-323 Stacja-Parciaki MZ 56 Wa 29
19-314 Stacze WM 46 Xd 26
19-420 Stacze WM 34 Xb 24
33-386 Stadła MA 108 Vd 51
26-200 Stadnicka Wola SK 91 Vc 41
17-315 Stadniki PD 70 Xe 33
32-422 Stadniki MA 108 Va 49
64-720 Stajkowo WP 51 Rc 31
39-400 Stale PK 102 We 45
82-325 Stalewo WM 42 Ub 24
87-602 Stalmierz KP 54 Ub 31
37-450 Stalowa Wola PK 103 Xa 45
89-240 Stalówka KP 52 Sc 30
05-640 Stamirowice MZ 79 Ve 39
11-300 Stanclewo WM 44 Wa 25
44-145 Stanice SL 98 Td 47
63-720 Staniew WP 75 Sc 38
76-113 Staniewice ZP 27 Re 22
21-422 Stanin LU 81 Xb 37
28-305 Staniowice SK 91 Vc 44
37-700 Stanisławczyk PK 111 Xf 50
34-130 Stanisław Dolny MA 100 Ud 49
26-900 Stanisławice MZ 80 Wc 39
32-015 Stanisławice MA 101 Vc 49
42-230 Stanisławice SL 90 Ue 44
22-424 Stanisławka LU 95 Yc 44
77-310 Stanisławka PM 40 Sa 27
87-200 Stanisławki KP 53 Tf 29
05-140 Stanisławowo MZ 68 Vf 33
09-320 Stanisławowo MZ 55 Uf 31
15-604 Stanisławowo PD 59 Yb 30
62-302 Stanisławowo WP 64 Se 34
83-020 Stanisławowo PM 30 Te 23
05-304 Stanisławów MZ 69 Wd 35
22-114 Stanisławów LU 95 Ye 42
23-460 Stanisławów LU 104 Ya 45
26-425 Stanisławów MZ 79 Vc 39
26-803 Stanisławów MZ 80 Vf 38
42-165 Stanisławów SL 89 Tf 42
42-248 Stanisławów SL 90 Ud 44
59-423 Stanisławów DS 85 Ra 42
62-410 Stanisławów WP 64 Sf 36
96-314 Stanisławów MZ 67 Vc 36
97-216 Stanisławów LD 79 Va 38
97-220 Stanisławów LD 79 Vb 39
97-226 Stanisławów LD 79 Va 38
97-320 Stanisławów LD 78 Uf 40
99-322 Stanisławów LD 66 Uc 35
97-420 Stanisławów I LD 77 Ua 41
97-420 Stanisławów II LD 89 Ua 41
97-216 Stanisławów Studziński LD 79 Va 38
47-113 Staniszcze-Małe OP 88 Tb 45
47-113 Staniszcze-Wielkie OP 88 Tc 45
83-328 Staniszewo PM 29 Ta 22
36-130 Staniszewskie PK 103 Xa 47
58-508 Staniszów DS 85 Qe 43
43-476 Stanki SL 106 Tf 51
59-820 Stankowice DS 84 Qb 42
12-120 Stankowo WM 44 Vf 27
82-325 Stankowo WM 42 Uc 24
88-133 Stanomin KP 53 Td 32
78-200 Stanomino ZP 38 Qf 25
44-230 Stanowice SL 98 Te 48
55-200 Stanowice DS 87 Sb 43
58-150 Stanowice DS 85 Rc 43
66-450 Stanowice LB 60 Qa 32
26-212 Stanowiska LD 91 Vc 42
29-120 Stanowiska SK 90 Uf 43
09-470 Stanowo MZ 67 Uf 33
82-440 Stanowo PM 42 Ub 25
68-113 Stanów LB 73 Qc 38
37-433 Stany PK 103 Wf 46
42-141 Stany SL 88 Td 43
67-100 Stany LB 73 Qe 37
08-125 Stany-Duże MZ 69 Xb 35
08-125 Stany-Małe MZ 69 Xb 35
19-504 Stańczyki WM 34 Xd 23
33-314 Stańkowa MA 108 Vd 50
38-711 Stańkowa PK 111 Xc 51
82-550 Stańkowo PM 42 Ub 26
69-113 Stańsk LB 60 Pe 33
26-337 Stara LD 90 Uf 41
63-720 Stara WP 75 Sc 37
09-411 Stara Biała MZ 66 Ud 33
58-420 Stara Białka DS 85 Qf 44
26-806 Stara Błotnica MZ 80 Vf 39
21-542 Stara-Bordziłówka LU 70 Xf 36
77-220 Stara Brda PM 40 Sb 25
98-331 Stara Brzeźnica LD 89 Ub 42
57-500 Stara Bystrzyca DS 96 Rd 47
46-375 Stara Bzinica OP 88 Tc 44
16-423 Stara Chmielówka PD 35 Xe 24
27-200 Starachowice SK 92 Wa 42
62-580 Stara Ciświca WP 76 Sf 36
05-156 Stara-Dąbrowa MZ 67 Vd 34
64-200 Stara-Dąbrowa WP 62 Rb 36
73-112 Stara Dąbrowa ZP 37 Qa 28
76-231 Stara Dąbrowa PM 28 Sb 22
27-400 Stara-Dębowa Wola SK 92 Wc 42
16-424 Stara-Dębszczyzna PD 35 Xe 24
72-315 Stara Dobrzyca ZP 38 Qd 26
21-422 Stara Gąska LU 81 Xb 38
56-200 Stara Góra DS 74 Rd 39
07-300 Stara Grabownica MZ 57 Wf 32
08-410 Stara Huta MZ 80 Wc 37
21-426 Stara Huta LU 81 Wf 38
22-440 Stara Huta LU 104 Ya 45
37-414 Stara Huta PK 103 Xc 45
42-350 Stara Huta SL 99 Ub 45
56-305 Stara Huta DS 75 Sd 40
83-047 Stara Huta PM 29 Tb 23
83-328 Stara Huta PM 29 Ta 22
83-341 Stara Huta PM 28 Se 23
67-312 Stara Jabłona LB 73 Qe 39
64-361 Stara Jabłonka WP 61 Qf 34
18-411 Stara Jakać PD 57 Wf 30
83-225 Stara Jania PM 41 Td 26
39-216 Stara Jastrząbka PK 102 Wb 48
05-640 Stara Jastrzębia MZ 79 Ve 38
27-100 Stara-Jedlanka MZ 92 Wb 41
62-872 Stara-Kakawa WP 76 Ta 39
58-512 Stara Kamienica DS 84 Qd 43
16-200 Stara Kamienna PD 47 Yb 26
16-100 Stara Kamionka PD 59 Yd 28
16-320 Stara-Kamionka PD 46 Xe 26
63-313 Stara-Kaźmierka WP 76 Sf 36
83-430 Stara Kiszewa PM 41 Tb 25
18-100 Stara Kolonia PD 58 Xf 31
68-100 Stara Kopernia LB 73 Qc 39
08-205 Stara Kornica MZ 70 Xf 35
78-540 Stara Korytnica ZP 50 Ra 29
82-213 Stara Kościelnica PM 42 Tf 24
59-540 Stara Kraśnica DS 85 Qf 42
06-300 Stara Krępa MZ 56 Vf 30
63-840 Stara Krobia WP 75 Sa 38
83-315 Stara Krzeszna PM 29 Ta 23
47-246 Stara Kuźnia OP 98 Tc 47
26-200 Stara Kuźnica SK 91 Vd 41
41-706 Stara Kuźnica SL 99 Tf 47
42-360 Stara Kuźnica SL 89 Ub 45
22-420 Stara-Lipina LU 95 Yc 43
18-112 Stara Liza PD 58 Xe 31
27-570 Stara Łagowica SK 92 Wa 44
57-521 Stara Łomnica DS 96 Rd 46
64-930 Stara Łubianka WP 51 Re 29
18-100 Stara Łupianka PD 58 Xf 30
08-330 Stara Maliszewa MZ 69 Xa 33
57-550 Stara Morawa DS 96 Rf 47
05-300 Stara Niedziałka MZ 69 Wd 35
22-420 Stara-Nowa LU 95 Yc 43
59-700 Stara Oleszna DS 73 Qd 40
28-330 Stara Olszówka SK 100 Vb 45
62-402 Stara Olszyna WP 64 Ta 35
07-308 Stara-Osuchowa MZ 57 We 32
06-521 Stara-Otocznia MZ 55 Vc 30
16-427 Stara-Pawłówka PD 35 Xe 23
07-210 Stara Pecyna MZ 57 Wd 32
21-450 Stara Prawda LU 81 Wf 37
64-030 Stara Przysieka-I WP 74 Rd 36
64-030 Stara Przysieka-II WP 62 Rd 36
96-115 Stara Rawa LD 79 Vb 37
08-540 Stara Rokitna LU 81 We 39
96-200 Stara Rossocha LD 79 Vb 38
16-100 Stara-Rozedranka PD 59 Yc 28
21-450 Stara Róża LU 81 Xa 37
11-400 Stara Różanka WM 33 Wc 24
62-619 Stara Ruda WP 65 Tc 34
74-520 Stara Rudnica ZP 48 Pb 32
11-520 Stara Rudówka WM 45 Wd 25
07-305 Stara Ruskołęka MZ 57 Xa 32
18-200 Stara Ruś PD 58 Xd 31
59-150 Stara Rzeka DS 74 Rb 39
86-150 Stara Rzeka KP 41 Tb 27
46-040 Stara-Schodnia OP 88 Tb 44
99-106 Stara-Sobótka LD 65 Ua 35
78-540 Stara Studnica ZP 50 Qf 28
05-310 Stara Trzcianka MZ 69 Wf 35
64-212 Stara Tuchorza WP 62 Ra 35
27-312 Stara-Tymienica MZ 92 We 41
05-660 Stara Warka MZ 80 Wb 38
05-332 Stara Wieś MZ 69 Wd 36
05-430 Stara Wieś MZ 68 Wc 36
05-622 Stara Wieś MZ 80 Ve 38
05-830 Stara Wieś MZ 68 Ve 36
06-330 Stara Wieś MZ 56 Ve 29
07-100 Starawieś MZ 69 Wf 34
08-140 Starawieś MZ 70 Xd 35
21-010 Stara Wieś LU 82 Xf 41
21-345 Stara Wieś LU 82 Xd 38
21-500 Stara Wieś LU 83 Yb 37
22-310 Stara Wieś LU 95 Yc 43
22-530 Stara Wieś LU 95 Yf 45
23-440 Stara Wieś LU 94 Xe 44
26-652 Stara Wieś MZ 80 Wa 40
33-325 Stara Wieś MA 109 Vf 51
34-600 Stara Wieś MA 108 Vc 50
36-200 Stara Wieś PK 110 Xa 50
43-330 Stara Wieś SL 99 Ua 49
96-230 Stara Wieś LD 79 Vd 38
97-340 Stara Wieś LD 90 Ud 41
97-570 Stara Wieś LD 90 Uf 43
23-100 Stara Wieś-I LU 94 Xd 43
23-100 Stara Wieś-II LU 93 Xd 43
23-100 Stara Wieś-III LU 93 Xd 43
82-213 Stara Wisła PM 41 Tf 24
77-424 Stara Wiśniewka WP 39 Sa 28
68-300 Stara Woda LB 72 Qa 38
09-131 Stara-Wrona MZ 67 Vd 33
21-422 Stara-Wróblina LU 81 Xb 37
28-400 Stara Zagość SK 101 Vd 46
26-025 Stara Zbelutka SK 92 Wa 44
06-210 Stara Zblicha MZ 56 Wa 31
99-107 Stara Żelazna LD 66 Ub 35
98-277 Starce LD 77 Td 40
42-261 Starcza SL 89 Ua 45
62-330 Starczanowo WP 63 Sc 34
08-108 Starczewice MZ 70 Xd 34
09-164 Starczewo Wielkie MZ 67 Vb 33
57-230 Starczów DS 96 Rf 45
57-220 Starczówek DS 96 Sa 45
89-320 Stare WP 51 Rf 29
05-082 Stare Babice MZ 68 Vf 35
19-104 Stare Bajki PD 58 Xe 29
17-200 Stare Berezowo PD 59 Yc 32
66-530 Stare Bielice LB 50 Qf 31
76-039 Stare Bielice ZP 26 Ra 23
69-100 Stare Biskupice LB 60 Pe 34
86-320 Stare Błonowo KP 42 Ua 27
58-312 Stare Bogaczowice DS 85 Rb 43
24-340 Stare Boiska LU 93 Wf 43
64-030 Stare Bojanowo WP 74 Rd 37
14-310 Stare Bolity WM 43 Va 25
76-020 Stare Borne ZP 39 Re 24
07-210 Stare Bosewo MZ 57 Wd 32
07-311 Stare Brudki MZ 57 Wd 31
74-100 Stare Brynki ZP 48 Pd 29
26-706 Stare-Brzezinki MZ 80 Wc 41
06-520 Stare-Brzozowo MZ 56 Vd 29
21-505 Stare Buczyce LU 71 Yb 35
46-030 Stare Budkowice OP 88 Ta 43
96-512 Stare Budy MZ 67 Va 35
96-325 Stare Budy Radziejowskie MZ 67 Vd 36
32-332 Stare Bukowno MA 99 Uc 47
06-120 Stare-Bulkowo MZ 68 Vf 32
96-200 Stare Byliny LD 79 Va 38
34-470 Stare Bystre MA 107 Uf 52
74-202 Stare Chrapowo ZP 48 Pe 29
97-221 Stare Chrusty LD 78 Ue 38
09-130 Stare-Cieszkowo MZ 67 Vb 32
68-212 Stare Czaple LB 72 Pe 39
74-106 Stare Czarnowo ZP 48 Pe 29
22-100 Stare-Depułtycze LU 95 Yc 42
78-220 Stare Dębno ZP 38 Ra 25
64-115 Stare Długie WP 74 Rc 38
13-230 Stare Dłutowo WM 55 Uf 29
82-325 Stare Dolno WM 42 Uc 24
78-550 Stare Drawsko ZP 38 Rb 27
67-407 Stare-Drzewce LB 74 Rb 38
62-050 Stare-Dymaczewo WP 63 Re 35
22-678 Stare Dyniska LU 105 Ye 46
66-460 Stare Dzieduszyce LB 60 Pf 32
77-400 Stare Dzierżążno WP 39 Sa 28
05-870 Stare Faszczyce MZ 67 Vd 35
98-330 Stare-Gajęcice LD 89 Ua 42
97-360 Stare Gałkowice SL 90 Uc 41
06-216 Stare Glinki MZ 56 Wc 31
44-121 Stare Gliwice SL 98 Td 47
23-460 Stare Górecko LU 104 Xf 45
16-075 Stare Grabowo PD 58 Xd 30
62-580 Stare-Grądy WP 76 Ta 36
06-126 Stare Grochy MZ 56 Vf 32
77-318 Stare Gronowo PM 40 Sc 27
05-310 Stare-Groszki MZ 69 Wf 35
09-164 Stare-Gumino MZ 67 Vb 33
12-200 Stare Guty WM 45 Wf 27
18-507 Stare Guty PD 46 Xa 28
08-221 Stare-Hołowczyce MZ 70 Xf 35
14-133 Stare Jabłonki WM 43 Va 26
07-405 Stare Janki MZ 57 We 30
59-700 Stare Jaroszowice DS 85 Qd 41
07-440 Stare Jawory MZ 57 Wd 31
18-411 Stare Jemielite PD 57 Xa 30
16-080 Stare Jeżewo PD 58 Xe 30
19-330 Stare Juchy WM 45 Xb 25
07-306 Stare Kaczkowo MZ 57 Wf 32
28-363 Stare-Kanice SK 90 Vb 44
46-331 Stare-Karmonki OP 88 Td 43
11-042 Stare Kawkowo WM 43 Vb 25
12-100 Stare Kiejkuty WM 44 Wa 27
11-710 Stare Kiełbonki WM 45 We 27
18-505 Stare Kiełcze PD 45 Wf 28
21-450 Stare Kobiałki LU 81 Xa 37
05-080 Stare Koczargi MZ 68 Ve 35
46-090 Stare Kolnie OP 87 Se 43
95-040 Stare Koluszki LD 78 Ue 38
06-521 Stare Kosiny MZ 55 Vb 30
08-445 Stare-Kościeliska MZ 80 Wc 37
28-305 Stare Kotlice SK 91 Vc 45
96-315 Stare-Kozłowice MZ 67 Vc 36
98-160 Stare-Kozuby LD 77 Ua 39
47-240 Stare Koźle OP 98 Tb 47
66-110 Stare Kramsko LB 61 Qe 36
19-330 Stare-Krzywe WM 46 Xa 25
18-400 Stare-Kupiski PD 57 Wf 29
66-540 Stare Kurowo LB 50 Qe 31
87-821 Stare Kurowo KP 66 Ub 34
07-402 Stare Kurpiewskie MZ 57 We 29
66-300 Stare-Kursko LB 61 Qc 34
17-220 Stare Lewkowo PD 59 Ye 31
07-104 Stare Lipki MZ 69 Wf 33
06-100 Stare Lipniki MZ 68 Wa 32
08-221 Stare-Litewniki MZ 70 Xf 35
07-300 Stare Lubiejewo MZ 57 Wf 31
78-331 Stare-Ludzicko ZP 38 Ra 26
74-505 Stare Łysogórki ZP 48 Pb 32
17-220 Stare-Masiewo PD 59 Yf 32
26-631 Stare-Mąkosy MZ 80 Wb 39
37-300 Stare Miasto PK 103 Xc 47
62-571 Stare Miasto WP 64 Tb 35
82-450 Stare Miasto PM 42 Uc 25
42-120 Stare Miedźno SL 89 Tf 43
08-220 Stare Mierzwice MZ 70 Xf 34
18-400 Stare Modzele PD 57 Xb 30
21-512 Stare-Mokrany LU 71 Yc 36
62-620 Stare Morzyce WP 65 Td 34
16-424 Stare-Motule PD 35 Xe 23
87-853 Stare Nakonowo KP 65 Ua 33
18-208 Stare Niziołki PD 58 Xd 30
74-503 Stare Objezierze ZP 48 Pc 31
64-000 Stare-Oborzyska WP 63 Re 36
08-112 Stare Okniny MZ 70 Xb 36
46-300 Stare Olesno OP 88 Tc 43
05-180 Stare Orzechowo MZ 68 Vf 34
99-423 Stare Piaski LD 66 Ud 36
59-220 Stare Piekary DS 85 Rb 41
05-191 Stare-Pieścirogi MZ 68 Ve 33
07-203 Stare Płudy MZ 68 Wb 33
83-430 Stare Polaszki PM 41 Tb 24
82-220 Stare Pole PM 42 Ub 24
05-155 Stare Polesie MZ 67 Vc 34
66-431 Stare Polichno LB 61 Qc 32
21-530 Stare Połoski LU 83 Yc 37
62-834 Stare Prażuchy WP 76 Tc 37
28-130 Stare Prusy SK 101 Vf 46
07-411 Stare Przytuły MZ 57 We 30
18-411 Stare Ratowo PD 57 Xa 30
78-320 Stare Resko ZP 38 Qf 26
16-300 Stare Rudki PD 46 Xe 25
34-652 Stare Rybie MA 108 Vb 50
87-617 Stare Rybitwy KP 53 Tf 32
08-109 Stare Rzewuski MZ 70 Xd 35
14-405 Stare Siedlisko WM 31 Ue 23
26-806 Stare Siekluki MZ 80 Wb 39
46-090 Stare Siołkowice OP 87 Se 44
37-630 Stare Sioło PK 104 Xf 48
38-608 Stare Sioło PK 111 Xc 54
76-230 Stare-Skórowo PM 28 Sd 21
67-410 Stare Strącze LB 74 Ra 37
17-315 Stare Sypnie PD 70 Xe 33
18-411 Stare Szabły PD 57 Wf 30
08-205 Stare-Szpaki MZ 70 Xf 35
87-322 Stare-Świerczyny KP 54 Uc 29
09-460 Stare-Święcice MZ 67 Va 34
16-320 Stare Tajno PD 46 Xf 26
08-107 Stare Trębice MZ 70 Xd 35
05-170 Stare-Trębki MZ 67 Vd 34
12-200 Stare Uściany WM 45 We 27
73-140 Stare Węgorzynko ZP 38 Qd 27
21-220 Stare-Wierzchowiny LU 82 Xe 39
24-200 Stare Wierzchowiska LU 93 Xb 42
78-411 Stare Wierzchowo ZP 39 Re 25
96-315 Stare Wiskitki MZ 67 Vc 36
18-208 Stare Wnory PD 58 Xd 30
13-230 Stare Wojtkowice PD 70 Xc 33
78-523 Stare Worowo ZP 38 Ra 27
18-208 Stare Wykno PD 58 Xc 30
18-208 Stare Wypychy PD 58 Xd 30
08-550 Stare Zadybie LU 81 Wf 38
32-091 Stare Zagórzyce MA 100 Va 47
39-320 Stare Zagrody PK 102 Wc 47


198 | Sprzęcice

17-132 Stare Zalesie PD 58 Xf 31
22-234 Stare-Zalucze LU 82 Ya 40
05-255 Stare-Załubice MZ 68 Wa 34
09-120 Stare Zawady MZ 68 Vd 32
26-660 Stare-Zawady MZ 80 Wa 39
28-230 Stare Zdzieci SK 102 Wb 46
62-110 Staręzyn WP 52 Sc 31
67-100 Stare Żabno LB 73 Qe 38
26-806 Stare Żdżary MZ 80 Wa 39
33-151 Stare Żukowice MA 102 Wa 48
66-620 Stargard Gubiński LB 72 Pe 37
73-110 Stargard Szczeciński ZP 49 Qa 28
63-740 Starkowiec WP 75 Sb 38
64-234 Starkowo WP 74 Rb 37
76-270 Starkowo PM 27 Re 21
77-233 Starkowo PM 28 Sa 23
57-362 Starków DS 96 Rd 46
69-110 Starków LB 60 Pe 34
57-320 Starkówek DS 96 Rd 46
76-248 Starnice PM 28 Sb 22
78-124 Starnin ZP 37 Qc 25
26-060 Starochęciny SK 91 Vc 44
72-315 Starogard ZP 38 Qd 26
83-200 Starogard Gdański PM 41 Td 25
05-332 Starogród MZ 69 Wd 36
86-200 Starogród KP 53 Tc 29
06-445 Staroguby MZ 55 Vb 31
42-161 Starokrzepice SL 88 Td 43
42-235 Staromieście SL 90 Ud 44
42-250 Staropole SL 90 Ud 44
66-218 Staropole LB 61 Qc 34
09-540 Staropól MZ 66 Ue 35
87-500 Starorypin Rządowy KP 54 Uc 30
66-620 Starosiedle LB 72 Pe 37
27-100 Starosiedlice MZ 92 Wb 41
22-145 Starosiele LU 95 Yf 42
21-020 Starościce LU 94 Xf 41
21-132 Starościn LU 82 Xc 40
46-112 Starościn OP 87 Se 43
69-110 Starościn LB 60 Pf 34
95-030 Starowa Góra LD 78 Uc 38
48-385 Starowice OP 97 Sa 45
78-445 Starowice ZP 39 Rc 27
49-200 Starowice Dolne OP 87 Sb 45
17-111 Starowieś PD 70 Ya 32
16-123 Starowlany PD 47 Yd 28
05-280 Starowola MZ 69 We 34
08-441 Starowola MZ 81 We 37
09-440 Starożreby MZ 67 Uf 33
09-440 Starożreby-Hektary MZ 67 Uf 33
16-315 Starożyńce PD 47 Yc 26
95-070 Stary Adamów LD 77 Ub 37
21-136 Stary-Antonin LU 82 Xc 39
09-540 Stary-Barcik MZ 66 Uf 34
83-422 Stary Barkoczyn PM 41 Ta 24
08-108 Stary-Bartków MZ 70 Xd 35
08-500 Stary-Bazanów LU 81 Xa 39
99-150 Stary Besk LD 65 Ua 36
64-030 Stary Białcz WP 62 Rd 36
37-413 Stary Bidaczów LU 104 Xd 46
74-505 Stary Błeszyń ZP 48 Pc 32
78-132 Stary Borek ZP 26 Qc 24
62-817 Stary Borków WP 76 Ta 38
62-580 Stary Borowiec WP 76 Ta 36
87-617 Stary Bógpomóż KP 54 Tf 32
16-400 Stary-Bród PD 35 Xf 24
22-244 Stary Brus LU 83 Yb 40
87-880 Stary Brześć KP 65 Tf 33
96-521 Stary-Brzozów MZ 67 Va 35
21-505 Stary Bubel LU 71 Yb 35
62-613 Stary-Budzisław WP 65 Td 35
46-325 Stary-Bugaj OP 88 Td 43
83-430 Stary Bukówiec PM 41 Ta 24
78-461 Stary Chwalim ZP 39 Rc 26
27-310 Stary Ciepielów MZ 92 Wd 41
18-516 Stary-Cydzyn PD 57 Xa 29
62-709 Stary Czachulec WP 76 Tc 37
96-315 Stary-Drzewicz MZ 67 Vc 36
66-350 Stary Dworek LB 61 Qc 33
11-040 Stary Dwór WM 43 Vc 25
56-120 Stary Dwór DS 86 Re 41
66-320 Stary Dwór LB 61 Qe 34
82-410 Stary Dwór PM 42 Ub 25
86-010 Stary Dwór KP 52 Sf 29
26-200 Stary-Dziebałtów SK 91 Vc 42
82-450 Stary Dzierzgoń PM 42 Uc 25
26-640 Stary Dzierzkówek MZ 92 Wb 41
37-632 Stary Dzików PK 104 Xf 47
28-130 Stary Falęcin SK 101 Vf 46
16-400 Stary Folwark PD 47 Ya 24
24-204 Stary Gaj LU 93 Xb 41
11-731 Stary Gieląd WM 44 Wa 25
57-550 Stary-Gierałtów DS 96 Rf 47
26-035 Stary Głuchów SK 91 Vf 45
64-020 Stary Gołębin WP 63 Re 36
99-220 Stary Gostków LD 77 Ua 37
63-800 Stary Gostyń WP 75 Rf 37
55-200 Stary Górnik DS 87 Sc 43
26-806 Stary Gózd MZ 80 Wa 39
49-200 Stary Grodków OP 87 Sc 45
16-500 Stary Gromadzyn PD 45 Wf 28
63-740 Stary Gród WP 75 Sc 38
08-450 Stary Helenów MZ 81 Wd 38
57-210 Stary Henryków DS 86 Rf 44
95-010 Stary Imielnik LD 78 Ud 37
21-450 Stary Jamielnik LU 81 Xa 37
48-317 Stary Jamka OP 97 Sd 46
66-120 Stary Jaromierz LB 62 Qf 36
76-150 Stary Jarosław ZP 27 Rd 22
89-205 Stary Jarużyn KP 52 Sd 30
23-423 Stary Jasiennik LU 103 Xc 46
86-010 Stary Jasiniec KP 52 Ta 29
59-400 Stary Jawor DS 85 Ra 42
39-215 Stary Jawornik PK 102 Wb 48
58-140 Stary Jaworów DS 86 Rc 43
97-570 Stary Józefów LD 90 Uf 41
18-220 Stary Kaczyn PD 58 Xc 31
26-806 Stary-Kadłubek MZ 80 Wa 39
09-530 Stary-Kamień MZ 66 Ue 34
62-840 Stary Karolew WP 76 Tc 38
96-330 Stary-Karolinów MZ 79 Vb 37
26-200 Stary--Kazanów SK 91 Vc 41
26-806 Stary Kiełbów MZ 80 Wa 39
66-002 Stary Kisielin LB 73 Qd 37
99-307 Stary Klonowiec LD 66 Ub 35
73-200 Stary Klukom ZP 49 Qc 30
26-806 Stary-Kobylnik MZ 80 Vf 39
42-230 Stary Koniecpol SL 90 Ud 44
62-500 Stary Konin WP 64 Tb 35
28-136 Stary Korczyn SK 101 Ve 47
17-204 Stary Kornin PD 71 Yc 32
74-520 Stary Kostrzynek ZP 48 Pa 32
96-513 Stary Kozłów MZ 67 Va 35
76-100 Stary Kraków ZP 27 Rd 22
05-205 Stary Kraszew MZ 68 Wb 34
98-240 Stary Kromolin LD 77 Tf 38
08-111 Stary Krzesk MZ 70 Xd 36
48-340 Stary Las OP 97 Sc 46
18-300 Stary-Laskowiec PD 58 Xb 31
07-202 Stary Leszczydół MZ 68 Wc 33
62-563 Stary Licheń WP 65 Tc 35
23-415 Stary Lipowiec LU 104 Xf 46
07-207 Stary-Lubiel MZ 56 Wc 32
64-000 Stary-Lubosz WP 63 Re 36
07-303 Stary Lubotyń MZ 57 Wf 31
96-330 Stary Łajszczew MZ 79 Vc 37
59-225 Stary Łom DS 73 Qe 41
26-900 Stary Łuczynów MZ 80 Wd 39
22-680 Stary Machnów LU 105 Yd 46
23-145 Stary-Maciejów LU 94 Xe 43
22-120 Stary Majdan LU 95 Yc 43
22-360 Stary Majdan LU 94 Yb 42
23-414 Stary Majdan LU 104 Xe 46
08-420 Stary Miastków MZ 81 We 37
28-130 Stary Mietel SK 101 Vf 46
07-430 Stary Myszyniec MZ 56 Wc 28
62-840 Stary Nakwasin WP 76 Tb 38
37-430 Stary Nart PK 103 Wf 46
27-552 Stary-Nieskurzów SK 92 Wb 44
27-350 Stary-Olechów MZ 92 Wc 42
26-920 Stary Ołeksów MZ 81 We 40
63-313 Stary Olesiec WP 76 Sf 37
10-687 Stary Olsztyn WM 44 Vd 26
21-230 Stary Orzechów LU 82 Ya 40
47-126 Stary Osiedle OP 98 Td 45
26-806 Stary Osów MZ 80 Vf 39
55-200 Stary Otok DS 87 Sb 43
48-370 Stary Paczków OP 96 Sa 46
21-470 Stary-Patok LU 81 Xa 38
08-450 Stary-Pilczyn MZ 81 Wd 38
09-454 Stary-Podleck MZ 67 Va 33
06-210 Stary Podoś MZ 56 Wa 31
42-231 Stary-Południowy SL 89 Ub 43
62-561 Stary Półwiosek WP 65 Tb 34
78-300 Stary Przybysław ZP 38 Qe 26
74-211 Stary Przylep ZP 49 Pf 29
23-235 Stary-Rachów LU 93 Wf 43
66-600 Stary Raduszec LB 60 Qa 36
88-200 Stary Radziejów-I KP 65 Td 33
88-200 Stary Radziejów-II KP 65 Td 33
08-320 Stary-Ratyniec MZ 69 Xb 33
26-920 Stary Regów MZ 81 Wf 40
16-315 Stary-Rogożyn PD 47 Yc 26
36-110 Stary Rusinów PK 103 Wf 46
96-115 Stary-Rzędków LD 79 Vb 37
33-340 Stary Sacz MA 108 Vd 51
06-225 Stary Sielc MZ 56 Wb 32
63-930 Stary-Sielec WP 75 Sa 39
18-300 Stary Skarżyn PD 58 Xb 31
26-200 Stary-Sokołów SK 91 Vb 42
28-225 Stary-Solec SK 101 Vf 45
89-511 Stary-Sumin KP 41 Ta 27
07-411 Stary Susk MZ 57 We 30
43-267 Stary Suszec SL 99 Te 48
06-220 Stary Szelków MZ 56 Wb 32
82-410 Stary Targ PM 42 Ub 25
21-100 Stary Tartak LU 82 Xd 40
64-300 Stary Tomyśl WP 62 Ra 34
87-134 Stary Toruń KP 53 Tc 30
07-303 Stary Turobin MZ 57 Wf 31
27-220 Stary-Tychów SK 92 Wa 42
47-143 Stary Ujazd OP 98 Tb 46
21-109 Stary Uścimów LU 82 Xf 40
99-423 Stary Waliszew LD 66 Ud 36
57-500 Stary Waliszów DS 96 Re 47
59-950 Stary Węgliniec DS 72 Qb 41
28-350 Stary Węgrzynów SK 100 Uf 45
57-120 Stary Wiązów DS 87 Sb 44
64-200 Stary Widzim WP 62 Ra 36
83-420 Stary Wiec PM 41 Tb 24
57-300 Stary Wielisław DS 96 Rd 46
32-720 Stary Wisnicz MA 101 Vc 49
56-100 Stary Wołów DS 74 Rd 40
96-111 Stary-Wylezin LD 79 Vc 37
66-615 Stary Zagór LB 72 Qa 37
22-417 Stary Zamość LU 94 Yb 44
58-306 Stary Zdrój DS 85 Rb 44
06-330 Stary Zdziwój MZ 56 Ve 29
08-470 Stary-Żabieniec MZ 80 Wc 37
68-100 Stary Żagań LB 73 Qb 39
38-230 Stary Żmigród PK 110 Wd 51
72-405 Starza ZP 37 Qa 25
37-723 Starzawa PK 111 Xf 49
26-260 Starzechowice SK 90 Va 41
77-200 Starzno PM 39 Sa 25
14-241 Starzykowo WM 42 Ud 27
17-250 Starzyna PD 71 Yd 33
84-107 Starzyno PM 29 Tb 20
42-445 Starzyny SL 90 Ue 44
62-090 Starzyny WP 63 Re 34
84-107 Starzyński Dwór PM 29 Tb 20
34-520 Stasikówka MA 108 Va 52
08-107 Stasin MZ 70 Xc 35
08-331 Stasin MZ 70 Xc 33
21-030 Stasin LU 93 Xc 41
21-300 Stasinów LU 82 Xe 38
21-532 Stasiówka LU 83 Yb 37
39-200 Stasiówka PK 102 Wc 48
22-510 Staszic LU 95 Ye 43
14-133 Staszkowo WM 43 Va 26
38-321 Staszkówka MA 109 Wa 50
34-460 Staszowa MA 108 Vd 52
56-100 Staszowice DS 74 Re 40
26-900 Staszów MZ 81 Wd 39
28-200 Staszów SK 102 Wa 45
11-513 Staświny WM 45 Wf 25
09-550 Staw MZ 66 Ud 34
22-151 Staw LU 95 Yc 41
62-420 Staw WP 64 Se 35
62-865 Staw WP 76 Tc 38
66-433 Staw LB 49 Pf 31
86-221 Staw KP 53 Td 29
98-310 Staw LD 88 Td 41
23-320 Stawce LU 93 Xd 43
11-730 Stawek WM 45 Wd 26
21-077 Stawek LU 82 Xe 41
98-310 Stawek LD 88 Td 41
28-404 Stawiany SK 91 Vd 45
62-085 Stawiany WP 63 Sb 33
56-300 Stawiec DS 75 Sb 39
11-034 Stawiguda WM 43 Vc 27
73-200 Stawin ZP 49 Qc 30
07-110 Stawiska MZ 69 Wf 35
32-065 Stawiska MA 100 Ud 47
33-160 Stawiska MA 102 Wa 49
43-419 Stawiska SL 106 Td 50
83-423 Stawiska PM 41 Ta 24
87-500 Stawiska KP 54 Uc 30
18-520 Stawiski PD 57 Xa 28
38-313 Stawisza MA 109 Wa 52
17-240 Stawiszcze PD 71 Yc 33
98-200 Stawiszcze SL 77 Tf 39
26-800 Stawiszyn MZ 80 Vf 39
62-820 Stawiszyn WP 76 Ta 37
09-320 Stawiszyn-Zwalewo MZ 55 Uf 31
11-600 Stawki WM 33 Wd 23
22-211 Stawki LU 83 Yd 39
23-313 Stawki LU 93 Xb 44
37-500 Stawki PK 104 Xd 48
87-700 Stawki KP 53 Te 31
77-400 Stawnica WP 51 Sa 28
72-100 Stawno ZP 37 Pf 28
72-400 Stawno ZP 37 Pe 25
78-520 Stawno ZP 38 Qf 28
22-413 Staw Noakowski LU 94 Ya 44
16-124 Staworowo PD 47 Yd 27
26-333 Stawowice LD 79 Vb 41
44-362 Stawy SL 98 Tc 49
32-642 Stawy Monowskie MA 99 Uc 48
26-220 Stąporków SK 91 Vd 42
82-433 Stążki PM 42 Ub 25
86-182 Stążki KP 53 Ta 28
83-022 Steblewo PM 30 Te 23
47-263 Stebłów OP 98 Tb 47
47-300 Stebłów OP 98 Sf 46
36-130 Stece PK 103 Wf 47
62-710 Stefania WP 65 Tc 36
22-500 Stefankowice LU 95 Yf 43
22-500 Stefankowice-Kolonia LU 95 Yf 43
05-604 Stefanków MZ 80 Wa 37
26-510 Stefanków MZ 91 Ve 41
64-360 Stefanowice WP 62 Ra 35
62-610 Stefanowo WP 65 Tc 35
64-360 Stefanowo WP 62 Qf 35
21-070 Stefanów LU 82 Ya 41
26-315 Stefanów LD 79 Vc 39
95-006 Stefanów LD 78 Ud 38
95-040 Stefanów LD 78 Uf 38
95-063 Stefanów LD 78 Uf 37
97-221 Stefanów LD 78 Ue 38
97-403 Stefanów SL 78 Uc 40
99-314 Stefanów LD 66 Uc 36
28-200 Stefanówek SK 102 Wa 45
24-340 Stefanówka LU 93 Wf 43
38-722 Stefkowa PK 111 Xc 52
82-103 Stegienka PM 30 Ua 23
06-323 Stegna MZ 56 Wa 30
06-520 Stegna MZ 56 Vd 29
82-103 Stegna PM 30 Ua 23
96-520 Stegna MZ 67 Va 35
14-400 Stegny WM 31 Ue 24
87-640 Steklin KP 54 Tf 31
87-640 Steklinek KP 54 Tf 31
74-100 Steklno ZP 48 Pd 29
16-080 Stelmachowo PD 58 Xe 30
99-140 Stemplew LD 77 Tf 36
43-243 Stenclówka SL 99 Te 49
22-650 Steniatyn LU 105 Ye 45
07-415 Stepna Stara MZ 57 Wc 30
72-112 Stepnica ZP 36 Pd 27
72-112 Stepniczka ZP 36 Pd 27
08-320 Sterdyń MZ 70 Xb 33
11-520 Sterławki-Małe WM 45 Wd 24
11-520 Sterławki-Wielkie WM 45 Wd 24
46-331 Sternalice OP 88 Td 43
89-620 Sternowo PM 40 Se 26
14-110 Stębark WM 43 Va 28
63-210 Stęgosz WP 64 Sd 36
11-042 Stękiny WM 43 Vb 26
14-500 Stępień WM 31 Ue 22
78-421 Stępień ZP 39 Re 26
55-093 Stępin DS 87 Sb 41
38-131 Stępina PK 110 Wd 49
21-211 Stępków LU 82 Xf 39
28-440 Stępocice SK 101 Vb 46
87-500 Stępowo KP 54 Ud 30
99-412 Stępów LD 66 Ue 35
62-110 Stępuchowo WP 52 Sc 32
62-060 Stęszew WP 63 Re 35
62-010 Stęszewko WP 63 Sb 33
56-100 Stęszów DS 74 Re 40
97-540 Stęszów LD 90 Uc 43
38-606 Stężnica PK 111 Xb 53
08-540 Stężyca LU 81 We 39
63-800 Stężyca WP 75 Rf 37
83-322 Stężyca PM 29 Sf 23
22-300 Stężyca-Kolonia LU 94 Ya 42
22-300 Stężyca-Łęczyńska LU 94 Ya 42
22-300 Stężyca-Nadwieprzańska LU 94 Ya 42
83-322 Stężycka Huta PM 29 Sf 23
27-570 Stobiec SK 92 Wb 44
82-103 Stobiec PM 30 Ub 23
97-561 Stobiecko Szlacheckie SL 89 Uc 42
36-002 Stobierna PK 103 Xa 48
39-200 Stobierna PK 102 Wc 48
82-100 Stobna PM 30 Ub 23
64-607 Stobnica WP 62 Rd 32
97-510 Stobnica LD 90 Uf 41
64-520 Stobnicko WP 62 Rd 32
56-100 Stobno DS 86 Rd 41
62-872 Stobno WP 76 Ta 38
64-980 Stobno WP 51 Rd 30
72-002 Stobno ZP 36 Pc 28
89-500 Stobno KP 40 Se 27
82-316 Stoboje WM 31 Ud 23
46-090 Stobrawa OP 87 Sd 43
16-200 Stock PD 47 Yc 27
07-104 Stoczek MZ 69 Wf 33
08-410 Stoczek MZ 80 Wc 37
19-206 Stoczek PD 46 Xd 26
21-306 Stoczek LU 82 Xe 39
11-106 Stoczek Klasztorny WM 32 Ve 24
21-146 Stoczek Kocki LU 82 Xb 39
21-450 Stoczek Łukowski LU 81 Wf 37
95-081 Stoczki Porąbki SL 78 Uc 39
27-532 Stodoły SK 92 Wd 44
44-200 Stodoły SL 98 Tc 48
88-320 Stodoły KP 64 Tb 33
88-320 Stodólno KP 64 Tb 33
08-441 Stodzew MZ 81 We 36
57-160 Stogi DS 86 Rf 43
62-540 Stogi WP 64 Tb 34
80-622 Stogi PM 29 Te 22
63-630 Stogniewice WP 88 Sf 42
32-100 Stogniowice MA 101 Vc 47
05-300 Stojadła MZ 69 Wd 35
28-512 Stojanowice SK 101 Vd 47
23-310 Stojeszyn I LU 93 Xb 44
23-310 Stojeszyn II LU 93 Xb 44
29-105 Stojewsko SK 90 Va 43
78-113 Stojkowo ZP 26 Qe 24
57-540 Stojków DS 96 Rf 47
32-410 Stojowice MA 108 Va 49
07-300 Stok MZ 57 We 31
21-307 Stok LU 82 Xc 38
24-130 Stok LU 81 Xa 40
26-341 Stok LD 79 Va 40
66-220 Stok LB 61 Qb 35
87-890 Stok KP 65 Te 33
27-440 Stoki SK 92 Wd 43
66-330 Stoki LB 61 Qe 33
74-500 Stoki ZP 48 Pc 31
08-110 Stok Lacki MZ 70 Xc 36
18-212 Stokowisko PD 58 Xe 31
98-235 Stok Polski LD 76 Tc 39
08-140 Stok Ruski MZ 70 Xc 35
41-936 Stolarzowice SL 99 Te 46
57-200 Stolec DS 86 Rf 45
98-270 Stolec LD 77 Te 40
96-214 Stolnik LD 79 Vc 39
14-310 Stolno WM 43 Va 24
86-212 Stolno KP 53 Td 29
72-304 Stołąż ZP 37 Qc 25
77-300 Stołczno PM 40 Sb 26
74-510 Stołeczna ZP 48 Pd 31
62-120 Stołężyn WP 52 Sc 31
66-330 Stołuń LB 61 Qe 33

A Ą B C Ć D E Ę F G H I J K L Ł M N Ń O Ó P Q R S Ś T U V W X Y Z Ź Ż

Stołuń | 199

09-216 Sudragi MZ 54 Ud 31
11-015 Sudwa WM 43 Vb 27
28-220 Sufczyce SK 102 Wa 46
05-340 Sufczyn MZ 69 Wd 36
32-852 Sufczyn MA 101 Ve 49
37-740 Sufczyna PK 111 Xc 50
13-306 Sugajenko WM 54 Ud 28
87-313 Sugajno KP 54 Ud 29
47-263 Sukowice OP 98 Tb 47
16-113 Sukowicze PD 59 Ye 29
26-650 Sukowska Wola MZ 80 Vf 40
88-150 Sukowy KP 64 Tb 33
26-021 Suków SK 91 Ve 44
08-400 Sulbiny MZ 81 Wd 37
26-260 Sulborowice SK 90 Va 41
76-142 Sulechowo ZP 27 Rd 23
66-100 Sulechów LB 61 Qd 36
76-142 Sulechówko ZP 27 Rd 23
21-400 Suleje LU 82 Xc 37
63-112 Sulejewo WP 63 Rf 36
19-411 Sulejki WM 46 Xb 25
05-280 Sulejów MZ 69 Wd 34
27-515 Sulejów SK 93 We 43
97-330 Sulejów SL 78 Uf 40
05-070 Sulejówek MZ 68 Wb 35
19-222 Sulewo Kownaty PD 46 Xc 27
55-010 Sulęcin DS 87 Sa 43
63-023 Sulęcin WP 63 Sb 36
69-200 Sulęcin LB 61 Qa 34
63-023 Sulęcinek WP 63 Sb 36
07-303 Sulęcin-Szlachecki MZ 57 Wf 31
07-303 Sulęcin-Włościański MZ 57 Wf 31
83-320 Sulęczyno PM 28 Se 23
06-452 Suleżyrz MZ 55 Vc 31
26-415 Sulgostów MZ 79 Vd 39
73-210 Suliborek ZP 49 Qd 29
73-210 Sulibórz ZP 49 Qd 29
84-110 Sulicice PM 29 Tb 20
72-405 Sulikowo ZP 37 Pf 24
78-460 Sulikowo ZP 39 Rc 26
29-135 Sulików SK 90 Uf 44
59-975 Sulików DS 84 Qa 42
76-150 Sulimice ZP 27 Rd 22
74-300 Sulimierz ZP 49 Qa 31
55-010 Sulimów DS 86 Sa 42
11-500 Sulimy WM 45 We 24
12-230 Sulimy WM 45 Xa 27
62-270 Sulin WP 63 Sc 33
73-121 Sulino ZP 49 Qb 28
73-200 Sulino ZP 49 Qc 29
88-400 Sulinowo KP 52 Sd 31
56-320 Suliradzice DS 75 Sd 40
63-440 Sulisław WP 75 Se 38
74-400 Sulisław ZP 49 Pe 32
27-670 Sulisławice SK 102 Wc 45
55-100 Sulisławice DS 75 Sa 41
57-200 Sulisławice DS 86 Re 45
58-100 Sulisławice DS 86 Rc 43
62-800 Sulisławice WP 76 Ta 38
38-230 Sulistrowa PK 110 Wd 51
26-510 Sulistrowice MZ 80 Ve 41
55-050 Sulistrowice DS 86 Re 43
96-115 Suliszew LD 79 Vb 37
73-150 Suliszewice ZP 38 Qe 27
73-200 Suliszewo ZP 49 Qd 29
78-500 Suliszewo ZP 38 Qf 27
42-310 Suliszowice SL 89 Uc 44
26-026 Suliszów SK 91 Ve 45
07-111 Sulki MZ 69 Wf 35
18-413 Sulki PD 57 Wf 30
48-120 Sulków OP 98 Sf 48
22-420 Sulmice LU 94 Yb 43
63-750 Sulmierzyce WP 75 Sd 39
98-338 Sulmierzyce LD 89 Ub 41
83-331 Sulmin PM 29 Tc 23
86-100 Sulnowo KP 41 Tc 28
23-213 Sulów LU 93 Xc 43
05-650 Sułkowice MZ 80 Wa 37
28-131 Sułkowice SK 101 Vf 46
32-095 Sułkowice MA 100 Uf 47
32-440 Sułkowice MA 107 Ue 49
34-120 Sułkowice MA 107 Uc 50
63-840 Sułkowice WP 75 Sa 38
06-458 Sułkowo Polne MZ 55 Vc 31
26-804 Sułków MZ 80 Wb 39
29-105 Sułków SK 90 Va 43
56-200 Sułków DS 74 Rd 38
87-851 Sułkówek KP 65 Tf 34
09-200 Sułocin Towarzystwo MZ 54 Ud 31
32-045 Sułoszowa MA 100 Ue 47
21-136 Sułoszyn LU 82 Xd 39
22-448 Sułowiec LU 94 Xf 44
11-230 Sułowo WM 32 Ve 24
22-448 Sułów LU 94 Xf 44
56-300 Sułów DS 75 Sb 40
69-110 Sułów LB 60 Pe 34
22-448 Sułówek LU 94 Xf 44
56-210 Sułów Wielki DS 74 Re 39
13-340 Sumin WM 42 Ub 28
22-604 Sumin LU 105 Yc 45
83-200 Sumin PM 41 Tc 25
87-125 Sumin KP 54 Uc 30
87-620 Sumin KP 54 Ua 31
44-295 Sumina SL 98 Tc 48
16-500 Sumowo PD 47 Yb 24
87-305 Sumowo KP 54 Ub 29
87-305 Sumówko KP 54 Ub 28
87-340 Sumówko KP 54 Uc 30
16-424 Supienie PD 34 Xd 23
86-022 Suponin KP 53 Tb 29
16-030 Supraśl PD 59 Yb 29
18-423 Supy PD 58 Xc 28
87-603 Suradówek KP 54 Ub 32
18-507 Surały PD 46 Xb 27
18-105 Suraż PD 58 Xf 31
22-310 Surhów LU 94 Yb 43
37-544 Surmaczówka PK 104 Xf 48
63-435 Surmin WP 76 Sd 40
19-520 Surminy WM 34 Xa 23
11-731 Surmówka WM 44 Wa 25
37-500 Surochów PK 104 Xe 48
07-431 Surowe MZ 56 Wa 29
14-400 Surowe WM 43 Ue 24
38-543 Surowica PK 110 Wf 52
46-024 Surowina OP 88 Sf 44
11-600 Surwile WM 33 Wd 23
11-100 Suryty WM 44 Vd 24
09-550 Suserz MZ 66 Ud 35
22-672 Susiec LU 104 Yb 46
09-200 Susk MZ 54 Ue 32
26-670 Suskowola MZ 80 Wc 40
14-240 Susz WM 42 Uc 26
16-050 Suszcza PD 59 Ye 31
43-267 Suszec SL 99 Te 48
22-330 Suszeń LU 94 Xf 43
87-603 Suszewo KP 54 Ub 32
77-320 Suszka PM 40 Sa 26
48-385 Suszkowice OP 97 Sb 46
22-200 Suszno LU 83 Yd 39
22-652 Suszów LU 105 Yf 45
57-420 Suszyna DS 96 Rd 46
33-202 Sutków MA 102 Wa 47
17-307 Sutno PD 71 Ya 35
16-400 Suwałki PD 35 Xf 24
07-203 Suwin MZ 68 Wb 33
11-015 Swaderki WM 43 Vc 27
62-080 Swadzim WP 63 Re 34
83-115 Swarożyn PM 41 Td 24
27-400 Swarszowice SK 92 Wb 43
28-330 Swaryszów SK 100 Va 45
84-100 Swarzewo PM 29 Tc 20
62-020 Swarzędz WP 62 Sa 34
33-210 Swarzów MA 101 Vf 47
66-132 Swarzynice LB 61 Qe 37
08-500 Swaty LU 81 Wf 39
98-161 Swędzieniejewice SL 77 Tf 39
38-232 Swiatkowa-Wielka PK 109 Wc 51
56-400 Swierzna DS 87 Sc 41
74-110 Swobnica ZP 48 Pd 30
21-025 Swoboda LU 82 Xe 40
98-360 Swoboda LD 77 Tc 41
09-550 Swoboda Trębska MZ 66 Ud 35
74-202 Swochowo ZP 48 Pe 29
32-250 Swojczany MA 100 Uf 46
09-317 Swojecin MZ 55 Uf 30
55-216 Swojków DS 86 Sa 43
97-200 Swolszewice LD 78 Uf 40
97-320 Swolszewice Duże LD 78 Uf 40
76-206 Swołowo PM 27 Rf 22
99-200 Sworawa LD 77 Tf 37
89-608 Swornegacie PM 40 Sc 25
28-221 Sworoń SK 102 Wc 46
63-920 Sworowo WP 75 Sa 39
21-500 Swory LU 70 Xf 36
26-200 Sworzyce SK 91 Vb 41
62-065 Sworzyce WP 62 Rb 35
38-246 Swoszowa MA 109 Wb 49
28-506 Swoszowice SK 101 Vd 47
30-699 Swoszowice MA 100 Uf 49
32-340 Syber SL 100 Ue 46
09-303 Syberia MZ 54 Ue 30
98-113 Sycanów LD 77 Ua 39
76-256 Sycewice PM 27 Rf 22
62-610 Sycewo WP 65 Td 34
84-242 Sychowo PM 29 Ta 21
66-100 Sycowice LB 61 Qb 36
56-500 Syców DS 76 Se 41
21-500 Sycyna LU 70 Xf 36
26-700 Sycyna MZ 81 Wd 41
17-330 Sycze PD 70 Xf 34
22-150 Syczyn LU 94 Yb 41
26-700 Sydół MZ 81 Wd 41
32-020 Sygneczów MA 100 Va 49
42-253 Sygontka SL 90 Uc 44
78-230 Sykrowice ZP 26 Qf 24
77-127 Sylczno PM 28 Se 24
26-333 Sylwerynów LD 90 Va 41
16-205 Synkowce PD 47 Yd 27
62-619 Synogać WP 65 Td 34
82-550 Sypanica PM 42 Ua 26
19-314 Sypitki WM 46 Xd 26
64-915 Sypniewko WP 39 Rd 28
06-216 Sypniewo MZ 56 Wb 30
64-830 Sypniewo WP 51 Sa 31
64-915 Sypniewo WP 39 Rd 28
89-422 Sypniewo KP 52 Sc 28
21-132 Syry LU 82 Xc 40
44-360 Syrynia SL 98 Tc 48
37-600 Sysaki PK 104 Ya 48
95-080 Syski LD 78 Ud 39
48-250 Sysłów OP 97 Se 46
17-312 Sytki PD 70 Xe 34
87-300 Szabda KP 54 Uc 29
18-414 Szablak PD 57 Wf 29
21-570 Szachy LU 82 Xf 37
16-140 Szaciłówka PD 47 Ya 28
62-814 Szadek WP 76 Ta 38
62-834 Szadek WP 76 Tb 37
98-240 Szadek SL 77 Tf 38
05-140 Szadki MZ 68 Vf 33
26-332 Szadkowice LD 79 Vb 40
98-240 Szadkowice LD 77 Tf 38
88-140 Szadłowice KP 53 Tc 31
62-700 Szadów WP 65 Td 36
48-316 Szadurczyce OP 97 Sd 45
73-130 Szadzko ZP 49 Qc 28
07-402 Szafarczyska MZ 57 Wd 29
07-402 Szafarnia MZ 57 Wc 29
87-404 Szafarnia KP 54 Ua 30
34-424 Szaflary MA 107 Va 52
07-436 Szafranki MZ 57 Wd 29
19-110 Szafranki PD 46 Xe 28
39-304 Szafranów PK 102 Wb 47
57-300 Szalejów Dolny DS 96 Rd 46
57-300 Szalejów Górny DS 96 Rd 46
82-220 Szaleniec PM 42 Ub 24
22-680 Szalenik LU 105 Yc 46
88-220 Szalonki KP 65 Td 32
38-331 Szalowa MA 109 Wa 50
82-500 Szalwinek PM 42 Tf 25
26-050 Szałas SK 91 Vd 42
62-860 Szałe WP 76 Tb 38
14-200 Szałkowo WM 42 Ud 27
11-042 Szałstry WM 43 Vb 26
64-820 Szamocin WP 51 Sa 30
64-500 Szamotuły WP 62 Rd 33
21-404 Szaniawy-Matysy LU 82 Xd 37
21-404 Szaniawy-Poniaty LU 82 Xd 37
28-100 Szaniec SK 101 Ve 45
08-200 Szańków MZ 70 Xe 35
09-166 Szapsk MZ 67 Va 32
89-200 Szaradowo KP 52 Sd 30
23-412 Szarajówka LU 104 Xf 46
32-104 Szarbia MA 101 Vb 48
28-530 Szarbia Zwierzyniecka SK 101 Vc 47
28-400 Szarbków SK 101 Vd 45
66-330 Szarcz LB 61 Qe 33
34-383 Szare SL 106 Ua 51
19-420 Szarejki WM 34 Xc 24
19-300 Szarek WM 46 Xb 26
32-250 Szarkówka MA 100 Uf 46
88-150 Szarlej KP 65 Tb 32
42-130 Szarlejka SL 89 Ua 43
83-400 Szarlota PM 29 Sf 24
07-440 Szarłat MZ 57 Wc 32
86-341 Szarnoś KP 42 Ua 28
58-425 Szarocin DS 85 Qf 44
22-600 Szarowola LU 105 Yc 46
99-200 Szarów LD 77 Tf 37
07-100 Szaruty MZ 69 Xa 34
33-200 Szarwark MA 102 Wa 48
17-100 Szastały PD 58 Ya 32
23-225 Szastarka LU 93 Xb 43
23-225 Szastarka-Stacja LU 93 Xc 43
09-454 Szasty MZ 67 Vb 33
56-215 Szaszorowice DS 74 Rc 39
83-404 Szatarpy PM 29 Tb 24
82-200 Szawałd PM 42 Ua 24
08-207 Szawły MZ 70 Xe 36
11-036 Sząbruk WM 43 Vc 26
43-602 Szcsakowa SL 99 Ub 47
21-470 Szczałb LU 81 Xb 38
66-225 Szczaniec LB 61 Qe 35
34-607 Szczawa MA 108 Vb 51
58-306 Szczawienko DS 85 Rb 44
07-440 Szczawin MZ 57 Wd 31
09-120 Szczawin MZ 67 Ve 33
57-100 Szczawin DS 86 Sa 44
09-550 Szczawin Kościelny MZ 66 Ud 34
95-002 Szczawin Przykościelny LD 78 Uc 37
38-542 Szczawne PK 110 Xa 52
34-460 Szczawnica MA 108 Vc 52
33-370 Szczawnik MA 109 Vf 52
66-615 Szczawno LB 61 Qb 36
87-510 Szczawno KP 54 Ud 30
98-260 Szczawno LD 77 Te 40
58-310 Szczawno-Zdrój DS 85 Rb 44
28-100 Szczaworyż SK 101 Ve 46
88-210 Szczeblotowo KP 65 Td 33
16-304 Szczebra PD 47 Xf 25
22-460 Szczebrzeszyn LU 94 Xf 44
12-200 Szczechy Wielkie WM 45 We 26
70-018* Szczecin ZP 36 Pd 28
87-860 Szczecin KP 65 Ua 34
95-061 Szczecin LD 78 Ue 37
78-400 Szczecinek ZP 39 Re 26
19-400 Szczecinki WM 46 Xd 24
19-330 Szczecinowo WM 46 Xa 25
26-021 Szczecno SK 91 Ve 44
23-275 Szczecyn LU 93 Wf 44
46-042 Szczedrzyk OP 88 Ta 44
59-230 Szczedrzykowice DS 85 Rc 41
08-108 Szczeglacin MZ 70 Xd 34
28-210 Szczeglice SK 92 Wb 44
88-300 Szczeglin KP 64 Ta 33
76-010 Szczeglino ZP 27 Rc 23
44-246 Szczejkowice SL 99 Te 48
28-236 Szczeka SK 102 Wb 46
42-263 Szczekaczka SL 89 Ua 44
21-100 Szczekarków LU 82 Xd 40
42-445 Szczekociny SL 90 Ue 45
84-360 Szczenurze PM 28 Sd 20
05-240 Szczepanek MZ 68 Wc 34
47-100 Szczepanek OP 98 Tc 45
09-200 Szczepanki MZ 54 Ue 32
11-510 Szczepanki WM 45 Wf 25
86-320 Szczepanki KP 42 Ua 28
55-040 Szczepankowice DS 86 Rf 43
14-107 Szczepankowo WM 43 Va 27
14-260 Szczepankowo WM 43 Uf 28
18-411 Szczepankowo PD 57 Wf 30
61-307 Szczepankowo WP 62 Sa 34
64-560 Szczepankowo WP 62 Rd 33
88-306 Szczepankowo KP 52 Sf 32
32-200 Szczepanowice MA 100 Va 47
33-114 Szczepanowice MA 101 Vf 49
45-864 Szczepanowice OP 87 Sf 45
97-350 Szczepanowice LD 90 Ud 41
88-306 Szczepanowo KP 52 Sf 32
28-305 Szczepanów SK 91 Vc 44
32-823 Szczepanów MA 101 Vd 48
55-318 Szczepanów DS 86 Rd 41
58-124 Szczepanów DS 86 Rd 43
68-120 Szczepanów LB 72 Qb 39
38-457 Szczepańcowa PK 110 We 51
22-678 Szczepiatyn LU 105 Ye 46
89-240 Szczepice KP 52 Sd 30
62-513 Szczepidło WP 65 Tb 35
16-304 Szczepki PD 46 Xf 25
09-140 Szczepkowo MZ 55 Vb 31
14-200 Szczepkowo WM 42 Ud 27
13-111 Szczepkowo Borowe WM 55 Vd 29
97-500 Szczepocice-Prywatne SL 89 Uc 42
97-500 Szczepocice-Rządowe SL 89 Uc 42
64-061 Szczepowice WP 62 Rd 35
67-231 Szczepów DS 73 Qf 38
28-160 Szczerbaków SK 101 Ve 46
44-293 Szczerbice SL 98 Tc 48
83-112 Szczerbięcin PM 30 Td 24
89-310 Szczerbin WP 51 Sb 29
97-420 Szczercowska Wieś LD 77 Ua 40
97-420 Szczerców LD 77 Ua 41
33-390 Szczereż MA 108 Vc 51
11-700 Szczerzbowo WM 45 Wc 25
98-277 Szczesie Zagórcze LD 77 Td 40
10-687 Szczęsne WM 44 Vd 26
16-113 Szczęsnowicze PD 59 Ye 28
87-865 Szczkówek KP 65 Tf 34
55-095 Szczodre DS 87 Sb 41
32-043 Szczodrkowice MA 100 Uf 47
57-100 Szczodrowice DS 86 Sa 44
64-000 Szczodrowo WP 62 Rd 36
83-250 Szczodrowo PM 29 Tc 24
56-500 Szczodrów DS 87 Sd 41
18-315 Szczodruchy PD 58 Xc 31
62-035 Szczodrzykowo WP 62 Sa 35
63-210 Szczonów WP 64 Sd 36
28-440 Szczotkowice SK 101 Vc 46
32-820 Szczrowa MA 101 Vd 48
33-230 Szczucin MA 102 Wa 47
78-630 Szczuczarz ZP 50 Ra 30
24-204 Szczuczki LU 93 Xb 41
19-230 Szczuczyn PD 46 Xb 27
87-300 Szczuka KP 54 Uc 29
06-211 Szczuki MZ 56 Vf 31
96-230 Szczuki LD 79 Vd 38
97-350 Szczukocice LD 90 Ud 41
26-065 Szczukowice SK 91 Vd 43
95-080 Szczukwin LD 78 Ud 39
13-220 Szczupliny WM 55 Va 28
11-210 Szczurkowo WM 32 Vf 22
63-450 Szczury WP 76 Se 38
64-500 Szczuszyn WP 62 Rd 33
86-014 Szczutki KP 52 Sf 29
37-600 Szczutków PK 104 Ya 48
09-227 Szczutowo MZ 54 Ud 31
87-322 Szczutowo KP 54 Ud 29
87-404 Szczutowo KP 54 Ub 30
11-500 Szczybały Giżyckie WM 45 We 25
11-510 Szczybały Orłowskie WM 46 Xa 24
32-083 Szczyglice MA 100 Ue 48
44-190 Szczygłowice SL 98 Td 47
32-020 Szczygłów MA 100 Va 49
21-400 Szczygły-Dolne LU 82 Xb 37
21-400 Szczygły-Górne LU 81 Xc 37
62-800 Szczypiorno WP 76 Ta 38
76-220 Szczypkowice PM 28 Sc 21
43-370 Szczyrk SL 106 Ua 50
34-623 Szczyrzyc MA 108 Vb 50
55-100 Szczytkowice DS 75 Sa 40
37-205 Szczytna PK 104 Xd 48
57-330 Szczytna DS 96 Rc 46
59-708 Szczytnica DS 85 Qe 41
05-306 Szczytnik MZ 69 We 35
28-160 Szczytniki SK 101 Ve 47
32-112 Szczytniki MA 101 Vb 47
32-420 Szczytniki MA 101 Vb 49
62-023 Szczytniki WP 62 Sa 35
62-865 Szczytniki WP 76 Tb 38
72-200 Szczytniki ZP 37 Qa 26
62-250 Szczytniki Czerniejewskie WP 64 Sd 34
59-216 Szczytniki Duże DS 85 Rb 41
05-085 Szczytno MZ 67 Vc 35
09-141 Szczytno MZ 67 Vc 33
09-451 Szczytno MZ 66 Uf 33
12-100 Szczytno WM 44 Wa 27
77-320 Szczytno PM 40 Sb 26
87-850 Szczytno KP 65 Tf 34
26-800 Szczyty MZ 80 Wa 39
48-120 Szczyty OP 98 Ta 47

A Ą B C Ć D E Ę F G H I J K L Ł M N Ń O Ó P Q R S Ś T U V W X Y Z Ź Ż

## T

Sidebar index: A Ą B C Ć D E Ę F G H I J K L Ł M N Ń O Ó P Q R S Ś T U V W X Y Z Ź Ż

62-860 Tłokinia-Kościelna WP 76 Tb 38
62-860 Tłokinia-Wielka WP 76 Tb 38
11-320 Tłokowo WM 44 Ve 25
87-605 Tłuchowo KP 54 Uc 32
84-222 Tłuczewo PM 29 Sf 22
06-425 Tłucznice MZ 56 Vf 31
64-630 Tłukawy WP 51 Rf 31
89-320 Tłukomy WP 51 Sa 29
57-408 Tłumaczów DS 96 Rc 45
05-825 Tłuste MZ 67 Vd 36
47-480 Tłustomosty OP 98 Ta 48
49-156 Tłustoręby OP 87 Sc 45
05-240 Tłuszcz MZ 68 Wc 34
06-232 Tłuszcz MZ 56 Wb 31
21-560 Tłuściec LU 70 Xe 36
97-225 Tobiasze LD 78 Uf 39
07-410 Tobolice MZ 57 Wd 30
32-210 Tochołów MA 100 Va 46
21-450 Toczyska LU 81 Xa 37
08-304 Toczyski-Podborne MZ 70 Xc 33
07-420 Todzia MZ 56 Wc 29
62-530 Tokarki WP 64 Ta 35
26-060 Tokarnia SK 91 Vc 44
32-436 Tokarnia MA 107 Uf 50
38-505 Tokarnia PK 110 Xa 52
08-108 Tokary MZ 70 Xe 34
17-307 Tokary PD 71 Yb 34
23-305 Tokary LU 94 Xd 44
55-095 Tokary DS 86 Sa 41
76-100 Tokary ZP 27 Re 22
83-304 Tokary PM 29 Tb 22
62-704 Tokary I WP 77 Td 37
62-704 Tokary II WP 77 Td 37
63-505 Tokarzew WP 76 Ta 40
38-230 Toki PK 110 Wd 51
73-112 Tolcz ZP 37 Qa 28
82-340 Tolkmicko WM 31 Ud 23
11-200 Tolko WM 32 Ve 23
14-526 Tolkowiec WM 31 Uf 23
11-440 Tolniki Małe WM 44 Wa 24
11-106 Tolniki Wielkie WM 44 Ve 24
99-140 Tołów LD 77 Tf 36
17-300 Tołwin PD 70 Xf 34
11-036 Tomaryny WM 43 Vb 26
07-407 Tomasze MZ 57 Wd 31
62-641 Tomaszew WP 65 Tf 35
13-315 Tomaszewo WM 54 Uc 28
62-402 Tomaszewo WP 64 Ta 34
62-619 Tomaszewo WP 65 Td 34
64-510 Tomaszewo WP 50 Rb 32
87-600 Tomaszewo KP 54 Ub 32
89-340 Tomaszewo WP 51 Sa 30
11-034 Tomaszkowo WM 43 Vc 26
21-008 Tomaszowice LU 93 Xc 41
26-640 Tomaszów MZ 92 Wb 41
27-500 Tomaszów SK 92 Wc 44
28-411 Tomaszów SK 101 Vc 46
59-708 Tomaszów DS 85 Qe 41
26-332 Tomaszówek LD 79 Va 40
22-107 Tomaszówka LU 83 Yc 40
22-435 Tomaszówka LU 95 Yd 44
24-220 Tomaszówka LU 93 Xc 42
22-600 Tomaszów Lubelski LU 105 Yc 46
97-200 Tomaszów Mazowiecki LD 79 Va 39
11-015 Tomaszyn WM 43 Vb 27
97-352 Tomawa LD 90 Ue 41
05-640 Tomczyce MZ 79 Ve 39
62-130 Tomczyce WP 51 Sb 31
34-100 Tomice MA 100 Uc 49
48-250 Tomice OP 97 Sf 47
55-065 Tomice DS 86 Re 43
57-200 Tomice DS 86 Rf 45
63-308 Tomice WP 64 Se 36
62-060 Tomiczki WP 62 Rd 35
27-530 Tominy SK 92 We 43
59-724 Tomisław DS 84 Qc 41
62-619 Tomisławice WP 65 Td 34
98-290 Tomisławice SL 77 Td 38
42-320 Tomiszowice SL 90 Ud 45
58-140 Tomkowa DS 86 Rc 43
58-150 Tomkowice DS 85 Rb 43
31-334 Tonie MA 100 Uf 48
89-413 Tonin KP 52 Sd 28
89-413 Toninek KP 52 Se 28
62-100 Toniszewo WP 51 Sb 31
17-312 Tonkiele PD 70 Xd 34
88-430 Tonowo KP 52 Sd 32
07-100 Tończa MZ 69 Wf 34
17-132 Topczewo PD 58 Xf 31
17-106 Topczykały PD 71 Yb 32
11-200 Topilkajmy WM 32 Vd 23
17-200 Topiło PD 71 Yd 33
16-300 Topiłówka PD 46 Xf 25
98-346 Toplin LD 88 Tc 42
28-130 Topola SK 101 Vf 46
28-530 Topola SK 101 Vc 47
57-230 Topola DS 96 Rf 45
88-111 Topola KP 53 Tb 31
89-310 Topola WP 52 Sc 29
99-100 Topola-Królewska LD 66 Ub 36
63-400 Topola Mała WP 76 Se 39
16-050 Topolany PD 59 Yd 30
99-100 Topola-Szlachecka LD 66 Ub 36
63-421 Topola Wielka WP 76 Se 39
89-600 Topole PM 40 Sd 26
26-330 Topolice LD 90 Vb 41
74-210 Topolinek ZP 49 Qa 30
86-111 Topolinek KP 53 Tb 29
07-214 Topolnica MZ 68 Wb 33
86-120 Topolno KP 53 Tb 29
96-515 Topołowa MZ 67 Vc 35
17-250 Toporki PD 71 Yc 33
42-460 Toporowice SL 99 Ua 46
08-200 Toporów MZ 70 Xe 35
36-106 Toporów PK 102 Wd 47
66-220 Toporów LB 61 Qb 35
98-324 Toporów LD 89 Te 42
34-424 Topory MA 107 Va 52
78-320 Toporzyk ZP 38 Ra 26
34-240 Toporzysko MA 107 Ue 51
87-134 Toporzysko KP 53 Tb 30
22-470 Topólcza LU 94 Xf 45
87-875 Topólka KP 65 Te 33
05-317 Topór MZ 69 Wf 36
07-104 Topór MZ 69 Wf 33
11-220 Toprzyny WM 32 Vd 22
37-732 Torki PK 111 Xf 50
09-304 Toruniak MZ 55 Uf 30
22-170 Toruń LU 94 Ya 42
87-100 Toruń KP 53 Td 30
63-505 Torzeniec WP 76 Ta 40
87-875 Torzewo KP 65 Te 33
66-235 Torzym LB 60 Qa 35
08-330 Tosie MZ 69 Xa 33
44-180 Toszek SL 98 Td 46
59-305 Toszowice DS 74 Rb 40
26-624 Trablice MZ 80 Wa 40
44-153 Trachy SL 98 Td 47
82-230 Tralewo PM 30 Ua 24
82-410 Trankwice PM 42 Ub 25
05-334 Transbór MZ 81 We 36
21-044 Trawniki LU 94 Ya 42
47-270 Trawniki OP 98 Sf 47
07-120 Trawy MZ 69 We 34
62-410 Trąbczyn WP 64 Sf 36
63-140 Trąbinek WP 62 Sa 37
87-522 Trąbin-Wieś KP 54 Ub 30
08-440 Trąbki MZ 81 Wd 37
32-020 Trąbki MA 100 Va 49
83-034 Trąbki Małe PM 29 Td 23
83-034 Trąbki Wielkie PM 29 Td 23
32-090 Trątnowice MA 100 Va 47
08-311 Trebień MZ 69 Xa 35
07-319 Treblinka MZ 69 Xa 33
12-100 Trelkowo WM 44 Vf 27
38-500 Trepcza PK 110 Xb 51
34-311 Tresna SL 106 Ub 50
26-330 Tresta SL 90 Vb 41
17-100 Treszczotki PD 59 Yc 32
96-208 Trębaczew LD 79 Vd 38
98-355 Trębaczew LD 89 Tf 42
63-642 Trębaczów WP 87 Se 41
27-440 Trębanów SK 92 Wc 43
08-107 Trębice Górne MZ 70 Xd 35
09-550 Trębki MZ 66 Ud 35
27-220 Trębowiec-Duży SK 92 Wa 42
27-220 Trębowiec-Mały SK 92 Wa 42
11-030 Trękusek WM 44 Vd 26
82-230 Trępnowy PM 30 Tf 24
63-460 Trkusów WP 76 Sf 38
88-160 Trląg KP 64 Ta 32
16-130 Trofimówka PD 47 Yb 28
26-330 Trojanowice LD 90 Va 41
32-087 Trojanowice MA 100 Uf 48
18-214 Trojanowo PD 58 Xd 32
62-095 Trojanowo WP 63 Sa 33
05-320 Trojanów MZ 69 Wf 36
08-455 Trojanów MZ 81 We 38
26-332 Trojanów LD 79 Vb 40
62-860 Trojanów WP 76 Tb 38
05-252 Trojany MZ 68 Wc 34
14-310 Trokajny WM 43 Va 25
32-300 Troks MA 100 Ud 47
11-218 Troksy WM 44 Wa 24
33-318 Tropie MA 108 Vd 50
38-100 Tropie PK 102 We 49
82-224 Tropiszewo PM 30 Tf 24
32-126 Tropiszów MA 100 Vb 48
82-410 Tropy PM 42 Ub 25
82-300 Tropy Elbląskie WM 30 Uc 24
11-520 Tros WM 45 Wd 25
09-152 Troski MZ 67 Vb 33
64-330 Troszczyn WP 62 Rc 35
11-230 Troszkowo WM 44 Vf 24
07-405 Troszyn MZ 57 We 30
72-510 Troszyn ZP 37 Pe 25
74-505 Troszyn ZP 48 Pd 32
09-522 Troszyn Polski MZ 66 Ue 34
22-120 Trościanka LU 95 Yd 43
38-712 Trójca PK 111 Xd 51
59-900 Trójca DS 84 Qa 42
37-716 Trójczyce PK 111 Xe 49
77-420 Trudna WP 39 Sa 27
82-550 Trumiejki PM 42 Ub 26
14-220 Trupel WM 42 Uc 27
05-080 Truskaw MZ 68 Ve 35
99-220 Truskawiec LD 77 Ua 37
05-083 Truskawka MZ 67 Ve 35
17-100 Truski PD 58 Ya 32
72-310 Truskolas ZP 37 Qa 26
27-580 Truskolasy SK 92 Wb 43
42-134 Truskolasy SL 89 Tf 43
18-218 Truskolasy-Lachy PD 58 Xe 30
18-218 Truskolasy-Olszyna PD 58 Xe 30
97-340 Truszczanek LD 90 Ud 41
13-220 Truszczyny WM 43 Uf 28
37-620 Trusze PK 105 Yc 47
18-411 Truszki PD 57 Wf 30
18-500 Truszki PD 45 Xa 27
34-404 Trute MA 108 Uf 52
11-230 Trutnowo WM 32 Ve 24
89-526 Trutnowo KP 41 Ta 28
83-020 Trutnowy PM 30 Te 23
87-620 Trutowo KP 54 Ua 31
34-442 Trybsz MA 108 Va 52
16-061 Tryczówka PD 59 Yb 31
11-600 Trygort WM 33 We 23
86-170 Tryl KP 41 Te 27
44-114 Trynek SL 98 Td 47
37-204 Tryńcza PK 103 Xd 48
18-106 Trypucie PD 58 Ya 30
86-011 Tryszczyn KP 52 Sf 29
17-200 Trywieża PD 59 Yd 32
07-405 Trzaski MZ 57 Wf 30
09-320 Trzaski MZ 55 Va 30
13-230 Trzaski PD 70 Xd 32
99-423 Trzaskowice LD 66 Ud 36
97-415 Trząs LD 89 Ub 41
32-733 Trzciana MA 108 Vc 49
36-071 Trzciana PK 103 Wf 48
38-450 Trzciana PK 110 We 51
39-304 Trzciana PK 102 Wc 47
87-200 Trzcianek KP 53 Tf 29
38-712 Trzcianiec PK 111 Xc 51
06-516 Trzcianka MZ 55 Vc 30
07-221 Trzcianka MZ 69 Wd 33
08-470 Trzcianka MZ 80 Wc 37
16-130 Trzcianka PD 47 Yc 28
26-006 Trzcianka SK 92 Wa 43
64-316 Trzcianka WP 62 Rc 34
64-980 Trzcianka ZP 50 Rc 30
87-606 Trzcianka KP 66 Uc 32
99-420 Trzcianka LD 78 Uf 37
08-503 Trzcianki LU 81 Xa 39
24-123 Trzcianki LU 81 Wf 40
96-115 Trzcianna LD 79 Vb 37
19-104 Trzcianne PD 58 Xe 28
82-420 Trzciano PM 42 Ua 26
89-400 Trzciany KP 40 Sd 28
66-320 Trzciel LB 61 Qf 34
62-070 Trzcielin WP 62 Re 35
13-324 Trzcin WM 54 Ue 28
38-207 Trzcinica PK 109 Wc 50
63-620 Trzcinica WP 88 Ta 41
64-050 Trzcinica WP 62 Rc 36
56-160 Trzcinica Wołowska DS 74 Re 40
06-100 Trzciniec MZ 56 Wa 32
08-114 Trzciniec MZ 69 Xa 36
21-100 Trzciniec LU 82 Xd 40
21-140 Trzciniec LU 82 Xb 40
24-335 Trzciniec LU 93 Wf 41
24-350 Trzciniec LU 93 Xb 42
28-362 Trzciniec SK 90 Va 45
59-916 Trzciniec DS 84 Pf 43
78-553 Trzciniec ZP 38 Rb 27
86-005 Trzciniec KP 52 Sf 30
08-330 Trzciniec-Duży MZ 69 Xa 33
08-330 Trzciniec-Mały MZ 69 Xa 33
74-304 Trzcinna ZP 49 Qa 31
77-203 Trzcinno PM 39 Sa 24
78-400 Trzcinno ZP 39 Re 26
69-210 Trzcińce LB 61 Qb 33
83-209 Trzcińsk PM 41 Td 24
18-525 Trzcińskie PD 57 We 28
58-520 Trzcińsko DS 85 Qf 43
74-510 Trzcińsko-Zdrój ZP 48 Pd 31
62-060 Trzebaw WP 63 Re 35
73-155 Trzebawie ZP 37 Qc 27
97-525 Trzebce LD 90 Ue 42
89-505 Trzebciny KP 41 Ta 27
59-101 Trzebcz DS 74 Ra 39
86-253 Trzebcz Królewski KP 53 Tc 29
86-253 Trzebcz Szlachecki KP 53 Tc 29
77-134 Trzebiatkowa PM 40 Sb 24
72-320 Trzebiatów ZP 37 Qb 24
73-131 Trzebiatów ZP 49 Qb 29
28-133 Trzebica SK 102 Vf 46
56-330 Trzebicko DS 75 Sc 39
66-530 Trzebicz LB 50 Qe 32
78-411 Trzebiechowo ZP 39 Rd 25
66-132 Trzebiechów LB 61 Qe 36
66-614 Trzebiechów LB 60 Pf 36
68-212 Trzebiel LB 72 Pe 39
78-425 Trzebiele ZP 39 Rf 25
77-235 Trzebielino PM 28 Sa 23
86-212 Trzebiełuch KP 53 Te 28
32-075 Trzebienice MA 100 Uf 46
62-850 Trzebienie WP 76 Tc 38
26-910 Trzebień MZ 80 Wc 38
59-700 Trzebień DS 73 Qd 40
63-645 Trzebień WP 88 Ta 41
86-022 Trzebień KP 53 Ta 29
32-640 Trzebieńczyce MA 100 Uc 49
59-700 Trzebień Mały DS 73 Qd 40
42-520 Trzebiesławice SL 99 Ub 46
24-300 Trzebiesza LU 93 Xa 41
72-400 Trzebieszewo ZP 37 Pf 25
57-540 Trzebieszowice DS 96 Re 46
21-404 Trzebieszów LU 82 Xd 37
72-020 Trzebież ZP 36 Pd 27
78-630 Trzebin ZP 50 Ra 30
26-340 Trzebina LD 79 Vc 40
48-200 Trzebina OP 97 Sd 47
32-530 Trzebinia MA 100 Uc 48
34-300 Trzebinia SL 106 Ub 51
64-115 Trzebiny WP 74 Rc 37
63-000 Trzebisławki WP 62 Sa 35
66-440 Trzebiszewo LB 61 Qc 33
46-282 Trzebiszyn OP 88 Tb 43
78-220 Trzebiszyn ZP 38 Rb 25
55-100 Trzebnica DS 75 Sa 41
59-140 Trzebnice DS 73 Ra 40
58-210 Trzebnik DS 86 Rf 44
42-320 Trzebniów SL 90 Uc 45
89-310 Trzeboń WP 52 Sb 29
63-940 Trzebosz WP 74 Re 38
48-370 Trzeboszowice OP 96 Sa 46
36-050 Trzeboś PK 103 Xa 47
36-001 Trzebownisko PK 103 Xa 48
74-205 Trzebórz ZP 48 Pe 30
67-320 Trzebów LB 73 Qc 39
69-200 Trzebów LB 60 Qa 33
62-620 Trzebuchów WP 65 Td 35
07-110 Trzebucza MZ 69 Wf 35
66-615 Trzebule LB 72 Qb 37
32-438 Trzebunia MA 107 Uf 50
83-425 Trzebuń PM 40 Se 24
36-050 Trzebuska PK 103 Xa 47
72-320 Trzebusz ZP 37 Qb 24
42-450 Trzebyczka SL 99 Uc 46
72-200 Trzechel ZP 37 Pf 26
11-432 Trzeciaki WM 33 Wa 24
21-007 Trzeciaków LU 94 Xe 41
86-022 Trzeciewiec KP 53 Tb 29
89-100 Trzeciewnica KP 52 Sd 30
18-200 Trzeciny PD 58 Xc 31
62-025 Trzek WP 63 Sb 34
27-350 Trzemcha-Dolna MZ 92 Wc 42
27-350 Trzemcha-Górna MZ 92 Wd 42
33-170 Trzemeszna MA 102 Wa 49
62-240 Trzemeszno WP 64 Se 33
69-200 Trzemeszno Lubuskie LB 61 Qb 34
32-425 Trzemeśnia MA 107 Va 50
86-014 Trzemiętowo KP 52 Se 29
26-021 Trzemosna SK 91 Ve 44
26-200 Trzemoszna SK 91 Vb 41
08-130 Trzemuszka MZ 69 Xa 36
62-240 Trzemżal WP 64 Sf 33
97-352 Trzepnica LD 90 Ue 41
06-121 Trzepowo MZ 68 Wa 33
83-047 Trzepowo PM 29 Tb 23
78-404 Trzesieka ZP 39 Rd 26
22-554 Trzeszczany LU 95 Ye 44
22-554 Trzeszczany II LU 95 Ye 44
87-860 Trzeszczon KP 65 Ua 34
72-004 Trzeszczyn ZP 36 Pd 27
21-007 Trzeszkowice LU 94 Xe 41
72-342 Trzeszyn ZP 37 Qa 25
17-210 Trześcianka PD 59 Yc 31
57-100 Trześnia DS 86 Sa 44
36-106 Trześnik PK 102 Wd 47
36-212 Trześniów PK 110 Wf 51
69-220 Trześniów LB 60 Pf 34
36-147 Trześń PK 102 We 47
39-331 Trześń PK 102 Wd 46
39-432 Trześń PK 93 We 45
33-395 Trzetrzewina MA 108 Vd 51
72-344 Trzęsacz ZP 37 Pf 24
73-260 Trzęsacz ZP 49 Qb 30
86-022 Trzęsacz KP 53 Tb 29
22-463 Trzęsiny LU 94 Xe 45
55-106 Trzęsowice DS 75 Sb 40
59-150 Trzęsów DS 74 Rb 39
36-106 Trzęsówka PK 102 We 47
62-604 Trzęśniew Mały WP 65 Td 35
59-140 Trzmielów DS 73 Ra 40
12-200 Trzonki WM 45 We 26
32-210 Trzonów MA 101 Vb 46
62-220 Trzuskołoń WP 64 Se 34
32-353 Trzyciąż MA 100 Ue 47
33-321 Trzycierz MA 109 Ve 50
23-230 Trzydnik Duży LU 93 Xa 43
72-300 Trzygłów ZP 37 Qa 25
05-620 Trzylatków Duży MZ 79 Ve 38
78-123 Trzynik ZP 38 Qd 24
16-150 Trzyrzecze PD 47 Ya 27
98-285 Tubądzin LD 77 Td 39
22-145 Tuchanie LU 95 Ye 42
98-358 Tuchań LD 89 Tf 41
37-543 Tuchla PK 104 Ya 48
07-221 Tuchlin MZ 69 We 33
12-250 Tuchlin WM 45 We 26
83-340 Tuchlino PM 28 Sf 23
89-500 Tuchola PM 40 Sf 27
68-300 Tuchola Żarska LB 72 Qa 38
89-506 Tucholka KP 40 Se 27
80-209 Tuchom PM 29 Tc 22
77-133 Tuchomie PM 28 Sc 24
77-133 Tuchomko PM 28 Sc 24
64-212 Tuchorza WP 62 Ra 35
21-421 Tuchowicz LU 81 Xb 37
33-170 Tuchów MA 109 Wa 49
22-435 Tuczapy LU 95 Yd 45
22-530 Tuczapy LU 95 Ye 45
72-210 Tucze ZP 37 Qc 27
37-514 Tuczempy PK 104 Xe 49
22-425 Tuczępy LU 95 Yd 43
28-142 Tuczępy SK 102 Vf 45
64-400 Tuczępy WP 62 Ra 33
13-220 Tuczki WM 55 Uf 28
21-523 Tuczna LU 83 Yc 37
62-007 Tuczno WP 63 Sa 33
66-500 Tuczno LB 49 Qc 31
78-640 Tuczno ZP 50 Ra 29
88-126 Tuczno KP 53 Ta 31
82-100 Tuja PM 30 Ua 23
82-103 Tujsk PM 30 Ua 23


**204** | **Tłokinia-Kościelna**

## U

# V

–

# W

86-212 Wabcz KP 53 Td 28
56-420 Wabienice DS 87 Sd 41
07-420 Wach MZ 56 Wc 29
46-300 Wachowice OP 88 Tc 43
46-300 Wachów OP 88 Tc 43
62-406 Wacławów WP 64 Sf 35
98-215 Wacławów LD 77 Td 38
26-600 Wacyn MZ 80 Wa 40
83-115 Waćmierz PM 41 Te 24
97-403 Wadlew LD 78 Uc 39
57-210 Wadochowice DS 86 Sa 44
34-100 Wadowice MA 107 Uc 49
39-308 Wadowice Dolne PK 102 Wb 47
39-308 Wadowice Górne PK 102 Wb 47
87-731 Waganiec KP 53 Tf 32
32-090 Waganowice MA 100 Va 47
18-423 Wagi-Gnaty PD 58 Xc 28
17-307 Wajków PD 70 Ya 35
11-200 Wajsnory WM 32 Vd 23
11-400 Wajsznory WM 45 Wc 24
62-513 Waki WP 65 Tc 35
22-630 Wakijów LU 95 Ye 44
34-431 Waksmund MA 108 Va 52
37-716 Walawa PK 111 Xf 49
47-344 Walce OP 98 Ta 46
97-216 Wale LD 79 Vb 38
05-830 Walendów MZ 68 Vf 36
05-307 Walentów MZ 80 Wa 40
88-133 Walentynowo KP 53 Td 32
89-310 Walentynowo WP 51 Sb 29
21-146 Walentynów LU 81 Xb 39
23-110 Walentynów LU 94 Xe 42
27-100 Walentynów MZ 92 Wd 42
27-300 Walentynów MZ 92 Wd 42
42-151 Waleńczów SL 89 Tf 43
05-305 Walercin MZ 68 Wc 35
62-052 Walerianowo WP 63 Re 35
96-330 Waleriany MZ 79 Vc 36
32-107 Walerówka MA 100 Vb 47
66-235 Walewice LB 61 Qb 34
97-425 Walewice LD 77 Ua 40
99-423 Walewice LD 66 Ue 36
98-420 Walichnowy LD 88 Tc 41
46-050 Walidrogi OP 88 Ta 45
16-040 Waliły PD 59 Yd 30
16-040 Waliły-Stacja PD 59 Yd 30
08-205 Walim MZ 70 Xf 35
58-320 Walim DS 86 Rc 44
21-311 Walinna LU 82 Xf 38
26-505 Waliny MZ 80 Vf 40
05-334 Waliska MZ 69 We 36
26-420 Waliska MZ 79 Vd 39
09-550 Waliszew MZ 66 Ue 34
98-215 Waliszewice LD 76 Tc 38
62-270 Waliszewo WP 63 Sc 33
64-700 Walkowice WP 51 Rd 30
98-320 Walków LD 77 Te 41
16-304 Walne PD 47 Ya 25
26-420 Wał MZ 79 Vc 39
58-300* Wałbrzych DS 85 Rb 44
78-600 Wałcz ZP 51 Re 29
77-207 Wałdowo PM 40 Sa 24
86-120 Wałdowo KP 53 Tb 29
89-400 Wałdowo KP 40 Se 28
86-070 Wałdowo Królewskie KP 53 Tb 30
86-302 Wałdowo Szlacheckie KP 53 Te 28
89-400 Wałdówko KP 40 Se 28
14-260 Wałdyki WM 43 Uf 27
17-332 Wałki PD 70 Ya 33
72-130 Wałkno ZP 37 Qa 28
29-145 Wałkonowy-Dolne SK 90 Uf 44
29-145 Wałkonowy-Górne SK 90 Uf 44
86-150 Wałkowiska KP 41 Tc 29
24-340 Wałowice LU 93 We 43
66-620 Wałowice LB 72 Pe 37
96-200 Wałowice LD 79 Vb 38

33-133 Wał-Ruda MA 101 Ve 48
26-505 Wałsnów MZ 91 Vf 41
12-100 Wały WM 44 Wa 27
13-100 Wały WM 44 Vd 28
56-120 Wały DS 86 Re 41
87-200 Wałycz KP 54 Tf 29
87-200 Wałyczek KP 54 Tf 29
57-420 Wambierzyce DS 96 Rc 46
39-308 Wampierzów PK 102 Wb 47
18-525 Wanacja PD 57 Wd 28
42-262 Wanaty SL 89 Ua 44
42-244 Wancerzów SL 89 Ub 44
11-432 Wandajny WM 33 Wa 24
17-111 Wandalin PD 70 Ya 33
24-300 Wandalin LU 93 Xa 42
98-270 Wandalin LD 77 Td 40
21-543 Wandopol LU 70 Ya 35
82-520 Wandowo PM 42 Ua 26
88-232 Wandynowo KP 65 Te 33
21-100 Wandzin LU 82 Xd 40
18-218 Wandzin PD 58 Xe 30
38-711 Wańkowa PK 111 Xc 51
43-300 Wapienica SL 106 Tf 50
38-307 Wapienne MA 109 Wb 51
42-120 Wapiennik SL 89 Tf 43
42-165 Wapiennik SL 89 Tf 42
11-015 Waplewo WM 43 Vb 28
12-122 Waplewo WM 44 Ve 27
82-410 Waplewo Wielkie PM 42 Ub 25
72-510 Wapnica ZP 36 Pc 25
73-132 Wapnica ZP 49 Qc 29
11-135 Wapnik WM 43 Va 24
62-120 Wapno WP 52 Sc 31
37-700 Wapowce PK 111 Xe 50
36-245 Wara PK 111 Xb 50
76-200 Warblewo PM 28 Sb 22
76-220 Warblino PM 28 Sc 21
73-110 Warchlinko ZP 37 Pf 28
73-110 Warchlino ZP 37 Pf 28
76-243 Warcimino PM 28 Sd 22
77-230 Warcino PM 27 Rf 23
83-041 Warcz PM 29 Tc 23
13-340 Wardęgowo WM 42 Ub 28
73-200 Wardyń ZP 49 Qc 29
78-325 Wardyń Górny ZP 38 Ra 26
95-006 Wardzyń LD 78 Ud 39
18-210 Warele PD 58 Xd 32
62-731 Warenka WP 65 Td 36
42-510 Warężyn SL 99 Ub 46
99-335 Wargawka Młoda LD 66 Ub 35
64-605 Wargowo WP 63 Re 33
76-243 Wargowo PM 28 Sd 22
05-660 Warka MZ 80 Wb 38
14-310 Warkałki WM 43 Va 24
11-042 Warkały WM 43 Vb 26
14-310 Warkały WM 43 Va 25
57-100 Warkocz DS 86 Sa 44
14-100 Warlity Wielkie WM 43 Va 26
46-380 Warłów OP 88 Tc 44
86-160 Warlubie KP 41 Td 27
47-134 Warmątowice OP 98 Tc 46
07-438 Warmiak MZ 45 Wc 28
11-230 Warmiany WM 32 Vf 24
74-201 Warnice ZP 49 Pf 29
74-400 Warnice ZP 48 Pe 31
72-001 Warnik ZP 48 Pc 28
11-430 Warnikajmy WM 33 Wb 24
78-523 Warniłęg ZP 38 Ra 27
76-039 Warnino ZP 27 Re 22
78-220 Warnino ZP 39 Rc 25
72-022 Warnołęka ZP 36 Pc 26
72-518 Warnowo ZP 36 Pd 25
11-700 Warpuny WM 44 Wb 25
00-001* Warszawa MZ 68 Wa 35
08-443 Warszawice MZ 80 Wb 37
87-152 Warszewice KP 53 Td 29
95-010 Warszewice LD 78 Ud 37
76-100 Warszkowo ZP 27 Re 22
84-252 Warszkowo PM 29 Ta 20
76-100 Warszkowo-Kolonia ZP 27 Re 22
76-100 Warszkówko ZP 27 Re 22
43-254 Warszowice SL 99 Te 49
08-443 Warszówka MZ 68 Wb 37
73-115 Warszyn ZP 49 Qb 30
98-290 Warta LD 77 Td 38
59-722 Warta Bolesławiecka DS 85 Qe 41

99-220 Wartkowice LD 77 Ua 37
78-120 Wartkowo ZP 38 Qe 25
64-510 Wartosław WP 62 Rb 32
34-222 Wartowa MA 107 Ud 51
59-722 Wartowice DS 85 Qd 41
32-825 Waryś MA 101 Ve 48
87-807 Warząchewka-Nowa KP 65 Ua 33
87-800 Warząchewka-Polska KP 66 Ua 33
56-100 Warzęgowo DS 74 Re 40
84-208 Warzno PM 29 Tc 22
38-200 Warzyce PK 110 Wd 50
72-005 Warzymice ZP 48 Pc 28
28-362 Warzyn I SK 90 Vb 45
28-362 Warzyn II SK 90 Vb 45
09-200 Warzyń-Skóry MZ 54 Ue 32
88-300 Wasielewko KP 64 Sf 33
16-010 Wasilków PD 59 Yb 29
16-130 Wasilówka PD 47 Yb 28
16-420 Wasilówka PD 46 Xe 25
48-210 Wasiłowice OP 97 Sf 46
22-652 Wasylów LU 105 Yf 45
22-678 Wasylów Wielki LU 105 Yf 46
16-500 Waszki PD 45 We 28
64-125 Waszkowo WP 74 Re 38
13-100 Waszulki WM 44 Vf 26
17-210 Waśki PD 59 Yd 31
13-111 Waśniewo-Grabowo WM 55 Vd 29
13-111 Waśniewo-Pawełki WM 55 Vd 29
27-425 Waśniów SK 92 Wb 43
82-420 Watkowice PM 42 Ua 25
06-420 Watkowo MZ 56 Ve 32
86-253 Watorowo KP 53 Tc 29
05-650 Watraszew MZ 80 Wa 37
12-100 Wawrochy WM 44 Wa 27
13-314 Wawrowice WM 42 Uc 28
13-230 Wawrowo WM 55 Uf 29
66-431 Wawrów LB 49 Qb 32
57-120 Wawrzeńczyce DS 86 Sa 43
32-120 Wawrzeńczyce MA 101 Vb 48
55-081 Wawrzeńcice DS 86 Rd 43
33-332 Wawrzka MA 109 Wa 51
88-400 Wawrzynki KP 52 Se 31
43-438 Wawrzynówka SL 106 Tf 50
47-370 Wawrzyńcowice OP 97 Se 46
26-625 Wawrzyszów MZ 91 Vf 40
57-120 Wawrzyszów DS 87 Sb 44
64-061 Wąbiewo WP 62 Rc 36
87-200 Wąbrzeźno KP 54 Tf 29
64-212 Wąchabno WP 61 Qf 36
27-215 Wąchock SK 91 Wa 42
18-300 Wądołki-Bućki PD 57 Xb 31
83-262 Wądoły PM 41 Ta 25
59-305 Wądroże DS 74 Rc 40
59-430 Wądroże DS 86 Rb 42
14-120 Wądzyn WM 55 Va 28
87-327 Wądzyń KP 54 Ub 29
26-307 Wąglany SL 79 Vb 41
12-200 Wąglik WM 45 We 27
83-406 Wąglikowice PM 40 Sf 24
97-545 Waglin LD 90 Ud 42
26-220 Wąglów SK 91 Vd 42
98-285 Wągłczew LD 77 Td 39
11-430 Wągniki WM 33 Wb 23
05-190 Wągrodno MZ 68 Ve 33
05-505 Wągrodno MZ 80 Wa 37
59-243 Wągrodno DS 85 Rc 41
62-100 Wągrowiec WP 51 Sb 32
11-220 Wągródka WM 32 Vc 23
95-063 Wągry LD 78 Uf 38
11-311 Wągsty WM 44 Vf 24
87-337 Wąpielsk KP 54 Ub 30
13-230 Wąpiersk WM 55 Uf 29
07-311 Wąsewo MZ 57 We 31
07-311 Wąsewo-Kolonia MZ 57 We 31
46-250 Wąsice OP 88 Ta 43
19-222 Wąsosz PD 46 Xb 27
26-200 Wąsosz SK 91 Vc 42
26-260 Wąsosz SK 90 Va 42
42-274 Wąsosz SL 89 Ua 44
56-210 Wąsosz DS 74 Re 39
77-400 Wąsosz WP 51 Sa 29
89-200 Wąsosz KP 52 Sd 31
42-110 Wąsosz-Dolny SL 89 Tf 42
06-513 Wąsosze MZ 55 Vd 29
62-561 Wąsosze WP 65 Tb 34

42-110 Wąsosz-Górny SL 89 Ua 42
64-316 Wąsowo WP 62 Rb 34
08-111 Wąsy MZ 70 Xd 36
34-482 Wątorczykówka MA 107 Ud 52
97-200 Wąwał LD 79 Va 39
72-002 Wąwelnica ZP 36 Pc 28
46-073 Wąwelno OP 87 Se 45
89-413 Wąwelno KP 52 Se 29
24-160 Wąwolnica LU 81 Xa 41
57-100 Wąwolnica DS 86 Sa 44
27-500 Wąworków SK 92 Wc 44
13-124 Ważyny WM 55 Vc 29
83-241 Wda PM 41 Tc 26
97-403 Wdowin LD 78 Uc 40
18-300 Wdzięk PD 58 Xb 31
83-408 Wdzydze PM 40 Sf 24
83-441 Wdzydze Tucholskie PM 40 Sf 25
07-438 Wejdo MZ 57 Wd 28
11-520 Wejdyki WM 45 Wc 25
84-200 Wejherowo PM 29 Tb 21
99-414 Wejsce LD 67 Uf 35
12-220 Wejsuny WM 45 Wd 26
82-310 Weklice WM 31 Ud 24
34-222 Wełcza MA 107 Ud 51
28-100 Wełecz SK 91 Vc 44
66-627 Wełmice LB 72 Pf 37
66-500 Wełmin LB 49 Qc 32
64-610 Wełna WP 51 Rf 32
62-200 Wełnica WP 64 Sd 33
89-510 Wełpin KP 41 Ta 27
74-100 Wełtyń ZP 48 Pd 29
14-300 Wenecja WM 43 Uf 25
88-400 Wenecja KP 52 Se 32
22-550 Werbkowice LU 95 Ye 44
84-107 Werblinia PM 29 Tb 20
21-505 Werchliś LU 71 Yb 35
37-614 Werchrata PK 105 Yc 47
22-640 Werechanie LU 105 Yd 45
38-600 Weremień PK 111 Xb 52
22-100 Weremowice LU 95 Yc 42
22-363 Wereszcze Duże LU 95 Yc 42
22-234 Wereszczyn LU 83 Yb 40
22-530 Wereszyn LU 95 Yf 45
62-820 Werginki WP 76 Ta 37
62-105 Werkowo WP 52 Sc 32
38-612 Werlas PK 111 Xc 52
63-640 Weronikopole WP 76 Sf 40
26-340 Werówka LD 79 Vc 40
17-132 Werpechy Nowe PD 58 Ya 31
17-132 Werpechy Stare PD 58 Ya 31
17-330 Werpol PD 71 Ya 34
77-424 Wersk WP 51 Sa 28
17-204 Werstok PD 71 Yc 33
86-140 Wery KP 41 Tc 27
36-100 Werynia PK 103 We 47
26-065 Wesoła SK 91 Vb 43
32-090 Wesoła MA 100 Va 47
33-151 Wesoła MA 102 Wa 48
36-233 Wesoła PK 110 Xa 50
41-408 Wesoła SL 99 Ua 47
46-250 Wesoła OP 88 Sf 42
11-600 Wesołowo WM 33 Wd 23
12-160 Wesołowo WM 44 Vf 28
32-840 Wesołów MA 109 Ue 49
21-422 Wesołówka LU 81 Xb 37
27-515 Wesołówka SK 93 We 43
59-800 Wesołówka DS 84 Qb 42
08-111 Wesółka MZ 70 Xd 36
38-608 Wetlina PK 111 Xc 54
62-652 Wewierz WP 65 Ua 35
28-411 Węchadłów SK 101 Vc 46
96-111 Wędrogów LD 79 Vc 37
46-275 Wędrynia OP 88 Tb 43
69-211 Wędrzyn LB 61 Qb 34
42-793 Wędzina SL 88 Td 44
11-042 Węgajty WM 43 Vb 26
11-600 Węgielsztyn WM 33 Wd 23
77-416 Węgierce SL 51 Rf 28
88-170 Węgierce SL 52 Ta 32
37-560 Węgierka PK 111 Xd 49
62-302 Węgierki WP 64 Se 35
87-400 Węgiersk KP 54 Ua 30
34-350 Węgierska Górka SL 106 Ua 51
62-025 Węgierskie WP 63 Sb 35
28-300 Węgleniec SK 91 Vc 45
28-363 Węgleszyn SK 90 Vb 44

28-363 Węgleszyn-Ogrody SK 90 Va 44
62-590 Węglew WP 64 Ta 35
98-405 Węglewice LD 76 Tb 40
62-010 Węglewo WP 63 Sb 33
64-850 Węglewo WP 51 Re 31
78-411 Węglewo ZP 39 Rd 25
62-590 Węglewskie Holendry WP 64 Ta 35
82-325 Węgle-Żukowo WM 42 Uc 24
23-230 Węglin LU 93 Xa 44
23-230 Węglinek LU 93 Xa 44
23-320 Węglinek LU 93 Xc 43
59-940 Węgliniec DS 84 Qb 41
66-620 Węgliny LB 72 Pe 38
37-111 Węgliska PK 103 Xb 48
27-215 Węglów SK 92 Vf 42
32-412 Węglówka MA 108 Va 49
38-408 Węglówka PK 110 We 50
11-214 Węgoryty WM 32 Vf 23
72-221 Węgorza ZP 37 Pf 27
11-600 Węgorzewo WM 33 We 23
62-280 Węgorzewo WP 63 Sb 33
76-004 Węgorzewo Koszalińskie ZP 27 Rc 23
64-918 Węgorzewo Szczecineckie WP 39 Rf 27
72-221 Węgorzyce ZP 37 Qa 27
72-342 Węgorzyn ZP 37 Qb 24
87-213 Węgorzyn KP 53 Te 29
77-200 Węgorzynko PM 39 Sa 24
73-155 Węgorzyno ZP 38 Qd 27
11-300 Węgój WM 44 Vf 25
06-415 Węgra MZ 56 Ve 30
86-302 Węgrowo KP 42 Te 28
07-100 Węgrów MZ 69 Xa 34
55-094 Węgrów DS 87 Sb 42
46-023 Węgry OP 88 Ta 44
55-020 Węgry DS 86 Sa 43
32-086 Węgrzce MA 100 Uf 48
56-160 Węgrzce DS 74 Rd 40
32-086 Węgrzce Wielkie MA 100 Va 48
26-230 Węgrzyn SK 91 Vb 42
66-213 Węgrzynice LB 61 Qc 35
97-212 Węgrzynowice LD 78 Uf 38
06-211 Węgrzynowo MZ 56 Wa 31
09-213 Węgrzynowo MZ 54 Ue 32
09-460 Węgrzynowo MZ 54 Ue 33
26-080 Węgrzynów SK 91 Vc 42
56-300 Węgrzynów DS 75 Sb 39
83-320 Węsiory PM 28 Sf 23
86-141 Wętfie KP 41 Tb 28
82-310 Wężina WM 42 Ud 24
48-325 Węża OP 97 Sc 46
08-300 Węże MZ 69 Xa 34
32-090 Wężerów MA 100 Va 47
56-330 Wężewice DS 75 Sc 39
06-408 Wężewo MZ 56 Wf 31
12-250 Wężewo WM 45 Wf 26
19-420 Wężewo WM 34 Xc 24
46-112 Wężowice OP 87 Se 43
05-640 Wężowiec MZ 79 Vd 38
11-510 Wężówka WM 45 Xa 25
11-606 Wężówka WM 33 Wd 23
05-334 Wężyczyn MZ 69 We 36
66-600 Wężyska LB 72 Pf 36
97-200 Wiaderno LD 78 Uf 40
09-300 Wiadrowo MZ 55 Uf 30
59-411 Wiadrów DS 85 Rb 43
64-630 Wiardunki WP 51 Rf 32
12-200 Wiartel WM 45 We 27
32-420 Wiatowice MA 100 Vb 49
77-207 Wiatrołom PM 28 Sa 24
33-318 Wiatrowice MA 108 Ve 50
11-210 Wiatrowiec WM 32 Vf 23
62-100 Wiatrowo WP 51 Sa 32
26-010 Wiącka SK 91 Vf 43
09-533 Wiączemin Polski MZ 67 Uf 34
92-701 Wiączyń Dolny LD 78 Ud 38
86-100 Wiąg KP 41 Td 28
05-462 Wiązowna MZ 68 Wb 35
37-522 Wiązownica PK 104 Xe 48
28-200 Wiązownica-Duża SK 102 Wc 45
28-200 Wiązownica-Kolonia SK 102 Wc 45
28-200 Wiązownica-Mała SK 102 Wc 45
57-120 Wiązów DS 87 Sb 44

34-480 Wicaniówka MA 107 Ue 52
78-220 Wicewo ZP 38 Ra 25
98-346 Wichernik LD 88 Tc 41
09-152 Wichorowo MZ 67 Vc 33
86-212 Wichorze KP 53 Td 29
87-615 Wichowo KP 54 Ua 32
68-113 Wichów LB 73 Qc 38
05-660 Wichradz MZ 80 Wa 38
87-850 Wichrowice KP 65 Tf 33
13-113 Wichrowiec WM 56 Ve 28
46-312 Wichrów OP 88 Td 43
55-311 Wichrów DS 86 Rd 42
99-100 Wichrów LD 66 Ua 36
08-470 Wicie MZ 80 Wb 37
76-150 Wicie ZP 27 Rc 21
99-414 Wicie LD 67 Va 35
09-470 Wiciejewo MZ 67 Va 33
05-319 Wiciejów MZ 69 We 36
72-310 Wicimice ZP 37 Qc 25
74-505 Wicin ZP 48 Pd 32
68-320 Wicina LB 72 Qa 38
72-500 Wicko ZP 36 Pc 25
84-352 Wicko PM 28 Sd 20
38-430 Widacz PK 110 Wf 51
98-170 Widawa LD 77 Tf 40
36-145 Widełka PK 103 Wf 47
26-021 Widełki SK 91 Vf 44
19-520 Widgiry WM 34 Xa 23
83-136 Widlice PM 42 Te 26
86-342 Widlice KP 42 Ua 28
83-320 Widna Góra PM 28 Se 23
37-750 Widne PK 111 Xc 49
32-200 Widnica MA 100 Va 46
05-650 Widok MZ 80 Wa 37
32-095 Widoma MA 100 Va 47
98-300 Widoradz-Dolny LD 88 Td 41
98-300 Widoradz-Górny LD 88 Td 41
17-100 Widowo PD 59 Yb 32
44-172 Widów SL 98 Tc 46
11-440 Widryny WM 44 Wb 25
28-100 Widuchowa SK 101 Ve 46
16-515 Widugiery PD 35 Yb 23
72-112 Widzieńsko ZP 37 Pe 26
76-251 Widzino PM 27 Rf 22
64-000 Widziszewo WP 62 Rd 36
42-282 Widzów SL 89 Uc 43
42-282 Widzówek SL 89 Uc 43
88-300 Wiecanowo KP 64 Sf 32
08-311 Wiechetki MZ 69 Xb 35
67-300 Wiechlice LB 73 Qd 39
97-220 Wiechnowice LD 79 Vb 39
73-121 Wiechowo ZP 49 Qb 28
98-200 Wiechucice LD 77 Te 39
62-620 Wiecinin WP 65 Te 34
83-262 Wieck PM 41 Ta 25
06-513 Wieczfnia Kościelna MZ 55 Vc 29
63-304 Wieczyn WP 76 Se 36
05-085 Wiejca MZ 67 Vd 35
16-040 Wiejki PD 59 Ye 30
72-510 Wiejkowo ZP 37 Pe 26
72-510 Wiejkówko ZP 37 Pe 26
76-150 Wiekowice ZP 27 Rc 23
62-230 Wiekowo WP 64 Sf 34
76-150 Wiekowo ZP 27 Rc 23
62-290 Wiela WP 52 Sc 32
78-450 Wielanowo ZP 38 Rb 25
62-511 Wielany WP 65 Tc 35
78-450 Wielawino ZP 39 Rc 26
22-450 Wielącza LU 94 Ya 44
07-120 Wielądki MZ 69 Wf 34
07-206 Wielątki-Folwark MZ 68 Wb 33
07-206 Wielątki-Rosochate MZ 68 Wb 33
12-160 Wielbark WM 56 Vf 28
82-200 Wielbark PM 42 Ua 24
83-220 Wielbrandowo PM 41 Td 26
87-214 Wieldządz KP 53 Te 29
83-441 Wiele PM 40 Sf 25
89-115 Wiele KP 52 Sd 29
26-070 Wielebnów SK 91 Vb 43
99-210 Wielenin LD 77 Tf 36
99-210 Wielenin Kolonia LD 77 Te 36
64-730 Wieleń WP 50 Rb 31
73-120 Wieleń Pomorski ZP 37 Qc 27
64-234 Wieleń Zaobrzański WP 74 Rb 37
07-204 Wielęcin MZ 68 Wb 33
27-310 Wielgie MZ 92 Wc 41
87-603 Wielgie KP 54 Ub 32
87-645 Wielgie KP 54 Ua 30
98-311 Wielgie LD 77 Te 40
56-300 Wielgie Milickie DS 75 Sd 39
83-120 Wielgłowy PM 41 Te 24
05-334 Wielgolas MZ 69 We 36
07-215 Wielgolas MZ 68 Wb 32
21-470 Wielgolas LU 81 Xa 38
05-074 Wielgolas Duchnowski MZ 68 Wc 35
06-420 Wielgołęka MZ 56 Vf 32
97-525 Wielgomłyny LD 90 Ue 42
70-880 Wielgowo ZP 48 Pe 28
08-142 Wielgórz MZ 70 Xc 36
28-500 Wielgus SK 101 Vc 47
64-050 Wielichowo WP 62 Rc 36
76-200 Wielichowo PM 27 Rf 21
32-020 Wieliczka MA 100 Va 49
19-404 Wieliczki WM 46 Xd 25
07-104 Wieliczna MZ 69 We 33
76-010 Wielin ZP 27 Re 24
66-500 Wielisławice LB 49 Qc 31
84-218 Wielistowo PM 29 Sf 21
05-135 Wieliszew MZ 68 Vf 34
76-230 Wieliszewo PM 28 Sb 22
57-130 Wieliszów DS 87 Sa 45
89-520 Wielka Klonia KP 40 Se 28
89-500 Wielka Komorza KP 40 Sf 27
55-120 Wielka Lipa DS 74 Rf 41
87-410 Wielka Łąka KP 53 Te 30
87-165 Wielka Nieszawka KP 53 Td 31
84-106 Wielka Piaśnica PM 29 Tb 20
83-423 Wielka Podleś PM 41 Ta 24
34-484 Wielka Polana MA 107 Ud 51
43-250 Wielka-Strona SL 106 Td 49
26-220 Wielka Wieś SK 91 Vd 41
27-215 Wielka Wieś SK 92 Vf 42
32-089 Wielka Wieś MA 100 Uf 48
32-210 Wielka Wieś MA 100 Va 46
32-830 Wielka Wieś MA 101 Ve 49
64-212 Wielka Wieś WP 62 Qf 36
64-320 Wielka Wieś WP 62 Rd 34
76-220 Wielka Wieś PM 28 Sc 21
98-170 Wielka Wieś LD 77 Tf 40
97-216 Wielka-Wola LD 79 Vb 39
63-630 Wielki Buczek WP 88 Sf 42
77-420 Wielki Buczek WP 40 Sb 28
83-220 Wielki Bukowiec PM 41 Tc 26
32-200 Wielki Dół MA 100 Va 47
14-330 Wielki Dwór WM 42 Ud 25
21-143 Wielkie LU 81 Xb 40
13-315 Wielkie Bałówki WM 42 Uc 28
89-505 Wielkie Budziska KP 41 Ta 27
89-632 Wielkie-Chełmy PM 40 Sd 25
86-212 Wielkie Czyste KP 53 Td 29
32-051 Wielkie Drogi MA 100 Ue 49
84-200 Wielkie-Gowino PM 29 Tb 21
33-181 Wielkie Góry MA 109 Vf 49
56-416 Wielkie-Grabowno DS 75 Sc 40
86-302 Wielkie Lniska KP 41 Tf 28
48-317 Wielkie Łąki OP 97 Sd 46
37-627 Wielkie Oczy PK 104 Ya 48
87-207 Wielkie Pułkowo KP 54 Ua 29
87-207 Wielkie Radowiska KP 54 Ua 29
87-410 Wielkie Rychnowo KP 53 Te 30
83-120 Wielkie Słońca PM 42 Te 25
83-140 Wielkie Walichnowy PM 41 Tf 25
86-170 Wielkie Zajączkowo KP 41 Te 27
83-121 Wielki Garc PM 41 Te 25
87-313 Wielki Głęboczek KP 54 Ud 29
81-577 Wielki Kack PM 29 Tc 22
83-423 Wielki Klincz PM 29 Ta 24
86-160 Wielki Komorsk KP 41 Te 27
12-200 Wielki Las WM 45 We 27
13-230 Wielki Łęck WM 55 Uf 29
88-150 Wielki Sławsk KP 64 Tb 32
89-210 Wielki Sosnowiec KP 52 Sf 30
86-302 Wielki Wełcz KP 41 Te 27
21-143 Wielkolas LU 81 Xb 40
22-234 Wielkopole LU 83 Yb 40
22-315 Wielkopole LU 94 Ya 43
28-350 Wielkopole SK 90 Uf 45
62-540 Wielkopole WP 64 Tb 34
97-510 Wielkopole LD 90 Uf 41
47-330 Wielmierzowice OP 98 Ta 46
32-045 Wielmoża MA 100 Ue 47
27-225 Wieloborowice SK 92 Wa 43
22-315 Wielobycz LU 94 Ya 43
11-100 Wielochowo WM 32 Vd 24
06-211 Wielodróż MZ 56 Wa 31
33-311 Wielogłowy MA 108 Ve 50
76-231 Wielogłowy PM 28 Sa 22
26-660 Wielogóra MZ 80 Wa 40
46-146 Wielołęka OP 87 Sf 42
62-580 Wielołęka WP 64 Ta 36
33-311 Wielopole MA 108 Ve 51
44-207 Wielopole SL 98 Td 48
46-090 Wielopole OP 87 Se 44
62-740 Wielopole WP 65 Tc 36
39-110 Wielopole Skrzyńskie PK 102 Wd 49
66-620 Wielotów LB 72 Pe 37
89-412 Wielowicz KP 52 Sd 28
14-230 Wielowieś WM 43 Ue 26
39-400 Wielowieś PK 92 We 45
44-187 Wielowieś SL 98 Td 45
56-500 Wielowieś DS 76 Sd 41
59-330 Wielowieś DS 74 Rc 40
63-405 Wielowieś WP 76 Ta 39
63-700 Wielowieś WP 75 Sc 38
64-400 Wielowieś WP 61 Qf 33
69-200 Wielowieś LB 61 Qc 34
88-140 Wielowieś KP 53 Tc 31
88-170 Wielowieś KP 52 Ta 32
98-300 Wieluń LD 88 Td 41
26-432 Wieniawa MZ 80 Ve 40
32-420 Wieniec MA 101 Vb 49
88-300 Wieniec KP 64 Sf 32
96-521 Wieniec MZ 67 Va 35
87-814 Wieniec-Zalesie KP 65 Tf 33
87-816 Wieniec-Zdrój KP 65 Tf 33
78-111 Wieniotowo ZP 26 Qe 23
14-230 Wieprz WM 42 Ud 26
34-122 Wieprz MA 107 Uc 49
34-382 Wieprz, Radziechowy- SL 106 Ub 51
34-231 Wieprzec MA 107 Ue 50
22-400 Wieprzecka LU 94 Ya 45
83-400 Wieprznica PM 29 Sf 24
22-604 Wieprzów-Ordynacki LU 105 Yc 46
22-604 Wieprzów-Tarnawacki LU 105 Yc 45
66-450 Wieprzyce LB 61 Qb 32
42-436 Wierbka SL 100 Ue 46
39-124 Wiercany PK 102 We 48
47-133 Wierchlesie OP 98 Tc 45
33-350 Wierchomla-Wielka MA 109 Ve 52
42-250 Wiercica SL 90 Ud 44
17-111 Wiercień PD 70 Ya 32
17-300 Wiercień PD 70 Xf 34
59-300 Wiercień DS 74 Ra 41
82-100 Wierciny PM 30 Ub 24
16-420 Wierciochy PD 46 Xe 24
18-430 Wierciszewo PD 58 Xc 29
76-003 Wierciszewo ZP 27 Rb 23
23-114 Wierciszów LU 94 Xd 42
17-300 Wieromiejki PD 70 Xf 34
22-664 Wierszczyca LU 105 Yd 46
05-152 Wiersze MZ 67 Vd 35
77-140 Wierszyno PM 28 Sb 23
58-100 Wieruszów DS 86 Rd 44
98-400 Wieruszów LD 88 Ta 41
37-300 Wierzawice PK 103 Xc 47
22-417 Wierzba LU 94 Yb 44
32-412 Wierzbanowa MA 108 Va 50
05-140 Wierzbica MZ 68 Wa 33
14-120 Wierzbica WM 43 Uf 28
22-150 Wierzbica LU 94 Yb 41
22-330 Wierzbica LU 94 Xf 43
22-680 Wierzbica LU 105 Ye 46
23-250 Wierzbica LU 93 Xa 42
26-680 Wierzbica MZ 92 Wa 41
28-305 Wierzbica SK 91 Vc 44
28-404 Wierzbica SK 91 Vd 45
32-241 Wierzbica MA 100 Va 45
42-436 Wierzbica SL 100 Ue 46
97-561 Wierzbica SL 89 Uc 42
46-255 Wierzbica Dolna OP 88 Sf 42
46-255 Wierzbica Górna OP 88 Sf 42
09-164 Wierzbica Pańska MZ 67 Vb 33
55-040 Wierzbice DS 86 Rf 43
08-304 Wierzbice-Strupki MZ 70 Xc 34
87-600 Wierzbick KP 54 Ub 32
62-200 Wierzbiczany WP 64 Se 33
88-140 Wierzbiczany KP 53 Tc 31
22-437 Wierzbie LU 94 Yb 45
26-015 Wierzbie SK 91 Ve 45
32-250 Wierzbie MA 100 Uf 46
42-700 Wierzbie SL 89 Te 45
46-320 Wierzbie OP 88 Td 42
48-316 Wierzbie OP 97 Sd 45
99-300 Wierzbie LD 66 Uc 35
48-200 Wierzbiec OP 97 Sc 47
48-321 Wierzbięcice OP 97 Sc 46
68-212 Wierzbięcin LB 72 Pf 39
72-200 Wierzbięcin ZP 37 Qb 27
62-619 Wierzbinek WP 65 Td 34
12-250 Wierzbiny WM 45 Wf 26
28-210 Wierzbka SK 92 Wb 44
37-500 Wierzbna PK 104 Xd 48
49-200 Wierzbna OP 87 Sb 45
58-130 Wierzbna DS 86 Rd 43
74-300 Wierzbnica ZP 49 Pf 31
67-115 Wierzbnice LB 73 Qe 38
49-200 Wierzbnik OP 87 Sc 44
07-111 Wierzbno MZ 69 Wf 35
32-104 Wierzbno MA 101 Vb 48
48-364 Wierzbno OP 97 Sb 46
55-216 Wierzbno DS 87 Sb 43
62-400 Wierzbno WP 64 Sf 35
63-430 Wierzbno WP 76 Sd 39
66-340 Wierzbno LB 61 Qe 33
74-201 Wierzbno ZP 49 Pf 29
62-400 Wierzbocice WP 64 Se 35
59-706 Wierzbowa DS 73 Qe 40
98-275 Wierzbowa LD 77 Te 40
11-700 Wierzbowo WM 45 Wb 26
13-124 Wierzbowo WM 55 Vb 28
18-411 Wierzbowo PD 57 Wf 30
19-200 Wierzbowo PD 46 Xc 27
19-314 Wierzbowo WM 46 Xe 25
86-230 Wierzbowo KP 53 Td 29
21-200 Wierzbówka LU 82 Xf 39
48-250 Wierzch OP 97 Se 46
64-500 Wierzchaczewo WP 62 Rc 33
74-505 Wierzchlas ZP 48 Pd 32
98-324 Wierzchlas LD 88 Td 41
73-110 Wierzchląd ZP 49 Pf 29
16-113 Wierzchlesie PD 59 Yd 29
68-343 Wierzchno LB 72 Pe 37
64-510 Wierzchocin WP 62 Rc 33
76-214 Wierzchocino PM 28 Sb 21
76-038 Wierzchomino ZP 26 Qf 23
72-100 Wierzchosław ZP 37 Pe 27
33-122 Wierzchosławice MA 101 Vf 48
59-420 Wierzchosławice DS 85 Ra 43
88-140 Wierzchosławice KP 53 Tc 31
59-420 Wierzchosławiczki DS 85 Ra 43
56-320 Wierzchowice DS 75 Sc 40
59-180 Wierzchowice DS 73 Qf 39
32-089 Wierzchowie MA 100 Ue 47
05-604 Wierzchowina MZ 80 Vf 38
22-335 Wierzchowina LU 94 Xf 43
21-307 Wierzchowiny LU 82 Xd 38
22-304 Wierzchowiny LU 95 Yc 42
22-400 Wierzchowiny LU 94 Ya 45
26-660 Wierzchowiny MZ 80 Wb 39
39-308 Wierzchowiny PK 102 Wb 47
24-200 Wierzchowiska Górne LU 93 Xb 42
23-310 Wierzchowiska I LU 93 Xc 44
21-050 Wierzchowiska II LU 94 Xe 41
23-310 Wierzchowiska II LU 93 Xc 44
32-340 Wierzchowisko MA 100 Uf 46
42-233 Wierzchowisko SL 89 Ua 43
06-330 Wierzchowizna MZ 56 Wb 29
67-221 Wierzchownia DS 74 Rb 39
77-317 Wierzchowo PM 40 Sc 27
78-411 Wierzchowo ZP 39 Rd 25
78-530 Wierzchowo ZP 38 Ra 28
17-312 Wierzchuca Nagórna PD 70 Xd 34
86-014 Wierzchucice KP 52 Se 29
86-014 Wierzchucinek KP 52 Se 29
86-017 Wierzchucin Królewski KP 52 Se 29
84-113 Wierzchucino PM 29 Ta 20
46-250 Wierzchy OP 88 Ta 43
63-308 Wierzchy WP 64 Se 36
86-150 Wierzchy KP 41 Tb 27
95-040 Wierzchy LD 78 Uf 38
99-232 Wierzchy LD 77 Tf 38
64-550 Wierzeja WP 62 Rd 34
88-160 Wierzejewice KP 52 Ta 32
21-404 Wierzejki LU 70 Xd 36
62-006 Wierzenica WP 62 Sa 34
87-607 Wierznica KP 66 Ub 32
99-440 Wierznowice LD 66 Ue 36
14-530 Wierzno Wielkie WM 31 Ue 23
62-006 Wierzonka WP 62 Sa 34
56-200 Wierzowice-Małe DS 74 Rd 39
56-200 Wierzowice-Wielkie DS 74 Rd 39
62-660 Wiesiołów WP 65 Tf 36
43-386 Wieszczęta SL 106 Tf 50
89-506 Wieszczyce KP 40 Se 27
99-307 Wieszczyce LD 66 Uc 35
63-140 Wieszczyszyn WP 62 Sa 36
89-100 Wieszki KP 52 Sd 30
64-010 Wieszkowo WP 74 Rf 37
42-672 Wieszowa SL 99 Te 46
76-200 Wieszyno PM 28 Sa 22
58-410 Wieściszowice DS 85 Qf 43
58-150 Wieśnica DS 86 Rb 43
32-447 Wieś Pierwsza MA 100 Uf 49
62-700 Wietchinin WP 77 Td 37
37-543 Wietlin PK 104 Xe 48
37-550 Wietlin III PK 104 Xf 48
33-390 Wietrznica MA 108 Vc 51
38-450 Wietrzno PK 110 We 51
76-010 Wietrzno ZP 39 Re 24
33-270 Wietrzychowice MA 101 Ve 47
87-865 Wietrzychowice KP 65 Tf 34
13-100 Wietrzychowo WM 43 Vc 28
67-221 Wietszyce DS 74 Rb 39
98-337 Wiewiec LD 89 Ub 42
56-210 Wiewierz DS 74 Re 39
88-420 Wiewiórczyn KP 52 Sd 32
98-100 Wiewiórczyn SL 77 Ua 39
14-200 Wiewiórka WM 43 Ue 26
39-209 Wiewiórka PK 102 Wc 48
98-430 Wiewiórka LD 88 Tb 41
11-220 Wiewiórki WM 32 Vd 23
87-214 Wiewiórki KP 53 Te 28
97-565 Wiewiórów LD 89 Ub 42
89-410 Więcbork KP 52 Sc 28
11-606 Więcki WM 33 Wf 23
42-110 Więcki SL 89 Tf 42
32-082 Więckowice MA 100 Ue 48
32-830 Więckowice MA 101 Ve 49
62-070 Więckowice WP 62 Rd 34
13-113 Więckowo Muszaki WM 56 Vd 28
83-250 Więckowy PM 41 Tc 24
08-455 Więcków MZ 81 We 39
74-400 Więcław ZP 48 Pe 32
78-316 Więcław ZP 38 Qe 26
09-414 Więcławice MZ 66 Uc 33
88-140 Więcławice KP 53 Tb 31
32-091 Więcławice Stare MA 100 Va 48
49-200 Więcmierzyce OP 87 Sc 45
32-436 Więcórka MA 107 Uf 50
47-208 Większyce OP 98 Ta 46
87-820 Więsławice KP 66 Ub 33
86-010 Więzowno KP 52 Sf 29
59-620 Wieża DS 84 Qc 42
16-400 Wigry PD 47 Ya 24
11-015 Wigwałd WM 43 Va 27
64-150 Wijewo WP 74 Rb 37
96-513 Wikcinek MZ 67 Vb 36
14-200 Wikielec WM 42 Ud 27
56-210 Wiklina DS 74 Re 39
76-200 Wiklino PM 28 Sa 21
42-282 Wików SL 89 Ub 43
13-100 Wikno WM 44 Vd 28
06-460 Wiksin MZ 56 Vd 30
62-025 Wiktorowo WP 63 Sb 34
82-331 Wiktorowo WM 30 Ub 24
86-330 Wiktorowo KP 53 Tf 28
87-890 Wiktorowo KP 65 Te 34
88-420 Wiktorowo KP 64 Sd 32
05-083 Wiktorów MZ 67 Ve 35
98-350 Wiktorów LD 88 Tc 41
89-310 Wiktorówko WP 51 Sb 29
07-217 Wiktoryn MZ 68 Wb 33
18-421 Wiktorzyn PD 57 Xb 29
48-370 Wilamowa OP 96 Sa 46


A Ą B C Ć D E Ę F G H I J K L Ł M N Ń O Ó P Q R S Ś T U V W X Y Z Ź Ż

Wilamowa I 207

09-164 Wilamowice MZ 67 Vb 33
43-330 Wilamowice SL 99 Ua 49
57-210 Wilamowice DS 86 Rf 44
12-114 Wilamowo WM 45 Wb 28
14-330 Wilamowo WM 43 Ue 25
18-423 Wilamowo PD 46 Xb 28
98-240 Wilamów LD 77 Ua 38
99-210 Wilamów LD 65 Te 36
19-104 Wilamówka PD 46 Xd 28
17-307 Wilanowo PD 71 Yb 34
64-061 Wilanowo WP 62 Rd 36
28-300 Wilanów SK 91 Vb 45
91-526 Wilanów LD 78 Ud 38
08-412 Wilchta MZ 81 We 37
44-304 Wilchwy SL 98 Tc 49
44-189 Wilcza SL 98 Td 47
57-300 Wilcza DS 96 Rd 45
63-220 Wilcza WP 75 Sd 37
42-142 Wilcza Góra SL 89 Te 43
05-506 Wilcza Góra Wola MZ 68 Vf 36
62-619 Wilcza Kłoda WP 65 Tc 34
24-103 Wilczanka LU 81 Xa 39
36-121 Wilcza Wola PK 103 Wf 46
05-505 Wilcza Wólka MZ 80 Vf 37
64-200 Wilcze WP 62 Qf 36
86-013 Wilcze KP 52 Se 28
83-240 Wilcze Błota PM 41 Tc 26
78-431 Wilcze Laski ZP 39 Re 27
96-230 Wilcze Piętki LD 79 Vd 38
18-520 Wilczewo PD 57 Xa 28
87-404 Wilczewo KP 54 Ua 30
14-405 Wilczęta WM 31 Uf 23
26-230 Wilczkowice SK 90 Vb 42
26-910 Wilczkowice MZ 80 Wc 38
32-091 Wilczkowice MA 100 Uf 47
55-065 Wilczkowice DS 86 Rf 43
99-100 Wilczkowice LD 66 Ua 36
09-450 Wilczkowo MZ 67 Va 34
11-135 Wilczkowo WM 43 Vb 25
78-316 Wilczkowo ZP 38 Qe 26
88-400 Wilczkowo KP 52 Se 31
55-040 Wilczków DS 86 Rf 43
98-215 Wilczków LD 77 Td 37
99-200 Wilczków LD 77 Tf 37
34-222 Wilczna MA 107 Ud 51
62-400 Wilczna WP 64 Ta 35
07-140 Wilczogęby MZ 69 We 33
09-200 Wilczogóra MZ 54 Ue 31
62-550 Wilczogóra WP 64 Ta 34
08-130 Wilczonek MZ 69 Xa 35
21-055 Wilczopole LU 94 Xd 41
05-652 Wilczoruda MZ 79 Ve 37
26-720 Wilczowola MZ 81 Wd 40
26-910 Wilczowola MZ 80 Wc 38
99-205 Wilczyca LD 77 Ua 37
27-612 Wilczyce SK 92 Wd 44
34-736 Wilczyce MA 108 Vb 51
51-361 Wilczyce DS 87 Sa 42
59-223 Wilczyce DS 85 Ra 42
59-708 Wilczy Las DS 85 Qe 41
21-500 Wilczyn LU 71 Yb 36
55-120 Wilczyn DS 86 Rf 41
59-150 Wilczyn DS 74 Ra 39
62-550 Wilczyn WP 64 Ta 34
64-550 Wilczyna WP 62 Rc 34
11-420 Wilczyny WM 33 Wc 23
21-426 Wilczyska LU 81 Wf 37
38-350 Wilczyska MA 109 Vf 50
87-602 Wildno KP 54 Ub 31
48-388 Wilemowice OP 96 Sa 45
66-225 Wilenko LB 61 Qe 35
08-470 Wilga MZ 80 Wc 37
05-620 Wilhelmów MZ 79 Ve 38
11-300 Wilimy WM 44 Vf 25
59-970 Wilka DS 84 Qa 42
09-460 Wilkanowo MZ 67 Va 34
66-008 Wilkanowo LB 73 Qc 37
57-500 Wilkanów DS 96 Re 47
11-500 Wilkasy WM 45 We 24
19-404 Wilkasy WM 46 Xd 25
19-500 Wilkasy WM 34 Xc 23
14-520 Wilknity WM 31 Vb 23
97-221 Wilkocice LD 78 Uf 38
59-170 Wilkocin DS 73 Qe 40
23-212 Wilkołaz LU 93 Xc 42
23-212 Wilkołaz-II LU 93 Xb 42
23-212 Wilkołaz-III LU 93 Xb 42
63-830 Wilkonice WP 75 Sa 38
63-830 Wilkoniczki WP 75 Sa 38
33-318 Wilkonosza MA 108 Ve 50
97-350 Wilkoszewice LD 90 Ud 41
55-110 Wilkowa DS 75 Rf 40
99-306 Wilkowia LD 66 Ub 34
27-640 Wilkowice SK 92 Wd 44
42-674 Wilkowice SL 99 Te 46
43-360 Wilkowice SL 106 Ua 50
64-115 Wilkowice WP 74 Rd 37
76-113 Wilkowice ZP 27 Re 22
87-850 Wilkowice KP 65 Ua 33
96-200 Wilkowice LD 79 Va 38
44-180 Wilkowiczki SL 98 Td 46
42-151 Wilkowiecko SL 89 Tf 43
34-617 Wilkowisko MA 108 Vb 50
11-015 Wilkowo WM 43 Vb 27
11-400 Wilkowo WM 44 Wb 24
11-600 Wilkowo WM 33 We 23
64-550 Wilkowo WP 62 Rd 34
66-200 Wilkowo LB 61 Qc 35
82-520 Wilkowo PM 42 Ua 27
89-400 Wilkowo KP 40 Se 28
84-351 Wilkowo Nowowiejskie PM 28 Se 21
64-050 Wilkowo Polskie WP 62 Rc 36
18-112 Wilkowo Stare PD 58 Xe 31
11-410 Wilkowo Wielkie WM 33 Wb 23
08-410 Wilkowyja MZ 80 Wd 37
37-300 Wilkowyja PK 103 Xc 47
62-270 Wilkowyja WP 63 Sc 33
63-200 Wilkowyja WP 75 Sd 36
43-100 Wilkowyje SL 99 Tf 48
05-620 Wilków MZ 79 Vd 38
22-550 Wilków LU 95 Ye 44
24-313 Wilków LU 93 Wf 41
26-010 Wilków SK 91 Vf 43
42-446 Wilków SL 90 Ud 45
46-113 Wilków OP 87 Sd 42
48-217 Wilków OP 97 Se 46
58-100 Wilków DS 86 Rd 43
59-500 Wilków DS 85 Qf 42
67-200 Wilków DS 74 Rb 38
59-500 Wilków-Osiedle DS 85 Qf 42
05-155 Wilków Polski MZ 67 Vd 34
55-080 Wilków Średzki DS 86 Re 42
58-230 Wilków Wielki DS 86 Rf 44
55-330 Wilkszyn DS 86 Rf 41
14-300 Wilnowo WM 43 Va 25
22-234 Wincencin LU 83 Yb 40
16-500 Wincenta PD 45 Wf 28
07-205 Wincentowo MZ 56 Wc 32
05-530 Wincentów MZ 80 Wa 37
09-520 Wincentów MZ 66 Ud 34
26-065 Wincentów SK 91 Vc 43
26-200 Wincentów SK 91 Vc 42
26-670 Wincentów MZ 80 Wc 40
95-082 Wincentów LD 78 Ub 39
11-410 Winda WM 33 Wc 24
11-414 Windykajmy WM 45 Wc 24
06-513 Windyki MZ 55 Vc 30
27-620 Winiary SK 93 We 44
28-500 Winiary SK 101 Vd 46
32-420 Winiary MA 108 Va 49
62-800 Winiary WP 76 Ta 38
32-724 Winkiel MA 108 Vc 49
13-230 Winna-Chroły PD 70 Xd 32
63-000 Winna Góra WP 63 Sc 35
13-230 Winna-Poświętna PD 70 Xd 32
06-120 Winnica MZ 68 Vf 33
09-414 Winnica MZ 66 Ud 32
59-223 Winnica DS 85 Ra 42
62-511 Winnica WP 65 Tc 35
06-120 Winniczka MZ 68 Vf 33
73-155 Winniki ZP 38 Qc 27
42-350 Winowno SL 99 Ua 45
46-060 Winów OP 87 Sf 45
56-160 Wińsko DS 74 Rd 40
56-215 Wioska DS 74 Rc 38
64-308 Wioska WP 62 Rb 35
26-230 Wiosna SK 91 Vb 42
61-160 Wiórek WP 63 Rf 35
11-010 Wipsowo WM 44 Ve 25
26-414 Wir MZ 79 Ve 40
41-710 Wirek SL 99 Tf 47
58-111 Wirki DS 86 Rd 43
22-375 Wirkowice LU 94 Ya 43
08-304 Wirów MZ 70 Xd 34
74-100 Wirów ZP 48 Pd 29
14-100 Wirwajdy WM 43 Uf 27
11-200 Wirwilty WM 32 Vf 23
58-111 Wiry DS 86 Rd 43
62-052 Wiry WP 63 Rf 35
72-513 Wisełka ZP 36 Pd 25
21-311 Wiski LU 82 Xf 38
21-523 Wiski LU 83 Yc 37
99-440 Wiskienica-Dolna LD 66 Ue 35
99-440 Wiskienica-Górna LD 66 Ue 35
96-315 Wiskitki MZ 67 Vc 36
86-017 Wiskitno KP 52 Se 29
93-645 Wiskitno LD 78 Ud 38
43-460 Wisła SL 106 Tf 51
43-243 Wisła Mała SL 99 Te 49
74-503 Wisław ZP 48 Pc 31
43-243 Wisła Wielka SL 99 Tf 49
38-481 Wisłoczek PK 110 Wf 51
38-543 Wisłok Wielki PK 110 Wf 52
22-417 Wisłowiec LU 94 Yb 44
39-225 Wisowa PK 109 Wb 49
26-400 Wistka MZ 79 Ve 40
98-337 Wistka LD 89 Ua 42
87-815 Wistka Królewska KP 66 Ub 33
87-865 Wiszczelice KP 65 Tf 34
22-420 Wiszenki-Kolonia LU 94 Yb 43
55-114 Wisznia Mała DS 86 Sa 41
21-580 Wisznice LU 83 Yb 38
22-530 Wiszniów LU 95 Yf 45
18-507 Wiszowate PD 45 Xa 28
28-160 Wiślica SK 101 Ve 46
43-430 Wiślica SL 106 Te 50
83-021 Wiślina PM 29 Tc 23
83-011 Wiślinka PM 30 Te 23
82-522 Wiśliny PM 41 Te 27
28-366 Wiśnicz SK 90 Vb 44
44-187 Wiśnicze SL 98 Td 46
05-306 Wiśniew MZ 69 We 35
08-112 Wiśniew MZ 70 Xb 36
62-550 Wiśniewa WP 64 Tb 34
89-400 Wiśniewa KP 40 Sc 28
89-400 Wiśniewka KP 40 Sc 28
06-521 Wiśniewko MZ 55 Vc 30
06-521 Wiśniewo MZ 55 Vc 30
07-308 Wiśniewo MZ 57 We 32
07-406 Wiśniewo MZ 57 Wf 31
14-260 Wiśniewo WM 43 Uf 27
18-300 Wiśniewo PD 58 Xb 30
62-105 Wiśniewo WP 52 Sc 31
82-325 Wiśniewo WM 42 Uc 24
99-412 Wiśniewo LD 67 Uf 35
28-200 Wiśniowa SK 92 Wb 45
32-412 Wiśniowa MA 108 Va 50
38-124 Wiśniowa PK 110 Wd 49
95-006 Wiśniowa Góra LD 78 Ud 38
28-200 Wiśniowa Poduchowna SK 92 Wb 45
19-335 Wiśniowo Ełckie WM 46 Xd 26
18-200 Wiśniówek PD 58 Xc 31
26-050 Wiśniówka SK 91 Ve 43
82-103 Wiśniówka Gdańska PM 30 Ua 23
21-010 Witaniów LU 82 Xf 40
07-100 Witanki MZ 69 Xa 35
78-600 Witankowo ZP 51 Rd 29
34-103 Witanowice MA 100 Ud 49
59-180 Witanowice DS 73 Qf 39
05-870 Witanów MZ 67 Vd 35
66-620 Witaszkowo LB 72 Pe 37
63-230 Witaszyce WP 75 Sd 37
63-230 Witaszyczki WP 75 Sd 37
99-352 Witawa LD 66 Ua 35
32-300 Witeradów MA 100 Ud 47
11-200 Witki WM 32 Vf 23
37-632 Witki PK 104 Xf 47
32-650 Witkowice MA 99 Ub 49
37-455 Witkowice PK 93 Wf 44
42-270 Witkowice SL 89 Ub 43
64-542 Witkowice WP 62 Rd 34
95-060 Witkowice LD 78 Ue 38
96-512 Witkowice MZ 67 Vb 34
62-230 Witkowo WP 64 Se 34
76-214 Witkowo PM 28 Sb 21
87-140 Witkowo KP 53 Te 29
87-603 Witkowo KP 54 Ub 32
89-430 Witkowo KP 40 Sc 27
73-110 Witkowo Drugie ZP 49 Qa 29
73-110 Witkowo Pierwsze ZP 49 Qa 29
22-540 Witków LU 105 Yf 45
58-140 Witków DS 86 Rc 43
58-379 Witków DS 85 Ra 44
59-225 Witków DS 85 Qf 41
67-300 Witków LB 73 Qd 39
64-000 Witkówki WP 63 Re 36
66-460 Witnica LB 60 Pf 32
74-503 Witnica ZP 48 Pc 31
62-060 Witobel WP 63 Re 35
63-800 Witoldowo WP 75 Rf 37
86-011 Witoldowo KP 52 Se 29
09-550 Witoldów MZ 66 Ud 35
22-120 Witoldów LU 95 Yd 43
98-170 Witoldów LD 77 Tf 40
64-500 Witoldzin WP 62 Rd 33
81-311 Witomino PM 29 Tc 21
99-335 Witonia LD 66 Ub 36
21-570 Witoroż LU 82 Xf 37
89-115 Witosław KP 52 Sc 29
14-230 Witoszewo WM 42 Ud 26
68-131 Witoszin LB 72 Qa 39
58-100 Witoszów Dolny DS 86 Rc 44
58-100 Witoszów Górny DS 85 Rc 44
56-200 Witoszyce DS 74 Rd 38
87-811 Witoszyn Nowy KP 65 Ua 32
37-700 Witoszyńce PK 111 Xe 50
87-632 Witowąż KP 54 Tf 31
28-210 Witowice SK 92 Wc 45
32-250 Witowice MA 100 Uf 46
57-120 Witowice DS 87 Sb 43
88-121 Witowice KP 65 Tc 33
33-314 Witowice Dolne MA 108 Vd 50
12-122 Witowo WM 44 Ve 27
17-204 Witowo PD 71 Yd 33
62-613 Witowo WP 65 Td 35
63-024 Witowo WP 63 Sc 36
88-232 Witowo KP 65 Td 33
32-130 Witów MA 101 Vd 48
34-512 Witów MA 107 Ue 53
42-446 Witów SL 90 Ue 45
97-330 Witów LD 78 Ue 40
98-260 Witów LD 77 Te 40
99-120 Witów LD 66 Ud 36
12-122 Witówko WM 44 Vf 27
11-015 Witramowo WM 43 Vc 28
89-310 Witrogoszcz WP 52 Sb 29
36-204 Witryłów PK 111 Xb 51
64-420 Wituchowo WP 62 Ra 33
21-542 Witulin LU 70 Ya 36
89-410 Witunia KP 52 Sc 28
89-410 Witunia-Wybudowania KP 52 Sc 28
99-412 Witusza LD 67 Uf 35
18-420 Witynie PD 58 Xc 29
19-300 Wityny WM 46 Xc 25
64-761 Wizany WP 50 Ra 31
18-430 Wizna PD 58 Xc 29
16-407 Wiżajny PD 35 Xf 22
59-610 Wleń DS 85 Qe 42
13-230 Wlewsk WM 54 Ue 29
32-095 Władysław MA 100 Uf 47
06-406 Władysławowo MZ 56 Ve 31
64-310 Władysławowo WP 62 Rb 34
84-104* Władysławowo PM 29 Tc 20
89-203 Władysławowo KP 52 Sf 30
08-304 Władysławów MZ 70 Xc 34
08-430 Władysławów MZ 81 We 38
23-304 Władysławów LU 94 Xd 45
26-411 Władysławów MZ 79 Vd 40
26-720 Władysławów MZ 81 We 40
42-120 Władysławów SL 89 Tf 42
62-710 Władysławów WP 65 Tc 36
96-500 Władysławów MZ 67 Vb 35
42-260 Własna SL 89 Ua 44
64-000 Wławie WP 74 Re 36
26-220 Włochów SK 91 Vd 42
68-132 Włochów LB 72 Pf 39
26-006 Włochy SK 92 Wa 43
28-400 Włochy SK 101 Vd 45
46-146 Włochy OP 88 Sf 42
98-235 Włocin LD 76 Tc 39
87-800 Włocławek KP 65 Ua 33
72-320 Włodarka ZP 37 Qb 24
48-317 Włodary OP 97 Sd 46
22-200 Włodawa LU 83 Yd 39
08-307 Włodki MZ 70 Xc 34
18-516 Włodki PD 57 Xa 29
42-421 Włodowice SL 100 Uc 45
57-400 Włodowice DS 96 Rc 45
11-008 Włodowo WM 43 Va 25
59-600 Włodzice Małe DS 84 Qd 41
59-600 Włodzice Wielkie DS 84 Qd 41
48-140 Włodzienin OP 97 Se 48
62-865 Włodzimierz WP 76 Tb 38
97-360 Włodzimierz LD 90 Uc 41
89-240 Włodzimierzewo KP 52 Sc 31
97-330 Włodzimierzów LD 78 Ue 40
62-530 Włodzimirów WP 64 Tb 35
72-121 Włodzisław ZP 37 Pf 26
32-031 Włosań MA 100 Uf 49
32-642 Włosienica MA 99 Ub 48
83-135 Włosienica PM 41 Te 26
59-816 Włosień DS 84 Qa 42
28-131 Włosnowice SK 101 Vf 46
48-317 Włostowa OP 97 Sd 46
68-200 Włostowice LB 72 Pe 39
27-545 Włostów SK 92 Wc 44
66-450 Włostów LB 61 Qa 33
68-200 Włostów LB 72 Qb 38
12-230 Włosty WM 46 Xb 27
64-140 Włoszakowice WP 74 Rc 37
88-430 Włoszanowo KP 52 Sc 32
29-100 Włoszczowa SK 90 Uf 43
28-404 Włoszczowice SK 91 Vd 45
32-820 Włoszyn MA 101 Ve 48
78-114 Włościbórz ZP 38 Qe 24
89-405 Włościbórz KP 40 Sd 28
63-140 Włościejewice WP 75 Sb 36
63-130 Włościejewki WP 63 Sb 36
48-200 Włóczno OP 97 Sd 46
14-420 Włóczyska WM 31 Ud 23
09-454 Włóki MZ 67 Va 33
58-203 Włóki DS 86 Rd 44
86-022 Włóki KP 53 Tb 29
97-540 Włynice LD 90 Ud 43
76-200 Włynkowo PM 27 Sa 21
76-200 Włynkówko PM 27 Rf 21
98-290 Włyń LD 77 Te 38
21-422 Wnętrzne LU 81 Xa 37
27-670 Wnorów SK 102 Wc 45
18-208 Wnory-Wiechy PD 58 Xd 30
19-505 Wobały WM 35 Xe 22
83-020 Wocławy PM 30 Te 23
28-330 Wodacz SK 100 Va 46
27-350 Wodąca MZ 92 Wc 42
32-332 Wodąca MA 100 Uc 47
44-300 Wodisław Ślóski SL 98 Tc 49
76-270 Wodnica PM 27 Rf 21
56-210 Wodniki DS 74 Re 39
56-300 Wodników Górny DS 75 Sc 39
11-210 Wodukajmy WM 32 Vf 23
08-117 Wodynie MZ 69 Wf 36
42-253 Wodząca SL 89 Uc 44
05-640 Wodziczna MZ 79 Ve 38
63-620 Wodziczna WP 88 Ta 42
98-105 Wodzierady SL 77 Ua 38
95-080 Wodzinek SL 78 Ud 39
95-080 Wodzin Majoracki LD 78 Ud 39
28-330 Wodzisław SK 100 Vb 45
09-442 Wodzymin MZ 66 Uf 33
21-310 Wohyń LU 82 Xe 38
32-862 Wojakowa MA 108 Vd 50
58-531 Wojanów DS 85 Qe 43
38-471 Wojaszówka PK 110 We 50
57-300 Wojbórz DS 96 Rd 45
27-532 Wojciechowice SK 92 Wd 43
57-300 Wojciechowice DS 96 Re 46
11-130 Wojciechowo WM 43 Va 24
63-233 Wojciechowo WP 75 Sb 37
64-212 Wojciechowo WP 62 Qf 36
84-352 Wojciechowo PM 28 Se 20
23-225 Wojciechów LU 93 Xc 44
24-204 Wojciechów LU 93 Xb 41
28-500 Wojciechów SK 101 Vd 47
46-113 Wojciechów OP 87 Sd 42
59-516 Wojciechów DS 85 Qf 41
59-623 Wojciechów DS 84 Qd 43
62-704 Wojciechów WP 77 Td 37
97-570 Wojciechów LD 90 Uf 42
22-630 Wojciechówka LU 95 Ye 45
11-200 Wojciechy WM 32 Ve 23
21-411 Wojcieszków LU 82 Xb 38
59-550 Wojcieszów DS 85 Qf 43
58-560 Wojcieszyce DS 85 Qd 43
66-415 Wojcieszyce LB 49 Qb 32
05-083 Wojcieszyn MZ 68 Ve 35
24-200 Wojcieszyn LU 93 Xb 41
59-524 Wojcieszyn DS 85 Qe 42
16-515 Wojciuliszki PD 35 Ya 23
19-206 Wojdy PD 46 Xe 26


208 | Wilamowice

A
Ą
B
C
Ć
D
E
Ę
F
G
H
I
J
K
L
Ł
M
N
Ń
O
Ó
P
Q
R
S
Ś
T
U
V
W
X
Y
Z
Ź
Ż

26-060 Wolica SK 91 Vc 44
28-232 Wolica SK 102 Wb 46
28-300 Wolica SK 91 Vc 45
28-440 Wolica SK 101 Vc 46
32-241 Wolica MA 100 Va 46
37-207 Wolica PK 103 Xc 48
38-200 Wolica PK 110 Wd 50
38-505 Wolica PK 110 Xa 51
62-872 Wolica WP 76 Ta 38
97-410 Wolica LD 89 Uc 41
22-435 Wolica Brzozowa LU 95 Yd 45
23-310 Wolica I LU 93 Xc 44
23-310 Wolica II LU 93 Xc 44
39-120 Wolica Piaskowa PK 102 We 48
22-435 Wolica Śniatycka LU 95 Yc 45
22-425 Wolica Uchańska LU 95 Yc 44
88-190 Wolice KP 52 Sf 31
36-071 Woliczka PK 103 Wf 48
59-630 Wolimierz DS 84 Qb 43
66-225 Wolimirzyce LB 61 Qd 35
72-510 Wolin ZP 36 Pd 25
37-400 Wolina PK 103 Xb 45
76-220 Wolinia PM 28 Sd 21
07-430 Wolkowe MZ 45 Wc 28
64-061 Wolkowo WP 62 Rd 36
11-135 Wolnica WM 32 Vb 24
32-830 Wolnica MA 101 Ve 49
98-313 Wolnica Niechmirowska LD 77 Te 40
38-307 Wolowiec MA 109 Wc 51
89-350 Wolsko WP 51 Sa 30
64-200 Wolsztyn WP 62 Ra 36
89-200 Wolwark KP 52 Se 31
36-220 Woła-Jasienicka PK 110 Wf 50
22-500 Wołajowice LU 95 Yf 43
38-421 Woła-Komborska PK 110 Wf 50
77-200 Wołcza Mała PM 39 Rf 25
77-200 Wołcza Wielka PM 39 Rf 25
22-200 Wołcziny LU 83 Yd 40
72-003 Wołczkowo ZP 36 Pc 28
46-250 Wołczyn OP 88 Ta 42
74-230 Wołczyn ZP 49 Pf 30
22-114 Wołkowiany Klesztów LU 95 Ye 42
72-314 Wołkowo ZP 37 Qc 26
38-613 Wołkowyja PK 111 Xc 53
16-315 Wołkusz PD 47 Yd 26
16-123 Wołkusze PD 47 Yd 28
99-350 Wołodrza LD 66 Ub 35
66-520 Wołogoszcz LB 50 Qf 31
05-200 Wołomin MZ 68 Wb 34
38-713 Wołosate PK 110 Xe 54
22-244 Wołoskowola LU 83 Yb 40
09-452 Wołowa MZ 67 Uf 33
78-630 Wołowe Lasy ZP 50 Rb 30
32-070 Wołowice MA 100 Ue 49
72-200 Wołowiec ZP 37 Qa 26
16-404 Wołownia PD 35 Xf 23
11-042 Wołowno WM 43 Vb 26
56-100 Wołów DS 74 Rd 40
08-110 Wołyńce MZ 69 Xb 36
64-030 Wonieść WP 74 Re 36
13-332 Wonna WM 42 Uc 27
88-133 Wonorze KP 53 Tc 32
11-400 Wopławki WM 45 Wc 24
14-520 Wopy WM 32 Vc 23
21-542 Worgule LU 70 Ya 36
14-105 Worliny WM 43 Va 26
11-008 Worławki WM 43 Vb 25
11-220 Worławki WM 32 Vc 23
16-100 Woroniany PD 47 Yc 28
21-311 Woroniec LU 82 Ya 38
21-500 Woroniec LU 70 Xf 36
09-454 Worowice MZ 67 Vb 33
73-150 Worowo ZP 38 Qd 26
11-440 Worpławki WM 44 Wb 24
21-570 Worsy LU 82 Xe 37
11-220 Woryny WM 32 Vd 23
11-036 Woryty WM 43 Vb 26
46-146 Woskowice-Górne OP 87 Sf 42
46-142 Woskowice-Małe OP 87 Sf 42
21-500 Woskrzenice LU 71 Yb 36
19-300 Woszczele WM 46 Xb 25
43-180 Woszczyce SL 99 Te 48
11-230 Wozławki WM 32 Vf 24
19-206 Woźnawieś PD 46 Xe 26
99-300 Woźniaków LD 66 Ub 35
11-730 Woźnice WM 45 Wd 25
08-200 Woźniki MZ 70 Xe 35
09-451 Woźniki MZ 67 Uf 33
34-103 Woźniki MA 100 Uc 49
42-289 Woźniki SL 89 Ua 45
42-446 Woźniki SL 90 Ud 45
62-065 Woźniki WP 62 Rc 35
62-260 Woźniki WP 63 Sd 33
97-371 Woźniki LD 78 Ud 40
97-565 Woźniki LD 89 Uc 42
98-200 Woźniki LD 77 Te 39
99-205 Woźniki LD 77 Ua 37
22-640 Wożuczyn LU 105 Yd 45
48-140 Wódka OP 97 Sf 48
62-300 Wódki WP 64 Sd 34
48-385 Wójcice OP 97 Sb 46
55-220 Wójcice DS 87 Sc 43
34-472 Wójcikowa MA 107 Ue 52
26-333 Wójcin LD 79 Va 41
74-201 Wójcin ZP 49 Qa 29
88-230 Wójcin KP 65 Td 33
88-324 Wójcin KP 64 Tb 33
88-400 Wójcin KP 52 Sf 31
98-432 Wójcin LD 88 Tb 41
26-333 Wójcinek LD 79 Va 41
28-133 Wójcza SK 102 Vf 46
28-133 Wójeczka SK 101 Vf 46
97-330 Wójtostwo LD 78 Uf 40
38-305 Wójtowa MA 109 Wb 50
44-100 Wójtowa Wieś SL 98 Td 47
19-120 Wójtowce PD 58 Xf 28
57-500 Wójtowice DS 96 Rd 47
11-010 Wójtowo WM 44 Vd 26
11-135 Wójtowo WM 43 Vb 24
11-311 Wójtowo WM 44 Vf 24
87-800 Wójtowskie KP 66 Ua 33
87-703 Wójtówka KP 53 Te 32
05-083 Wólka MZ 67 Ve 35
07-217 Wólka MZ 68 Wb 33
09-451 Wólka MZ 67 Uf 33
11-311 Wólka WM 44 Wa 25
16-150 Wólka PD 47 Yb 27
16-424 Wólka PD 34 Xd 23
17-207 Wólka PD 59 Yd 32
19-230 Wólka PD 46 Xb 27
20-258 Wólka LU 94 Xd 41
21-413 Wólka LU 81 Xc 38
22-400 Wólka LU 94 Ya 45
26-234 Wólka SK 90 Va 42
28-300 Wólka SK 91 Vc 45
37-413 Wólka PK 103 Xc 46
62-420 Wólka WP 64 Se 35
87-630 Wólka KP 54 Uc 31
87-710 Wólka KP 53 Td 31
99-220 Wólka LD 77 Ua 37
23-450 Wólka Abramowska LU 94 Xe 44
96-200 Wólka Babska LD 79 Vc 38
27-423 Wólka Bałtowska SK 92 Wd 42
23-320 Wólka Batorska LU 93 Xd 43
37-410 Wólka Bielińska PK 103 Xb 46
23-425 Wólka Biska LU 104 Xd 46
27-420 Wólka Bodzechowska SK 92 Wc 43
28-114 Wólka Bosowska SK 101 Vf 45
07-440 Wólka Brzezińska MZ 57 Wd 31
39-100 Wólka Brzeźnicka PK 102 Wc 48
19-200 Wólka Brzozowa PD 46 Xd 27
26-903 Wólka Brzózka MZ 80 Wb 39
21-426 Wólka Ciechomska LU 81 Wf 37
21-070 Wólka Cycowska LU 83 Ya 41
22-463 Wólka Czernięcińska LU 94 Xe 44
22-106 Wólka Czułczycka LU 95 Yc 41
05-326 Wólka Dąbrowicka MZ 68 Wc 34
05-332 Wólka Dłużewska MZ 69 Wd 36
21-512 Wólka Dobryńska LU 71 Yc 36
21-411 Wólka Domaszewska LU 81 Xc 37
06-214 Wólka Drążdżewska MZ 56 Wa 30
39-310 Wólka Dulecka PK 102 Wb 47
18-200 Wólka Duża PD 58 Xc 31
05-530 Wólka Dworska MZ 80 Wb 36
06-450 Wólka Garwarska MZ 55 Vc 32
24-101 Wólka Gołębska LU 81 Wf 40
26-713 Wólka Gonciarska MZ 92 Wc 41
23-275 Wólka Gościeradowska LU 93 Xa 43
07-210 Wólka Grochowa MZ 57 Wd 32
37-306 Wólka Grodziska PK 103 Xc 47
08-470 Wólka Gruszczyńska MZ 80 Wc 37
37-620 Wólka Horyniecka PK 105 Yb 47
22-424 Wólka Horyszowska LU 95 Yc 44
22-440 Wólka Husińska LU 104 Yb 45
97-216 Wólka Jagielczyńska LD 79 Vb 38
22-170 Wólka Kańska LU 94 Ya 42
26-300 Wólka Karwicka LD 79 Vc 40
16-320 Wólka Karwowska PD 46 Xe 26
28-305 Wólka Kawęcka SK 91 Vc 44
24-170 Wólka Kątna LU 81 Xb 40
09-300 Wólka Kliczewska MZ 55 Va 30
26-080 Wólka Kłucka SK 91 Vc 43
08-114 Wólka Kobyla MZ 69 Xa 36
05-307 Wólka Kokosia MZ 69 Wd 35
21-311 Wólka Komarowska LU 82 Xf 38
24-300 Wólka Komaszycka LU 93 Xa 42
21-404 Wólka Konopna LU 70 Xc 36
21-532 Wólka Korczowska LU 82 Ya 37
05-552 Wólka Kosowska MZ 68 Ve 36
21-530 Wólka Kościeniewicka LU 83 Yc 37
22-310 Wólka Kraśniczyńska LU 95 Yc 43
96-127 Wólka Krosnowska LD 78 Uf 37
37-625 Wólka Krowicka PK 104 Yb 48
21-560 Wólka Krzymowska LU 70 Xd 36
26-315 Wólka Kuligowska LD 79 Vc 39
07-440 Wólka Kunińska MZ 57 Wd 31
96-230 Wólka Lesiewska LD 79 Vc 38
22-114 Wólka Leszczańska LU 95 Yd 42
27-515 Wólka Lipowa SK 92 We 43
07-207 Wólka Lubielska MZ 56 Wc 32
22-437 Wólka Łabuńska LU 95 Yc 45
26-704 Wólka Łagowska MZ 81 We 40
37-303 Wólka Łamana PK 103 Xd 46
97-400 Wólka Łękawska SL 78 Uc 41
37-312 Wólka Łętowska PK 103 Xb 47
22-672 Wólka Łosiniecka LU 104 Yb 46
21-570 Wólka Łózecka LU 82 Xe 37
24-320 Wólka Łubkowska LU 93 Xa 41
08-108 Wólka Łysowska MZ 70 Xe 35
14-140 Wólka Majdańska WM 43 Ue 26
37-204 Wólka Małkowa PK 103 Xd 48
08-300 Wólka Miedzyńska MZ 69 Xb 34
26-006 Wólka Milanowska SK 92 Wa 43
27-353 Wólka Modrzejowa MZ 92 Wc 42
36-050 Wólka Niedźwiedzka PK 103 Xb 47
22-413 Wólka Nieliska LU 94 Ya 44
09-540 Wólka Niska MZ 66 Uf 34
08-205 Wólka Nosowska MZ 70 Xf 35
17-330 Wólka Nurzecka PD 71 Yb 34
37-204 Wólka Ogryzkowa PK 104 Xd 48
22-175 Wólka Okopska LU 95 Ye 41
08-330 Wólka-Okrąglik MZ 69 Xa 33
42-445 Wólka Oludzka SL 100 Ue 45
13-100 Wólka Orłowska WM 43 Vc 28
22-375 Wólka Orłowska LU 94 Yb 43
08-404 Wólka Ostrożeńska MZ 81 We 38
07-130 Wólka Paplińska MZ 69 We 34
87-851 Wólka Paruszewska KP 65 Tf 34
37-511 Wólka Pełkińska PK 104 Xd 48
22-107 Wólka Petryłowska LU 83 Yc 40
27-423 Wólka Pętkowska SK 92 Wd 42
17-132 Wólka Pietkowska PD 58 Xf 31
21-500 Wólka Plebańska LU 71 Ya 37
26-220 Wólka Plebańska SK 91 Vd 42
36-002 Wólka Podleśna PK 103 Xa 48
22-540 Wólka Podturzyńska LU 95 Yf 45
26-035 Wólka Pokłonna SK 92 Vf 44
21-543 Wólka Polinowska LU 71 Ya 35
23-155 Wólka Ponikiewska LU 94 Xd 43
21-450 Wólka Poznańska LU 81 Wf 37
05-504 Wólka Pracka MZ 80 Vf 36
08-124 Wólka Proszewska MZ 69 Xa 35
98-331 Wólka Prusicka LD 89 Ua 42
16-010 Wólka-Przedmieście PD 59 Yb 29
22-650 Wólka Pukarzowska LU 105 Ye 45
05-126 Wólka Radzyńska MZ 68 Wa 34
23-302 Wólka Ratajska LU 93 Xc 44
22-360 Wólka Rejowiecka LU 94 Yb 42
21-100 Wólka Rokicka LU 82 Xe 40
21-450 Wólka Różańska LU 81 Xa 37
08-322 Wólka Rytelska MZ 69 Xb 32
05-088 Wólka Smolana MZ 67 Vb 35
05-170 Wólka Smoszewska MZ 67 Vd 34
36-050 Wólka Sokołowska PK 103 Xa 47
07-203 Wólka Somiankowska MZ 68 Wb 33
08-140 Wólka Soseńska MZ 70 Xd 35
21-110 Wólka Stara Kijańska LU 82 Xe 40
42-445 Wólka Starzyńska SL 90 Ue 44
96-116 Wólka Strobowska LD 79 Va 37
09-120 Wólka Szczawińska MZ 67 Ve 32
23-275 Wólka Szczecka LU 93 Wf 44
21-400 Wólka Świątkowa LU 82 Xc 37
37-410 Wólka Tanewska PK 103 Xb 45
27-515 Wólka Tarłowska SK 92 We 43
22-150 Wólka Tarnowska LU 83 Yb 41
26-910 Wólka Tarnowska MZ 80 Wc 38
17-240 Wólka Terechowska PD 71 Yc 33
22-425 Wólka Tuczępska LU 95 Yd 43
26-640 Wólka Twarogowa MZ 92 Wb 41
26-900 Wólka Tyrzyńska MZ 81 Wd 39
18-100 Wólka Waniewska PD 58 Xf 30
08-112 Wólka Wiśniewska MZ 70 Xb 36
17-106 Wólka Wygonowska PD 71 Yb 33
22-234 Wólka Wytycka LU 83 Yb 40
21-107 Wólka Zabłocka LU 82 Xe 40
21-523 Wólka Zabłocka LU 83 Yd 37
05-532 Wólka Załęska MZ 80 Wb 36
17-312 Wólka Zamkowa PD 70 Xd 34
21-422 Wólka Zastawska LU 81 Xb 37
21-107 Wólka Zawieprzycka LU 82 Xe 40
21-310 Wólka Zdunkówka LU 82 Xe 38
22-413 Wólka Złojecka LU 94 Ya 44
26-220 Wólka Zychowa SK 91 Vd 41
22-335 Wólka Żółkiewska LU 94 Xf 43
64-113 Wólkowo WP 74 Rd 37
87-731 Wólne KP 53 Tf 32
21-220 Wółka Siemieńska LU 82 Xe 39
62-410 Wrąbczyn WP 64 Sf 35
62-310 Wrąbczynek WP 64 Se 35
62-310 Wrąbczynkowskie Holendry WP 64 Se 36
98-330 Wręczyca LD 89 Ua 41
42-130 Wręczyca Mała SL 89 Tf 43
42-130 Wręczyca Wielka SL 89 Tf 43
38-204 Wrocanka PK 110 Wd 50
38-430 Wrocanka PK 110 We 51
19-110 Wroceń PD 46 Xf 27
28-411 Wrocieryż SK 101 Vc 45
32-107 Wrocimowice MA 101 Vb 47
55-300 Wrocisławice DS 86 Rc 42
05-660 Wrociszew MZ 80 Wa 38
67-100 Wrociszów LB 73 Qd 38
87-423 Wrocki KP 54 Ub 29
50-041* Wrocław DS 86 Sa 42
56-300 Wrocławice DS 75 Sc 39
86-221 Wrocławki KP 53 Td 29
99-300 Wroczyny LD 66 Ub 35
62-010 Wronczyn WP 63 Sb 33
62-060 Wronczyn WP 62 Rd 35
64-200 Wroniawy WP 62 Ra 36
98-215 Wroniawy LD 77 Td 38
87-200 Wronie KP 53 Tf 29
97-340 Wroników LD 78 Ud 41
32-104 Wronin MA 100 Vb 48
47-260 Wronin OP 98 Ta 47
56-215 Wroniniec DS 74 Rc 38
09-304 Wronka MZ 55 Uf 29
11-500 Wronka WM 45 We 24
19-411 Wronki WM 46 Xb 24
64-510 Wronki WP 62 Rc 32
19-500 Wronki Wielkie WM 34 Xb 23
77-330 Wronkowo PM 39 Rf 26
22-546 Wronowice LU 95 Ye 44
98-100 Wronowice LD 77 Ub 39
16-420 Wronowo PD 46 Xe 25
88-320 Wronowy KP 64 Tb 33
24-130 Wronów LU 81 Xa 40
24-200 Wronów LU 93 Xa 41
49-345 Wronów OP 87 Sd 44
56-215 Wronów DS 74 Rc 38
63-308 Wronów WP 64 Se 36
09-142 Wrońska Nowe MZ 67 Vd 33
98-313 Wrońsko LD 77 Tf 40
63-720 Wrotków WP 75 Sc 38
07-106 Wrotnów MZ 69 Xa 33
19-520 Wróbel WM 34 Xa 23
88-153 Wróble KP 65 Tc 32
95-035 Wróblew LD 78 Ub 37
98-285 Wróblew SL 77 Td 39
98-346 Wróblew LD 88 Tc 42
08-480 Wróble-Wargocin MZ 81 Wd 39
06-420 Wróblewko MZ 56 Ve 31
06-540 Wróblewo MZ 55 Vb 31
62-025 Wróblewo WP 63 Sb 34
64-510 Wróblewo WP 62 Rb 33
83-022 Wróblewo PM 30 Te 23
38-483 Wróblik-Królewski PK 110 Wf 51
38-483 Wróblik-Szlachecki PK 110 Wf 51
48-250 Wróblin OP 98 Sf 47
62-740 Wróblina WP 65 Tb 36
67-210 Wróblin Głogowski DS 73 Qf 38
56-300 Wróbliniec DS 75 Sd 39
38-200 Wróblowa PK 109 Wc 50
32-840 Wróblowice MA 109 Vf 49
55-330 Wróblowice DS 86 Re 42


**210** | Wolica

## X
–

## Y
–

## Z

A Ą B C Ć D E Ę F G H I J K Ł Ł M N Ń O Ó P Q R S Ś T U V W X Y Z Ź Ż

32-600 Zaborze MA 99 Ub 48
42-310 Zaborze SL 89 Ub 44
66-003 Zabór LB 73 Qe 37
55-330 Zabór Wielki DS 86 Re 41
05-326 Zabraniec MZ 68 Wc 35
36-017 Zabratówka PK 103 Xb 49
39-308 Zabrnie PK 102 Wb 47
39-410 Zabrnie Dolne PK 93 Wf 45
29-105 Zabrody SK 90 Va 43
07-230 Zabrodzie MZ 68 Wc 33
07-415 Zabrodzie MZ 57 Wd 30
11-300 Zabrodzie WM 44 Vf 26
16-140 Zabrodzie PD 47 Ya 28
22-234 Zabrodzie LU 83 Yb 40
38-610 Zabrodzie PK 111 Xc 52
52-351 Zabrodzie DS 86 Rf 42
97-540 Zabrodzie LD 90 Ud 43
11-606 Zabrost Wielki WM 34 Wf 23
08-420 Zabruzdy MZ 81 Wf 37
41-800 Zabrze SL 99 Te 47
43-516 Zabrzeg SL 99 Tf 49
33-390 Zabrzeż MA 108 Vc 51
22-463 Zaburze LU 94 Xf 44
08-221 Zabuże MZ 70 Ya 35
22-420 Zabytów LU 94 Yb 43
97-319 Zacharz LD 78 Ue 39
44-187 Zacharzowice SL 98 Td 46
26-807 Zacharzów MZ 80 Vf 39
64-800 Zacharzyn WP 51 Sa 30
26-050 Zachełmie SK 91 Ve 43
58-562 Zachełmie DS 85 Qd 44
73-150 Zachełmie ZP 38 Qd 27
34-211 Zachełmna MA 107 Ue 50
64-361 Zachodzko WP 62 Qf 34
26-332 Zachorzów LD 79 Vb 40
55-080 Zachowice DS 86 Re 43
39-340 Zachwiejów PK 102 Wd 46
13-113 Zachy WM 56 Ve 28
36-060 Zacinki PK 103 Wf 47
59-820 Zacisze DS 84 Qc 42
95-063 Zacywilki LD 78 Uf 37
33-140 Zaczarnie MA 102 Wa 48
16-070 Zaczerlany PD 58 Xf 30
36-001 Zaczernie PK 103 Xa 48
21-504 Zaczopki LU 71 Yc 35
37-716 Zadąbrowie PK 104 Xe 49
98-290 Zadąbrowie-Rudunek SL 77 Td 38
98-290 Zadąbrowie-Wiatraczyska LD 77 Td 38
22-554 Zadębce LU 95 Ye 43
22-610 Zadnoga LU 105 Yc 45
24-300 Zadole LU 93 Wf 42
64-020 Zadory WP 62 Rd 35
62-872 Zadowice WP 76 Ta 39
32-353 Zadroże MA 100 Ue 47
39-340 Zaduszniki PK 102 Wc 46
87-603 Zaduszniki KP 66 Ub 32
62-740 Zadworna WP 65 Tb 36
16-100 Zadworzany PD 47 Yd 28
38-700 Zadwórze PK 111 Xd 52
42-460 Zadzień SL 99 Ua 46
99-232 Zadzim LD 77 Tf 38
32-070 Zagacie MA 100 Ue 48
97-570 Zagacie LD 90 Va 42
99-122 Zagaj LD 66 Ub 36
14-522 Zagaje WM 31 Vb 22
28-300 Zagaje SK 101 Vb 45
32-090 Zagaje Smrokowskie MA 100 Va 47
98-290 Zagajew LD 77 Td 38
88-133 Zagajewice KP 53 Tc 32
59-733 Zagajnik DS 84 Qb 41
28-131 Zagajów SK 101 Ve 46
28-411 Zagajów SK 101 Vc 46
28-411 Zagajówek SK 101 Vc 46
97-425 Zagłówki LD 78 Ub 39
26-050 Zagnańsk SK 91 Vd 43
77-140 Zagony PM 28 Sb 24
32-218 Zagorzany MA 101 Vb 46
28-210 Zagorzyce SK 92 Wb 45
32-200 Zagorzyce MA 100 Uf 46
39-126 Zagorzyce Dolne PK 102 We 48
39-126 Zagorzyce Górne PK 102 We 48
33-390 Zagorzyn MA 108 Vc 51
05-200 Zagościniec MZ 68 Wb 34
26-025 Zagościniec SK 92 Wa 44
21-422 Zagoździe LU 81 Xa 37
99-235 Zagórki SL 77 Te 38
34-120 Zagórnik MA 107 Uc 49
62-410 Zagórów WP 64 Sf 35
38-540 Zagórz PK 111 Xb 51
32-420 Zagórzany MA 108 Vb 49
38-333 Zagórzany MA 109 Wa 50
05-220 Zagórze MZ 68 Wc 35
16-140 Zagórze PD 47 Ya 28
17-307 Zagórze PD 70 Ya 34
24-200 Zagórze LU 93 Xb 42
26-140 Zagórze SK 91 Ve 43
26-432 Zagórze MZ 79 Ve 40
28-362 Zagórze SK 90 Vb 45
32-005 Zagórze MA 100 Vb 49
32-061 Zagórze MA 100 Ud 48
32-500 Zagórze MA 99 Uc 48
37-232 Zagórze PK 103 Xc 49
39-225 Zagórze PK 102 Wb 49
42-253 Zagórze SL 89 Uc 44
42-320 Zagórze SL 90 Ud 45
66-016 Zagórze LB 73 Qc 37
66-218 Zagórze LB 61 Qc 35
72-510 Zagórze ZP 36 Pd 26
78-200 Zagórze ZP 38 Qf 25
96-200 Zagórze LD 79 Vb 38
97-525 Zagórze LD 90 Ue 42
97-540 Zagórze LD 90 Uc 43
76-231 Zagórzyca PM 28 Sb 22
28-400 Zagórzyce SK 101 Vc 46
28-500 Zagórzyce SK 101 Vd 47
56-100 Zagórzyce DS 86 Rd 41
73-150 Zagórzyce ZP 38 Qe 27
88-200 Zagórzyce KP 65 Td 33
24-105 Zagóźdź LU 81 Xb 39
09-230 Zagroba MZ 67 Uf 33
37-723 Zagroble PK 104 Ya 49
18-300 Zagroby-Łętownica PD 57 Xb 31
22-100 Zagroda LU 95 Yc 42
22-304 Zagroda LU 95 Yc 42
07-132 Zagrodniki MZ 69 We 33
59-516 Zagrodno DS 85 Qf 41
21-080 Zagrody LU 82 Xb 40
23-400 Zagrody LU 104 Xe 45
23-450 Zagrody LU 94 Xe 44
24-103 Zagrody LU 81 Xa 40
26-052 Zagrody SK 91 Vd 44
32-731 Zagrody MA 108 Vc 50
32-851 Zagrody MA 108 Vd 49
39-308 Zagrody PK 102 Wb 47
23-423 Zagródki LU 104 Xd 46
16-060 Zagruszany PD 59 Yb 30
13-100 Zagrzewo WM 55 Vc 29
37-530 Zagurze PK 104 Xd 47
46-030 Zagwiździe OP 88 Sf 43
21-570 Zahajki LU 82 Xf 37
22-205 Zahajki LU 83 Yb 39
38-604 Zahoczewie PK 111 Xb 52
21-530 Zahorów LU 83 Yc 37
38-540 Zahutyń PK 111 Xb 51
07-100 Zając MZ 69 Xa 35
34-222 Zające MA 107 Ud 51
68-213 Zajączek LB 72 Pf 39
14-100 Zajączki WM 43 Uf 27
62-874 Zajączki WP 76 Tb 39
63-500 Zajączki WP 76 Sf 40
62-872 Zajączki Bankowe WP 76 Tb 39
42-160 Zajączki I SL 89 Te 43
42-160 Zajączki II SL 88 Te 43
13-324 Zajączkowo WM 43 Ue 28
14-105 Zajączkowo WM 43 Va 25
62-045 Zajączkowo WP 62 Rc 33
76-252 Zajączkowo PM 27 Sa 22
78-320 Zajączkowo ZP 38 Ra 26
82-316 Zajączkowo WM 31 Ud 23
83-111 Zajączkowo PM 30 Te 24
87-140 Zajączkowo KP 53 Te 29
24-300 Zajączków LU 93 Wf 42
26-065 Zajączków SK 91 Vc 43
26-341 Zajączków LD 79 Va 40
14-330 Zajezierze WM 43 Ue 25
26-922 Zajezierze MZ 81 We 39
73-150 Zajezierze ZP 38 Qe 27
82-400 Zajezierze PM 42 Ua 25
88-140 Zajezierze KP 53 Tc 31
87-620 Zajeziorze KP 54 Ua 31
17-312 Zajęczniki PD 70 Xe 34
19-104 Zajki PD 58 Xd 29
16-500 Zakaleń PD 57 Wf 28
19-520 Zakałcze WM 34 Wf 23
36-230 Zakarczma PK 110 Wf 50
21-412 Zakępie LU 82 Xb 37
33-390 Zakicznia MA 108 Vc 51
06-200 Zakliczewo MZ 56 Wa 31
32-406 Zakliczyn MA 108 Uf 49
32-840 Zakliczyn MA 109 Ve 49
37-470 Zaklików PK 93 Xa 44
22-463 Zakłodzie LU 94 Xf 44
34-500 Zakopane MA 108 Uf 53
26-340 Zakościele LD 79 Vc 40
97-215 Zakościele LD 79 Vb 39
23-250 Zakościelne LU 93 Xa 43
87-500 Zakrocz KP 54 Uc 30
05-170 Zakroczym MZ 67 Vd 34
08-200 Zakrze MZ 70 Xe 35
07-120 Zakrzew MZ 69 We 34
21-307 Zakrzew LU 82 Xd 38
23-155 Zakrzew LU 94 Xd 43
26-652 Zakrzew MZ 80 Wa 40
26-902 Zakrzew MZ 80 Wb 38
63-230 Zakrzew WP 75 Sd 37
96-230 Zakrzew LD 79 Vc 38
96-513 Zakrzew MZ 67 Vb 36
97-512 Zakrzew LD 90 Ud 42
99-423 Zakrzew LD 66 Ue 36
62-610 Zakrzewek WP 65 Td 34
89-410 Zakrzewek KP 52 Sc 28
63-130 Zakrzewice WP 63 Sb 36
14-500 Zakrzewiec WM 31 Uf 22
13-124 Zakrzewko WM 55 Vb 29
64-360 Zakrzewko WP 62 Qf 35
64-550 Zakrzewko WP 62 Rc 34
87-148 Zakrzewko KP 53 Td 30
06-425 Zakrzewo MZ 56 Wa 31
09-230 Zakrzewo MZ 66 Ue 32
13-124 Zakrzewo WM 55 Vb 29
13-200 Zakrzewo WM 55 Va 29
17-132 Zakrzewo PD 58 Xf 32
19-213 Zakrzewo PD 46 Xc 28
55-110 Zakrzewo DS 74 Re 40
62-070 Zakrzewo WP 63 Re 34
62-270 Zakrzewo WP 63 Sc 33
62-620 Zakrzewo WP 65 Td 34
63-900 Zakrzewo WP 75 Rf 38
64-212 Zakrzewo WP 62 Qf 35
76-150 Zakrzewo ZP 27 Rc 22
77-424 Zakrzewo WP 40 Sa 28
84-223 Zakrzewo PM 28 Sf 22
87-603 Zakrzewo KP 66 Ub 32
87-707 Zakrzewo KP 53 Td 32
87-821 Zakrzewo KP 66 Ub 34
09-460 Zakrzewo Kościelne MZ 67 Uf 34
06-460 Zakrzewo Wielkie MZ 55 Vd 30
26-652 Zakrzewska Wola MZ 80 Vf 40
21-010 Zakrzów LU 94 Xf 41
24-335 Zakrzów LU 93 We 41
26-307 Zakrzów SL 91 Vb 41
27-640 Zakrzów SK 92 Wc 44
28-363 Zakrzów SK 90 Va 44
28-400 Zakrzów SK 101 Vd 46
34-145 Zakrzów MA 107 Ud 50
47-260 Zakrzów OP 98 Ta 47
47-320 Zakrzów OP 98 Ta 46
55-200 Zakrzów DS 87 Sb 42
55-300 Zakrzów DS 86 Rd 41
08-430 Zakrzówek MZ 81 Wf 38
23-213 Zakrzówek LU 93 Xc 43
97-561 Zakrzówek Szlachecki LD 89 Ub 42
23-213 Zakrzówek-Wieś LU 93 Xc 43
26-713 Zakrzówek-Wieś MZ 92 Wc 41
46-046 Zakrzów Turawski OP 88 Tb 44
62-850 Zakrzyn WP 76 Tb 37
99-420 Zakulin LD 78 Uf 37
32-095 Zakupny MA 100 Uf 47
86-302 Zakurzewo KP 41 Te 27
07-438 Zalas MZ 45 Wd 28
32-067 Zalas MA 100 Ud 48
62-200 Zalasewo WP 62 Sa 34
33-160 Zalasowa MA 102 Wa 49
11-700 Zalec WM 45 Wc 25
98-355 Zalesiaki LD 89 Tf 42
18-106 Zalesiany PD 58 Ya 30
26-680 Zalesice MZ 92 Wa 41
42-248 Zalesice SL 90 Uc 44
97-330 Zalesice LD 78 Ue 40
97-505 Zalesiczki LD 89 Uc 42
05-304 Zalesie MZ 69 Wd 35
05-332 Zalesie MZ 69 Wd 36
05-620 Zalesie MZ 79 Vd 37
06-408 Zalesie MZ 56 Vf 31
06-450 Zalesie MZ 55 Vb 32
07-120 Zalesie MZ 69 Wf 34
07-140 Zalesie MZ 69 We 33
07-302 Zalesie MZ 57 We 31
07-430 Zalesie MZ 56 Wc 29
08-500 Zalesie LU 81 Wf 39
09-226 Zalesie MZ 55 Ue 31
12-230 Zalesie WM 46 Xa 26
13-124 Zalesie WM 55 Vc 29
13-206 Zalesie WM 55 Va 30
13-230 Zalesie WM 54 Ue 29
16-124 Zalesie PD 47 Yd 27
17-330 Zalesie PD 70 Ya 34
18-516 Zalesie PD 57 Xa 29
19-100 Zalesie PD 58 Xe 28
19-222 Zalesie PD 46 Xc 27
19-411 Zalesie WM 46 Xb 24
21-025 Zalesie LU 82 Xd 40
21-400 Zalesie LU 82 Xb 37
21-512 Zalesie LU 71 Yc 36
22-420 Zalesie LU 95 Yc 43
24-200 Zalesie LU 93 Xb 42
26-640 Zalesie MZ 92 Wb 41
28-363 Zalesie SK 90 Va 44
32-095 Zalesie MA 100 Va 47
34-608 Zalesie MA 108 Vc 51
37-126 Zalesie PK 103 Xa 48
37-205 Zalesie PK 103 Xd 48
37-430 Zalesie PK 103 Xa 46
37-630 Zalesie PK 104 Xf 48
37-741 Zalesie PK 111 Xe 50
62-500 Zalesie WP 65 Tb 35
63-233 Zalesie WP 75 Sc 37
63-505 Zalesie WP 76 Ta 40
63-810 Zalesie WP 75 Sa 37
72-004 Zalesie ZP 36 Pc 27
72-500 Zalesie ZP 36 Pc 25
77-304 Zalesie PM 39 Sa 26
77-400 Zalesie WP 51 Rf 28
82-316 Zalesie WM 31 Ud 24
86-022 Zalesie KP 52 Ta 29
87-140 Zalesie KP 53 Te 29
89-200 Zalesie KP 52 Sd 31
89-405 Zalesie KP 40 Sd 27
89-511 Zalesie KP 41 Ta 27
89-632 Zalesie PM 40 Se 25
95-060 Zalesie LD 78 Ue 38
97-212 Zalesie LD 78 Uf 38
97-425 Zalesie LD 77 Ua 40
99-220 Zalesie LD 77 Tf 37
99-232 Zalesie LD 77 Tf 38
99-440 Zalesie LD 66 Ue 35
05-502 Zalesie Górne MZ 68 Wa 36
22-170 Zalesie Krasieńskie LU 94 Yb 42
86-182 Zalesie Królewskie KP 41 Ta 28
18-204 Zalesie Łabędzkie PD 58 Xd 30
86-141 Zalesie Szlacheckie KP 41 Tb 27
47-150 Zalesie Śląskie OP 98 Tb 46
63-740 Zalesie Wielkie WP 75 Sb 38
16-500 Zaleskie PD 35 Yc 24
76-270 Zaleskie PM 27 Re 21
16-050 Zaleszany PD 59 Yf 31
37-415 Zaleszany PK 93 Wf 45
42-265 Zaleszczyny SL 90 Ud 43
14-140 Zalewo WM 43 Ue 26
14-230 Zalewo WM 42 Ud 25
33-263 Zalipie MA 101 Vf 47
59-816 Zalipie DS 84 Qb 42
21-222 Zaliszcze LU 83 Ya 39
08-124 Zaliwie MZ 69 Xa 35
89-210 Załachowo KP 52 Sf 31
83-340 Załakowo PM 28 Sf 22
26-510 Zaława MZ 91 Ve 41
26-704 Załazy MZ 81 We 40
63-900 Załęcze WP 74 Re 39
98-335 Załęcze-Małe LD 89 Te 42
98-335 Załęcze-Wielkie LD 89 Te 42
06-513 Załęże MZ 55 Vd 29
36-007 Załęże PK 103 Xa 48
38-223 Załęże PK 110 Wc 51
42-230 Załęże SL 90 Ue 44
74-205 Załęże ZP 48 Pe 30
77-220 Załęże PM 40 Sa 25
05-652 Załęże Duże MZ 79 Ve 37
06-230 Załęże Wielkie MZ 56 Wc 31
70-896 Załom ZP 37 Pe 28
78-630 Załom ZP 50 Ra 30
34-472 Załuczne MA 107 Ue 52
16-040 Załuki PD 59 Yd 30
99-311 Załusin LD 66 Ud 36
05-620 Załuski MZ 79 Vd 38
09-142 Załuski MZ 67 Vd 33
13-100 Załuski WM 55 Vc 28
17-120 Załuskie-Koronne PD 58 Xf 32
17-120 Załuskie-Kościelne PD 58 Xf 32
06-230 Załuzie MZ 56 Wb 31
38-500 Załuż PK 111 Xb 51
37-600 Załuże PK 104 Ya 47
97-420 Załuże LD 77 Ua 40
43-419 Zamarski SL 106 Te 50
89-430 Zamarte KP 40 Sc 27
18-300 Zambrów PD 57 Xb 31
87-510 Zambrzyca KP 54 Ud 31
18-312 Zambrzyce-Kapusty PD 58 Xd 30
18-312 Zambrzyce-Króle PD 58 Xd 30
08-443 Zambrzyków MZ 80 Wc 37
07-130 Zambrzyniec MZ 69 We 33
07-215 Zambski Kościelne MZ 56 Wb 32
23-413 Zamch LU 104 Ya 47
34-441 Zamek MA 108 Vb 52
55-050 Zamek DS 86 Re 43
87-152 Zamek Bierzgłowski KP 53 Tc 30
83-430 Zamek Kiszewski PM 41 Tb 25
73-200 Zamęcin ZP 49 Qc 30
62-831 Zamęty WP 76 Tb 37
22-600 Zamiany LU 105 Yc 46
99-412 Zamiary LD 67 Uf 35
37-554 Zamiechów PK 104 Xe 49
59-225 Zamienice DS 73 Qf 41
05-300 Zamienie MZ 69 Wd 36
22-175 Zamieście LU 95 Ye 41
34-650 Zamieście MA 108 Vc 50
17-306 Zaminowo PD 70 Xf 33
48-300 Zamłyne OP 97 Sb 46
32-821 Zamłynie MA 101 Vd 47
42-134 Zamłynie SL 89 Te 43
98-220 Zamłynie LD 77 Tf 38
37-550 Zamojsce PK 104 Xe 49
22-244 Zamołodycze LU 83 Yb 39
12-220 Zamordeje WM 45 Wd 27
84-252 Zamostne PM 29 Ta 21
34-471 Zamoście MA 108 Uf 52
98-337 Zamoście LD 89 Ud 42
05-156 Zamość MZ 67 Vc 35
06-216 Zamość MZ 56 Wb 31
07-405 Zamość MZ 57 We 30
09-204 Zamość MZ 54 Ue 31
22-400 Zamość LU 94 Yb 44
63-520 Zamość WP 76 Ta 39
83-440 Zamość PM 40 Sf 25
89-203 Zamość KP 52 Se 30
97-318 Zamość LD 78 Ue 39
26-704 Zamość Stary MZ 81 We 40
97-340 Zamożna Wola LD 78 Ue 41
44-210 Zamysłów SL 98 Tc 48
62-060 Zamysłowo WP 63 Re 35
67-407 Zamysłów LB 74 Rb 38
05-462 Zanęcin MZ 68 Wb 36
19-314 Zanie WM 46 Xe 25
23-415 Zanie LU 104 Xe 46
63-020 Zaniemyśl WP 62 Sa 36
21-200 Zaniówka LU 82 Xf 38
18-430 Zankłewo PD 58 Xc 29
22-175 Zanowinie LU 95 Ye 42
21-404 Zaolszynie LU 70 Xd 36
21-533 Zaolzie LU 82 Ya 37
63-920 Zaorle WP 75 Sa 39
37-416 Zaosie PK 93 Wf 45
97-225 Zaosie LD 78 Uf 39
26-234 Zaostrów SK 90 Va 42
96-126 Zapady LD 79 Va 37
37-544 Zapałów PK 104 Xf 48
43-476 Zapasieki SL 106 Tf 51
77-130 Zapceń PM 40 Sc 25
89-642 Zapędowo PM 40 Sf 26
87-410 Zapluskowęsy KP 53 Tf 29

212 | Zaborze

A
Ą
B
C
Ć
D
E
Ę
F
G
H
I
J
K
L
Ł
M
N
Ń
O
Ó
P
Q
R
S
Ś
T
U
V
W
X
Y
Z
Ź
Ż

96-115 Zglinna-Duża LD 79 Vb 37
96-115 Zglinna-Mała LD 79 Vb 37
33-113 Zgłobice MA 101 Vf 49
36-046 Zgłobień PK 103 Wf 48
95-070 Zgniłe Błoto LD 77 Ub 38
87-327 Zgniłobłoty KP 54 Ub 29
10-687 Zgniłocha WM 44 Vd 27
14-500 Zgoda WM 31 Uf 22
37-500 Zgoda PK 104 Xe 48
62-571 Zgoda WP 64 Tb 36
74-300 Zgoda ZP 49 Pe 31
99-423 Zgoda LD 66 Ue 36
76-220 Zgojewo PM 28 Sb 21
11-710 Zgon WM 45 Wc 27
43-180 Zgon SL 99 Te 48
05-500 Zgorzała MZ 68 Vf 36
83-322 Zgorzałe PM 29 Sf 23
59-900 Zgorzelec DS 84 Qa 42
63-630 Zgorzelec WP 87 Sf 42
39-308 Zgórsko PK 102 Wb 47
08-420 Zgórze MZ 81 We 37
99-352 Zgórze LD 66 Ua 35
21-450 Zgórznica LU 81 Wf 37
07-104 Zgrzebichy MZ 69 Wf 33
62-001 Zielątkowo WP 63 Re 33
66-530 Zielątkowo LB 50 Qe 32
11-220 Zielenica WM 32 Vd 23
32-107 Zielenice MA 100 Vb 47
57-160 Zielenice DS 86 Rf 44
62-613 Zielenie WP 65 Td 35
07-140 Zieleniec MZ 69 Wf 33
09-500 Zieleniec MZ 66 Ub 34
46-034 Zieleniec OP 87 Se 43
57-340 Zieleniec DS 96 Rc 47
66-400 Zieleniec LB 61 Qb 32
68-320 Zieleniec LB 72 Pf 38
12-160 Zieleniec Duży WM 44 Wa 28
99-107 Zieleniew LD 66 Ub 35
73-108 Zieleniewo ZP 49 Pf 28
73-240 Zieleniewo ZP 50 Qd 30
78-100 Zieleniewo ZP 26 Qd 24
62-240 Zieleń WP 64 Sf 33
87-200 Zieleń KP 54 Tf 29
49-318 Zielęcice OP 87 Sc 43
64-050 Zielęcin WP 62 Rc 35
98-332 Zielęcin LD 89 Ua 41
74-505 Zielin ZP 48 Pd 32
77-233 Zielin PM 28 Sa 23
47-370 Zielina OP 97 Se 46
62-306 Zieliniec WP 64 Sd 35
88-220 Zielińsk KP 65 Te 33
99-400 Zielkowice LD 67 Uf 36
14-260 Zielkowo WM 43 Ue 27
87-220 Zielnowo KP 53 Tf 28
66-330 Zielomyśl LB 61 Qe 33
06-408 Zielona MZ 56 Vf 31
09-310 Zielona MZ 55 Uf 30
34-350 Zielona SL 106 Ua 51
42-660 Zielona SL 99 Tf 45
89-607 Zielona Chocina PM 40 Sc 25
64-520 Zielonagóra WP 62 Rd 32
65-001* Zielona Góra LB 73 Qd 37
83-240 Zielona Góra PM 41 Tc 25
89-607 Zielona Huta PM 40 Sc 25
63-300 Zielona Łąka WP 76 Se 37
63-900 Zielona Wieś WP 75 Rf 39
72-112 Zielonczyn ZP 37 Pe 26
86-014 Zielonczyn KP 52 Se 30
16-400 Zielone PD 46 Xf 24
22-440 Zielone LU 104 Yb 45
16-400 Zielone Kamedulskie PD 46 Xf 24
05-220 Zielonka MZ 68 Wa 35
08-540 Zielonka LU 81 We 39
26-434 Zielonka MZ 79 Vd 40
36-130 Zielonka PK 103 Xa 47
59-950 Zielonka DS 84 Qa 41
62-095 Zielonka WP 63 Sa 33
86-005 Zielonka KP 52 Sf 30
89-505 Zielonka KP 41 Ta 27
14-400 Zielonka Pasłęcka WM 43 Ue 25
05-082 Zielonki MZ 68 Ve 35
28-131 Zielonki SK 101 Vf 46
28-330 Zielonki SK 100 Va 45
32-087 Zielonki MA 100 Uf 48
82-410 Zielonki PM 42 Ua 25
11-034 Zielonowo WM 43 Vc 27
64-730 Zielonowo WP 50 Rb 31
89-200 Zielonowo KP 52 Se 31
11-500 Zielony Gaj WM 45 Wf 24
09-304 Zieluń MZ 55 Uf 29
28-200 Ziemblice SK 102 Wa 45
46-100 Ziemiełowice OP 87 Se 42
42-675 Ziemięcice SL 99 Te 46
98-215 Ziemięcin LD 77 Td 37
64-050 Ziemin WP 62 Rc 36
63-840 Ziemlin WP 75 Rf 38
64-010 Ziemnice WP 74 Re 37
46-061 Ziemnice Małe OP 98 Sf 45
46-061 Ziemnice Wielkie OP 98 Sf 45
73-115 Ziemomyśl A ZP 49 Qb 29
39-304 Ziempniów PK 102 Wb 47
08-206 Zienie MZ 70 Xe 35
57-220 Ziębice DS 86 Sa 45
68-300 Ziębikowo LB 72 Pf 38
28-500 Ziębłice SK 101 Vd 47
26-300 Ziębów LD 79 Vb 40
63-004 Zimin WP 62 Sa 35
18-525 Zimna PD 45 We 28
67-312 Zimna Brzeźnica LB 73 Qe 39
13-100 Zimna Woda WM 44 Vd 28
21-470 Zimna Woda LU 81 Xb 38
38-203 Zimna Woda PK 110 Wd 50
59-323 Zimna Woda DS 74 Ra 41
47-143 Zimna Wódka OP 98 Tb 46
83-242 Zimne Zdroje PM 41 Ta 26
56-400 Zimnica DS 87 Sc 42
59-216 Zimnice DS 85 Rb 41
96-320 Zimnice MZ 79 Vd 37
59-407 Zimnik DS 85 Rb 42
22-650 Zimno LU 105 Ye 45
18-105 Zimnochy PD 58 Ya 31
32-300 Zimnodół MA 100 Ud 47
05-310 Zimnowoda MZ 69 We 35
28-210 Zimnowoda SK 92 Wb 45
42-164 Zimnowoda SL 89 Te 42
63-810 Zimnowoda WP 75 Sb 37
09-317 Zimolza MZ 55 Ue 31
07-110 Ziomaki MZ 69 Wf 35
08-124 Ziomaki MZ 69 Xa 35
26-500 Ziomaki MZ 80 Vf 41
06-320 Ziomek MZ 56 Wb 29
63-820 Ziółkowo WP 75 Sa 38
76-113 Złakowo ZP 27 Re 21
99-440 Złaków Borowy LD 66 Ue 35
99-440 Złaków Kościelny LD 66 Ue 35
34-371 Złatna SL 106 Ub 52
34-383 Złatna SL 106 Ua 51
83-034 Zła Wieś PM 29 Td 23
87-134 Zławieś Wielka KP 53 Tb 30
42-151 Złochowice SL 89 Tf 43
78-520 Złocieniec ZP 38 Ra 27
33-370 Złockie MA 109 Vf 52
98-270 Złoczew LD 77 Td 40
22-413 Złojec LU 94 Xa 44
27-650 Złota SK 92 We 45
28-425 Złota SK 101 Vd 46
32-859 Złota MA 108 Ve 49
62-641 Złota WP 65 Tf 35
96-130 Złota LD 79 Va 38
96-514 Złota MZ 67 Va 35
26-025 Złota Woda SK 92 Wa 44
07-140 Złotki MZ 69 Wf 34
62-001 Złotkowo WP 63 Rf 33
62-570 Złotkowy WP 64 Tb 36
62-540 Złotków WP 64 Ta 34
14-300 Złotna WM 43 Uf 25
33-335 Złotne MA 109 Ve 51
82-325 Złotnica PM 42 Ub 24
62-010 Złotniczki WP 63 Sb 34
68-200 Złotnik LB 72 Qb 38
16-061 Złotniki PD 59 Ya 31
28-366 Złotniki SK 91 Vb 44
39-300 Złotniki PK 102 Wc 47
46-060 Złotniki OP 87 Sf 45
54-029 Złotniki DS 86 Rf 42
62-002 Złotniki WP 63 Rf 34
62-840 Złotniki WP 76 Tc 38
88-420 Złotniki KP 52 Se 32
99-205 Złotniki LD 77 Ua 37
88-180 Złotniki Kujawskie KP 53 Ta 31
59-820 Złotniki Lubańskie DS 84 Qc 42
62-817 Złotniki-Małe WP 76 Ta 37
62-817 Złotniki-Wielkie WP 76 Tb 37
48-304 Złotogłowice OP 97 Sc 45
05-504 Złotokłos MZ 80 Vf 36
09-166 Złotopole MZ 67 Va 32
87-600 Złotopole KP 54 Ua 31
09-142 Złotopolice MZ 67 Vd 34
07-323 Złotoria MZ 57 Xa 32
16-070 Złotoria PD 58 Xf 29
87-162 Złotoria KP 53 Te 31
59-500 Złotoryja DS 85 Qf 42
98-275 Złotowizna LD 77 Td 39
06-550 Złotowo MZ 55 Va 31
14-260 Złotowo WM 43 Ue 27
82-220 Złotowo PM 42 Ub 24
88-190 Złotowo KP 52 Ta 31
89-650 Złotowo PM 40 Sf 26
55-106 Złotów DS 75 Sb 40
77-400 Złotów WP 51 Sa 28
42-253 Złoty Potok SL 89 Uc 44
59-820 Złoty Potok DS 84 Qc 42
57-250 Złoty Stok DS 96 Rf 46
42-436 Złożeniec SL 100 Ud 46
36-211 Zmiennica PK 110 Wf 50
36-121 Zmysłów PK 103 Wf 46
37-306 Zmysłówka PK 103 Xc 48
98-354 Zmyślona LD 89 Te 41
63-645 Zmyślona Słupska WP 88 Ta 41
33-312 Znamirowice MA 108 Ve 50
87-875 Znaniewo KP 65 Te 33
21-132 Zofian LU 82 Xc 40
23-300 Zofianka LU 93 Xc 44
24-320 Zofianka LU 93 Xa 41
96-230 Zofianów LD 79 Vc 38
87-511 Zofiewo KP 54 Ud 30
36-002 Zofijówka PK 103 Xa 48
05-282 Zofinin MZ 69 Wd 34
64-700 Zofiowo WP 51 Rd 31
96-230 Zofiów LD 79 Vc 38
09-520 Zofiówka MZ 66 Ue 34
19-120 Zofiówka PD 58 Xf 28
21-010 Zofiówka LU 82 Xe 41
28-232 Zofiówka SK 102 Wa 46
48-145 Zopowy OP 97 Se 48
08-504 Zosin LU 81 Xa 39
22-523 Zosin LU 95 Za 43
24-200 Zosin LU 93 Xb 41
87-732 Zosin KP 53 Tf 32
62-570 Zosinki WP 64 Ta 36
21-302 Zosinowo LU 82 Xd 37
58-150 Zółkiewka DS 85 Rb 43
88-430 Zrazim KP 52 Sd 32
22-420 Zrąb LU 95 Yb 44
97-524 Zrąbiec LD 90 Ud 42
42-256 Zrębice-I SL 89 Ub 44
42-256 Zrębice-II SL 89 Ub 44
28-230 Zrębin SK 102 Wb 46
38-457 Zręcin PK 110 We 50
32-420 Zręczyce MA 108 Vb 49
17-240 Zubacze PD 71 Yb 34
97-216 Zubki Duże LD 79 Vb 38
19-104 Zubole PD 58 Xe 28
22-435 Zubowice LU 95 Yd 45
17-100 Zubowo PD 59 Yb 31
38-607 Zubracze PK 111 Xb 53
34-484 Zubrzyca Dolna MA 107 Ue 51
34-484 Zubrzyca Górna MA 107 Ud 51
48-145 Zubrzyce OP 97 Se 48
33-350 Zubrzyk MA 109 Ve 52
42-283 Zumpy SL 89 Tf 44
34-406 Zurowie MA 108 Va 52
16-424 Zusno PD 34 Xe 24
07-322 Zuzela MZ 69 Xb 32
97-570 Zuzowy LD 90 Uf 42
07-106 Zuzułka MZ 69 Wf 34
49-300 Zwanowice OP 87 Sd 44
43-474 Zwardoń SL 106 Tf 51
78-230 Zwartowo ZP 38 Qe 25
84-210 Zwartowo PM 28 Se 20
84-210 Zwartówko PM 28 Se 20
22-610 Zwiartów LU 105 Yd 45
22-640 Zwiartówek LU 105 Yd 45
47-340 Zwiastowice OP 98 Sf 46
16-060 Zwierki PD 59 Yb 30
39-221 Zwiernik PK 102 Wb 49
97-400 Zwierzchów LD 78 Uc 40
14-100 Zwierzewo WM 43 Va 26
82-325 Zwierzno WM 42 Uc 24
66-542 Zwierzyn LB 49 Qd 31
73-200 Zwierzyn ZP 49 Qc 30
73-155 Zwierzynek ZP 37 Qc 27
05-250 Zwierzyniec MZ 68 Wb 34
22-470 Zwierzyniec LU 94 Xf 45
96-124 Zwierzyniec LD 79 Va 37
97-403 Zwierzyniec Duży LD 78 Uc 39
42-152 Zwierzyniec I SL 89 Te 43
42-152 Zwierzyniec II SL 89 Te 43
42-140 Zwierzyniec III SL 89 Te 43
16-200 Zwierzyniec-Mały PD 47 Yb 27
16-200 Zwierzyniec-Wielki PD 47 Yb 27
38-623 Zwierzyń PK 111 Xc 52
16-124 Zwierżany PD 47 Yd 28
36-047 Zwięczyca PK 103 Wf 48
13-324 Zwiniarz WM 43 Uf 28
29-145 Zwlecza SK 90 Ue 44
08-420 Zwola MZ 81 Wf 37
63-020 Zwola WP 62 Sa 36
08-420 Zwola Poduchowna MZ 81 Wf 37
26-700 Zwoleń MZ 81 Wd 40
44-292 Zwonowice SL 98 Tc 48
22-400 Zwódne LU 94 Yb 44
46-380 Zwóz OP 88 Td 44
57-200 Zwrócona DS 86 Re 45
14-107 Zybułtowo WM 43 Vb 28
26-411 Zychorzyn MZ 79 Vd 40
26-230 Zychy SK 91 Vb 42
09-533 Zyck Polski MZ 67 Uf 34
11-200 Zydlung WM 32 Vf 23
06-406 Zygmuntowo MZ 56 Ve 31
06-450 Zygmuntowo MZ 55 Vb 31
21-065 Zygmuntów LU 94 Xf 43
26-434 Zygmuntów MZ 79 Vd 40
32-420 Zygmuntów MA 101 Vb 49
95-040 Zygmuntów LD 78 Uf 38
34-103 Zygodowice MA 100 Ud 49
99-232 Zygry LD 77 Tf 38
11-731 Zyndaki WM 44 Wb 25
38-454 Zyndranowa PK 110 We 52

## Ź

37-405 Ździary PK 103 Xb 45
49-120 Źelazna OP 87 Sf 44
46-061 Źlinice OP 98 Sf 45
22-448 Źrebce LU 94 Xf 44
99-150 Źrebięta LD 65 Tf 36
16-320 Źrobki PD 46 Xe 26
55-330 Źródła DS 86 Re 42
87-605 Źródła KP 54 Uc 32
47-435 Żytna SL 98 Tb 48

## Ż

46-166 Żaba OP 87 Se 43
21-560 Żabce LU 82 Xe 36
22-540 Żabcze LU 105 Yf 45
08-455 Żabianka MZ 81 Wf 38
23-107 Żabia Wola LU 93 Xd 42
96-321 Żabia Wola MZ 67 Ve 36
59-140 Żabice DS 73 Ra 40
59-150 Żabice DS 74 Rb 39
69-113 Żabice LB 60 Pe 33
66-500 Żabicko LB 49 Qc 31
05-190 Żabiczyn MZ 68 Vf 33
62-290 Żabiczyn WP 52 Sc 32
28-133 Żabiec SK 102 Wa 46
05-500 Żabieniec MZ 68 Wa 36
87-704 Żabieniec KP 65 Te 32
18-305 Żabikowo-Rządowe PD 57 Xa 31
21-300 Żabików LU 82 Xd 38
99-322 Żabików LD 66 Ud 35
07-440 Żabin MZ 57 Wd 31
19-520 Żabin WM 34 Xa 23
56-215 Żabin DS 74 Rc 39
78-530 Żabin ZP 38 Ra 28
78-530 Żabinek ZP 38 Ra 28
18-214 Żabiniec PD 58 Xd 32
46-243 Żabiniec OP 88 Ta 43
06-425 Żabin Karniewski MZ 56 Wa 31
11-612 Żabinki WM 34 Wf 24
62-050 Żabinko WP 63 Rf 35
13-220 Żabiny WM 55 Uf 28
14-300 Żabi Róg WM 43 Va 25
34-350 Żabnica SL 106 Ua 51
48-217 Żabnik OP 97 Se 46
23-465 Żabno LU 94 Xe 43
33-240 Żabno MA 101 Vf 48
37-455 Żabno PK 93 Wf 44
63-112 Żabno WP 63 Rf 35
83-200 Żabno PM 41 Tc 25
88-300 Żabno KP 64 Sf 33
89-632 Żabno PM 40 Se 25
07-120 Żabokliki MZ 69 Wf 34
08-110 Żabokliki MZ 70 Xb 35
99-120 Żabokrzeki LD 66 Uc 36
72-200 Żabowo ZP 37 Qb 26
74-200 Żabów ZP 49 Pf 29
72-200 Żabówko ZP 37 Qb 26
97-505 Żaby LD 89 Uc 41
97-371 Żachta LD 78 Ud 40
68-100 Żaganiec LB 72 Qb 39
68-100 Żagań LB 73 Qb 39
98-160 Żagliny LD 77 Ua 40
14-240 Żakowice WM 42 Ub 26
88-220 Żakowice KP 65 Te 33
95-040 Żakowice LD 78 Ue 38
64-111 Żakowo WP 74 Rd 37
83-320 Żakowo PM 28 Se 23
21-302 Żakowola-Poprzeczna LU 82 Xe 37
21-302 Żakowola-Radzyńska LU 82 Xe 37
05-332 Żaków MZ 69 Wd 36
05-332 Żakówek MZ 69 We 36
17-315 Żale PD 70 Xe 33
73-115 Żalęcino ZP 49 Qa 29
22-110 Żalin LU 95 Yd 41
89-506 Żalno KP 40 Se 27
87-517 Żałe KP 54 Ub 30
08-300 Żanecin MZ 69 Xb 34
97-415 Żar LD 77 Ub 41
28-366 Żarczyce-Duże SK 91 Vb 44
28-366 Żarczyce-Małe SK 90 Vb 44
74-120 Żarczyn ZP 48 Pd 30
89-240 Żarczyn KP 52 Sd 31
11-008 Żardeniki WM 43 Vb 25
11-320 Żardeniki WM 44 Ve 25
26-340 Żardki LD 79 Vd 40
32-593 Żarki MA 99 Uc 48
42-310 Żarki SL 89 Uc 45
42-311 Żarki-Letnisko SL 89 Ub 45
68-200 Żarki Małe LB 72 Pe 39
59-930 Żarki Średnie DS 84 Qa 41
68-200 Żarki Wielkie LB 72 Pe 39
38-100 Żarnowa PK 110 We 49
97-320 Żarnowica Duża LD 78 Uf 40
38-455 Żarnowiec PK 110 We 50
42-439 Żarnowiec SL 100 Uf 46
84-110 Żarnowiec PM 29 Ta 20
72-111 Żarnowo ZP 36 Pd 26
06-460 Żarnowo-Borzuchowo MZ 56 Vd 30
16-300 Żarnowo II PD 46 Xf 25
16-300 Żarnowo III PD 46 Xf 25
84-360 Żarnowska PM 28 Sd 20
26-330 Żarnów SL 90 Vb 41
07-110 Żarnówka MZ 69 Wf 35
34-220 Żarnówka MA 107 Ue 50
72-111 Żarnówko ZP 37 Pd 26
58-130 Żarow DS 86 Rc 43
62-635 Żarowo WP 65 Tf 34
73-110 Żarowo ZP 49 Pf 28
39-312 Żarówka PK 102 Wb 48
59-903 Żarska Wieś DS 84 Qa 41
68-200 Żary LB 72 Qa 39
98-332 Żary LD 89 Ua 41
69-200 Żarzyn LB 61 Qc 34
97-215 Żądłowice LD 79 Vb 39
06-408 Żbiki MZ 56 Vf 31
63-304 Żbiki WP 76 Se 37
22-400 Żdanów LU 94 Yb 44
57-200 Żdanów DS 96 Rd 45
22-400 Żdanówek LU 94 Yb 44
22-304 Żdżanne LU 95 Yc 42
22-235 Żdżarka LU 83 Yc 40
26-420 Żdżarki MZ 79 Vd 39
96-500 Żdżarów MZ 67 Vb 35
21-400 Żdżary LU 81 Xb 37
26-420 Żdżary MZ 79 Vc 39
33-207 Żdżary MA 102 Wa 47
39-103 Żdżary PK 102 Wd 48
39-215 Żdżary PK 102 Wb 48
62-571 Żdżary WP 64 Tb 36
62-704 Żdżary WP 77 Tc 36
98-430 Żdżary LD 88 Tb 41
08-117 Żebraczka MZ 81 Wf 36

214 I Zglinna-Duża

A
Ą
B
C
Ć
D
E
Ę
F
G
H
I
J
K
L
Ł
M
N
Ń
O
Ó
P
Q
R
S
Ś
T
U
V
W
X
Y
Z
Ż
ż

➜ 202

01-30-130800-01